U0523673

同济法学先哲文存

胡元义集

胡元义 著
陈 颐 编

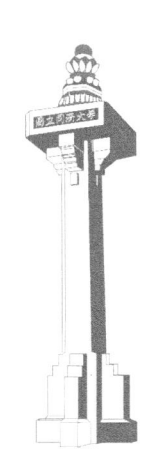

商务印书馆

同济法学先哲文存
编 委 会

顾　　问：吕培明　吴广明　雷星晖
策　　划：吴为民
主　　编：蒋惠岭
执 行 主 编：徐　钢　陈　颐
编委会成员：（按姓氏笔画排序）

刘志坚　严桂珍　吴为民　陈　颐　金泽刚

夏　凌　徐　钢　高旭军　黄丽勤　曹伊清

蒋晓伟　蒋惠岭

胡元义教授(1894—?)

总　序

同济大学的法科教育,可溯至1914年11月同济大学接收青岛特别高等专门学堂法政科9名学生。1945年9月13日,国民政府教育部训令同济大学:"兹为积极培植法律人才,该校自本学年度起成立法学院,并先设法律学系开始招生,仰迅筹办具报,此令。"同月,同济大学发布增设法学院并先添设法律学系布告,筹办法学院,并于当年12月正式开学。

自清末修律以来,近代中国法制变革以日本(清末)、德国(南京国民政府时期)为宗。但在法律教育领域,介绍德国法学者独付阙如。同济大学之外国语文向以德文为主,教育部训令同济大学增设法学院,应是基于上述考量。故此,同济大学法学院之课程及一切设施参照德国法律教育制度,是近代中国法律教育史上唯一一所以德国法为特色的法学院。

同济大学法学院能在近代中国法律教育史上留有一席之地,除了德国法特色外,与法学院在短时期内汇聚了一批国内名家,有莫大的关联。法学院首任院长胡元义教授为国民政府教育部第一届部聘教授(第一届部聘教授中唯一的法科教授),民法造诣深厚;继任院长徐道隣教授为德国柏林大学法学博士、一代法学大家;代理院长薛祀光教授为中山大学法学院创始院长,精研债法;代理院长张企泰教授为法国巴黎大学博士,并曾任德国波恩大学及柏林大学法学院研究员。范扬、余群宗、吴岐、俞叔平、顾福漕、刘笃、钱实甫、萧作梁、何远岫、叶叔良、左仍彦、陈盛清、谢怀栻、丘日庆、余鑫如、林诚毅、胡继纯、曹茂良、朱伯康诸教授皆学养深厚、术有专攻、著述不辍，堪称一时之盛。

值此学习贯彻习近平法治思想，开启法治中国建设新征程之际，同济大学法学院奉"同舟共济"之校训，怀"继往"之心，全面整理同济法学先哲著述，纪念同济法学先哲；秉"开来"之愿，勇担"立时代潮头，育法治英才，发思想先声"的历史使命。"同济法学先哲文存"的编辑出版，为同济大学法学院"四分之三世纪再出发"构筑了历史底色，也为全面推进"新法科"建设提供了丰富的先哲智慧。

同济法学先哲，执教同济之先，大抵皆曾掌各名校教席有著誉者；1949年院系调整后，虽散落各方，亦皆曾为新中国法制、法学与法律教育的创建著有功勋。"同济法学先哲文存"的编辑出版，非仅以存同济法学院一院之学，亦拟为中国法学涵化百廿年传统、再创新章略尽绵薄之力。

谨此为序。

"同济法学先哲文存"编委会
二〇二〇年十二月

凡 例

一、《同济法学先哲文存》收录近代同济法学先哲所著,成就斐然、泽被学林的法学文存。入选作品以名作为主,或选录名篇合集。

二、入选著作内容、编次一仍其旧,率以原刊或作者修订、校阅本为底本,参校他本,正其讹误。前人引书,时有省略更改,倘不失原意,则不以原书文字改动引文;如确需校改,则出脚注说明版本依据,以"编者注"或"校者注"形式说明。

三、作者自有其文字风格,各时代均有其语言习惯,可不按现行用法、写法及表现手法改动原文;原书专名(人名、地名、术语)及译名与今不统一者,亦不作改动。如确系作者笔误、排印舛误、数据计算与外文拼写错误等,则予径改。

四、原书为直排繁体,除个别特殊情况,均改作横排简体。原书无标点或仅有简单断句者,增加新式标点;专名号从略。

五、原书篇后注原则上移作脚注,双行夹注改为单行夹注。文献著录则从其原貌,稍加统一。

六、原书因年代久远而字迹模糊或纸页残缺者,据所缺字数用"□"表示;字数难以确定者,则用"(下缺)"表示。

目 录

民法总则 …………………………………………… 1

物权法论 …………………………………………… 313

破产法 ……………………………………………… 629

论文 ………………………………………………… 795

 债务与责任 ……………………………………… 796

 过失相抵 ………………………………………… 805

 将来债权之担保之研究 ………………………… 817

 诳言在法律上之效力 …………………………… 838

 命令法规与能力法规 …………………………… 845

附录一　引用法律法规目录 ……………………… 852

附录二　引用作者列表 …………………………… 860

寻找胡元义（代编后记）…………………………… 868

民法总则

例 言

一、著者先后执教鞭于各国立大学者近二十年。本书系将历年讲义增补而成。[①]

二、本书系就我国现行民法为学理的研究，以资各大学学生及法界同人之参考。

三、前大理院及现今最高法院判例，读者自可随时翻阅。本书概未引用。

四、社会的经济组织，乃民法之基础。故解释现行民法时，不可过于株守以往成例。

五、本书括弧内所引用条文，称某条者，系指我国《民法》[②]，称《德民》者，指《德国民法》，称《法民》者，指《法国民法》，称《瑞民》者，指《瑞士民法》，称《瑞债》者，指《瑞士债务法》，称《意民》者，指《意大利民法》，称《奥民》者，指《奥地利民法》，称《日民》者，指《日本民法》而言。

六、本书研究容有未尽之处。望海内明哲之士，垂教为幸。

[①] 先生是书，先于1933年作为国立武汉大学讲义《民法总则》印行，复于1934年由北平好望书店出版，仍名为《民法总则》。1943年，四川大学再版先生是书（上海书店出版社"民国丛书"第2编第30册即收入此版本），为本次勘校底本。——编者注
[②] 系指《中华民国民法》，下同。——编者注

目　录

总　论

  第一章　法律之观念

  第二章　法律之学术及法学

  第三章　民法

    第一节　民法之意义

    第二节　民法之法源

    第三节　民法典之编纂

    第四节　民法之效力

    第五节　法律之检认

    第六节　法律之解释

    第七节　民法法规之分类

  第四章　民法上之权利

    第一节　民法上之权利

    第二节　权利之分类

  第五章　民法上之义务

本　论

  第一章　权利之主体

    第一节　总说

    第二节　自然人

第一款　权利能力
  第一项　权利能力之消灭
  第二项　外国人之权利能力
第二款　行为能力
  第一项　未成年人
  第二项　禁治产人
  第三项　限制能力人之相对人之地位
第三款　住所
第四款　失踪及死亡宣告
第三节　人格保护
第四节　法人
第一款　法人之本质
第二款　法人之权利能力
第三款　法人之行为能力
第四款　法人之种类
第五款　法人之设立
第六款　法人之登记
第七款　法人之住所
第八款　法人之机关
  第一项　总说
  第二项　董事
  第三项　社员总会
第九款　社团法人之内部关系
第十款　章程及捐助行为之变更
第十一款　法人之监督

第十二款　法人之消灭（解散）

　　　　第一项　解散之意义及原因

　　　　第二项　清算

　　　第十三款　外国法人

　第二章　权利之客体

　　第一节　物之意义

　　第二节　物之种类

　第三章　法律行为

　　第一节　总说

　　　第一款　法律关系及法律效果

　　　第二款　权利之得丧变更

　　　　第一项　权利之取得

　　　　第二项　权利之丧失

　　　　第三项　权利之变更

　　　第三款　法律要件及法律事实

　　第二节　法律行为之本质及种类

　　　第一款　法律行为之本质

　　　第二款　法律行为种类

　　第三节　法律行为之标的

　　　第一款　法律行为之成立要件及效力发生要件

　　　第二款　标的之确定

　　　第三款　标的之可能

　　　第四款　标的之适法

　　　第五款　标的之社会的妥当性

　　　第六款　法律行为之方式

第四节　法律行为之解释

第五节　意思表示

　第一款　意思表示之意义

　第二款　意思与表示之不一致

　　第一项　真意保留

　　第二项　虚伪的意思表示

　　第三项　错误

　第三款　有瑕疵之意思表示

　　第一项　被欺诈而为之意思表示

　　第二项　被胁迫而为之意思表示

　第四款　意思表示之效力发生时期

　第五款　意思表示之受领能力

　第六款　意思表示之方法及解释

第六节　条件及期限

　第一款　条件

　　第一项　条件之意义

　　第二项　条件之种类

　　第三项　条件之成否

　　第四项　附条件法律行为之效力

　　第五项　附假装条件之法律行为

　　第六项　条件之许可

　第二款　期限

　　第一项　期限之种类

　　第二项　期限之届至（即到来）

　　第三项　附期限之法律行为之效力

第四项　期限之许可
　第七节　代理
　　第一款　总论
　　第二款　代理之种类
　　第三款　代理权
　　第四款　代理人之能力
　　第五款　代理权之撤回及消灭
　　第六款　无权代理人责任
　第八节　法律行为之无效及撤销
　　第一款　无效之法律行为
　　第二款　得撤销之法律行为
　　　第一项　撤销之方法
　　　第二项　撤销之效果
　　　第三项　撤销权之消灭
　　　第四项　须得第三人同意之行为及无权处分行为
第四章　期日及期间
　第一节　期日及期间之意义
　第二节　期日及期间计算法
第五章　消灭时效
　第一节　总论
　第二节　消灭时效
　第三节　消灭时效之要件
　第四节　消灭时效之期间
　第五节　消灭时效之进行及完成
　第六节　时效之抛弃

第七节　时效完成之障碍
　　第一款　中断
　　第二款　时效之停止(不完成)
第八节　消灭时效之效力
第九节　私权之行使

总 论

第一章 法律之观念

　　法律者,人类共同生活之准则也。盖人类既须营共同生活,则不能不有生存竞争。苟无规律其相互关系,与制限各人之准则,各人每急于图一己之利益,致妨害他人之生存。其争斗不知伊于胡底。结局人类共同生活之和平及发达,将不能完成。于是于吾人相互之间,以法律定一不可侵之界限,而维持其相互之结合。俾各人得保障其生存之安全,因以促社会之发达。故法律者,乃保持社会生活之秩序,并促其发达,所必要之各人行为之准则也。

　　人类行为之准则,不仅限于法律。道德及宗教,亦足以羁束人类之心术及行为,而定其相互遵守之本分。然法律与道德之关系及其差异若何？须视其具备强制力与否以为断。盖在古代,道德与法律之界限未分。仅有维持其种族之结合所必要之习惯。而此野蛮时代之习惯,即为促成道德与法律分离之原因。依进化之作用,遂使两者分离。迨时代稍进,同族相亲之感情,益形发达。于是道德之基础以立。然当时之族长,有时为统御其所属之子女计,强行种种规则。此类规则,即法律之起源也。迨种族繁殖,彼此之生存竞争,日加剧烈。为谋自己之生存,势不能不与他部落相结合。于是人类共同生活之范围,益形膨胀。仅以道德,实不能维持其相互之结合。于是法律与道德,遂行分离矣。至于法律与道德未判然分离之原状,参考自罗马以来之法律学者之定义,自可明了。纵在近世,尚可于未开化国中,寻其痕迹。总之,法律乃国家的共同生活现象之一,与强制力之观念,不可分离者也。

夫法律既由人类生活之必要上,依强制力而成立。故一般皆具有外形上之制裁。反之,道德则无此等强制力。其认识遵守,一在诸当事人之良心。是道德乃主观的准则,而法律乃客观的准则也。故违反道德者,并无所谓外形上之制裁。以上所述,固为法律与道德之差异。而法律与宗教之差异,亦然。

此见解苟非误谬,则法律之特质,通常皆具有强制力与外形之制裁;然反对此说者,亦颇不少。实际上法律之制裁,往往有名无实。又全无制裁者亦有之。尤其在道德与宗教未分离之古代法律,最为显著。纵在今日,无强行制裁之法规,尚有一定之效力,每为立法者所重视。吾辈之意,亦非以无强制力之法规为非法律。不过以此强制力之有无,为区别法律与道德宗教之唯一标准而已。此强制力,乃法律最显著的特质之一,则毫无疑义者也。

如上所述,法律与道德之渊源及效力,既有不同,则其相互之领域,亦自有差异。然其最终之目的,实殊途而同归也。盖无论道德与法律,其结局之目的,无非欲谋社会生活之发达与完美。如宗教固以信念为基础,而不能适于一般人类。但道德乃普通一般人类所遵守之原则。道德未发达之社会,乃野蛮之社会。在此野蛮社会中,法律亦不充分发达。故两者乃彼此互相辅翼,而达其共同之目的者也。

至法律之基本观念若何?古来学说,殊不一致。在往昔法律与宗教关系密切之时代,则以法律为神意之表彰。迨时世渐进,此说已不能贯彻。于是以哲学上之观念,而说明法律之本质者生焉。其中最有势力者,为自然法说。此说之断定,纯基于理想。故其论旨不一。或以绝对的正义为标准,或以人类的理性为根据。诸说纷纷,莫能一定。总之,此派以为宇宙间原有一种惟理性所能认识之绝对的(即不因时间与地域而变更之)完全的法则,而要求以此为立法之标准。故此派之学者,以法律为道德之一部,而补充外界力所不及者。此等理性派之学者,虽不能阐明绝对法则之为何物,但其主义,在十七八世纪,亦曾风靡一时。而前世纪所编纂欧洲诸国之法典,亦多宗之。此学说将罗马法以来之庞杂之继受法,变为有系统的组织。其功绩之伟大,固不可湮没。然毕竟不过一种主观的理想而已。总之,自然法之观念,虽区区不一,但终不免持独断之见解,而定先天的法典,不能认为学理的研究之结果也。

自然法学派虽久占势力于法学界,迨十八世纪之末叶,又有与此对峙之一大学派崛起,即所谓历史法学派是也。此学派倡自法国悠哥(Hugo)①。迨前世纪初,沙非尼(Savigny)之名论出,乃翕然风靡学界,而于法学之研究上别开生面。兹将其论旨约言之。法律者,乃表现国民总意之历史的产物,非以立法者之主观的理想所能创造者也。不过其意思之直接表现者,为成文法。而间接表现者,为习惯法耳。故研究法律者,须溯其历史的渊源,方能达研究之目的。所谓法律之基础,存于历史,非理想所能构成。此一时盛行于德国之总意主义之学说也。(Savigny,《罗马法原论》一卷十四页;Dernburg,Pandekten,十九节)。

此派之学说,虽足以击破先天主义之议论。然其说明法律之本质,则尚未中肯綮。盖由外形上观察法律,决不能谓为国民总意之表现。而法律之实质,亦不能与其目的分离。由此方面观察之,则历史派之议论,

---

① 似指法国人文主义法学家雨果·多内鲁斯(Hugo Donellus,1527—1591),曾任奥尔良、布尔日和海德堡大学教授。——编者注

不能赞同。盖法律之目的,在维持社会生活而谋其健全之发达。为达此目的,则依国情及民智之程度若何,其所采方法,不能不有差异。且往往有制定与国民习惯相反之法律之必要。若从总意说,则此等成文法之大部分,将不能谓为法律矣。总之,法律不仅表现传来之社会状况。有时为应社会之需要,且须制定施设经营之法制。历史派之理论,实与法律之实际不符。综上所述,兹为法律之定义如次。法律者,以社会力尤其以公权力而强行之人类社会生活之准则也。分述如下。

(1) 法律者,人类生活之准则也,亦即人类行为之准则也。换言之,在同一事情之下,要求为同一行为。又在同一事情之下,所为之同一行为,常生同一之效果。故对于个个具体的事件所为之处分,纵有法律之形式,亦不能谓为法律。而所谓准则,非狭义的,乃广义的。盖人类行为之准则,不仅限于命令及禁止也。法律之大部分,虽可谓为命令及禁止,但不必尽然。例如保障信教自由之规定,因先占无主物而取得所有权之规定,其里面固含有对第三人之命令或禁止。而由正面观察之,所谓命令及禁止,并非该法规之主要目的也。又债权法及物权法之起因,虽为对他人行为之命令或禁止,但在今日,其主要目的,在保障权利者得为一定行为,且附一定效果于该行为而已。换言之,法律不必皆为强要(Sollen)之规定,而亦有容许得为某行为,及因某行为而使发生某效果为内容之可能(dürfen oder können)之规定也。盖人类之行为,并非皆为依命令之作为及依禁止之不作为。而随意之作为不作为,实占其大部分。而保护此随意之行为或结果,亦往往为社会生活所必要。虽不必如某学者所云"凡所许容者皆为命令",但依特别威力之容许,与命令禁止有同等价值,故亦可为法律之内容也。

(2) 法律者,社会生活之准则,且一般具有强行力者也。即凡为社会生活之准则者,不能皆为法律。其中有强行力者,方为法律也。强行力者,以外部之力,而强要个人之遵守。若有不遵守者,即加以制裁,而纠正其不遵守之结果。或该个人为该规定所容许之行为时,即使实现其所预期之结果。所谓强制力(Coercion, Zwang, Constraint),盖即指此强行力而言也。普通社会的准则,大都有社会的强制力。而道德的准则,亦有具此强制力者。若此强制力之发生,由于社会的中心力时,则该准则,即为法律。然社会生活之准则中,有不适于强行者,又有无须乎强行者。故社会生活之准则,不能皆为法律也。

(3) 法律者,以社会力尤其公权力而强行之社会生活之准则也。社会者,乃因有机力之结合,而生之继续的共同生活之状态也。而社会则因其各构成员之有机力之结合,而生一种社会力。有此社会力者,即可称为统一之社会。

此社会力渐渐成为社会之中心力时,乃社会发达之征候。其社会发达至某程度,其社会力一旦巩固,则该社会即称为国家,该社会力即称为公权力。所谓道德的准则,及其他社会生活之诸准则,皆为社会生活之产物,且依社会力而维持发达者。社会力一旦认某准则为社会生活所必要,而强行时,则该准则,与其他未经强行之准则不同,有特殊之性质及效力。此准则,即法律也。迨社会成为国家,其社会力即成为公权力。所谓强行之准则,不过以法律为最显著最完全。而未成为国家之原始社会,亦得有法律之存在。又既认国际社会之成立,则国际法亦法律也。国家强行法律时,大都有具体的强制手段。如刑罚,民事上之强制执行,行政上之强制执行等是。论者或以此等具体的强制方法之存否,为法律与非法律区别之标准。但法律之规定中,无此项具体的强制者,亦复不少。如国家根本法之宪法,尤为显著。然亦不能不谓为法也。盖强制者,并非须具备具体的强制手段之意,乃以社会及国家之实力,而结局担保准则之遵守也。既有此结局的担保,则纵无具体的强制手段,亦无碍其为法律。故宪法有最大之强制力,而国际法亦不失为有强行力之共同生活之准则也。

(4) 此定义之实益,在能使道德与法律之关系及其区别,截然明了。盖道德与法律,并非彼此对立而互异其内容之别种准则。而道德的准则,一经强行,即可成为法律。不过道德的准则中,有不必强行者,又有不能强行者。故道德的准则全部不能尽为法律。其他之准则,如仪式的准则,风俗的准则,技术的准则等,若有以为社会的生活之准则而强行之必要,且有强行之可能者,方能成为法律。换言之,有谓法律乃道德之实现者,不过含一面之真理,法律并非实现道德之全部。又道德之实现,亦非法律之全部也。法律之目的在强行有强行之必要,且可得而强行之社会生活之准则。而其所强行之准则之重要部分,仅道德的准则之一部而已。

以上所述之道德与法律之关系及区别,亦足防止道德法律合一论及道德法律分离论之弊。盖道德法律合一论之弊,乃偏于法律万能之主义。欲将所有道德上之要求,尽成法律化。而道德法律分离论,则陷于别种意义之法律万能主义。以未违背法律,即为已尽能事。然依道德法律关系论而言,所谓法律上之善恶,毕竟为道德上之善恶之一部。为善不足,为恶无穷。仅以法律上之善(善之一部),殊难谓为尽善。然法律上之恶,大抵即道德上之所谓恶也。如时效制度,在道德法律合一论,固不能是认。而在道德法律分离论,或将视因时效而取得权利免除义务为当然。然以道德法律关系论论之,一面知时效制度之精神,而他面亦可了解所谓道德上之义务,并不能因时效而解除也。

(5) 有主张恶法亦法者。若以恶法亦不失为法,则法之不遵守,反可为道德上之善矣。此种观念,殊不足采。盖法之所以为法,其必要前提,在其内容,并不在依公权力而强行之形式。故法之内容,苟与社会生活之要求相背驰,则该法不过形式上之法律,非实质上之法律也。而他面所谓法之安定,亦为社会生活之重大要求。若某种社会生活之准则,尚未客观的确定时,则以公权力认定之,强行之,固不失为法律之一效用。若法律之内容,不能客观的断定其是否违反社会生活,则仍不能断定该法律为恶法也。

以上所述之定义,有以之与"法律者,主权者之命令也"之定义相混同或同视者。此命令说(The Imperative Theory)最盛行于往昔。经英国分析法学派 Austin 氏之提倡,其基础始固。综合此一派之观念,则法律可定义如次(Austin, *Province of Jurisprudence Determined*, 1834; Markby, *Elements of Law*, 1871; Amos, *Science of Law*, 1874)。

> 法律者,在独立社会,乃政治的优者,对于政治的劣者,所表示其行为之希望。而对于违反者,加以恶报之趣旨也。

其所谓政治的优者即主权者(Sovereign)。希望之表示,即命令(Command)。恶报即制裁(Sanction)之意。法律者,不仅主权者借制裁而强行之规则,且为其所制定之命令也。然此种命令说,不免有下之非难。

1. 命令说偏于形式,不能明示法律之实质。
2. 视习惯为命令,殊为不当。
3. 以法律为主权者之命令,与历史上之事实不符。
4. 若以法律为主权者之命令,则不能说明主权者之何以应服从法律。
5. 若以命令为法律,则国际法不能谓为法律。

6. 命令说虽适于说明义务本位之法律,然不能说明权利本位之法律。

命令说既有若是之非难,故英国分析派之法律本质论,近时多少已加以改良。有以"主权者强行(enforce)之法则"代"主权者制定(enact)之法则"者。于是更以"主权者(Sovereign)强行"代"裁判所(Courts)强行者"。然终不免有上述之非难也。吾人在前述之定义中,亦曾谓法律为强行之准则。此点虽采近世分析派之观念,但其所强行之准则,乃社会生活之准则。而其强行作用之原动力,必为社会力。此则与新旧分析派之定义大异其趣。故对于命令说之各种非难,不能加诸吾人之定义也。(穗积氏《法理学大纲》一四四页)

法律并非自然法则。故非永久不变。须因时与地而变化者,原属当然。其变化之最大者,如社会之准则,有能成为法律者,有不能成为法律者。盖使社会之个人,得其所应得,与其所应与者,乃法律之目的,而法律家所称为正义者也。故法律为正义之执行(Adminisration of Justice)。然正义之执行,亦非仅限于法律。凡正义之执行之原动力有三。(1)宗教。(2)道德的舆论。(3)国权。而以国权为正义之执行时,亦非全恃法律。所谓临机之处分及裁量,亦得为正义之执行。法官虽为最鲜明之执行正义机关。然在未有法律以前,即有法官之存在。故法官之任务,不必尽依法律而为正义之执行。而法律反为限制法官之自由裁判而发达者也。换言之。正义之执行,有用法律者(Justice according to law),有不用法律者(Justice without law)。盖法律既有利弊,而一切之正义之执行,亦不必皆恃诸法律也(Pound, *Outlines of Lectures on Jurisprudence*,1914)。

法律之利益:

(1)法律得使人预知执行正义之径路。

(2) 法律足以预防个人的判断之误谬。

(3) 法律能防遏执行正义者之不正的企图。

(4) 法律对于执行正义人,能指示其社会之确定的伦理观念之标准。

(5) 法律有予执行正义人以先人之全经验之利益。

(6) 法律足以防止社会的及个人的最大利益,供无甚价值之利益之牺牲。

法律之弊害:

(1) 法律对于事件及人,只能为一般的概括的规定,往往不顾个性。且其适用,不免多少专断。

(2) 因法律学及法律组织之发达,与其谓为以法律为手段,毋宁有以之为目的之倾向。

(3) 由法律更生法律,于是已发达之法律组织,每于其规定不可适用之处,更设规定,而有侵入不能以法律执行正义之正当区域之倾向。

(4) 法律既为表示确定的伦理观念,则在过渡时代,往往不能与现在进步之思想相适合,常多少含有不适合于现在需要及正义观念之成分。

第二章　法律之学术及法学

法律之研究,即普通一般所称为法律学或法学者,果为科学(Science)乎?抑为技术(Art)乎?从来议论不一。所谓科学者,就多数现象中,而研究其普通原素,即阐明其共通存在之原因之谓也。反之,技术者,就某事之成功,而研究其最适当之方法也。此二者为吾人于研究各种科目时所常用。彼此互有密切之关系,而为人生各种需要中所不可缺者也。

法律研究之目的有二。就一般或特种之法律现象,而求其通素者,属于纯然之法学。解释一国之法律,而求适用于裁判及其他实务者,为法术。法术之目的,非依法学所究明之原理,不能完成。故法学本也,法术末也。于法律诸科目中而究明其原理者,称为法律学或法律哲学。如法制史亦属之。而民法商法及其他多数科目,则大都包含学与术之二者。然此殊与研究之目的及方法有关,故因人而异。如仅将现行法逐条解释者,殆无科学之价值也。要之,依法律科目之种类,实不易划分学与术之区别。

法学乃法术之基本,则似先有法学,而后有法术。然实际上两者发达之顺序,适得其反。实先有法术而后有法学。此则证诸内外诸国之历史,而彰然可考者也。盖无论何种事物,必先求其供吾人生活需要之手段。然后究明其原理,而发现其充分适应吾人需要之方法。即对于法律现象,先有法术,而后有法学。而法术更依法学之力,益形发达。此两者常互相扶翼,而促人类法律生活之发达者也。

法学发达之历史,本属于法理之范围,无容详述。兹略举其最紧要者述之。往昔自然法派极盛。迨及前世纪之末,历史法学派勃兴,俨然与自然法学派相拮抗。法学界,不啻此二大主义之竞争场。但自然法派,不出想象之范围,已如前述。其所谓"法律者,不可不基于人类之理性",容或有一面之真理。然从此见解,势不能不先以学理说明人类,且不可不研究其在社会上之特性及作用。又其主张万古不变之法则,以吾人现在之知识,尚未能对此问题,下最后之决定。依今日学理研究之结果,到底不能是认此种古今东西不变之自然的法则也。

历史法学派,其击破自然法学派之先天主义之空论,而归纳社会现象，以研究法律之原理，其功绩实非浅鲜。然如前章所述，其主张法律之本源，在国民之总意一点，不仅有失正鹄，其法学之研究范围，局限于历史之方面，亦殊不当。盖历史不过过去之研究。若有以过去推测现在，更有以预断将来之必要时，或可谓法律之基础，在于历史之研究。但吾人研究法律原理，非单据历史的考察，谓已能达此目的也。自然法学派固守先天之理想，不知社会事物之变化，乃其缺点。反之，历史法学派虽认社会之变化，但不知研究其现象中进步之原则，是亦不可谓为完备。总之，一偏于架空，一失之保守，皆未得谓为适当也。

最近关于法律学，有综合统一之二倾向。第一，非难从来所用之法律学的诸种研究方法——尤其是注释的方法，而重视社会学的方法。第二，攻击法律学本身之自足态度，而主张法律学为社会学之一部。盖从来之法律学，不过研究法律生活之诸现象之法规（Rechtssatz）。其结果实不仅法律学之不幸。且法律不能追及社会之目的。裁判官不能了解社会之目的。于是法律生活，与社会之实际生活，不能一致。此社会上之大损失也。是以将来之法律学，不可不以社会学的方法为基础。换言之，须离开概念法学（Begriffsjurisprudenz, Konstruktionsjurisprudenz）而为目的法学、利益法学（Zweckjurisprudenz, Interessenjurisprudenz），俾法律不致为"由上孔插入案件，再由下孔抽出判决之自动机"，而为适于实际生活之法则，即"活法律"也。以上所述，乃最近勃兴之社会法学（Rechtssoziologie）派之主张也。所谓社会法学者，研究社会生活与法规之关系之学也。此派对于从来之立法及裁判，深致不满。所谓自由法运动（Freirecetsbewegung），实与此派有密切之关系。

社会法学，近时起于德法两国，主张法律乃社会法则，法律现象乃社会现象。故研究法律者，须用社会学的方法。其思想之根据，概出于法国社会学者孔德（Auguste Comte, 1798—1857）之《实证哲学》（*Cours de philosophie positive*，1830—42）。孔德之"实证主义"（Positivisme）之认识论，虽与康德（Kant）派相类似，但其非个人中心主义，权利本位主义，则与康德派不同。依彼之说，个人对于社会，只能负担义务，不能享有权利。

所谓社会法学不可如尼切（Friedrich Nietzsche，1844—1900）所主张之社会的优者主义（Social Aristocracy），以现在与将来之国家及法律之任务，在指导自然淘汰与助长适者生存。盖现在与将来之国家及法律之任务，反为制抑生存竞争，与防止自然淘汰，而保障不适者之生存。即不可不为所谓社会的劣者保护主义也。近时法律学之一新倾向，所谓"法律之社会化"（The Socialization of Law），即以此为根本之理想者也。

社会法学者攻击从来之法律学，仅抽象分析法律本身之内容，即仅用法律学的方法（Méthode Juridique）为不当。但社会法学派自身亦易陷于抹煞其他之研究方法，而仅用社会学的方法（Méthode Sociologique）以研究法律之弊。盖法律学，即关于法律本质之学问的知识，必须兼备关于法律内容之知识，与关于法律在万有现象中所处之地位之知识，其研究方能完成。换言之，须兼备以法规为对象之从来法律学的方法，与以社会现象之法律为对象之社会学的方法，始克称为完全之法律学。现代之法律学，仅用其一，固未免失之狭隘。惟所谓法律学的方法，本为从来学者所专用。至于以社会学的方法研究法律者，诚为待辟之沃壤。将来研究法律者，尤不可不注重也。夫国家固属社会之一种，然究为特别之社会。法律固为社会法则之一部，然与其他之社会法则不同。故国家之学、法律之学，仍须以特别之方法研究之。若因法乃社会现象，即断定只须用社会学的方法而研究之，或令其包含于社会学中，此种议论，殊难首肯也。

自由法学有打破从来在政治学上视为金科玉条而墨守之三权分立主义之功。盖法律到底不能将现在及将来之一切生活需要，皆行网罗而规定之。所谓"法规之无缺漏"(Lückenlosigkeit der Gesetze)到底难期，而裁判官又不能借口于律无明文而拒绝裁判，则裁判官须有补充法律之权能者，宁属当然。从来之法律学，或假定"法律无缺漏"(Lückenlosigkeit des Rechts)，或援引立法者之意思，或为扩张解释、类推解释。推其究竟，无非默许裁判官之立法行为也。然法律无缺漏之假定，既为空谈，而未依宪法上程序所表示之立法者之意思，又非法律。且扩张解释及类推解释之根据及范围，亦不甚明了。故不如正正堂堂，与裁判官以补充法律之权能之为愈也。但如极端的自由法说，主张裁判官有变更法律之权能，而法律不过为裁判官之指针，则又仅知就个个事件，须为妥当平衡之裁判，而忘却一般的"法律安定"(Rechtssicherheit)。此种见解，洵为忘却法律之社会的目的之大谬见也。《瑞士民法》第一条之规定，乃解决此问题最良之适例。我《民法》第一条规定："民事，法律所未规定者，依习惯。无习惯者，依法理。"所谓法理，各国学者之见解，虽不一致，然此规定，能因时代之变迁，解释上大有伸缩之余地。《民法》仿瑞士立法例，洵为适宜也。《瑞民》一条之规定如次。

一项　关于法律问题文字上解释上本法有规定者，须适用本法。

二项　本法无规定者，依习惯法。无习惯法者，裁判官须依自为立法者所应制定之法规而裁判之。

三项　前项情形，须准据确定学说及先例。

第三章 民　法

第一节　民法之意义

民法(Droit Civil；Burgerliches Recht，Zivilrecht)者，普通私法也。

一、分法律为公法私法，则民法属于私法

公法私法，乃法律根本之区别，极为重要。其区别之标准若何，则诸说纷纷，莫衷一是。兹略述其各种重要学说如次。

公法私法之分发源于罗马，而传播于诸国。德国古时，亦无此种思想(Gierke, Deutsches Privatrecht Bd. 1§4)。其由来既久，故不能溯其沿革。普通以民商法为私法，而宪法、行政法、刑法、刑事诉讼法、民事诉讼法、国际公法等为公法。

至其学说变迁之沿革，在罗马古代，称从事于公共之事务及公共执法之政治家为公法家，称处理市民间之法律事务者，为私法家。此时之公法私法，仅可为事务家及学者之区别，非法律本身之分类。究其实，公法私法之区别，实滥觞于此时。

第一说，因法律之目的而为公法私法区别之标准。即以公益为目的之法律称为公法，以私益为目的之法律称为私法。此说亦倡自罗马，嗣后传于罗马法系诸国。然法律之目的之在公益私益，殊难识别。其标准亦茫漠莫可捉摸。且公益私益，互有密切关系。法律究以何者为主，其程度之测定，殊难。宁解释一切法律，应同时以国家及个人之利益为目的，较为妥当。又此说不能说明公法与关于公共秩序之法规之差异，乃其缺点。后世主张此说者，虽加种种修正，然终不能维持其势力之于不坠也。

第二说，求区别之标准于法律关系之性质。谓公法者，规定权利服从关系之法律。私法者，规定对等之权利关系之法律也。其论旨略谓所谓形式上之法律，并无公私之分。无论何种法律，终不外使人遵守之国家命令之规则。故公法私法之区别，乃实质上之区别也。此说虽曾风靡一时。然公法中，规定国民之对等权利关系者不少（如选举法）。且国际公法之规定，皆为对等关系。则依此见解，势不能不视为私法。又一般皆认为私法之亲属法，不能不谓为公法。其误谬自不待言。再进一步，在刑法对伤害他人之身体或盗取他人之财物者，科以一定之刑罚。在民法对于违法侵害他人之权利或不履行债务者令其负担赔偿损害之义务。此两者间之法律关系之性质，果有上述之差异乎？非国家对国民相互间之关系，命令个人之行为不行为，而对于违反者科以某种制裁乎？是此两者之法律关系，性质上并无差异也。

第三说，与前说稍似，谓法律概为权力关系之规定。其中规定对人之权利者为公法，规定对物的权利者为私法。其论旨所谓民法皆为财产法，而纯然关于亲属关系之规定，则不属于民法之范围。此见解根本已陷于误谬。盖所有法律，莫不规定人格相互之关系。纵在物权，苟谓为权利之一分类，亦不外为对人之关系。不仅此也，债权乃纯粹人的关系。如身体、名誉等人格权，又非财产权。若依此见解，则债权之本质若何，不能无疑。人格权是否属于民法之范围，殊属不明也。总之，以人的权利、物的权利，而分法之公私，洵为一大谬见也。

第四说，求区别之标准于法律关系之主体。所谓公法者，规定国家及其他公人格之法律关系，最少规定以其一方为主体之法律关系者也。私法者，规定私人相互间之法律关系者也。此说倡自法国一般学者，近时颇有势力。其定义所表示之文字虽有不同,要不外依构成法律关系之主体之性格,而判定法律之公私也。

国家往往为财产权之主体,而发生法律关系。此法律关系之须受私法之支配也,实无庸疑。而采主体说之学者,则谓此时之国家乃以私人之资格而行动。但此见解(国家有公私两资格),不无异议。此主体说结果虽优于前数说。换言之,第一,未混同公法与关于公共秩序之法规。第二,以亲属法之全部为私法。第三,标示公私法区别之标准,使人一见,即能辨识。唯其缺点,徒注重形式,不足以阐明两者之本源。换言之,以双方或一方之主体之为国家及其他公法人与否,而分法之公私,殊使人莫明其妙也。故某学者谓此区别,纯出诸立法者之专断,毫未基于法律关系之性质云。

以上诸说,非陷于误谬,即不完备。所谓公法私法区别之标准,须视其法律关系,有否统治权的作用存乎其间以为断。苟其法律关系,带有统治权之作用,则纵为私人间之法律关系,仍须受公法之支配。若无统治权之作用,则虽其一方为国家,仍当受私法之支配也。故规定支配关系者为公法,规定非支配关系者为私法。如斯解释,庶足明示两者区别之标准矣。

其他有否认公私法之区别者(Schlossmann, Der Vertrag 206),由纯理上言之,此说不无多少理由。盖上所述者,不过言明其一般的性质,而不能贯彻所有一切法规。如民法固为私法,然亦包含多少公法性质之法规。又如民事诉讼法、破产法之公法,亦有规定伸张私权之方法。此等规定,如视为助法(英法之学说)时,固可认为私法之一种,若认为国家施行法律之手段时(德国学说),则仍须属于公法之部类也。总之,公法私法之区别,固属困难,然在学理上,甚关重要。此否认说不能采也。

二、普通法、特别法

法又分为普通法与特别法。民法乃属于普通法者也。因法律效力所及之范围不同,而有普通法与特别法之区别。如民法对于商法为普通法,即原则法,商法对于民法乃特别法也。至其区别之标准若何?见解有三。

第一说,谓适用于全国之法律为普通法,仅适于特定地域之法律为特别法。此种以地域为标准之区别,在往昔封建制度时代,其效用甚大。现在北美及瑞士之联邦国家,尚能见其适用。

第二说,因法律所适用之人而区别之。适用于一般人民之法律为普通法,仅用于有某身份人之法律为特别法。如陆海空军刑法及商法,乃特别法也。法国商法,系采此主义。

第三说,依法律所规定之事项之性质而区别之。所谓关于一般事项之法律为普通法,关于特别事项之法律为特别法。民法乃规定个人生活上所发生之法律关系之法律,故为普通法。反之,仅关于商事之商法,乃特别法也。此说盛行于近世。

最后之区别,原系相对的。因有对于某种法律,固具有特别法之性质,而对于其他法律,尚不失为普通法者。如商法对于普通私法之民法,虽为特别法,而对于其他关于商事一部分之法律(如《交易所法》及《银行条例》),仍不失为普通法也。

普通法与特别法区别之必要,因特别法于其规定之事项,有优先适用于普通法之效力故也。

三、民法与民法典

民法须与民法典相区别。盖民法法典,乃以立法形式所制定之成文法。所谓实质上之民法全部,既非民法法典所能包含(例如习惯法),且有时带公法之性质故也(例如民法中规定程序法及罚锾)。

第二节 民法之法源

民法之法源有成文法与不文法两种。二者虽同为一法,但前者由国家立法机关所制定,有法律或命令之形式。后者反是,由习惯之自然而成,无一定之形式。

成文法有法律、命令、自治法及条约四种。民法法源之主要者,为法律。分述如下。

(1) 法律 法律有广狭二义。所谓狭义之法律,单指立法院三读会之程序通过,经国民政府公布者(《法规制定标准法》第一条)而言。兹所云者,乃指此狭义之法律也。

民法法典之制定,既须以法律之形式,则其废止或变更民法之法规,亦须有法律之形式,自不待言。

(2) 命令 此所谓命令,乃指院令、府令、部令、省政府令、警察局令、县政府令等而言。此等命令,若有法律之特别委任(委任命令),亦得规定民事事项。辛亥革命以后,政局纷乱。致多数法律,不能经议会之通过,而以大总统之命令行之。现在国民政府之立法机关即立法院,业经成立。今后应以法律规定之事项,当不致以命令行之矣。

(3) 自治法 地方自治团体所制定之法规,称为自治法(《地方自治试行条例》第五条)。此等自治法规,规定住民之权利义务者不少,故亦可为民法之法源也。

(4) 条约 一国元首与外国所缔结之条约,一经适法公布,即可为国法之法源。而条约中关于民事事项之规定,能为民法之法源与否,则视该条约之及于国内之效力之议论若何,结论亦异。有主张若欲使条约所规定之立法事项，其在国内发生效力时，须制定与该立法事项有同一内容之法律者。又有主张仅公布即可发生效力者。然条约一面固为国际法上之契约，而他面亦具有国法上之效力。缔结条约权，既须包含制定国法权，则国家之意思决定，只能有一而不能有二，乃当然之结果。故条约之批准，乃国家之意思决定。批准交换，乃对于相对国之表示。而公布即可视为对国民之表示。则条约一经公布，当有国法之拘束力也，自无庸疑（参照日本《国家学会杂志》一九卷七号，美浓部达吉氏《条约及于国内之效力》）。此种国法，称为条约法（Vertragsgesetz）。

如上所述，条约一经公布，即有国法之效力，则法律应得以条约而变更之。有主张条约法有较法律更优之效力，纵以法律，亦不得变更之者（美浓部氏前揭论文）。此说殊不足采。盖国家以法律而变更条约时，乃国家以后之意思决定，而变更前之意思，则该法律，亦无不能发生效力之理，不过对于相对国，负违反国际法上之契约之责任而已。

不文法而为民法之法源者，乃习惯法及法理。习惯法乃居于民法之补充的地位之法源也。

一般习惯，一旦得法的认识，即成为习惯法（Droit Coutumier, Gewohnheitsrecht）。此等习惯法，既非由国家之立法机关所制定（如成文法），而其成为法律之理由，又非出于国家之默认也。

在昔日国家及法律尚未发达之时代，习惯法乃民法之主要法源者，与法律无少异。及十八、十九世纪法典盛行之时，习惯法之效力极微。甚有以明文规定，完全排斥习惯法之效力者。如《普鲁士国法》总论第三条规定，法典所未认许之习惯法无效。《奥国民法》第九条，本法非依立法者之变更或明示的废止，不失效力。又其第十条规定，习惯于法典允许适用时,方可适用。《法国民法》亦可为同样之解释。其他 Baden[①] 国法第六条、Saxon[②] 国法第二十六条规定,习惯法只能作当事人意思解释之资料,而无法律之效力。此种见解,只知法典之利益,而忘社会之变迁。在立法政策上,洵为谬见。盖法律务期其必行,故实行乃法律之生命。若国民之法的认识,一旦有所变更,则现在之制定法,必难期其实行。律等空文,非法律之死灭而何。但现今文明诸国,除英国及美国之多数州外,一采成文法主义。而认习惯法之领域颇狭者,不过以习惯法之存在、内容及其适用范围,多不明了,且不易作成适应于社会新现象之法规,殊不适于近世社会生活之故耳。然无论何种成文法,皆不能期其完全无缺。又事实上对于已成为法的社会规范之习惯,而否认其有法的效力。殊有悖于法律之理论。故纵在成文法主义全盛时代,不问其承认习惯法之法规存在与否,而习惯法之领域,亦不致全行丧失也。

习惯法成立之要件

(1) 习惯之存在　同种行为之永久反复时,即生一种社会规范。此即所谓习惯也。其反复之事实须经过若干期间,一旦有反对之事实,是否即能否认其习惯之存在,则不能取决于习惯本身。不过习惯之所以成为法律,乃因其为法的社会规范之故。则同种行为之反复,须至可认为法的社会规范之程度,方可成为习惯法也。此标准虽稍欠明确,然亦习惯法之性质使然,莫可如何也。

(2) 法的认识(Opinio juris sive necessitatis)　法的认识,即法之必要观念者,国民认某习惯为法的社会规范之谓也。若仅认为事实上之习

[①] 巴登公国(1806—1918),1871 年成为统一的德意志帝国的一部分,现为德国巴登-符腾堡州的一部分。——编者注

[②] 萨克森王国(1806—1918),1871 年成为统一的德意志帝国的一部分,现为德国萨克森自由州。——编者注

惯,则只能补充或仅为解释当事人之意思表示之资料。又宗教上及道德上之规范,亦不能即成为习惯法也。

法的认识与立法之意思异。国民对于习惯法,固须有遵守之意思,但无须有立法之意思。故以习惯法为国民之立法之主张,稍欠稳当。

以法的认识为习惯法成立之要件,固律无明文。然依习惯法之所以成为法律之理论,与《民法》第一条之解释,则无庸疑议也。

(3) 习惯之内容须不反乎公共秩序善良风俗　有害于社会公益或反乎国民之道德观念之习惯,当然不能认为习惯法。故《民法》第二条特为规定之。

(4) 须为法律规定所认定或法律未经规定之事项　关于习惯之内容事项,有为法律所规定者,有未为法律所规定者。关于前者,其法律规定,不问其为强行法规与任意法规,非明认习惯法之效力,不能成立习惯法。此时之习惯法,优先适用于成文法。故称为习惯法之优先的效力。此类规定,民法物权法中最多。关于法律无规定之事项,习惯法一般能成立。故称为习惯法之补充的效力。补充的效力者,关于法律无规定之事项,须适用习惯法,而补充民法之缺陷者也。

习惯法之成立要件,不可不与习惯法之拘束力之由来相区别。学者或以习惯法之有拘束力,乃出于国家之默认(所谓国家默认说,Gestattungstheorie),或主张习惯法之效力,乃由于国民之确信(所谓国民确信说,überzeugungstheorie)。两说拮抗,各不相下。毕竟此两说之争,乃由于法律是否为国家之意思,抑为国民之确信之前提之不同,与法律之何故有拘束力之根本观念相牵连。兹无讨论之必要也。

(5) 习惯法之效力发生时期　据《民法》第一条之规定,习惯法一般有补充的效力。至其效力发生之时期若何,则议论不一。而成文法之公布施行日期等之不能适用于习惯法也,固不待言。或有谓法院适用之时，为效力发生之时期者。但法院乃适用法律之机关，如此解释，殊与法院之性质不合。究竟习惯之所以成为习惯法者，固其为法的社会规范也。故须以其成为社会规范之时，为其效力发生之时期。如此解释，或有讥其期间之不甚明确者。然此等缺点，乃习惯法之性质使然，莫可如何也。

（6）习惯法之证明　法律之存在及其内容，纯为法律问题，裁判官自应知之，原则上不得为调查证据之标的。但此原则，不能适用于习惯法。关于地方习惯法及商习惯之存在及内容，须由主张其适用之当事人证明之。然此问题，既非事实问题，故法院得以职权为必要之调查。

法院之判例，是否能为民法之法源，则各国见解，颇难一致。在英美法中，判例法（case law，judge-made law，judikaturrecht，Juristenrecht）为其主要之法源，当无可讳言。故学者或有主张判例能独立为民法之法源者，误也。盖法官乃适用法律者，而非制定法律者。不过判例能为产生习惯法之原因。同一判例，屡次反复时，则人民之间，即生一种遵依之习惯。其习惯一旦得法的认识，即成为习惯法。此类习惯法之起源，不仅限于判例。学说亦足产生人民间之习惯法。故判例学说，虽与法律之渊源有间接之关系，然不能直接为民法之法源也。

如上所述，判例虽足为促成发生习惯法之原因，但习惯法之发生，不仅限于判例。其他之习惯而得法的认识，成为习惯法者不少。故法国学者中，有主张习惯法仅可由判例而发生者，非正说也。

法理　《民法》第一条规定"民事，法律所未规定者，依习惯。无习惯者，依法理"。则法理亦为民法法源之一，自无庸疑。盖制定法无论若何精密，必不能将社会所有之现象，网罗而规定之，俾无遗漏。于是类推解释之必要生焉。若无可用为类推解释之规定，又无习惯时，而法官又不能借口于法律之不备，而拒绝裁判，故此时自不能不适用法理也。

法理者，即《德国民法》所谓条理，乃由法规全体之精神所生之原则也(《德民法第一草案》第一条)。《意大利法例》第三条二项之规定与此略同。又《奥民》第七条"无类推之法规时，须依自然之法则而裁判之"。《瑞士新民法》第一条二项"无习惯法者，须依自为立法者所应制定之法规"云云。我《民法》法理之解释，当采《德民》。盖法律非由各个规定所集合而成之死物，乃由互相关联之规定所成一个之活物。换言之，由此等规定之脉络连贯综合而成为不可分离之统一体。由此等规定之全体所生之结论与原理，即谓法律本身也。若犹有不足，则以正义、公平、利益之比较等一般之条理而为裁判之标准。以法理为民法之法源者，首创于法国。盖《法国民法》，成于百年以前，殊不适于现今之社会，故以法律之理想为标榜，而解释法律，以补成文法之缺点，更进一步而为变更改造成文法之基础。其结果，竟以法理为民法法源之一焉。

第三节　民法典之编纂

一、中国编纂民法典之经过

由实质的意义而言，则中国古时，亦已有所谓民法。但中国公法制度，虽甚详备，然私法制度，则发达甚迟。且私法法规，多参杂规定于刑律中。例如《大清律》之户婚律及杂律各编①中，规定继承、婚姻、物权、债权者甚多。虽其规定之形式，为处罚法规，但其实质，则仍为民事法规也。前清末年，拟施行宪政，作改良法律之准备。光绪二十八年，派沈家本、伍廷芳为修律大臣。当时注重修订刑律。而关于私法之编纂，尚未

---

① 《大清律》七编三十章，无"杂律"名目。其户律中户役、田宅、婚姻、仓库、课程、钱债、市廛各章多有涉及民事规范。——编者注

议及。至光绪三十三年，宪政编查馆议复修订法律办法，承认立法，应设专官。于是年派沈家本、俞廉三、英瑞为修法律大臣，设修订法律馆。聘日人松冈义正博士，使起草民法，共分五编。宣统三年，前三编告成。后二编由中国人起草，不久告竣。即旧《民律草案》是也。迨国民政府成立于南京，十七年秋，遵总理遗制，组织五院。以立法院为立法机关。由该院委员史尚宽等起草民法。总则编于十八年夏脱稿，经该院三读会通过，交国民政府公布。于十八年双十节施行，即现行民法也。

二、编纂民法之动机

中国编纂民法法典之动机，可分为三。

（1）采取大陆派之法律思想，以为统一刷新中国之法律。

（2）中国旧时法律，过于支离简单，不足以适应现今复杂之社会生活。

（3）拟完成中国法制，以谋收回领事裁判权。

关于编纂民法典，有谓中国地大民众，应先调查各地方习惯，详加审核，而取慎重态度者。有谓应以先进国之民法为模范，从速编成公布，以谋与世界潮流相应适者。由法理学上言之，十九世纪历史学派渐占势力，谓"法律乃一国民族精神之表现，成于自然，非可以人力创造者"，用以极力攻击自然法派。但以外国法为模范所制定之新法律，苟制定得宜，能与现代之社会生活相适应，则行之既久，亦可融化于国民，而指导国民之生活。且旧习惯中，种类庞杂，颇欠明晰，且有不应保全者。故习惯之势力，不可视之过重。总之，以上两种主张，各有一部分真理也。

三、民法之编制

民法之编制法有二。分述如下。

（A）罗马式　此编制法创自罗马法律家 Gaius 之 *Institutiones*。彼于注释《十二铜表法》时，分为人事编（Ius quod ad Personas Pertinet）、财产编（Ius quod ad res Pertinet）、诉讼编（Ius quod ad actiones Pertinet）三部。此种编制法，嗣后为 Justinian 帝法典之一部之 *Institutiones* 所采用。故仿之者，皆称为 *Institutiones* 式云。但 Justinian 帝之 *Institutiones* 共分四编，盖因求各编分量之均匀，故尔出此。其根本之观念，仍出于 Gaius 也，则无庸疑（R. Leonhard, *Institutionen*, 1§62）。嗣后《法国民法》及法法系之民法，将第三编除外，而将第二编分为二，合人事编为三编。即《法国民法》第一为人事编。第二编为财产，及所有权之变更。第三编为取得所有权之种种方法。西班牙及意大利民法亦同。《奥地利民法》，亦取三分法。即第一编为人法。第二编为物法（包含物权债权）。第三编为总则。此又 *Institutiones* 之变体也。

　　罗马式将实体法分为人事法与财产法，固自有相当根据。然缺点亦复不少。故颇受近世学者之非难，兹略举其缺点如次。

　　（1）不定债权之地位　关于此点，主张罗马式者，其所见固有不同。但当时罗马既无如近世物权之名称，且其对于物之观念，与近世不同。则其视债权法为物权法之一部者，宁属当然也。然债权与物权之性质，大相径庭，且债权法占私法之大部分，而以之为物权法之一部，殊欠妥当也。

　　（2）于人事编中，混同规定彼此性质大有差异之人格及能力与亲族关系。

　　（3）以诉讼法为民法之一部。

　　（4）未设为各种权利所共通之总则。

　　（B）德国式（Pandekten）　此式在罗马式输入德国后，由德国学者所研究发明之新分类法也。然为何人所发明，则无可考证。此式分民法全部为五编。第一编总则。第二编物权。第三编债权。第四编亲属。第五编继承。Saxon 民法首先采用之。Bavaria① 民法草案(一八六一年)虽仿效之,然置债权编于物权编之前。德国民法草案则仿诸 Bavaria 者也。我民法亦然。其理由:(1)债权法在交易上最关重要。(2)债权法以其他各编之规定为前提者甚少。反之,其他各编之规定,大抵以债权法为前提。(《德国民法理由书》绪论三页。然学者对此之批评,亦区区不一。Vergl, Staudinger, 1, S. 9; Endemann, Hölder, Kommentar, S. 59, 60.)(3)首设总则一编,揭各种权利关系之共通规定,以免其散诸各处,而致重复或缺漏。(4)分划古来混入人事编中之人格及能力之规定,与亲属关系之规定,使其一部入于总则,其他另为一编,以应将来时势之变迁。且使后编之规定,便于改正。(5)不置亲属编于各编之首,而使在物权编与债权编之次。盖一以明亲属关系之影响于财产上之范围。且示各人之权利义务,非如往昔,因其身份及地位而固定者也。因死亡及其他之事由而为包括财产之继承,殊与物权债权及亲属关系相牵连,以继承法为独立一编,以改往时仅视为取得财产之一方法之观念。

综上所述,此种编制法,学者谓能矫正罗马式之缺点,远驾而上之,洵的评也。

有倡民商二法之统一论者。即合并民商二大法典,而制定单一之私法法典。如瑞士之商法之大部分包含于债务法中是也。商法之全部,固不能尽能包含于债权法中。然除商法总则之一部,公司编及海商编之一部之规定,具有特殊之性质外,其他部分,编入债权法中,亦无不可。我民法系采此主义。

---

① 巴伐利亚王国(1806—1918),1871 年成为统一的德意志帝国的一部分,现为德国巴伐利亚自由州。——编者注

无体财产权之性质,颇近于物权,故学者有主张应编入物权编者。至此等特殊事项,在立法上应否包含于民法法典中,自为另一问题。或谓法典仅可为一般的规定,而关于各种特殊事项,须各制单行法。一面既可避免法典之频繁改正与变更,而他方关于此等特别事项之法律,易于为因时制宜之改正。故我法制,将商法之一般的规定,合并于民法。而关于其他特殊事项之规定,则制定多数之单行法。

第四节 民法之效力

民法之效力,得依种种见解而观察之。有关于人者,有关于时者,有关于地者,有关于事项者。关于人及地两点,与国际私法有关。故别而为三,分述于次。

一、关于时之效力

法律只适用于效力发生时所生之事项,不溯既往,乃罗马以来一般所公认之不溯及之原则(Principe de la non-rétroactivité, Prinzip der Nichtrückwirkung)。诸国法律,多以明文规定之(《法民》二条,《日本民法施行法》第一条)。盖不许新法适用于依旧法所确定之法律关系也。法国革命时代,标榜保护人权,欲以此为宪法上之原则,而拘束立法者。嗣后《美国宪法》,竟采此主义而以为立法上之原则。然在近世,一般皆以之为法律适用上之原则矣。盖立法者虽不能变更过去之事实,自应有变更其效力之权能。换言之,一旦认为公益上之必要时,随时可制定有溯及效之法律也。

此原则适用之范围,因立法理由之不同,不能不有多少差异。关于此点,学说不一。通说谓新法不得夺取依旧法所得之既得权。然既得权之意义若何，亦无定说。普通皆指因特定事由已经取得之权利而言。若仅单纯之希望，则不能受法律之保护也。如达某年龄为成年，若某人死亡，则有为其继承人之资格，其他如享受在进行中之时效之利益等，皆不能谓为既得权。故一旦有变更此等事项之法律出，自不能不受其适用也。

此说虽大致不至有不当之结果。然既得权之观念，既有欠明了，且以其有无为唯一标准时，又未免过狭。例如制定变更某法律行为（如遗言）之方式之法律时，则其实施前所成立之行为（纵未生效力），自不得使其无效。若依既得权之观念，则不能说明也。或主张须视其是否关于公益者。此说亦未免漠然。盖纵令其法规系关于公共秩序，亦不能变更依旧法所确定之法律关系也。总之，此问题须依法规之内容及立法之目的而解决之。盖法律关系之效力，须依其发生当时所行之法律而定，否则在其当时必呈法律不存在之奇观。而吾人之法律生活之安固，将不能保持。此所以承认不溯及效之原则也。但此原则，仅可为解释上之标准，则已如前述。盖纵令某法律关系业已确定，然以法律之力，亦得变更之。如制定解释前法意义之法律，其性质上当然生溯及效也。又某法规，纵令有溯及效，亦不可即断定能溯及以往之一切法律关系。盖普通在旧法时代所发生之法律关系，唯自新律施行时起，受新法之支配。而在其以前所生效果，亦不能因新法之施行，而有所变更也。

综上所述，所谓不溯及之原则，不过为解释上之标准，而无绝对的效力。故无须如诸国以明文规定之。且以明文规定，反于适用上易生障碍。日本仅于《民法施行法》中揭之。我民法总则、物权、债编、亲属、继承施行法第一条之规定亦然。盖依旧法所确定之法律关系，若得以新法变更之，实有害于社会生活之安固也。

二、关于人及地之效力

在往昔交通未发达之时,一国之法律,仅行于本国领域内,而支配内国人间所发生之法律关系。我国昔日闭关时代之法律亦然。迨及近世,国际交通,日形发达,诸国人民亦往来频繁。于是所发生之种种法律关系,有为其领地内之内外人间或外人互相间所发生者。有为在外国之本国人间或内外人间所发生者。或在内国所为之法律行为,而其标的物在外国者。总之,如此关于人、物及行为,含有涉外的原素之法律关系,果依何国法律以支配之乎?此所以在国际的私法关系频繁之现代,而有规定互异其法域之内外私法适用区域之必要也。所谓国际私法,即因近世交通之发达,所产生之法则。其结局之目的,无非为解决此种复杂之问题而已。

凡一国之主权,在国内有完全之作用。法官仅能依内国法以为裁判。至于涉外的法律关系,原不妨将外国法置之度外。然在近世文明诸国,无不加多少制限于此主权作用。且于承认外国时,即不啻彼此相互承认其法律。于是对于某种法律关系,遂不能不适用外国法矣。此相互承认主义,毕竟起因于国际关系之必要,而为古时罗马所否认者也。盖罗马除适用于其市民之固有民法(市民法)外,虽有适用市民以外之人民之法律,然不能因此即谓为承认他国之法律。而当时思想,仍以罗马法为世界唯一之法典也。迨后日耳曼人种侵入罗马帝国,于是种族之观念盛行。各人须受其种族固有之法律之支配。此即中古所盛行之法律属人主义也。

时世渐进,异种民族,同住一地。洎封建制度兴,领土之观念,遂形发达,而有以一定之地域为基础之原则。所谓属地主义,即于此时发生。属地主义者,以法律之效力,仅及于领土内所发生之法律关系。而在其领土内之人,不分内外,均须服从之。此主义乃解决近世国际私法诸问题之大原则。盖国际私法,毕竟基于国际关系之必要,依相互承认主义,而限定其适用区域之法则也。

国际私法,乃国内法之一部,非如其名称所表示之为国际法也。法、意、比诸国之学者,从来皆主张其为国际法,而倡本国法(属人法)主义,殊属谬见。盖国际私法,究不外关于国内某种私法关系,定其适用何国法律之内国法。其主要之效用,在示法官以准据法而已。故法官仅能受本国法之拘束。纵令对于某国际私法关系,而适用外国法时,亦无非适用定其准据之内国法,决非该外国法直接发生效力也。此原理在以成文法规定国际私法之我国,固一见显然也。唯全然离脱其形式而观察之,所谓国际私法,乃各文明国人民之共同一致所成立者耳。

综上所述,我国人民主权之结果,凡我国人民,不问其在国内国外皆须受我国法之支配。又领土主权之结果,苟在我国领土内者,不问其为内国人,或外国人,亦不问其事项是否关于中国人或外国人,皆须适用我国法。于是与外国之冲突生焉。故各国法律,每因必要,而限定本国法之适用范围。又关于特定事项,亦许适用外国法。借以避免法律之冲突。我《法律适用条例》,即为解此问题者而制定也。兹述其原则如次。

(1) 人之能力、亲族关系及因此而发生之法律关系,依当事人之本国法。

(2) 继承依被继承人之本国法。

(3) 关于动产及不动产物权,依其标的物之所在地法。

(4) 关于法律行为之成立及效力,依当事人之意思而定其标据法。若当事人之意思不明时,则依行为地法。

(5) 所应适用外国法之规定,若有违反我国公共秩序与善良风俗者,不适用之。(《法律适用条例》)

我国昔日昧于法律,疏于外情,许外国以领事裁判权。于是外国人之在中国领土内者,可不受中国法律之支配。中国国权,因此丧失其一部之作用,洵为大耻。欧战后,德奥丧失领事裁判权。俄旧政府条约失效。中国法律,对于此三国人之居住中国领内者,亦可行使矣。

第五节　法律之检认

法律之适用,须待解释。法律之解释,则以法律之检认为前提。法律之检认者,确定有效的法律是否存在之行为也。换言之,检查某法律现在是否有效是也。而有效法律之存在,一面须有该法律之适法成立。他面其成立以后,须未发生消灭原因。民法法典,实际上虽无检认之必要,然关于民法施行前后之单行法律、命令,殊有检认之必要也。

(1) 法官检认制定法之权限　关于此点,法律虽无明文,然法官既有适用有效法律之职责,则审查法律之有效与否之权,当然包含于其职责之中。则审查法律之有效无效者,不仅为法官之权利,且其义务也。但关于审查权之范围若何,则每生疑问。

(2) 审查公布之有无　关于此点,学说一致(Gierke, Regelsberger)。盖公布乃制定法律之一条件。在今日之法制,须有公布权限之机关,以适法之方法公布之。

(3) 审查权限之有无　须审查官厅所发布之命令,是否超越其权限。此点为今日学说所一致。盖官厅仅于法令所赋与之权限之范围内,有发布命令之权。苟超越其权限之范围,无立法权也。故审查命令之有效无效,第一须着眼于此点也(Laband, Regelsberger)。

(4) 关于宪法上之法律,须审查其是否经立法府之议决　关于此点,从来议论不一(Laband, Staatsrecht, Bd. 1, § 55)。或谓是否得立法府之同意,是否经绝对多数之议决等,乃立法府之内部关系(interna

corpolis),立法府自有其有效无效之审查权。故立法府以自己之行为，所发表之法律，法院无审查权。然此说亦谬。何也？苟宪法俨然存在，则立法府之立法，不得违反宪法之规定。若违反时，则为违宪之法律，自不能有效。且宪法上之一切法律，必须经立法府之议决。故未经立法府所议决之法律之不能有效，自属当然。又立法府之议决，须为合法。苟有违法之点，则无议决之价值。即不能成立有效之法律。故欲发现有效之法律时，则不能不审查此点也。

（5）法院在实质上审查违反宪法之权限　关于此点，学说亦歧。诸国宪法，亦未趋一致。《普鲁士宪法》以明文规定，法院无此种审查权（《普宪》一〇六条）。《美国宪法》，则以明文与法院以此种审查权。然违反宪法之法律，既不能有效，且我国最高法院及司法院，握有一切法律之最高解释权，而审查权乃解释权之前提，则我国最高法院，自应有此种审查权也。

（6）关于立法理由，法院无审查权　如某法律或命令，纵在立法政策上甚为失当，且有害国民之利益，苟其形式完备时，则法院不能不适用之也。

（7）法律消灭原因之检认　如上所述，既确定法律之有效成立，然后须检查其法律是否消灭。而法律之消灭原因，有为法律本身所规定者。如规定有效期间是也。又有后法明白规定废止前法者。此时须注意其法律与命令之关系。又纵不明白规定废止前法。若前法之规定与后法相抵触时，则前法须解为因后法所废止也。

第六节　法律之解释

法律之解释（interpretation, Auslegung）者，确定其意义，即内容之谓也。法律之内容确定后，方能适用于实际问题。故法律之能适用得当与否,则专视其解释方法若何。故解释之必要与困难,决不让诸立法也。

　　法律之解释,分为有权解释,与学理解释。前者乃以新法律确定既存法律之意义,其解释有强制的效力,故又称为强制的解释,有权的解释。有用制定法者,此时称为立法的解释。有用习惯法者,此时称为惯行的解释。无论何者,皆系以法律解释法律。其目的虽在解释前法,而其实纯为新立法也。故有主张有权的解释为非解释之议论者颇属不少。又解释之法律与被解释之法律,须具备同一之效力。若以命令解释宪法上之法律时,无有权的解释之效力也。此时关于同一事项,法律与命令并存。则命令之效力,自不及法律也。有权的解释之效力,追溯既往。但仅关于发生于有权的解释前面未经判决之事项,及虽经判决尚未确定之事项,方能溯及。至关于业经判决,及未经判决,而依当事人之行为,已经完结之事项,则不能溯及也。有权解释,近时采用者甚稀。

　　学理解释者,法官、学者及其他个人以学理定法律之意义之谓也。此种解释,无法律上之拘束力。不过有时因为解释者之学识技能之特出,实际上颇有势力而已。少数学者,分法规之解释为公解释与私解释二种。称法官之解释与立法的解释为公解释,俾其与学者及其他个人之私解释相对立。因法官于判定某事件时,职务上所为法律之解释,而由解释所下之判决,于诉讼当事人间发生与法律同一之效力故也。然此区别,乃关于解释之发源及效力之形式上之区别,与解释之方法无关系也。

　　解释之目的,是否为阐明立法者之意,抑为解释法律本身之意义,则议论不一。近世学者,大都采后者之见解。盖依前说,则如法律之草案理由书、起草委员之记录、议案之说明、立法府之速记录等,所谓立法之资料,皆足以拘束解释家。反之,若采后说,则所谓立法资料不过为参考材料之一。法律之意义,仅能以学理而确定公布之法律也。然立法者之隐意,既非法律,而今日参与立法之程序,又极繁杂,所谓立法者之意思,事实上殊难确定。且法律既非死条文,乃活的社会准则。吾人于定其意义时,若徒拘泥于历史的事实,是不啻以社会作法律之牺牲。故解释之范围宜广,方足以适应社会之需要,而补成文法之不备也。

学理解释,又分为文理解释与论理解释两种。文理解释者,依法律之文字及用语,而确定其意义之谓也。盖文章用语,乃直接表示立法者之意思。若置文章用语于度外,而以茫漠之学说理论解释法律时,则往往脱出解释之范围,而生制定法律之结果。故在法律编制失宜或不易改正之国家,往往见此弊端。此文理的解释之所以尤为重要也。然文理的解释,非如其文字所表示之单纯简易。若欲期其完全,自有一定之方法与原则。换言之,凡一国法律之文章用语,自有一种特性。故须注意此种特性,参考立法者及立法当时之情况,又回溯其母法之外国法之渊源,而解释之。若将其文字用语置之度外,殊为误谬也。尤须注意者,法典之条项,乃构成全部组织之成分。前后互有密切之关系。故须彼此对照,研究其联络,以探求其真正之法理。若仅捉一与判定事件有直接关系之条项,徒拘泥其文字,而定其意义时,往往与立法之本意相背驰,而生死用法律之结果。此所以犹须待乎论理的解释也。文理解释与论理解释有不可分离之关系。两者并用,方能达解释之目的也。

论理解释者,依推理之作用,而阐明法律之意义也。如某条项与法律全体之关系,一法律与一国法制全体之关系,立法之目的,社会之情况等,举凡足以阐明法律之精神者,皆须参考之。所谓理由书及编纂议事录,既非法律之一部,固不得以为解释之根据。但不妨参考之。论理解释之尤为重要者,乃关于承继外国法之一部分,须溯其渊源,并参考近世诸大家之学说,而明母法之意义是也。如关于某事项,虽完全采用某国法典之规定,而除外其重要之一部者,亦非无其例。此时关于此种事项,须研究其未行采用之部分,方可知立法之本意。而适用之时,庶无误谬之虞,且可为他日改正之资料也。

有主张论理解释须于法文之意义不明,或无可适用之法规时,即不能据严格的文理解释时,方可用之者。乃谬见也。盖近世之法理,决非如罗马法以文辞为解释之唯一基础。有时固不妨两解释中择一而用之。且仅可依论理解释之时,亦复不少。如法文之意义,与法律全体上所确定之意义不相容时,须扩张或缩小其法文之意义而解释之。所谓扩张的解释者,附加法文当然所不包含之意义之谓也。缩小的解释者,除却法文所应包含之意义之谓也。

解释之方法

(1) 解释之资料不可不求之于外国法　欧美诸国,学术先进,而后成为法典。故得以本国法学之力而解释之。我国素鄙视法学,谓刑名乃王道之末。迨及近世,法律之编纂,既不能不取范于欧美,故我国民法之解释,亦不得不致力于外国民法之研究。此现象虽为可悲,然亦为后进国之所不得已也。尤为困难者,民法编纂之际,所参考之外国民法既多,若一一研究,殊不易易。如与契约相当之文字,英之 contract,法之 contrat,德之 Vertrag,其意义皆有多少之差异。今我民法上之契约之意义,果依何国之解释乎?契约且然,则其他之细微者,可以想见。故欲期法律之解释之统一,与欲期与国民普通生活相容洽,则不能不俟诸将来之解释也。

(2) 法文之文字须从普通之语义　文字因时代地域,或其使用之人之不同,其意义亦异。然法律乃国家对普通一般人之意思传达,则其文字之解释,须从普通之意义者,固条文解释之第一义也。若依普通意义解释,则其意不通,或生不当之结果,或其文字不为普通所使用时,则不可不诉诸法律学之力。盖专门术语,既有特别之意义,且其解释困难故也。我民法既承诸欧美,苟非研究欧美之法律,则其意义难明,固无待言也。

(3) 民法须合全体而解释之　民法之条文虽多,但其法典全部,自有贯通前后之基本观念以支配之。故解释时,务保持各条之联络,而使其不相矛盾。此解释之最终目的也。此种解释,多用推理之方法(论理解释)。吾人私的生活之全部,随处随时,皆不能逃民法之支配。吾人生活虽有种种与多方面,然毕竟为有调和之一点。法律亦如之,其多数规定与日常变化莫定之生活相当。法律全体,与吾生活全部相当。此所以法律之解释,有统一之必要。若吾人生活有前后左右之矛盾,则不能称为完美。若法律之解释,徒拘守条文,而不统筹全局,亦不能谓已尽解释之能事。于是有扩张的解释与缩小的解释必要。盖一条一项之规定,乃法律全体之一部,不能独立存在。一规定之内容,有时与他规定之内容相重复。此时非将其一方缩小解释之,则失全体之调和。或关于某事项,缺应有之规定。此时非将他之规定扩张解释之,以补其缺陷,则难保全体之调和也。

类推适用(Analogie)

类推适用者,关于某事件,法律无规定时,适用与此类似之关于其他事件之法律也。其性质颇不明,故学说不一。大致可分为三说。

(1) 立法说　类推适用,既以无可适用之法规为前提,则由某法规或多数法规所生之效果,为立法者所未预期之时,方可为类推适用。此时之类推适用乃制定新法云(Dernburg, Beseler, Binding)。此说虽觉锋利,然其与法官以立法权,果有十分根据与否?殊为疑问。

(2) 解释说　有主张类推适用,不过活动原来之原则,并非制定新法规,故仍不失为解释者(Savigny, Windscheid)。

(3) 折中说　类推适用之本质,乃法之制定。但其形式,乃不失为解释(Gierke, Regelsberger)。盖类推适用,不仅为法之解释,且因此发现新法规(法之制定)。但其不取立法者之态度,唯求包含于现行法中之原则之发展而已(外形为解释)。倡此说者,虽颇具苦心,然毕竟为立法说也。

类推适用,既不可视为创设新法规。而法官亦只能适用法律,而不能制定法规。又有以之为虽非立法,而为逾越解释范围之法律之补充者,误也。类推适用,乃适用法规,于立法者所未想象之事项,此为非解释说之根据也。然立法者之想象与否,果何据以决定之？若关于特定事项,以法律无直接规定之故,即不能谓为立法者所未预想也。盖法律乃一般的准则,非关于各个具体事件之规定。采关于一事项之规定,而适用于其类似之事项者,为适用法规所当然。故类推适用者,乃隐匿法规之解释也。而以类推解释为脱离法规解释之范围者,乃不解法规无规定之处,尚有隐匿法规之存在也。

类推适用某一事项之法规于其他相类似之事项者,法律屡以明文规定之。即所谓准用是也。准用乃对适用而言。将关于一事项之法规直接适用于该事项时,谓之适用。而适用于其类似之事项时,谓之准用。故法律明言准用时,则无类推解释之必要。盖此时法律既有间接之规定,非纯粹之类推适用故也。

纯粹之类推适用者,乃法律并无准用之明文,而尚为类推适用之谓也。有同一或类似之法律的理由,而认同一或类似之法律效果者,乃法理上所当然。苟法有所不备,当然以类推适用补充之。故谓类推适用尚不失为法律之适用者,其主张虽未敢谓为误谬,然其是认之理由,毕竟基于法理也。

论理解释中,尚有称为反面解释(Argumentum a contrario)者。乃关于特定事项,规定一定法律效果时,则关于其所不包含之事项,而认反对之法律效果是也。此解释之能用与否,须视该法规之为例外法规与否为标准而决定之。

法律之解释适用，须研究其具体的结果之妥当性。若某法规可为种种不同解释时，则须采其结果之妥当者而适用之。然个个事件之裁判之妥当，固非法律之唯一目的。而法律生活之安定，亦为法律重要目的之一。故目的法学（Zweckjurisprudenz）、利益法学（Interessenjurisprudenz）之思想，虽大体可表赞同，而采自由法学（Freirechtstheorie）者之过于轻视条文之弊，则不可不避也。

第七节　民法法规之分类

一、民法法规得分为强行法规（dispositions impératives, Zwingendes Recht）与非强行法规或任意法规（dispositions supplétives, nichtzwingendes Recht, dispositives Recht, nachgiebiges Recht）　前者不问当事人之意思若何，得强行适用。后者则依当事人之意思，得排除其适用者也。法规既有此两种，故法官适用法律时，第一须为强行法规，第二则为当事人之特约及其他之意思表示，第三方能适用非强行法规也。盖任意法规乃不过用为解释或补充当事人之意思表示，故不能反于当事人之意思而强行之。然当事人若不为特别之意思表示，即无与任意法规不同之意思表示时，尚得强行。故仍不失为法律也。

民法各条之规定，是否属于强行法规，抑属于任意法规，由条文之体裁上足以知之。否则研究立法之目的而决定之。大体债权法中多非强行法规，物权、亲属、继承编中多强行法规。但近时之社会政策，颇倾向于限制契约自由。则将来之债权编中，亦将因此而增加强行法规也。

二、原则法规及例外法规　原则法规与例外法规之区别，无须说明。依从来解释之原则，凡例外法规，皆须严格解释之。但近来有主张法律既多由例外法规进化而成，则例外法规固无须狭义的解释之者。若有同一之社会的理由时，原则法规固须为扩张的解释，例外法规固须为制限的解释。若其社会的理由（或社会的合理性）一旦有轻重之差，则例外法规亦未尝不许扩张解释也。由此观释之，前说仅具一面之真理也。

三、固有法与继受法　由外国传来之法规称为继受法。由本国社会所发生之法律称为固有法。两者区别之实益，对于继受法须以母法及其姊妹法为研究之资料。而对于固有法则须研究其本国法律之沿革。然继受法之所以取范于外国者，亦无非应本国之需要。法律制定以后，彼此情形，不必相同。故盲从母法及其解释之弊，不可不避也。

第四章　民法上之权利

第一节　民法上之权利

一、意义

权利之观念论，行之最久，迄无定说。或谓须以义务或拘束（Zweckverband）之观念以代之者。此种义务本论，确含一面之真理。我国素以儒立国，礼让之风最盛，则义务本位之法典，应颇适合于我国之国情。但权利义务，常相对立。所谓权利本位、义务本位，不过观察方面之不同。至其内容，则无以少异。其间接之利益，权利本位足以奖励个人独立进取，而义务本位足以养成谦让守成之风。而其弊害，义务本位足以酿成因循之习。权利本位又有驯致相争之风。故研究法律者，不可不注意于此间接之效果也。罗马法及英国普通法，大致采义务本位之观念。迨自自然法派崛起,权利本位之观念盛行,遂形成今日法律学之大势。我民法亦不能逃此趋势。其是非姑当别论。我民法系采权利本位则无庸疑。

二、权利之本质

关于权利之本质论,学说甚多。举凡所谓法律家,莫不主张其固有之权利论。是以迄今犹无定说。或谓权利之观念非绝对的,须依时代及法律之变化而定之(Bekker)者,洵为的论。盖解释成文法而求一般的权利观念时,则不能不以成文法为前提。故权利之观念,不能不依成文法有所变更者,乃理之当然。或谓由权利之文字所表现之思想,颇为复杂,且其所包含之权利,往往彼此互异其性质。则总合一观念以包括之,纵非不能,亦徒无益云云(Bierling)。此谬论不足采也。兹略述从来之学说如次。

（1）意思说　谓权利者,乃吾人以心理上之意思所能支配之范围(因法律之保护)也。

此派之主张,谓法律既为限制吾人之意思。则权利不能不为其所限制之意思云云(Gierke, Privatrecht, Bd. 1, S. 253)。此说不足以说明现行法。何则？若以权利之本质为个人自然之(心理上之)意思,则其结果,无意思者当然不能享有权利,颇与事实不合故也。

（2）法规说　此说为 Windscheid 所主张。谓权利乃法律所赋与之意思之力,或意思之支配力。此说通常皆称之为意思说。然彼之所谓意思,非指权利人心理上之意思,乃指法规本身之意思而言。故不能称为意思说。依氏之主张,则虽意思无能力者,亦得享有权利。既无前说不当之结果,且能示权利之支配力之泉源。惜其未行说明权利之内容及实质,故仅能完成权利定义之形式。

（3）利益说　为 Jhering 所倡。谓权利者,乃法律所保护之利益也。

氏以意思说为独断的形式论,憾其不能表示权利之目的及实质,故专由权利发生之原因立论。谓意思既非权利之目的,又非其原动力,则以意思或力之观念,殊不足以说明权利之意义。故加以排斥,进而探求权利之实质的要素,及形式的要素。所谓实质的要素者,有益、有用、所得等是也。所谓形式的要素者,即法之保护是也。实质的要素,乃权利之精髓。形式的要素,乃保护权利之外皮。又说明两者之关系。谓前者乃权利之目的,后者不过为达此目的之手段。故法重实质的要素,而创"权利者乃法律所保护之利益"之定义。尤注意说明,所谓利益者,不仅限于金钱上或经济上之利益,复包含无形之利益。法律之保护者,在私权之范围内,系指诉权而言也。对于利益说之非难颇多。权利之内容,固为利益。但权利之内容,并非权利本身。此 Windscheid 氏之批评也。利益说过于注重于利权之内容,确系事实。然此亦其长处,足以补救法规说之形式论之弊。利益说之第二缺点,乃不能说明法人之权利。据 Jhering 所说,谓权利主体,乃利益之归属者。则在社团法人,非以社员为权利主体,其理论不能贯彻。是等于法人否定论也。Jhering 实达此结论。但氏于论法人时,又转其论锋。谓法人为谋诉讼之实际便宜计,对于外部,各社员并非相互独立,合全体社员为一体,俾受共同利益之保护。此乃利益与诉权互异其主体之例外,乃法律之形式之结果使然。不能因此即谓社员全无权利。而真正之权利主体,仍为社员也。如此,氏自暴露其利益说之缺点。其结论中有云"若以余之法人论为不可时,则须先对余之权利论加以攻击"。由此观之,则氏亦知其权利论不适于说明法人之权利也。

(4) 折中说　以上三说,虽各有其缺点,然皆含有一面之真理。故现今法律思想界之潮流,莫不宗之。而摘长补短,以期其完成者,即折中说是也。如 Regelsberger 氏云,权利者,为充实其所承认之利益之力也。

Jellinek 氏云,权利者,因意思之力,而受法律保护之利益也。前种注重于力之观念,而后者则注重于利益之观念。统称之为折中说。近时学者,大抵属于此派。

综上所述,权利者,享受特定利益之法律上之力也。

权利之目的为利益。吾人为自己之生存所要求一切之事物,称为生活货物(Lebensgut)。而对其此生活货物所有之利益,称为生活利益(Lebensinteresse)。法律承认此生活货物,而施以保护时,则为法律利益,即法益(Rechtsgut)。吾人营社会生活时,对于物及其他日常生活资料之关系,须享受诸种之利益。法律即保护此关系,俾个人以享受此等利益之力。故权利者,乃法律所赋与之力,俾个人享受特定之法律利益者也。

权利之本体,乃法律上之力(Rechtliche Macht)。法律上之力者,乃法律所赋与,而在法律上为得以行使之力之意。故又称为法律上之能力(Fähigkeit, faculté)或力之范围(Machtskreis)。如所有权者,乃得为物之使用、处分、收益之法律上之力也。债权者,乃得请求他人之行为之法律上之力也。法律俾所有权者或债权者以得为此等行为之力。此法律上之力,即权利之本体也。

法律认权利之理由,非仅为保护个人。结局以社会之维持及发达为目的。故在合理的范围内,方许权利之存在。

第二节 权利之分类

私权得以种种之标准而分类之。其重要者如次。

(一)绝对权及相对权 绝对权(Absolutes Recht,或称为对世权 Dingliches Recht)者,以一般人之不可侵义务为其成立要素之权利也。

如物权是。相对权(Relatives Recht，或称为对人权 Personal Recht)者，以特定人之义务为其成立要素之权利也。如债权是。

从来最普通之说明，皆谓绝对权者，乃对抗一般人之权利。相对权者，仅得对抗特定人之权利。然债权亦有不可侵性。若被第三人侵害时，亦可构成侵权行为。则此说明有欠正确。故绝对权者，以不可侵义务为其成立之要素。苟无此义务，即丧失绝对权之性质。反之，在相对权，虽不认一般人之不可侵义务，然对于特定人，尚得有权利之存在。

绝对权与相对权区别之第二要点，乃在排他性之有无也。如数人对于同一债务者，有要求为同一行为之债权并立存在时，则不因其成立时期之前后，而有效力之优劣。因债权无排他性故也。而物权则为具有排他性之权利。

(二)财产权、亲属权、继承权、人格权及社员权　此乃以权利内容之利益为标准之分类。为权利内容之有形无形利益，其种类甚多。兹所述者，仅及其主要者耳。若一并网罗分类时，则须采财产权与非财产权之形式。

(a)财产权　财产权者，以经济的利益为目的之权利也。反对说者，则主张能为处分行为之客体者，为财产权。谓处分乃财产权之本质。而经济利益，不过其通常所生之效果而已。此说尚未为一般学者所承认。

物权及债权，通常皆为财产权。物权者，以对物享受一定利益为内容之绝对权也。债权者，对于特定人要求其为特定行为(行为、不行为或容忍)之相对权也。或谓普通之书信或爱人纪念之头发等，虽可成立物权，然无金钱上之价格。则债权之标的，是否须有金钱的价值，自古已有议论(肯定说，Windscheid；否定说，Dernburg)。《德国民法》对此无规定。而一般解释，皆谓债权之标的，无须有金钱的价值。然不无反对说。

我《民法》则以明文规定之(一九九条)。

债权之给付,虽不限于有财产价格,然不能即断定债权为非财产权也。继承权虽通常算入财产权中,然不仅单纯财产上之关系。又社员权不必皆为财产权。如营利法人之社员权,虽为财产权,但公益法人之社员权,则多为非财产权也(Vermögensrecht)。无体财产权(Immaterialgüterrechte)者,存在于精神的产出物上之权利也。精神的产出物者,由著述发明等之精神的作用所制作之无体物也(非指著书特许品等之有体物而言)。此种权利,多为特别法所规定之财产权,即著作权、特许权、商标权等是也。其为绝对权与物权相类似。但其不以有体物为客体,则与物权异。

财产之种类,非尽于以上所述三种。此外尚有矿业权、渔业权之准物权。又形成权中,有财产之性质者不少。

(b) 亲属权　亲属权者,由亲属关系所发生之权利也。以支配他人(在亲属关系中)为内容者,为绝对权。而以要求他人之行为为内容者,为相对权。此种权利之目的,在保护亲属上之身份。如亲权是也。而相对权之亲属权,如受扶养之权利(一一一四条以下)与通常之亲属权是也。此种权利之内容,在要求他人之行为。故外国学者,多算入债权中。然应视为亲属权之一种为宜。而债权之规定,不过类推准用于此等权利而已。

(c) 继承权　继承权者,存在于继承人地位上之权利也。继承权之意义有二。一为继承开始后继承人所有之权利,称为狭义之继承权。其他则为继承开始前有得为继承人之权利。后者之继承权,不过为一种希望。但此希望,既为法律所保护,故为一种期待权,或希望权,而有权利之性质。

继承开始后,继承人所有之权利,通常以继承财产为客体,故称为继承人对于继承财产所有之权利。然对于继承财产之继承权,是否为单一之权利,则狭疑之点不少。如请求回复继承财产之请求权,固未尝不可认为独立单一之请求权。但以视为由继承财产之各个财产权所生之请求权为宜。若继承财产之总财产上,不能认有一个之权利,则继承人所有之权利,不过其所取得之各个财产之总合,不能别认其有独立之权利。故继承权者,乃指其应为继承人之权利也。此说适与通说相反,其当否不无议论也。

（d）人格权　人格权亦有二义。一为以保护人格为内容之包括的权利（Recht der Persönlichkeit）。一为以个人之利益为标的之各个权利（Persönlichkeitsrechte）。前者乃法律承认自然人为权利主体,而施以保护之单纯静的法律上之地位。称为权利,不甚适当。唯后之人格权,方能称为权利也。

人格权乃维持吾人之独立生存所必要之权利。如吾人对于自己之姓名,有姓名权（Namensrecht, droit au nom）。姓名权者,自己得专用自己之姓名,倘被人侵害时,得请求屏除其侵害之权利也。《德国民法》十二条,《瑞士民法》二十九条,我《民法》四十条、四十九条,皆以明文规定之。其他如生命、身体、自由、名誉皆属私权。侵害之者,亦可构成侵权行为。而生命、身体之可成立私权与否,依《德国民法》八二二条之解释,有谓此两者乃法律所保护之生活货物,人不能对此享有权利（Oertmann等）。又有主张可认权利之存在者（Dernburg等）。考诸《德国民法》之立法沿革,似应采前说。然我《民法》之解释,则应采后说。即关于生命、身体等,亦有人格权也。又商号权,外国学者多视为名称权之一,而视为人格权之一种。然登记后之商号专用权,须与特许权、商标权等相并立而为财产权也。

（e）社员权　社团法人之社员,对于法人有种种之权利。此等权利,总称之为社员权。如社员之利益分配请求权、表决权、执行业务权、监视权等属之。社团法人与其社员之关系,乃社团与其构成分子之个人间之一种从属的关系,不可与对等二人格者间之关系相同视。且社员权,以参与社团之事业为其本质的内容。故非债权,乃一种特别之权利也。主张社员权非从来个人法上之权利,乃一种社会法上之权利者,首推德之 Gierke 氏。其说虽未可尽行首肯,然社员权乃一特别之权利者,则无庸疑。

(三) 再以权利之作用为标准,更可为下之分类。

(A) 支配权(Beherrschungsrecht) 支配权者,直接支配权利客体之权利也。若请求权,权利者欲享受其权利内容之利益时,须介入他人之行为。而支配权则否,无待乎他人之行为,权利者自能实现其利益之享受也。支配权之最著者为物权。无体财产权,亦为支配权。又亲属权中之亲权、家长权,亦为支配权,且具有请求权之性质者也。

支配权除支配作用外,同时有于自己之支配范围内,禁止他人妨害之作用。此等禁止作用,学者多称为禁止权(Verbietungsrecht)。但禁止之作用,不能离支配权而独立存在。故不能认禁止权为一种独立之权利也。

(B) 请求权(Anspruch od. Anspruchsrecht) 请求权者,要求他人之行为,即行为、不行为之权利也。其特点在欲实现权利标的之利益时,须介入他人之行为。

请求权乃法律上之新观念。Windscheid 氏之名著《罗马私法之 Actio》中始言之。故学说亦区区不一。氏说虽遭多少之反对,然于德国普通法时代,已得势力。嗣为《德国民法》所采用(百九十四条)。今已成为法律上之观念矣。然疑点尚多。关于此类之参考书甚多。就中以 Langheineken, Anspruch und Einrede, 1903; Hellwig, Anspruch und

Klagrecht，1900 两书，尤为详细焉。

请求权系由权利发生。由物权及其他绝对权发生者，为物权的请求权。由债权发生者，为债权的请求权。而此等请求权，皆与其基本权不同，有独立之存在。请求权既由基本权发生，故须以基本权之存在为前提。然一经发生，则有独立之存在，不与其基本权共其命运。故有基本权虽然存在，而其请求权归于消灭者，或有仅让与请求权者。以上所论，为德法所公认。就中尤为要重者，乃时效制度，其一九四条规定消灭时效之客体，乃请求权而非其基本之权利。基本权不消灭，而请求权亦能因时效而消灭。故颇有研究之必要。我《民法》一二五条之规定亦同。例如甲之所有物被乙占有时，若甲欲赁贷于丙，只须将其对乙所有之请求权让与丙，则丙即可请求乙交付其标的物。故甲不须让与其所有权，而仅让与其请求权，是请求权有独立存在之证明也。但在债权请求权之让与，即债权之让与，请求权之主要者为债权。至债权与请求权之关系若何？有解释请求权为债权之内容者。有解释请求权乃由债权所流出者。其详细应于债权法中研究之。兹解释请求权为债权之本质的内容，较为妥当。

物权的请求权　物权的请求权者，由物权及其他支配权所生之请求权也。关于此点，用语不一。或谓由物权所生之请求权，方能称为物权的请求权者（Windscheid）。此本来之语义也。然由其他之支配权所生之请求权，其与基本权之关系，与物权无少异。故须扩张其语义，俾得包含由人格权、亲属权、无体财产权等所生之请求权为妥当也（Enneccerus）。

物权的请求权分为二种。

第一为物权及其他支配权所当然包含之多数请求权。此等请求权，皆为对人的。其内容为消极的，而以不妨害权利人对于客体之支配关系为趣旨。盖物权之构造,可分为对人对物二方面。后者乃权利主体对于其客体之关系,以直接支配为其内容。而 Windscheid 氏则仅视此为一种事实关系,谓非物权之内容。因法规乃对人之准则,则法律关系,不可不为对人的故也。然对物支配之范围,既明定于法律,自应成为物权之内容。又物权之第二内容,乃禁止他人妨害物之支配。此内容为对人的,且为对一般人的,而以对各人之不行为请求权为内容,即不行为请求权之集合也。

  物权之对物方面,只有支配,而不生请求权。至对人方面,于物权成立时,即包含无数请求权。反对论者,谓物权的请求权仅能由侵害行为发生。其被侵害以前之请求权,乃一种观念上之想象。既不能诉诸裁判,又不可为独立让与。是此请求权,不过基本权之别名,而无独立之价值也(Leonhard,Regelsberger)。此反对论殊为有力。然请求权之观念,并不以在裁判上现实行使为必要。尚未发生诉权以前之请求权,不过在未实行之状态耳(Hellwig, Langheineken, Windscheid, Oertmann/Gareis;反对说:Dernburg,Regelsberger)。由此观之,自不能否认物权被侵害前之请求权之存在也。又有谓请求权之观念,须包含即时行使之要素。此论尤为专断。且民法中有于侵害前,亦得行使请求权者。如《民法》第九六二条之规定,"占有有被妨害之虞者,得请求防止其妨害"。此所谓占有保全之诉也。所谓占有权有被侵害之虞者,即指尚未侵害而言。故法律之精神,于侵害前,既认请求权之行使,尤足以证明侵害前之请求权之存在也。关于此点,日本川名博士谓禁止侵害之请求权,非存在于成立占有权之时。若将来有妨害占有之虞之事情时,方能发生云云。然侵害之虞之事情,只可为发生诉权之原因。诉权乃为保护请求权(Rechtsschutzanspruch)而设。若诉权于有侵害之虞之时发生,则其前不能不有请求权之存在也。

第二种之物权的请求权,因物权之侵害而发生。分为物之返还请求权与妨害排除请求权。两者皆为物权者所应享有之状态与现实之状态有差异时所发生之权利。此种权利,或称物上请求权。其性质为准债权之特殊请求权也。而妨害行为之不法,并非其必要之要件。不过妨害行为有合法原因时,妨害者有抗辩权,能以此排斥物权者之请求耳。

物上请求权与物权之关系若何?学说不一。或以之为物权之效力,不认其为独立之权利。或以之为由物权所发生之独立权利。然物上请求权,或要求所有物之返还,或要求妨害之除去等,乃以要求他人之积极行为为内容。物权则不能有此积极的内容。故物上请求权,虽发生于物权,然须解为独立之权利也。

物权被不法侵害时,发生请求金钱损害赔偿之权利。此种权利,非物权的请求权,乃由物权所生之债权也。或有用物权的债权的请求权之名称者,亦误也。盖其不以回复物权者所应享有之状态为内容,故非物权的请求权也。

债权的请求权　或视债权与由此所生之请求权为同一者(Hellwig,Enneccerus,Kipp,Windscheid),误也。若以债权与请求权为同一,则无须特认请求权之观念也。凡债权由二方面而成。一为积极的对债务者请求给付。二为消极的保持债务者所为之给付。此两者皆为债权所包含之效力。然通常仅注重于积极的方面,而忽其消极的方面。盖以后者为自明之事理故也。是完全之债权,当然含有请求权也。(Regelsberger以裁判上之即时行使为请求权之要素。故附期限之债权,于期限到来时,发生请求权。此论亦不足采。)然请求权以外,尚有某权利之存在。故债权与请求权,并非同一。其现象于不完全债权即自然债务,尤为显著。在不完全债权,仅有消极方面作用,而缺积极方面作用即请求权。故债权人无进而为请求之权利。既无请求之权利,即不发生保护此种权利之诉权。换言之，不能提起给付之诉也。然债务者任意为给付时，则其给付，仍为保持债权之原因。不能以不当得利为理由，而请求返还。此即所谓无请求权之权利也。故两者之非同一，由此可以证明。

请求权之客体

作为请求权　以义务者之行为为请求权之客体时，其行为有一回终了者，有于一定期间继续者，又有于一定期间反复数回者。此后之二例，即发生请求权是否为单一或多数问题，及是否继续发生之问题。此问题于请求权之发生时期最有关系。故关于清偿时期及时效之起算点等，颇为重要。然此问题须依请求权之发生原因而决定之。若其原因为单一，则其所发生之请求权亦为单一。纵其给付分为数回或继续，请求权仍为单一。但其原因之为单一与否，须细心观察之。若仅就外形上之现象以施判断，则易陷于误谬。而对于请求权之基本权之为单一与否，亦须注意。若外形上之原因为单一，而因此所毁损之权利有数个时，则有数个之原因，而发生数个之请求权（Hellwig）。如以一行为而毁损某物，而因此发生所有权及占有权之侵害时，则请求权之发生原因有二。故发生所有权之诉（本权之诉）与占有权之诉。然请求权于不害其本来之同一性之范围内，亦可认其客体之减缩。如三年间之雇佣契约，既已经过一年时，其请求之客体，减少三分之一是也。其他如一部清偿亦然。如多数原因依次发生时，则其请求权亦因之依次发生。此等继续的或反复的行为，须视为多数行为，各自相应独立而为请求权之客体。故现在之请求权虽经发生，且值清偿期。而将来之请求权，犹未发生也。如法律上之扶养义务，其适例也（Planck, Endemann）。至以继续的行为侵害物权及其他支配权时，则因此所发生之请求权，为侵害开始之一个请求权乎？抑于侵害行为继续中，迭次发生乎？须依各事例之解释而决定之。若因权利人之任意行为，而致物权发生不满之状态时（如租赁），原则上属于前者，若因不法侵害时，则属于后者。

不作为之请求权 以义务者之不作为为请求权之客体时，有于一定期间内一回不行为，即可终了者。有须数回反复者。又有于一定期间内继续者。后者二例之请求权之为单一与否，须视请求权发生原因之为单一与否而决定之，与前所述同。

请求权之保护 请求权乃要求行为不行为之权利。一值清偿期，即得行使之。但即时行使，并非请求权之要件者，已于前述。盖未到清偿期之请求权，仍能存在故也。不过请求权一到清偿期，即可受法律之保护，而发生诉权。诉权（Klagerecht od. Rechtsschutzanspruch）者，乃对于国家要求一定判决之公权。其为公权与否？抑为独立之权利与否？可参考 Oertmann/Gareis, S. 597 及 Hellwig, Lehrbuch, Bd. 1, S. 148。而请求权乃对相对人之私权。二者不可混同也。

（C）**形成权**（Gestaltungsrecht） 形成权者，因一方面的意思表示，而生一定法律效果（即他权利之创设、变更、消灭）之权利也。如撤销权、抵销权及解除权等是。此种权利，为从来学者所忽略。或否认其有权利之性质。独德之 Zitelmann 分私权为得为权（Darfrecht）、要为权（Sollrecht）及能为权（Kannrecht, Recht des rechtlichen Könnens）三种。以自己之行为，而生有利于自己之法律上效力之权利，称为能为权（同氏《国际私法论》）。Hellwig 大体赞成之，而用变更权（Recht auf Rechtsänderung）之名称（同氏《民事诉讼法论》）。独 Seckel 以单行论文而研究此种权利，遂命名为形成权。嗣后 Oertmann 亦用之。而各学者所例举之此种权利之范围，殊不一致。由此可知学者之研究，尚未臻完备也。又近世学者中，犹有否认形成权者。如 Koller 谓形成权不过为权利之作用，即权能，而非独立之权利。但撤销权、解除权等文字，屡见于各国民法条文中，是已显认形成权为一种独立之权利矣。

形成权有创设权利者。如向第三人为给付之契约，第三人对于承诺人表示享受其利益之权利是也。有变更权利者。如选择债权之选择权是也。不过消灭权利之时最多耳。多数学者，将因先占之取得，亦算入形成权中，殊不足采。

形成权非支配权，因无被支配之客体故也。又非请求权，因其不请求他人之行为故也。又形成权无与其相对立之义务，其行使仅依权利人之一方的意思表示，而其相对人并不负何等相对的义务也。

(D) 抗辩权(Einrede)　对于请求权，法律有时与债务者以拒绝其请求之权利。此种反对权(Gegenrecht)称为抗辩权，又称为请求拒绝权。

抗辩权并非要求他人之行为，故非请求权。至其是否属于形成权之一种，德国学者间之议论，尚不一致。然行使抗辩与否，法律效果，大相殊悬。解释上当认为以拒绝请求为内容之特种形成权也。

抗辩权仅可以其反对的效力以妨碍相对人之请求权之效力，而不能消灭其请求权。此乃抗辩权与所谓权利灭却之异议(Rechtsverneinende Einwendung)相异之点也。如受返还贷金之请求者，以消费货借契约之无效为理由，或以业经清偿为理由，而主张返还请求权之不存在时，乃权利灭却之异议，而非抗辩权之作用。反之，以于他人之土地上有地上权或租赁权为理由，而拒绝返还所有物请求时，则为抗辩权之作用也。

对于相对人之抗辩权，请求者有再抗辩权(Replik)。再抗辩权，乃对于抗辩权之反对权。其性质与抗辩权同。

抗辩权须与诉讼法上之抗辩相区别。诉讼法上之抗辩者，乃指被告所援用之一切防御方法而言。故权利否认之异议，亦为诉讼法上抗辩之一。

(四) 一身专属权与非一身专属权　乃权利与其主体之关系密切与

否之区别也。所谓专属之关系,有指权利之归属者,与不然者。故一身专属权之意义有二。关于继承之权利,乃属于前者。关于债权人代位之权利,乃属于后者。(二四二条)

(五)主权利、从权利　从权利者,与他之权利有从属关系之权利也。主权利者,则无此等从属关系之权利也。从权利与主权利之关系,须就各种从权利而研究之。

从权利须与权能(Befugnisse)相区别。权能者,乃权利之内容,与本权利不可分离而独立存在者也。如所有权者所有之使用权、收益权、处分权,乃权能而非权利也。

第五章　民法上之义务

义务者,法律上受一定行为或不行为之拘束之谓也。行为义务,乃积极的义务。不行为义务,乃消极的义务。权利以利益为内容,而义务则以不利益为内容。权利者有享有利益之自由,而义务者则反受不利益之拘束。

权利与义务,以互相对立为常态,在债权法中,此关系尤为显著。然此仅为常态,不无例外。如撤销权、解除权等之形成权,则无与此相对立之义务者也。

法律由义务本位而进于权利本位者,素为法理学者所主张。而现行民法,虽采权利本位。及挽近社会思想之勃兴,学者中至有否认权利之存在者,已于前述。于解释以权利为本位之法典,而不着眼于社会利益及团体利益者,殆为今日所罕见。故于解释法律之标准及立法之标准,今后益倾向于社会本位者,尤为显著之事实也。

本　论

第一章　权利之主体

第一节　总　说

得享有权利之资格(法律上之地位)曰权利能力(Rechtsfähigkeit)。而有此资格者,为权利主体。

权利主体有二义,一指有特定权利之权利人而言,一指一般有权利资格者而言。兹所谓权利主体者,乃后者之意义也。

得享有权利者,皆得为义务主体。得为义务主体者,在近世法律上,皆得为权利主体。故所谓权利能力义务能力,又权利义务能力,其意义并无差异。不过我民法采权利本位而已。

所谓权利能力,亦得称为权利乎?学者中虽亦有主张其为权利者。然权利能力,乃纯粹静的法律上之地位,且不以特定利益为内容,故不能谓为权利也。

权利主体,乃法律上之地位。故须为法律所赋与。而权利主体之有自然人与法人之区别者,并非谓前者无法律即不能为权利主体,后者乃纯然为法律所制作者也。

分权利能力为一般的权利能力与特定的权利能力。前者乃对于一般之权利,得为其主体之资格。后者乃对于特定之权利,得为其主体之资格也。关于一般的权利能力,在自然人与法人,本国人与外国人之间,虽无差异,而关于特定的权利能力,则有差异也。

权利能力,须与行为能力(Handlungsfähigkeit)相区别。行为能力者,以自己之行为,得惹起法律上之效果之地位也。故无权利能力者,虽通常无行为能力。而有权利能力者,未必尽有行为能力也。如未成年人及禁治产人,虽有权利能力,尚无行为能力是也。至何人方有权利能力,一依法律之规定。或谓人有天赋之权利能力,此乃政治论,而非法律论也。

关于权利能力之法规,乃强行法规。盖何人方得为权利义务之主体者,乃直接关系公共秩序之问题。此类法规,不能不为强行法规也。是以不得以个人之合意,赋与、剥夺或变更其权利能力。又不能依与我国不同之外国法,以定其权利能力。如外国法认奴隶时,倘一旦来我国则即须认其为权利主体也。

第二节　自然人

第一款　权利能力

公权中有非达某年龄而不能享有者。而私法上之权利能力,虽为法律所赋与,然不须何等赋与之形式。无论何人,于出生时,皆得享有之。

古时有奴隶制度。对于奴隶,不认其有权利能力。此制度被自然法学派之力所击破。迨十九世纪半叶,举凡文明国中,已无奴隶之存在。然当时犹恐有人怀疑。于是以明文规定,凡人类皆有权利能力(如《奥民》十六条)。《瑞士新民法》第十一条,亦规定人皆有权利能力。于法令之范围内,得为权利义务主体之平等能力。然自然人之有权利能力,已为尔后文明国所共认。故在今日,已成为当然之事理,无待乎明文规定。我民法之未行规定,亦此理也。故无内外、男女、年龄之差别,凡属人类,皆有权利能力。现在成为研究之问题者,唯在其始期及终期两点。

权利能力,始于完全出生之时(六条)。出生乃权利能力之始期也。故何时出生,在法律上,尤其在继承法上,颇为重要之问题也。

出生之第一要件,乃胎儿全部脱离母体。但脐带之分离与否,并非必要。此要件乃罗马法以来所公认。据近时医学上之研究,胎儿虽未与母体分离,苟能营独立之呼吸,即能起独立之血行,而为独立之有机体。学者有采此医学上之见解,以决出生之时期者。又在刑法上,通说皆谓胎儿不须完全脱离母体。仅其一部出母体时,亦可为杀人罪之客体。《德国民法第一草案》规定权利能力,始于出生。因恐滋疑义,后改为始于完全出生。盖采罗马法以来之主义也。《瑞民法》规定权利能力始于完全出生(《德民》一条,《瑞新民》二十一条一项),亦同一趣旨也。我《民法》(六条)但仅规定权利能力始于出生。然解释上,自应解为完全出生也。

出生之第二要件,乃胎儿于出生完全之时,须为生存也。盖自然人之人格之基础,在于生存之人类。此条件之必要,不言自明。故死产儿纵脱离母体,不能谓为出生。反之,苟能于出生完全之时生存者,后虽即时死亡,法律于其生存之瞬间,仍认其人格之存在。至检验其出生完全时之生存与否,据医学研究之结果,须视其出生完全时,能否营独立呼吸而决定。或有以开目发声为要件者,究为无根据之说,不足采也。

我《民法》之所谓完全出生之条件,已如上述。外国法有以有生育能力为必要者。如《法民》三一四条是也。所谓生育能力,乃指有生育之希望而言。无生育能力者,称为不熟儿(Abortus)。纵令于出生之际曾生存,终不能生育长成而为社会之一分子,故不能为权利主体。此论虽不无多少理由。然施之实际,则有非常之弊端。决定不熟儿之标准亦有二说。一为须于其出生时,视其身体全部机关之发育如何而决定之。如此,则于出产之瞬间,即须为身体检查。不仅不堪其烦,且其认定,甚属困难。到底非普通庸医所能胜任。况一旦所认定之不熟儿,偶因抚养得宜,而生育长成时,则能力问题,将何以解决乎?其第二说,则用形式论。谓由妊娠之时起,未经过百八十一日者,为不熟儿。依此说,则决定受胎之时日,既感困难。若于出生后,依医生之鉴定,而决定其是否经过该项期间,又与前说生同一之弊端。故以此不确定之标准,而决定权利能力之有无,颇为危险。我《民法》不采用之,洵为得当也。

罗马法及《普鲁士国法》(第一章自十七条至二十二条)规定生儿须具备人类之外形。若未具备人类之外形,则称为畸形儿(monstrum),而不赋与权利能力。此论固不无多少理由。然其形状至如何程度与人不同时,方能视为畸形儿,而不赋与权利能力,其标准甚为困难也。且依最近医学上研究之结果,苟为由人身所分离者,决不至产生如罗马之所谓畸形儿。则此条件之根据,当然自归消灭。嗣后《普鲁士国法》,亦因此理由削除此种规定。我《民法》之解释,苟为母体所产生之婴儿,不问其形状如何,皆有权利能力。又互相连接之双生儿,医学上视为二个有机体,则法律上须视为二个人格者也。而普通之双生儿,则以先脱母体者为长。至中性儿(Zwitter)之能产生与否,既为现代医学所否认,法律上亦不认其中性的效果。故有疑问时,须从主要性质而决定其为男抑为女也。

权利能力,既始于出生,则胎儿自不能为权利主体。盖胎儿于出生前,乃母体之一部,不能有独立之存在故也。然若贯彻此原则时,则胎儿之利益,将蒙不当之损失。诸国法制,其范围虽有广狭之差,对此无不设多少例外。为保护胎儿之利益计,或视为既生,或仅于特定之时,保护之。《民法》第七条规定,胎儿以将来非死产者为限,关于其个人利益之保护,视为既生。

胎儿视为既生时,其在法律上之地位若何?学说不一。少数学者,主张胎儿出生前,即有权利能力。倘以死体分娩时,则溯及的丧失其能力(法国学者多主张之)。然通说反是。谓胎儿于出生前,并无权利能力。至其出生完全时,方溯及的取得权利能力(德国通说)。其结果虽有种种之差异,大体以通说为优。以人之出生事实为前提,而主张某法律效果之发生者,须负证明之责任。法律关于出生之证据,未设何等之限制。故当事者须依诸种之事实而证明之。

第一项 权利能力之消灭

人之权利能力,既以出生为其始期,自应以其死亡为其终期。故死亡乃权利能力消灭之原因也。权利能力之始期,各国民法,多明文规定之。而关于其终期,除《瑞民》(三十一条)外,多未置明文者。盖死亡为权利能力消灭之原因,乃当然之理,无待明文规定故也。我《民法》则仿瑞士立法例,亦规定之(六条)。

关于死亡,据医学之研究,以心脏及呼吸作用之绝对停止之时,为死亡时期。但一时在假死之状态者,固未能视为死亡,而生权利能力之中断也。又《民法》所设死亡宣告之规定(五七条、五八条),乃一种推定。一旦有生存之反对事实时,仍可请求撤销死亡之宣告。非真正之死亡也。

权利能力终了之原因,仅限于死亡。因法律不认无权利能力之人故也。罗马法曾以人格大减等为权利能力终了之原因。德国古法,亦认人格之剥夺。迄于近世,所谓民事上之死亡(Bürgerlicher Tod, Mort civile)之制度,尚存在于诸国。且有认僧尼之权利能力之丧失或限制者。然在今日,此等法制已绝迹矣。

人之出生及死亡之事实,法律既未限定证明之方法,则无论用何种方法,皆可证明之。至其证明之责任,自应归主张特定事实之人负担,固不待言也。法法系之法律,关于人之身份之事项,原则上须依身份登记簿以证明之。

关于死亡,外国法有设生存之推定或死亡之推定者不少。如达一定之年龄者,推定其为生存,又达一定年龄者,推定其为死亡之类是也。又关于共同遭危难之数人之死亡时期,多设推定规定。如罗马法父子共同遭难时,子为未成年,则推定于先父死亡。为成年,则推定于后父死亡。《法国民法》效之。关于死亡之先后,设详细之规定(参照《民法》七二〇条乃至七二二条)。反之,《德国民法》,则推定其为同时死亡(《德民》二〇条参照)。《瑞士民法》,则更进一步。一般不能证明死亡之先后者,推定其为同时死亡(《瑞新民》三二条二项参照)。我《民法》亦规,二人同时遇难,不能证明其死亡之先后时,推定其为同时死亡(十一条)。

第二项　外国人之权利能力

(1) 外国人无权利主义　上古之国家,大抵不认外国人之权利能力。如印度、埃及、罗马与古代之日耳曼,莫不皆然。至其不与权利能力之理由,虽区区不一,其最普通者,大抵出于宗教的排外思想。盖一国或一民族,皆有一定宗教,其当时之国家或民族,皆以宗教为基础而组织之。所谓神教政治(Theocracy)之时代是也。各种法律,莫不出于宗教之教义。外国人之宗教,既不相同,其不能受法律之保护,宁属当然也。

(2) 相互主义　破坏无权利主义之最大原动力,为国际通商之发达。盖欲期国际通商之繁荣,舍优外国人之待遇,以广招来外,别无良策。在此时代,其保护外国人思想,虽已成熟,但其形式,全出于恩惠。此时外国人之地位,不仅远在内国人下,且随时得剥夺之。

所谓相互主义,其源乃发于恩惠主义。盖外国人不能当然在内国享有权利,只能因恩惠主义受保证而已。故外国苟能对于居留其国之自国人施以保护,则自国亦对于在自国内之外国人,与以同等之保护。此种思想,乃恩惠之交换。即今日所盛行之相互主义之起源也。在相互主义时代,虽认外国人之一般的权利能力。至认特定之权利能力与否,又有条约相互主义与法律相互主义之别。条约相互主义者,以条约而彼此互认外国人之权利能力也。法律相互主义者,以法律而彼此互认外国人之权利能力也。法国则采前之主义,奥则采后之主义也。

(3) 平等主义　此主义自十九世纪之中叶,因国际通商之必要,方次第为世界所承认。现在文明诸国,大半采用之。所谓平等主义者,内外人间原则上不设差别之主义也,一八二九年之《荷兰民法》(二条),首先规定。一八六五年之《意大利民法》(三条)效之。嗣后《德民》《瑞民》,皆视此原则为自明之理。《德国民法施行法》三十一条之规定,"若外国制限德国人之私权时,则德国首相,得经联邦议会之协赞,对该外国人,行其报复权(Vergeltungsrecht, Retorsionsrecht)"。但各国情形不同,风俗各异。对此原则,不无少有限制。如《日本民法》第二条规定,外国人除法令或条约之禁止外,得享有权利。我《民法总则施行法》第二条规定,外国人于法令限制内,有权利能力。但此种规定,是否应置于施行法中,不无考虑之余地。

所谓外国人者,无我国国籍之人也。各国国籍法,既不相同,其互相冲突之结果,往往生无任何国籍之无国籍人,与有二国以上之国籍之重复国籍人。无我国国籍者,则不问其有否外国国籍,皆当视为外国人。若有中国籍,虽同时有外国国籍,亦当视为中国人,而不当视为外国人也。故欲定外国人之意义，须先知何者为中国人。所谓外国人，亦可依中国人之意义，而消极的确定之。

（1）父为中国人；又父无可考，或无国籍，母为中国人；又父母均无可考，或均无国籍，生于中国地者，其子因出生取得中国国籍（《国籍法》一条）。

（2）外国人为中国人之妻者，则因婚姻取得中国国籍（同二条一项）。

（3）外国人经中国人之父或母认知者，则因认知取得中国国籍（同二条二项、三项）。

（4）外国人为中国人之养子或归化于中国人，亦得取中国国籍（同二条四项五项）。

（5）归化人之妻，或其未成年之子，与其夫或父母同时取得中国国籍（同第八条）。

（6）因特定原因，丧失中国国籍者，若具备法定条件，得回复中国国籍（同十五条）。

丧失中国国籍之原因如下。

（1）中国女人为外国人之妻，自愿脱离国籍，经内政部之许可者，丧失中国国籍（同十条一项）。

（2）父为外国人，经其父认知者；又父无可考，或未认知，母为外国人，经其母认知者，丧失中国国籍（同十条二项、三项）。

（3）自愿取得外国国籍者，经内政部之许可者，丧失中国国籍（同十条二项、三项）。

除上述之各种原因外，领土之割让及国家之合并，亦可为国籍之取得丧失之原因。兹不赘述。

中国人丧失中国国籍时，即一变而为外国人。其结果，外国人所不能享有之权利，当然不能享有。但法律为此等丧失国籍人之便宜计，特设规定。"丧失国籍人,在丧失国籍前,已享有前项权利者,若丧失国籍后,一年内不让与中国人时,归属于国库"(同十四条)。原则上,外国人不能享有公权。而私法上之外国人之行为能力,依其本国法以决定之(《法律适用条例》五条)。其侵权行为,原则上依行为地法以决定之(同二十五条)。又外国法人,非兹所谓外国人。关于外国法人之意义种类及权利能力等,当于法人章述之。

至关于敌国人之私权,则有战时绝交主义与对敌自由贸易主义。大体之趋势,虽由前者渐进于后者,但此次欧洲大战,适成正反对之倾向,而采对敌禁止交易之主义矣。

第二款　行为能力

行为能力(Geschäftsfähigkeit, capacity for rights, disposing capacity)者,为法律行为之能力也。换言之,即以自己之意思表示,而能成立有效法律行为之法律上之地位也。广义之行为能力(Handlungsfähigkeit)包含侵权行为能力即责任能力(Deliktsfähigkeit odes Verantwortlichkeit, Zurechnungsfähigkeit)。而狭义之行为能力,则专指法律行为能力而言。兹所论者,乃狭义之行为能力。而责任能力,当于债编中论之。

行为能力与意思能力(Willensfähigkeit)有别。意思能力者,作成正常(normal)意思之心理上之能力也。包含正常之认识力与预期力。意思能力乃心理上之能力,而行为能力乃法律上之能力也。故有行为能力者,必有意思能力。而有意思能力者,未必有行为能力也。

法律行为能力受限制之人,称为无能力人,即因法律之规定而限制其独断为有效法律行为之能力者是也。限制法律行为能力之主义有二。其一认法律上绝对无能力人与限制能力人两种。其他则仅认法律上限制能力人一种。而对于绝对无能力人,则不置明文。《德国民法》(一〇四条、一〇五条、一〇六条、一一四条、一九〇六条)采前之主义。《法国民法》(一一二三条以下)则采后之主义。我《民法》则纯仿德国立法例也。

民法规定之无能力人,为未成年人、禁治产人二种。

行为能力又分为一般行为能力与特别行为能力。前者乃为一般法律行为之能力,后者乃为特殊行为之能力也。总则编所规定之无能力人,乃指一般行为能力受限制而言。至关于特殊行为,则不少例外。或加重行为能力之要件(一一〇一条),或轻减之(九八〇条、一一八六条)。后者概系身份上之行为。纵无此种特别规定,学者亦主张原则上不应适用总则编行为能力之规定,而须以事实上之意思能力为标准也。

关于行为能力之规定,乃强行法规,不得以契约使有能力者为无能力,使无能力者为有能力。但不为一定行为之契约,乃负担不作为债务之契约,并非限制行为能力,其有效自不待言。

关于行为能力存否之举证责任,应主张为无能力之人负担。盖关于各个之法律行为,行为者之为有能力人,固为其发生效力之要件。但此要件,乃一般要件,原则上行为者自应具备之。故主张法律行为之为有效者,不负特证明自己之有行为能力之责任也。

法律行为能力乃泛指私法上之行为能力而言,不仅民法上之法律行为也。至商法及其他私法的特别法所规定之法律行为,亦须适用民法中之能力规定。如关于票据行为,《德国票据法》,虽另有能力之规定,究基于立法沿革之特别理由,不足为训。然关于公法上之行为,则不适用此种能力规定。如诉讼行为,虽为之者为私人,但非私法上之行为,乃一种公法上之行为。则自己或使诉讼代理人所为之诉讼之能力,即诉讼能力(Prozessfähigkeit),原则上与法律行为无何等关系。唯立法之便利上,以私法上之法律行为能力，为决定诉讼能力有无之标准而已。例如《德国民事诉讼法》五十二条规定，负担契约上之义务者，于其限度内，有诉讼能力。《奥国民事诉讼法》第一条之趣旨亦同。我《民事诉讼法》第四十三条规定，能独立以法律行为负义务者，有诉讼能力。我《民法》关于无能力人之规定，系采诸《德民》。兹分为二。

（一）绝对无能力（Geschäftsunfähigkeit）　未满七岁之未成年人，因心神丧失或因精神耗弱，受禁治产之宣告人属之。此等人之行为，法律上绝不认其有能力。其所为之法律行为，完全无效（十三条一项）。

（二）相对无能力（Der in der Geschäftsfähigkeit beschränkte oder beschränkte Geschäftsfähigkeit）　满七岁之未成年人属之。其所为之法律行为，应得法定代理人之允许，否则无效。故称为限制能力人（restricted capacity）（十三条二项）。

第一项　未成年人

人类知识经验之发达，与年龄并进。划一定之时期为成年期，而于前后之行为能力，设巨大之差异。在理论上，不无非难之余地。且实际上每迫于家庭之事情，纵未达成年，亦往往须使其有行为能力之必要。德国民法，为避此理论之非难，与实际上之不便，设成年宣告（Volljährigkeitserklärung）之制。我《民法》则规定未成年人已结婚者有行为能力（十三条三项）。然为保护未成年并为其日常生活之法律关系计，又不能不设划一制度。此成年制之所以设也。

分别成年与未成年，而定行为能力之差异者，各国法律，均无二致。惟关于未成年人（Minderjähriger, mineur, infant or minor）则有下列二制。

（1）复级制　凡未成年人，以年龄之长幼，别为数级。其能力之范围,按级扩充。由渐而进,以达于成年。此制创自罗马。以二十五岁为成年。其未及成年之人,分为三级。自出生至七岁曰幼年,为绝对无能力人。男子自七岁至十四岁,女子自七岁至十二岁,曰少年。自十二岁至二十五岁曰熟年,得为法律行为。但认为于己不利时,得撤销之。然于未撤销前,其行为仍为有效。能力之扩充与年龄俱进,可概见矣。今之采复级制者,为奥国、德国及我民法。德国民法,将未成年人别为两种。其一,未满七岁之未成年人,是为无能力人。其二,七岁以上之未成年人,是为限制能力人。所谓限制能力人者,既非如未满七岁之完全无能力,亦非如成年人之完全有能力,盖介乎两者之间者也。瑞士民法,分未成年人为有判别能力与无判别能力两种。其无判断力者,与德国之未满七岁之未成年人相当。其有判断力者,与德国之满七岁之未成年人相当。其所采之标准,虽异于复级制,然其细别未成年人之能力,则一也。

(2) 单级制　凡未达成年之人,概视为无行为能力。而于未成年人中,不再设等级以细别其行为能力。质言之,对于未满七岁之人,法律不预定其有否行为能力。盖纯然以为事实问题也。采此制者,为法国、意大利、日本及英、美等国。

未成年人之别于成年人,略于上述。然亦有因年龄限制之免除,或婚姻之结果,亦得享有成年人全部或一部之能力者。兹分别论之。

(1) 年龄限制之免除　将达成年之人(各国法律规定,其年限不同),因特别情形,或因其知识之发达,或为其财产之利益,得免除其年龄之限制,俾享有成年人之能力。古罗马法男子达二十岁,女子达十八岁,得声请国王免除其年龄之限制。免除后,除关于不动产之移转外,其能力殆与成年人无异。今欧西各国,多沿用之,而略为变通。其方法有二。

(A) 自治产　达十五岁之未成年人之父或母或其亲族会,得依法定条件,及法定程序,宣告其为自治产人。采此制者,为法国及法法系诸国。

（B）成年宣告　达十八岁之未成年人，得依法定条件，及法定程序，得由监护法院或行政官署，宣告其为成年人。采此制者，有德国及瑞士等国。

以上两制，用意虽同，而效力则异。盖自治产人，只取得管理财产之能力。而此能力，复有限制。此外则与其他未成年人无异。若夫被宣告成年者，则径取得成年人之法律上之地位矣。此其相异点也。总之，年龄限制之免除，无论自治产制或成年宣告，皆所以济法定年龄之穷。善法也。惟英、美、日本及我民法无之。是则立法之不同耳。

（2）婚姻之结果　未成年人之男子，于婚姻后，当然取得成年人全部或一部之能力。采此制者，为法、意、荷、瑞士及我国。无此制者，为罗马、德、日等国。我《民法》第十三条第三项规定，未成年人已结婚者，有行为能力。民法对于妻之能力，既未加何等限制，则兹所谓限制能力人，不仅限于男子也。但婚姻年龄，应规于亲属法中。我《民法》以男子十八岁女子十六岁为婚姻适龄（九八〇条）。

《民法》十二条规定，满二十岁为成年。其计算之法，自出生之日起算（一二四条）。未满七岁之未成年人，完全无行为能力。不仅其所为之意思表示，不能生法律上之效力，亦无受他人意思表示之能力。凡一切法律行为，须由其法定代理人为之（七四条、七五条）。已满七岁之未成年人，称为限制能力人。原则上除纯获法律上之利益，或依其年龄身份日常生活所必需者，得单独行为之外，其他之一切法律行为，则须经法定代理人之允许，否则无效（七七条）。

关于成年年龄，各国法制，规定不一。丹麦以二十五岁为成年。奥地利以二十四岁为成年。荷兰、西班牙以二十三岁，英、法、德、意大利及其他多数国，以二十一岁为成年。以二十岁为成年者，唯瑞士、日本及我国而已。

未成年人之法定代理人，有代未成年人为法律行为之权限，与补充未成年人之能力之权限。所谓代理权，应限于管理未成年人之财产与代理关于其财产之法律行为。而关于未成年人之身份上之行为，原则上无代理权也。所谓能力补充权者，乃对于限制能力人之行为，与以允许，俾得成为完全有效之法律行为之权限也。此权限，法定代理人以自己之名义行使之。故与普通之代理权异。

允许乃法律行为，且为有相对人之单独行为。故法律行为及意思表示之规定，皆可适用于允许。不过允许常伴有他人之行为，而非独立之法律行为，须称为补充的法律行为（Helfsrechtsgeschäft oder eiganzendes Rechtsgeschäft）。允许（Einwilligung）既为能力补充行为，性质上须行之于事前。即允许须于限制能力人为法律行为之前，或与其行为同时为之。若限制能力人既为法律行为之后，则已无允许之余地。法定代理人若欲使其行为有效，则须采承认（即追认）之形式。法律既区别允许与承认，则事后之允许，自不能生允许之效力也。至关于允许之方式，法律既无规定，则与一般之法律行为同，得以明示或默示之意思表示为之。对于限制能力人所为之允许，其有效自不待言。然对于相对人所为之允许则如何？《德国民法》（第一八二条）规定，仍为有效。我民法之解释，允许既为补充能力之行为，自不应否认此种允许之效力。且纵认此种允许之效力，亦不致有损于限制能力人，况相对人普通多相信法定代理人之允许，而与限制能力人为法律行为。则法律对于此种相对人，殊有保护之必要。故我民法之解释上，法定代理人对于相对人所表示之允许，自应有效也。

允许概对于每个法律行为为之。然是否可为包括的允许，由八十四条、八十五条之关系研究之，似不能为包括的允许。然此二条之规定，乃指关于不能预料之行为所为之包括的允许而言,则依反对解释,对于可能预料之行为所为之包括的允许,自不能使其无效。盖对于不可预料之各个行为,漫然与以包括的允许时,固不适于法律之所以保护限制能力人之趣旨,若使其有效,则八十四条、八十五条,将等于虚设。然如就学、旅行等,所可预料之各个行为,为包括的允许时,不能不解为有效也。

法定代理人若欲撤回其允许时,须事前为之。若限制能力人得其允许,而为法律行为之后,则不能撤回。盖允许仅为补充限制能力人之能力,非与法定代理人以代为法律行为之权利也。关于撤回及其方式,法律既无规定,解释上以意思表示所为之允许,须以意思表示撤回(Widerruf)之。而以意思表示对于相对人所为之允许,固稍有疑问,然亦须对相对人以意思表示撤回之。

意思之缺欠、诈欺、胁迫、善意、恶意等之问题,须分别限制能力人之行为与法定代理人之允许而决定之。因此等原因,或足以使允许无效或得撤销。而限制能力人之行为,不能谓为因此即当然无效也。

限制能力人未经法定代理人之允许所为之法律行为,虽为无效,然为他人之代理人所为之法律行为,仍为有效。《民法》第百〇四条规定,代理人所为或所受意思表示之效力,不因其为限制能力人而受影响。盖法律限制未成年人能力者,乃为保护其利益。而为他人之代理人所为之行为,乃对于委任代理人之本人生效。其效力并不能及于限制能力人也。

下例行为,无须得法定代理人之允许。

(一)关于纯获法律上之利益,或依其年龄及身份日常生活所必需之行为,限制能力人得独断为之,无须得法定代理人之允许(七七条)。

所谓纯获法律上利益之行为,乃指单纯取得法律上之权利,及免除法律上义务之行为而言。盖此等行为,限制能力人既不受何等法律上之拘束，且不蒙财产上之损失故也。所谓取得权利之行为者，如自己为受赠者而为赠与契约是。但有负担的赠与，则受赠者亦须负义务。故限制能力人不能独断为之。又单纯取得权利，亦不能以经济上之利益之有无为标准，须就当该法律行为而决定之。如以五十元购买价值百元之动产，在经济上固有利益之可云。然在法律上，犹须负担支付五十元价金之义务。故不能谓为单纯取得权利之行为也。免除义务之行为者，如因片务契约或不完全契约，负担一方的义务时，而解除其契约是也。但纯粹之免除，乃债权者之单独行为，固无须乎为债务人之限制能力人之行为，亦非兹所谓免除义务之行为也。又如抵销，虽足以免除义务，但自己之权利，亦因此消灭，亦不能谓为单纯免除义务之行为也。由此观之，则一切之双务契约、有偿契约，皆非兹所谓取得权利免除义务之行为也。又限制权利人之权利义务，因法律行为而发生时，苟其基本之法律行为（Grundgeschäft, Causalgeschäft），已得法定代理人之允许，则其允许，解释上应及于由基本行为所发生之权利义务之实行行为（Vollzugsgeschäft, Leistungsgeschäft）。如限制能力人为买主，而为买卖行为，已得法定代理人之允许时，则受领买卖标的物之让与行为，亦应视为已得法定代理人之允许。又为卖主之买卖行为，已得法定代理人之允许时，则支付价金之行为，亦应视为已得其允许也。

限制能力人所为之日常细微之行为，若一一须经法定代理人之允许，不仅不堪其烦，且有害相对人之利益。故法律规定限制能力人依其年龄身份日常生活所必需要者，无须得法定代理人之允许。英法（Infants Relief Act, 1874）规定未成年人购买必需品（Necessaries）之行为为有效，适与本条之趣旨相同。所谓必要品之认定困难，固为英法主义之缺点。但其长处，能使购买一切必要品之债权契约为有效。我民法上之日常生活所必需之行为，虽大半为购买必要品之行为，但不仅限于此等行为也。

(二) 法定代理人允许限制能力人处分之财产，限制能力人就该财产，有处分之能力(八十四条)。

法定代理人所允许处分之财产，有预定处分之目的者，有未预定处分之目的者。前者唯于其所指定之目的范围内，得随意处分之。如为旅行或购买书籍之目的所允许其处分之金钱，则于其该目的范围内，得随意处分之是也。后者则未成年人得自由处分之。如处分法定代理人所给与之零用钱是也。以上所述二者，皆须限定财产之范围。若允许其全财产之处分，则等于能力限制之解除，非民法所许也。

处分者，移转财产上之权利之行为也。得为处分行为者，当然得为管理行为，又当然得为处分前提之债权行为。故限制能力人，除得将其被允许处分之财产，让与于他人外，又得贷借于他人，又得负担让与之债务。

限制能力人有被允许处分之财产，而缔结债权契约，以该财产清偿其债务时，则债权契约及清偿行为，皆为有效。但尚未有被允许处分之财产，而缔结债权契约，因以负担债务(如定做衣服)，嗣后以其允许处分之财产以清偿之，则如何？解释上固有议论，然亦须解为有效也。

法定代理人允许处分以外之财产，则限制能力人无论如何，不得随意处分之。如限制能力人所受他人之赠与金，或由自己之劳务所得之工资，非经允许，不得处分是也。不过法定代理人允许限制能力人为他人服劳务时，多同时有得处分其报酬之默示的意思表示耳。

由法定代理人允许处分之财产所取得之财产，未成年人亦得随意处分之。如卖却以学资金所购买之书籍，而更以其所得之金钱购买其他书籍是也。

法定代理人允许限制能力人独立营业者，限制能力人关于其营业，与成年人有同一能力。但嗣后有不胜任情形,法定代理人得撤销或限制其允许(八十五条一项、二项)。所谓成年制,系以普通一般人之发育为标准。平均未达此成年年龄者,为不适于独立为法律行为之未成年人。但各人之实际发育,既有迟早之不同,且每迫于家政上之事情,殊有使限制能力人独立营业之必要。若其营业既已得法定代理人之允许,则关于其营业之种种行为,犹须一一经其法定代理人之允许,将不堪其烦。又若以未得法定代理人允许使其行为无效时,则他人将不敢与未成年人交易。故多数国家,皆设此种扩张未成年人能力之规定。但诸国法,多限于商业及其他待定营业。我《民法》系仿《德民》百十二条之规定,系指各种营业而言也。

营业允许,乃扩张未成年人之能力(Erweiterung der Geschäftsfähigkeit)之行为。法定代理人予以允许之后,则限制能力人于其营业之范围内,完全有行为能力。或以营业允许为概括的允许者,误也。故法定代理人于为营业允许时,不得保留营业中某种行为之同意权。又关于营业范围内之行为,无法定代理权。

营业之允许,不要何种方式。但须对未成年人表示之。德国民法之解释,有主张营业之允许,乃无相对人之行为者,不足采也。

又营业之种类,无须限定。法文上,所谓独立营业,解释上当指其种类无限制之各种营业而言。

营业(Erwerbsgeschäft)者,经营职业之谓也。其范围不仅限于商业,举凡其他如农业、矿业、林业、渔业等,皆包含之。又不妨为科学上或艺术上之营业。

营业须为同种而互相连续之一团之行为。若仅各个之营利行为,则不能称为营业也。又其一团之行为,不必长期继续。如博览会期中之卖店,仍不失为营业也。总之,营业者,以得收入为目的而有预定计划之一团之行为也。

未成年人经营商业时,须依商法之规定,而为登记。又行政规则规定营特定营业人之资格时,则为此特定营业,须经官署之允许。

允许为独立营业之限制能力人,关于营业,与成年人有同一能力。故限制能力人关于其营业所为之行为,完全有效。又他人即于其营业对于未成年人所为之行为,亦完全有效,不能适用七十八条及七十九条之规定也。

限制能力人所为之行为,是否为关于其营业之行为,不能以主观的即限制能力人之意思为标准,须依客观的即依社会之见解而决定之。苟客观的非关于其营业之行为时,纵限制能力人明言其行为之为关于其营业,亦不能谓为关于其营业之行为也。如经营布匹商之限制能力人,购买酒类是。此时是否能适用八十三条之规定,使其行为仍然有效?自为别问题也。

关于其营业之行为者,不仅指行为属于营业部类而言。至为其营业之准备行为,及补助行为,亦可谓为关于其营业之行为也。如布匹商买卖布匹,固属营业部类之行为。至其他关于营业之准备行为,及补助行为,如租借铺面,雇使用人,缔结运送保险契约等,亦为关于其营业之行为也。至为自己生活之行为若何?议论不一。须视其行为与营业是否有不可分离之关系以为断。如营业之限制能力人为自己或其使用人购买食料品,固可谓为属于营业之行为。而购买别庄,则不然也。具备以上之要件时,则限制能力人所为之行为,是否为契约?抑为单独行为?为有价行为?抑为无偿行为?对于限制能力之人,是否有利?或是否适合于法定代理人之意思?非所问也。

法定代理人允许限制能力人独立营业时,则关于其营业行为,是否丧失其代理权?换言之,法定代理人为营业之允许后,自己是否尚得代为关于限制能力人之营业行为？通说皆谓法定代理人丧失其代理权。盖营业之允许，乃扩张限制能力人之能力。则在限制能力人之能力扩张范围内，法定代理人自应丧失其代理权。唯得以允许之撤销及限制以恢复之耳。

得允许之未成年人，有不胜营业情形时，其法定代理人得撤销其允许或限制之（八十五条二项）。所谓有不胜营业情形者，因限制能力人之能力有不胜营业之结果，致招失败或蒙损失之谓也。限制能力人在营业上，虽博大利，若因浪费，至影响于其营业上之财产时，亦可谓为有不胜营业之情形也。

允许撤销者，允许之撤回（Rücknahme）之谓，非使其允许从始无效，乃向将来消灭其能力之扩张也。故一一四条之规定，不能适用。

允许之限制，乃允许之一部之撤回。其效果之不能溯及既往，与允许之撤销同。因允许之限制，限制能力人之营业范围，固行缩小，但仍不失为被允许独立营业之限制能力人。故不能附以特定行为，须经法定代理人允许之限制。

允许之撤销及限制，乃缩小已扩张之限制能力人之能力之全部或一部。故其撤销及限制之效力，无论对于何人，皆得对抗。如第三人不知其允许之撤销或限制，而与限制能力人为交易时，则其交易行为，亦可得无效，自应受七十八条、七十九条之适用。但有八十三条情形者，不在此限。关于商业，则非将允许之撤销或限制登记及公告后，不能对抗善意第三人。

至女子在法律上之地位若何？上古母权最盛时代，女子之地位概优于男子。如古时之埃及女子有优先顺位之继承权是也。此种风俗，在今日之印度、亚非利加，犹有存在之痕迹。自母权衰微，女子之地位概较男子为劣。如罗马古代，凡女子须置监护人。洎 Justinian 帝时，男女在私法上之地位,始无多大悬殊。迨及近世,男女在公私上之差异虽巨。然在私法上,关于私权之享有及行使,通常与男子无甚差异。唯在婚姻中之女子即妻(La femme mariée, married woman, Ehefrau),各国民法对其行为能力,莫不加多少限制。至其限制之程度,则各国立法例不一。德国及奥国民法,虽认妻之完全能力,然关于个个行为,独附以多少限制。瑞士民法亦认妻之能力,但经营职业时,原则上须得夫之同意。英国普通法,妻因婚姻之结果,与夫合为一体,而丧失能力。嗣后由一八八二年、一八九三年之《妻财产法》(Marricd Women's Property Act)及判例,妻完全有能力。唯关于各个行为,受多少之限制而已。反之,法国及法法系民法,妻之能力之限制最大。不仅举一切重要行为,须得夫之同意(Autorisation),且于夫在处刑、禁治产、失踪、未成年期内,并须得法院之允许(《法民》二一五条以下参照)。嗣后妻之能力虽依特别法及判例,多少扩充,然其限制犹巨。《日本民法》及我国旧《民律草案》,对于妻之能力,亦设巨大之限制,而以妻为限制能力人。举凡一切重要行为,皆须得夫之允许。现行民法,根据国民党男女平等之原则,对于妻之能力,不设何等限制,而开世界未有之先例矣。

第二项　禁治产人

禁治产人者(Entmündigter, interdit),以精神丧失或精神耗弱为理由,而受禁治产之宣告者之谓也。

无意思能力者,不得为法律行为。纵为之,在法律上不能有效者,已于前述。然在行为当时,欲证明意思能力之有无,殊属困难。若委之于事实问题,则精神病人,在精神丧失中所为之行为,将大半不能主张无效。又第三人每误认无意思能力人为常人,而与之交易。迨事后被其主张无效,势必因此而蒙损失。且无意思能力人使用他人为法律行为时,其本人是否有意思能力，殊难判别。故民法设禁治产之制度，使受禁治产之宣告人为无能力人，以保护其利益，及一般交易之安全。

禁治产之制度，为现在多数国家所采用。古罗马法，依精神病之程度而区别之。其甚者称为 Furiosi。其程度低者称为 Dementes 或 Mente Capti 或 Insani。《法国民法》，除禁治产外，又设准禁治产之制度。法院于驳斥禁治产之声请时，若一旦认为必要，得对于被声请人附以保佐人（Conseil judiciaire）。关于特定行为，非得保佐人之助力（Assistance），不得为之。又对于浪费人，亦得因声请而为同样之宣告（《法民》四九九条、五一三条以下）。《日本民法》仿之，使精神病人为禁治产人，而以精神耗弱人、聋者、哑者、盲者、浪费者为准禁治产人即限制能力人。德民法对精神病人，亦置监护人。现代德国民法，对于精神病人、心神耗弱人、浪费者、酒狂者（Trunksüchtiger）得宣告禁治产。除因精神病之禁治产外，其他之禁治产人为限制能力人。又对于盲者、聋者、哑者及其他精神上肉体上之不具者，得其同意，得置保护人（Pfleger）（《德民》六条、一一四条、一九一〇条）。《瑞士民法》，除精神病人精神耗弱人外，对于浪费者、酒狂者得宣告禁治产，而以有判断能力之禁治产人为限制能力人，非经法定代理人之允许，不得为负担义务之行为。我《民法》虽仿德瑞立法例，设禁治产之制度，而以受禁治产宣告之人，为绝对无能力人。

禁治产之原因，乃心神丧失及精神耗弱致不能处理自己之事务。所谓心神丧失（Bestandigkeit，état hubituel）者，即继续的在无意思能力之状态也。故因麻睡、大醉、发热等，仅一时的心神丧失，不能为禁治产之原因。然心神丧失原因，不以绝对的无间断的继续存在为必要。若因精神病之结果，而屡陷于心神丧失之状态时，即可为宣告禁治产之原因。《法国民法》（四八九条）以常有疯癫、白痴之情形者，为禁治产人。《德国民法》则以精神病人(Geisteskrankheit)为绝对无能力之禁治产人,以精神耗弱人(Geisterschwäche)为限制能力之禁治产人。

苟常有心神丧失之情形,则不问其精神病之种类,及其发生之原因若何,皆得宣告禁治产。如生而为精病神人,至中年而为精神病人,无恢复希望之精神病人等,皆得宣告为禁治产人是也。《日本民法》以心神耗弱为准禁治产之原因(十一条)。《德民》则以心神耗弱为限制能力人之禁治产人(一一四条)。所谓心神丧失与心神耗弱之差异若何?在德国民法之解释,此两者之差异,果为性质的?抑为数量的?已议论纷纷。少数学者,谓此两者乃性质上之区别。精神病乃病之变态。而心神耗弱人之精神,仍在普通状态。不过较普通人为迟钝讲。然通说则谓两者并非性质上之区别,乃程度之差异。反之,法国学者,则谓心神耗弱者不过精神作用之耗弱,非全然缺乏识别力也。然以意思能力之缺欠,为禁治产之要件,未免失之狭隘。德国民法草案,曾以缺乏识别力为禁治产之要件,卒未采用。又在第二委员会有提议"因精神病而不能为自由意思决定之结果,致不能执掌其事务"为要件,亦遭排斥者。盖为此也。在立法论上,宁以《瑞士民法》不分精神病与精神耗弱,均以为禁治产之原因,而施以同一待遇为当。我《民法》仿瑞士立法例,以心神丧失及精神耗弱为绝对无能力之禁治产人。故心神丧失、精神耗弱,在我民法上已无区别之实益矣。

有心神丧失及精神耗弱致不能处理自己事务之情形,自得为宣告禁治产之原因。其受宣告人,须为成年人与否,则非所问也。关于此点,各国法制不一。荷兰民法,不许对未成年人宣告禁治产。意大利民法,除自治产之未成年人及成年前一年之未成年人外,亦不认未成年人之禁治产。反之,德国、瑞士民法,则认未成年人之禁治产。法国民法,虽仅认成年人之禁治产,但学者及判例,皆一致认未成年人之禁治产。我民法未成年人与禁治产人之能力,既不相同,而精神病之未成年人,于其达成年以前,殊有令其为禁治产者之必要。故应得使未成年人为禁治产人也。

禁治产之宣告,因本人配偶、最近亲属二人之声请,于法院为之(十四条)。盖禁治产之声请,往往出于一己之利欲。故民法一面使与心神丧失人有密切关系之人,始有声请之权。一面使法院得以审查情形而决断之,不必尽容其请求也。第使本人得有声请者,盖心神丧失人于回复本心时,有设法保护自己利益之必要。其次使配偶、最近亲属二人为声请者,盖此等人与心神丧失人有密切之关系,实为保护其利益最适当之故也。禁治产人无行为能力(十五条)。其所为之意思表示无效(七十五条)。一切法律行为,须由其法定代理人为之(七十六条)。关于为禁治产宣告之管辖法院,及其声请等程序,规定于民事诉讼法之人事诉讼程序中。法院于送达宣告禁治产之决定后,须布告之(《人诉》五五九条、五六七条)。盖以俾第三人得知为禁治产人故也。

禁治产之宣告,有创设的效力。即无论何人,非经禁治产之宣告,不得为禁治产人。而受禁治产之宣告人,非撤销其宣告,不得为非禁治产人。纵令其心神丧失及精神耗弱之情形,业已消灭,或证明其业经消灭,亦不得为非禁治产人也。又禁治产之效力,无论对于何人,皆能发生,亦无论何人,亦得援用之,且对之不得争执。

关于外国人之禁治产,凡在中国有住所或居所之外国人,依其本国法及中国法,同有禁治产之原因者,得宣告禁治产(《法律适用条例》七条)。

《民法总则》施行前有《民法总则》第十四条所定之原因,经声请官署立案者,如于《民法总则》施行后三个月内向法院声请宣告禁治者,自立案之日起视为禁治产人(《民法总则施行法》第四条)。

禁治产之原因消灭时，须依《民事诉讼法》规定，撤销宣告（十四条二项）。禁治产宣告撤销之要件，乃禁治产之原因之消灭。即禁治产人之心神丧失与精神耗弱之情形，已经消灭是也。故精神病人仅一时恢复其意思能力，不得声请撤销禁治产之宣告。但其精神之痊愈，亦不必须确保其永久也。

撤销禁治产宣告之行为，乃国家之公法的行为，自不能适用一一四条之规定。且纵令其为私法的行为，其所谓撤销，即废止（Wiederaufhebung）禁治产之意义，与有瑕疵行为之撤销之观念，自有不同。故在撤销前，法定代理人为禁治产人所为之行为，仍为有效。而禁治产人所为之行为，仍为无效也。

以上所述乃说明禁治产宣告之撤销。但特别诉讼程序，尚规定有对于禁治产宣告不服之诉（Anfechtungsklage，《特诉》五七一条以下）。法院若认其诉有理由时，得以判决撤销禁治产之决定（《特诉》五七七条）。由此不服之诉而撤销禁治产宣告之决定，与禁治产宣告之撤销不同，乃以消灭禁治产宣告之效力为目的，并非为恢复禁治产人之能力，当然有溯及效。故禁治产之宣告撤销前，禁治产人所为之行为，不能以禁治产为理由而主张无效（《特诉》五七八条二项）。此与禁治产宣告之撤销不同之点也。然法律为保护第三人之利益及交易之安全，使撤销前法定代理人所为之行为，仍不失其效力（《特诉》五七八条一项）。

第三项　限制能力人之相对人之地位

限制能力人未得法定代理人之允许，所为之单独行为无效（七十八条）。其所订立之契约，须经法定代理人之承认，始发生效力（七十九条）。但相对人若知其未得允许，于契约未经承认前，得撤回之（八十二条）。若相对人不为撤回，则有确定其契约之效力，或使其溯及消灭之权利者,仅属于当事人之一方。法律之设此规定,固为保护限制能力人之利益,与应社会之需要。然此等不确定之法律状态,长期继续时,则其相对人将蒙不测之损失。且于社会之公益,大有妨碍。是以民法斟酌外国立法例,对于限制能力人之相对人,设保护之法,予相对人以催告权及否认撤销权。分述如次。

(1) 催告权　限制能力人之相对人,得定一月以上之期间,催告法定代理人确答是否承认(八十条一项)。所谓事实上之催告,相对人亦无妨为之。然法定代理人对于此种催告,不与回答时,法律上不生何等效果。而本条所规定之催告,则与此异。若法定代理人不回答时,亦生一定法律效果,以确定其法律关系。即于前项期间内,法定代理人不为确答者,视为拒绝承认(八十条二项)。如此,限制能力人之相对人,因法律之规定,而有催告之权利。此种权利,性质上属于形成权也。

催告(Aufforderung)者,乃要求相对人之行为之意思通知也(Willensmitteilung)。此行为,虽能生一定法律效果,但此效果,不必为行为人所预期或欲求。故非法律行为,又非意思表示。不过关于意思通知,法律无规定,不能不类推适用意思表示之规定耳。

限制能力人尚未成为有能力以前,其相对人向之所为之催告,自不能发生催告之效力。但于限制能力人于限制因消灭后,相对人亦得定一月以上之期间,向本人为催告。令其对于所订立之契约,确答是否承认。若受催告之人,于该期间内不为确答,视为拒绝承认(八十一条二项)。若予以承认,则其承认与法定代理人之承认有同一之效力(八十一条一项)。一月以上之确答期间,须由催告发生效力之时起算。即须由该催告之通知达到于相对人之时起算。又此期间之计算法,须从一一九条以下之规定。若对于非对话者间所为之催告,须计其应达到之时日而定一月以上之适当期间。故催告人所定期间未达一月,或未定期间时,则不能生催告之效力也。

受催告人,对于催告发承认或拒绝之意思表示时,即生承认或拒绝之效果。此效果乃承认或拒绝之效果,而非催告之效果。催告之效果,乃受催告者无何等意思表示时,所发生之效果也。

(2)否认撤销权　限制能力人,用诈术使人信其为有行为能力,或已得法定代理人之允许者,其法律行为为有效(八十三条)。限制能力人使用诈术,使人信其为有能力人,则该限制能力人,自应负损害赔偿之责任。而损害赔偿,通常须以金钱计算。其赔偿数额,往往不易确定。殊不足以十分保护相对人之利益。然其损害之发生,究由于该法律行为之无效。若一旦不许该行为无效,则限制能力人,既可免赔偿责任,而其相对人又可受十分保护。为双方利益计,为免损害赔偿数额算定之烦杂计,故法律予相对人以否认撤销权。

本条立法,系采诸法法系之规定。《法国民法》,未成年人由自己之侵权行为或准侵权行为(délit ou quasi-délit)所负担之债务,无撤销权(《法民》一三〇七条、一三一〇条)。而此规定,因学说及判例之力,已扩充适用于所有限制能力人矣。

所谓使人信其为有能力人者,不必须使人信其为一般能力人。如使人信其对于该行为为有能力人,即可构成诈术。又所谓诈术,不仅限制能力人须有诈欺之故意,且须积极的使用诈欺手段。如限制能力人伪造法定代理人允许之证书,而伪证其为成年人是也。倘单告以自己已达成年,则尚未达使用诈术之程度。又相对人须陷于诈术而为行为。此要件法律虽未明言,然相对人倘知其为限制能力,或其所为之行为,与阻制能力人之诈术无关系时,则该限制能力人自不能负诈术责任也。

第三款　住所

住所(Domicilium, domicile, Wohnsitz, domizil)者,以久住之意思,而居住于一定地域之谓也(二十条)。

以若何方法,判定住所?立法例有二。一由形式上观察。以各人之本籍地为住所。一由事实上立论。以各人生活之中心点为住所。后者为近世诸国法律所采用。昔法国学者,谓住所者,即各人居住及业务之根据地。德国学者中,谓住所者,各人生活关系之中心地(Mittelpunkt der Lebensverhältnisse einer Person),或各人法律之中心地(Mittelpunkt des rechtlichen Beziehungen einer Person)。其趣旨大略相同。盖在往昔交通不便,本籍地与生活之根据地,常相一致。纵依形式主义,不感若何不便。迨及近世,交通便利,贸易频繁,所谓本籍地与事实上生活之根据地,往往不同。甚至应视为住所之本籍地,生平未一次涉足者有之。以如此关系浅薄之地,附以住所之重要法律效果,其不当自不待言。此《民法》所以特设规定也。

住所系指一定地域?抑系指地域与人之关系?学说上不无议论。究以地域之说为妥。但约法上之家宅与刑法上之第宅,系指具体的住宅而言,与民法上之住所稍异。

设定住址时,除定住之事实外,是否须有定住之意思,法、意、日本等国之民法,以各人生活之根据地,即生活关系之中心点,为住所。不问其有否定住意思。反之,《德民》(七条)、《瑞民》(二十三条)皆采意思主义。我《民法》效之。

一、住所之设定(Begründung)　住所之设定,须具备主观及客观二要件。详言之,即有以一定地域为其生活之根据之意思(所谓住所意思 Domicilwille),及为实现其意思而居住于一定地域是也。如具备此二要件，即可谓为设定住所。而于某期间内是否有继续居住之事实，并非必要。《法国民法》，关于住所之变更虽规定须备此二要件(《法民》一〇三条至一〇五条)。但住所之变更，毕竟为旧住所之废止与新住所之设定耳。

住所之设定，既须有设定之意思与定住之事实，则仅以长期间继续居住于一定地域之事实，固不能谓为设定住所也。如病人在病院，兵士在兵营，水兵在军舰，囚徒在监狱，不能谓为设定住所也。又如学生居于学校所在地，仆婢及其他使用人寄住于主人之住宅，苟无设定以此为住所之意思，固不能谓为设定住所也。关于此点，《瑞士民法》以明文规定，不能视为住所之设定(《瑞民》二十六条)。

住所之设定，只须有设定之意思，与定住之事实。固无须有独立之住宅(Wohnung)。故寄居于他人之住宅或旅馆栈房等，亦不妨设定住所。又事实上无须继续居住，故行商人纵终年在外行商，亦得有住所也。

住所之设定，既须有设定意思，则无意思能力人，自不能设定住所。《德国民法》规定，绝对无能力人或限制能力人，若无法定代理人之同意，不能设定或废止住所(《德民》八条)。我《民法》虽无与此相当之规定，然无行为能力人及限制行为能力人，以其法定代理人之住所为住所(二十一条)。

住所之设定，非法律行为。盖因由设定住所所发生之法律效果，与设定者之欲望无关故也。而此种行为为准法律行为，抑为事实行为，则不无疑问。德国学者有主张其为准法律行为者。然须视为如无因管理乃以某意思为要件之事实行为，较为妥当也。

《民法》第二十条二项规定，一人同时不得有二住所，系仿英法立法例也。而《德国民法》，本其固有之习惯，一人得同时有数个住所。我《民法》则因此制度，徒使法律关系复杂，无裨实际，故特设此限制。

人是否得无住所,须依各国之成法而定。法国学者,则不认无住所人。因《法民》第一百〇二条规定,人皆须有住所故也。我《民法》既无此规定,自不能为同一解释。且是否有住所,纯系事实问题。苟未设定住所,自为无住所人。如浮浪人或辗转移转各地之工人是也。

二、住所之废止　住所之废止,亦须有废止之意思(Aufgabewille),与其实现行为之二要件。故仅有中断居住之事实,不能谓为住所之废止也。如闭锁住宅,往世界漫游之人,苟无废止之意思,固不能谓为住所之废止也(二十四条)。

三、住所之变更　住所之变更(Changement)者,废止旧住所,同时即设定新住所之谓也。是为住所移转。法国民法,仅关于住所之变更有特别规定。故法国学者,当专就住所之变更以说明之。

住所与居所及营业所不同。居所者,乃事实上居住之场所,不以意思为要件。营业所者,乃商业及其他营业之中心点。故居所与营业所固有时与住所一致,有时则不同。

四、住所在法律上之效力　略举如次。

（1）关于审判之管辖　在诉讼法上,以住所为定审判管辖之标准(民诉一条二条)。其他关于裁判上之期间,亦与住所有关系。

（2）关于债务之履行　债务履行,原则上于债权人之住所地为之(三一四条)。又继承开始地,亦为被继承人之住所地(《民诉》一六条)。

（3）关于票据之事项　凡票据上权利之行使,常与住所有关系。

（4）关于破产　在破产法上,以住所定破产审判管辖之标准(《破产法》第二条)。

（5）关于国际私法　在国际私法上,所谓适用(准据法)之标准,因当事人住所而定者甚多(《法律适用条例》二条)。

（6）关于国籍之取得　凡欲取得中国国籍者,以在中国有住所为原则。其丧失国籍而欲回复者,亦同(《国籍法》四条、十六条)。

(7)为失踪之标准。

除以上所列举者外,住所在公法上之效果,亦复不少。兹不赘述。

住所无可考者,以居所视为住所(二十二条一款)。虽有住所而不知,或全无住所者,均为住所无可考。视居所为住所者,非以居所为法定住所。不过就住所所应发生之法律关系,使就居所发生之之谓也。在中国无住所者,不问其为外国人中国人,均以在中国之居所为住所。但依住所地法者,不在此限(二十二条二款)。

五、法定住所　法定住所者,不问当事人之意思若何,因法律之规定,视为当事人之住所之谓也。如无能力人及限制能力人,以其法定代理人之住所为住所(二十一条)。法人以其主事务所所在地为住所是也(二十九条)。

六、假住所　假住所者,当事人因特别行为,所选定之住所,法律就该特定行为,视为住所者也(二十三条)。假住所之制度,为法法系之法律所采用。法国学者,称之为选择住所(domicile d'élection, domicile éln)(《法民》一一一条)。德国除从来实行法国民法之地域及 Baden 外,不认假住所之制度(《德民施》一五七条,同理由书二四九页以下)。

假住所者,不过法律关于特定之行为,视为住所而已。非真正之住所也。法国学者,动辄分住所为通常住所(domicile ordinaire)及特别住所(domicile spéciale)。以假住所为特别住所中之主要者。然毕竟不过将住所一语,用之于广义而已。其所谓通常住所,即指真正之住所。特别住所,乃指关于特定行为所选定之住所而言也。

假住所之选定与否,全系当事人之自由,《民事诉讼法》及《刑事诉讼法》,虽规定于法定之时,诉讼当事人或关系人须选定假住所。然此种假住所,仅为诉讼书类文件送达之处所,与民法上之假住所不同也。

兹举例以示假住所之实际的效用。如南京之甲，上海之乙，北平之丙，三人缔结合伙契约。乙丙关于其契约，选定南京律师丁之住所为假住所时，则当事人之诉讼，常属于同一法院之管辖。其他由契约所生之法律关系，即关于通知清偿等，皆可于假住所为之。

假住所之选定，常出于当事人间之契约。且此契约，通常与本契约或法律行为同时缔结之。然并不以同时缔结为必要。故于订立某契约或为某法律行为之后，而缔结选定假住所之契约，亦事所恒有者。

当事人所选定之假住所，固通常在其住所以外。但亦有时预想当事人之死亡及转居，故意关于特定行为，选定其住所为假住所者。此为法国学说及判例所公认者也。

假住所之选定，得以明示或默示之意思表示为之。《法国民法》第十一条规定以证书方能选假住所。我《民法》既无规定，解释上不无议论。然以默示之意思表示所选定之假住所，自应不能否认其假住所之效力。不过实际上以明示或以书面选定假住所者为多耳。

就某行为选定假住所时，则就该行为，视为住所。即就该行为所选定之假住所，与住所有同一之效力。但假住所之选定，通常系为相对人之利益。故相对人可随意利用本住所及假住所。例如上海之甲，选定南京之假住所时，其相对人乙，可随意诉甲于上海法院或南京法院。然假住所之选定，系为当事人双方之利益时，则关于特定行为，自应将本住所除外也。选定特定人之住所为假住所，且该特定人，加以承诺时，依法国学说，该特定人为选定人之受任人，对委任人（即选定人）须负受通知或受文件之送达，而转送于委任人之义务。然此乃事实问题。不过委任契约，多与选定假住所之契约同时缔结而已。

第四款　失踪及死亡宣告（Verschollenheit, Todeserklärung, absence）

失踪者，离去向来之住所或居所，而生死不明之谓也。故一须有离去住所或居所之事实。二须生死不明，即离去住所之后，毫无音信，生死存亡，无从查访也。失踪人之财产、亲属、继承等种种法律关系，均陷于不确定之状态。此种状态，长期继续时，甚有害于公益。故法律设一定期间以确定其法律关系。此失踪制度之所由设也。

在罗马法中，无失踪之特别法制。仅对于战时在国外之俘虏，于财产法及亲属法中，设二三之特别规定。盖当时法官，采广泛之自由采证主义，容易为死亡之判定。故法律上无须有死亡推定之制度也。

在近代法中，英国之失踪制度，极不明了。即七年间无生存之音信者，法律推定其为死亡。但于七年内何时死亡，则无推定之规定。又纵令无生存之音信，若有尚生存之事实，亦不许为死亡之推定。

关于失踪之大陆法制，大别为德法二主义。法国法对于生死不明之不在人（absent），分为三期。第一期法律推定其尚生存。然为失踪人之利益计，使法院干涉其财产之管理，而置财产管理人。若未置财产管理人之不在人，四年以上，已置财产管理人之不在人，十年以上，尚无生存之通知时，得请求为失踪之宣告（Déclaration d'absence）。受此宣告之人，称为第二期之不在人，法律宁推定其为死亡，使继承人为财产之假占有（possession provisoire）。失踪宣告后，经过三十年，或达百岁以上之不在人，法律为更强之死亡推定，使变假占有为确定占有（possession définitif）。然失踪人，在法律上仍非真正死亡也（《法民》一一二条以下）。

反之，《德国民法》，从来依死亡宣告（Todeserklarung）而为死亡之推定(一三条以下)。此外《奥民》(二四条)、《瑞民》(三五条以下)及我《民法》,均采此主义。但《瑞民》之所谓失踪宣告(Verschollenheitserklärung),是否为死亡之推定,不无疑义。

德国普通法时代,关于死亡宣告之条件,有二主义。所谓沙克逊主义(Sachsiches System),即生死不明之失踪人,其年龄以七十岁以上为条件。西勒经[①]主义(Schlesisches System),以由失踪人最后之音信时起经过十年,自失踪时起经过三十年,为条件。现行法中,《奥国民法》并用此二种主义。《德国民法》,原则采西勒经主义。对于十年以上无生存之音信者,得为死亡之宣告。而对于七十岁以上之失踪人,则缩短期间为五年。《民法》系仿德国立法例也。

外国人生死不明时,法院仅得就在我国之财产,及依我国法律之法律关系,得为死亡之宣告。又外国法院对于我国人之失踪宣告,不能在我国发生效力。

国家对于失踪人,须干涉其财产之管理。盖失踪人所遗留财产之灭失毁损,不仅为本人及其利害关系人之不利,而由国家公益上亦有防止之必要。故《民法》特设规定,于失踪人失踪后,未受死亡宣告前,依《非讼事件法》(十条),管理其财产。此种规定略与《法民》关于第一期失踪人之规定相当。

《德国民法》,对于所在不明之不在人,或不能归宅及不能为财产之管理之不在人,置财产管理人(Pfleger)。《瑞民》大略相同。

一、死亡宣告

死亡宣告者,对于长期生死不明之失踪人,为死亡之宣告也。其要件有四。

---

① 指普鲁士王国西里西亚省。——编者注

（一）须为失踪　失踪者，离去向来之住所或居所而生死不明之谓也。《瑞民》第三十四条"虽无人见其尸体，但在可信为确实死亡情况中失踪者，其死亡视为已证明"之规定，即此意也。

（二）失踪须经过法定期间　普通期间为十年，自最后音信之日起计。若失踪人在七十岁以上者，其期间缩短为五年。特别期间，即因特别灾难而失踪者，为三年，自灾难消弭后起算（八条）。若不问年龄之老幼，其失踪期间一律划为十年时，在立法论上，颇不适当。故《德国民法》第十四条规定，未成年人于达成年以前，其失踪期间纵已经过十年，亦不能为死亡宣告。我《民法》则仅规定年龄达七十岁以上之失踪人，若经过满五年之失踪期间，得为死亡宣告而已。

灾难失踪（Unfall oder Gefahrverschollenheit）之规定，乃一八八一年十二月奥国维因某戏院被焚时所制定。后为《奥国失踪法》及《德国民法》所采用。我《民法》之灾难范围，既无限制。不问其系由战争或船舶之沉没，抑由于洪水、地震、海啸及其他一般的灾难，苟系对于特定人所生者，均包含之。但须证明失踪人已遭遇灾难方可。若仅证明失踪人身入可以发生灾难之地域，则尚嫌不足。关于此点，不无反对说。例如赴北极探险之人，有主张亦可适用灾难失踪之规定者，不足采也。

（三）须有利害关系人之声请　兹所谓利害关系人者，乃对于受死亡宣告人有法律上利害关系之人也。然失踪人之受死亡宣告，虽与公益有关，然影响于私人之利害感情甚巨。故检察官自无请求为死亡宣告之权。如失踪人之子及配偶者，正从事寻觅踪迹之时，突然以公权力为死亡宣告，殊有背乎人情故也。

所谓利害关系人，如失踪人之继承人，配偶者，法定代理人，财产管理人，受遗赠人，因失踪人之死亡而取得保险金者是。又失踪人之债务人，若能因失踪人之死亡，而得免除其债务，亦得为利害关系人。至国库虽因失踪人之死亡,关于遗产及无人承继之财产等,有重大关系,然如前述,与检察官同一理由,国库亦不能以利害关系人之资格,而请求法院为死亡原告也。又二人以上同时遇难,不能证明其死亡之先后时,推定其为同时死亡(十一条)。

(四)法院须为公示催告　公示催告,须记明失踪人务于期间内呈报其生存,及知失踪人之死亡者,呈报法院(《民诉》五八九条)。公示催告之期间,为六个月以上(《民诉》五九〇条)。但失踪人已达百岁者,其期间可缩短为二个月(《民诉》五九〇条)。

二、死亡宣告之效果及其效果发生之时期

死亡宣告之效果,与自然死亡同。即法关系因死亡而发生者,至是亦随之而发生。因死亡而消灭者,至者亦随之而消灭。故死亡宣告,有绝对的效力。不但对于失踪人及声请人发生,至对于一切利害关系人,亦能发生。惟须注意者,死亡宣告既系基于推定,仍许提出反证,将推定变更之。至关于死亡之时期,各国立法例不一。

(1)法国、意大利、荷兰等法法系诸国,依失踪之时或最后音信之时,而定其继承人。此等诸国,对于失踪之宣告,虽不认有死亡推定之效力,然此时亦假定其死亡,而发生准死亡之效果。《日本旧民法》(二〇八条)及《瑞士民法》(三八条二项)均采此主义。然最后音信之时,则失踪人尚系生存,此主义洵有未当。

(2)奥国民法、普鲁士及德国多数联邦之国法,均以失踪宣告之时推定其死亡。《德国民法第一草案》,系采此主义。其理由书中,谓死亡宣告有创设的效力。又德国联邦中二三小国,有以公示催告期间满了之时,推定其死亡者。此主义由死亡宣告乃裁判效果一点观察之,固不为无理。但死亡之时期,有时为声请者及裁判程序之迟延所左右,乃其缺点。

(三)《德国普通法》,以失踪期间满了之时,推定其为死亡。《沙克逊(Saxon)德国民法》(十八条)及我国《民法》,系采此主义。《民法》第九条规定"受死亡宣告者,以判决内所确定死亡之时,推定其为死亡",其第二项规定,"死亡之时,应为前条各项所定期间最终日终止之时"。俾指失踪期间满了之时,为死亡时期是也。《民法总则》施行前失踪者,亦适用第八条、第九条、第十一条之规定。《民法总则》施行前,已经过《民法》第八条所规定失踪期间者,得即为死亡之宣告,并应以《民法总则》施行之日为失踪人死亡之时(《民法总则施行法》第三条)。

三、死亡宣告之撤销

若受死亡宣告之人尚生存时,或所确定死亡之时日不当时,得由本人及利害关系人之声请,法院须以判决撤销死亡之宣告(《民诉》五九六条、五九七条)。盖死亡之时期等,于继承人有莫大关系。故人事诉讼法规定撤销死亡宣告之程序。

死亡宣告之撤销,既以死亡宣告之错误为理由,其效果须追溯既往。即原则上发生与未曾经死亡宣告之同一效果。故原来婚姻关系、亲属关系,重行恢复。财产关系,亦生重大影响。然贯彻此原则时,亦有不当。故《民诉》又下列二种重大限制。

(一)撤销宣告之判决确定前,以善意所为之行为,其效力不变更(《民诉》六〇〇条一项)。若无此种限制时,则其配偶人,将不敢再婚。其继承人,亦将不敢处分继承财产也。以善意所为之行为者,行为人,在行为当时,不知死亡宣告之不当之谓也。在契约或双务契约,则双方当事人须为善意。此规定于死亡宣告后之行为,方能适用。若失踪期间满了后,宣告前之行为,自不能适用也。

(二)因死亡宣告而取得财产人,若因撤销而失其权利者,惟就现受利益之限度,负归还之义务(《民诉》六〇〇条项)。因死亡宣告而取得财产人,普通均信其取得为正当,自不免有处分或消耗其财产之情事。若一旦撤销之结果,须返还其所取得财产之全部时,则将蒙不测之损失。此法律之所以对于返还义务,特加限制也。

受返还义务之限制者,仅限于因宣告之直接结果,而取得财产之人。如继承人、受遗赠人、生命保险金之受取人是。而由此等直接取得人所转得者,则须受(一)所述之限制。所谓"现受利益之限度"者,乃其所取得之财产中,在死亡宣告撤销当时,而现存者之谓,不问其财产之已否变更也。

第三节 人格保护

人莫不有人格,即莫不有人格权。盖人格权者,对于己身之权利也。法律关于财产权,如债权物权等,设有详细之规定。关于人格权自应有保护之道。迩来学者,均主张人之生命、身体、名誉、自由、姓名、身份、能力等为人格权,是人格权诚人类日常生活所不可缺者。故法律特设规定,以保护之。不过各国规定于民法总则中者甚少。我《民法》仿瑞士立法例,于总则中特设人格保护之规定。兹述其维持及保护之方法如次。

一、人格之维持

权力能力与行为能力,虽一系享受权利之资格,一系为法律行为之资格,并非权利,但于维持吾人之人格权有密切之关系,不能稍有缺憾。故自奴隶制度废止以后,无论何人,皆有权利能力。而行为能力,仅少受法律之限制。吾人欲违背此法令而自甘抛弃其人格,即非法律所许(十六条)。盖所以均强弱而杜侵凌也。又自由权亦系一种私权,若无明文,自亦应适用私权得自由处分之原则。故《民法》揭其例外。即第一,自由无论如何不得抛弃。第二，自由虽得以合意限制之，但其限制，不得违背公共秩序善良风俗（十七条）。

二、人格之保护

（1）人格关系之保护　吾人之生命、身体、名誉、自由、身份、能力等之人格权被侵害时，除得请求法院除去其侵害外，若法律有特别规定时，得请求损害赔偿或抚慰金（十八条）。盖此等权利，虽非直接有金钱上之价值，然因暴行，使被害人间接蒙金钱上之损失者，固为社会上所常见也。唯各国民法，皆以为侵权行为，而规定于债权编中。如《德民法》第八百二十三条，于侵害人之生命、身体、健康、自由等行为，《日本民法》第七百十条，于侵害人之身体、自由、名誉等行为，均定为应负赔偿义务。我《民法》除以一九五条之规定外，更仿瑞士立法例，于总则编中，设以上二种之保护方法。

（2）姓名之保护　姓名权受侵害时，第一得请求法院除去其侵害，第二并得请求损失赔偿（十九条）。

第四节　法　人

第一款　法人之本质

法人（Juristische Person, personne juridique ou morale）者，法律认其有权利能力之一种社会的组织体也。有谓法人乃非自然人而为权利主体者，其定义虽不敢谓为误谬，然稍嫌注重形式。所谓社会组织体者，即为社会组织之一分子，与个人同为活动主体之谓也。

法律于个人以外，认团体有独立之人格，能独立为权利义务之主体者，在德国古法，已有存在之痕迹。而以个人为基础之罗马法，亦承认国库(Fiscus)、行政区划、都市、寺院等为私法上权利义务主体。此乃于法制相当发达以后,出于自然的要求也。不过认法人观念之程度及法规,则因时代与法域之不同,而不能不有差异。

法人之观念,虽存在于古代,但其发达,则在欧洲中世纪以后。盖当时工商业勃兴,而产生所谓商事公司之制度。其影响于法人之发达者,良非浅鲜。所有法人之法规,先由商事公司完成,而后分其余泽于他种之法人。今日之公司法,乃最进步之社团法也。迨及近世,产业益形发达。公共之事业,亦日趋进步。于是法人之需要,益形增加。现今所有大规模之企业,几非公司不能经营。永久的公益事业,几非法人不能实现。故关于此类法律,亦渐臻完备。但瑕疵之点,亦复不少,殊不能不引以为憾。促法人发达之原因,不外个人之生命及能力有限,以之营大规模而永久之事业,颇不适当。虽有合伙之制以救其穷,然合伙仅能于当事人间,作契约上之法律关系,不能脱离个人,而作成别个团体人格。且合伙之财产,为合伙员所共有。合伙员退伙时,不能不返还其所有分。其中一人负债时,债权人得扣押其所有分。是合伙之财产,常生动摇。合伙之基础,因此亦不能十分巩固。故个人之色彩尚浓。且与个人之生命、财产状况等,有密切之关系。以之营大规模而永久之事业,亦不无困难。此不能不于合伙之外,认法人之制度。俾其脱离个人,而为权利主体,所以应社会之需要也。

将法人规定于民法中之立法例,近时甚稀。至关于公司之法规,现今有商法法典国家,则以之为商法之一部。英美则为单行法。瑞士则规定于债务法中。

《法国民法》,无法人之规定。惟能据数条条文,间接认法人之存在而已(《法民》五三七条至五四二条、六一九条、九一〇条、九三七条等)。属于法法系之《意大利民法》《西班牙民法》,亦仅有一条或数条之规定。

然此等诸国，并非否认法人之观念。而法意两国近来关于法人学说之进步，实堪刮目。其结果与德国及我国民法，无甚差异也（Michoud, La théorie personnalité morale et son application au droit français; Ferrara, Le persone giuridiche）。

《德国普通法》，关于社团，亦仅有数条之规定。而关于财团，则付缺如。《奥地利民法》，亦仅列数条，散在民法各处。《沙克逊（Saxon）民法》，始将社团、财团，分别规定。至德国、瑞士、日本民法，关于法人之法规，始灿然大备。

在英国法，关于法人之事项，委诸一般习惯法之支配。除公司法外，无一般法人之规定。此与大陆法相异之点也。且英国法不认财团法人之存在。因与财团相同之目的，以英国特有之信托契约（Trust），即可达到故也。又英国法除通常由多数社员所成之社团法人（Corporation aggregate）外，尚认一人在法律上之继承人格，即所谓 Corporation Sole 是也。如视国王、僧正及其他特定之官职为法人是也。此二点为英法之特色，而与我国民法不同之点也（Blackstone, *Commentaries on the Law of England*; Holland, *The Elements of Jurisprudence*; Adler, *Summary of the Law Relating to Corporations*; Kyd, *Law of Corporation*）。

法人之人格，与自然人同为法律所赋与。则法律认法人有权利能力之理由，亦与自然人无以少异。然自然人之实体，与法人之实体，其本质不同。自然人之实体，能自然存在。法律对于其实体之组织，不加何等干涉。而法人之组织，乃由于法律之规定。故法人实体之研究，亦属于法学之范围。学者或主张法人实体之研究，在法律上并非必要，谓法人乃非自然人而有人格者也。然自然人之实体，与法人之实体，其对于法律之关系，各有不同。此种议论不足采也。

学者关于法人本质之说明，区区不一。虽不能一一详述，兹为解说之便利，去异就同，大别为三。即法人拟制说（Fiktionstheorie），法人否认说（Negationstheorie），及法人实体说（Realitätstheorie）是也。略述其大要及短评如次。

一、拟制说

此说倡自沙非泥（Savigny）氏。关于法人之本质，而为法律学的研究者，亦不能不首推沙氏。谓法人之能为财产能力之主体者，乃由于法律之拟制也。此拟制说不仅久占势力于德国，且曾风靡英法诸国。纵在近时，因实在说之盛行，虽稍减其权威，然归依者犹复不少。日本之梅谦次郎博士，亦其中之一人也。

拟制说更分数派。如布虎塔（Puchta）等，则以法人为理想上无形之主体。威得贤得（Windscheid）等，则谓以拟制认人的集团或财的集团之人格。又非拉拉（Ferrara）则谓认非自然人为权利主体，殊有反于权利主体仅限于自然人之原则。故法人者，以拟制视为权利主体之自然人也。此说又称为替人说（Theorie der Personenrolle），亦可谓拟制说之变态也。

拟制说之缺点，业经多数学者之指摘。其误在混同自然人与权利主体之观念。于是独断除自然人外，绝不能为权利主体也。然权利主体即人格之观念，乃法律上无形之观念，为法律所创造，自不能与有体者相混同。法律创设法人之人格，与创设自然人之人格，无以少异。若谓法人之人格，由于法律之拟制，则自然人之人格，亦不得不然。是拟制说之误谬，自属显然。再吾人由法律之目的言之，社会需要其为权利主体时，法律即当认其为权利主体。而具备此社会的要件者，不仅限于自然人也。又由权利之观念言之，能享有法律上权利之实体，皆得为权利主体。法人既有此组织，即当然认为权利主体。

二、法人否认说

法人否认说者，否认法人之实体存在。谓法人之财产，为无主体之财产，或属于自然人之财产也。此种学说，亦分数派。分述如次。

1. 无体财产说（Theorie des Subjektlosen Vermögens） 此学说为布灵子（Brinz）氏所倡。氏对于拟制说，加以剧烈之攻击，而否认法人之存在。其大要云，以想象上存在之法人，加入人之分类（Diviso personarum）中，令与自然人相对立，殊不为当。罗马虽曾视非自然人为自然人，然未将此加入人之分类，反将其加入物之分类（Divisorerum）。于是由罗马之法源，而否认法人之存在。且曰，凡财产有属于一定之人（Personenvermogen）者。有供一定之目的（Zweckvermögen）者。前者属于主体，而供其使用。后者非属其主体，乃属于其目的，而供目的之利用。故国家、公共团体及其他财团、社团之财产（所谓法人之财产）乃属于后者。氏之所谓目的财产，乃无主体之财产。故在今日思想上，不能称为权利，仅可以之为一定目的之约束（Gebundenheit）而维持之。此其所以对于法人之财产，而排斥权利之观念也。然以法人之财产为拘束，而以个人之财产为权利乎？或否认一切之权利，而代以拘束之观念乎？二者之中，不能不择其一。此说距时代思想甚远。虽一时惹世人之注目，然其势力，始终不振（承继氏之学说完全否认权利之观念而欲以拘束观念代之者，为 Puntschart）。

2. 受益者主体说（Destinataron oder Geniessertheorie, Théorie des destinataire） 此说耶林格（Jheing）所倡。氏之权利论，谓权利者，法律所保护之利益也。所谓权利主体，乃其利益之归属者。然后由利益之归属者，仅限于自然人之根本观念，论社团及财团。谓社团真正之权利人，为社员。而财团之真正权利人，为享受法人利益之病者、贫者。氏之法人论，纯由其权利定义演绎而来。若不否认法人，则其理论不能贯彻。

然氏又转其论锋云,社团为谋实际上之便宜,对外仍为一体,以保护其共同之利益。此乃利益与诉权异其主体之例外,乃法律形式之结果,非以社员为非权利人也。然氏之议论,不仅与现行法制之法人理论不合,且带个人功利主义之余波,不足采也。

3. 管理者主体说(Amtstheorie)　乃近时休耳得(Holder)、宾得(Binder)等所鼓吹之学说。谓法人财产之真正主体,乃其管理者。此二人所说,亦有不同。前者出于权利意思说。谓意思之主体,即权利主体。后者以法律关系之观念,解说法人之本体。此二人之主张,乃为对抗Gierke氏一派之团体主义,而倡个人主义之反动的学说,自不能用以解释现行法制也。

三、法人实体说

此说不以法人之实体为法律之创造物。主张法人亦能为权利能力之实体,又分为二。

1. 团体说(Genossenschaftstheorie)　又称为有机体说(Organische Theorie),此说为基耳克(Gierke)所倡。谓除法人之意思外,有团体意思(Gesamtwille)。除自然的有机体外,有社会的有机体,且具备团体意思。故法人乃实在体也。其构成团体之自然人,乃社会的有机体的组织部分,无独立之人格。又其代表者,亦为构成团体之机关。非在团体以外,有别个人格之代理人。而此等团体中之社团,乃由自己内部所产生之团体,以社员统一之总意,为其精神,以社团之有机体,为其身体。而财团乃由外部所产生之团体,以统一的捐助行为意思(Stiftungswille)为其精神,以有机的组织团体为其身体。

此说一出,而从来视为定说之拟制说,即被推翻。近来德国学者,多采用之。此说除指摘拟制说之谬误外,阐明法人之社会的作用,固有大功绩。但其在法律上之立脚点,仍不出权利意思说及以有机体为权利主体二点，颇受学者之攻击。此说之基础，因其在权利意思说，故又称为意思的实在说。

2. 组织体说（Organisationstheorie） 此说单以法人之实体，为适应于权利主体之组织。现在法人实在说中，以此说为最有力。盖其既可免拟制之非难，又无有机体说之牵强也。

倡此说者，为法国学者米休（Michoud）、沙勒育（Saleilles）。德国学者中，有谓法人非有机体乃组织者。有谓为社会的组织体（Soziale Organisation）者。又有谓为法律上所组织之团体（Rechtlich organisierter Verbanb, rechtliche Organisation）者。其说明均不甚精确。稍为详细者，为叶勒克鲁斯（Enneccerus）。但仍不能脱离拟制说之臭味。日本之中岛玉吉博士亦然。

米休（Michoud）氏，以依意思之力所保护之利益，为权利之本体。谓于个人利益外，有团体之共同利益。法律为保护此共同利益，而承认法人，俾其具体共同意思之组织。此说排斥法人之有自然意思，而代以法律意思，固为组织体与有机体说相异之点。同时亦为此说之卓见。但其既以利益为权利主体，则受益者团体，势不能不为财团法人之本体，殊难赞同也。

沙勒育（Saleilles）氏之说，大体与米休（Michoud）氏相类似。然沙氏以权利之本体，为得以意思主张利益之法律上之力。后者偏于社会的议论。前者偏于纯正法律学的议论。

上述诸说中，大体以组织说为正当。但须划分社会学的观察与纯正法律学的观察。所谓有独立之意思团体，与有独立之利益团体之自然的存在，在社会学上，固不可否认。然法律之所以设法人之制度，认法人之人格者，乃因其存在之故也。故审查立法上之标准时，亦须考虑此等团体之自然的存在。若无独立之意思，独立之利益，仅为便利，而滥设法人,则为立法政策所不许。故指示法人立法之标准者,则不能不归功于基耳克(Gierke)一派之团体说也。

或主张法人之本质论,为无用之学术论者。若关于法人之法规,已臻完备,或无须乎本质论之研究。但现今关于法人之法规,既未完备,且事实上颇难期其完备,故欲补充此不完备之缺点时,则不能不取决于法人之理论。恰如各种权利,法律虽为列举,但法律不能将其所有效力,皆行归纳。尚须研究权利之本质者,其理由无或稍异也。故欲定法人权利能力之范围,及行为能力与侵权行为能力,非研究法人之本质,不足以资解决也。

第二款 法人之权利能力

权利存在之理由,在自然人与法人间,无有差异。已于前述。法人之权利能力,始于其成立之时。如公益法人,除得主管官署之许可外,非向主管官署登记,仍不得成立(三〇条)。法人权利能力之终期,当于法人解散章中论之。至法人之特别权利能力,有次之三种限制。

1. 由于目的之限制　法人仅于章程及捐助行为之能力之目的范围内,得享有权利,负担义务。盖法人之能为权利主体者,因其为达一定目的之社会的组织体也。则其权利能力及行为能力之范围,自应受其目的之限制。如公益法人不能为营利事业,则对于营利事业,自无权利能力与行为能力。但拟制说论者,与实在说论者,对于此点,见解不一。前者对于限制,有严格解释之倾向。主张法人为达其目的之必要范围,方有权利能力。而实在说论者,对于限制之解释,甚为宽大。主张法人不仅为达其目的之必要范围,苟于其目的有益且相当时,亦应有权利能力。盖关于法人全无关系之事项,虽不能认法人之权利能力,然法人以社会的活动主体活动时,纵关于与自己之目的直接无关系之事项,亦不能不为社会的活动者,在事实宁属当然也。

2. 由于法定之限制　《民法》二六条规定,法人于法令限制内,有享受权利负担义务之能力。但专属于自然人之权利义务,不在此限。是法人之权利能力,自应受法令之限制也。盖权利能力,乃由于法律之规定。自不能不受法令之限制。外国法制,有恐法人财产非常的增加,足以威胁国家之存在,而限制法人不能所有定额以上之财产者(《德民法施行法》八十六条)。我《民法》则无此限制。而财团、社团之财产,乃为达其目的所必要之手段,法人得无限制享有也。

3. 由于性质的限制　关于此点,我《民法》虽未如《瑞士民法》(五三条)以明文规定,但论理上,法人亦应有此限制。

法人非如自然人有身体之存在。故以身体存在为前提之权利,法人不能享有。如以身体权及身体的自由为内容之自由权,亲权家长权等,法人不能享有是也。反之,不以身体之存在为前提之权利,如名誉权,以精神的自由为内容之自由权,法人亦得享有之。

关于名誉权之本质,议论甚多。大别之为主观客观二说。前者主张名誉乃对于自己人格之自觉。后者则主张名誉乃系由他人所受之尊敬,此多数说也(Liszt, Strafrecht)。依前说之见解,则名誉不能被他人毁损。然实际上毁损他人之名誉者,乃社会上所恒见。故在法律观念上,自以后说为当。由此客观的意义,法人亦有名誉。即第三人关于法人财产上之信用及公益上之功绩等,对于法人所为之尊敬,即法人之名誉也。

第三款　法人之行为能力

关于法人之行为能力,从来采拟制说者,均否认之。谓法人既无实体之存在,自不能有意思能力。法人之董事,乃法人之代理人。其所为之行为,并非法人之行为。不过其行为之效力,及于法人而已。而近来采有机体说即团体说者,谓法人乃有意思能力之团体,且有自然的实在。法人之董事,非法人之代理人,乃为构成法人之一部之机关。法人依其机关,而为意思之决定发表者,恰如自然人依其手足口舌而为行为也。董事之行为,非其自己之行为,乃法人之行为。故法人有法律行为能力及侵权行为能力。余虽不采有机体说,但法人既具有作成意思之组织,亦当有行为能力。故董事非在法人之外部,代理法人,乃在法人之内部,为构成法人组织之一部。

再参考外国立法例。《德国民法第一草案》,视法人仅得依代理人而为交易之人工的无意思的权利主体(《德民草案理由书》一卷九十四页)。后加改正。关于法人之行为能力之有无,一任学者之判断(《德民议事录》一卷五〇九页)。《德民》第二十六条规定,董事有法定代理人之地位(Stellung eines gesetzlichen Vertreters)。而解释者,则多以董事为法人之代表机关,不应视为纯然之法人代理人。《瑞士民法》更进一步,其第五十四条规定,法人依法律及章程而构成其必要之机关时,即取得行为能力。其第五十五条规定,法人依其机关而表示其意思。机关以其法律行为及其他行为,使法人负担义务,而关于归责于法人之事项,行为者亦负责任。我《民法》第二十八条规定,法人对于其董事或职员,因执行职务所加于他人之损害,与该行为人连带负赔偿之责。盖采瑞士立法例也。

法人既有权利能力,自应有在诉讼上为原告或被告而起诉或被诉之能力,即法人有诉讼上当事人之能力(Parteifähigkeit)。

法人是否有自为或使诉讼代理人代为诉讼之能力,即是否有诉讼能力(Prozessfähigkeit),多数之民事诉讼法学者,均否认之。然在理论上,法律既认法人之法律行为能力,则以同一理由,不能不认法人之诉讼能力。法人之代表者之诉讼行为,在法律上,即法人之诉讼行为也。

法人之行为能力之范围，当以权利能力之范围为限。至法人是否有侵权行为能力，则学说之见解，颇多争执。盖侵权行为，乃由于故意或过失而侵害他人权利之行为，须以意思能力为标准。而无意思能力人，既无所谓故意或过失，更不能有所谓行为。故法人是否有侵权行为能力，须由法人是否有意思之根本问题而决定之。采拟制说者，否认法人意思。谓法律虽规定法人之赔偿责任，非认法人有侵权行为能力。法人之机关之侵权行为，并非法人自身之侵权行为。不过法律为便宜计，为保护第三人计，且为增加法人之信用计，认法人有赔偿而已。而采实在说者，谓法人机关之行为，乃法人之行为。如因此行为而侵害他人之权利时，当然为法人之侵权行为。或又云，所谓违法行为，并不属于法人目的之范围。故法人不能有侵权行为。然以适法之目的所设立之法人，为达其目的之行为，致侵害他人之权利时，当然成立侵权行为也。

至法人是否有刑法上之犯罪能力，古来学者多否认之，谓法人不能犯罪（Societas delinquere non potest）。然法律既认法人有侵权行为能力，则于特定之范围内，自不能否认法人之犯罪能力。故近时学者，多肯定法人之犯罪能力。又英美法认法人犯罪能力之范围甚广（如英国千八百八十九年 Interpretation Act）。

第四款　法人之种类

一、公法人、私法人（Juristische Person des öffentlichen Rechts, des Privatsrechts）

此区别之标准，甚为困难。至有否认此种区别者。兹略述各种学说之大要如次。

1. 公法人与私法人之区别，乃基于社会观念。故不能以唯一之标准，而定两者之区别，致与社会观念相冲突（Regelsberger，日本美浓部博士)。但社会观念,既难期正确,此说殊不足采。

2. 由其目的之事务之公私,而为区别。若依此说,则同一性质之事务,以国家行之,则为公事务。以私人行之,则为私事务。如学校、铁道、食盐烟酒专卖等,自不能以目的之事务之公私,而定法人之性质。

3. 因设立人之公私,而为区别(Crome)。依此说,由国家所设立之银行及以其他营利事业为目的之法人,为公法人。然立法例中有以无人继承之继承财产,视为法人者,则此法人,究属于公法人抑私法人乎。

4. 以对于国家有特别之利害关系,而受特别之保护者,为公法人。以私人之利益为直接之目的者,为私法人(Dernburg)。此说运用于实际时,殊欠明了。故不足采。

5. 依公法之规定,对于国家,有实行其目的之义务者,为公法人。此有名之罗经(Rosin)氏之学说也。谓事务之公私,不能由其性质而为区别。公事务乃国家之事务。故团体以公事务为目的时,国家绝不放任之,必课以实行之义务。反之,其目的之事务为私事务时,直接与国家无多大关系。其实行与否,国家概不加何等干涉云云。然此说,亦不无缺憾。盖以同一性质之事务为目的之法人,势不能不依义务之有无,而异其性质。如私设铁道,私立学校等,若国家课以实行其目的之义务时,则为公法人,否则为私法人,殊有背于普通观念也。

6. 以国家或国家统治权所认定之事业为目的所设立之法人,为公法人。其他之法人,为私法人。公法人与私法人之区别,以此说为当。

两者区别之必要,因公法人执行其目的之事业时,有特别之强制力。

二、公益法人、营利法人(Idealer Verein, Geschäftsverein)

营利法人者,以营利为目的之法人也。公益法人者,以公益为目的,即不以营利为目的之法人也。故以公益为目的,同时又以营利为目的之法人,仍为营利法人(松本烝治博士《营利法人之观念》,日本《法学协会杂志》第二十八卷三号二二以下)。自无介乎两者之间,而有中间性之法人也。

关于定营利法人之观念,有客观主义及主观主义。

依客观主义,不问设立人之目的,是否有图一己之利益。苟法人目的之事业性质上,为经济上之行为时,乃营利法人(Planck)。

依主观主义,若法人最终之目的,为图社员之利益时,乃营利法人。不然者,为公益法人。不问其目的之事业,是否为经济上行为也(Staudinger, Hölder, Gierke, Enneccerus,日本松本博士)。

上列两说,以后说为当。1. 财团法人,虽得为公益法人,但不能为营利法人,以其缺欠享受利益之社员故也。若依前说,则不能说明财团法人何以不能为营利法人。2. 公益法人之设立,须得主管官署之许可。营利法人则不然。因公益法人之目的,既为公益,故国家为预防其滥设,而有干涉之必要。若依前说,则经营营利事业,而以其收益以供公益之用者,势不能不为营利法人,其设立自无须得主管官署之许可,殊不合于法律对于公益法人与营利法人异其设立条件之理由也。

公益法人与营利法人之区别,乃法人之目的,虽为公益,而其所经营之事业,为营利时,发生问题。若其目的与手段,均为营利或非营利之时,则纵依客观说,亦无不当之结果。由上所述之理由,若法人最终之目的为公益时,不问其所取之手段是否为营利,仍应视为公益法人。如经营殖林事业、印刷事业,而以其收益为慈善之法人,又以救济无职业之职工为目的所设立之工场等,自应视为公益法人。反之,如相互保险、消费合作社等,虽不以直接分配利益为目的,但其最后之目的,或因团体员分担危险,或因受低廉物品之供给而得利益,不能不视为营利法人也。

营利法人得区别为商事公司与民事公司。以商行为为营业者,曰商事公司。以商行为以外之营利行为为营业者,曰民事公司。然关于商事公司之规定,均能适用于民事公司。故两者之区别,无何等之实益也。

所谓公益者,须为社会的一般的利益,或为不定多数人之利益。若为一家之利益所设立之家属财团(Familienstiftungen, fondations de la famille),在民法上不能称为公益法人。故《民法总则施行法》第九条规定,祠堂、寺庙及以赡养家族为目的之独立财产,不适用同法第六条至第八条之规定。

三、社团法人、财团法人(Verein, Korporation, Körperschaft; Stiftung, fondation)

社团法人者,以社员为其构成分子之法人也。财团法人者,无社员,以供一定目的所捐出之财产为中心所设立之法人也。故社团法人,必有社员,且有社员总会。各社员有出席总会参与法人事业之权利。又两法人之组织亦异。社团法人之设立,除以章程定法人之目的及组织外,尚有社员总会,而总会有变更章程之权限。故社团法人之目的及组织,能随时势而变更之,富有弹性。而财团法人之设立,即以捐助行为定法人之目的及组织。法人之董事,虽依捐助行为,以处理法人之事务,无变更捐助行为之权限。苟捐助行为中未设可变更之特别规定时,则捐助行为永久不得变更。故财团法人,颇具固定性。如欲为公益事业而设立法人时,须考虑两者之特色,以定其组织。财团法人因无社员,故不能成为以社员之利益为目的之营利法人。

财团法人之组织,系仿德国民法。在英国,则用信托(Trust)中之公益信托,而实行社会事业。故无财团法人也。

第五款　法人之设立

法人之设立，有下举诸主义。

1. 自由设立主义（System der freien Körperschaftsbildung）　对于法人之设立，不加何等之限制，随设立者之意思，得自由设立法人之主义也。此主义盛行于欧洲中世商事公司勃兴时代，现无采用之者。

2. 特许主义（Oktroisystem）　关于法人之设立，以主权者之命令或法律之制定为必要之主义也。此主义亦盛行于中世之商事公司。近世采用者甚稀。唯对于特定之法人，赋与特权而加以保护时制定特别法而已。如中国银行、交通银行、中央银行等是。

3. 许可主义（Konzessionssystem）　关于法人之设立，以行政官署之许可为要件之主义也。民法对于公益法人，采此主义。

4. 准则主义（Normativsystem, System der Normativbestimmungen）先以法律规定法人之社会的组织体之要件，设立人依此要件作成社会的组织体时，无待于国家之特许或行政官署之许可，即当然成立法人之主义也。依此主义所设立之法人，固须登记，但登记官吏仅能审查设立程序之是否适法，而无决定设立许否之权限也。

此上四主义，各有所长。自由设立主义，其设立法人，固属简便，但失诸放任。既无国家之监督，自不免有害公益。特许主义，十七世纪以来行之最广。然因须主权者之特许，未免耽延时日。又许可主义，乃出于许可者之任意，故时有不公平之虞。准则主义，则无此等弊害。

外国立法例，关于商事公司，除英国外，以前一般均采许可主义。但现时立法，除仅少之例外，皆采准则主义。盖对于多数公司之设立，而官署须一一判断其事业之成否，到底不堪其烦故也。然关于其他法人之主义，则各国不同。《德国民法》，关于不以经济上之业务为目的之社团法人,采准则主义。关于财团法人,则采许可主义(《德民》二一条、八〇条)。关于集团之法国千九百〇一年之法律亦同。《瑞士民法》,则关于社团法人及财团法人,均采准则主义。

《民法》关于营利社团法人之设立,均依特别法之规定(四五条)。盖此等法人,种类甚多。为立法之便利计,应规定于特别法中也。营利社团法人之公司,依公司法之规定。盖纯取准则主义,无须经官署之许可。公益法人之设立,须有设立之行为,设立之登记,与主管官署之许可。主管官署之许可者,对于设立者所组织之社会组织体,赋与人格之行政行为也。许可与设立行为、设立登记,三者缺一,即不能发生法人成立之效果。故纵有设立之许可、设立之登记,苟其设立之行为无效时,法人当然不能成立。又纵有设立行为,苟无许可,法人亦不能成立也。主管官署者,管辖法人目的事业之中央行政官署也。其事业属于二个官署以上之管辖时,须受各官署之许可。而许可与否,乃属于官署自由裁量之范围。故纵令拒绝许可,亦不能提起行政诉讼。

法人非依本法或其他法律之规定,不得成立(二五条)。兹所谓法人,乃指私法人而言。法人之成立,须依本法或其他之法律。非依法律不得设立法人者,即禁止自由设立之意。而所谓法律,乃指经立法院所议决之法律而言。故各种命令自不包含。

一、社团法人之设立

社团法人之设立行为,乃以创设社团法人之权利主体为目的之法律行为,且须订定章程之要式行为也。故设立法人时,须订定章程。未记载于书面之章程,当然无效。章程所应载之事项如次。

1. 目的　须以公益为目的,而非以营利为目的。如"本会以达到国际联盟之精神为目的"是也。

2. 名称　名称之种类,则无限制,亦不必用社团法人之名称。如

"本会命名为国际联盟协会"是也。

3. 董事之任免 关于任免之方法，亦无特别限制，故不必须总会之决议。股份有限公司董事，因须由股东会就股东中选任之（《公司法》一三八条）。而公益法人，则无此等限制。故无妨规定选任社员以外之人为董事。但实际上，董事之选任，由社员总会决议者甚多。如"本会之董事，由总会于社员中互选之。其任期迄翌年之通常总会开会终了时止。但得连任。由补缺选举之董事之任期，为前任任期之残部"是也。

4. 总会召集之条件、程序及其决议之证明方法。

5. 社员之出资 如"本会之资财为会费及其他之收入。本会之会费，普通会员三元。特别会员十二元。但一次缴纳会费百元以上者，为特别会员，不再征收会费"是也。

6. 社员资格之取得与丧失 即关于入社退社及除名之规定是也。如"赞成本会之宗旨者，得经会员二人以上之介绍，为本会会员。董事有承认会员之退会与除名之权限"是也。

上列各项，称为章程之必要记载事项。苟缺其一，章程即为无效。此外有所谓任意记载事项，如变更章程之规定，董事执行业务之规定，社员表决权之规定，法人解散之原因，解散后之财产归属权利人之规定，清算人之规定等，其记载于章程与否，全系设立人之自由。但一旦记载于章程，即成为必要记载事项。非依变更章程之程序，不得变更之。

社团法人，乃人的团体，不得以一人设立。《德国民法》（五六条）规定以七人为最小限度。我《公司法》第八十七条，亦规定股份有限公司，应以七人以上为发起人。而我《民法》，则无此限制。有主张若法律无规定时，性质上须有三人以上之设立人者。此说起于罗马，后为《德国普通法》所采用。至其理由，谓为社团法人之基础而支配其活动者，乃多数人之意思。若设立者仅二人时，则不能作成多数人之意思。故社团法人之性质上，设立人之最小限度，须为三人也。然此说亦不足采。盖支配法人之活动者，原为社员一致之意思，而非多数者之意思。仅于社员不能一致时，不能不以多数者之意思代之耳。若二人之社员不能一致时，尚可设适当之规定，以作成法人之意思。如求第三人之判断，依出资之多寡，或依年长者之意见，亦可作成法人之意思也。故我民法之解释，只须二人以上之设立人也。

社团法人之设立行为者，以二人以上之设立者之合意为要素之法律行为也。此法律行为之性质若何，有契约说（Hölder）与合同行为说（Gierke）。近世学者，多采合同行为说。盖设立行为，非以成立设立者相互间之权利义务关系为目的，乃以创设权利主体为目的。此等合意，对于法律行为之各当事人，有同一之意义，并生同一之法律效果。与各当事人有互异之意义，生反对法律效果之契约，在法律之性质上，大相径庭。故合意乃合同行为（Gesamtakt），非契约也。

社团法人设立以前，发起人间通常缔结关于将来设立法人之契约。此种发起人团体（Gründer-Sozietät）间所缔结之契约，乃设立行为之准备行为。其团体虽无独立之人格，但其契约，以设立法人之共同事业为目的，故仍得为一种团体。

发起人团体，为将来应成立之法人，为购买物品或征收出资金等之法律行为时，其权利义务，以如何之法律上之理由，成为法人之权利义务。在商法之公司，则成为设立经过之问题，固为多数学者所议论。而在民法之法人，则无多大问题。盖在民法法人发起人间之关系，设立行为之效果，当然发生权利义务之移转。不过对于第三人之关系，权利之移转，须具备对抗要件。义务之移转，须经权利人同意耳。

《民法总则》施行前，具有财团及以公益为目的社团之性质，而有独立财产者，视为法人。其代表人应依《民法总则》第四十七条或六十条之规定,作成书状,自《民法总则》施行后六个月内,呈请主管官署审核前项书状所记载事项。若主管官署认其有违背法令,或为公益上之必要,应命其变更。经核定之书状,与章程有同一之效力(《民法总则施行法》第六条)。

依《民法总则》之规定,设立法人须经许可者,如在《民法总则》施行前已得主管官署之许可,得于《民法总则》施行后三个月内,声请登记为法人(《民法总则施行法》第五条)。

二、财团法人之设立

财团法人之设立行为者,设立人所订定之捐助章程及捐助行为也。捐助行为者,以设立财团法人为目的而捐助财产之要式的法律行为也。在生前捐助者,须订立捐助章程。以遗嘱捐助者,须依遗嘱之方式(六十条)。捐助章程之必要记载事项,除关于社员之规定外,与社团大体相同。唯认捐助行为之补充一点稍异。即捐助章程所定之组织不完全,或重要之管理方法不备者,法院得因捐助人、董事或利害关系人之声请,为必要之处分(六十二条二项)。依此规定,如法人之名称及任免董事之方法等,若捐助行为人未行订定,固可请求法院补充。至法人之目的及资产,乃捐助行为成立之必要要件。若缺其一,则捐助行为,自应无效,解释上法院自无补充之权能也。盖社团法人之设立人,大都不止一人。其中虽有死亡,而其他之设立人,尚得补充章程之不备,故无须国家之干涉。至财团法人之设立人,多为一人。于其死亡时,不认法院有补充之权能,则以公益为目的之事业,不易发展也。

捐助行为乃以捐助财产设立法人为目的之行为。但捐助行为是否须有一定财产之捐出,依从来之通说,财团法人之基础,既为财产,则无财产,即无财团法人(Ohne Vermögen Keine Stiftung)。故设立财团法人之捐助行为,须同时提出一定财产而提存之(Planck, Endemann)。反对论者,谓财团法人者,非以其财产为法人也。故财产之存在,非财团法人之必要条件。然为达财团目的之手段者,不得不为财产。是财团法人之财产,较诸社团法人之财产,尤为重要,固不待言。但其设立之时,不必提存一定财产。若将来有取得其财产之确实方法时,法人亦得成立。如设立人于得主管官署之许可时,每年捐助若干财产。或以某财产之收益,为法人之财产。虽其收益尚未存在,犹可得设立之许可也(Hölder, Staudinger)。我民法上所谓捐助,其语义已含特定财产之存在。财产固不能谓为即财团法人,然无财产,则殊难认财团法人之组织体之存在。故财团法人之观念上,必须有财产之存在。但财产之存在,不能即谓为物之存在。如设立人负担每年捐助若干之债务,或指定其他之财源,俾法人得以权利请求时,均得谓为财产之存在。若仅单纯取得财产之希望时,不能成立财团法人也。

捐助行为,乃以作成书面为必要之要式行为。于官署许可之时,发生效力。故其效力发生前,捐助行为人,得自由撤回。关于捐助行为之撤回,法律虽无明文规定,解释上自无须何种方式。如破毁其书面而为撤回是也。但已向主管官署提出之后,则须对该官署为撤回之意思表示(Planck)。

数人共同为捐助行为,其中一人为撤回时,则捐助行为全部无效。盖数人为捐助行为时,则该数人,自有共同设立法人之意思。故其中一人脱退时,其他捐助行为人之共同设立法人之意思,亦归消灭。但对于撤回者是否应发生损害赔偿请求权,则依捐助行为人间之契约而定。

以遗嘱为捐助行为时,则遗嘱人之意思,足以拘束继承人。故继承人不得为撤回。而遗嘱执行人,须依遗嘱之本旨,而为执行。如该捐助行为不能得主管官署之许可时,其结果与抛弃遗赠同。

捐助行为之撤销,须与撤回相区别。撤回须行之于行为发生效力前,故无须何等原因。撤销乃于行为发生效力后,溯及的消灭其效力之行为,故须有法律上之原因。如有意思表示之瑕疵等之原因时,得撤销之。盖捐助行为乃法律行为故也。捐助行为撤销时,则财团法人视为自始未成立,恰如无捐助行为而得主管官署之许可者然。但捐助行为之撤销,其影响于第三人者甚巨,故法律宜设适当之限制。如以法律规定,禁止撤销,或使撤销不得对抗善意第三人,或缩短撤销权之存续期间是也。

捐助行为,乃无相对人之单独行为。如设立人决定设立财团法人之意思,并将此意思记载于书面时,捐助即行成立,亦无须将此意思表示于他人。至对于主管官署之声请,不过将已成立之捐助行为,提出于官署,并非将为捐助行为之意思,向官署表示之也。

捐助行为乃以设立法人为目的之无偿处分财产之行为。法律上所谓捐助,与通常所谓捐助之意义不同,其行为之发生效力,须以设立许可为条件。故财团法人之设立人,于为捐助行为后,未得设立许可前,不能即生处分财产之效果。换言之,即未得设立许可前,其所捐助之财产,仍属于设立人也。然既得许可后,是其捐助行为完全有效,其所捐助之财产,法律上当归属于法人乎?抑设立人仅负移转财产之义务,而移转时,犹更须为移转行为乎?此从来学者所激争之点也。《日本民法》,采物权主义。其第二十四条第一项规定,以生前处分为捐助行为者,其捐助财产,于得法人设立许可时,构成法人之财产。《德国民法》,采债权主义,设立人仅负担移转财产之债务(《德民》八二条)。我《民法》则无规定,须依当事人之意思而决定之。若当事人之意思不明时,余以为应采德国之解释也。

以遗嘱为捐助行为者,其遗嘱于遗嘱人死亡时,即遗嘱发生效力以后,由继承人或遗嘱执行人将捐助行为提出于主管官署,而请求许可。故遗嘱发生效力时,法人尚未成立。捐助财产,须一旦移转于继承人,而继承人得自为有效之处分。若捐助财产被处分时,则捐助人之目的,将不能达到。故《日本民法》第四十二条第二项规定,以遗嘱为捐助行为时,其捐助财产,于遗嘱发生效力时,视为归属于法人。我《民法》关于此点,未以明文解决,殊为遗憾。

第六款　法人之登记

登记者,记载一定事项于公簿之谓。法律为社会交易安全计,屡用登记制度,公示一定事项。俾利害关系人,以阅览之机会。至于法人,亦有将其状况公示于世人之必要。故法律采用登记制度,将法人之设立及其他关于法人之事项,公示于第三人。即:1. 登记前,实质上所生之事实,不得对抗第三人。第三人得否认之。2. 事实上所生之事项,登记前,第三人亦不妨承认之。3. 纵有登记,事实上所未存在之事实,不能视为存在。盖登记乃事实之公示手段,不能变更事实也。4. 将事实上存在之事项登记时,其效力得对抗第三人。

法人之登记,分设立登记,变更登记,及解散登记三种。董事或清算人怠于登记时,有一定之制裁。其程序应规定于非诉讼事件法。

依《民法总则》之规定,设立法人,须经许可者。如在《民法总则》施行前,已得主管官署之许可,得于《民法总则》施后三个月内,声请登记为法人(《民法总则施行法》第五条)。

一、设立登记

设立登记者,设立法人之登记也。《德国民法》第二十一条规定,不以营利为目的之社团法人,于其所属之初级法院登记时,享有权利能力。我《民法总则》规定,法人非经向主管官署登记时,不得成立(三十条)。

法人为设立登记后,所应登记之事项,为目的、名称、主事务所及分事务所、董事之名姓及住所、财产之总额。应受设立许可者,其许可之年月日。定有出资方法者,其方法。限制董事代表权者,其限制。定有存立时期者,其时期。又社团及财团之登记,由董事向其主事务所及分事务所所在地之主管官署行之,并应附具章程及捐助行为备案(四十八条第一项、第二项,六十一条第一项、第二项)。

设立之登记,乃与法人以对外之效力。法人于受主管官署之许可并登记后,固行成立。但有应登记之事项而不登记,或已登记之事项有变更,而不为变更登记者,不得以其事项对抗第三人(三一条)。所谓第三人,或以法人为标准,指法人以外之人为第三人。或以设立手续为标准,指干与设立以外之人为第三人。考诸立法理由,对于已经干与之设立人及主管官署,主张法人之设立时,并无须乎登记。故解释上当以后说为当。

二、变更登记

登记事项有变更时,须为变更登记。登记以前,不能以其变更对抗第三人(三十一条)。事务所之迁移,亦为更登记事项之一。故须于旧事务所所在地为迁移之登记,新事务所所在地为设立之登记。若其迁移在同一区域内者,只须为迁移之登记。

三、解散登记

法人解散时,除破产外,须为解散登记。关于法人解散时之登记事项,民法虽无规定。清算人之姓名、住所及解散之原因、年月日等自应登记。又破产时,自应为破产登记也。

若登记声请书不具备四十八条第一项及六十一条第一项所规定应登记之事项时,登记官吏得拒绝登记。然登记官吏因故意或过失收受此不完备之声请书,且登录于登记簿并公告时,其效力如何?其登记全部无效乎?抑其已登记之事项,视为有效乎?依此二条之规定,所谓"应登记之事项如下"者,乃非将此二条所要求应登记之事项,全部登记时,不能发生登记之效力。但此等事项,不必同时登记。若于一定期间内,其事项登记终了时,亦可为有效之登记也。故有缺欠之登记,固不能发生登记之效力。若能补足,则于补足时,发生登记效力。

第七款　法人之住所

法人以主事务所所在地为住所(二十九条)。事务所者,依章程或捐助行为所规定执行法人事务之场所也。事务所仅一个时,其事务所所在地,即为法人之住所。有数个时,以其主事务所所在地为法人之住所。若章程或捐助行为,虽定有住所,苟于其地,事实上不能执行法人之事务时,则不能不谓为事务所之废止或移转也。盖法人之于主事务所以外之事务所,经营其全部之事业时,则应为主事务所之变更,须为变更登记故也。然法人之事务,尚未开始以前,纵不执行事务,苟为将来执行事务之场所时,尚得视为法人之住所也。

第八款　法人之机关

第一项　总说

关于法人之机关即董事之性质,从来学说,可分为二派。

1. 机关说　机关(Organ)一语,始于何人,固难考证,然今日已成为法律上之用语矣。机关二字,原来乃生物学上之用语。有机关者,称为有机体(Organismus)。机关乃有机体之一部,无独立存在之目的。故机关之作用,自应视为有机体全部之作用。如自然人之手,乃构成身体之一部,无独立之目的。手之作用,即人之作用。而将此观念,应用于法人,而说明法人与董事之关系者,称为机关说(Regelsberger, Gierke)。谓社团法人之社员,及法人之董事,乃构成法人之一部。其作用非社员或董事个人之作用,乃法人之作用也。

2. 代理人说(Theorie der Stellvertretung) 代理之观念,常以代理人及本人(被代理人)之二个独立人格为必要。所谓代理人,并非为构成本人之一部,自有独立之人格。故董事非构成法人之一部,乃独立之权利主体。董事之行为,并非法人之行为,乃董事之行为,不过其效力及于法人而已。关于法人机关之性质,采拟制说者,以董事为法人之代理人,故否认机关之观念。而采有机体说者,视法人为社会的有机体。法人之有董事,如自然的有机体之有耳目手足为其机关也。余采组织体说。董事为法人组织体之一部,担当法人之活动。故董事为法人之机关。

构成法人机关之自然人,除一面为法人之机关外,尚一面为独立自然人。故董事对于法人,负执行业务之义务。又对于法人,有报酬请求权。

法人之机关,有董事及总会。董事为社团、财团共通之机关,而总会则仅社团法人有之。但得以章程及捐助行为,规定其他之特别机关也。

第二项 董事(Vorstand, directorate)

董事者,代表法人,有执行法人事务之权利与义务(二七条二项)之法人必备机关也。故法人须设董事(二十七条一项)。其额数、资格及任免方法,固可以章程或捐助行为自由定之。然法人应设董事,纵以章程及捐助行为或总会之决议,亦无左右之自由。但法人非以董事之无间断存在为必要。如董事辞职或死亡时,则法人之权利能力,不能谓为即行消灭也。惟于此时,须速补充法人之代表机关,俾法人不致发生损害。故《德国民法》(二九条)规定法院得于此时因当事人之声请,选任假董事。我国旧草案,亦有同样之规定。新民法则付缺如。

一、董事之选任

1. 董事须以自然人组织之。如以法人为他法人之董事,则为法律所不许。2. 董事之员数，法律无限制，又非章程之必要记载事项。故在社团法人，得以总会之决议定之。3. 法人之董事任免方法，以章程及捐助行为定之。社团法人之董事，须经总会决议（五〇条二项）。4. 选任董事行为之性质若何，颇有争论。有主张为单独行为者。然不经被选者之承诺，即使负担董事之重任，在不以社员为被选资格之公益法人，尤多不当。故选任行为，当然为委任及准委任之契约。

二、董事之权限

董事之权限，得区别为代表法人及执行事务两种。在商法之公司，明白区别公司之内部关系与外部关系。《民法》虽未明了为此二者之区别，然依二十七条第二项之解释，亦应为此二者之区别也。代表法人，乃对外关系，即法人与第三人之关系。执行业务乃对内关系，即法人与董事之关系。董事不仅有执行法人事务之权限，并有对外代表法人之权限也。

（一）代表法人　董事就法人一切事务，不问其审判上抑为审判外，均有对外代表法人之权限。代表云者，乃董事之行为即法人之行为。非仅以其行为之法律效果，及于法人之谓也。故代表之性质，与代理异。又代理仅限于法律行为。代表则除法律行为之外，举凡一切事实行为，皆能代表。然董事代表法人为法律行为时，法律虽无规定，解释上自应准用代理之规定也。

董事有数人时，有主张须董事全体之同意，方能执行法人之事务者（《德民第一草案》四四条）。然因少数人之反对，致停法人之事务，殊为不当。故解释上第一须依章程及捐助行为之规定。若章程及捐助行为无规定时，则须从董事之多数议决。然此乃法人之内部关系。至对外部关系，则董事均能各自代表法人。第三人对法人为意思表示时，无须对董事全体，只须对董事一人为之。亦无检查董事之意见，是否得过半数之同意也。关于此点,反对说颇多(日本梅博士、平沼博士)。然执行法人事务之方法,既非法人之应登记事项,若使其效力足以对抗第三人(外部)时,殊有害于交易。又我民法之所谓董事,并非指董事会,乃指董事个人而言。而董事就法人一切事务,有对外代表法人之权(二七条二项)。故有数人之董事,于执行法人之事务时,应从多数表决。若定有其他执行事务之方法时,是乃董事之代表权之限制,亦不能以之对抗善意第三人也。

董事之代表权,有次之数例外。

1. 以章程捐助行为或总会之决议,得限制董事之代表权。若以其他之方法,限制董事之代表权时,则其限制,不能有效。董事代表权之限制,不仅使董事负遵从之义务,而对外亦限制其代表权。如董事违背限制所为之行为,则为越权行为。然法律为保护善意第三人,设一特则。即对于董事代表权所加之限制,不得对抗善意第三人(七十二条三项)。是较之《德民法》(二十六条、六十四条)以登记之有无,为对抗之标准者,其保护更厚也。

2. 关于法人与董事之利益相反之事项,董事是否有代表权。《日本民法》第五十七条规定,董事无代表权。我《民法》虽无明文,自应为同样解释。若关于此等事项,使董事代表法人时,则法人将蒙不测之损失故也。所谓利害相反者,不仅限于董事与法人为法律行为。至法人与第三人为法律行为时,亦包含之。例如董事为法人之债务人,又为第三人之保证人时,则董事不能代表法人与该第三人为和解是也。

(二)执行业务　董事有执行法人事务之权限与义务。此义务发生之原因,法律虽无规定。唯董事被选任后,其与法人之关系,解释上既须准用委任之规定。则董事对于法人之事务,当以善良保管者之注意为之。若董事有数人,其执行法人之事务,须由董事过半数决之。又董事执行法人事务时,不得违反章程、捐助行为及总会决议之趣旨。但总会之决议,违反法令或章程时,则其决议,已非有效之决议。董事对之,自无服从之义务,且不能服从也。财团之董事,有违反捐助章程之行为时,法院得因利害关系人之声请,宣告其行为之无效(六四条)。董事所应执行法人之事务,虽不能一一列举,兹就其主要者揭述之。

董事须声请关于法人诸种之登记(三十一条、四十八条、六十一条)。《民法总则施行法》第八条规定,应编造财产目录及社员名簿。财产目录(Inventar, Inventer, Inventory)者,法人之积极的及消极的财产总目录,即关于贷出借入财产之明细表也。属于法人之动产、不动产、债权、债务、著作权、特许权及其他之财产,均须揭载。编造财产目录之目的,一面为明示法人之财产状况。俾监督官署及第三人,容易知悉。一面将设立人、董事、社员之个人财产,与法人之财产明白区别。使董事及其他之机关,无为不正行为之余地。又财产目录,因编造时期之不同,可分为二。一为法人设立时所编造,是为基本财产目录。一为每年定期所编造,是为每年度财产目录。

社员名簿者,记载社员之全部。俾一般知悉何人组织社团法人之账簿也。社团法人之社员,嗣后有变更时,须订正之。

此外董事尚有召集通常总会与临时总会之权(五十一条一项、二项)。如法人之财产不能偿还债务时,须声请破产(三十五条)。于法人解散时,得为清算人(三十七条)。

董事之姓名住所,均属登记事项之一(四十八条第四款、六十一条第六款)。故其选任退任,皆须登记。登记以前,不得以选任退任与他人对抗。

第三项　社员总会

社员总会(Mitgliederversammlung, assemblée générale, general

meeting)者,由社员全部所组织之议决机关,且社团法人之必要的最高机关也。

1. 总会乃以社员全部所组织之机关也。所谓以社员全部组织者,非须社员全部出席于总会,而行使其表决权之意。乃非社员全部皆有表决权,则总会不能有效成立之谓。换言之,纵以章程之规定,总会之决意,不能剥夺一部社员之表决权。又对一部社员不为召集总会之通知,致彼无行使表决权之机会时,则总会不能有效成立也。

2. 社团法人之事务,除以章程定属于董事及其他办事人外,须以总会之决议行之。苟其决议不违反章程及法令,则董事须遵从之。此总会之所以为法人之最高机关也(五〇条一项)。我《民法》五〇条第二项,特为规定,即变更章程、任免董事、监督董事职务之执行、开除社员等重大事项,应经总会之决议。

3. 总会乃法人之议决机关。换言之,即依议决之方法,决定法人意思之机关。故总会可谓为法人之意思机关。拟制说者,虽否认意思机关之观念。而采组织体说者,则以总会为决定法人意思之机关。社员所表示之意思,苟依议决之原则而统一时,则其统一之意思,非社员(自然人)个人之意思,乃法人本身之意思也。然总会虽为法人之议决机关,而执行此决定之意思,仍为其他之机关,即董事。故总会非法人之执行机关,亦非法人之对外代表机关。唯在法人之内,决定法人最高意思之机关也。又总会为会议制之机关,须依召集总会之方法召集之,始得成立为机关。否则,纵社员之全部偶然集合于一地,亦不能称为总会也。

4. 社团法人,因其具有人的结合之性质,则社员总会,为社团法人之必要机关固无疑也。总会分通常总会与临时总会两种。前者依章程所定之时日召集之。后者则经全体社员十分之一以上之请求,表明会议目的及召集理由,请求召集时召集之(五十一条二项)。此种权利,称为少数社员权(Minderheitsrecht)。盖为预防董事之专断,而保护此少数社员者也。故董事受此请求之后,须于一月以内召集之。若不为召集时,得由请求之社员,经法院之允许召集之(五十一条三项)。通常总会与临时总会之差异,唯在召集之时期,非在其权限。故通常总会,于预行通知之事件外,并得议决临时事件。总会决议,除本法有特别规定外,以出席社员过半数决之(五十二条一项)。《日本民法》虽规定不出席之社员,得以书面或派代理人出席而为表决(《日民》六十五条二项)。我《民法》不采用之。又总会之决议,须先有总会之成立。故无召集时,或其召集不适法时,则总会不能有效成立。其所为之决议,自不能有效也。

社员之表决权,须为平等(五十二条二项)。即每一社员,须有一表决权也。盖有经济目的之法人,虽得以出资额数之多寡,定表决权之差异。而民法之法人,则不能因出资之多寡而有差异,亦不能以章程规定,而剥夺其表决权也。

总会关于法人与社员及其配偶或其直系亲属之关系(如解任董事或对某社员提起诉讼或除名),而为议决时,该社员是否有表决权,民法虽无规定,然为谋决议之公平,解释上该社员不能有表决权也。

总会议决之撤销 社员于一定情形,得请求法院宣告撤销总会之决议(五十六条)。德国学者,通常称为决议撤销之诉讼。社员提起此诉之权利,不能剥夺。纵以章程之规定,亦不能禁止之。提起此诉之条件如次。1. 须总会之决议违反法令或章程。所谓违反法令或章程者,不仅决议本身违反法令或章程,即召集总会之程序或其决议之方法,违反法令或章程时,亦包括在内。2. 此诉应于决议后三个月内提起之。3. 提起此诉者,须为不同意之社员。民法规定苟为不同意之社员,即可提起此诉。其为充董事之社员或为未充董事之社员,在所不问。4. 提起此诉之社员,只须证明总会决议违反法令或章程,无须证明其决议是否有害法人之利益。

决议撤销之诉之效果　1. 决议撤销之诉，虽已提起，然法院宣告以前，其决议能否撤销，殊难断定。故董事不受此诉之拘束，依然依其决议，以执行法人之业务。若恐其决议应撤销无疑者，自应以自己之责任，中止其执行。2. 决议撤销之宣告确定后，其效力为绝对的。无论对于何人，皆生效力。学者有谓其效力仅拘束诉讼当事人者，实谬见也。3. 决议撤销之宣告，仅有撤销其宣告的消极的效力，不能代定其决议之事项也。4. 决议撤销之效力，追溯既往。即决议自始无效是也。

有经济目的法人之机关，通常除总会及董事外，复置监察人（《公司法》一五二条以下）。无经济目的之法人，以监察人为非必要的机关。故日民法以是否设置监察人委之于章程、捐助行为、总会之决议。盖无经济目的之法人，既非营利，且有主管官署为之监督，董事不易舞弊。第监察人之任务，在监视法人之财产状况及董事之执行事务，自属有益于法人。我《民法》未设监察人之规定，立法上不无讨论之余地也。

第九款　社团法人之内部关系

社员之资格

1. 资格之取得　社团法人之设立人，订立章程并得主管官署之许可及为设立登记时，即取得社员之资格。即社团法人之设立人，于法人成立时，当然为社员也。然社团法人设立后，社员入社，则非依入社之程序不可。社团法人之入社程序，若章程无特别规定时，须依总会之决议。至社员入社之法律上性质若何，学者间原有议论。有谓社员入社，为新社员与从来之总社员间之契约者。其说殊谬。盖法人与合伙有别。合伙非人格者。故入伙应为从来之合伙员与新合伙员之合伙契约。而法人则不然。法人者，有人格者也。

故社员入社，为法人与新社员间之行为，非总社员与新社员间之行为也。德国基耳克(Gierke)谓入社虽由于意思之合致，但其合致，实个人法上所未有之别种关系，而为社会上所特有。日本松本博士云，入社行为者，法人与新社员间所缔结之一种契约。但其契约人之一方，为他方之服从者，故为一种服从契约，与通常个人相互间之债务契约迥异。即此意也。

2. 资格之丧失　社员之资格，有因自然的丧失者。如因法人之消灭或社员之死亡而丧失是也。关于此点，无须说明。所应说明者，即人为的丧失社员之资格。所谓退社及除名是也。

社团法人之社员，一经入社，若永远禁止其退社，或永远不能去之。不仅有害公益，且甚不利于法人。是以各国立法，皆有退社或除名之规定。我《民法》规定，社员得随时退社。但章程定有退社之时期及方法者，例如限定于事务年度终或经过预告期间后，始准退社者，不在此限（五四条一项）。又为预防社员之不便，规定预告期间不得超过六个月（同条二项）。若有正当理由，得经总会之决议，开除社员（五〇条二项）。已退社或除名之社员，对于法人之财产，失其一切请求权，而所应分担之出资，仍负清偿之义务（五五条一项二项）。

3. 资格之专属　资格者，社员之身份也。换言之，即社员对于法人所有一切权利义务关系上之地位也。在有经济上目的之社团法人即公司，其社员之资格，原可以让与或继承。而无经济上目的之社团法人，即公益法人之社员，其性质与公司之社员迥异。解释上其社员之资格，应禁止让与或继承。

第十款　章程及捐助行为之变更

社团法人之目的及组织，虽得由设立人以章程订定之。但社团法人,必有社员,亦必有社员总会。而总会乃决定法人意思之最高机关,当然能变更社团法人之章程也。外国法制,有分章程为基本的章程与非基本的章程两种。前者不许变更。我《民法》无此区别,自不应采此解释。惟变更章程,乃法人之最重大事项。故须全体社员过半数之出席,出席社员四分之三以上之同意,或全体社员三分之二以上书面之同意(五十三条一项)。

变更章程者,变更记载于章程之事项也。不问事实上之变更,形式上之变更(字句上之变更),或新记载与原有章程相抵触之事项,或将原有之意思补充之,敷衍之等,均为变更。但其变更,违反法令或有不合于社团法人之本质时,则不能有效。如将公益之目的变为营利,废止总会及事务所,剥夺社员不可夺之权利,命某社员负担章程中所未规定之义务等是也。

依五十三条之规定,变更章程,乃总会之特有权限。故纵以章程之规定,总会之决议,亦不能委任于其他机关。总会为变更章程之决议时,须全体社员之过半数之出席,出席社员四分之三以上之同意者,乃使其决议方法,特别慎重之故。此定数纵以章程之规定,亦不得增减之。在商法之上股东会,不问社员出席人数者(《公司法》一八六条),因其表决权行使之方法有差异故也。

法人之目的,亦可依变更章程之方法变更与否,我《民法》既无规定,解释颇多滋疑议。或谓法人之目的,乃法人之生命,其变更须经总社员之同意者。又有谓法人之目的,虽得以普通之方法变更之,但其变更,无殊将旧法人消灭,从新设立法人者。然为一定目的而存在之活动主体,不能因扩张或变更其活动范围,当然丧失其人格之同一性。且不依解散之决议,而生消灭法人之效果,无设立行为,而认新法人之成立,不仅无法律之根据,且与《民法》规定法人之解散必依清算之趣旨相反。又以法人之目的，比之于自然人之生命，尚不脱拟制说之臭味。故随时势之变迁，加变更于法人之目的者，乃法人富有弹性之特色。关于法人目的之变更，在立法论上或有使其程序较变更章程尤为严重之必要。但我民法既无规定，解释上则不能不依变更章程之程序，以变更法人之目的也。

章程之变更，若无主管官署之许可，仅以总会之决意，不能发生效力（五十三条二项）。盖订定章程时，既须经主管官署之许可，则变更时，亦当然须经其许可也。若章程之变更，包含登记事项之变更时，亦须为变更登记。登记前，不得以其变更，对抗他人。

财团法人之目的及组织，原则上依捐助行为人之意思而定。若捐助行为中，承认捐助行为之变更，且定有变更程序时，固可从其订定，而为捐助行为之变更。盖如此，乃实行捐助行为人之意思。非反于其意思也。然财团法人，既无可以变更章程之最高机关。而董事亦只能依助捐行为，以执行法人之事务，无变更章程之权限。若捐助行为永久不能变更时，其结果将感种种不便。故我民法俾主管官署及法院以变更财团法人之组织及目的之权。即为维持财团法人之目的或保存其财产，法院得因利害关系人之声请，变更其组织（六三条）。因事情之变更，致财团之目的不能达到时，主管官署得斟酌捐助人之意思，变更其目的及其必要之组织，或解散之（六五条）。洵为适当之规定也。

第十一款　法人之监督

法人之监督，分事务监督与解散及清算监督两种。

一、事务监督

事务监督者，监督法人之事务，是否违反法人之目的，是否违反公益，董事是否有不正行为等之事项也。法人之监督官署，依法人之目的而定。故俾法人目的事业之主管官署以当其监督之任,宁为适当。主管官署为达其监督之目的,得以职权随时调查法人之业务及财团状况,及其有无违背许可条件,与其法律之规定(三二条)。若法人违背设立许可之条件时,主管官署得撤销其许可(三四条),而为解散法人之原因。若董事不遵主管官署监督之命令,或妨碍其检查者,须受五百元以下罚锾之制裁。

罚锾者,乃以强制私法法规之遵守为目的之强制罚。即民事上之金钱罚,而非刑事上之制裁。故不适用《刑法总则》及《刑事诉讼法》,而依《非诉讼事件程序法》。关于累犯并合论罪之规定,自不能适用。德国《非诉讼事件程序法》第三十三条规定,于科罚锾之前,须预定期间而为警告,若董事及清算人,于该期间内不遵命令时,始得科以罚锾。故罚锾之真正原因,乃不遵官署之警告,而非违反法规。故董事一次不遵官署之命令,而被处罚时,官署再得加以警告而处罚之。

我民法之解释,官署为达到监督之目的,对于董事,得科以罚锾。若董事仍不遵从,而有违背法规之命令时,自仍得继续科以罚锾。又董事一旦有违反法规之行为,纵令于被处罚前自行纠正,亦不能免罚锾之制裁。

二、解散及清算之监督

法人之解散及清算之监督,属于法院,法院得随时为监督上必要之检查(四十二条)。盖法人之解散是否正当,清算人有无不正行为等,在各法人大抵相同,不因其目的事业而有差异,且须保护利害关系人。故不以主管官署为监督机关,而以法院为监督机关也。若清算人不遵法院监督命令,或妨碍检查者,得处五百元以下之罚锾(四十三条)。

第十二款　法人之消灭(解散)

第一项　解散之意义及原因

法人之解散(Auflösung, dissolution)者,法人丧失权利能力之原因也。以解散为消灭法人权利能力之绝对原因时,因法人无继承人,则属于法人之权利义务,将随主体之消灭而消灭。故法律为预防此不便之结果,设清算之制。迄清算终了时止,法人尚视为存续(四〇条第二项),是以解散非即时消灭法人之人格,仅为丧失人格之原因而已。

解散后所存续之法人,即清算法人,在法律上之性质若何,学说不一。或谓法人因解散而消灭。清算法人,乃由法律之直接作用,所新设之法人。或谓法人之权利能力,不因解散而消灭。解散不过为法人之权利能力中,丧失其生产方面之能力(Produktive Selten)而已。解散后所存续之法人,与解散前之法人同一也。《民法》四〇条二项之"视为存续"者,当然为同一法人之存续。惟此同一法人之存续,是否由于法律之拟制,则有研究之余地。盖清算法人有时殊难认为与解散前同一社会组织体之存续者(如社员之缺亡)。再由《民法》所用"视为存续"之文字观察之,则清算法人与解散前之法人同一者,固为法律之拟制也。

清算法人,惟在清算之目的范围内,有权利能力,故不能执行原来法人目的之事业。又不能变更清算目的,复执行本来目的之事业。然在清算之目的范围内,从来之法人尚视为存续。故法人对内及对外关系,尚为存续。总会仍为法人之机关,得监督清算事务。法人之债权人,非清算人及归属权利人之债权人,仍为法人之债权人。法人之债务,仍为法人本身之债务。

法人之解散原因如次。

1. 章程及捐助行为所定解散事由之发生　章程及捐助行为得自由订定其解散事由。最普通者，为定有存续期间。其期间到来前，固可将章程及捐助行为变更，以延长其期间。然期间满了后，法人即须解散，而为清算，不得延长其存续期间也。

2. 法人之目的事业已成就或不能成就　法人之目的事业之成就，为法人解散之原因者，无论何人，均无异议。然其成就之不能，是否为法人消灭之原因，则议论不一。或谓"不能"仅为法人消灭之远因，非法人当然归于消灭。其目的不能时，犹可变更法人之目的，而使同一法人存续（Regelsberger, Stobbe）。或谓"不能"，虽可为法人消灭之原因，但有直接变更目的之方法时，则不然。或谓目的不能以前，固不妨变更其目的，而使法人存续。而一旦成为不能时，则法人已缺乏成立之要件。此时除解散外，别无救济方法。若章程捐助行为中自定有变更之方法时（如第一次某某事业不能时则执行某事业），其第一次不能时，固不能消灭法人之人格。此时非真正之目的不能也。我《民法》规定，社团法人之事务不能依章程所定进行时，法院得因利害关系人之声请解散之（五八条）。因事情变更，致财团法人之目的不能达到时，主管官署得斟酌捐助人之意思，变更其目的及其必要之组织，或解散之（六五条）。

不能分法律的不能，与事实的不能。又不能之意义，须依社会观念以决定之。故不仅物理的不能，至事业之进行极为困难，所谓一般观念上认为不能时，亦包含之。

3. 破产　法人之财产，不能偿还债务时，即债务超过（Ueberschuldung）时，董事须向法院声请破产（三五条一项）。盖法人之资力，主为财产。如使债务超过之法人存续时，其影响于第三人匪浅，故使董事负声请破产之义务。若董事不为破产之声请，致法人之债权人受损害时，其有过失之董事应负赔偿之责（三五条二项）。

4. 设立许可之撤销　法人违反设立许可之条件时,主管官署得撤销其许可(三十四条)。许可撤销时,法人即须解散。主管官署为设立之许可时,固完全属于自由裁量之范围。然一旦欲撤销其许可时,则不能不有法律之根据。此点为学说所一致(Hölder, Regelsberger, Windscheid)。若主管官署无正当理由,撤销设立之许可,或为解散之宣告,法人得依行政诉讼以资救济。

5. 总会之决议　以总会之决议而解散法人者,亦仅限于社团法人。社团法人得随时以全体社员三分之二以上可决解散之(五十七条)。附条件或期限所为解散决议,是否有效?日本大审院虽有附确定期限所为之解散决议为有效之判决,但附条件或期限之解散决议,不仅有公示法人解散时期之必要,且须将其解散事由,规定于章程中。是此种决议,自应依变更章程之程序也。

6. 宣告解散　法人之目的或行为有违反法律、公共秩序、善良风俗者,法院得因主管官署、检察官或利害关系人之请求,宣告散解(三六条)。外国法人在中国所设事务所有此情形者,法院得撤销其事务所(《民法总则施行法》第十四条)。

7. 社员之缺亡　亦仅限于社团法人。罗马法以社员全部缺亡时,法人方可解散。盖社员尚有一人时,法人尚有存续之可能,故无使法人消灭之必要(Windscheid, Dernburg)。又有少数学者,主张社员纵全体缺亡,法人尚非当然消灭,盖法人尚可补充新社员故也。又有主张社员全部缺亡时,则该社团法人,须令其变为财团法人者(Brinz)。我《民法》关于此点,虽无规定,但社团法人,既为人的团体,则社员之缺亡,应为社团法人解散之原因。而社员缺亡之解释,又以采第一说为当。盖社员尚有一人时,尚可补充新社员入社,而有构成人的团体之可能。此时法人尚可存续故也。然在立法论上,或仿《德国民法》第二百二十一条之立法例,规定最小限度之社员额为妥。盖仅有一社员之社团法人,尚许其经营事业时,则法人所有一切事业,皆取决于一人,难保其不生弊端也。

第二项 清算

清算(Liquidation)者,处理法人残务之程序,而民法法人解散之必然的结果也。商法中之公司,可依合并之方法,将其财产全部为包括的移转。民法则不认此方法。对于法人为破产宣告时,须依破产法所规定之程序以处理残务。其程序虽与民法所规定者不同,固不失为一种清算程序也。盖破产乃以平等保护债权人为目的,则为分配之必要,须调查债权之总额后,方可从事清偿。反之,在清算程序,依债权人请求之先后,而为清偿,且须清偿债权额之全部。若对于一部分债权人为全额之清偿,而对于其他之债权人完全不能清偿时,殊欠平允。故法人之财产不足以清偿债权之总额时,则不问清算至如何程度,即须移转于破产程序,而为公平之分配。

通常清算人移交剩余财产于归属权利人时,其任务即行终了。在破产,则于移交清算事务时,其任务即行终了。尔后之破产管理人,乃法人之唯一代表者。外国法制,虽有采破产管理人与清算人并立之主义者,我民法则不认此主义。清算人于移交清算事务时,当然解任,并无须何等解任之手续也。

关于清算之民法规定,乃强行法规。故纵以章程及捐助行为之订定,总会之决议,如不依法律所规定清算程序时,则不能处理已解散法人之残务。清算程序,除本通则有规定外,准用股份有限公司之规定(四一条)。

清算人为办理清算事务之法人机关,其对法人之关系,与董事同。而称为清算人者,因其权限仅限于清算故也。

法人解散后,其办理清算事务,原则上由董事任之。但章程及捐助行为有特别订定者,或总会另有决议者,自应从其订定或决议(三十七条)。若章程、捐助行为无特别订定,总会亦无决议,董事亦不存在时,法院得因利害关系人(如法人之权利人及归属权利人)之声请,选任清算人(三十八条)。法院认为必要时,得解除清算人之任务(三十九条)。

清算人之职务,《民法》列举了结现务、收取债权、清偿债务及移交剩余财产于归属权利人数种(四〇条一项)。但不能以此规定,为限定清算人之范围。清算人虽不能为新事业,而于处理残务之范围内,除列举之事项外,尚得为必要之行为也。如清算人得提起解散决议无效之诉是。此外登记,及清算人查悉法人之财产不足清偿其债务时,须声请破产(三十五条一项),亦为清算人之职务也。清算人于宣告破产时,将其事务移交于破产管理人,其职务即行终了。又清算之程序,除本通则有规定外,准用股份有限公司清算之规定(四十一条)。

1. 了结现务　完结法人解散当时已行着手而尚未了结之事务也。为了结现务之必要时,故不妨为法律行为。

2. 收取债权　收取债权者,除求偿在清偿期之债权外,尚包含债权之让与及变价。如有将附期限或条件之债权变价之必要时,则不能不依让与之方法。若无必要,则不必变价,而将其编入剩余财产。

3. 清偿债务　债务之清偿,一面须使各债权人受公平之清偿,而他面则从速了结清算事务。故《德国民法》第五十条规定,清算人于法人解散公告中,应催告债权人,申报其权利。并对于已知之债权人,须逐一催告申报其权利。《日本民法》亦有同样之规定(《日民》七九条)。我《民法》未采用之。

4. 移交剩余财产　清算法人之债务清了后,尚有剩余财产时,结局归属何人,成为立法上之问题。自然人原则上有继承人。于死亡时,其遗产纵有时归属国库,亦不至生不当之结果。但法人既无继承人,若即以其财产视同无人继承之遗产,使归属于国库,殊不合于设立人之本意。此法律所以不能不定剩余财产之归属也。营利法人,原以社员个人之利益为目的。固可以其剩余财产,分配于社员。而公益法人,非以社员个人之利益为目的。故处分其剩余财产时,务期合于设立人之目的。我《民法》据此理由,规定次之处分方法。

（1）法人剩余财产之归属应依其章程之规定或总会之决议（四十四条第一项）。以章程或捐助行为指定剩余财产之归属时,其被指定人,在法人存续期间内,对于法人之财产,尚无何等请求权,仅有一种期待权。恰与继承开始前之继承人之地位相类似,自得以章程及捐助行为之变更,而丧失其地位。但此时是否须经归属权利人之同意（积极说 Windscheid;消极说 Regelsberger）,在以营利为目的之法人,社员权之重要部分,乃为取得解散后法人之财产。社员自始对于公司财产,有所有份。故不能以多数决而排除之。而公益法人则与此大异。所预定归属权利人,既对法人之财产,无何等既得之权利,纵以多数决而变更之,不能谓为权利之侵害也。

法人解散时,归属权利人之期待权一变而为完全之财产权。然其权利之性质若何,则有数说。或以之为对于法人之债权,或以为与继承权相类似之一种财产权,而有取得财产之法律原因（Rechtigungsgrund）之特别权利。以上两说,以后说为优。故法人之剩余财产,业经确定,而清算人不移交于归属权利人时,归属权利人,得以所有权之诉,而请求移交。

法人解散后,至清算终止,在清算之必要范围内,法人尚视为存续。则于清算终结前,其财产仍然属于清算法人。故应于清算终结后,其剩余财产方能移交于归属权利人。

若归属权利人有数人时,须以所定成数分配之。《德国民法》虽规定须以金钱变价,而于移交剩余财产前,须定若干停止期间,俾债权人申报其权利。我《民法》则未设此规定,自不能为同样解释。故清算终结后,即须移交剩余财产于归属权利人。若归属权利人有数人时,亦不妨照所定成数分配之。

(2) 若无章程之规定,或总会之决议时,其剩余财产,属于法人住所所在地之地方自治团体(四四条二项)。若章程及捐助行为无特别之订定,总会亦无决议时,有主张国库乃法人之继承人,或准用无人继承之规定,使其剩余财产归属国库者(《德民》四十六条,Windscheid,Brinz)。有主张法人消灭后之剩余财产,成为无主物,须依无主物归属国库之原则者(Regelsberger)。但法人之解散,不能即视为开始继承之原因。则国库不能为法人之继承人者,其理甚明。外国法制,虽有剩余财产归属国库之规定。然法人解散时,必须依清算。清算终结时,若有剩余财产,方行归属于国库。是国库并非法人之继承人,而包括继承法人之一切积极的及消极的财产也。又归属于国库之无主物,仅限于不动产。而解散后法人之财产,并不限于不动产,于移交于归属权利人以前,尚为法人之财产,亦非无主物也。或有主张法人之剩余财产,须归属于其最后之社员或社员之继承人者。然民法上之公益法人,非以社员个人之利益为目的。以其剩余财产分配于社员,殊有背于设立法人之本意。故《日本民法》(七二条)规定,董事得经法院之许可,择与法人目的相类似之目的,处分其剩余财产。若不能为此处分时,归属于国库。我《民法》则规定法人之剩余财产,属于法人住所所在地之地方自治团体。盖使其归属于国库时,虽足以补助公益,然与原来设立法人之本意,相去太远。不若使其归属于地方自治团体,俾得经营类似之地方公益事业为当也。

第十三款　外国法人

法人亦有内国法人与外国法人之别。盖两者之权利能力之范围,及其代表、管理、监督之规定各异故也。

以血统为区别自然人国籍之原则,不能适用于法人者,其理甚明。又如少数学者所主张,以设立者之国籍而决定法人之国籍,其误谬自不待言。

我《民法总则施行法》,对于内外法人,未指示其区别之标准。仅对于我国是否承认外国法人一点,设有规定而已。故区别内外法人之标准,势不能不求之于民法及其他法律之立法理由而决定之。此问题之研究,属于国际私法之范围。今为决定民法适用于外国法人之范围起见,略述内外法人之区别如次。

第一,外国法人除依我国法律规定外,不认许其成立(《民法总则施行法》第十一条)。盖法人之人格乃法律所赋与。依他国法律所赋与之人格,在我国法律上,不能当然即认其人格。如依外国法所设立之法人,其住所移转于我国时,不能当然为内国法人是也。

第二,须在我国有住所或主事务所。自理论上言之,法人须以住所或主事所为其决定国籍之标准。盖国籍之决定,须其人或法人与其国有否密切关系为标准。而法人之住所,乃其业务之中心点。故其中心点之所在地,即可谓与该国家有密切关系故也。加之,按我民法法人之设立,须于主事务所所在地为设立登记,方能成立。又其登记程序,须依我国法之规定。故在我国内无住所之法人,不能为设立登记者,甚明。由此观之,在我国有住所者,乃内国法人之一要件也无疑。

民法上之法人,仅限于公益法人。各国之利害关系,各不一致。在一国视为有益之事业,在他国则往往认为有害。故外国法人者,毕竟依外国法所设立,而依内国法之认许,方赋与人格者也。所谓认许者,非认外国法人为内国法人,乃认外国法人为内国私权主体而已。

外国之公益法人,除法律所认许者外,不得为内国权利义务之主体。关于此等公益之认定,各国见解,各不一致。且其活动范围,又鲜涉国外故也。

经我国法律认许之外国法人,于法令限制内,与同种类之中国法人有同一之权利能力。又其服从中国法律之义务,与中国法人同(《民法总则施行法》第十二条)。盖外国法人,于其本国享有之权利,在我国往往不得享有。而于其本国不得享有之权利,在我国有时亦得享有之。若在中国无同种类之法人存在时,则该法人之权利能力之范围,须依其本国法而决定之。

对于以上之原则,尚有二例外。即:1. 外国人不得享有之权利,外国法人不得享有。2. 依法令或条约之规定,外国法人不得享有之权利,亦不得享有是也。

外国法人在中国设立事务所者,准用《民法总则》第三十条、第四十五条、第四十六条、第四十八条、第五十九条、第六十一条及前条之规定(《民法总则施行法》第十三条)。盖依中国法律所认许之外国法人,在中国无事务所时,固不能强令其登记,且无强制之必要。若在中国设事务所时,则该外国法人,已有在中国经营事业之意。故须令其登记,俾该法人之目的及组织,公示于众人。否则一般人将不敢安心与法人为各种交易也。此时关于登记事项,登记期间,及制裁等,皆须适用内国法人之规定。但在外国所生之事项,如资本之增加、董事之更换等,其通知达到我国以前,无由知悉。须解为自该通知达到以后,方可令其登记。在中国设有事务所之外国法人,若其目的或其行为,有违反法律、公共秩序、善良风俗者,法院得撤销之(《民法总则施行法》第十四条)。

外国法人在中国设事务所者,与在内国所设之法人无以少异。故以营利为目的之外国社团法人,其取得法人资格,依特别法之规定。若有三十六条所定情事,以公益为目的之外国法人,于登记前,应得主管官署之许可。盖使主管官署容易监督其业务,而与该法人为交易之善意第三人,不至因此蒙不测之损失也。

关于外国法人之管理,《民法》既无明文,解释上当从其本国法之规定。盖认许外国法人之成立,乃认外国法人之人格。则关于其机关与代表方法等,势不能不依本国法也。关于解散事由,亦然。

未经认许成立之外国法人,以其名义与他人为法律行为者,其行为人就该法律行为,应与该外国法人负连带责任(《民法总则施行法》第十五条)。

第二章　权利之客体

权利者,法律认其为活动主体(权利主体),而得享受一定社会的利益之法律上之力也。故权利之成立,除权利主体外,尚有为其内容之社会的利益。此等社会的利益,称为权利之目的。而权利目的之成立,尚须有一定对象即生活资料之存在。此等对象,称为权利之客体,即普通称为标的者是也。

学者多将权利之客体与权利之目的,用诸于同一意义。此不过用语之问题,固无待深究。然权利之内容,与为其内容之生活资料,似有区别之必要。故余欲称前者为目的,后者为客体。如一定之物,固可为权利之客体。然权利人对之得享受一定之利益,乃权利之目的。由此推论之,在所有权与其他物权之间,客体固同,而目的则异。即在债权,其供债权人需要之对象，乃债务人。故债权之客体，乃债务人。而债权之目的，乃对债务者得要求一定之行为也。

权利之客体，因各种之权利而异。物权及债权之客体，已如前述。其他如继承权之客体，乃继承财产即权利义务之一团。无体财产权之客体，乃精神的产出物是也。

第一节　物之意义

所称为物者，限于有体物（《日本民法》八五条，《德民法》九〇条）。在罗马法及法法系之民法，不以有体为物之要件。故分物为有体物（Körperliche Sachen）与无体物（Unkörperliche Sachen）。德国民法，否认无体物之观念。其理由为如认无体物之观念时，则所有权、债权等，亦得称之为物。其结果于所有权、债权之上，更得认所有权之存在。是认无体物之观念时，转足紊乱物权、债权之区别，而无实益也。《民法》对于物之观念，既无规定，解释上应仅限于有体物也。有体物者，存诸人身以外，而能占领空间之一部者之谓。至占领空间之形状若何，固无限制。除固体外，液体气体亦为有体物。然光热音响，则非物也。

物不包含活人之身体。故物须为外界之一部。自己之身体，虽可为身体权及人格权之客体，然权利人自身为其权利之客体者，乃当然之结果。身体不能独立为权利之客体也。他人之身体或其一部，其不能为权利之客体，自不待言。至以人工接着于身体之物，苟认其为身体之一部时，亦不能为权利之客体（如镶牙）。反之，与身体结合，仅供其不时使用之物，则非身体之一部，得独立为权利之客体。

已与人体分离之齿发等，得为权利客体。盖人之不能于自己身上发生所有权者，以其现尚构成身体一部分之障碍存在之故。苟此障碍一旦撤除，则对于非其身体一部之物，发生所有权，固无碍也。

使分离身体一部之契约，是否生法律上之效力，须视此契约违背公序良俗与否为断。如理发、手术之契约，固为有效。而无故使切断身体一部之契约，与以身体一部供债权担保之契约，则无效也。尸体是否为物，又得为何种权利之客体，议论尚难一致。日本鸠山博士，解释尸体为物，且得为继承人之所有权之客体。盖人死后，其身体已为外界之一部，故亦得为物。又如反对者之主张，谓尸体不能为所有权之客体者，不过以尸体既非财产，则存在其上之权利，不能为财产权耳。但所有权不一定有经济的价值。故反对者之主张，不能认为有充分理由也。而有排他性之支配权，纵令受公益及公序良俗等种种之制限，尚得称为所有权也。然继承人对尸体有所有权之理由，不能直接求之于法律，又不能以先占或继承为理由。因习惯法上，继承人对于尸体，有一定之处分权。而此处分权，当解释为法律上之所有权（日本鸠山博士《日本民法》二三八页；日本大正十年七月二十五日大审判例承认遗产继承人对于家族之遗骨有所有权）。

关于处置尸体及其他法律行为之遗嘱，不能当然认为无效。如关于解剖之遗嘱，原则上当然有效。惟其法律行为之内容，有违背公序良俗时，为无效耳。

物须有得为私权客体之适格。不适于为私权客体之物，物理学上虽可称之为物，然非民法上之物。得为私权客体之适格，称为物之权利能力（Rechtsfähigkeit der Sache）。而得为交易客体之适格，谓为物之交易能力或行为能力（Verkehrs- od. Handlungsfähigkeit der Sache）。兹略述无权利能力之物如次。

1. 不在人力支配内之物　如日月、星辰、海洋。
2. 物之一部分　物之一部分，原则上不能视为物。然对此原则，尚有一二重要例外。

甲、法律对于物之一部,亦有时认独立物权之成立。此时物之一部,亦得为物权之客体。

乙、社会观念上,如认物之一部为独立权利之客体时,须从其社会观念。因物之能独立与否,须依社会观念而决定故之也。此点之详细研究,则让诸物权法。

3. 物之集团　原则上不得为一个权利之客体。如群羊及图书馆之藏书,不能为一个所有权之客体是也。对于其各个之物,得成立所有权,是不待言。但有次之例外。

甲、定量之集合物,如认为有社会的价值时,得为一个权利之客体。如米谷土沙之类。各粒之米,不能为权利之客体。而一斗或一升,方能为权利之客体是也。

乙、法律上以有经济的价值之财团,作为一个不动产或物者。此时物之集团,在法律上视为一个之物,而为一个权利之客体。如工厂财团、矿业财团之类。

第二节　物之种类

《民法》仅规定动产、不动产,主物、从物,原物及孳息几种。究其趣旨,并非否认罗马以来所公认物之种类。故除《民法》规定外,一般所公认之物,尚须为种种之分类。兹简单说明如次。

一、融通物及不融通物

融通物、不融通物者,以物之交易能力即融通能力之有无为标准之分类也。故无权利能力之物,民法上既不能称为物,当然无融通能力。

兹为便宜计，列其主要之不融通物如次。

1. 公共物　如空气、海洋，虽得为人类所使用，但无论何人，不能支配之。其无权利能力，已如前述。

公共物虽不能为权利之客体，然一般人皆得使用之。苟他人不当妨害其使用时，即可视为人格权——自由权——之侵害，而为侵权行为。

公共物虽不得为一般私权之客体，然依国家之行政行为，亦可得为权利之客体。如将海面之一部，为独占之渔场是。

2. 公有物　公有物有广狭二义。广义之公有物，乃属于国家及公法人之物之总称。狭义之公有物，乃供公共使用之物而言。故广义之公有物中，供国家或公法人使用之物，即所谓收益财产（Finanzvermögen）。如国有之山林、原野、有价证券等，非不融通物也。唯狭义之公有物，乃不融通物。而供公共使用物中，得区别为供国家或公法人之公务使用物，与供公众使用物。如官厅、要塞、军舰，属于前者。公园、公川、港湾，属于后者。此等物非于公用废止后，无融通性。

3. 禁止物　法令所禁止之物，包含禁止所有、持有之物，与禁止交易之物。如鸦片烟、伪造货币、猥亵之文书图画等是。

二、代替物、不代替物

一般交易上注重于品质种类及数量之物，为代替物。而注重于其个性之物，为不代替物（Individual Sachen, Unvertretbare Sachen）。两者之区别，在能以同种同量之他物代替与否为标准。如米、谷、酒、油、金钱、书籍之类，为代替物。而土地、房屋、钟表、宝石之类，为不代替物是也。

代替物与不代替物之区别，于民法适用上，最有关系者，即消费借贷之标的物，限于代替物是也。

代替物、不代替物与特定物（Bestimmte Sachen）、不特定物之区别，似同而实异。前者专以物之性质而分。后者则以当事人之意思而定。例如法律行为之当事人,得以性质上可代替之物,为特定物(如箱中之银、仓库中之米谷类是)。

三、消费物、不消费物

由消耗或让与以达使用目的之物,为消费物(Verbrauchbare Sachen)。不然者,为不消费物。谷米油盐金钱,属于前者。书籍衣服钟表,属于后者。此两者区别之必要,因消费物与消费借贷有关系故也。

四、可分物、不可分物

由分割而不变其性质,或不甚损其价格之物,为可分物(Teilbare Sachen)。由分割而变其性质,或甚减少其价格者,为不可分物。如分一马,即失马之性质。分割一粒珍珠,则捐其价格。故马及珍珠,为不可分物。

此区别之实益,为债权人或债务人有数人时,最关重要。但关于共有物分割之方法及附合、混合,亦有此区别之必要。

五、特定物及不特定物

依当事者之意思及其他之事实,所具体指定之物,为特定物(Bestimmte Sachen)。惟抽象的指定种类、品质、数量之物,为不特定物。此区别虽大体与代替物不代替物之区别相同,然当事人得以代替物为特定物,以通常不代替物为不特定物。如寄托特定之货币,乃前者之例。买卖某公司制造某号之钟表若干,乃后者之例也。特定物、不特定物之区别,在债权法中,尤为显著。而物权原则上仅能存在于特定物上也。

六、单一物、合成物及集合物

单一物(Einfache Sachen)者,形体上为独立一体之物也。其成为一体时，固不问其抑由于自然或人力。但其各构成部分，须丧失个性。

合成物（Zusammengesetzte Sachen）者，依数个物之结合，所成立之物也。在其结合状态，固为一个之物，而为一权利之客体。但其各构成部分，尚得认为一个物体也。如建筑物及嵌宝石之耳环是。

集合物之中，所谓物之集团，称为事实上之集合物。其非一物，已如前述。其他尚有称为法律上之集合物者，如包括继承，乃包括权利义务而言，究非集合物。财产一语，用诸种种意义。或指权利义务之集团，或指积极的财产，或指财产权。

七、动产及不动产

土地及其定着物，为不动产。其他之物，皆为动产（六十六条一项、六十七条）。不动产之出产物，尚未分离者，为该不动产之构成部分（六十六条二项）。

动产（Movables, Bewegliche Sachen, Fahrnissachen, Mobilien）、不动产（Immovables, Unbewegliche Sachen, Liegenschaften, Immobilien）之区别，在物之分类中，极为重要。自罗马法以来，莫不认之。其区别之理由有二。1. 社会上、经济上之价值之差异。在以土地为世袭财产之封建时代，则土地在社会上，自有重大之价值。自封建制度废止后，其社会的价值，虽微有减少，然尤不仅在人类生活之根据上，占重要之地位。且在经济的价值上，较多数之动产，占优越之地位。2. 基因于不动产之性质。因不动产不易变更其位置，且得依账簿之记载，认识其同一性，而有于其所在地以公簿公示其法律关系之特征。此不动产之所以采用登记制度也。

土地者，属于人力能支配之地球之一部。性质上绝对不动之物，虽仅限于土地。而与土地永久定着之物，如房屋，在其不易变更其位置之点，与一般动产大异其趣。在法律上视为不动产，颇为妥当。故诸国法制,皆认房屋为不动产也。至其认为不动产之形式,则各国法制,不必一致。罗马采"地上之物属于土地(Superficies solo cedit)"之原则。故视定着于土地之建筑物及其他之物,为土地之构成部分(Bestandteil),而为不动产。欧洲诸国之法制,皆采此原则。我国虽未全然排斥土地构成部分之观念,而无视建筑物为土地一部分之习惯。故不采罗马之原则,而以房屋为独立之不动产。

八、主物及从物

常助主物之效用,而属于同一人者,为从物(六十八条)(Nebensachen, Pertinenzen)。对此从物,而有独立之效用者,称为主物(Hauptsachen)。主物从物之区别,发源于罗马。东西各国民法,多袭用之(《德民法》九七条,《日民》八七条)。我《民法》亦然(六十八条)。兹将其区别之要点述之如次。

1. 须为独立之物　物之构成部分与从物之区别,前者乃物理上与物相结合,且一般观念上,认为物之一部,又法律上以属于同一所有者为原则。从物则否。

从物虽多为动产,然不动产亦有时得为从物。如附属于田庄之住宅房屋是。

2. 从物者　常助主物之效用,所附属之物也。换言之,即为完成主物之经济上效用所附属之物也。故室中陈设之古玩,不得谓之为室之从物。又有暂时虽不供其主物之用,仍不失其从物之性质者。例如风门,纵夏日暂藏不用,然不失其为房屋之从物也(《德民》九七条二项)。

主物从物区别之必要,盖从物须从主物之命运也。主物从物原各为独立之物,各有其所有权者也。故从物须从主物之命运,各国多以法律规定之,以明其旨。但从物从主物之命运之程度,各国立法,不必一致。

德民主物为土地之时,与为动产之时,有别。主物为动产者,只让与主物或于主物上设定质权时,当然其效力及于从物。又遗赠之时,推定其遗赠之债务及于从物。《日本民法》则反是,仅为概括的规定,令从物须从主物之处分焉(《日民法》八十七条二项)。《日本民法》与《德国民法》相异之点有二。

1. 所谓处分者,指权利人对于物所得为之一切行为而言。故《日本民法》不限于让与主物,于主物上设定质权等权利及遗赠时,其从物始从主物之命运,是不待言。

2.《日民法》八七条二项,从物从主物处分之规定,非意思解释之规定也。详言之,依《日本民法》之规定,当事人无别样意思表示时,从物当然从主物之处分也。故与《德国民法》之推定当事人之意思不同。

我《民法》主物之处分及于从物(六八条二项),系采日本立法例也。

九、原物及孳息

关于孳息(Fructus, Fruits, Früchte),各国民法,皆有规定。《德国民法》(九九条)由权利所生之收益,亦得称为孳息。我《民法》之解释亦然。故孳息者,由物或法律关系所生之收益也。生此收益之物称为原物(Chose Originaire, Muttersache, Substanz)。孳息分天然孳息(Fructus naturales, Fruits naturels, Natürliche Früchte)与法定孳息(Fructusciviles, Fruits Civils, juristische Früchte)。

天然孳息者,谓果实、动物之产物及其他依物之用法所收获之出产物也(六十九条一项)。关于天然孳息之意义,有数说。有以自然科学上之观察,称物之有机的产出物(Organische Erzeugnis)为天然孳息者。此说尝盛行于德国。然近时之学说,皆由经济的见地,以定孳息之意义。故无机的产出物,亦得称为孳息。而由经济的见地以定天然孳息之定义,有主张以定期收获为必要者。又有主张不消耗原物为必要者。我民法皆不采用之。凡依物用法所收获之出产物，皆得称为孳息也。

产出物者，由某物所产出之物也。不问其由于自然或人工，及为有机的或无机的。故除树之果实，牛之牛乳外，其他煤炭砂矿物等，皆得称为天然孳息也。然物苟变更其形态时，则不能称为产出物。如由鸡卵所生之雏鸡，牛之肉等，则非孳息也。又产出物云者，须为其原物之一部。故在养鱼场所捕获之鱼，亦不能称为孳息也。

依物之用法所生之物者，须为依原物经济上之用途所生之物，故无经济上之目的所产出之物，非孳息也。如盆树之果实，庭园之枯叶等是。德民法对于有机的产出物，不以依物之用法所产出为必要。

物之用法，从其使用者之所定。使用者未定其用法时，须依物之经济的性质以决定之。

依物之用法所收获云者，并不以人之行为为必要。其分离之物，或出诸自然，抑由于人力，亦不妨为孳息也。

有收取天然孳息权利之人，于其权利存续期间内，取得与原物分离之孳息（七〇条一项）。德国固有法采生产主义。罗马法则采分离主义。我民法及诸国之法制，皆系采诸罗马法也。盖在孳息之生产中，供资本或劳力者，与于孳息分离时，有原物之所有权者或收益权者不同时。俾后者以取得孳息之所有权，在现今社会制度上，宁为当然也。又在法律上言之，孳息于其分离时，方得为独立之物，而生独立之所有权。此时须俾有取得所有权之权利者以取得孳息之所有权为当也。

定天然孳息之归属权利人之民法规定，其趣旨不外于孳息分离时，划一的决定归属权利人法律关系，故为强行法规。以当事者之特约，不得变更之。但归属权利人，对于其将来应取得之孳息，亦可为让与。如将近成熟之树木之果实，在社会观念上皆认为独立之物。故得于其分离前,为处分行为也。

法律孳息者,谓利息、租金及其他因法律关系所得之收益也(六十九条二项)。

有收取法定孳息之权利人,按其权利存续期间内之日数,取得其孳息(七〇条二项)。故于其存续期内,收取权人有变动时,新旧权利人各以其权利之存续期间为比例,取得其法定孳息。

第三章 法律行为

第一节 总 说

第一款 法律关系及法律效果

法律关系(Rechtsverhältnis)者,法律所规定之生活关系也。吾人之生活关系(Lebensverhältnis)有得为法规之对象者,有不得为法规之对象者。如由买卖所生之买主卖主间之关系乃前者之适例。而由与友人为散步约束所生之关系,则属于后者。然社会逐渐进步,国家每每以法律规律吾人之种种生活关系,则法律关系,亦有逐渐增加之倾向。

法律关系,常为社会之中心力(主权与法律)所认知保护。而单纯之事实关系,则缺此保护。此二者之差异也。有此保护,则为法律关系之基础之事实,不仅生事实上之效果,且生法律上之效果。此效果称为法律效果(Rechtswirkung)。故法律关系,又可谓为常生法律效果之生活关系也。

法律效果之主要者为权利之得丧变更。法律之以生活关系为法律关系而俾以法律效果者,亦无非基于此生活关系之社会的作用。现今法律所规定之权利义务,乃实现此社会作用之手段也。法律效果之主要者,为权利义务之发生、变更及消灭。而主以权利之得丧变更为法律效果者,乃系以权利为本位而观察之也。法律效果之主要者,虽为权利之得丧变更,然其他之效果,亦未可谓为绝无。如权利能力之取得,行为能力之取得、扩张、限制,代理权之发生等,亦为一种法律效果者也。

法律效果之发生,必有为其原因之法律事实。此法律事实,称为法律要件。法律行为,乃法律要件之一。故于研究法律行为前,须先述权利之得丧变更,及为其原因之法律要件。

第二款　权利之得丧变更

第一项　权利之取得

权利之取得者,乃权利与某特定主体(自然人或法人)相结合之谓。在权利之本质上,若认无主体之权利时,则权利之成立,理论上不一定为权利之取得。然余不认无主体之权利,故权利之成立及发生,必为权利之取得也。

权利之取得有原始的取得（Originärer, Ursprünglicher oder Selbstandiger Rechtserwerb; acquisition originaire ou primitive）与继受的取得（Derivativer oder Abgeleiteter Rechtserwerb; acquisition dérivée）两种。前者乃不基于他人之权利,而独立取得权利之谓。如先占取得,由取得时效之取得属之。后者乃基于他人之权利而取得权利之谓。如继承、让与属之。现今法律上权利得不失其同一性而变更其主体。故权利之取得,可分为此二种也。

继受的取得者,基因于他人之权利而取得权利之谓。即须有他人之权利,方能为继受的取得。前权利人称为前主,或被继承人（Vormann, Actor juris）。新权利人称为后主,或继承人（Nachmann, Successor）。继受的取得有基于取得人之意思者。如以法律行为而取得所有权是。又有非基于取得人之意思法律上当然取得者。如继承是。继受的取得,有下列之特质。

（1）继承人之权利,原则上不得优于前主之权利。盖无论如何,不得移转较自己所有更大之权利于他人。故前主权利之瑕疵及限制,当然仍存在于后主之权利上也。但法律有时为交易之安全计,设此原则之例外规定。

（2）继承人于证明其权利之取得时,除须证明继承之事实外,尚须证明前主权利之存在。

（3）继承人原则上取得其从权利。

分继受的取得为设定的或创设的取得（Konstitutiver Rechtserwerb）与移转的取得（Translativer Rechtserwerb）。移转的取得者,不变更前主权利之形态而将其移转于后主之谓。换言之,权利主体虽有变更,而权利本身,则前后仍为同一。如因让与而取得权利是。

或谓权利无特定主体则不能存在。权利主体系权利之要素。故权利主体一旦有变更,则前后之权利,不能同一。此时前主之权利消灭,继承人系取得由前主权利之材料所作成之新权利（Kuntze, Neuner）者。依此说,虽认权利材料之承继,而否认权利本身之继承。然在今日之法律思想,物权债权皆具有移转性。权利既系以法律之力使与特定人格相结合,自应得以法律之力移转于他人也。

设定的或创设的取得者,基于既存之权利而设定别种权利之谓。如土地所有权人设定地上权、永佃权等是。此时前主之权利仅受一定限制,并非消灭。又后主之权利内容,虽与前主不同,然其权利之取得,系基于前主之权利,故属于继受的取得。

或谓在创设的取得,后主之权利乃前主权利之构成分子。依设定行为,使其与前主之权利分离独立,而移转于后主而已(Brinz)。依此说,则非创设的取得,而为移转取得矣。此说不足采。盖所有权系唯一圆满之权利,并非多数权利之集合。所有权之内,并非包含地上权、永佃权。故依设定行为,所设定之权利系新权利也。反之,将可得分割之权利之一部让与于人,或使他人与自己共有时,则前主之权利,系为分量的分割,应属于移转取得也。

又分继受的取得为包括继承(Universal Succession, Gesamtnachfolge)与特定继承(Singular Succession, Sondernachfolge)。前者乃由单一之原因,包括的总承前主之权利。如继承,包括赠与及公司之合并等是。或谓在包括继承,因前主与后主须视为同一人,主张其为人格之继承者。此说不足采。如前主一身专属之权利纵依包括继承,亦不能移转于后主。又包括继承,亦无须继承前主之一切权利义务。只多数之权利义务为一团,亦可继承。特定继承者,乃由个个之原因,取得个个之权利也。以同一契约,买卖数个之不动产,亦属于特定继承也。

第二项　权利之丧失

权利之丧失者,权利与其主体分离之谓也。分权利之丧失为主观的或相对的丧失,与客观的或绝对的丧失。在前者原来之权利人虽丧失其权利,但尚有取得其权利之人。故由取得者言之,为继承的取得。再由权利本身言之,不过主体之变更。后者系指权利之消灭而言。如因物之灭失而丧失所有权是。

绝对的丧失之原因甚多,不遑枚举。有因法律之规定而丧失者,有因权利之标的物之消灭而丧失者,有因权利已完成其效用而丧失者,又有依权利人之意思而丧失者。抛弃乃使权利丧失之意思作用。所有财产权,不问其为物权或债权,除法律有明文禁止抛弃者外,原则上皆得抛弃之。抛弃之结果,虽有时与他人以利益,然此不过抛弃之间接效果,并非继承抛弃人之权利也。故抛弃乃权利之绝对的丧失之原因。如地上权人抛弃地上权时,则所有权人得因此免除负担,而得利益。然此不过抛弃之间接效果,并非地上权人之权利,移转于所有权人也。债务之免除亦然。并非债权人之权利,移转于债务人,因混同而消灭债务也。故免除亦为绝对的丧失之原因。

与权利之抛弃不可不区别者,乃权利之不行使。权利之不行使有出于权利人之意思者,有负不行使之义务者。无论何者,均非权利之丧失,故不妨再行使也。

第三项　权利之变更

权利之变更者,不丧失权利之存在,仅变更其存在之状态之谓也。权利之变更,有下列三种。

(1) 主体之变更　权利主体得变更为种种形态。或单变更主体,如权利之让与是。或使权利属于数人,如数人为继承是。或使属于数人之权利归于一人,如其他之共有人抛弃其应有部分是。

(2) 内容之变更　权利之内容,为数量的变更时,毫不影响于权利之本质,其不失其同一性也无疑。如所有权之标的物因附合而扩张,债权之内容因一部清偿而缩小,又如延长或缩短权利之存续期间是。

权利之内容发生性质的变更时,是否亦得不失其同一性而为权利之变更?如债权因归责于债务人之事由而为履行不能时,由此所生之损害赔偿请求权,是否应视为权利之变更,议论不一。解释上仍视为同一债权之存续也。

(3) 作用之变更　作用之变更者,乃将不得对抗第三人之权利变为对抗第三人权利之谓。在此意义之变更,虽可称为广义内容之变更,然并非变更权利之直接内容,不过变更其权利之作用。故须与狭义之权利内容之变更相区别。

第三款　法律要件及法律事实

为一定法律效果之原因之事实全部,称为法律要件(Juristischer Tatbestand)。构成法律要件之各个事实,称为法律事实(Juristischer Tatsache)。如契约乃一法律要件,而构成此契约之要约及承诺,各为一法律事实也。

分法律事实为基于人之精神作用之事实,与其他之事实。前者虽通常以行为表现于外部,然亦有仅为内部之事实者,合此两者统称之为容态(Verhalten)。前者称为外部的容态。后者称为内部的容态。不基于人之精神作用之事实(Ereignisse),称为事实。分述于次。

(一) 容态

(1) 外部的容态(行为)　基于人之精神作用之身体之动静,其身体之状态,为积极的运动时则为作为,为消极的运动时则为不作为。

人之身体之举动,有生法律效果者,有不生法律效果者。如散步访友等因其不生丝毫法律效果,故非法律事实。而生法律效果之身体的举动,虽皆属于法律事实,就中区别以一定精神作用为要素者,与不然者。兹所谓外部容态即行为,乃生法律效果之身体的举动,且以一定精神作用为要素者也。而不以一定精神作用为要素者,则属于事实。

外部的容态,由其生法律效果之点,及其为行为之点观察之,又可称为广义的法律行为(Rechtshandlung im weiteren Sinne)。再依其生法律效果之理由，又可分为适法行为及违法行为。

（A）适法行为　适法行为者，适合于法律之行为也。法律于认某行为有法律效果时，须其行为适合于法律，且为法律所容许。然法律有时因某行为违反法律而亦赋与法律效果者。此所以生适法行为与违法行为之区别也。

适法行为由其要素之精神作用与法律效果之关系若何，又分为意思表示及意思表示以外之适法行为。后者又称为狭义之适法行为（Rechtshandlung in engeren Sinne），即普通所谓准法律行为是也。

（a）意思表示　以发生一定效果为目的之意思（效果意思）之表示也。意思表示，乃法律行为之基础。凡法律行为，皆以此为要素，其意义当于后述之。

（b）狭义之适法行为　狭义之适法行为，虽须一定精神作用，然其精神作用，并非效果意思。故由此所生之法律效果，不必出于行为人之认识欲求，因有此特征，故可以之与意思表示及法律行为之本质相区别。唯其以一定精神作用为必要一点，与意思表示相类似。故于其类似之范围内，类推适用意思表示及法律行为之规定而已。

狭义之法律行为，依其要素之精神作用之内容，可分为次之三种。

（甲）意思通知（Willensmitteilung）　效果意思以外之意思之表示行为也。意思表示与意思通知之差异，非在其表示与通知，乃在其所表示之意思。故与其称为意思通知，宁可称为非效果意思的表示。不过此名称过于新颖，兹仍沿用从来之意思通知。如债务履行之请求，承认之拒绝，债务履行之拒绝，要约之拒绝等是。此等行为之不能为意思表示之理由，须就各个行为分别说明之。由此等行为所生之法律效果，并非出于行为人之欲求也。

（乙）观念通知（Mitteilung, Vorstellungsmitteilung）　又称为事实

之通知。即行为人对于现在及过去之事实、所有之观念及认识之通知也。在知的表示一点,其性质与意思表示异。如债权让与之通知,承诺迟延之通知,社员总会招集之通知是。

(丙)感情之表示(Gefühlsäusserung) 表示一定感情之行为也。在情之表示一点,与意思表示不同。此类之例甚稀。我《民法》上所规定之宥恕是也(一〇五三条)。

(B)违法行为 违法行为者,法律认其行为有害于社会生活时,为镇压其行为计,及除去由此所生之损害计,附以一定法律效果之谓也。刑法主以镇压为目的。民法虽主以填补损害为目的,然亦并非完全除外镇压之目的也。

违法行为分为侵权行为及债务不履行。后者乃债务人侵害债权之行为。其性质虽与侵权行为无异,然《民法》特规定其要件及效果,故须与侵权行为相并立而为违法行为之一种。

(2)内部的容态 内部的容态者,乃发生法律效果之精神作用,而此种精神作用不以表现于外部为必要也。依其精神作用之内容又分为次之二种。

(A)意思的容态 有一定意思与否之事实也。以隐蔽之意思而生法律效果者,固属例外,然不无其例。如第三人之清偿,因当事人之意思存在与否,其效果自异是也(三一一条一项)。

(B)观念的容态 于一定观念或认识与否,即知一定事实与否之精神状态也。所谓善意恶意,即此容态之别。此二者之法律效果,迥乎不同。此外之例甚多。

(二)事件

不以人之精神作用为要素之法律事实也。如时之经过,人之生死,精神之状况(心神丧失等),物之破坏,果实之分离等是。其不以人之精神作用为必要,乃事件之特征。故偶然纵有人之精神作用,苟不以其作用为要件时,仍为事件也。如果实之分离,不问其为自然的分离抑为人工的分离,其法律效果,并无差异,故仍为事件也。以同一理由,虽为人之身体之举动,但不以精神作用为必要时,亦为事件之一种。所谓事实行为(Realake)。如住所之设定、变更及加工等是。此等事实行为与法律行为之差异,较之狭义之法律行为更巨,故不得准用意思表示及法律行为之规定。

第二节 法律行为之本质及种类

第一款 法律行为之本质

在个人生活,就自己所需要之种种关系,原则上吾人得随意决定之。此私法的自治(Privatautonomie)之原则也。所谓法律行为,即实现私法的自治之行为。在私法的各种法律要件中,最为重要。

私法的自治,其程度虽有广狭之差。在古代社会组织中,如物品之交换、买卖、借贷等,所谓私法上之自治行为,业已存在。而以契约自由之名,认此原则为私法上之基本原则者,则系受十八、十九两世纪风靡欧洲思想界之自由主义之影响。当时在公法上则主张自由民权。在私法上则主张契约自由、遗嘱自由、社团法人设立之自由。所谓须以个人意思自由之原则,为社会组织之基础,而承认个人意思之效力。除共同生活积极的被威胁外,几不认意思自由原则之例外。

私法上之自治及以此为基础之法律行为自由之原则,在现代社会组织及法制中,尚不失为基本的原则。然现代法制之所以认此原则之理由,并非以个人之意思自由为神圣不可侵犯,或以认其意思之效力为绝对的法理。不过社会之维持及发达,有赖于个人之发展。而为促个人之发展起见,则须认个人之自治,并须认其意思之效力故耳。盖使国家及社会,对于各人之各种需要,任供给之劳,殊不足以促现代社会之发达。宁使个人随其所欲,得自由为各种行为。如为满足有形的需要,得为各种财产上之行为,为满足无形的需要,得为各种亲属法上及身份上之行为。承认所谓私法上自治之原则,在立法政策上较为适当也。然此私法上自治之原则即个人意思自治之原则,并非含有绝对的价值。故在立法及解释时,须牢记其含有社会的价值也。如在劳动法、农业法、矿业法等所谓社会的立法中,设限制契约自由之规定时,仍适合于契约自由原则之根本理由,不能认为与此原则相背驰也。《德民》一五七条之契约解释规定,"须顾虑交易上之习惯,而遵从信义及诚实之原则",即此意也。

一、法律行为(Rechtsgeschäft, juristic act)

我《民法》未揭法律行为之定义,又无足以推论法律行为意义之间接规定。故吾人有定法律行为之意义之必要。

法律行为一语,仅民法中使用之,未成为一般交易上之用语。故欲定其意义,自不可根据交易上之观念,或字义。我民法上之法律行为,系德国 Rechtsgeschäft 之转译。故欲定法律行为之义时,须参考德国学说及沿革。兹为定义如次。

法律行为者,以意思表示为要素,而由此意思表示,法律赋与法律效果之法律要件也。

(1) 法律行为系以意思表示为其不可缺之要素　意思表示者,效果意思之表示也。法律行为,乃人之自治行为。其所发生之效果,不可不根据于当事人之意思,故效果意思之表示,系法律行为之不可缺之要素。

以意思表示为不可缺之要素者,非使行为人不可不有效果意思之意。盖法律有时于行为人无效果意思之时,亦使发生法律效果。故行为人之效果意思,不得谓为法律行为之不可缺之要素。然此时尚须有可以认为效果意思之表示行为,方可构成法律行为。故意思表示,乃法律行为之不可缺之要素也。

(2) 法律行为乃法律要件　意思表示与法律行为之关系若何,见解有二。从来之见解,虽以法律行为为一个或数个之意思表示。而近来之多数说,则谓法律行为并非意思表示本身,乃以意思表示为要素之法律要件。此两说在适用上不生若何差异,因无讨论之价值。然要物行为,除意思表示外,尚须有交付物品之事实行为。而契约又须有意思表示合致之事实。故理论上以后者之见解为当。即法律行为,乃一法律要件,而意思表示乃构成此法律要件之法律事实也。

(3) 法律行为生私法的效果　法律效果,有属于公法者,有属于私法者。民法上之法律行为,仅能生私法的效果。如任免官吏、提起诉讼等,发生公法的效果之行为,乃公法上之行为,非民法上之法律行为也。法律行为之规定,在一般理论上是否可以类推适用于公法上之行为,乃属于研究公法之问题。兹不赘述。

私法的效果之范围若何,又有二说。或以直接生权利之得丧变更为目的之行为,为法律行为。或主张间接影响于权利之得丧变更之行为,亦得为法律行为。余采后说。盖法律既未设限制,则苟生私法的效果之行为,且系根据行为人之意思而认其效果时,纵令其效果无独立之目的,纵令不以权利之得丧变更为目的,亦应使其为法律行为,且实际上亦有适用法律行为之规定之必要。如法定代理人对于限制能力人所为之允许,虽只能扩张限制能力人之行为能力,并未与彼以行为之权利,或令其负担义务,然应解为法律行为也。

(4) 由意思表示所生之法律效果　凡法律效果,皆为法律所赋与。故法律行为之法律效果,亦为法律所赋与,然法律赋与法律效果之理由,则不一致。或出于当事人之欲求，或不问当事人之意思若何，法律亦赋与一定法律效果。法律行为，乃私法上之自治行为者，已于前述，则其效果之发生，不可不基于当事人之意思。有此特征，故法律行为得与事实行为及狭义之法律行为相区别。如让与债权之通知，法律与让与以对抗力，而发生一定私法之效果。然此效果并非出于通知人之认识或欲求，故非法律行为。又债务履行之请求，虽生履行迟延及时效中断之效果。然此两种效果，并不为债权人所认识或欲求，亦非法律行为也。

由法律行为所生之法律效果，虽须基于行为人之意思表示，然不必须适合于行为人之真意。由法律行为之趣旨言之，固应能适合于行为人之真意时，方能使其发生法律效果。然如此，则相对人及第三人将蒙不测之损失，殊有妨害交易之安全。故法律于定法律效果时，以行为人之表示为标准。换言之，即依行为人以自己之意思所表示者为标准。而行为人心内之真意若何，非所问也。此时所发生之法律效果，虽不根据行为人之心内的效果意思，然尚须根据于行为人表示上之效果意思。如此解释，固不能谓为违反法律行为之理论也。

由法律行为所生之法律效果，不必胥出于意思表示，又不必完全与意思表示一致。不过其主要的效果，须基于意思表示而已。盖法律有时于主要效果之外，尚认一定之附属的效果。此时苟其主要效果，系基于当事人之意思表示，则其行为仍不妨为法律行为也。如由买卖所生之移转财产权之债务与支付价金之债务，虽系由当事人之意思表示所生之法律效果，而由买卖所生之瑕疵担保责任之法律效果，当事人纵未表示其欲求之意思，法律仍使其发生。盖普通当事人为意思表示时，不能预想由法律行为所生之一切法律效果而表示之。故法律不能不有补充当事人之意思表示，而定其法律关系之规定。是以由法律行为所生之法律效果中，有以当事人之意思表示为必要者，有不必要者。前者称为法律行为的效果,后者称为非法律行为的效果。

法律亦有时不认当事人之意思表示之效果全部,而仅认其一部者。此时其所生之法律效果,仍系基于当事人之意思表示。故其行为,仍不失为法律行为。如以三十年以上之期限设定典权时,则缩短为三十年是(九一二条)。由法律行为所生之法律效果,须基于当事人之意思表示者,系指其主要之效果而言也。

第二款　法律行为种类

法律行为,得依种类标准,而为次之分类。

(1) 单独行为、契约及合同行为　单独行为(unilateral act; acte unilatéral, einseitiges Geschäft)者,乃一方的行为,即由一方当事人之意思表示所成立之法律之行为。如遗嘱、捐助行为、债务之免除是。单独行为,虽通常由一个意思表示成立,如二共同租赁人解除租赁契约时,则须有二个意思表示,然当事人仅一方(Eine Partei),并不须相对人之意思表示,故为单独行为。又一方当事人为有效之意思表示时,尚须有他人之补充的意思表示者。如限制能力人为解约之意思表示时,须得法定代理人之允许。如此须有二个意思表示,尚不失为由一方当事人所成立之法律行为,仍为单独行为也。即为单独行为与否,须依当事人之数(即是否仅须一方当事人抑须多方当事人)以决定之,不能依意思表示之个数或法律行为关系人之人数以决定之也。

契约(Contract, Vertrag)者,乃双方的行为(bilateral act; zweiseitiges Geschäft),即由有互异之意义与相应之内容之二个以上之意思表示之合致所成之法律行为也。

罗马法及法国民法,契约仅限于成立债权人之合意。反之,德国民法于成立债权以外之合意,亦称为契约。故将契约通则规定于民法总则中。我《民法》将契约规定于债编,则所谓契约,通常系指债权契约而言,然并非排斥广义之契约观念也。

合同行为(Gesamtakt,又称为协定行为)者,由有同一内容、同一意义之多数意思表示所成立之法律行为也。自德国学者Kuntze于一八九二年著《合同行为论》,于多数之意思表示所成立之法律行为中,论契约与合同行为之区别以来,学说分为两派。否认合同行为之学者,或视合同行为为单独行为,或主张其为契约。然合同行为须与契约及单独行为相区别,而为一种特殊之法律行为。其与契约相异之点,契约之各个意思表示对各当事人有正反对之意义。故其法律行为有二个以上之目的。反之,合同行为之各个意思表示,对于各当事人之全部,有同一之意义。故其法律行为只有单一之目的。如买卖,买主之买的意思表示与卖主之卖的意思表示,在纯粹客观上,固具有同一之内容。然在各当事人,则有正反对之意义。反之,在社团法人解散之决议,各社员之意思表示,对各社员,具有丧失社员权之同一意义。又买卖有买主之目的与卖主之目的,即有两个相异之目的。反之,解散决议及设立行为,对各当事人有同一单一之目的。以上之区别于适用《民法》一〇六条之规定时,不无实益也。

以合同行为为共同的单独行为之见解,固足以使其与契约相区别。然有以性质上须有数个之意思表示,且以此数个意思表示之合致为必要之法律行为,与性质上不以多数意思表示为必要,虽偶然有数个之意思表示之法律行为相混合之弊。在理论上不可谓为正当也。

(2) 生前行为、死因行为 死因行为者(negotium mortis causa, Rechtsgeschäft von Todes wegen),乃因行为人之死亡而生效果之法律行为也。如遗嘱及死因赠与是。然生命保险契约,乃生前负担支付保险金之义务之行为,故非死因行为。生前行为(negotium inter vivos,

Rechtsgeschäft unter Lebenden)者,乃指非死因行为之一切行为而言。如买卖借贷等普通之法律行为皆属之。

（3）要式行为、不要式行为　要式行为(Formelles Geschaft)者,其构成法律行为之意思表示,须依一定方式之行为也。不要式行为者(Formfreies Geschaft),对于意思表示之方式,不加何等限制之行为也。我《民法》仿近世诸国之立法例,采方式自由之原则(Prinzip der Formfreiheit),仅使特殊之法律行为,如婚姻、遗嘱、票据等,遵一定之方式而已。此等要式行为,如不具备法律所必要之方式时,则为无效（七三条）。赠与虽非纯粹之要式行为,然不依字据所为之赠与,其效力比较薄弱耳（四〇八条）。故赠与行为,又可称为准要式行为。

法律采方式自由原则之理由,不过将为法律行为之方法,一任当事人之选择,而法不特加限制耳。然为比较重要行为之当事人,须以作成证书及其他方法,借以保存证据为要。法律以特殊之法律行为为要式行为之理由,因各种要式行为而异。或为慎重起见,或为保存证据起见,或为确定权利之范围而利其流通起见。如票据行为,乃根据最后理由而使其为要式行为也。

（4）有偿行为、无偿行为　在以捐出财产为目的之法律行为中,有对价者,称为有偿行为(Entgeltliches Geschäft)。无对价者,称为无偿行为(Unentgeltliches Geschäft)。如买卖、租赁乃前者之例,使用借贷乃后者之例也。关于买卖之规定,适用于有偿契约（三四七条）。此即有偿行为与无偿行为区别之实益也。

（5）主行为、从行为　从行为(Nebengeschäft, nebensächliches Geschäft, acte accessoire)者,以他之行为或他之法律关系之存在为前提,而成立之法律行为也。为此前提之法律行为,称为主法律行为(Acte Principale, Hauptgeschäft, hauptsachliches Geschäft)。如夫妇财产契

约,乃婚姻之从契约。设定质权契约、保证契约,乃债权或借贷契约之从契约。从行为因其有从属关系,故其法律行为之运命,被主行为或主法律关系所支配。但其从属关系之深浅,则依各种从行为而异。

(6) 独立行为、补足行为　补足行为(Hilfsgeschäft)者,如允许许可等行为,无独立之实质的内容,仅为他行为发生效力条件之行为也。有独立之实质的内容之法律行为,称为独立行为。

(7) 有因行为、无因行为　在以捐出财产为目的之法律行为中,包含其捐出财产之直接原因之法律行为,为有因行为,或要因行为(Kausales Geschäft)。而与其原因相独立,单以捐出财产为目的之行为为无因行为,或不要因行为(abstraktes Geschäft)。在无因行为中,以当事人之意思表示,得使其为有因行为者,称为相对的无因行为。而以当事人之意思表示,不得使其为有因行为者,称为绝对的无因行为。如物权契约,在我民法上须解为相对的无因行为。而票据行为,则为绝对的无因行为也。

吾人为捐出财产之行为,如为处分权利、负担义务之行为时,并非漫然为之,心理上必有某种原因。或为清偿债务,或为取得债权,或为与相对人以财产上之利益。然此等原因,法律不必皆以之为捐出财产行为之要素。其以之为要素者,其行为为有因行为。若不以之为要素,使捐出财产之行为与其原因分离时,则其行为为无因行为。有因行为缺乏原因时,其捐出财产之行为为无效。例如买卖,买主之所以负担支付价金义务,乃因卖主负担移转财产权之债务之故。此互为原因之二个捐出财产行为合为一法律行为,故买卖为有因行为。故一方之债务不成立时,则买卖无效。而他方之当事人,亦不负担债务也。反之,在无因行为,其原因之存否,对于无因行为之效力,毫无关系。纵令缺乏原因,唯发生不当得利之返还义务而已,不能使其法律行为无效。如为支付价金而发行期票之行为为无因行为,纵令支付价金债务未行成立,该期票并非无效,不过生返还不当得利之债务而已。

如何行为为无因,如何行为为有因,须研究各种法律行为,方能决定。大体言之,所谓物权契约,即以物权之设定移转变更为目的之法律行为,原则上为无因行为。但得以当事人之意思表示使其为有因行为。反之,民法上之债权契约,以有因为原则。但得以当事人之意思表示,使其为无因行为。关于最后之点,《德民》(七八〇条至七八二条)规定具备一定方式之无因债务约束为有效。我《民法》则无与此相当之规定,解释上不无疑问。然我《民法》既未规定债权契约须有一定原因,而无因债务,如负担支付几千元之无因债务,亦非违反公序良俗,解释上自不能使其无效也。

第三节　法律行为之标的

第一款　法律行为之成立要件及效力发生要件

法律行为之成立要件者,乃成立法律行为所不可缺之事实之谓。即无此事实,则不能认法律行为之存在者也。

法律行为之成立要件,须与其发生效力要件相区别。盖法律行为虽行成立,不必立时发生效力。如条件之成就,代理权之存在等,非成立要件,乃发生效力要件也。

法律行为之成立要件中,有为一般法律行为所共通者,有为各个法律行为所特有者。前者称为一般成立要件。后者称为特别成立要件。而特别成立要件,须就各种法律行为研究之。兹所论者仅限于一般成立要件。

法律行为之一般成立要件有三。即当事人、标的及意思表示是也。学者或以意思表示为法律行为之一般成立要件,而将当事人及标的除外者。然无当事人及无标的之法律行为,不能存在。故此二者,亦应与意思表示同为法律行为之成立要件也。又反对论者,谓当事人及标的,乃意思表示之要件。而意思表示乃法律行为之要件,故于意思表示之外,不能认当事人及标的为法律行为之要件云。然意思表示与法律行为之观念,不能混为一谈。若以当事人及标的为意思表示之要件之理由,即行否认其为法律行为之成立要件,理论上不可谓为正当也。但此种争论,在实际问题上,无甚讨论之价值。

具备一定要件(可能、确定、适法)之标的,是否为法律行为之成立要件,抑为发生效果要件,此问题亦无实际上之价值,姑不讨论。解释上应视为发生效力要件。盖有某种标的之法律行为,纵令其标的不具备以上之条件,其法律行为,仍可存在。问题只在该法律行为能否发生效力而已。

第二款　标的之确定

法律行为之标的,系指当事人以法律行为所欲发生之事项,即法律行为之内容而言。但法律行为,非根据于当事人之隐意,须以其所表示之意思,即意思表示为标准。故于决定当事人以法律行为所欲发生之事项时,须解释当事人之意思表示以决定之,而各当事人之所以为法律行为之动机或缘由(Motif, Motiv, Beweggrund),非特为表示之者,不能为决定法律行为内容之标准也。

法律行为之内容,又可分为抽象的内容与具体的内容。前者指法律所规定之内容而言,通常分为要素(essentialia)、常素(naturalia)及偶素(accidentialia)三种。要素者,乃成立法律行为所必要之事项也。如买卖之移转所有权与支付价金是。常素者,虽通常亦为法律行为之内容,但得以当事人之意思表示排除之。然纵令排除,仍不失为法律行为,如买卖之瑕疵担保责任是。偶素者,乃当事人特为附加之事项,通常并非法律行为之内容。如买回之特约,支付价金之期限等是。法律行为之具体的内容者,当事人以为具体的法律行为之内容之事项也。抽象的内容固依法律以决定之,而具体的内容之决定,则不能不依当事人之意思表示。法律不过为补充或解释其意思表示之资料而已。实际上之问题,唯限于具体的法律行为。故要素、常素、偶素之区别,实际上并无若何之价值也。

法律行为之标的,法律仅规定其不得违反强制或禁止之规定及不得违反公共秩序或善良风俗(七一条、七二条)。然其他尚有可能及确定,亦为有效法律行为之成立要件者,乃为一般学者所公认。而在理论上,亦莫可否认也。

法律行为之标的,固不必完全依当事人之意思表示以确定之。然其标的,依当事人之意思表示,周围之事情,交易上之习惯,法律之规定等,可得确定之,其法律行为,方能成立。若不能确定,则该法律行为因其欠缺法律所赋与之法律效果之对象,不能成立也。如依意思表示,不能确定法律行为之内容,若法律有补充此缺点之规定(二〇〇条),则可据以定其法律效果。又在意思表示时,得依周围之事情或交易上之习惯,得以阐明其意思表示之意义时,亦得据以定法律之效果。若依此种种方法,不能确定其内容时,则法律行为为无效。

第三款　标的之可能

以不能实现之事项为标的之行为,不可赋与法律效果,乃为自明之理。故以不能之事项为标的之法律行为,不能有效。

不能者，除法律行为之内容为物理的不能实现之事项外，尚包含社会观念上所认为不能。如以泰山填北海，在社会观念上，皆认为不能。故以此为目的之法律行为，须解为无效。

不能又分原始的不能与嗣后的不能。前者在法律行为成立当时所认为不能，后者乃嗣后认为不能也。

不能又分为客观的不能与主观的不能。主观的不能者，其不能之原因，存在于当事人一身上之事情之谓。客观的不能者，指此外之不能而言。其事项实现之不能，因常为客观之不能。而妨碍有效法律行为之成立之不能，亦仅限于客观的不能。若仅主观的不能时，则相对人及第三人大都信其法律行为为有效。故有认其行为之效力及行为人之责任之必要。如素无外国语学研究者，与人缔结翻译契约是。

不能又分为事实的不能与法律的不能。即因事实上之理由而为不能，与因法律之规定而为不能之区别也。学者或将法律的不能视为违反法律。即法律的不能之问题与法律行为之内容是否适法或是否违反公序良俗之问题相混者（三潴氏、穗积氏）。然一定事项之实现，虽属可能，但因其违法而为不能，与其实现因法律之规定而为不能，两者得互相区别。故于违法之外，尚有认法律的不能之余地。如缔结十年以上不分割共有物之契约，固得谓为违反强行法规（八二三条二项）。如使妾获得法律上地位之契约，因妾在法律上并无地位，故为实现不能也。

法律行为之内容全部不能者，称为全部不能。仅其一部不能者，称为一部不能。一部不能及于法律行为之残部之效力若何，法律无一定的规定。法律就特殊之法律行为设有规定时（如缩短期限等）固应从之，否则须解释当事人之意思以决定之。

第四款　标的之适法

违反强行法规之法律行为，因其有违法的内容，故为无效。依七一条之反面解释，则违反非强行法规即任意法规之法律行为，其有效也，自不待言。

公法规定主为公益而设，多为强行法规。故苟无任意法规之性质，自不得视为任意法规。反之，私法乃规定各人相互间之关系，主为任意法规。若不具备强行法之性质，自不得视为强行法规。

私法规定之带有强行性质与否，须依当该规定之性质以决定之。即为交易之安全、弱者之保护、伦理道德之保全等公益之理由所设之规定，为强行法规。若无此等特别理由时，则为非强行法规。

虽不直接违反强行法规，而以其他迂回方法，以达与禁止法规有同一效果之行为，称为脱法行为（in fraudem legis agere, Gesetzesumgehung, Rechtsgeschäftlicher Schleichweg）。

脱法行为之效力若何，依其所回避之禁止法规之趣旨而异。若禁止法规之趣旨，在法律行为之目的时，则以他种手段，达到同一目的之所为，尚得谓为违反禁止法规。其行为为无效。如不用利息之名称，而以他种名义，以谋法律限制外之高利是。反之，法律之趣旨，唯在禁止以特定手段而收一定效果时，则以他种手段而收同一效果之行为，并不能谓为违反禁止法规，仍为有效。如以担保债权之目的，信托的让与动产所有权时，虽为脱法行为，究不能谓为无效也。法律行为之内容，违反强行法规定时，固以无效为原则。但法律规定并不以之为无效者，亦不妨有效（七一条但书）。例如干预强制拍卖之人不得为拍定人，若得利害关系人之同意，仍得为拍定人是。

第五款　标的之社会的妥当性

以公共秩序善良风俗的观念,限制法律行为内容之规定,既存在于罗马,嗣为欧洲诸国之民法所继承。在罗马法以违反善良风俗之契约为无效。《法国民法》仿之,规定违反法律所禁止及公共秩序善良风俗之原因,为不法原因(《法民》一一三三条),基于不法原因之债务为无效(《法民》一一三一条)。《德国民法第一草案》,系仿《法国民法》之规定。但现行法,将公共秩序删去,仅规定违反善良风俗之行为为无效(《德民》一三八条)。其他诸国之法律,皆有同样之规定(《意民》一二条、一一〇四条等,《瑞债》一七条,《奥民》八七八条)。然将德法两法典两相比较时,则此原则之观念,显有变迁。《法国民法》之大原则乃契约自由。而公序良俗不过用以限制此大原则者。《德国民法》则以保护善良风俗为立法之大原则。而契约自由、权利之行使,皆于此大原则之范围内方可活动也(《德民》八二六条)。

我《民法》第七十一条规定,法律行为,有背于公共秩序善良风俗者,无效。所谓公共秩序(ordre public, öffentliche Ordnung)者,反于国家一般利益(allgemeine Interessen des Staates)之谓(德民第一草案理由书)。如违反营业自由之法律行为是。此种行为,殊有害于共同生活之维持及发达。故须令其无效。然何者为国家一般的利益,则因时代之迁移,不能不有所变更。在《德国民法》起草当时,虽以营业自由为国家之方针,然在今日,对此方针,则有渐加限制之倾向。故违背营业自由之行为,不能即断为有背公共秩序也。若制定法律时,行为时,与裁判时,其公共秩序之观念各异时,则须依其行为时之观念。盖行为之性质及效力,须决定于其行为成立之时。苟法律无特别规定,则不可不受行为成立后之法律之支配。若强以立法当时之观念相终始时,殊有背于法律之所以设此伸缩性规定之精神也。现今所认为反于国家之公益及有害于社会共同生存之事项,如杀人、殴打、妨害选举、复仇等,此外其例尚多。但某行为是否有背于公共秩序,须根据现代国家之方针以决定之。

法律之目的,在社会之维持及发达。而私法的自治行为,亦仅能于此范围内,认其效果。有害于社会秩序之行为,法律不保护之,此当然之理也。法国民法制定当时,此公共秩序之观念,仅用以限制契约自由之原则。迄于近世,一变而为支配一般私法之大原则矣。现今不但契约自由,至一般私权之行使,亦仅能于此范围内,方能视为正当也。

善良风俗一语,系罗马法之 bonos mores、法之 bonnes moeurs、德之 gute Sitten 之转译。故欲定其意义时,须根据其沿革的意义,及我民法采此观念之趣旨以决定之。

所谓善良风俗,Hölder 氏虽主张系指现代风俗中之善良者而言,但非确论。通说谓此规定之趣旨并非为保护现代之风俗。如赠礼之风俗,纵令社会上认为良善,然背此风俗之法律行为,并不能即为无效也。

以善良风俗限制法律行为之范围,其目的亦为保护国家社会之健全状态者,与关于公共秩序所述同。换言之,以违反共同生活之维持及发达为目的之法律行为,不应受法律之保护。故法律设此规定。唯公共秩序,系由国家之安宁秩序方面观察。善良风俗系由道德方面观察。使违反道德之行为无效,虽一见似混杂法律与道德之分界,而逾越法律之适当范围,实则不然。盖法律强制道德之所谓善,与不保护道德之所谓恶,其间自有区别。前者虽非法律之本分,然后者则不能谓为出乎法律之范围。如以法律强制禁酒禁烟、节酒节烟(美国曾有禁酒法),固属不当。然每日必饮酒数斤或吸烟几盒之契约,法律不施以保护,则理所当然也。违背道德之行为,殊有害于国家社会之健全状态,故使其无效。但他面须维持法律与道德之分界。即道德注重于个人之心术,而法律则注重行为之内容。盖保持社会之健全状态，并非个人之道德问题故也。如行为人自以为一生不结婚为善而为一生不结婚之契约时，其契约在个人道德上并不能谓为恶，然法律仍使其无效。又如已知某人放荡而贷与金钱，其契约在个人道德上自应谓为恶，然法律仍使其有效是也。总之，法律采用善良风俗之观念，结局以保持社会之健全状态为目的者也。

行为之内容是否违反善良风俗，虽须就各种情形，委之于法官之判断。但法官之判断，不能以一己之道德观为标准（通说反对 Hölder）。如法官为社会主义者，自不可依其主义，为哲学者，自不能以其理想之道德为标准是也。

道德观念，因时而异。但本条系以维持现代之社会秩序为目的。若立法之时，判决之时，行为之时，其道德观念有差异时，自应以最后之时为标准。如此法律方可与时代并进，乃此种富有弹性法规之特色也。

公共秩序与善良风俗，两者之意义，并非同一，已于前述。法律行为并非必违反此二者或违反公共秩序时，方为无效（同说富井氏，反对梅氏）。例如未婚男女之私通，在刑法上既不能处罚，自不能谓为违反公共秩序。但以此为目的之契约，系有背于善良风俗，其不能有效也无疑。不过法律由公的方面规定公共秩序，由私的方面规定善良风俗，借以维持社会的健全状态而已。

法律行为之标的，有背于公序良俗者，非谓其须直接反于法律规定之意。纵法律未经明文禁止，苟认为有害于社会公益之行为，即可谓为缺乏社会的妥当性，而使其无效。盖法律不能预想一切缺乏社会的妥当性之行为而禁止之，故设此有弹性力之规定，以否认其反社会的行为之效力。有谓此规定之内容甚漠然，而加以非难者，乃不解此规定之妙用者也。

依此规定，若法律行为之内容违反公序良俗时，其行为固为无效。

而动机之反社会性,是否影响于其行为之效力,殊为疑问。《德国民法第一草案》规定法律行为之内容（Inhalt）违反公序良俗。第二委员会改为违反善良风俗之法律行为为无效。我民法效之。至德国改正之理由谓在具体情形,若对于当事人之心术,全付诸不问时,似欠妥当,故应斟酌主观的分子以定行为之内容云云。但德国多数学者皆主张不包含动机或缘由之不法。不过心术不法之结果,可以影响于行为之内容而已（Enneccerus, Oertmann, Biermann, Zitelmann, Hölder；反对Dernburg）。盖包含动机之不法时,是不以客观的事实之不法为标准,而依第三人不易窥测之当事人之心理状态以左右法律行为之效力,殊有害于交易之安全。且本条目的,并非处罚当事人之不法行为,不过否认其行为之效力,借以防止违反公序良俗之行为而已。故当事人之一方或双方以违反公序良俗之动机而为法律行为时,而此动机未经向相对人表示,又未为相对人所预知,则其法律行为之内容,不得谓为违反公序良俗也。

于决定法律行为之内容是否违反公序良俗,须先决定其内容之意义。关于此点,须依具体的意思表示以决定之。法律对于买卖、借贷等法律行为,仅规定其抽象的内容。而决定其法律行为是否有反社会性之问题,则不能以此抽象的内容为标准。须就各个具体的法律行为以决定当事人所定之内容,是否有反社会性也。

具体的定法律行为之内容者,以当事人所欲发生之法律效果为内容乎？抑除此法律效果外,当事人所表示之意思,亦得为法律行为之内容乎？例如以使用于猥亵行为条件,租赁房屋时,其允许使用于猥亵行为,固可以法律行为之内容。若不以之条件,仅发表其欲使用于猥亵行为之意思时,则如何？关于此点,见解歧而为三。

（1）以动机为条件时,则可为法律行为之内容。其应否适用七二条之规定,须视法律行为之内容是否违反公序良俗以决定之。故动机纵违反公序良俗,若不以之为条件时,则不可适用七二条之规定。

(2) 以动机为条件,固可为法律行为之内容,但其内容违反公序良俗与否,不能据该内容本身以决定之。须依其所表示之动机,及纵未表示而为相对人所知之动机为标准,以决定其内容是否有反社会性也。此说称为主观说,牧野、长岛两氏主张之。

(3) 以动机为条件者固不必论,纵不为条件,而已表示时,亦得为法律行为之内容。故其已表示之动机,若带反社会性,亦可适用七二条。

第一说不足采。因其已表示之动机,纵不以之为条件,亦得为决定法律行为之反社会性之标准。盖法律行为之内容,须依具体的法律行为而决定之者,已于前述。所谓具体的决定,须以构成法律行为之意思表示之内容及其他各种客观的事实为标准。而已表示之动机,亦为客观的事实之一。则于决定法律行为内容之社会的意义时,亦不可不以之为标准也。主张为条件之动机方可为法律行为之内容者,不过以关于动机之意思表示足以影响由法律行为所生之效果而已。然《民法》七二条之规定,不可为如此狭义的解释。纵令由法律行为所生之法律效果,不违反公序良俗,若由该法律行为所生之生活关系违反公序良俗时,则法律对于此生活关系,无特予保护之理由。故未为条件但已表示之动机,虽不影响于由法律行为所生之法律效果,然得以之定由法律行为所生生活关系之意义。则其动机之反社会性,亦足以影响于法律行为之效力也。

在以表示之动机为决定法律行为之反社会性之标准一点,第二说与第三说同。而以已表示之动机是否属于法律行为之内容,抑仅可以之为决定内容之性质之标准,则两说之间,自有差异。然所谓内容,不过由该法律行为所生之生活关系。故所表示之动机,乃构成法律行为之内容也。

此外第二说、第三说之主要差异,则为未曾表示之动机,是否可以决定法律行为之反社会性之标准一点,法律使违反公序良俗之法律行为无效者,既非为对于当事人之违法行为加以制裁,又非为一方当事人之违法的动机,使法律行为无效。唯动机之反社会性附着于法律行为之内容,即附着由法律行为所生之生活关系时,则该动机方足以使法律行为带反社会的性质也。因此理由,应采第三说。以已表示之动机,为决定法律行为之反社会性之标准。若该动机对于当事人双方,皆为明了之事实时,则虽不明言,该动机已成为客观的事实,仍可为决定法律行为之内容之标准。手段纵违反公序良俗,若不影响于由法律行为所生之效果时,亦不得谓为以违反公序良俗为目的之法律行为也。例如以胁迫的态度而解除契约是。但因此而构成胁迫罪时,或因此使相对人为意思表示,而受九二条之适用时,则为另一问题也。

法律行为是否违反公序良俗之问题,为事实问题,抑为法律问题?关于此点,可别为二。即为法律行为内容之生活关系为若何之生活关系之问题,与其所确定之生活关系,是否违反公序良俗之问题是也。前者乃确定事实之问题,而属于事实审之管辖。后者乃法律问题,得为上告之理由。主张法律行为是否违反公序良俗之问题为事实问题者,系就各具体的事实所应决定之法律问题认为非法律问题,显为误谬也。盖一定事项违反公序良俗与否,乃该事项之法律的评价之问题,即《民法》七二条所谓违反公序良俗与否之问题也。其为法律问题,毫无疑义。

法律行为之内容之违反公序良俗与否,不必为当事人所认识,或可得认识(Weyl, Lotmar, Oertmann)。盖法律对于客观的违反公序良俗之事项,否认其有法律上之效力。如因当事人之不注意、无能力或特殊之道德观念等,虽自信其法律行为为适法,亦可为违反公序良俗之行为也。以同一理由,纵令当事人主观的以为其法律行为为违法,若为客观的适法时，不能谓为违反公序良俗也。

客观的违反公序良俗之行为，须与当事人在民事上或刑事上所为之违法行为相区别。如欺诈、胁迫，虽为违法，但以欺诈、胁迫所为之法律行为，并不因此无效（九二条参照）。

兹就如何法律行为为违反公序良俗之点以研究之。其抽象的标准，已于前述。至其具体的标准，则不可不俟诸判例及实际之研究。略举一二于次。

(1) 当事人所负担之给付违反公序良俗时　如奸通契约是。模特儿(Mode)契约，是否违反公序良俗，在德国曾为裁判上之问题。我国尚无此种判例。余以为妇女裸体立于人前，并非违法。如立于画家、雕刻家之前，或受身体检查是。但以裸体为紊乱风俗之手段时，则须解为违法。如为作成春画是。

(2) 给付虽非违法，如加以法律上之强制则为违法时　如结婚不结婚，信教不信教，虽非违法，但为必结婚之契约或终生不结婚之契约，信教之契约，则不能不谓为违法也。盖结婚与否，信教与否，乃个人之自由，法律不得强制。不结婚，固不能谓为违反公序良俗，但使人负法律上之义务时，则为违反公序良俗也。又在特殊情形之人，如染某种疾病之人，其不结婚或可视为道德上之义务，然一旦负法律上之义务时，仍为违法。关于此点，多数学者意见一致(Endemann, Crome)，然不无若干反对说(Staudinger, Riezler, Oertmann)。

加法律的拘束于当事人之身体上、精神上或经济上之自由，达如何程度，方违反公序良俗，则为困难之问题。如终日不出外之契约，不住南京之契约，乃限制身体上之自由。婚姻之契约，不倡某学说之契约，乃限制精神上之自由。不为某种营业之契约，将来不取得财产之契约，乃限制经济之自由。其为违法与否，殊为疑问。按凡债权契约，皆以债务人之给付为标的，即为限制债务人之自由。国家以法律所保障之自由，并非绝对的。故限制自由，不能即谓为违反公序良俗。然一旦趋于极端，如为终生不出外、终生不结婚、终生不营业之契约，则限制自由之程度过巨，亦得为违反公序良俗。总之，须依限制自由之程度、期间及当事人所有之正常利益，以决定其违反公序良俗与否也。

（3）当事人之行为本身虽非违法，但一旦与金钱的利益相结合时，亦可成为违法。如证人为真实之证言或拒绝证言而取得对价之契约，官吏公吏于其执行正当职务而为受贿之契约，其取得金钱的利益不问其为双务契约，抑以之为条件，均属违法也。

（4）《德国民法》（一三八条二项）有利用他人之急迫、轻率或无经验所为之暴利行为为无效之规定。即给付与反对给付之关系，除客观的有失权衡之事实外，而有利用相对人之急迫、轻率等主观的事情时，则使其贪图暴利之行为为违反公序良俗。我民法亦有同样之规定。即法律行为，系乘他人之急迫、轻率或无经验，使其为财产上之给付，或为给付之约定，依当时情形显失公平者，法院得因利害关系人之声请，撤销其法律行为，或减轻其给付（七四条）。前项声请，应于法律行为后一年内为之（同条二项）。

第六款　法律行为之方式

我《民法》采方式自由之原则。法律对于一般法律行为之方式，不加何等限制。然特殊之法律行为如婚姻、遗嘱、票据等，法律定有一定方式。故违反此法定方式之法律行为为无效。但法律另有规定者，不在此限（七三条）。

《民法》第三条规定，依法律之规定，有使用文字之必要者，得不由本人自写，但必须自签名。如有用印章代签名者，其盖章与签名有同等之效力。如以指印、十字或其他符号代签名者,在文件上经二人签名证明,亦与签名生同等效力。

《民法》第四、第五条规定,关于一定之数量,同时以文字及号码表示者,其文字与号码有不符时,如法院不能决定何者为当事人之原意,应以文字为准。关于一定之数量,以文字或号码为数次之表示者,其表示有不符合时,如法院不能决定何者为当事人之原意,应以最低额为准。

第四节　法律行为之解释

法律行为之解释(Auslegung)者,确定法律行为之意义之谓。于适用法律以定法律行为之效果时,一面须确定法律之意义,而他面则须确定法律行为之意义。前者为法律解释之问题。后者为法律行为解释之问题。

法律行为之解释者,非确定已有法律效果之法律行为之意义,乃确定将应有法律效果之法律行为之意义也。故于解释法律行为而定其意义之后,其行为能否发生法律效果,须视其意思与表示之间有否龃龉,其内容是否违反公序良俗等以决定之。

法律行为解释之基础,在意思表示。如单独行为之基础在当事人之意思表示。而契约及合同行为之基础,在各当事人合致之意思表示也。以意思表示为基础而解释时,须注意二点。其一,不可依心内的效果意思,须依其表示上之效果意思。其二,以表示为标准时,不可拘泥于其所用之文字,须就其所表示之意思而为合理的解释。盖心内的意思之决定,既非解释之任务,而于决定其所表之意思时,亦不可拘泥于其所用之文字。故为合理的解释意思表示时,在法律行为成立当时,其周围之事情,当事人之经济上之目的等,固须斟酌。若无此等特别情形,则须以普通当事人所认为行为之内容者为标准而解释之。由此言之,法律行为之解释,与习惯有密切关系。

第五节　意思表示

第一款　意思表示之意义

意思表示(Willenserklärung, declaration of intention)者,发生一定私法上法律效果之意思之表示行为也。其成立之要素有三,即效果意思、表示意思及表示行为是。

一、效果意思

效果意思(Erfolgswille)者,欲发生法律行为之效果之意思也。有称此为法律行为意思(Geschäftswille)者。然对于举动之意思,须与行为意思(Handlungswille)相区别。故近世学者多用效果意思之名称。

(1) 所谓效果意思,乃由表示而认为行为人意思乎？或事实上行为人须有此意思乎？前者称为表示上之效果意思。后者称为心内的效果意思。如非真意的表示,虽具备表示上之效果意思,而不具备心内的效果意思者是。表示上之效果意思,虽为意思表示之不可缺之要素,然心内的效果意思,是否亦为意思表示之要素,乃意思主义与表示主义之争。我《民法》不采纯粹之意思主义,而采以意思主义为原则之折中主义。故心内的效果意思,仅可为意思表示之通常要素,非其不可缺之要素也。

(2) 效果意思之内容若何,有法律效果说与经济效果说。前者主张以法律行为所生之法律效果为效果意思之内容。后者则主张行为人不必认识或欲望该法律效果之本体,只须认识或欲望由法律行为所生之经济的或社会的效果而已。然吾人一旦观察法律所以认法律行为之目的及实际上之交易时,则极端的法律效果说与极端的经济效果说,均不可采。所谓效果意思之内容,第一,行为人须有将其由法律行为所生之主要法律效果作为事实,而使其发生之欲望。第二,欲使发生此效果时,不可不有依法律的手段之意思。分述于次。

（a）由法律行为所生之法律效果本身,不必出于行为人之欲望,当事人表示欲成立一定生活关系时,法律即认其为法律关系,而赋与法律效果。故法律效果本身,不必胥出于当事人之欲望也。又按诸实际,当事人为各种法律行为时,不必常预期其必成法律问题即诉讼。故以法律效果本身为效果意思之内容者,殊不合于实际之交易。故当事人仅有将其主要效果作为事实而发生之欲望即可。

（b）当事人所欲发生之法律效果,不必为法律效果之全部,仅欲发生其主要效果即可。此时法律尚得补充当事人之意思表示,而赋与其他之法律效果。此种非主要的法律效果,并不以当事人之意思表示为必要。而何者为主要的法律效果,则须解释各种法律行为之规定而决定之。

（c）当事人有不使其成为法律问题之意思,即无依法律手段（诉讼）之意思时,亦不得称为法律行为。当事人为法律行为时,固不必积极的预期其成为法律问题。然若有不使其成为法律问题之意思,即与权利义务毫无关系之意思时,则该行为不能发生法律行为的效果也。① 如父将小刀借与其子是。

---

① 鸠山氏在《法律行为乃至时效》书中,主张须有诉诸法律手段之意思。然要求当事人须有用此手段之积极意思时,殊欠妥当。故后改为当事人无避此手段之意思时,法律即应予以法律效果。如此说明,谓其为法律效果说、经济效果说之折中说,宁谓其近于经济效果说或事实效果说也。

(3) 关于效果意思之心理上之性质,以有欲生法律效果之心理作用即欲望为必要乎? 或仅有欲望以外之心理作用可乎? 由私法上自治行为之法律行为之性质论之,以欲望为要素者,方可称为法律行为。又由法规之适用上言之,亦须区别以欲望为要素之适法行为,与不以之为要素之适法行为。

关于以欲望为要素之效果意思,有次之二点,须加说明。

(a) 构成效果意思之心理作用,系以法律行为之效果为对象。故不以效果为对象之心理作用,不适于构成效果之意思。以此种心理作用为成立要素之法律事实,不得称为意思表示。前述之狭义之法律行为或准法律行为之观念通知、意思通知及感情表示之不能称为意思表示者,因此理由也。

(b) 所谓效果意思,有效果之认识即可乎? 抑尚须有发生效果之欲望乎? 不无议论。解释上须有此欲望之表示也。

二、表示意思

表示意思(Erklärungswille)者,联络效果意思与表示行为之心理作用也。《民法》虽未规定表示意思为意思表示之要件,但意思表示之观念上,则不可不有表示行为之表示力(表示价值)之心理作用。此心理作用称为表示意思。

(1) 表示意思,是否为发生心内的效果意思之心理作用,抑为使其行为得为意思表示之心理作用,即有表示力之心理作用? 为法律行为之人,通常先决定效果意思,其次决定其表示之意思,最后方为表示行为。有谓此第二段心理作用,为表示心内的效果意思之作用者。然意思表示及法律行为之成立,不必常有心内的效果意思。故表示心内的效果意思之心理作用,亦不得谓为意思表示之要件。为意思表示的要件之表示意思者,乃对于表示上之效果意思所存在之心理作用,即使表示行为得为效果意思之表示之心理作用也。如非真意的表示,在表示真意之意味言之,虽不能谓为有表示意思,然行为人尚有以其表示行为为意思表示之自觉。由此点言之,因其有表示意思,故能成立意思表示。

(2) 所谓表示意思,以当事人须有欲其表示行为有表示力之欲望或目的乎(目的主义)？抑仅对于表示力有认识或自觉即可乎(观念主义)？议论不一。以观念主义为当(鸠山氏、冈松氏,反对石坂氏)。盖既知表示行为为表示效果意思之手段,而为表示行为时,则有充分认识其为意思表示之理由也。如知缄默为某种意思表示而守缄默,则纵令无以此为意思表示之欲望,尚得认为一种意思表示也。

(3) 知其表示行为必有某效果意思之表示力时,即可谓为有表示意思乎？抑尚须知由表示行为所表示之特定效果意思有表示力时,方可谓为有意思乎？如误言误记等,所谓表示上有错误时,发生问题。依前者之见解,谓既有意思表示,且已具备意思表示之成立要件,则其效力,须依错误之规定以决定之。若依后者之见解,则无所谓意思表示,且缺乏意思表示之成立要件也。然若认识某效果意思之表示手段时,即可谓为有表示意思(冈松氏、鸠山氏)。盖表意人与表示行为之间,若有心理的联络,即应认为意思表示,方合于意思表示之观念及实际的结果。惟须注意者,所谓意思表示,非泛指某意思,乃指其效果意思而言。如不知举手为承诺之意思表示而举手者,虽有招呼友人之意思,但不得视为意思表示也。

三、表示行为

表示行为者,有表示价值之行为也。

(1) 表示乃人之行为,故须有身体之动静,与惹起此动静之意思。此意思称为行为意思。无行为意思者,则无所谓行为,亦无所谓表示行为。如睡眠中之行为,因不可抵抗之强制举动等是(冈松氏通说)。

（2）表示须有表示价值（Erklärungswert）。表示价值又称为表示力，乃用以推测一定意思之存在者也。

表示价值须依客观的标准而决定之。而表意人一方之主观的标准，固不可从。而相对人一方之主观的标准亦不可从也。若表意人与相对人间，关于表示之意义，有特定关系时，固应依其关系。若无此关系，须依信义之原则，以知其具体的事情之公平第三人为标准而决定之。

不作为亦有表示价值与否，亦可依上述之标准而决定之。即不作为非在特定人间有为一定意思表示之特别情形，或在交易上可认为一定意思表示之特别情形，则不得谓为意思表示。"缄默视为承诺"之原则，不可为一般之标准。

从来之通说，分表示为明示、默示两种。此区别之根据，非存在于法律之规定，宁关于学术上之便宜。故学者各以其独得之见解，而为种种之说明。今大别之为主观说、客观说两种。前者求区别之标准于表意人意思。若表意人专为或主为表示某种意思而为表示行为时，则其表示称为明示。若表意人直接表示他种意思，而间接则欲相对人推测其法律行为之意思时，则其表示称为默示。此派学者往往不用明示、默示之术语，而用直接之意思表示与间接之意思表示。后者求区别之标准于表示之方法。或以言语所表示者为明示。或以所用之方法使相对人直接了解者为明示。而相对人解释周围之事情后，方得了解者为默示。尚有少数学者，以缄默之意思表示为默示者。若法律对于明示默示之间，异其法律效果时，则两者或有区别之实益，且有区别之必要。然我《民法》不仅未揭两者区别之标准，且于两者之效力，亦未设差异，则解释上两者毫无区别之必要也（Isay, Hölder）。或以默示之意思表示不以受领为必要，此论亦谬。如返还或焚毁债权证书以为免除债务之意思表示时，须对于债务人为之。若不于债务人之面前为之，或返还其债权证书于债务人，则不生免除债务之效力。由此观之,尚可以为有相对人之意思表示也。

心内的效果意思,是否为意思表示之不可缺乏要素,于意思与表示相龃龉时,即有表示上之效果意思而缺乏心内的效果意思时,其意思表示之为有效与否,发生问题。关于此点,意思主义、表示主义及折中主义,争议甚烈。

(1) 意思主义(Willenstheorie) 法律之所以使意思表示发生法律效果者,乃根据于当事人之意思。而表示不过用以推测意思之方法。故表示不能为发生法律效果之原因。是以不出于心内的效果意思之表示,当然无效。古来多数学者如 Savigny、Windscheid 等均采此说。

(2) 表示主义(Erklärungstheorie) 人之意思,仅可由于其所表现之手段即表示而推测之。且为保障交易之安全,不问其真意若何,须以其所表示者为标准,而赋与法律效果。此说 Lotmar、Danz 等采用之。

(3) 折中主义(Vermitte lungstheorie) 此派以极端的意思主义与极端的表示主义为不当,或主张以意思主义为原则而认例外,或主张以表示主义为原则而折中于意思主义。此两主义之争,不能取决于法律行为及意思表示之理论,须考虑当事人之公平的保护、交易之安全,及社会的便宜而决定之。如意思与表示不一致时,依意思主义,以其欠缺心内的效果意思,而使其意思表示为无效时,则表意人固不受其所不预期之法律效果,而不蒙何等损失。然其相对人及第三人则往往信其表示为有效而蒙损失。又依表示主义,使非真意的意思表示为有效时,其相对人及第三人固不因此而蒙损失,然表意人则将为其所不预期之法律效果所拘束。极端的意思主义与极端的表示主义均不可采,须折中两者而谋双方当事人之公平的保护为当然也。我民法采折中主义,且左倾于表示主义。盖法律除保护当事人之个人外,尚须顾虑社会的交易之安全也。

第二款　意思与表示之不一致

意思与表示之不一致者，即虽有表示价值之行为，而无心内的效果意思之谓。换言之，即真意与表示不一致也。

意思与表示之不一致，又大别为二。第一，表意人知其不一致。第二，表意人不知其不一致。前者称为故意之不一致，即真意保留及虚伪表示是也。后者称为不虞之不一致，即错误是也。

第一项　真意保留

真意保留（reservatio mentalis, mental reservation, réservation mentale）又称为非真意的表示，或单独虚伪表示，乃表意人知其非自己真意所为之意思表示也。学术用真意保留之名称，不过以表意人保留其真意于心中故耳。

真意保留之成立要件如次。（一）须有意思表示。无客观的表示价值之行为，不能谓为真意保留。（二）表示与真意不一致。（三）表意人自知其真意与表示不一致。

为真意保留之表意人之意思状态，可分为二。即他人相信表意人有行为意思，与他人知表意人无行为意思是也。两者在表示行为之客观性质，姑置不论。而其主观的状态，则大有差异。在前者固有欺罔他人之意思。而在后者，不过仅有为戏言或诙谐之意思。《德国民法》，依此主观的标准，而异其意思表示之效力。前者一般虽为有效（《德民》一一六条），后者则为无效（《德民》一一八条）。我《民法》不依此主观的标准。第八十六条规定，表意人无欲为其意思表示所拘束之意思，而为意思表示者，其意思表示，不因之无效。故为真意保留之当事人之意思，不问其为欺罔他人，抑仅为戏言或诙谐，均应受本条之适用。不过戏言诙谐之意思表示，在其客观的性质，不能谓为表示行为。且非表意人之真意，甚为明显，多受本条但书之适用而已。其结果与《德国民法》无甚差异。然在立法论上，与其依《德国民法》之主观的标准主义，无宁依我《民法》之客观的标准主义，对于交易之安全甚为适当也（同说 Kohler）。真意保留，原则上不影响于意思表示之效力（八六条）。若于真意保留之外，尚有无能力及欺诈、胁迫之原因时，则因此理由自得影响于其意思表示之效力也。

真意保留出于欺罔之动机时，则此表意人已无特加保护之必要。故不能因其真意保留，即令其意思表示无效也。若非出于欺罔之动机，而仅为戏言，苟由客观的观察，尚可认为有表示价值之行为时，则与其保护为此戏言之表意人，不如保护相信此戏言之相对人及第三人为当也。此法典之所以原则上使非真意的意思表示为有效也。

相对人明知表意人之真意保留时，其意思表示无效（八六条但书）。盖使真意保留之意思表示为有效之理由，乃为保护相对人。若无此必要，自应复归于意思主义故也。

所谓为相对人所明知者，乃相对人认识表意人无行为意思之谓。其认识之原因，法律并无限制。故有主张相对人须由于表意人之表示行为而明知者（Isay），不足采也。由第三人或周围之事情而明知时，自应受本条但书之适用。但其认识，须在表意人之行为当时。若在行为以后，纵闻知表意人无行为意思，亦不能使有效成立之意思表示无效也。

主张意思表示为有效之当事人，只须证明表意人有表示价值之行为，无须证明其无真意保留也。反之，表意人欲主张其意思表示为无效时，仅证明其真意保留，尚犹未足，更须证明其相对人明知其非真意。微有疑问者，则为相对人已证明其为真意保留时，能否以无真意为理由，主张其意思表示无效。按八六条之趣旨，虽为不许表意人以真意保留为理由,而主张其意思表示为无效,而相对人为此主张时,乃指其相信表意人之意思表示为有效而言,自不该当于八六条但书之规定。故解释上不应许相对人主张无效也。

第二项 虚伪的意思表示

虚伪的意思表示(Simulatio；Simulation；Scheingeschäft)又称为通谋虚伪的意思表示或假装行为,乃与相对人通谋而为之非真意的意思表示也。其有意思表示,真意与表示不一致,及表示人知其不一致三点,与真意保留同。而其"与相对人通谋"之要件,则为真意保留所无。在真意保留,其相对人虽有时知表意人之真意,然其与表意人间,并无通谋之事实。所谓与相对人通谋者,乃表意人与其相对人间,就非真意的意思表示,有合意之谓也。

虚伪之意思表示,通常多为欺罔第三人而为之。故《民法》八七条一项特为规定之。不问其是否有害第三人之意思与谋自己利益之意思也。

虚伪的意思表示之效果,因当事人相互间与对于第三人而有所不同。分述如次。

(1) 在当事人相互间,常为无效 无论何方当事人,皆得主张其无效。又纵令第三人主张其有效时,而在当事人间,仍不能有效。

(2) 对于第三人之关系,则依此第三人之为善意或恶意而异 对于恶意第三人之关系,与当事人间相同,无论何方,皆得主张其意思表示为无效。而对于善意第三人,则不能主张其意思表示为无效(八七条一项但书)。盖为使第三人不致因当事人之通谋虚伪的意思表示而受损失也。

第三人者,指为虚伪的意思表示之当事人及其包括继承人以外之人而言。以诈害债权人为目的,而为瑕疵的意思表示时,该债权人固为第三人。而由此瑕疵之意思表示成为名义上之权利人。若将其权利让与他人时,该受让人亦为第三人也。因继承而取得其权利者,乃包括继承人,非第三人也。

善意之第三人者,不知其为虚伪的意思表示之第三人也。但须于何时不知,颇有疑问。由设此规定之趣旨观察之,该第三人与虚伪表示之效力发生利害关系时,须为不知(善意)也。

虚伪之意思表示,往往隐藏他项意思表示。此等隐匿行为,《德民法》规定,适用其所隐藏之法律行为之规定(《德民》一一七条二项)。我《民法》从之(八七条二项)。如假装买卖而隐藏赠与或借贷之意思时,则依赠与或借贷之规定,以定其成立及效力。隐藏行为,虽不能以隐藏为理由,使其无效。若欲发生效力,则须具备一般法律行为之成立要件与该法律行为之成立要件。关于第一点,是否须有真意的表示,成为问题。就虚伪的意思表示,双方当事人虽有合意。而就隐藏行为,非有适于认识真意之存在之表示行为,则不能谓为意思表示之合致也。关于第二点,如买卖隐匿赠与时,虽有买卖证书,不能认为字据赠与也。

隐藏行为有效时,不仅在当事人间,至第三人亦得主张其有效。如债务人乙假装借贷由丙买得某财产时,债权人甲对于乙丙之法律行为,虽为第三人,亦得主张其买卖为有效,而对于乙之财产为强制执行。然由当事人主张隐藏行为为有效时,则不能不受八七条一项但书之限制。如丙对于债权人丁既不能主张虚伪表示之借贷无效,故不能主张买卖之有效也。

在罗马法债务人以担保债权为目的,将某物之所有权让与于债权人者,称为 Fiducia。债权人于担保之目的范围内,得使用其让与物。此种法律关系,学者每以限制的所有权之让与以说明之。

今日有以讨债为目的而为债权之让与者,亦有以担保债权为目的而为所有权之让与者。此等行为，称为信托行为（Fiduziarisches Rechtsgeschäft）。其效力若何，议论不一。

消极说（即无效说）者，或主张信托行为乃虚伪的意思表示，或主张为脱法行为，故为无效。此派学者，法国甚多。而德国及日本则不多见。然以信托行为皆为虚伪表示，而否认其存在者，误也。谓虚伪表示为非真意表示者，乃因其无行为意思也。然在信托行为，因特殊理由，当事人仍有欲发生法律效果之意思。如债权人欲使他人代为索债，仅缔结代为索债之委任契约时。而在远隔之地，殊多不便。故有时信赖他人，而将债权让与。又如以不便搬运之物为担保，不便设定质权时，而将所有权让与。此时当事人仍有欲发生债权让与及所有权移转之法律的效果之意思。而谓无行为意思之表示，即虚伪表示者，未免误认事实也。

积极说（即有效说）为多数学者所主张。但就信托行为之性质，则见解尚未一致。尤其在受信托人破产时，信托人就其所信托之财产，是否有取回权，为此派学者所激争。

第一说分法律关系为内的关系与外的关系，以说明信托行为。如以索债之目的为信托的让与时，在外的关系为债权让与。在内的关系，则为索债委任。在受信人破产时，信托人有取回权。此说在德国为多数说。

第二说就债权让与，不区别内外之关系。唯在信托行为，当事人间有限制的让与之从债权契约而已。此说渊源于罗马。现今主张此说者，为 Biermann、Staudinger、Riezler 等。不区别内外二种关系，固不能说明信托行为之观念。唯区别此种关系，属于法律之权衡。决不能以当事人之意思，成立此种关系。故如德国帝国裁判所为之解释，将信托行为，分为内外二种关系，不能谓为妥当也。信托行为之内部关系，虽非债权之让与，仍有将让与之债权于索债之目的范围内使用之信托关系，即债务关系。信托行为之不能成为虚伪表示者，亦在此点。然表面上当事人仍有移转债权之意思，故法律生移转债权之效果，不过附有限制的债务关系而已。若当事人无此意思，仅有委任之意思时，则不能不谓为虚伪表示也。信托的债权让与行为在经济上最后之目的，固为索债。债权人信赖受让人，采债权让与之有力的方法，而有使受让人负担不滥用债权之意思时，即所谓信托行为也。

第三项 错误

错误（Error, mistake, Irrtum）者，认识与对象之龃龉，即观念与事实之不一致也。其效果及于公私两法。而公法上之效果，非本章所应研究之范围。兹所述者，乃影响于意思表示之效力之错误而已。

意思表示之错误有二。即为意思表示之动机（Motif, Beweggrund, motiv）之错误，与意思表示之错误是也。如误信最近将通电车而购买其两旁之土地时，则仅为动机即缘由之错误。此种错误，并不生意思与表示不一致之效果。盖法律行为之动机，千差万别。若依其动机若何，而左右意思表示之效力时，殊有害于交易之安全。故民法效诸国法制，关于动机之错误，不影响于意思表示之效力。然一定事实，是否构成意思表示之内容，抑仅为动机，须依其具体的意思表示以决定之。若当事人以通电车为买卖之条件时，则电车之通过，不仅为买卖之动机矣。

关于意思表示之错误，更分为二。即表示上之错误与表示内容之错误是也，前者如误记误谈等，所谓表示行为本身之错误。后者则非表示行为本身之错误，乃其表示意义之错误是也。普通之错误，系关于意思表示之内容。故先述其效果，而后说明表示上之错误。

表意人误表示其意思表示之内容时，虽有表示上之效果意思，然缺乏心内的效果意思。即表意人之真意，未行表示，而所表示者，非表意人之真意，于是发生此等意思表示为有效无效之问题。若采极端之意思主义，则此等意思表示应为无效。若采极端之表示主义，则其错误，不应影响于意思表示之效力。前者偏于保护表意人，而牺牲其相对人及第三人之利益。后者偏于保护相对人及第三人，而对于表意人，未免过酷。故诸国法制，莫不折中之。唯使重大之错误，方足以左右意思表示之效力。我民法系采此折中主义。于意思表示之内容有错误，或表意人若知其事情即不为意思表示者，表意人得将其意思表示撤销之（八八条一项）。

《民法》既规定意思表示之内容有错误，则动机之错误，并非内容之错误也。但何者为意思表示之内容，则须就各个意思表示为客观的解释以决定之。

法律使表意人得以错误为理由而撤销其意思表示者，乃完全为保护表意人之利益。若表意人不视为重要，则纵其意思表示之内容有错误，不能认其有错误之效力也。故在表意人之主观方面，须有若无错误，则不至为意思表示之关系之存在。然仅依此主观的标准时，则认错误之效力之范围，过于广泛。而表意人之主观的判断，又各有不同，且不易为外部所认识。故依此标准时，殊有害于相对人及第三人。而易惹起交易上之纷争。且民法使用"意思表示之内容"之文字，应解为系依客观的标准之意。故错误之部分，不仅主观方面，视为重要。在客观方面，亦应视为重要也。

表示行为之外形有错误时，亦发生意思与表示不虞之不一致之问题。如言语之错误，书写之错误是。《德国民法》（一一九条）规定此种错误，亦与内容之错误同论。在同一条件之下，而为意思表示撤销之原因。我民法从之。所谓表意人若知其事情即不为意思表示者，即指此种错误而言也。但以其错误或不知情，非由于表意人自己之过失者为限（八八条一项）。

采具体的标准，以定内容错误之意义时，足以影响于意思表示之错误之种类，固不能一一例举。然下示数例，虽不能网罗各种错误，然于为具体的判断时，不无参考之价值也。

（1）关于法律行为之性质或种类之错误，在一般交易上通常为重大内容之错误。如误认借贷为赠与是。

（2）关于标的物之错误，通常亦认为重要内容之错误。但当事人若不视为重要时，则不能谓为内容之错误也。如厩中为乙马，而误以为甲马，将其卖出时，固为内容之错误。若视甲乙二马无甚区别而将乙马卖出时，则不能谓为内容之错误也。

（3）当事人乃意思表示之主体而非其内容。故关于当事人之错误，不能谓为意思表示之错误也。然赠与、遗赠、使用借贷、无利息消费借贷、委任等无偿行为及与此相似之有偿行为，通常系对于特定当事人而成立法律关系，故应成为意思表示之内容。然在不以特定当事人为必要之现物买卖，若表意人无以特定当事人为必要之意思表示，则当事人不能构成意思表示之内容。故关于此点之错误，不能谓为内容之错误也。

（4）关于当事人之资格、标的物之性质之错误，自来议论不一。或谓在社会交易上若不具备一定资格或性质，即可视为别种之人或物时，是为意思表示内容之错误者。又有当事人之资格及物之性质是否可以构成法律行为之内容，乃事实问题，应由法院参酌各种情况及证据以判定之者。我《民法》规定当事人之资格或物之性质若交易上认为重要者，其错误，视为意思表示内容之错误（八八条二项，《德民》一一九条二项）。学者或谓此点虽非意思表示内容之错误，然在经济上其重要之点与内容之错误无以少异，故应视为内容之错误云。

（5）关于标的物之数量、履行之时期、履行之处所之错误，当然系意思表示内容之错误。若各当事人特重视于某时期或某处所为履行时，且于具体的情形在一般交易上亦可视为重要时，则自应视为意思表示内容之错误也。关于标的物之差异，认为重要时亦同。

错误与不知，在观念上得为区别。前者系对于正当认识之不存在，加以积极的误谬认识之谓。后者系仅指正常认识之不存在而言。故错误之中，自应包含不知。通说亦然。然错误是否存在于意思表示之内容，则错误与不知之间，亦有差异。即表意人已认识不知而为意思表示时，则不可认为意思表示内容之错误也。如以为厩中系甲马而卖出，结局为乙马时，固可谓为内容之错误。若不知其为甲或乙，且不介意于其不知而为卖出时，则不能谓为意思表示内容之错误也。又误连带债务为保证债务时，固可认为内容之错误。若不知连带债务与保证债务，且认识其不知时，则不可认为内容之错误也。

错误可分为事实之错误与法律之错误。后者系不知法律规定之存在，或就法律规定为误谬认识之谓。我《民法》与《德国民法》相同，不分别事实之错误与法律之错误。故法律之错误，与事实之错误在同一条件之下而为法律行为之撤销原因。不过法律之错误，由于表意人之重过失者，较事实之错误为多耳。

主张法律之错误，系关于意思表示之法律效果时，不得为撤销之原因者，乃德国民法学者之通说（Staudinge、Riezler 等，反对 Oertmann）。若单指法律效果，虽未免失之广泛。若区别意思表示之内容与效果，而单指意思表示之非法律行为的效果为法律效果时，余亦左袒是说。盖法律不问当事人是否有行为意思所认之效果并非意思表示之内容故也。如误认连带债务为保证债务，乃误认法律之规定，即系自己意思表示上之法律效果之错误。则其效果，亦可构成意思表示之内容，故应为意思表示内容之错误。反之，卖主误信自己就标的物无瑕疵担保责任时，虽同为意思表示之法律效果之错误，但瑕疵担保义务之发生，并非基于当事人之意思,故不能谓为意思表示内容之错误。又在赠与契约,误信依书面赠与亦可撤销,无权代理人误信其所缔结之契约当然拘束本人,亦然。盖契约能否拘束当事人,应否认撤销权之存在,皆属于非法律行为的效果故也。

下举各例,与错误极相类似,而实不同。

(1) 意思表示之不一致　错误乃意思与表示不一致,其与二个或数个意思表示之不一致之区别,在理论上甚为明了。然实际上其区别仍甚感困难。在客观方面,就同一目的有相对应的内容之意思表示,而在主观方面,其一方或双方之意思表示有意思与表示之不一致时,是为错误。在客观方面,双方之意思表示无相对应之内容时,是为意思表示之不一致。如甲请乙为连带债务人,乙误以连带债务为保证债务而与以承诺时,乃错误之问题。因其在客观方面,关于连带债务一点有意思表示之合致故也。反之,乙以连带债务与保证债务相同,而承诺为保证人时,则不能认为意思表示之合致,自非错误之问题。我《民法》关于意思表示之不一致与错误,其法律上之效果既有差异,自有区别之实益也。

(2) 停止条件之不成就　在普通情形,当事人得以意思表示使非本来意思表示之内容之事项成为意思表示之内容,应以之与附停止条件之意思表示相区别。前者乃就特定人或物成立法律关系之意思表示。后者于条件成就前,不使其发生法律行为之效果。换言之,于条件成否未确定期间内,发生不确定之法律状态。故以法律行为是否带不确定之性质为标准而为两者之区别时,甚为明了也。如买卖契约中以履行之时期、处所、方法等为条件时,即契约之内容,非民法之所谓条件也。

(3) 由当事人之合意将已合致之意思以一种特别(与普通不同)之表示行为发表时,其表示行为所有之意义与当事人之意思虽不一致,然不能谓为错误也。盖表示须依当事人所定之意义以解释之。此时须依其合意所定之意义而认其意思表示之效力也。

错误之效果，有使意思表示无效之主义与得撤销之主义。《德国民法》，采撤销主义。且于相对人因撤销而蒙损害时，应赔偿所谓消极的契约利益（Negatives Vertragsinteresse）。换言之，即赔偿相对人信其意思表示为有效所受之损害也（但不得超过其契约有效时所受之利益）(《德民》一一九条、一二二条）。《日本民法》采无效主义，以要素之错误为意思表示无效之原因（《日民》九五条）。采无效主义者，固基于意思主义之理论。然因错误即可左右意思表示之效力时，不仅偏于保护表意人，且意思表示之有效无效，在当事人及第三人间多不明了。故在立法论上，以采撤销主义为宜。我《民法》第八八条规定意思表示之内容有错误，或表意人若知其情节即不为意思表示者，表意人得将其意思表示撤销之。但以其错误或不知情，非由于表意人自己之过失者为限。第九一条规定，依第八八条及第八九条之规定，撤销意思表示时，表意人对于信其意思表示为有效而受损害之相对人或第三人，应负赔偿责任。但其撤销之原因，受害人明知或可得而知者，不在此限。系采《德民》之撤销主义也。

过失者，欠缺注意之谓。吾人共同营社会生活时，对于自己之行动须用相当注意，务须不侵害他人之权利。此即所谓注意义务也。若怠于此注意义务，称为过失。注意义务并非道德上之义务，乃法律上之义务。

过失分为客观的或抽象的过失与主观的或具体的过失。前者系要求普通人所应有之注意。换言之，不以行为人之注意能力为标准，先假想一普通人，而要求为此种人之注意。若欠缺此种人之注意，即为有过失，故称为抽象的过失。后者反是，以当事人之能力为标准，而定注意之程度。《民法》所谓"处理自己事务为同一注意"（如二二三条、五三条），即指此而言。违反此种注意义务，即为有主观的之过失也。客观的过失又可细别为重过失（Culpa levis）与轻过失（Culpa lata）。《民法》虽未使用轻过失之文字，然规定过失或善良保管者之注意时，系指轻过失而言。八八条之所谓过失，即轻过失也。盖法律原则上得要求通常人之注意。若要求比此较重或较轻之注意时，大都基于特别之情形，自应有特别之规定。若无特别规定，则应解为轻过失也。关于重过失之观念，学说甚多。或谓重过失乃非恶意的欺诈。或谓轻过失乃注意之不充分，重过失乃完全欠缺注意。或谓重过失乃欠缺通常人所用之注意，轻过失乃欠缺特别人（即注意较深之人）所用之注意。或否认此二者之区别。然法典既已认此二者之区别，则否认论，自不可采。二者之区别，虽均根据客观的标准，但其程度不同。欠缺普通人之注意者为轻过失。其程度甚重者为重过失，其过失之程度与过失之有无，乃事实问题。法官得根据当事人之证明以决定之。

由于错误之意思表示虽得撤销，此种意思表示，在客观方面，仍为完全之意思表示。不过在主观方面，有错误之缺点而已。若欲撤销此种意思表示，表意人应证明自己之错误。否则，法院仍视其意思表示为有效也。表意人只须证明自己之错误。其错误是否关于意思表示之内容，法院应根据当事人所证明之事实而判断之。

误传 如依使用人书信、电报、电话等传达意思表示时，因传达者之行为，传达错误之意思表示于相对人时，其效力若何，在德国普通法上成为问题，在裁判上亦因此发生种种困难。故《德国民法》特设规定，使其与错误在同一条件之下而左右意思表示之效力（《德民》一二〇条）。我《民法》仿之，规定意思表示因传达人或传达机关传达不实者，得比照错误之规定，撤销之（八九条）。

意思表示之误传，得分为二种情形。第一，以传达人或机关传达已成立之意思表示者。如以书信或使者传达意思表示时，因传达者之故意、过失或无责任行为传达错误、伪造之书信是。此时表示行为虽已成立,不过尚未具备发生效力之要件而已。此种意思表示应依九五条之规定,即该意思表示尚未达到于相对人,尚未具备发生效力之要件,而非意思与表示之不一致之问题也。

第二,以传达人或机关为表示机关者,即我《民法》及《德国民法》所规定者是也。如以电报传达意思表示时,因电务员之误记,命使者以口头传达时,因使者记忆之错误。此乃因表示机关之行为,而为错误之意思表示,即意思与表示之不一致也。依表意机关为错误之表示即表示表意人所不欲表示之意思表示。换言之,即表示非表意人所欲发生法律效果之意思表示也。故民法使其比照错误之规定,俾表意人得撤销其意思表示。其撤销之存续期间,为自意思表示后一年。又撤销时,表意人对于信其意思表示为有效而受损害之相对人或第三人,负赔偿责任(九一条)。表意人于传达时有过失者,亦应比照前条不许撤销。

第三款　有瑕疵之意思表示

表意人为意思表示时,其效果意思之决定,系由于他人之干涉者。此种意思表示,虽有效果意思,但其效果意思之决定,乃其他人之不正当干涉。故民法就此种意思表示,俾受干涉人以撤销权。此种意思表示称为有瑕疵之意思表示,即《民法》第九二条所规定之被欺诈或被胁迫而为之意思表示是也。

第一项　被欺诈而为之意思表示

欺诈(Betrug, arglistige Täuschung)者,以使他人陷于错误为目的所为之故意行为也。其效果涉及民刑两法。刑法为维持社会之秩序,科欺诈者以刑罚。而民法则为保护被欺诈人之利益。两者之目的,各有不同。故其法律关系亦异。

欺诈在民法上之效果有二。其一，为被欺诈而为之意思表示之效果。此时被欺诈之当事人，有撤销其意思表示之权。而以其撤销，得免法律之拘束。第二，用欺诈所为加害行为之效果。法律视此等行为为侵权行为，使其对被害人负损害赔偿之责。此两种效果，相互为用，方足以充分保护当事人之利益。兹所述者，仅限于第一种效果而已。

被欺诈而为之意思表示者，因相对人或第三人之故意行为，致陷于错误，而为之意思表示也。故第一，须有错误。第二，其错误须由于相对人或第三人之故意行为。第三，须陷于错误而为意思表示。

(1) 欺诈须出于故意　故意乃成立欺诈之主观的要件者，由其字义观之，甚为明显。然关于故意之内容，《民法》与《刑法》颇有差异。《刑法》虽须有使人陷于错误而取得财产的利益之意思，而《民法》之所规定（九十二条一项）者，系因意思表示受他人之不法干涉，并不以取得财产的利益为标准。故如欺诈之结果，使他人为无财产的价值之法律行为时，亦应包含。

故意者，乃欺诈者使其相对人陷于错误，且因此使其为一定意思表示也。即第一，须有使其生错误之意思。第二，须有使其因错误而决定为意思表示之意思。如仅有使其生错误之意思，不得谓为欺诈。例如以伪画为真画，因以夸示自己之豪富是也。

欺诈非法律行为，故欺诈者无须有行为能力。又与侵权行为之欺诈不同，亦不须有责任能力。然欺诈既须出于故意，则不能不有意思能力也。

(2) 须有错误　表意人须陷于错误。故民法上未遂之欺诈，不生何等法律效果。错误不必存在于法律行为之内容。如买卖土地时，告以开通火车之决议，雇用工人时，告以不加入同盟罢工，均可生错误也。

错误须以欺诈行为为原因。对于已经陷于错误之人而有欺诈行为时,更可分为二种情形以说明之。第一,其欺诈行为不能确实使人陷于错误时,自不能谓为由于欺诈之错误。如前例买主误闻开通火车之决议,虽买卖当时偶向卖主询问,而不待卖主之回答以为确定误闻之标准是。又利用他人之错误而为欺诈行为时亦然。反之,从来之错误,因欺诈行为而更使确实时,亦可谓为由于欺诈之错误。如以前之误闻,尚不敢十分断定。因欺诈者之言,方确信误闻时,仍可谓为由于欺诈之错误。此时之欺诈行为,并非为决定意思表示之唯一或最先之原因。然在因果关系,仅须有若无欺诈行为即不发生错误之关系,不必以欺诈行为为唯一或最先之原因也。总之,错误是否以欺诈为原因,须就当该具体情形决定之。苟由欺诈而生错误,则在一般情形该欺诈是否足以惹起错误,在所不问。

(3) 错误系由欺诈行为而生　此点乃单纯之错误与由于欺诈之错误之区别也。所谓欺诈行为乃以非真实之事实为真实而表示之行为也。其捏造虚伪之事实与隐蔽真实之事实,皆可称为欺诈。仅发表单纯之希望或意见,则不能构成欺诈。然事实与单纯之意见之限界,一见颇难明了,自不能以事关未来即称之为意见。如一年后某处是否有开通火车之计划,乃现在之事实。第三人有如何之意见,亦一事实。然自己之意见是否可称为事实,则为疑问。如购买古董人请第三人鉴定,该第三人与卖主串通,发表非自己本意之意见时,固可谓为欺诈。反之,商人当买卖时谓自己之非上等货为上等货,谓非廉价物为廉价物,则不能谓为欺诈。两者由心理学言之,乃一心理状态之表白。彼此固不能谓为有所区别。然一系确定之事实,一无确定事实之价值。总之,须视其能否认为交易上确定之事实为标准而断定之。

单纯之沉默,通常不构成欺诈行为。若法律上、契约上或交易之习惯上有告知真实之义务时,仍可构成欺诈行为(鸠山氏,Ennecerus,富井氏)。盖沉默虽系一行为,纵以欺诈之故意而为之,且为致他人陷于错误之原因,若在交易上无告知义务,自不能谓为对于他人之意思决定,加以不当之干涉故也。交易之习惯上是否认有告知义务,因法律行为之种类而异。如在投机的法律行为,其性质上乃一方当事人利用自己所有之知识经验,以博利益。对于相对人固不可认为有告知义务。其他之法律行为尤其在当事人间有信任关系之法律行为(如合伙契约及委任契约),则应认为有告知义务也。

(4)须由错误而为意思表示　意思表示与欺诈之间须有因果关系。换言之,须有"苟无错误则不至为该意思表示"之因果关系。此因果关系之存在与否,仅依主观的标准以决定之。而错误在一般情形是否影响于意思决定,是否重大,在所不问。

被欺诈而为之意思表示得撤销之(九二条一项)。有撤销权者为表意人,而非欺诈人也。但有限制,即其撤销不得对抗善意第三人(九二条二项)。所谓善意第三人者,乃不知意思表示系由于欺诈,而成立法律上之利害关系之人也。若无此种情形,则不能受法律上之正当保护。所谓"不得对抗",乃谓在对第三人之关系不得主张撤销之效果也。如丙不知甲乙间之不动产所有权之移转系由于欺诈而受让该不动产时,则丙为善意第三人,应受法律之保护,无须返还不动产。但此限制,仅对于善意第三人方可存在。而在恶意第三人与当事人间,自不妨撤销其法律行为,使发生返还义务。以此规定而限制撤销之法律效果者,以善意第三人较被欺诈人更应保护,借以维持交易之安全也。

由于欺诈之意思表示之成立要件,在民刑两法虽有不同,然两者并非互相排斥。故同一行为在刑法上构成犯罪,在民法上成立侵权行为,且具备九二条一项之要件者不少。

由于欺诈之意思表示在刑法上构成犯罪时,其在民法上之效力若何,有二说。即无效说与撤销说是也。无效说之第一理由,谓犯罪行为之观念与法律行为之观念互相矛盾,然在公法关系之刑法,系以处罚犯人之行为为目的。苟已达其处罚之目的,则该行为在民法上果有若何之效力,自可不问。谓两者互相矛盾者,误也。无效说之第二理由,谓构成犯罪行为之欺诈,在民法上该当七二条所谓违反公序良俗之行为,应为无效。然一方当事人之违法行为与法律行为之目的之不法,其间自有区别。总之,一行为涉及民刑两法而有两面的法律效果时,其民法上之成立要件及效果,一依民法之规定以决定之。若系由于欺诈之意思表示,则该当九二条一项。故以撤销说为适当。

由于欺诈之意思表示,若具备侵权行为之要件时,当然可以发生损害赔偿之义务(一八四条一项)。其撤销权之行使与损害赔偿请求权之行使不相妨碍。不过行使撤销权后而请求损害赔偿时,其损害额较行使撤销权以前为小耳。

非意思表示之当事人即第三人行欺诈时,其相对人明知其事实或可得而知者为限,始得撤销之(九二条一项但书)。若相对人系善意无过失,则不能撤销。盖恶意之相对人比之与第三人通谋而行欺诈之相对人固无不可。而善意无过失之相对人,较之被欺诈人更应保护故也。意思表示之相对人若有二人以上,其一人为善意他一人为恶意时,其意思表示是否可以撤销?德国学者有主张仅对恶意之第三人可以撤销,对于善意第三人之关系,则依法律行为一部无效之规定(《德民》一三九条)以决定之者。关于此点,我《民法》虽无明文,由九二条二项之规定观之,若欲牺牲被欺诈人之利益以贯彻保护第三人之立法趣旨,则因撤销而使第三人受损害时,应解为不许撤销。若其意思表示实质上可分为二,撤销对恶意第三人之意思表示不致影响于善意第三人时,自应仍许撤销也。

英美法有所谓虚示(misrepresentation)者,乃发表与事实不符之行为,虽可使相对人惹起错误,而非基于故意之欺诈者也。在英美法亦以为法律行为之撤销原因之一。在我民法法律行为由于欺诈之撤销,既限于故意,自不能达同一结论。①

欺诈及由此所生之错误应由主张撤销意思表示之当事人负证明之责。

第二项　被胁迫而为之意思表示

被胁迫而为之意思表示者,相对人或第三人故意示加害之意,使表意人生恐怖心,因此恐怖而为之意思表示也。

(1) 须使表意人生恐怖心　民法不能视表示加害为不法,而加以制裁。纵令相对人或第三人表示加害之意,而表意人不生恐怖心时,亦不至影响于意思表示之效力。故民法上未遂之胁迫,不生何等法律效果。

所谓使人生恐怖心不必使其丧失判断力,纵有于二个加害之中,能选择最小者之判断力时,亦可适用九二条一项。若胁迫甚为重大或急迫,使表意人完全丧失意思能力时,其行为并非可以撤销,乃当然无效。但恐怖须较麻烦或不便之程度为重。其是否达恐怖之程度,在各具体情形,委之于法官之判断。

恐怖须因胁迫行为而生。被害人因被害更生恐怖心时,是否更构成胁迫行为,殊有议论。若通知将继续为加害行为时,自可为将来生恐怖心之原因也。

---

① 1934年好望书店版此句作"既不仅限于故意,亦可达同一结论"。参见胡元义:《民法总则》,好望书店1934年版,第303页。

（2）恐怖须因胁迫而生　如相对人或第三人未表示加害之意，而表意人无故自感恐怖时，不能谓为胁迫也。英法所谓不当之威力（undue influence），即有威力之强者对于弱者以口头或容态表示其将利用其威力之意思时，即为胁迫，盖此意也。如某妇人因畏形容古怪之乞丐而赠与金钱，固不具备本条之要件。若该乞丐表示欲入其家捣毁器具（使生恐怖），则为胁迫也。

胁迫者，通知将来加害之举动也。加害之种类，法文虽未列举，固不必侵害特定之法益，如生命、身体、自由、贞操、名誉、财产均可。其法益之所有人亦无限制。除侵害表意人之法益外，以侵害其配偶、近亲、好友之法益，使表意人生恐怖心而为法律行为时，亦可构成胁迫也。

加害是否须为重大，在《德国民法》之解释上颇有议论（Oertmann, Komm., S. 348参照）。然在我《民法》上不必须为客观的重大。惟在该具体情形足以使表意人生恐怖心即可。不过于通知轻微之加害，不易证明是否生恐怖心而已。加害不必须出于胁迫人，苟胁迫人之机关足以为加害行为时，亦可构成胁迫。如对于常人说天灾地变，若请自己祈祷即可免灾时，固不能谓为胁迫，而对于迷信者言之，则为胁迫也。

加害须为将来。若通知过去或现在已发生之加害，不能谓为胁迫。通知加害之形式，法文既无限制，则口头、容态均可。惟对于被害人不施救助行为是否可以构成胁迫行为，议论不一。有主张可以构成胁迫者（Biermann）。有谓由自己所惹起之加害而不施救助时，方可构成胁迫者（Planck）。有谓有救助义务而以不救助行胁迫时，则构成胁迫者（Enneccerus）。以第三说为当。

（3）其意思表示须因恐怖而为之　即恐怖与意思表示之间须有因果关系。详言之，因胁迫而生恐怖，因生恐怖，表意人方为胁迫人所欲得之意思表示。意思表示是否以恐怖为原因，应依主观的标准以决定之。

因恐怖所为之意思表示,须为胁迫人所欲得之意思表示。如以不给与某财产即行枪毙相威胁,而[被]胁迫人购买护身用之手枪时,则不能谓为被胁迫而为之意思表示。又如以不给与百元即行告发相威胁,而被胁迫人给与五十元或金表时,虽不与胁迫人所欲望者完全一致,但此时胁迫人之意思乃概括的,后之行为自应包含。故亦可谓为有胁迫之故意也。

(4) 须有胁迫之故意　胁迫之成立,须有胁迫人之故意。即第一,须有以自己之行为使被胁迫人生恐怖心之意思。第二,须有因恐怖而使其为法律行为之意思。关于此点,法律虽无明文,而由沿革及立法趣旨言之,九二条一项系规定行为意思之决定,由他人不当之干涉。故须有故意方可构成胁迫也。

胁迫之故意,不必存在于胁迫行为之开始。以别的目的使表意人生恐怖心,迨中途变更意思,使表意人决定为法律行为之意思时,尚不妨谓为其恐怖之惹起与行为意思之决定系基于胁迫人之意思,即故意也。

胁迫之故意,若具备上述之要件即可。固不必有侵害财产之意思,与取得财产的利益之意思。与欺诈同。

(5) 胁迫须为违法　《德国民法》(一二三条)规定违法为胁迫之要件。我《民法》虽无明文,然使被胁迫而为之意思表示得以撤销者,因其意思决定受不正或不当干涉,故胁迫须为违法。如告债务人以不履行债务必诉之于法院,或告人以不为承诺则断绝交易等,纵令足使相对人感觉恐怖,不能谓为胁迫也。

违法乃指客观的违法而言。盖本条既非规定侵权行为,则所谓主观的违法之要件,如当事人之侵权行为能力,及违法之认识等,不必具备。此点学者无异议(Oertmann, Planck, Riezler)。然关于客观的违法之意义,则诸说纷纷。或谓须胁迫手段及依胁迫所违之目的双方违法(v.

Blume)。或谓仅须目的之违法(Crome, Dernburg, Cosack, Leonhard)。或解为手段之违法(Biermann)。又有谓手段或目的之一方违法,即为因胁迫而为之意思表示之违法(Oertmann, Enneccerus 等)。日本多数学者亦主张目的之违法为胁迫之违法。此说不足采。胁迫之所以认为违法,乃因以胁迫使表意人为意思表示之意思决定为客观的违法故也。换言之,若当事人有权利使表示人为意思表示或在交易上可认为正当手段时,则胁迫并非违法。如告债务人以不履行债务将向法院声请强制执行,及权利之实行,并非违法。又不加租将终止租赁契约,乃交易上正当之手段,亦非违法。但就胁迫手段虽有权利,不能即谓由于胁迫之意思表示并非违法。如告发犯罪行为,告发行为之本身虽非违法,若以此胁迫赠与时,则为违法。以强制执行强迫婚姻亦然。若以强制执行之行为胁迫决定婚姻契约之意思,法律虽未明文禁止,然究违反公序良俗,在社会上不能认为正当之手段故也。

胁迫人纵有使表意人为意思表示之权利,即目的为适法,而手段为违法时,其胁迫是否为违法,乃学者争论最烈之点也,日本通说不视为违法。然手段若为法律所禁止,则以此种手段使表示人为意思表示时,并不能谓为权利之行使,且违反公序良俗,则胁迫自应视为违法。如以手枪向债务人谓不履行债务即行枪毙是。学者亦有主张此乃权利之实行,并不能视为违法者。然为行使权利,法律并非容许一切手段。避私力救济而依公力救济,乃近世立法之原则。我《民法》关于权利人之自助(Selbsthilfe),亦仅有两条规定(一五一条、一五二条),范围甚狭。且债务人并无受胁迫而为意思表示之义务。故受违法胁迫之债务人,法律仍有保护之必要。总之,若手段违法,纵令就目的有权利,亦可谓意思决定受不正之干涉也。

被胁迫而为之意思表示,表意人得撤销之(九二条一项)。其撤销并可对抗善意第三人。此与被欺诈而为之意思表示之撤销不同之点也。此项撤销应于胁迫终止后一年内为之。但自意思表示经过十年，不得撤销（九三条）。

胁迫构成侵权行为时，亦可成立损害赔偿请求权者，与欺诈同。

关于第三人所为之胁迫，无特别规定。故与欺诈不同，应解为亦可为撤销之原因，不问其相对人是否知有胁迫之事实也。但第三人须有使表示人为意思表示之故意。

意思表示当然无效时，则不能适用九二条。次之各种行为属之。

（1）由于强暴之行为　由于不可抵抗之强暴行为（vis absoluta）而为意思表示时，虽有意思表示之外形，然无意思表示与行为意思，当然无效。如强拉他人之手使捺印是。此种行为不能谓为本人之行为也。

（2）因胁迫而意思之自由被剥夺之行为　虽非有形之强制，然因加害之通知，情形急迫，使表意人完全丧失意思自由时，其所为之意思表示，亦无行为意思，当然无效，不能适用九二条。但实际上当事人不能证明意思之欠缺时，法官仍须适用九二条也。

（3）依《民法》第七十二条当然无效之行为　由于胁迫之意思表示，固不可谓为当然违公序良俗，然以胁迫强使缔约婚姻预约时，当可适用七二条与九二条。但七二条之效果较九二条为大，故不能除外七二条而适用九二条也。

（4）依《民法》第八六条而为无效之行为　被胁迫人为非真意的意思表示而为胁迫人所明知时，其行为当然无效，自不能适用九二条。

第四款　意思表示之效力发生时期

意思表示发生效力之时期，因有相对人之意思表示与无相对人之意思表示而异。关于无相对人之意思表示，法律无一般的规定。则除有特别规定外，其成立时期当然为其发生效力之时期。而有相对人之意思表示，则须使相对人了解，故不能以成立之时期为发生效力之时期也（九四条）。

有相对人之意思表示有对话者与非对话者之分。此两者之区别，似指为意思表示之当事人之在同一地方与否而言。然对话者与非对话者之区别，非以空间为标准，须以时间之经过（一般交易上时间之经过）为标准而决定之。即意思表示离表意人之支配后无时间之经过而为相对人所受领者，乃对话人间之意思表示。而以时间之经过为必要者，则为非对话人间之意思表示。

以电话所为之意思表示，为对话人间之意思表示，抑为非对话人之意思表示，颇有议论。德国及日本通说，皆以为对话人意思表示（Enneccerus，穗积氏，富井氏）。以通说为当。盖对话人与非对话人之区别，非空间之问题，乃时间之问题，则以电话所为之意思表示，不能为非对话人之意思表示也。

关于用使者口头所为之意思表示，在德国学者间，亦有议论。有解为非对话人之意思表示，由使者将其意思表示传达于相对人及以其他方法使相对人受领时，视为达到（德国最高法院判例）。有解为虽为非对话人间之意思表示，但依口头以传达意思表示时，以相对人了解之时为发生效力之时期（Biermann，石坂氏）。又有解为使者并非传达已经完成之意思表示，应视为表示之机关，故为对话人间之意思表示（Oertmann）。日本学者亦多以为非对话人间之意思表示。然以表示机关说较为妥当。但使者向相对人之使用人家族等（无代理权者）传达意思表示时，则不能解为表意人之传达机关，应解为传达已经完成之意思表示。故了解之时与表示之时其间生时间之经过，自应视为非对话人间之意思表示也。

以旗或信号为意思表示时，有主张为非对话人间之意思表示者

（Hölder）。然此时无重要的时间之经过，应解为对话人间之意思表示（Oertmann）。

意思表示之为对话人间与非对话人间之问题，非事实问题乃法律问题（穗积氏）。

非对话之意思表示，自其通知达到于相对人时，发生效力（九五条一项）。

关于非对话之意思表示之发生效力时期，从来主义甚多。其重要者为表白主义（Äusserungstheorie）、发信主义（Übermittlungstheorie）、达到主义（或受信主义，Empfangstheorie）及了解主义（Vernehmungstheorie）之四主义，尚有于此四主义中采折中主义者。兹举例以说明之。如为买卖之要约时，主张写完要约书时，即要约之意思表示成立时，为发生效力时期者，乃表白主义。投入邮筒时，为意思表示发生效力之时期者，为发信主义。达到于相对人之信箱者，为达到主义。相对人看完要约书，即相对人了解要约之内容者，为了解主义。以上四主义，如表白主义及了解主义之主观的事实，不易为外部所认识，以之为标准殊不适当。故此四主义中所得采用为立法上之主义者，仅发信主义与达到主义。前者于期交易之敏活一点，固有可采之价值。然意思表示未入于相对人支配之范围内，即使拘束表意人，于相对人尚未了解之时，即认意思表示之效力，殊为不当。达到主义则以意思表示入于相对人之支配范围内，即意思表示之通知达到于相对人时，为意思表示发生效力之时期。盖此时表意人自不能任意撤回。而相对人既在了解状态，则纵未了解，或因特别情形而不能了解，亦无妨认意思表示之效力。此达到主义之最适于保护双方当事人之利益，且最适于交易之需要也。我《民法》之采达到主义，系仿《德国民法》（一三〇条）之规定。

德国学者有解释达到为意思表示之完成要件者。然达到并非意思表示之完成要件，乃已完成之意思表示之发生效力要件。故意思表示之具备成立要件与否，不能以达到之时为标准而决定之。达到（Zugehen）之意义若何，学说不一。或谓相对人取得书面之占有时为达到（Titze），或谓在了解状态时为达到（Planck），或谓不能了解之障碍存在于相对人一身上之事情时仍为达到（Oertmann）。其他尚有多少之异说。除第一说外，结果均无甚差异。我《民法》关于达到虽无明文以定其意义，其不应解为占有之取得者，其理由甚明。盖有不具备取得占有之要件而能达到故也。如使者呈示书面，其相对人以手接之即行抛弃是。总之，于意思表示入于相对人可以支配之实力范围内，且在可以了解状态时，视为达到。此了解状态，若由相对人一身上之事情发生障碍亦可成立。如此解释，方可与我《民法》采达到主义之趣旨相符。在各种具体情形，了解状态之成立与否，须从一般交易上之观念以判断之。下示各例，可为标准。

（1）凡书面或其他有形的意思表示达到于相对人之住所时，自可谓为达到。但书面不必须交付于相对人或其代理人。如投入相对人之信箱，交付于其家族雇用人或同居人时，亦可称为达到。纵相对人在睡眠中，不在，或病中，亦无所差异。不过于半夜投入相对人之信箱时，应否以投入之时为达到，抑以开箱之时为达到，尚有议论。应以投入之时为达到（同说 Oertmann；反对 Staudinger, Riezler）。盖投入之时，其意思表示已客观的入于相对人之实力范围内，其不能了解者，仅因相对人之主观的障碍而已。又将意思表示提出于相对人之住所，而相对人不为受领时，亦可谓为达到。惟因邮票不足或为挂号信其相对人之家族不能受领时，则应解为不达到。

（2）在住所地以外与相对人或其代理人相会而交付书面时，亦可谓为达到。然于住所地以外交付书面于无代理权之同居人家族或雇用人时,是否即生达到之效力,抑须俟此等人回转住所地时,方可谓为达到,尚有议论(前说 Oertmann;后说 Endemann)。余以为在住所地之近旁交付于事实上有受领能力或已长成之家属时,方可解为达到。但以相对人不拒绝受领为限。若相对人拒绝受领时则如何?若有充分理由可拒绝时,应解为不达到。

(3) 相对人若在旅行中,交付于其所住旅馆之账房时,若有营业所则交付于营业所时,视为达到。

(4) 拒绝受领时,有积极说与消极说(前说 Enneccerus, Hölder)。而采消极说者,即采不视为达到之说者,大都依其他之法律规定而与达到生同一效果。或主张应准用以不正当行为阻止条件之成就之规定(一〇一条一项,《德民》一六二条)(Habicht)。或主张应准用债权人迟延之规定(二三四条,《德民》二九三条以下)(Titze)。又有主张其为侵权行为,行为人须负回复原状之义务者(Breit)。以上诸说,皆有缺点,殊难得一般学者之赞同。余以为妨害达到与妨害了解应为区别,在后者不妨视为达到也。如前所述,在相对人之住所提示书面,若无邮票不足等之正当理由而拒绝受领时,或在住所地以外无正当理由拒绝受领时,则客观的可以了解状态已经成立。而了解之障碍,仅存于相对人一身,故应解为达到。不然,则九五条之趣旨,将难实现也。

(5) 反之,相对人妨害达到时,如隐瞒自己之姓名或住所使相对人无从调查时,则客观的了解状态既无由成立,应视为不达到。此时须依公示送达之方法,以资救济(九七条)。

(6) 意思表示有客观的不能了解之性质时,不能视为达到。如字体潦草颇难认识,或用一般不用之外国语(如希腊文),使相对人不能了解是。若使用一般交易上所用之文字,则了解之障碍仅为主观的,不能不视为达到也。

（7）关于口头之意思表示，则与前述者，大异其趣。纵令已传达于相对人之家族，然其家族难免不突然发生死亡、疾病、忘记等事情，则相对人时有不能了解之危险。若此时推定了解状态已经成立，或谓了解之障碍系存于相对人，殊为不当。故口头之意思表示，须俟其家族传达时，方能解为到达（Biermann）。

达到须基于表意人之意思者，乃多数学者所承认。然精密言之，尚不无多少疑问。

（1）意思表示须向相对人表示之。换言之，须使相对人认识其所表示之意思表示之内容。若于面壁谈话或与第三人谈话时泄漏其意思，不能认为对于相对人意思表示。

（2）意思表示之发送须基于表意人之意思。如第三人未经表意人之同意擅发桌上之书信，不能谓为基于表意人之意思。

（3）发送以后，所发送之意思表示仅客观的达到于相对人即可。如第三人拾得由邮差或使者所遗失之书信而送到于相对人时，亦可谓为达到。若使者遗失书信后，以口头传达意思表示之内容时，或值相对人不在及其他之理由，使者作成书面以传达于相对人时，成为问题。在第一种情形，其所传达到者并非所发送之意思表示，应解为不达到（Titze, Oertmann）。在第二种情形，系以使者为表示机关以传达意思表示之内容。其所作成之书面，亦无非基于表意人之意思。若传达错误时，自可依误传之规定（八九条）以解决之。

达到主义之结果如次。

（1）意思表示发生效力以前，虽得撤回，而在发生效力以后，则不许撤回。即在达到以后，撤回之通知，当然无效。故撤回之通知须先时或同时达到于相对人方能有效（九五条一项但书）。

（2）达到之迟延及障碍归于表意人之不利益　如须在一定期间内

为意思表示,因电话之不通,邮政局之迟延,不能于一定期内达到时,纵令其达到之迟延并非由于表意人之过失,表意人亦须受此不达到之不利益。

(3) 表意人之死亡或丧失能力　表意人于发通知后死亡或丧失能力,或其行为能力受限制者,其意思表示不因之失效力(九五条二项)。以达到为意思表示之完成要件时,则此规定乃原则之例外。若以达到为意思表示之发生效力要件时,乃原则当然之结果也。又此规定仅可适用于发信后,如书面已写完,尚未发送而死亡或丧失能力或其行为能力受限制时,则不能适用。

发信后表意人丧失权限时,亦应为同一解释。如代理人为代理行为后即丧失代理权时,其意思表示仍为有效。破产宣告前破产人所为之处分行为,纵令关系于破产财团之财产,亦仍有效(Jäger, Oertmann)。

无能力人所为之意思表示,其达到时,纵令回复能力亦不能当然有效者,亦基于同一理由。

关于向对话人所为意思表示之发生效力时期,学者有主张采达到主义。即了解状态已成立时,虽未了解,其意思表示亦应发生效力(Cosack, Endemann, Gareis, Hellmann, Isay, Hölder, Riezler 等)。如表意人向相对人以言语表示时,相对人掩耳不闻。示以书面时,则闭目不视是。反之,他一派学者,因种种理由,采了解主义(Breit, Oertmann, Crome, Planck, Biermann, Enneccerus)。又有主张在对话人间不能区别达到与了解,在理论上又以相对人之了解为必要,故法律无规定时,应依了解主义者。此为日本一般之通说(富井氏、鸠山氏)。我《民法》第九十四条规定,对话人为意思表示者,其意思表示,以相对人了解时,发生效力,系采了解主义也。但此规定,不能采极端之严格解释。若表示人已尽一己之能事而成立全部了解可能之状态,因相对人之故意或怠慢,致妨碍意思表示之发生效力时，应以了解论也。如以言语向聋者或睡眠中之人为意思表示，或以书面向盲者为意思表示，固不能谓为成立了解状态。若以言语或书面向非聋者盲者之相对人为意思表示，而相对人故意掩耳不闻闭目不视时，应解为以了解论也。

如捐助行为、遗嘱继承之承认等无相对人意思表示，应于何时发生效力，《民法》无一般的规定。有主张采达到主义者（Binder），然非通说。此等行为，若法律无特别规定，应解为于其表示行为完成之时，为其发生效力之时期（Planck, Oertmann, Isay）。

所谓默示之意思表示，是否可以适用九五条一项之规定，尚有议论。《德国民法第一草案》七四条规定以了解为必要。现行《德国民法》则删去之。

德国学者多以默示之意思表示亦有须向相对人表示，故仍可达到（Planck, Oertmann）。日本学者多主张默示之意思表示，不能适用本条。按默示之意思表示，性质上固难区别了解与达到，然能区别者亦复不少。不过其表示方法之性质上，达到与了解在同一时期而已。不应谓为默示之意思表示，不能适用本条也。如默示之了解与达到其时期虽不能各异，然寄回已经消灭之债权证书、寄回收据等之债务免除、清偿犹豫之意思表示，以其书面达到时发生效力。故在相对人了解前，达到后，则不能撤回也。

表意人非因自己之过失不知相对人之姓名居所者，得依《民事诉讼法》公示送达之规定以公示送达为意思表示之通知（九七条）。

第五款　意思表示之受领能力

意思表示之受领，由客观的观察，则为达到。由主观的观察，则为受领。故意思表示之受领，既非法律行为，又非意思表示。则其受领能力自不能适用行为能力之规定。然受领时之了解状态为达到之成立要件，故受领者须有了解之能力。此能力称为意思表示之受领能力。

受领能力虽不适用行为能力之规定，然受领能力之有无，大都以行为能力为标准。普通有行为能力之人有受领能力。无行为能力之人无受领能力。惟限制能力人有受领能力者，有无受领能力者。故向无能力人（未满七岁之未成年人或禁治产人）或限制能力人为意思表示者，以其通知达到其法定代理人时发生效力（九六条）。但专取得权利免除义务或依其年龄及身份日常生活所必需之意思表示，满七岁之未成年人得受领之。故此等意思表示以其了解或达到时，发生效力。又法人依其机关以为活动。故向法人为意思表示时，自应以其代表机关之得知与否，决其意思表示发生效力之时期。

第六款　意思表示之方法及解释

第一，意思表示之方法　通常虽以言语文字为最适当，但当事人无妨选用此外之方法。如用暗号为意思表示之类是。单纯消极的行为即缄默，通常固不能认为意思表示之表示方法。若当事人以特约定为意思表示之方法时，则缄默亦可为意思表示之方法也。

意思表示无论何种方法均可，但法律有时限定意思表示之方法。于此情形，非依其方法不能为意思表示。法律所限定方法，称为方式。要方式之意思表示，称为要式的意思表示。不要方式的意思表示，称为不要式的意思表示。

近世法律关于意思表示皆以不要式为原则，要式为例外。法律所以设例外之理由有二。第一，为使意思表示明确，以免将来发生争执。如使必用书面或使用一定文字为意思表示之类是。第二，强制表意人慎重为意思表示。如使其于证人前为意思表示是。

依法律之规定,有使用文字之必要者,得不由本人自写。但必须本人亲自签名。有用印章代签名者,其盖章与签名有同等之效力,如以指印、十字或其他符号代签名者,在文件上经一人签名证明,亦与签名生同等效力(三条)。关于一定之数量同时以文字及号码表示者,其文字与号码有不符时,如法院不能决定何者为当事人之原意,应以文字为准(四条)。关于一定数量以文字或号码为数次之表示者,其表示有不符合时,如法院不能决定何者为当事人之原意,应以最低额为准(五条)。

第二,意思表示之解释　解释意思表示时,应探求当事人之真意,不得拘泥于所用之辞句(九八条)。盖表意人所用之辞句,并不能谓为表示行为之全部。此外如身体之举动,周围之事情,地方之习惯,商界之常例等,皆足以为探求当事人之真意之资料也。

第六节　条件及期限

法律行为乃私法上之自治行为,则当事人自得任意以意思表示限制变更其法律行为之效力。此任意限制中之最重要者,厥为条件及期限。

学问上称此任意之限制为法律行为之附款(Nebenbestimmung)。附款云者,非谓其存在于法律行为之外部,而由外部以限制其意思表示之效力。又非因附款有附随的意义。盖条件及期限,均为构成法律行为一部之意思表示,并非存在于法律行为之外部者也。当事人往往对附款附以重大的意义,则条件及期限亦非仅有附随的价值者,乃当然之理。其所以称为附款者,不过因其为当事人所特别附加之约款耳。

《民法》所规定附款之种类,仅限于条件及期限。此外关于赠与及遗赠之附款,亦有所谓负担者(Modus, Auflage),兹无详加说明之必要。

第一款 条件

第一项 条件之意义

条件(Condicio, Bedingung, Condition)者,使法律行为效力之发生及消灭,系于将来且不确定之事实之成就与否之法律行为的附款也。如汝高等考试及格即给汝金表之例,前半乃条件是。

(1) 条件乃限制法律行为之效果之发生及消灭也　条件所限制者为何,常为德国学者所争论。有指为法律行为之成立,有指为法律行为意思,皆非妥当。为条件所限制者,应解为系法律行为之效力。盖为附条件行为之人非已预见未确定事实之成否,方决定为意思表示,又非已预见未确定事实之成否,方为法律行为,乃着眼于此事实而决定其为法律行为之意思。则未来确定事实之成否,仅能左右已为之法律行为之效力而已。此说在德国及日本为通说,且最适合于当事人意思。我《民法》之解释以此说为当。

兹所谓法律行为之效果,乃指当事人由法律行为所欲发生之效果而言。此效果完全被条件之成否所支配。故其效果于条件成就时,方能发生或消灭。然非基于当事人之意思之效果,自不妨于条件成否之决定前发生之。此种效果为一般附条件的法律行为所共通者,所谓期待权或附条件的权利是也。

条件有限制法律行为效果之发生者,有限制其效果之消灭者。前者之条件称为停止条件,后者称为解除条件。

条件既系限制法律行为之效果,则法律行为之成立要件须于附条件的法律行为成立时决定之,而不能于条件成就时决定之也。如行为能力、意思能力、法律行为之方式,及行为意思之欠缺及瑕疵之问题,须于附条件的法律行为成立时决定之。反之,法律行为之发生效力要件,则须于条件成就之时决定之。

(2) 条件乃因将来且不确定之事实之成否而限制法律行为之效力。换言之,其为条件内容之事实之成就与否,须为在法律行为成立当时客观的不确定。此乃古来之通说。或谓客观的其成否业已确定之事实,若为主观的不确实时,即其确实为当事人所不知时,亦得以之为条件者(梅氏、冈松氏、Hellmann)。在纯粹之法理论上所谓主观的不确定之事实,非不能以之为条件。然以之为条件时,则不能生客观的效力不确定之状态,与附真正条件之法律行为不同。故在立法论上,须将两者区别,而客观的不确定之事实方可为条件。至以主观的不确定之事实为条件时,视为准条件可也。

所谓客观的不确定者,并非谓依天地自然之法则,未经确定之谓,乃以现代吾人之知识经验为标准而不能确定之谓也。于决定客观的不确定之事实时,虽不可以吾人之主观为标准,然若离开吾人而以绝对的真理为标准时,殊与法律之目的不相调和。如明日之降雨与否,依天地自然之法则,虽可谓已经确定,然吾人尚难确定,故尚可谓未确定之事实。又过去及现在之事实,其发生业已确定,故不能谓为成否未确定之事实。在此意义,能为条件之事实,仅限于将来之事实也。

(3) 条件乃法律行为之附款　关于附款之一般的性质,前已说明。条件乃构成附条件的法律行为之一部,而以限制其效果为内容。换言之,并非无条件之意思表示与限制其效果之意思表示之二个意思表示之并存,乃仅有一个较普通稍有变化之意思表示而已。将此一个意思表示分析之,其限制意思表示之部分,称为条件。此点与关于条件之举证责任,稍有牵涉。

条件既为构成意思表示之一部,则条件须基于当事人之意思。故由法律之规定或法律行为之性质上当然为其发生效力之要件者,则不能称为条件,所谓法定条件(condicio juris, Rechtsbedingung)是也。如受遗赠人于遗嘱发生效力前死亡时,其遗赠不生效力(一二〇一条)。故在遗赠人死亡当时,受遗赠人之生存为遗赠发生效力之法定条件。其他主管官署之许可,为社团法人设立之法定条件(四六条),登记及交付,为物权发生变动之法定条件(七五八条、七六一条)是。此等法定条件,往往以当事人之意思,使之成为条件。如遗赠人附以"受遗赠人先死亡时,此遗赠不生效力"之条件,债务人附以"若债权存在"之条件而为清偿。此等条件,虽有条件之外形,然除重述法定条件以外全无意义,且无何等效力也。

又如为抵销时,附以"若相对人之债权存在"之条件。债权让与时,附以"若将来取得债权"之条件。前者虽可认为无条件之行为,而与无条件行为生同一之效果。后者则不能谓无条件之行为,其所生之效果亦与无条件之行为异。故有少数学者主张此种行为为无效(Eccius)。然"法律行为之成立须与其发生效力为同时"之原则(Prinzip der Simultanität),在近世法律已难承认。苟于为附条件法律行为当时,已具备成立要件,且其所附之条件并不违反公序良俗时,纵令该行为在成立当时不能发生效力,亦不能谓为无效也。

条件既为意思表示之一部,故须有意思与表示。若仅有意思而无表示时,自不得称为条件。又为条件之意思表示须与意思表示之其他部分合为一体而构成一个意思表示。又条件须与他意思表示之部分同时成立。如先缔结无条件之契约,后又缔结使其为条件的消灭之契约时,不能谓附解除条件之法律行为也。

第二项　条件之种类

(1) 停止条件、解除条件　此为法律所规定之区别。停止条件（condicio suspensiva, aufschiebende Bedingung, condition Suspensive, condition precedent）者，乃限制法律行为之效力之发生。即条件成就时，其法律行为方生效力。如条件不成就，则不生效力。故附停止条件之法律行为效力发生与否，在不确定状态。解除条件（condicio risolutiva, auflösende Bedingung, condition résoltoire, condition subsequent）者，乃限制法律行为之效力之消灭。即法律行为发生效力后，条件一旦成就时，则该法律行为即行丧失效力。故附解除条件之法律行为，一旦发生效力，而其效力之消灭与否，在不确定状态也。

有主张所谓条件，在理论上并无停止与解除之区别，而所称为解除条件，理论上亦不外为一种停止条件者（Windscheid, Dernburg）。如"汝若不赴美国（条件）则与汝以此土地"之契约。"若赴美国"之条件，虽为解除条件。然此法律行为，理论上乃二个法律行为，换言之，乃无条件之赠与契约，与停止条件而使其赠与契约之效力归于消灭之契约之结合云。但此见解，殊与我《民法》明认停止与解除二种条件之趣旨相反。且在理论上，当事人亦无为此二个法律行为之理。而当事人纵有以解除条件之作用为一法律行为，借此以达二个法律行为之目的之意思，亦不必勉强将其分为二个法律行为也。

(2) 积极条件及消极条件　积极条件（condicio affirmativa, affirmative Bedingung）又称为有的条件，即条件之成就须有某事实之发生，使现在之状态与条件成就时之状态发生差异之条件也。消极条件（condicio negativa, negative Bedingung）又称为无的条件，即条件之成就并不以某事实之发生，即以继续现在之状态为条件也。前者以某事实之发生为其条件成就之时。后者以其不发生业已确定之时为其条件成就之时。然此两种区别,既非基于法规,又无特殊之实益。不过从来沿革上认此两种区别,兹揭之以为定条件成就之意义之标准。

(3) 随意条件、偶成条件及混合条件　随意条件(condicio potestativa, condition potestative, Potestativbedingungen)者,条件之成否,依当事人之意思而决定之条件也。由附条件的法律行为依取得权利者之意思而决定者,称为积极的随意条件。依负担义务人之意思而决定者,称为消极的随意条件。随意条件又分为普通随意条件(condicion simplement potestative)与纯粹随意条件(condicion purement potestative)。前者其条件之成否固决定于当事人之意思,然其决定不能为纯出于当事人之意思表示,须由该意思而成立某种事实。而后者其条件之成否,纯粹由当事人之意思以决定者也。如"余若赴上海,则赠汝以金表",乃普通随意条件之例。又如"余高兴则为赠与"乃纯粹随意条件也。

偶成条件(condicio causalis)者,条件之成否与当事人之意思无关系而决定之条件也。有时取决于外界的事实。有时取决于第三人之意思。如以降雨吹风为条件乃前之例,以得父母之同意为条件,乃后者之例也。

混合条件(condicio mixta)者,条件之成否,依当事人一方之意思及第三人之意思而决定之条件也。如"汝若与丙女结婚"之条件是。此种条件之成否,在其非纯粹基于当事人之意思一点,与普通随意条件同。故有主张两者在理论上无区别之必要者(富井氏)。然关于抵销、撤销、解除等有相对人之单独行为,是否可以附以条件之问题,尚有区别此两种条件之实益。盖普通随意条件,虽多少可以被周围之事情所左右,然大体能决定其条件之成否者,仍为当事人。故对于意思表示之受领人附以普通随意条件而为解除、撤销等意思表示时,尚为有效。反之,在混合条件,既不能由当事人自己之意思以决定其成否,故附此种条件以为解除、撤销等意思表示时,不能认为有效也。

第三项 条件之成否

第一,条件之成就 条件之成就(condicio existit, accomplishment, Eintritt)者,条件之内容之事实之实现也。在积极条件,其条件之内容之事实发生时,即该事实发生变动时,为其条件之成就。而在消极条件,其事实已确定其不发生或变动时,为其条件之成就,如某事实不生变动而经过所定之期间时,固可谓消极条件之成就。然关于变动已否发生或其不发生已否确定,殊欠一般的决定之标准。如以当事人之行为为条件时,当事人虽已为行为,而因遭意外事情不能得预期之结果时,通说虽皆谓为条件之不成就,在条件之解释上或可谓为成就。又当事人为该行为,第一次业已失败,固不能谓为条件之不成就。当事人以后犹可为该行为。然由条件之意义言之,殊难如此断定。总之,条件之解释,乃法律行为一部之解释,故须依法律行为之解释方法而解释之。

第二,条件之不成就 条件之不成就(condicio deficit, non-réalisation, Nichteintritt, Ausfall)者,乃条件成就之正反对。即在积极条件,其内容之事实已确定其不发生。又在消极条件,其不可发生之事实已发生,则为条件之不成就。

第三,因条件成就而受不利益之当事人,如以不正当行为,阻其条件之成就者,视为条件已成就(一〇一条一项)。又因条件成就而受利益之当事人,如以不正当行为,促其条件之成就者,视为条件不成就(同条二项)。若无此规定,则阻条件之成就或促条件之成就者,乃侵害附条件之权利,依一〇〇条之规定,应负损害赔偿之责。然法律就此种附条件义务之违反,仅以损害赔偿责任到底不足以保护当事人,故更为保护附条件之权利人起见,视其条件已成就或不成就。此规定之要件如次。

(一)因条件成就而受利益或不利益之当事人者,乃为附条件行为之当事人。除权利人义务人外,其继承人亦应包含。如甲于某条件之下向乙遗赠,若该条件已确定不成就,则向丙遗赠时,丙在此时亦可谓为因条件成就而受不利之当事人。丙对于甲乙间之遗赠,虽不可为当事人,但因有同一理由之存在,纵使包含,亦无不可。若将当事人解为由条件成就所生法律关系之当事人(中岛氏),未免稍狭。

(二)由其行为须生条件成就或不成就之结果。即无当事人之行为,即条件或已成就或不成就。故行为与条件之成就不成就之间,须有因果关系之联络。若当事人故意为妨害行为,而条件之确定不成就与此全无关系时,则不能适用一〇一条之规定。如甲与乙缔结赠与二千元之契约,而以乙与丙结婚为条件。嗣甲或其继承人向丙诽谤乙,而丙之拒绝与乙结婚,与甲之诽谤全无关系时,则不具备本条之要件。又妨害条件之成就或促条件之成就之行为,虽须由于当事人之故意,所谓故意不必完全出于当事人之欲望,仅就发生条件不成就或成就之结果有认识即可。于判断条件之不成就,固不无多少困难。但因妨害行为而使条件甚难成就,或于相当期间内成就不能时,在一般观念上皆可认为不能成就也。

(三)其行为须为不正。《德国民法》(一六二条)所谓违反信义(wider Treu und Glauben)即意此也。如甲对乙谓"汝若与丙女结婚,则赠金若干元"。若甲妨害乙丙间之结婚,固可适用本条。若该条件之成就与否,可由受不利益之当事人之意思决定时,则不能适用本条。盖其行为不能谓为不正故也。如余若与丙女结婚则赠汝若干元,而余不愿与丙女结婚是。

本条"视为已成就或不成就",乃仿《德民》一六二条之规定。条件之成就与否，乃法律之推定，非与相对人以视其条件成就或不成就之权利也。

第三人妨害条件之成就时，则非本条所能包含。其第三人所为之行为是否构成侵权行为，须依第三人侵害附条件之权利，是否构成侵权行为，以解决之。

第四项　附条件法律行为之效力

第一，条件成否确定后之效力

条件成就时，则由于条件之限制即行消灭。即附停止条件之法律行为，由此时发生效力。附解除条件之法律行为，由此时丧失效力（九九条）。其效力之发生及消灭，当然为物权的，且不追溯既往。

（一）条件成就之效果当然发生者，乃谓于条件成就之事实外，并不须何等行为即可发生效果之谓。即有成就之事实，在当事人方面并不须有何等请求发生效果之行为，或请求履行之行为。在停止条件则当然发生效力。在解除条件则当然丧失效力。关于此点，学者上尚无争执。盖依九九条之规定当然如此解释。又解释当事人之意思表示时，亦无于条件成就之事实外，而更有为行为之意思也。但由法律之特别规定，或由当事人之特别意思表示，于条件成就之外，尚须有其他之要件时，自应依该规定或该意思表示。如在附停止条件之遗嘱，须具备遗嘱之有效要件。当事人若于条件之外，尚定有期限时，则须俟期限之到来。又其所当然发生之效果，须为行为之内容所限定者，是不待言。如关于附条件之债权行为，其条件成就时所发生之效力，仅有债权行为之效力，而不能当然生物权的效力也。

（二）条件成就生物权的效力云者，乃谓不仅在当事人间生债权的效力，且无论对于何人皆生条件成就之效力也。如以附解除条件之法律行为而移转所有权时，其条件一旦成就，则以前所移转之所有权当然复归原主，并无须为所有权移转之请求。故占有人若不移转其标的物时，可依物权的请求权而请求移转占有，固无须为所有权移转之请求也。然附条件法律行为以物权之得丧变更为目的时，则须具备《民法》第七五八条及七六一条之要件。因此条件之成就是能否生物权的效果，在罗马法之解释上已有议论。关于解除条件之成就，采债权的效果说者颇不少。然我民法与德国民法相同，应采物权的效果说。此说不仅与法律之趣旨不相抵触，且最适合于当事人之意思及法律行为之理论。

（三）条件成就之效果不溯既往，唯由成就之时起向将来发生或消灭法律行为效力。此称为不溯既往之原则。由九九条第三项规定溯及效一点观察之，则同条一项二项之解释应采不溯及之原则，自无庸疑。条件成就之效果是否可以追溯既往，在罗马法之解释已大有争论，有溯及说、不溯及说与折中说（关于附停止条件之行为则不溯及，关于附解除条件之行为则溯及）三说。《法国民法》（一一七九条）及法法系之民法大都采溯及说，我《民法》仿《德国民法》采不溯及主义。而对于条件成就以前之当事人之利益，则以他之方法保护之（一百条）。盖由附条件行为所生之法律效果，由何时发生，自何时消灭，须依法律行为解释之原则，并根据当事人之意思以决定之。在普通当事人之意思所谓于某不确定事实发生时负担债务或移转权利者，大都有迄此事实发生时止，不生效果之意思。在附解除条件之行为亦然。此不溯及原则之所以为正当也。

条件成就生不溯及效之结果，在债权行为，于条件成就时方得为债权人。其以前则并非债权人。故于条件成就以前误为清偿时，则为非债清偿，得以不当得利为理由而请求返还。又利息债权于条件成就以后方能成立。又在解除条件，迄成就时止，债权仍然成立，非为自始不成立。故在附解除条件之租赁，于条件成就以前，无须返还租赁标的物。又关于物权或准物权之让与或变更之行为,在停止条件,受让人于条件成就之时方得为权利人。则由该权利所生之孳息,在条件成就以后方能归于受让人。在解除条件,于条件成就以前所生之孳息,仍属于受让人。成就以后之孳息,方归于原权利人也。然若贯彻不溯及之结果时,则在停止条件成就以前,让与人尚为权利人,得为种种处分行为。其处分行为之效果并不能因条件之成就而丧失。故《民法》特设一〇〇条之规定以预防此种结果。我民法上不溯及之原则可谓因此条规定而受巨大之限制也。

不溯及之结果,在附停止条件之法律行为,于其成立之时虽不具备生效之要件,苟于条件成就时具备,亦可生效,如标的物之存在,标的物之为融通物,当事人之有权利能力等是。

依当事人之特约,使条件成就之效果,不于条件成就之时发生者,依其特约(九九条三项)。此乃不溯及之例外。盖条件成就之效果不溯及既往者,系根据普通当事人之意思。若当事人有特别之意思表示,自应从之。

(a) 当事人之特约之意思表示乃附条件法律行为之一部,故须与附条件法律行为同时为之。若在附条件法律行为成立以后而为此特约之意思表示时,虽非无效,然不能成立有物权的溯及效之附条件法律行为。唯在当事人间发生有溯及效之债权关系而已。

(b)《德国民法》(一五九条)规定溯及效之特约仅能发生于当事人间。即虽有溯及效之意思表示,不能发生其意思表示当然之效力,惟在当事人间发生有溯及效之债权关系而已。我《民法》既未设此规定,自不能为同一解释。若当事人有使条件成就之效果追溯于条件成就以前之特别意思表示时,自不能不认其法律上之效力。故使债权的行为生溯及效时,则债权自追溯时起成立。自此时起之利息,亦当然归于债权人。

使物权的行为生溯及效时,则权利之移转于条件成就以前即发生。故自追溯时起之孳息应当然归属于权利人。

溯及效之主要效果,乃关于孳息之取得。然如前所述,法律行为之发生效力要件,须于其发生效力时具备。故有溯及效时,亦须于其时期具备也。

关于溯及之时期,法律仅规定"不于条件成就时发生"。若当事人无溯及之特别意思表示,自无问题。若有溯及之意思表示,应解为不能追溯于法律行为成立以前也。

关于条件不成就之效果,无特述之必要。如附停止条件行为之条件不成就时,其法律行为不生效力。附解除条件行为之条件不成就时,其法律行为不失效力。

第二,条件成否确定前之效力

条件成否未定中,其法律行为之能发生效力与否,尚在未确定状态,则当事人由此法律行为所期待之权利义务,亦未发生。然条件一旦成就,则法律行为内容之权利义务之必行发生者,在附条件法律行为成立当时,已可确定。故因条件成就而应取得权利之当事人,于条件成否未定中,不能不有将来取得权利之希望。若法律未设规定,则此希望不过为一种事实上之希望或期待耳。故《民法》设一〇〇条之规定以保护之,使相对人不得为有损害其利益之行为,故有权利之性质。此种权利,称为附条件之权利。与此相对立之义务,称为附条件之义务。

在条件成否未定中,当事人所有之法律关系,是否与权利义务之观念相当?若系权利义务,是否与本来之权利义务相同?为相对权抑为绝对权?在学说上尚为未定之问题。在《德国民法》之解释多视为一种期待权(Anwartschaftsrecht)(Enneccerus, Crome, Dernburg, Biermann, Oertmann)。《日本民法》之解释亦多视为与原来之权利义务不同之权利义务(富井氏、梅氏、冈松氏、中岛氏)。附条件法律行为成立时,其行为之当事人于条件成就以前,自应有因条件成就而取得权利负担义务之法律上之地位。此法律上之地位,于条件成就以前,应否受法律之保护,非法律认附条件行为之成立,所能当然解决之问题。法律亦可一面认附条件之行为成立,尚一面不将条件成就以前之当事人之地位视为权利义务而保护之。然由法律所以认附条件行为之成立之精神言之,宁应于条件成就前保护当事人之法律上之地位使当事人间生一种法律上之拘束为适当。我民法即采此结论,于条件成否未定中,认当事人之权利义务关系之成立。此本条之所以规定也。此权利之性质并非所有权或债权,乃以不侵犯取得所有权或债权之法律上之期待为内容,故为财产权之一种。姑采德国学者之主张,命名为期待权。有期待权性质之权利,有因附条件法律行为以外之原因而发生者,如继承开始以前之继承权,有期待权之性质。又拾得遗失物者,依法律之规定,亦能取得所有权,故亦为一种期待权。又附停止法律行为发生效力之期限者,亦足以发生期待权也。

附条件之法律行为当事人于条件成否未定前,若有损害相对人因条件成就所应得利益之行为者,负损害赔偿之责任(一○○条)。本条系由义务方面规定。兹将其内容分述如次。

(1) 条件成就时,当事人取得由附条件法律行为所生之权利。为使此权利不致有名无实,故须认次之效力。

(2) 相对人因过失以事实行为损害附条件权利人所应得之利益时,发生损害赔偿之请求权。如为附停止条件之让与契约以后,而毁损其物时,又于为附停止条件之债权契约后,因归责于债务人之事由而成为履行不能时是。若此种损害之发生非基于当事人之过失时,则无损害赔偿之义务。关于此点,我《民法》虽未仿《德国民法》(一六○条)置有过失之明文,然无过失则无责任,乃普通之原则,此时亦不能独异也。

(3)当事人为法律上之处分,因以损害附条件权利人所应得之利益时,或发生损害赔偿请求权,或其处分无效。

为附条件的债权行为之后,当事人将其标的物为他种处分时,其处分行为本身并非无效,仅能发生损害赔偿请求权。盖在无条件之债权行为,债务人于履行以前处分其债权之标的物时,亦为有效故也。

当事人为附条件的处分行为之后,更将其标的物为他种处分时,后之处分行为应解为无效。关于此点,《德国民法》(一六一条)有明文规定。我《民法》虽无明文,亦应为同一解释。但此点所受限制甚巨。实际上能成为无效之时甚少,大都只能要求损害赔偿也。第一之限制,乃七五八条、七六一条之规定。盖有附条件之权利人不能有较无条件权利更优之权利故也。第二之限制乃取得时效之规定。若处分行为之相对人已具备取得取时效之要件而占有其标的物时,即依法取得权利,无须返还也。

基于条件之权利之侵害而生之损害赔偿请求权,及处分行为无效之效果,须俟其条件成就时方能发生。关于此点,虽律无明文,但条件不成就时,其附条件之法律行为,既不能生何等效果,则上述之损害偿赔请求权及处分无效之效果,自不能发生。故此效果之能发生与否,亦系于条件之能成就与否也。

第三人破坏附条件法律行为之标的物,或侵害附条件行为之权利人因条件成就所应受之利益时,能否构成侵权行为? 在德国民法之解释,多数学者皆认为可以构成侵权行为(Dernburg, Planck, Enneccerus, Oertmann)。然第三人侵害债权,既能构成侵权行为,则第三人侵害附条件之权利,亦可构成侵权行为,而发生损害赔偿请求权也。

第三，举证责任

关于附条件法律行为之举证责任，从来颇有议论。若原告基于无条件之法律行为而为请求，而被告主张为有条件的法律行为，对于原告之请求加以否认时，成为问题。举证责任应否由原告负担抑由被告负担，须分别附停止条件法律行为与附解除条件法律行为论之。

（一）在附停止条件法律行为，其举证责任通说谓由原告负担（Windscheid, Enneccerus）。然不无反对说（Fitting, Staub, Oertmann）。其所主张之理由谓无条件行为为普通，有条件行为为例外。又谓当事人普通先为无条件之行为，而后为有条件之限制之行为。此种理论，殊难谓为妥当。故反对说之势力不足以与通说相抗。通说谓附条件行为乃单一之行为，并非当事人先使行为发生效果，然后加以限制。故被告所为有条件行为之主张，乃请求之否认。但当事人先为无条件之行为而后为别个行为以限制其效力时，其各个行为之主张人须负证明之责。唯此种行为不得称为一个附停止条件之法律行为耳。

（二）在附解除条件之法律行为，其举证责任，通说谓应由被告负担。《德国民法第一草案》（一九六条）虽曾规定原告负举证责任，但德国现行民法不采用之，学者亦不从此见解。至被告负举证责任之理由则有二说。以解除条件为从的意思表示之学者，则主张从的意思表示之当事人应负举证责任（Windscheid）。以解除条件为单一的意思表示之学者不采此见解。谓主张附有解除条件者，并非否认法律行为在条件成就以前所发生之效力，乃主张条件成就以后之效力之丧失，自不能谓为请求之否认，故须证明其丧失效力之原因之事实（Standinger, Riezler）。后之见解为正当。

关于条件之成就，则主张因成就而发生法律效果之人负举证责任。

第五项　附假装条件之法律行为

假装条件(Scheinbedingungen, uneigentliche Bedingungen)者,其外形虽似条件,而实质上不具备条件之性质者也。因其与条件之性质不同,而有次之区别。

(1) 既定条件　既定条件(condicio in praesens vel in praeteritum collata)者,条件之成就或不成就,在法律行为当时,业已确定之条件也。因其缺乏成否未确定之要件,故不生法律行为之效力未确定之状态,是以非适当意义之所谓条件也。

以将来之事实,但在法律行为当时已可确定其将来必发生之事实为内容之条件,有称之为必成条件(condicio necessaria)者。但此种条件乃期限而非条件也。

附既定条件之法律行为之效力若何,我《民法》虽无规定。其以既定条件为停止条件者,其条件若已成就,应解为无条件。若不成就,其法律行为应解为无效。又以之为解除条件时,则应为正反对之解释。即已成就时,其法律行为为无效,不成就时,乃无条件。条件之成就不成就在法律行为之当时虽已确定,倘为当事人所不知者,其行为之效力若何？但此种客观的业已确定唯主观的不确定之条件,与真正之条件不同,不能置法律行为之效力于不确定状态,自不应视为附条件之法律行为也。

(2) 不法条件　不法条件(condicio turpis, Condition immorale ou illicite, unerlaubte oder unsittliche Bedingung)者,使法律行为之全部有不法性质之条件也。至不法条件之意义若何,解释上不无议论。或以为条件内容之事实之不法为不法条件者(中岛氏、三潴氏)。然为条件内容之事实纵为不法,若不能使法律行为之内容为不法时,亦不能使其法律行为为无效,故不法条件者,须以使其法律行为之全部有不法之性质为必要也。

附不法条件之法律行为，解释上当然无效，固无待明文规定也。盖条件乃法律行为之一部，与法律行为合为一体。且不法条件足以使以法律行为之全部带不法之性质。故不仅须使其条件无效，且须使其法律行为全部无效也。

不为违法行为之条件是否为不法条件，在我民法之解释上不无疑问。若以不为违法行为为条件而使其蒙损失时，势必奖励违法行为，此种条件足以使法律行为带不法之法质。若以不为违法行为为条件而使其受利益时，即以取得报酬，方不为违法行为时，亦殊违反善良风俗。此等条件不问其为停止条件或解除条件，皆足以使法律行为带不法之性质而为无效。

（3）不能条件　不能条件（condicio impossibilis, condition impossible, unmogliche Bedingung）者，以客观的不能之事项为内容之条件也。《日民》一三三条规定，以不能条件为停止条件时，则法律行为为无效。为解除条件时，则为无条件之法律行为。我《民法》虽无规定，亦当然应为同一解释。决定是否不能之标准，须根据于法律行为成立当时之吾人之知识经验。例如在未发明飞行机以前，若以空中飞行为条件，则为不能条件。而在今日则已成为可能条件矣。故其决定之时期，不能以裁判当时为标准，须以行为成立之当时为标准也。

不能之为有的不能，抑为无的不能，其间并无差异。所谓有的不能者，以有的条件，即以某事实之发生为内容之条件，而其发生不能之谓也。无的条件者，以无的条件，即以某事实之不发生为内容之条件，而其事实之必发生，换言之，即不能不发生之谓也。此无的不能，与以某事实之不发生为内容之条件，其事实之一定不发生者，不可混同。后者非不能条件，乃其成就之业已确定之必成条件也。

（4）法定条件　法定条件（condicio juris, Rechtsbedingung）者，依法律之规定而为法律行为之发生效力要件之事实也。因其缺乏任意限制之要件，故非适当意义之所谓条件也。

法定条件得别为二。其一，法律将法律行为之效力，系之于将来且不确实事实之成否。如遗赠之效力，以在遗嘱人死亡当时，受遗赠人之生存为条件是也。其二，在法律行为当时，以其事实之存在为法律行为之发生效力要件。如让与债权以债权之存在为要件，担保物权之设定以债权之存在为条件是也。在前者，当事人虽为以该事实为条件之意思表示，亦不过重述法定条件，并无何等意义。而在后者，如当事人表示须以其事实之发生为法律行为之发生效力要件时，则与法定条件不同。其当事人之意思表示足以左右法律行为之将来的事实，则不能不谓为适当意义之条件也。

附法定条件之法律行为亦能发生效力不确定之状态者，与附条件之法律行为同。于是于其成否未定前，是否能认附条件之权利义务，成为问题。上述第二意义之所谓法定条件，若当事人表示以之为条件时，则成为适当意义之条件，自应适用一〇〇条及一〇一条之规定。在第一意义之法定条件，法典虽无规定，其效力不确定之状态之发生，虽由于法律之规定，然不能与由当事人之意思表示而发生者受不同之待遇，故此时亦应类推适用一〇〇条及一〇一条之规定也。

第六项　条件之许可

近代法律一般皆认许法律行为得附条件。在往昔罗马法，因当时法律关系崇尚简明，务使法律行为成立之时即为其效力发生之时，而不许法律行为附以条件，致使二者之间发生时间之差异。嗣后迫于必要，亦行许可矣。关于此点，我《民法》虽未以明文认此原则，由总则第四节规定条件一点观察之，不能不认为法律许可一般法律行为得附以条件之趣旨也。许可条件之利益，虽非数言所能说明尽致。总之，第一，有顾虑将来之事实而整理法律关系之利益。第二，不负担义务而为某行为之利益，即 Ihering 氏所谓"不被将来所支配而能支配将来"之语，殊可谓为简而扼要也。

然由法律行为之性质上有不许附以条件者。学者称此种行为为不适于附条件之法律行为（Bedingungsfeindliche Rechtsgeschäfte）。Bruck 氏就此点有精密之研究，颇为学者所推崇（E. F. Bruck, Bedingungsfeindliche Rechtsgeschäfte, 1904）。我《民法》以明文规定不许附条件之处甚少，故此点有研究之必要。兹别为二种以说明之。

（1）公益上之不许可　法律行为中有附以条件时，殊违公序良俗或强行法规者，如婚姻、离婚、私生子之认知是。盖夫妇关系、父子关系之成立及解除，与国民道德有直接关系。其关系之存否不可不明了者，乃公益之要求。我《民法》虽未设明文，而由七二条之适用上，以上之行为若附以条件时，则不能不认为无效也。继承之承认及抛弃，亦因同一理由，不许附以条件。盖对于第三人之关系，不许成立不确定状态也。

（2）私益上之不许可　法律行为中有附以条件时，直接有害于私人之利益，因此而违反公序良俗者。此称为私益上之不许可。多主张要相对人受领之单独行为，原则上不许附以条件或期限。至其主张之理由，则不一致。或谓此种行为之性质上不许附以条件，或谓此种行为为一方的行为，故不许附以条件，或以使相对人蒙经济上之不利益为理由（Bruck）。

吾人之所以受法律上之拘束者，原则上或由于法律之规定，或由于自己之意思表示。在有相对人之单独行为，其有拘束相对人之效力，并非出于此二种原因。乃不问自己之意思如何，单以他人之意思表示而受法律上之拘束。故可谓为此原则之例外。如相对人由撤销、解除等行为而受拘束是。苟法律无特别规定,此种单独行为人,只能有为行为与不为行为之二途。若附以条件而以不确定之效力拘束相对人时,则相对人所受之不利益将较单纯之单独行为更大,殊与法律之所以认单独行为之效力之目的相背驰。换言之,附条件之法律行为,生不确定之效力,此不确定之效力,足以影响于当事人及第三人之利益。若以契约成立此种关系时,固无不可。若以一方的意思表示成立此种关系,甚足以影响于相对人之经济上之利益,且法律使当事人得以单独行为而决定法律关系者,乃特为保护行为人而牺牲相对人之利益,故不许更附条件而使相对人受法外之损失也。

根据以上理由,拘束相对人之单独行为,应解为原则上不许附以条件。民法关于抵销不许附条件者(三三五条),盖即此意。至抵销以外之单独行为,如契约之解除(二五八条)、意思表示之撤销(八八条)、承认(七九条)、买回(三七九条)、选择债务(二〇九条)等,亦不可不为同样之解释。然由条件之性质、行为之性质及相对人之意思表示,则有次之三种限制。

(1) 不使相对人受不确定之不利益之条件,无不许可之理。所谓相对人之随意条件属之。如"汝于二日内不谢罪时,则以欺诈为理由而撤销意思表示"之条件,撤销之效力发生与否,可由意思表示之相对人自己决定之。故相对人不受效力不确定之不利益(Bruck, Enneccerus, Biermann)。但抵销明文上不许附条件,故不能如此解释。

(2) 于相对人有利益之单独行为,如债务之免除及其他一般权利之抛弃行为,纵附以条件,亦无不可(Bruck 等)。

(3) 相对人对于所附之条件表示同意时亦然。盖因公益上之理由而不许附条件时,纵令得相对人之同意,亦不许附条件。若由保护相对人之理由而禁止附条件时,则相对人之同意,自有解除禁止之效力也。

就不许附条件之法律行为而附以条件时,其效力若何?有谓惹起法律行为之一部无效。其一部无效对于法律行为全部之影响,须依法律行为一部无效之法理而解决之(Staudinger,Riezler)。有谓法律行为之全部当然无效(Enneccerus,Biermann)。由附条件法律行为之性质上,以后说为当。

准法律行为不许附以条件。盖条件系以当事人之意思限制法律行为之效力。故非依当事人之意思以发生法律效果之行为,则不能以当事人之意思以限制其效果。如观念通知、债权让与之通知等,纵许附以条件,亦毫无意义。感情表示之恕宥附以条件时,作为权利之条件的抛弃虽为有效,但恕宥则当为无效。又意思通知之催告虽与意思有关系,然不能使非基于当事人之意思所发生之法律效果系之于条件。如债务人之迟延、时效中断等法律效果,仅可由催告发生。而附条件的催告则不能生此种效果。有主张催告为意思表示者。然由有相对人之单独行为一般不许附条件之理由论之,事实上亦生同一结果。

《德国民法》(九二五条)规定不动产所有权之让与行为不许附以条件或期限。罗马法则因所有权有永久之性质,禁止附终期。然一般并非不许附条件或限期。如在当时不许附终期,但得附解除条件也(Bruck)。德国民法之规定,虽不以所有权之永久性为理由,然为期不动产登记簿之真确起见,不使其所登记事项之效力为登记以外之事实所左右。我《民法》之登记主义,虽采诸《德民》,然无禁止附条件之明文,自不能为同一解释。

第二款　期限

期限(dies terme, Termin, Zeitbestimmung)者,将法律行为之效力

之发生及消灭,系之于将来且确实之事实之发生之法律行为的附款也。如自明年一月一日起,租赁此房屋。年末赴京时,支付价金。或以今后九十九年为期,而设定地上权之类是也。其性质如次。

(1) 期限法律行为之效力之发生及消灭　何者为期限所限制,学者间议论不一。或以为法律行为之效力之实行及消灭(《法民》一一八五条;Planiol,Savigny);或谓与条件相同,乃法律行为之效力之发生及消灭(Unger);或主张应分债权的行为与物权的行为及准物权的行为,在前者乃法律行为之效力之实行即债务之履行,在后者乃效力之发生及消灭(Regelsberger)。《德国民法》关于始期及终期,准用停止条件与解除条件之规定,故学者大都采第二说或第三说。我《民法》一〇二条规定附始期之法行律为,于期限届至时,发生效力。附终期之法律行为,于期限届满时,失其效力。则在我《民法》之解释,期限所限制者,乃法律行为之效力之发生及消灭,应采第二说则无庸疑。

(2) 以将来确实发生之事实为内容　在以将来发生之事实限制法律行为之效力一点,条件与期限相同。唯其事实之发生及法律行为之发生效力在当初即可确定一点,乃期限之特色,而与条件不同者也。其到来不仅确实,其到来之时期亦可确定者,称为确定期限(dies certus an certus quando)。其到来虽属确实,但其到来之时期不能确定者,称为不确定期限(dies certus an incertus quando)。如以死亡为期,乃后者之例也。

以将来到来与否不确实之事实为期限时,其外形虽似期限,实乃条件。如"于汝结婚之日赠汝以金表"是。若以不确实的事实之发生,或以确定其不发生为期限时,因二者中一事实之发生尚属确实,故仍不失为期限。如"赴京之时支付价金"之例,若为赴京则支付价金,否则不支付之意时,固为条件,而非期限。若为赴京,则于其时支付价金,若不赴京,则于不赴京确定时,支付价金之意时,仍为期限也。

(3) 期限乃法律行为之附款　此点与条件同。

第一项　期限之种类

(1) 始期及终期　始期(dies a quo, terme suspensif, terme initial, Anfangstermin)者,迄其到来而停止法律行为之效力之发生者也。终期(dies ad quem, terme final, Endtermin)者,因其到来,而消灭法律行为之效力者也。

(2) 确定期限及不确定期限　确定期限(dies certus, terme certain, gewisse Zeitbestimmung)者,不仅期限之事实之发生可以确定,且其发生之时期,亦能确定之期限也。不确定期限(dies incertus, terme incertain, ungewisse Zeitbestimmung)者,其事实之发生虽可确定,但其发生之时,尚不确定之期限也。

第二项　期限之届至(即到来)

期限之届至者,期限之内容之事实发生之谓。以历日所定之期限,则其日之到来,为期限之届至。以期间所定之期限,则依一二一条以下之期间计算法,于其末日之满了,为期限之届至。又以一定事实之发生所定之期限,则于其事实发生时,为期限之届至。

第三项　附期限之法律行为之效力

第一,期限届至后之效力

期限届至时,则所附于法律行为之限制即行解除。即附始期之法律行为,则依其期限之内容,或发生效力,或得请求债务之履行。又附终期之法律行为,则丧失效力(一〇二条一项、二项)。

因期限之届至所生之法律效果,与条件之成就同。而绝对的不生溯及效一点,则与条件之成就异。盖因期限之届至而与以溯及效时,殊与附期限之本意相矛盾也。

第二,期限届至前之效力

期限之届至得行确定,故不生法律行为之效力不确定之状态。此与附条件法律行为相异之点也。

关于期限届至前之法律行为之效力,法律未设规定。所谓附条件法律行为,尚能生附条件之权利义务,则对于附期限之法律行为,亦须认附期限之权利义务也。兹分述于次。

(1) 附始期之法律行为 在附始期之法律行为,其期限届至前,由法律行为所生之权利义务即债权债务,业已成立,故其权利不得侵害。故《民法》一〇二条三项规定准用一〇〇条,盖为保护附期限之权利人也。

(2) 在附终期之法律行为,则于终期届前,回复权利人,亦有期待权。

第四项 期限之许可

法律行为原则上得附期限。而因特殊理由,亦有不许附期限之法律行为,即不适于附期限之法律行为。与条件之许可所述相同。然条件能使法律行为发生效力不确定之状态,期限则否。其间自不能不有多少之差异。如关于私益上之不许可,虽大体与条件相同,然须区别确定期限与不确定期限。盖在有相对人之单独行为不许附以条件者,乃因生不确定的法律关系致使相对人受经济上之大不利益故也。而在期限,其效力之发生在当初即可确定,故不能适用关于条件所述之原则。唯在不确定期限,其期限何时届至,相对人甚难预知,附此种期限亦足使相对人蒙最大之不利,故仍不许附焉。

有因效力发生之时期与确定效力之发生时期不同,而致法律行为之性质上有矛盾者,则不许附以期限。此乃期限之特殊不许可,如法律行为之撤销、承认等行为是。例如以明年一月一日为始期而生撤销或承认之效果,则法律行为于此期限之届满以前,尚不能不认得撤销行为之存续,殊与此等法律行为之性质相反。反之,如租赁、委任等之解约声明,迄期限届满时止,尚可认从来法律关系之存续,并不与将来当然丧失效力之性质相矛盾,亦可有效。

有主张所有权具有永久之性质,不得附以终期者。然以附终期之法律行为而让与所有权时,则终期之届至,不过消灭让与行为之效力,并非消灭所有权。故附终期之所有权之让与,并非无效也。

第七节 代 理

第一款 总论

代理(Stellvertretung,Représentation)者,为他人(本人)对第三人为意思表示,或由第三人受领意思表示,而使其意思表示之利益或不利益,均直接归于本人之谓也(一〇三条)。如甲表示为乙与丙缔结契约时,乙丙间之法律关系,系由于代理之法律关系。甲为代理人,乙为本人,丙为第三人。兹说明代理之性质如次。

(1)为意思表示或受领意思表示者,乃代理人　辅助他人之意思表示之方法有种种。有仅传达他人之意思之使者。又有将他人之口头的意思表示写之于书面之书记,或通译。此等人不过将他人之意思表示传达于相对人,仅为表示之辅助。又泛称之为使者,与代理不同。所谓代理系自己为意思表示,而使自己之意思表示之效果归于本人也。然代理人之意思表示何故直接对于本人生效力?关于此理论之说明,尝为德国学者所争论。略举于下。

(A) 本人行为说　谓代理人系基于本人之授权行为而为意思表示,则代理人所为之意思表示,毕竟为本人之意思表示。既为本人之意思表示,自应对本人发生效力。采此说者之中,又有主张事实上为本人之意思表示者,有主张在法律上拟制的为本人之意思表示者。总之,此说系拘泥于意思表示仅能拘束表意人之罗马法之原则。此理论不仅不能说明法定代理,且依此理论,代理人所为之意思表示之瑕疵,不能就代理人决之,殊生不当之结果。此说为德国 Savigny 所首倡,现在法国尚称通说,而在德国其势力已坠地矣。

(B) 共同行为说　系德人 Mitteis 所倡。此说将代理之法律行为之意思分而为二,谓一部分系由本人之授权行为表示之,他一部分由代理人表示之。此两部分相合而成立共同代理行为。Dernbung 亦采此说。在意定代理,其代理行为之基础,固基于委任人之意思。然此意思仅可成立代理权,而不能构成代理行为之意思。然苟有代理权,纵无此意思,固亦可成立代理行为。如法定代理是。故以授权行为而为代理人之意思表示之构成分子者,误也。

Thöl 主张授权行为与代理人之意思表示双方皆为代理行为之要素。此点虽与共同行为说相类似,又其主张此两者并非相合而为一意思表示,乃相对人与代理人间,相对人与本人间成立两个契约关系,即代理行为之成立,系由于三面契约(dreiseitiger Vertrag)者,此点虽与共同行为说不同,然亦有同一缺点。

(C) 代表说(Reprasentationstheorie)　又称为代理人行为说。乃 Jhering 及其他有力学者所主张(Enneccerus, Hupka, etc.)。谓为意思

表示者乃代理人,受其法律效果者乃本人,为意思表示之当事人与受法律效果之当事人纵非同一人,亦不能谓为违反法理云。在普通之法律行为,当事人有就自己成立私法的法律关系之行为意思,法律即认当事人之意思而发生其所希望之法律效果。在代理行为,当事人有就本人成立私法的法律关系之意思,法律即使其法律效果对本人发生者,在理论上毫不足怪也。盖法律效果之发生与否,法律自有权衡。所谓为意思表示之人须受其意思表示之效果者,并非先天的原则,法律自得将为意思表示之人与受法律效果之人分离也。我民法及德国民法唯采此说方能解释代理之规定。此说又称为本人效力归属说。

为意思表示或受领意思表示者,乃代理人。若代理人之意思表示因其意思欠缺,被欺诈,被胁迫,或明知其事情或可得而知其事情,致其效力受影响时,其事实之有无,应就代理人决之(一〇五条前段)。所谓意思之欠缺,即就意思表示无行为意思之谓。如非真意之意思表示(八六条),与相对人通谋所为之虚伪的意思表示(八七条),及由于错误之意思表示(八八条)等是。此等事实,应就代理人决之。即代理人陷于错误而为意思表示时,适用八八条之规定。代理人为真意保留时,适用八六条之规定。此乃采代表说当然之结果也。但关于错误一点,不无反对说。有谓错误是否重大,须以表意人所有利益之大小为标准。而利益之大小,仅能就受意思表示之效果之当事人决之。故在代理,须就本人决之云(Hupka)。此说虽不无相当理由,然非通说。在我民法之解释上不能采用。

意思能力之存否,亦为意思之欠缺之问题。故须就代理人决之。盖代理人虽不须有行为能力(一〇四条),然不可不有意思能力也。

代理人被欺诈被胁迫时,得撤销其意思表示(九二条)。此撤销权,究属于何人,则非一〇五条所规定。然由意思表示发生撤销权与否,殊与法律效果有重大关系,解释上本人亦应有撤销权也。

本人被欺诈或被胁迫而委任代理人时,本人自得撤销其委任契约,但代理人所为之意思表示既无疵瑕,则不能撤销也。不过本人撤销委任契约之结果,足以使代理人之行为为无权代理行为耳。

意思表示之效力,往往因明知某事情或因过失不知而受影响。如非真意之意思表示,因相对人明知其事实与否,效力不同(八六条)。第三人行欺诈之效果,因相对人之知否而异(九二条)。所谓由于诈害行为之废罢诉权,以债务人于履行时、受益人于受益时明知有害于债权人者为限(二四四条)。其他属于此类之规定尚多(一〇七条、一七一条、一六五条、三五一条、三五五条)。在以上各种情形其事实之知否,或其不知是否由于过失,应就代理人决之。按此问题与意思之欠缺及瑕疵不同,并非采代表说即可解决之问题,盖事情之知否并非行为意思之内容,不过一种附带的事实而已。且区别善意与恶意,过失与无过失者,乃为期当事人利益之正当保护。故有主张在代理关系,即成立意思表示之当事人与受其法律效果之当事人不同时,此种事实应就本人决之者(Hupka)。然我《民法》不采此理论,规定此种事实应就代理人决之。盖决定善意恶意之时期,乃意思表示之当时。而此时为意思表示者,乃代理人故也。但在立法论上,若本人为恶意时,则法律殊无特予保护之必要,似以设除外例为当。

或谓仅代理人陷于错误而本人未陷于错误时,即本人偶然知其事实时,如代理人作为金杯买进之物而本人偶然知其为镀金杯时,主张不能撤销者(Goldmann, Rehbein)。此论在立法论上固不无多少理由,然在解释论,则明为错误。此时本人就自己已知之事情亦得主张代理人之不知也。

对于上述之原则,有一例外。即代理人之代理权系以法律行为授者,与其意思表示如依照本人所指示之意思而为之时,其事实之有无,应就本人决之(一〇五条但书)。本条但书所能适用之范围,仅限于意定代理,而法定代理则不适用之。但无能力人委任法定代理人为特定行为时,是否可以适用本条但书,在德国民法之解释上甚有议论。有主张不适用于法定代理者(Cosack)。有主张无能力人须负侵权行为上之责任,故有回复原状之义务者(Goldmann-Lilienthal)。又有主张此时无能力人委任特定行为而法定代理人加以承诺者,乃系同意于无能力人之授权行为,此时法定代理与意定代理两种关系皆行存在,故应受本条但书之适用者(Oertmann)。以后说为当。盖法定代理成立以后,关于其代理权范围内之事项,自不妨成立契约关系,不过此时无能力人须有意思能力耳。

  本人须对于代理人所为之代理行为有特定指示。此特定指示不仅限于特定代理。至授与一般代理权后,而对于其权限内之某法律行为加以指示时,亦然。若有此种情形,则本人就自己已知之事情,不能主张代理人之不知,就自己因过失而不知之事情不能主张代理人之无过失。如本人指示代理人承诺特定要约,而知其要约为非真意的意思表示时,纵令代理人不知其非真意,亦应受八六条但书之适用。又此例外乃于代理人为善意无过失时以限制本人所能主张之权利,仅本人之善意无过失尚犹未足。换言之,本人就特定法律行为有指示时,除代理人之善意无过失外,尚须有本人之善意无过失,方能主张之。

  关于欺诈胁迫不能适用此例外规定者,条文上甚为明了。然关于意思之欠缺,则为疑问。德国学者多采积极说(Planck, Crome, Hellmann, Oertmann;反对 Goldmann, Lilienthal, Riezler)。日本学者多采消极论(富井氏)。由就例外规定须为狭义的解释之原则言之,日本多数说虽属正当。然意思之欠缺,多由于对于某事情之不知而发生。在此范围,若本人知其事情时,应解为不得主张代理人之错误也。如本人知为伪物而命代理人购买该物时,纵令代理人信为真物,本人亦不得以错误为理由而主张撤销也。

(2) 代理仅限于意思表示　代理乃代本人为意思表示或受领意思表示。前者,为积极代理(aktivest.);后者,为消极代理(passivest.)。

法律之所以分别为意思表示之人与受法律效果之人者,无非认代理人之意思(为本人)之效力。故非意思表示,不能成立代理关系。若法律对于事实关系之成立而规定法律效果时,其效果之发生乃以事实关系之外形之成立为根据,并非依当事人之意思而定其法律效果之归属。故就事实关系,不能成立代理也。再一〇三条至一〇五条之法律规定,皆系关于代理人之意思表示,亦可知代理仅限于意思表示也。

有谓代理须限于法律行为者(平沼氏),虽大体不误,然不甚精确。如契约之要约,虽为意思表示,然不能称为法律行为。而要约之代理,亦能有效故也。

(3) 直接对本人发生效力　为意思表示及受领意思表示者,虽为代理人,然一切法律效果,皆归属于本人。此乃代理之本体也。以自己之意思为他人为法律行为之方法有二。其一,自己为法律行为之当事人,自己先为受其行为之法律效果之权利人或义务人,而后将其效果移转于本人。其二,使本人直接为法律行为之当事人,即使本人直接受其行为之法律效果而为权利人或义务人。前者学说上称为间接代理,后者称为直接代理。兹所述者,仅限于直接代理也。

本人直接受法律效果之反面,代理人当然不受代理行为之效果。此点又可为代理与为第三人之契约相区别(二六八条以下)。在后者,第三人之权利不能当然与契约同时发生,而契约当事人有时自为权利人也。

本人直接受此法律效果之结果,则本人须有受该效果之资格,即须有一般权利能力与特别权利能力。故不能为未出生之人及尚未成立之法人为代理行为。又关于外国人所不能享有之权利,纵令用内国人为代理,亦不能取得其权利也。

不仅由意思表示或法律行为所生之效果,直接归于本人,其非法律行为的效果,亦直接归于本人。如代理人被欺诈、被胁迫而为意思表示时,本人有撤销权。反之,侵权行为上之责任,不能谓为意思表示或法律行为之效果,则本人自不能对于代理人之侵权行为,亦负责任也。

(4) 代理人须以本人名义而为意思表示　盖法律使法律效果直接归于本人者,乃基于行为人之欲望。此意思乃效果意思之一部,故须依意思表示之通则表示之,使相对人得知何人受此法律效果也。

代理人以本人名义(im Namen des Prinzipals)为代理行为时,须将本人名义表示之。关于代理之要件,从来有二主义。其一须表示本人名义。其二则不须表示。我《民法》采第一主义,称为显名主义(Offenheitsprinzip),诸外国民法一般采用之。其表示方法,虽通常称为"某人之代理人某",但不必一定明示,如能使相对人知其为本人之代理人即可。若行为人以固有之资格所为之行为,纵令其效果及于本人,亦非代理行为。如质权人、抵押权人为处分其质物或抵押物之行为,不能谓为代理行为也。

以上所述者,主为代理人自己为意思表示,即系关于积极代理。然在消极代理即代理人受领意思表示时,是否须表示为本人受领意思表示之意思,或第三人对于代理人为意思表示时,是否须表示系对于本人之意思,《民法》一〇三条第二项规定"于应向本人为意思表示,而向其代理人为之者,准用前项之规定",故解释上不无疑问。然应采后说。盖意思表示之受领人于其受领之际,通常不为何等意思表示,又在法律上亦不须为何等意思表示。纵令此时代理人表示为本人之意思,其表示亦不能构成意思表示之内容。故第三人向代理人为意思表示时,须表示系对于本人之意思也(Oertmann)。

往日罗马因社会上甚乏代理之需要,故法律上无代理之规定。迨罗马末叶,方认许二三行为之代理。然在近世,社会关系日趋复杂。一般交易,亦日尚敏捷。故变此例外而为原则。除须以本人之意思表示为必要之特殊行为外,一般皆认代理之成立。不许代理之行为,称为不适于代理之行为。如婚姻、离婚等之亲属法上之行为,及继承之承诺及抛弃等继承法上之行为,特以本人之意思表示为必要,故不许代理。

兹为明了代理之性质起见,略述与代理相类似而实非代理者如次。

(1)代理与代表　代理乃为构成法律行为之意思表示及受领意思表示。而代表就法律行为以外之行为亦可成立。如法人之董事编造财产目录及社员名簿(《民总施行法》第八条)等行为,虽非法律行为,尚得视为法人之行为。又两者之效果及范围,亦有差异。

(2)使者　所谓使者(Bote, nuntius)乃传达意思表示之人或表示他人之意思之人也。使者可为二种之分类。其一,乃将已完成之表意人之意思表示传达于相对人者。如送达书信之使者是。此种使者,与代理人不生交涉。其二,乃表示表意人之意思表示于他人者。此种使者自己担任表示行为,因此行为以完成意思表示。故与前者不同,颇与代理相类似,往往甚难区别。

代理与使者之性质上之差异,乃前者系代理人自为意思表示,而后者则为传达他人之意思。故有以意思之代理(Stellvertretung im Willen)与表示之代理(Stellvertretung in der Erklärung)以为两者之区别者。虽不能谓为误谬,然代理一语用之于后者,殊未见其妥当。盖以此而为代理与使者之区别,在理论上虽极明白,然实际上使者所表示之意思,是否为其自己之意思,抑为他人之意思,颇难识别。关于其识别之标准,学说亦未能一致。总之,使者所表示之意思是否为自己之意思,抑为他人之意思,须依其是否作为自己之意思而表示之,抑作为他人之意思而表示之,以为决定。若系前者,则为代理。若系后者,则为使者。关于此点,若当事人有明了之意思表示,当可据此以为决定。否则须依周围之事情以决之(松冈氏,鸠山氏,Hupka)。

(3) 代理占有　占有非法律行为,又非意思表示,故不能有适当意义之代理占有。所谓代理占有,乃系以他人为媒介者之占有。其他人与本人之间因有一定法律关系,恰与本人自己为占有者生同一之效果者也。

(4) 以自己之名而为影响于他人财产之行为者　代理系以本人名义所为之行为,对于本人发生效力。此种行为因欠缺第一要件,故非代理。

(a) 间接诉权　债权人因保全自己之债权,得以自己名义,行使属于债务人之权利(二四二条)。此种权利,虽系行使债务人之财产权,且使债务人受其法律效果。但其行为非以债务人名义,故非代理。

(b) 质物、抵押物之拍卖权　质权人、抵押权人有请求拍卖质物、抵押物之权利(八六〇条、八八四条)。请求拍卖之效果,虽及于所有权人,但其效果之及于所有权人,并非质权人、抵押权人为所有权人之代理人,乃其质权、抵押权之内容,当然有以自己名义,而处分所有权人之物之权利也。此种处分权与代理权之区别,乃在是否有以自己名义为处分之权限,或须以本人名义方得处分之一点。此种形式上之区别,虽与实际上此种处分是否为本人之利益有密切之关系,然法律上之标准,则不能不采形式的区别也。

(5) 破产管理人　关于破产管财人在法律上之地位,议论甚多。姑让诸破产法之研究。

第二款　代理之种类

代理可区别为次之种类。

(1) 法定代理、意定代理　乃代理权之成立,是否基于本人之意思之区别。基于本人之意思者,为意定代理,即《民法》一〇三条以下所规定者是也。不然者为法定代理。关于法定代理,有主张系由于法律之规定而发生者。有主张不问代理人之意思如何,由某事实之发生,法律上当然为代理人者。又有以权限为标准,谓有包括的权限者为法定代理人,其他则为意定代理人者。此诸说皆不足采。

(2) 直接代理、间接代理　直接代理者,直接对本人发生效力之代理也。我《民法》所谓代理,仅限于此一种。间接代理者,以自己名义代他人为法律行为者是也。既以自己名义,故法律行为之当事人仍为代理人,代理人自己为权利人或义务人。不过本人与代理人间,有以本人之计算而为法律行为之法律关系。换言之,所谓代理人所取得之权利,须移转于本人,代理人所负担之义务,事实上归本人负担而已。《民法》第五七六条以下所规定之行纪,其适例也。间接代理与直接代理之性质,大有差异,故近世之学者及立法例,唯称直接代理为代理。我民法亦然。

(3) 积极代理、消极代理　代理他人而自为意思表示者,为积极代理。代理他人而受领意思表示者,为消极代理。皆系以明文所规定之代理也(一〇三条一项、二项)。

(4) 有权代理、无权代理　乃基于代理权之有无之区别也。所谓真正之代理,仅限于有权代理。然法律为便宜计,亦规定无权代理。故无权代理亦为代理之一种。

(5) 一般代理、特别代理　有权代理中其权限为一般者,称为一般代理,其权限为特别者,即为个个行为之代理者,为特别代理。

第三款　代理权

代理权者,成立代理关系之资格也。详言之,以自己之意思表示使其直接对于本人生法律上之效果之资格,又受领相对人对于自己所为之意思表示使其法律效果直接归于本人之资格也。代理权之成立,乃对于第三人之关系,并非对于本人之关系,亦非对内关系所有之义务,乃对外关系所有法律上之地位。此点可与由委任所生之债权债务相区别。

关于代理权之本质,学说甚多,可大别之为三派。

(1) 代理权否认说　谓除本人与代理人间之委任关系及其他对内的法律关系外,则不能认代理权之独立观念。一般法律行为不许代理之罗马法学说,及虽认一般行为之代理而不区别委任与代理之法国学说属之。反之,德国通说,皆区别委任与代理,而认代理权之特殊观念。尚有少数学者(如 Schlossmann)不认此观念。其理由为所谓代理权乃使他人得为直接对本人生效之法律行为之主观的资格,并无客观的事实之存在。而使代理关系有效成立者,乃由于成立代理权之法律事实即委任关系也。故代理权之观念不应认为有独立之存在。此说否认代理权在法律观念上之价值,殊难赞同。

(2) 权利说　此说区别委任与代理,主张负履行委任事务之债务与对于第三人之代理权,其间有明了之区别。而代理权果为何物,尚无精密之研究。一般多以代理权为法律上之力(rechtliche Macht)(Windscheid, Brinz, Regelsberger)。有主张代理权为一种能力(Fähigkeit)者。又有少数学者主张代理权为权利者。

敢断言代理权为权利之学者,其数不多(Bekker)。或研究其权利之性质,谓属于形成权(Enneccerus, Oertmann)。若以代理权为权利,则此权利既非支配权又非请求权,且无与此相对应之义务,自应属于形成权。

然称为权利是否正当,尚属疑问。

(3) 资格说(或能力说) 谓代理乃一种法律上之地位,与权利义务均有不同。此说为通说(Zimmermann, Hupka)。余亦采此说。盖代理权并非代理人对于本人所有之权利,不过能使代理人所为之意思表示直接对本人生效力之法律上之地位。此种地位,固可称为一法律上之力。若将法律上之力分为权利与能力之二种,则代理权不属于前者,而属于后者。代理权与行为能力及权利能力颇相类似。吾人一观消极代理,即可明了。如有由相对人受领意思表示之代理权人,对于相对人,既无请求权,又无得以一方的行为而发生法律效果之形成权,不过有自己之受领与本人之受领生同一法律效果之法律上之地位而已。

我民法上所谓能力、无能力系指行为能力而言,自有一定意义。故无代理权者之行为,须与无能力人之行为相区别。代理权乃法律上之资格而非权利。故关于代理权,不适用消灭时效之规定,代理权之侵害,不构成侵权行为。

代理权之成立,乃基于本人之意思。但其成立除本人为授与代理权之意思表示外,是否尚须有代理人之意思表示,此即所谓单独行为说与契约说之所由分也。《民法》关于此点,既无明文,解释颇滋疑义。又授与代理权之行为,是否为有因行为,亦为所应研究之问题。分述如次。

(1) 在罗马法自不待言。纵令近代法,如《法国法》(一九八四条),属于德法系之《普鲁士法》(一部一三节五条)、《奥地利法》(一〇〇一条)、《萨克逊民法》(一〇一条、一二九五条)亦不分别委任与代理,而以代理为委任契约之对外关系。故代理权之成立,系由于委任契约。此称为委任契约说。此说自受 Laband 氏之攻击,在德国之势力虽失,然在法国及德国以外诸国尚为多数说。此说主要之缺点,乃代理权除委任契约外,由雇佣、承揽、合伙等契约亦可成立。且由委任契约成立代理权时,而对于本人所负处理委任事务之义务，与对于外部代理本人之权限，其广狭不必一致。故以代理权仅为委任契约之对外关系者，误也。

与委任契约说稍有不同者，为无名契约说，乃 Laband 氏所主张。谓为发生代理权之原因之法律行为，与委任契约不必相同，然仍为一种契约，即一方当事人（代理人）以相对人（本人）名义所为之法律行为，其效力恰与相对人自己所为者相同之双务诺成契约。此说之缺点，乃认债务之成立，系违反当事人之意思。换言之，作为固可为债务契约之内容，而某行为之对于某人发生效力者，系由于法律之规定，既不能谓为一种给付，自不得为债务之内容。故代理人之行为，能对本人发生效力者，不得谓为债务契约也。此外尚有因否认代理权之独立观念，致否认成立代理权之独立的法律行为，谓代理权之发生，系代理人与本人间之契约者。又有谓代理权当然包括代理人与本人间之契约，所谓发生代理权之单独行为，实际上乃契约之要约者（Seeler）。此两者均可称为一种契约说。

（2）单独行为说　乃德国之多数说。自 Laband 区别委任与代理而认代理权之独立观念以来，学者更进一步，主张代理权与执行委任事务之义务不同。代理人仅有代理权，并无义务。又代理人亦并不因有代理权而蒙何等之不利益，故不须有代理人之意思表示，仅因本人之单独行为即可授与代理权。至代理权与委任、雇佣、合伙等契约同时存在时，代理权之成立，亦非由于此等契约，乃由于与此等契约同时存在之单独行为的授权行为（Vollmacht, Bevollmächtigung）也。此称为单独行为说。此说之中，主张授权行为与其基础法律关系之委任、雇佣、合伙等契约，有不可分离之关系者，称为要因的单独行为说（Planck）。主张可以分离者，称为不要因的单独行为说（Hupka）。又有主张授权行为，须向代理人或与代理人为法律行为之第三人为之者。《德国民法》第一六七条及我《民法》第一六七条系采此主义。总之，代理权之授与，不过足以使代理人以本人名义所为之行为,对于本人发生效力,拘束本人而已。故仅以本人之意思表示,即可授与代理权,无须得代理人之承诺,此乃单独行为说唯一有力之根据。

兹由法理论及立法论上言之。以委任契约为发生代理权之唯一原因,殊为不当。不仅不能以之说明由合伙等契约所发生之代理权,且不能说明执行委任事务与代理权之范围之差异。应离开执行委任事务之义务,而认代理权之独立的法律关系,认成立代理权之法律行为为正当也。然此授权行为,是否须为契约抑须为单独行为,则未敢遽断。盖在不使负义务而仅与法律上利益之行为,则不待受益人之意思表示,即使发生效力,亦无不可。但如此,在法理上并不能认为必要。若表意人有俟相对人之意思表示而发生效力之意思,则缔结契约,在法理上不能谓为不可。如赠与契约及为第三人之契约莫不皆然。故授权行为之须为单独行为抑须契约之问题,由纯粹之法理论上言之,则单独行为可,契约亦可也。德国学者主张由单独行为亦可授与代理权之议论,虽属正当,但非单独行为不可之议论,殊难首肯。若当事人为授权契约,以相对人之承认,为代理权之授与,在现代契约自由原则之下,自不应否认其效力也。再在立法论上,何者为最适合于社会之需要以研究之。在大概情形,授权证书送达时,即可使代理权成立,且最适合于当事人之意思。由此点论之,宁左袒单独行为说也。

代理权之授与行为,为有因行为,抑为无因行为,学说上颇有争议。盖普通代理权之授与,非为代理本身之目的,乃为达某种目的。或以达履行委任事务为目的,或以达雇佣契约、合伙契约为目的,尚有为达其他种种目的者。此等基本法律关系与授与代理权之行为,是否不可分离。其基本关系不成立,无效,或撤销时,则授与代理权之法律行为,亦将失其效力与否,此即所谓法律行为为有因无因之问题也。《民法》一〇八条一项规定,代理权之消灭,依其所由授与之法律关系定之,似采有因说。但社会上每使授与代理权之行为,与其基本关系相独立。故授与代理权之行为,通常虽为无因行为,但得以当事人之意思表示使其为有因行为。

代理权之范围,即代理人之权限,须由发生代理权之原因而决定之。代理权之发生,由于法律之规定者,须依法律之规定。由于当事人之意思表示者,须依授权行为而决定之。

代理人以自己固有之资格为法律行为之一方当事人,又以代理人之资格为他方当事人,以此种方法使自己与本人间是否可以成立法律行为(Selbstkontrahierendes Stellvertreters),又是否可以为双方当事人之代理人(Doppelvertretung),在德国普通法上原有议论,学者间亦多采积极说。现在《德国民法》(一八一条)则以明文解决之,原则上禁止双方代理。我《民法》亦有同样之规定(一〇六条)。禁止双方代理之理由,学说不一。或谓一身而兼双方当事人之资格,在以二人以上之当事人为必要之契约性质上,为不可能(Rümelin)。或谓理论上虽属可能,然契约当事人之利害关系,各有不同,若使自己之代理人与自己缔结契约,或为双方之代理人时,实际上易生弊端,故应禁止双方代理云云(富井氏)。后者之见解,颇中肯綮。

禁止双方代理之规定,除契约外,亦可适用于有相对人之单独行为。然无相对人之单独行为,则行为当事人仅为一人,故无适用本条之余地。如代理人对于本人为契约之解除或法律行为之撤销,或对于自己或解除或撤销时,固可适用本条。而代理人对于本人为遗赠时,则不能适用也。又对于准法律行为之催告,亦可适用。或谓代理人对于本人为单独行为时,则纵代表本人受领,亦无不可,因受领并非法律行为故也(Fischer, Lenel, Oertmann)。然此说不足采。

《民法》关于债务之履行,则许双方代理(同条但书)。盖债务之履行,非新利益之交换,不至发生利害冲突故也。所谓债务之履行,虽包含代理人对于本人所为之债务履行,及本人对于代理人或第三人(他方当事人)所为之债务履行。但于清偿本人之债务时,不得抛弃本人所有之期限利益。代物清偿,虽与清偿有同一之效力(三一九条),究为新利益之交换,非兹所谓之债务履行也。关于抵销,解释不无议论。虽有主张消极说者,亦不足采。盖抵销之内容,并非新利益之交换,乃一种互相清偿之简易方法。且代理人对于此种互相清偿,亦有权限也。

经本人之许诺时,双方代理,亦为有效(一〇六条)。盖禁止双方代理之规定,系为本人利益所加于代理权之限制。若本人加以许诺,自不能否认其意思表示之效力。关于此点,在德国学者,亦无争议(Hupka, Oertmann, Dernburg)。

若代理人违反一〇六条之规定,而为当事人双方之代理人或与自己为法律行为时,其行为之效力若何,有无效说,及无权代理说。德国最高法院,初采无效说,后改采无权代理说。日本大审院,亦采无效说。然以无权代理说为正当。盖代理人兼有双方当事人之资格,在理论上非不可能,或在公益上为不当。不过因有利益冲突,法律有保护本人之利益,而禁止双方代理。换言之,本条并非代理之禁止,乃系代理之限制。故违反本条之行为,并非违禁止法规之行为,乃逾越代理权之限制之行为,即为无代理权之行为也。故其行为可依一七〇条以下之规定,一经本人承认,仍为有效。

第四款　代理人之能力

代理人所为或所授意思表示之效力,不因其为限制能力人而受影响(一〇四条)。盖代理行为之效力,不及于代理人而及于本人,则纵使限制能力人如以七岁以上之未成年人为代理人,亦无害于无能力人之保护,且本人既愿意授与代理权于限制能力人,纵因其缺乏知识经验而受损害,亦系咎由自取也。但完全无意思能力之未成年人,则不能为代理人。

本条乃规定代理人不得以限制能力人为理由而主张其代理行为为无效,并非规定本人与代理人间之关系也。至本人与代理人间之授权行为,是否得以代理人之为限制能力人为理由而主张无效,须依关于限制能力人之一般规定及授与代理权之行为而决定之。如授与代理权之行为为委任契约,及其他负有债务之契约,即有因契约时,未成年人不仅取得代理人之法律上之地位,且负履行处理委任事务之债务及其他之债务,代理人自得以无能力为理由而主张无效。若授权行为为无因行为时,则与纯获法律上之利益之法律行为同,未成年人之代理人不得主张无效也。授权行为因代理人以无能力为理由而主张无效时,其所为之代理行为之效力若何?此时虽应视为无权代理行为,然认此结果时,则代理行为将因代理人之无能力而丧失效力。故由一〇四条之规定在对内关系授权行为虽应无效,而在对外关系,其所为之代理行为,应解为不因此而受影响也。

第五款　代理权之撤回及消灭

代理权,除依该法律关系之性质不得撤回者外,得于其所由授与之法律关系存续中,限制之或撤回之。但其限制或撤回,不得以之对抗善意第三人(一〇八条二项、一〇七条)。盖代理权之限制及撤回,多为第三人所不知。若非向第三人为通知而撤回委任状时,则代理权仍应存续(《德民》一七〇条、一七一条二项,《瑞民》四一条、四三条二项、四四条),借以保护第三人之利益。

所谓第三人乃对于代理人为意思表示或由代理人受领意思表示之

人也。而受一〇七条之保护之第三人，须为善意无过失。所谓善意者，乃在与代理人为意思表示之当时，不知代理权之限制或撤回者也。则在以后虽行闻知，仍不失为善意第三人。关于善意之证明，第三人无须证明其不知代理权之限制或撤回，本人须负举证责任（冈松氏）。所谓过失，乃第三人若用相当之注意，即用善良保管者之注意，即可知代理权之限制或撤回之谓。此种恶意第三人，法律殊无特别保护之必要，故法律将其除外（一〇七条但书）。关于恶意之举证责任，亦须归本人负担。

所谓"不能对抗善意第三人"者，乃不能由本人主张代理权之限制或撤回而免除法律行为之拘束之谓。即第三人主张法律行为之有效时，本人不能以无代理权为理由，而免除责任。

代理权除于所授与之法律关系中撤回而消灭外，其他之消灭，依其所由授与之法律关系定之（一〇八条一项）。如授权行为中有以本人之死亡或宣告禁治产为代理权消灭之原因，则于此等事实发生时，代理权自应消灭。

代理权消灭或撤回时，代理人须将授权书交还于本人，不得留置（一〇九条）。盖代理权消灭时，授权书亦应交还，以防代理人之滥用，而有害于授权人也。故代理人不得引用留置权之规定，而拒绝授权书之交还。

第六款　无权代理人之责任

代理行为之能直接对本人生效者，乃因代理人有代理权，且其所为之代理行为系为其权限内之行为故也。若无代理权而为代理行为者，即民法上所规定之无权代理（unberufene Stellvertretung, Vertretung ohnc Vertretungsmacht）是也。无权代理可分为表见代理与狭义之无权代理二种。前者乃债篇所应研究之范围。兹所应说明者，仅限于后者。无代理权所为之代理行为,可为次之分类。

(1) 代理权完全不存在时　不问代理人是否相信自己有代理权。如授权行为无效时,委任契约之无效或撤销时是。

(2) 超越代理权之范围之行为　即代理人超越其权限所为之代理行为也。此时代理人关于其超越权限之代理行为,虽无代理权,然于其他之行为,尚有权代理。所谓性质的越权行为,如仅有贩卖之代理权者,而为购买行为是。关于此点,我《民法》既未置有如《日本民法》(一一〇条)之明文,则不能不视为狭义之无权代理行为也。又分量的越权行为,如仅有买卖五石米之权限,而买卖百石是。其未超越代理权限之代理行为是否有效,须依法律行为之一部无效之原则以解释之。若法律行为之性质,可以分割,且各当事人对于一部亦有成立法律行为之意思时,则未越权之部分,当可视为有权之代理行为,否则全部为无权代理行为也。

(3) 代理权消灭时　代理权消灭后,其消灭之事实,除本人已用通知及其他公示方法外,概不易为第三人所知悉。而第三人每每误信前代理人有代理权,与之为种种法律行为。此等行为之效力是否及于本人,《民法》无规定,须解释一〇七条之规定以保护善意第三人为当也。

无权代理人以他人名义所为之法律行为,对于善意之相对人负赔偿责任(一一〇条)。本条所规定无权代理人之责任,乃系无权代理人对于相对人所负之责任。而无权代理人对于本人所应负之责任,则非兹所应研究之范围。

无权代理行为,因本人之承认(一七〇条),而相对人不蒙何等损害时,则无权代理人对于相对人,固不负何等责任。若不得本人之承认,而善意之相对人,因不能达到其所预期之目的而蒙损害时,则无权代理人当然应负责任。故各国法制皆认无权代理人在法律上之责任,而使相对人与代理人间,成立某种关系。至其责任之根据、范围及条件,则学说及立法例未能一致。尤在德国普通法时代,议论甚多(Josef Hupka, Die Haftung des Vertreters ohne Vertretungsmacht;鸠山氏《论无权代理人之责任》)。

无权代理人何故须对相对人负责,学说上甚有争议。最重要者为过失说与担保说。前者谓无权代理人无代理权而为代理行为时,则有过失(culpar in contrahendo),故须负由于过失之侵权行为责任。此说法国学者多采用之(Laurent, Le Jolis Guillonard)。德国亦有采此说者(Mitteis)。日本采此说者亦不少(富井氏、冈松氏)。担保说,则谓无权代理人与相对人间,有默示之担保契约。故无权代理人须负基于此种契约之责任。此说在德国普通法时代为多数说。此两说均不足以说明无权代理人之赔偿责任。盖一一〇条所规定责任,并不以无权代理人之过失或担保契约之存在为必要,且以之为侵权行为或契约上之责任时,可依债编之规定,亦无须于总则中特设明文也。法律所以规定无权代理人之责任之理由,乃因一般责任不足以保护相对人及维持代理制度之信用。则此责任,乃不以过失为要件之特殊法律上之责任(gesetzliche Haftung)。

法律所以使无权代理人负无过失责任者,乃基于保护交易之安全即动的安全之社会的需要,而在无权代理人方面,亦有足使他人信其有代理权之事实。故纵使其负无过失责任,不能谓为不当也(Hupka, Oertmann, Hölder, Story)。

所谓赔偿责任,乃赔偿相对人所蒙之损失者,无须特加说明。唯有议论者,乃关损害赔偿之范围。即使代理行为为有效,是否应赔偿相对人所受利益之全部(履行利益 Erfüllungsinteresse),抑仅须赔偿相对人信其有代理权而蒙受之损害(信赖利益 Vertrauensinteresse),稍有问题。然损害赔偿责任,不应限于消极的利益之范围,则本条所规定之赔偿责任,须以履行利益为内容也。

无权代理人之行为,除欠缺代理权外,须具备代理行为之要件。如本人不存在,本人无权利能力,无权代理人不明示本人名义时,则不能谓无权代理行为也。

无权代理人,若为限制能力人时,解释上自应不负赔偿责任。然该限制能力人得法定代理人之允许而为代理行为时,则该无能力人,已无特予保护之必要,仍不能免赔偿责任也。

第八节 法律行为之无效及撤销

第一款 无效之法律行为

无效之法律行为(void act, nichtiges Rechtsgeschäft)者,法律上当然并确定其不生(法律行为之)效力之法律行为也。其性质如次。

(1) 无效者,无效力之谓也 即虽有法律行为之外形,而欠缺发生效力要件之谓也。无效是否为法律行为不成立之问题,抑系关于效力之问题,学说上固有争执。通说谓法律行为之无效与其不成立不同,乃法律行为虽行成立而有不能发生效力之缺点之谓也。无论采何说,其实际上之结果无甚差异。兹无详述之必要。如有要约而无承诺,买卖就价金无合意,乃契约或买卖契约之不成立。反之,有要约及承诺其契约虽可成立,但因契约之内容违法而为无效是也。

(2) 无效者,无法律行为之效力也 即不能发生当事人所欲发生之效力也。然当事人所不愿发生之效力,仍无妨发生。如由无效之行为不妨发生不当得利之返还义务,亦不妨构成侵权行为。

(3) 法律上当然无效也 法律上当然者,在当事人及法院两方面,并无须为何等使其无效之行为,其法律行为方能丧失效力。所谓得撤销之行为,则因撤销权人之撤销,方失其效力。而无效之行为,当然无效,固无须为此等行为也。又主张无效之期间既无限制,故无效之行为不能因时效期间之经过而为有效。

当然无效云者,并非法院得以职权审查其无效原因之意。盖无效之原因,经当事人主张之证明之。若一经证明,则法院即以职权当然否认其有法律行为之效力。

(4) 确定其无效也 此点与效力在未确定状态之法律行为之性质不同。而得撤销之法律行为,因其效力不能确定,故性质上与无效之行为异。无权代理行为,虽当然不生效力,然一经本人承认,亦能溯及的发生效力。则在行为当时,其能发生效力与否,亦在不确定之状态。故其性质亦与无效之行为异。所谓无效之行为者,不能因尔后当事人之行为而溯及的有效,又不能因时间之经过或事情之变更而为有效也。如因违反公序良俗而为无效之行为,虽因尔后事情之变更,至不违反公序良俗时,亦不能成为有效之行为。

(5) 无效乃绝对的 所谓绝对的者,乃谓无效之行为不仅在特定当事人间而为无效,对于一般人皆为无效也。换言之,无论何人无论对于何人皆得主张其行为之无效。我《民法》关于此点,虽无明文,而由规定相对的无效一点观察之,自应如此解释。盖无效之行为完全不具备发生效力要件,法律上既已确定其当然不生效力,则无论何人,皆以其无效为前提而决定种种法律关系,庶不至受不利益。但此原则不无例外。所谓相对的无效,即不能以无效对抗第三人是也(八七条一项)。

无效之原因,可大别之为一般法律行为所共通者,与特定法律行为所特有者。所谓意思能力之欠缺(七五条),虚伪表示(八七条),相对人恶意之真意保留(八六条),法律行为之目的之违法(七一条),或违反公序良俗(七二条)等,乃一般的无效之原因。而九八八条关于婚姻之规定,乃特殊法律行为之无效原因也。

无效之法律行为,可为种种分类。兹举其重要者如次。

(1)绝对的无效、相对的无效　无效原则上为绝对的,然亦有时为相对的(八七条一项)。

(2)一部无效、全部无效　法律行为之内容之一部无效者,称为一部无效。全部无效者,称为全部无效。发生一部无效时,其法律行为须为单一。若表面上似为一法律行为,而实际上等于数个法律行为之结合时,则不能生一部无效之问题。如以十元买卖甲乙二书,乃一法律行为。若甲书成为给付不能时,则为一部无效。反之,以甲书七元乙书三元为买卖时,纵令其契约系同时缔结,仍为二个法律行为。故甲书之给付不能,并不能谓为一部无效。

在双务契约,双方当事人皆须负担义务。若一方义务成为履行不能时,是否可以认为一部无效?然两当事人之相互负担义务,乃双务契约之要件。故一方义务不成立时,双务契约全部无效,故不能发生一部无效也。

法律行为之内容全部有无效之原因时,固生全部无效。而仅内容之一部有无效原因时,是否全部无效,抑仅一部无效,成为问题。关于此点,罗马法有有效部分不能被无效部分所毁损(Utile per inutile non vitiatur)之原则。然绝对的贯彻此原则时,是否便利,殊为疑问。在英美法,无效原因之条项为条件(condition)时,则为全部无效,否则仅生损害赔偿之问题而已。我国及德国民法则规定法律行为一部无效者,全都皆为无效。但除无效之一部,亦可成立者,则其他部分仍为有效(一〇一条,《德民》一三九条)。

(3)当初无效与事后无效　学者往往除当初无效外,尚认事后无效。所谓事后无效者,乃法律行为成立之当时虽无无效之原因,然于其成立后效力发生前,方缺乏发生效力之要件之谓。如停止条件成就前,法律行为之标的物成为不融通物是也。因于其效力发生前,方缺乏发生效力之要件,其法律行为虽结局不生效力,然非于法律行为成立之时,即可确定其无效。故在适当之意义,其性质与无效之行为,微有不同。又于法律行为成立之当时必须存在之要件,如意思能力、行为能力等,其成立后虽不存续,尚不影响于法律行为之效力也。

我《民法》关于无效行为之承认,未设规定。则无效行为,不能因承认而为有效者,其理自明。然在过去曾为无效之行为,而在将来不能谓在同一当事人间不能为同一内容之新法律行为。如曾有一次为虚伪的意思表示之后,仍不妨以真意为同一意思表示。曾为违反公序良俗之行为,迨社会事情变迁至不违反公序良俗时,当事人仍可为有同一内容之行为。此时当事人不为新行为,仅对于旧行为加以承认,自不能谓为违反公序良俗,其承认当然有效。至其承认之效力是否可以追溯既往,《日本民法》(一一九条)则视所承认之行为为新行为,而不与以溯及效。《德国民法》(一四一条二项)规定无效契约之承认,原则上有债权的溯及效。我《民法》虽无规定,然解释上无效行为之承认,其效力不能追溯既往也。

(4) 无效行为之当事人之责任　无效之法律行为之当事人,于行为当时知其无效或可得而知者,应负回复原状或损害赔偿之责任(一一三条)。盖以法律行为虽为无效,而一方当事人难免不依该行为为给付。若行为人或其相对人于行为时明知其无效或可得而知者,对于他方所为之给付,自应负回复原状之义务。如不能回复原状或无须回复原状,而有损害时,则对于他方,应负损害赔偿之责任。

无效行为之转换

无效行为之甲种法律行为,如具备乙种行为之要件,并因其情形,可认当事人若知甲种法律行为无效,即欲为乙种行为者,其乙种行为仍为有效(一一二条)。此种为无效行为之转换(Konversion, Umwardlung)。无效行为之转换得分为次之二种。

(1) 法律上之转换 依法律之规定而转换者。如将要约扩张、限制或变更而为承认者,视为新要约(一六〇条二项)是。

(2) 解释上之转换 关于此点,《民法》仿《德民法》一四〇条之规定。无效之法律行为,若具备他法律行为之要件,并因其情形,可认为当事人若知无效而欲为他法律行为者,其他法律行为仍为有效(一一二条)。盖法律行为无效时,若其行为具备他法律行为之要件,且依他法律行为,可达同一目的者,是当事人若明知其无效,有为他种法律行为之意思,此时应使其他之法律行为为有效,借以符当事人之意思。

第二款 得撤销之法律行为

民法上撤销一语,用之于种种意义。所谓撤销乃对于一定法律事实而否认其效果之行为也。其被否认之法律事实,有为法律行为。有非法律行为,如命令之撤销是(三四条)。其否认行为之本体,有为私法的法律行为者,有为法院之行为者。如婚姻之撤销(九八九条至九九七条),诈害行为之撤销(二四四条),乃后者之例也。其所否认之法律效果,有为由该法律事实所生之法律效果全部者,有仅及其一部分者。如营业许可之撤销(八五条二项),法人设立许可之撤销(三四条),不问其有无特别规定,性质上属于后者。至撤销之理由,虽有种种,可大别之以意思表示之瑕疵为原由者,与不然者。广告之撤销(一六五条),不依字据之赠与之撤销(四〇八条),乃后者之例也。

得撤销之法律行为者(voidable juristic act, anfechtbares Rechtsgeschäft),表意人因其意思表示之瑕疵,而使其(所为之法律行为之)效果溯及的消灭之法律行为也。

(1) 得撤销之法律行为与无效之行为异。后者乃确定无效之行为。而前者之效力尚在未确定状态。即迄撤销时止,仍属有效。若一旦撤销,则自始确定其无效,或不发生效力。故得撤销之行为者,以当初视为有效,而结局是否有效尚属未确定之点,有异于有效之行为及无效之行为也。

(2) 得撤销之法律行为与附条件之法律行为亦异。所谓附条件之法律行为,其效力虽亦在不确定状态。而此种状态之发生,乃出于当事人之希望,并非由于意思表示之瑕疵。此与得撤销行为不同之点也。

(3) 撤销(Anfechtung)仅有撤销权人方得为之。有撤销权人,乃系为有瑕疵意思表示之人。非如无效行为之无论何人皆得主张其无效也。如此,则撤销为相对的。所谓相对的云者,乃指撤销权人须限于具备特殊要件之人而言,非谓撤销之效果为相对的也。得撤销之行为,一旦有撤销之意思表示时,则其行为自始无效,而生绝对的效果。

撤销权者,以自己之意思表示,而否认法律行为之效力之权利也。关于此权利之性质,固有议论。其为权利,且属于财产权之一种,则无庸疑。然非关于物之权利,自非物权。又不以请求他人之给付为内容,亦非债权。系以自己之行为而惹起一定法律效果为内容之权利,故为形成权之一种。

撤销权之内容,在否认法律行为之效力。盖法律行为或意思表示乃一事实。不能谓为于一定之时,方能存在,尔后即行消灭。故撤销权之行使,仅能消灭法律行为之效力而已。

撤销须消灭法律行为之效果全部。不仅消灭将来之效果,过去之效果,亦归消灭。此称为撤销之溯及效(一一四条一项)。但附条件或附期限行为,于条件成就,期限届至前,尚未发生效力,则其撤销仅能否认将来之效力而已。又撤销系否认法律行为全部之效力,并非否认由法律行为所生之各个请求权之效力。此与对于各个请求权之抗辩权不同之点也。

有撤销权人如次:

(a)为有瑕疵之意思表示者 即被欺诈、被胁迫而为意思表示者。其撤销权发生之要件,已于前述。

(b)代理人 为有瑕疵意思表示者之代理人,能代之行使撤销权。代理人仅能有代理本人行使撤销权之权限,不能有独立之撤销权。代理人所为之意思表示,因有瑕疵而发生撤销权时,亦然。其发生撤销权之原因事实,即意思表示之瑕疵事实,虽就代理人决之(一〇五条),但因此发生之撤销权,则属于本人。

(c)继承人 继承人有包括继承人与特定继承人。前者系包括的继承前主之权利与义务。如继承人及包括受遗人是。此种继承人系立于前主之法律上之地位。故前主之撤销权原则上亦应继承。

特定继承人者,受让前主特定权利之人也。特定继承人所受让之权利,究系如何权利,议论尚歧。有主张系受让撤销权者,有主张系受让由得撤销行为所取得之权利者(富井氏、松冈氏),后者为多数说。关于撤销权、解除权等所谓形成权之继承,在德国学者间之研究,尚未完成,故有种种议论。按由得撤销行为所生之本来之权利义务,与撤销权虽似有密切之关系。然精密观察之,此种关系谓为存在于由得撤销行为所生之权利义务与撤销权间,宁谓为存在就得撤销行为有法律上之地位与撤销权间。此法律上之地位,虽大概为权利义务,亦不尽然。法律之所以与撤销权之理由,与其谓为保护有权利义务之人,无宁谓为保护有此法律上地位之人。例如甲以得撤销行为于其所有地上设定地上权、永佃权后,将其所有权让与于丙时,丙虽非继承由设定行为所成立之权利义务之人,然系继甲所有法律上地位之人,自应有撤销权。又如甲以得撤销之行为由乙取得土地所有权,嗣后于其土地上为丙设定地上权时,丙虽系甲之继承人,而不能有撤销权也。总之,所谓特定继承人,应解为撤销权之继承人,即继承法律赋与撤销权而加以保护之法律上之地位与权利之人也。

保证人不能谓为上述之继承人。若使保证人得撤销主债务人之法律行为时,殊不合于保证债务之性质。故保证人不能行使主债务人所有之撤销权也(鸠山氏、川名氏、石坂氏、穗积氏、三潴氏,反对富井氏、横田氏)。

(4) 得撤销之行为,仅因撤销,方能丧失效力。故撤销权因时效及其他原因而消灭时,则得撤销之行为即行确定其有效。此点与无效之行为不同,已于前述。

撤销之原因,有为一般法律行为所共通者,有为特殊之法律行为所特有者。一般之撤销原因,为意思表示之瑕疵。因此原因之撤销,即可适用《民法总则》一一四条以下之规定。而特殊之撤销原因,则无一般的规定。《民法》唯于各种法律行为,规定其特殊之撤销原因而已(四〇八条、九八九条乃至九九六条等)。因此等原因之撤销,须先适用其特别规定。若无特别规定时,然后方可补充适用一一四条以下之规定也。

撤销原因,既有一般撤销原因,与特别撤销原因,故撤销权亦可分为一般撤销权与特别撤销权。前所述者,乃一般撤销权也。

第一项　撤销之方法

得撤销行为之相对人确定时,须对此相对人以意思表示而为撤销(一一六条一项、二项)。此时之撤销,乃有特定相对人之意思表示。故在非对话人间,其意思表示非达到于相对人,不生撤销之效果。而所谓得撤销行为之相对人者,非指因撤销而受影响之相对人而言,乃行为当初之相对人也。即当初之行为为契约时,则为契约之他方当事人。为有相对人之单独行为时,则其相对人也。

撤销以意思表示为之(一一六条一项)。外国立法例,除意思表示之外尚有以诉讼为必要者(《法民》一三〇四条及法法系之民法)。我《民法》与《德国民法》同,不采裁判上之方式。唯婚姻之撤销(九八九条至九九七条)及诈害行为之撤销(二四四条),须向法院请求者,乃属例外。如此种不以裁判上之程序为必要之行为,我《民法》就解除、抵销请求等亦行采用。然不能因此即谓撤销之意思表示一定须于裁判外为之。若在诉讼进行中在法院向相对人或其代理人为撤销之意思表示,亦无不可也。此时之撤销行为为诉讼行为,同时亦为法律行为。苟具备法律行为之要件,则不问其具备诉讼行为之要件与否,亦可有效。

关于撤销之意思表示之方法,法律既无限制,故不必用撤销之文字,又无须表示撤销之原因,苟能使他人认识有撤销之意思表示即可。如谓买卖系由于欺诈或胁迫而请求返还,皆能使人认识有撤销之意思表示(Oertmann,Enneccerus,德国最高法院判决)。

撤销之意思表示之得附以条件与否,乃学说上甚难解决之问题。多数说为消极说(Dernburg,Planck)。然法律之所以无禁止附条件之明文者,因撤销之附以条件者,显为违反公序良俗故也。盖在撤销、解除、抵销等单独行为,相对人所受之拘束甚大。若许附以条件,则相对人将被不确定之法律行为所拘束,益陷于不利益之地位。因此理由,故多数学者主张此种行为不许附以条件。然附以相对人之随意条件,则无此弊。其有效自不待言(Bruck,Oertmann)。如甲因乙之欺诈,买进高价之物品时,若甲对于乙表示不减价五十元则撤销买卖契约,若乙表示不能减价,则买卖契约当然撤销。依多数说,此时须更为撤销之意思表示。其结果，若先为意思表示时其撤销权之消灭时效尚未完成，嗣后为意思表示其消灭时效已完成时，势则将不能撤销也。

若相对人有数人时，其撤销权之行使应否对全体为之，颇有议论。有主张对于一人所为之撤销，仅对于该相对人发生撤销之法律效果。其效果之能否及于其他相对人，依法律行为一部无效之原则以决定之（Planck, Oertmann, Crome）。有主张对于一人所为之撤销，有消灭法律行为全部之效力，故对于相对人全体发生撤销之效果（Riezler, Hölder）。又有主张对于全体方可为撤销者（Hellwig）。日本梅博士谓对于一人所为之撤销，仅能对于该一人有撤销之效力。若其他之相对人因一部撤销而不能达法律行为之目的时，得请求解除。其后半虽可谓为便宜之解释，然撤销权之内容系以否认一法律行为之效力为目的，纵令其法律行为之相对人有数人，然权利仅一，并非对于数相对人有数个之权利也。故分割行使一部时，仅限于其法律行为之性质上可以分割，方能行使。若法律行为之内容为不可分，则只能对于相对人全体以消灭法律行为之全部效力，或存续其全部效力而已。若仅消灭其效力之一部，殊与当事人之意不符。故撤销之意思表示应解为须对于相对人全体为之。①

关于相对人不确定之行为之撤销方法，《民法》无规定。《德国民法》（一四三条三项）规定，因其行为而直接取得权利之人为撤销权之相对人，于保护此等人之利益较为妥当。

第二项　撤销之效果

撤销乃以消灭法律行为全部之效力为目的。换言之，不仅消灭法律

---

① 共犯数人托名契约而行诈欺取财，仅其中之一人为契约当事人，而其他之共犯并不直接关与契约，则撤销契约之意思表示，仅须对于为意思表示之犯人为之，无须对于其他之犯人为撤销之意思表示也。

行为之将来的效果,且追溯其于行为成立之时以消灭其效力。此称为撤销之溯及效。故由得撤销之行为而移转权利时,则等于权利之未移转。若创设权利时,其所创设之权利自始不成立。负担债务时,其债务亦不成立。而生此等结果,除撤销外并不须何等行为。然由撤销而丧失效力之行为,不能不限于有撤销瑕疵之行为。故于债权契约之外,尚有履债务之独立物权契约时,若仅一契约有得撤销之原因,而其他一契约之效力,自不受影响。如仅物权契约无效时,须更为履行。若仅债权契约被撤销时,仅可依不当得利为理由而请求返还。

撤销原则上生物权的效果。撤销虽仅能对于特定人为之,然法律行为一经撤销,则其行为无论对于何人皆为无效。又无论何人皆得主张其无效,故有利害关系之第三人不能不受撤销之影响。关于此点,《民法》虽无规定,然由因欺诈之撤销,不能与第三人对抗(九二条二项)之规定观之,则一般之撤销,自可对抗第三人也。分述如次。

(1)物权行为被撤销或债权行为及物权行为被撤销时,则物权当然复归于旧权利人即撤销人。复归之结果,撤销权人无论对于何人皆为物权人,对于一切第三人(不问其为恶意或善意)皆得主张其权利。如第三人由相对人受让其标物时,因撤销之结果,相对人成为无权利人,第三人亦成为无权利人,而不能不将其所占有之标的物返还于撤销权人是。债权让与之准物权的行为被撤销时亦然。但有次之例外。

(A)由于欺诈之撤销,不能与善意第三人对抗(九二条二项)。

(B)若该第三人受九四三条之保护,则让与人纵为无权利人,而此第三人尚能取得动产上之权利。此时之撤销,仅能使让与人为无权利人,而第三人固无须返还其由九四三条所取得之权利也。

(2)仅撤销其原因行为,而给付行为尚为有效时,即仅生不当得利之返还请求权之关系时。此种请求权,乃纯属债权性质,仅能对抗债务人，故不能与第三人对抗。换言之，给付行为有效时，相对人并非自始无权利者。故由此而受让权利之第三人，当然有效取得权利也（中岛玉吉氏）。

由得撤销行为所为之给付，于其行为被撤销时，当事人于若何之范围，返还其所受领之给付？关于此点，学说歧而为二。

（1）全部返还说　当事人原则上须返还其所受利益之全部。盖法律行为被撤销时，一切之法律关系皆须回复原状故也。

（2）不当得利返还说　撤销之结果，因无效行为而受利益之人，乃《民法》第一七九条所谓无法律之原因而受利益，致他人受损害，自应负不当得利之返还义务。

我《民法》第一一四条规定当事人知其得撤销或可得而知者，其法律行为撤销时，应负回复原状或损害赔偿之责任。此所谓当事人乃指为得撤销行为之人及其相对人而言。惟在代理人为意思表示时，其知否原则上应就代理人决之（一〇五条）。表意人或其相对人既明知其有撤销之原因，或因过失而不知，而仍为该意思表示时，自应令其于撤销时，对他方负回复原状或损害赔偿之责。

第三项　撤销权之消灭

撤销权除因行为之撤销而消灭外，尚有因消灭时效之完成及承认而消灭。

第一，承认　撤销权人得承认其得撤销之行为（一一五条）。得撤销之行为，一经承认，即确定其有效。故承认亦为撤销权消灭原因之一。

承认乃确定得撤销行为之不确定效力也。故行为在承认前，亦有一定效力，承认不过确定其效力而已。故此承认，可称为确认（Confirmation, Bestätigung）。与无权代理行为之承认及无效行为之承认，乃以发生新法律效果为目的者，微有不同。

因承认有消灭撤销权之效果，故通说皆以承认为撤销权之抛弃行为。但少数学者，谓承认权与撤销权各不相同，而确定法律行为之效力之积极的表示，不必含有丧失撤销权之消极的表示。然确定法律行为之效力之意思表示，当然含有不使其效力消灭之意思表示。故承认之反面，亦当然含有抛弃撤销权之意思表示也。

承认之效果，须基于承认人之意思。故承认乃一法律行为。然为承认时须认识撤销权之存在。故在具体的情形，非知有撤销之具体的原因，不得为承认之意思表示。又有数个撤销原因，仅知其一而为承认时，则基于他原因之撤销权并不谓为丧失也（Oertmann, Staudinger, Riezler）。此外承认虽须具备法律行为之要件，然不须具备其所承认之法律行为之特殊要件。如所承认法律行为为要式行为，而承认则无须要式是也。

承认乃一方的行为。纵其所承认之行为为契约，亦无须得相对人之承诺。此点由一一六条之规定观之，甚为明显。假使须相对人之意思表示时，则相对人强要撤销之结果，将不得为承认矣。现在学说上稍有争执者，乃此一方的行为之承认是否为有相对人之意思表示而已。德国多数学者多解为无相对人之意思表示（Planck, Riezler, Gareis, Oertmann）。我《民法》规定如相对人确定者，承认之意思表示应向相对人为之（一一六条二项）。如无相对人，则承认亦为无相对人之意思表示也。

承认既为撤销权之抛弃，则非有撤销权之存在，自不得为承认。或谓于撤销权行使以后，再得相对人之同意撤回撤销时，亦得为有效之承认者（Dernburg），然非通说。

承认乃撤销权之抛弃，有主张于撤销权成立以前，不得为承认者

(Oertmann)。其结果虽大体正当,然谓所有权利皆不得预行抛弃,颇难是认。如未发生之权利,固不得预行抛弃。苟权利已具备成立要件,其所为之抛弃行为,除该权利之性质上预行抛弃有背公序良俗外,自不能不认为有效(鸠山氏)。如预行抛弃基于欺诈胁迫所生之撤销权时,固可谓与法律所以认撤销权之趣旨不符,且违反公序良俗,不能有效。而撤销权之继承人于取得以前抛弃撤销时,不能谓为无效也。

承认之效果乃系有效确定得撤销行为之效力。盖得撤销之行为并非无效之行为,惟有撤销权人方能否认其行为之效力。若撤销权人丧失其否认权后,则得撤销之行为即确定其有效。换言之,承认之结果,得撤销行为之效力即行确定。其效力不仅向将来,并溯及法律行为时发生效力(一一五条)。此称为承诺之溯及效。所谓"法律行为时"者乃法律行为成立之时。如附期限或附条件之行为,则为其期限到来条件成就之时,即完全无缺点而发生效力之时也。

《日本民法》第一二二条规定承认之结果,不能有害于第三人之权利。在立法论上其当否不能无疑。盖承认乃系确定得撤销行为之效力之行为,其有溯及效并非由于法律之拟制。法律之所以认此种否认权者,无非为保有撤销权人之利益。撤销权人纵不行使此否认权,决不能谓为直接侵害第三人之权利。第三人纵令间接因此受有损害,乃当然之结果。法律对此等第三人殊无加以特别保护之必要。故《德国民法》未特揭限制承认效果之明文。德国学者中亦不见对此有所主张。我《民法》不效《日民法》之规定,洵为适当。

承认须于撤销之原因终止后为之(九三条,《日民》一二四条)。如撤销之原因为胁迫时,若使被胁迫人于脱离相对人或第三人之不正干涉前,而为承认时,徒使法律关系益趋复杂。故承认须解为于撤销原因终止后方得为之。

第四项　须得第三人同意之行为及无权处分行为

第一，须得第三人同意之法律行为　法律行为须得第三人之同意始生效力者，其同意或拒绝，须向当事人之一方为之（一一七条）。所谓须得第三人同意始生效力之法律行为，即依法律规定或其他情形，第三人之同意为其发生效力要件之法律行为也。如法定代理人所为之特种法律行为，须得亲属会议之同意而后发生效力（一一〇一条、一一一二条等）是。此种法律行为之发生效力与否，既系于第三人之同意或拒绝同意，故《民法》特为规定之。

同意之性质应解为补充的法律行为。盖同意不过使他人所为之法律行为发生效力，其本身并无独立之内容故也。又同意于事前事后皆得为之。但事前之同意，得于为法律行为前撤回（参照《德民》一八三条）。同意之拒绝应解意思通知之一种。

第二，无权处分之行为　无权利人就权利标的物所为之处分，经有权利人之承认，始生效力（一一八条一项）。处分权利之标的物时，须自有处分之权能。无权利人就其标的物所为之处分行为，当然无效。此种处分虽经有权利人之事前或事后之同意，亦应使之无效。然此办法，实际上颇多不便。故无权利人为自己处分他人权利之标的物时，若经权利人之承认，亦生效力。又无权利人于处分他人权利之标的物后，依一般继承或特定继承为权利人时，其处分仍可自始有效（同条二项）。若数处分相抵触时，以最初之处分为有效（同条三项）。

第四章 期日及期间

第一节 期日及期间之意义

时间在种种之点与法律效果有密切关系。人类一切事实皆存在于时间之过程中,因时间之前后而有差异。法律事实亦然。因其前后之差异而法律效果亦有不同。其一也。法律之效力原则上限于一定之时间,权利原则上亦仅于一定时间,方能存在。法律之不能有溯及效者,乃普通之原则。而权利之存在,亦有除斥期间与时效期间之规定。其二也。其他尚有于一定时间或于某时期内所为之行为,方能生法律效果,或于一定时间因一定事实状态之继续而丧失权利或取得行为能力等。与时间相结合之法律效果,其数不遑枚举。学者往往将其分为种种分类,兹从略。

时期涉及过去现在未来,绝无穷尽。于是吾人以人为之标准而分为年月星期日时等,以便于吾人之活动。其意义不仅限于民法,兹无特加说明之必要。唯一时间与他时间之中间继续部分之计算法,有自然的计算法与历法的计算法两种。古来学说,亦未趋一致。期间(Frist, délai)者,以一定之时间为起点,一定之时间为终点,其中间之时间继续部分也。如自本日起三年,生死不明以后十年是。期间在法律上之效果复杂繁多,各种法律行为规定,故总则未揭一般的规定。兹所述者,仅其计算法而已。

期间与期日异。期日乃指特定之时期而言。期间则为以一定时期为起点,而继续迄于他时期也。故期日纵非瞬间之意,但无继续之观念。

而期间则以继续的观念为必要。或以期日为静的观察之时间，而期间为动的观察之时间者，即此意也。

法令、审判或法律行为所定之期日及期间，除有特别计定外，其计算，依本章之规定（一一九条）。依法令所定者，如《民法》第十二条、八条、七六八条、七六九条等是。若法令、审判及法律行为未定期间之计算法时，则依总则第五章之规定。故本章所规定之期间计算法，乃解释的规定，并非强行的规定。

第二节　期日及期间计算法

（一）计算法之种类　期间之计算法，自罗马法以来，分自然的计算法（computatio naturalis）与历法的计算法（computatio civilis）两种。前者之计算法，甚为精密，且有不加人为的增减之便宜。而后者则依历法上之单位，即依年月星期日等而计算之。两者之间，各有得失。前者虽非简便，然甚精密，适于短时间之计算。后者虽非精密然颇简便，适于长期间之计算也。我《民法》原则上依历法的计算法。至于时之计算，则依自然的计算法。而时以下之分秒，虽无特别规定，亦不可不依自然的计算法也。

（二）以时所定之期间计算法　以时定期间者，即时起算（一二〇条一项），所谓即时起算，即由次之瞬间起算期间之谓。至其满了点，则无规定。其由起算点计算，经过至所定之时为满了点者，则毫无疑义也。如由午前十时二十分起四时间即以午后二时二十分为满了点。非以午前十一时起算，而以午后三时为满了点也。

（三）以日、星期、月、年所定之期间计算法

1. 其期间之始日不算入（一二〇条二项）　以日以上为单位所定之

期间,在罗马法虽有自然的计算法与历法的计算法两种。我《民法》为应近世交易之需要,仿《德国民法》(一八七条)之规定,简单明了采历法的计算法。

关于依历法的计算法之期间起算点,有二说。一为始日算入说。他为始日不算入说。前者称为缩短的计算法。后者称为延长的计算法。我《民法》采用后者,规定始日不算入。盖如此颇适合于当事人之意思也。如在非对话人间之要约,定回答之期间为十日时,则自该要约达到相对人之翌日起算十日间。但年龄之计算,有特别规定,即自出生之日起算(一二四条一项)。

始日之时间起于午前零时时,其始日应否算入,我《民法》无规定,解释上成为问题。《德国民法》(一八七条)规定,以某事实之发生为期间之起算日时,则其事实偶然于午前零时发生,其始日仍不算入。唯时刻以午前零时起算时,方可算入(Oertmann)。《日本民法》(一四〇条)则规定期间自午前零时开始时,其始日亦应算入。在我《民法》之解释上,其始日均一律不算入。

2. 终止点　以星期、月或年定期间者,以期间末之终止为终止(一二一条一项)。即末日之终止点,非为午前零时而为午后十二时也。

在罗马法之解释,依期间之种类,而其终止点亦有不同。如系关于权利之取得时,则以末日之届至为终止点。若系关于权利之丧失时,则以末日之终止为终止点。此种分类方法,殊难谓为合理。盖通常由一方当事人观察之,为权利之取得。而由他方当事人观察之,则往往为权利之丧失。此时究以末日之开始或终止为终止点,殊难决定。我《民法》仿《德民法》(一八八条)之规定,且基于普通当事人之意思,采延长的计算法,而以末日之终止为终止点。故当事人于末日之午后十二时以前,尚得为债务之履行及其他行为。不过于夜深不适当之时为之,而认为有违反信义之规则时,不能认为有效而已。然依商事习惯定有交易时间时,则应解为交易时间之终止为终止点。

关于以时所定之期间之终止点,《民法》虽无规定,然须依自然的计算法以计算其终止点者,则无庸疑。如自午前十时二十分起算四时间,则以午后二时二十分为其终止点,非以最后时期之终止为终止点也。

3. 末日之延期　于一定期日或期间内应为意思表示或给付者,其期日或期间之末日为星期日、纪念日或其他休息日时,以其休息日之次日为终止点(一二二条)。休息日仅能影响于期间之终止点,而不能影响于其起算点及其中间所经过之期间也。《日本民法》(一四二条)规定此等休息日有不为交易之习惯时,方延长期间之末日。我《民法》既未规定此等限制,自不能为同一解释。

本条规定,不能谓为系为债务人之利益而设。至为债权人之利益,亦可适用之。如在星期日债务人受履行之请求时,固可为期限之抗辩。又其请求系期限前之请求,债务人纵不为给付,亦不负迟延责任。又债务人于星期日提出给付时,债权人纵拒绝受领,不能谓为债权人之迟延(富井氏)。但德国尚多反对说(Oertmann)。谓期限系为债务人之利益而存在时,则债务人抛弃期限之利益,在星期日向债权人提出给付时,亦可发生债权人迟延之效力。然本条规定对于债权人债务人双方皆生效力。如在星期日向已闭锁之银行门前提出给付,银行不能负迟延责任。若依反对说,则银行为避免受领迟延之不利益,在星期日不能不营业也。

4. 末日之算出法　以日定之期间,固无问题。而以月、年所定之期间,则不能不生是否以日换算之问题。《民法》规定以历计算,则一月不问其大小皆为一月,一年不问其有无闰月皆为一年(一二三条一项)。星期、月或年非连续计算者,每月为三十日,每年为三百六十五日(同条二项)。

期间又分为连续的期间(Tempus Continuum)与非连续的期间(Tenpus utile)二种。连续的期间者,乃一旦进行开始时不间断的经过期间也。非连续的期间者,乃不以继续的经过为必要之期间也。例如约定一年服三个月之劳务,一年休息一个月是。若一年服与三个月相当之劳务,得与一个月相当之休息即可。其日子不以继续为必要。民法一二三条第二项所规定者是也。

期间之不以星期、月或年之始日起算者,以最后之星期、月或年与起算日相当之前一日为期间之末日。但以月、年或定期间,于最后之月无相当日者,以其月之末日为期间之末日(一二一条二项)。如于十二月三十日起算,约定二个月之期间。至次年二月无相当之日(即三十日),则以二月之末日(二十八或二十九)为期间之末日。

(四)年龄计法　年龄自出生之日起算(一二四条一项)。关于年龄之计算,其出生日应否算入,自来学说甚多。而各国立法例亦不一致。然出生日之亦应算入者实合于人类生活之观念,故法律特为规定之。又出生之月日无从确定时,推定为七月一日出生。知其出生之月,而不知出生之日者,推定为该月十五日出生(同条二项)。

第五章　消灭时效

第一节　总　论

第一,时效之意义

时效(praescriptio, prescription, Verjährung)者,以时之经过为必要

之法律事实也。由此等法律事实所生之法律效果,在各国法制,虽不必尽同,而其以时之经过为必要,及发生私生上效果两点,则无差异。

第二,时效之沿革

(1) 罗马法　时效制度,在罗马法发达甚早。兹分为取得时效与消灭时效而说明之如次。

(a) 取得时效(Usucapio)　Usucapio 乃由使用而取得之义。取得时效乃长期占有他人所有物,即取得其物之所有权之制度也。此种制度,罗马《十二铜表法》中,既已存在。其初占有之期间甚短。在动产占有一年,在不动产占有二年,即取得所有权。然此制度属于市民法,仅能适用于罗马市民及意大利领内土地。嗣后罗马殖民地迫于实际上之必要,亦发达同样制度。若占有人及所有人住于同一州内时十年,否则二十年间占有他人之土地时,取得其所有权。此制度之期间,较前者为长,故称为长期时效(Praescriptio longi temporis)。后至 Justinian 帝时,废止两者之区别,而合为统一之制度。关于动产,虽采 Usucapio 之规定,而关于不动产,则采长期时效之规定,别为十年与二十年。此制度系关于权利取得,故后世称为取得时效。

(b) 消灭时效(Praescriptio)　消灭时效,原来系关于诉权(Actio)之制度。在罗马市民法,诉权不因时间之经过而消灭。故诉权一旦成立时,即永久存在。然法官(Praetor)所赋与之诉权,原则上须于一定期限内行使之。于是生永久诉权(Actio perpetua)与有期限诉权(Actio temporales)之区别。嗣由 Theodosius 二世之命令,规定一般诉权之消灭时效为三十年,然犹保留旧日之名称。称经三十年消灭之诉权为永久诉权,称短期者为有期诉权。Justinian 帝之立法亦从之。

由此观之,此二种制度,在罗马法上,其发达之时期实有不同,其要件及效果亦异。即一存在于《十二铜表法》,一起源于法官之命令。一以占有为基础，一系权利之不行使。一关于权利之取得，一关于权利之消灭。故以后之罗马法注释派之学者，解释两者为统一之制度，纯出于误解也。

（2）德国法　所谓罗马法注释学者，以时效为统一之制度，而别为取得时效与消灭时效之二种。自 Savigny 以后，普通法时代之学者，极力指摘罗马注释派之误谬，谓取得时效与消灭时效，性质各异。一则有直接取得权利之效力，一则无直接消灭权利之效力。Windscheid 更阐明诉权之消灭时效，并非关于公法上之诉权，乃私法上之请求权能因消灭时效而生拒绝请求之抗辩权。嗣后《德国民法》遂采此见解，完全以之为两种不同之制度，将取得时效规定于物权编，将消灭时效规定于总则编。我《民法》仿之。

（3）法国法　《法国民法》以时效为单一的统一制度，而概括的规定取得权利及免除义务之方法（《法民》二二一九条）。而两者非经当事人援用，法官不得以职权适用（《法民》二二二三条）。《日本民法》效之。《法民法》之统一的制度与《普鲁士民法》《奥地利民法》相同，完全为罗马法注释派之误解所支配也。

（4）英国法　英法之时效制与大陆诸国不同，乃独立之制度，不受罗马法之影响。又非单一的统一制度。关于不动产，有出诉期限法（Real Property Limitation Act）。关于动产及债权，有出诉期限法（Statute of Limitation）。关于不动产之限制物权，有取得时效法（Prescription Act）而已。关于一般的取得时效，则未设规定。

第三，时效制度之理由

所谓权利，原则上有排除事实状态之效力。而时效则予永续的事实状态以较权利更强之效力。于是此等事实状态，反能排斥权利，而受法律之保护。故时效制之立法理由，殊有研究之必要。

永续的事实状态,足以成立一种社会的秩序。普通莫不视此永续的事实状态为适法,往往因此发生种种法律关系及事实关系。若经若干年后,一旦复以往日之证据材料而确定原权利人之权利,以颠覆此社会的秩序时,殊有害于社会之公益。若牺牲社会之公益,而认原权利人之权利者,实反乎法律之目的。此所以认时效制之主要理由也。要之,法律须保证因永续的事实状态所成立之社会秩序,而不许原权利人主张其自己之权利。其他尚得举种种附随的理由。其一,永续的事实状态,普通概认为正当成立之事实状态。其二,长久不行使自己权利之人,不啻睡眠于其权利之上,纵使丧失权利亦不为酷。总之,时之力之不可否认者,乃认时效之重要理由。以之与习惯法相比较。习惯法者,时之力及我客观的法律之上。时效者,时之力及于主观的权利之上者也。

时效制度既基于维持社会秩序之公益上理由,则关于时效之法规,原则上为强行法规。故以权利人义务人之契约,排除时效法规之适用,或延长时效期间,或增加中断事由,使时之完成困难者,皆不能认为有效也。

第二节　消灭时效

消灭时效(Erlöschende Verjährung)者,于一定期间内不行使权利,而致权利消灭之法律要件也。

(1) 须经过一定期间　其期间之长短,虽因各种权利而有所不同,但须为法律所定之期间,故不以时之经过为要素者,则非时效也。

(2) 须继续不行使权利　仅有时之经过,尚不能完成时效。于其时之经过期间内,尚须权利不行使之事实状态之继续。此种事实状态,与时之经过相结合,形成法律状态,而为丧失权利之原因。

（3）时效乃法律要件　《民法》第一二五条规定请求权因十五年间不行使而消灭。则消灭时效并非权利丧失之推定，又非权利丧失之证据，乃权利丧失之原因也。

消灭时效与除斥期间（Ausschlussfrist）或预定期间（délai préfix）之性质不同。所谓除斥期间或预定期间，亦因时之经过而消灭权利，此点与消灭时效相类似。然其性质及效果，则大有差异（Grawein，Enneccerus，Oertmann；反对 Wendt）。盖除斥期间，乃法律为一定权利所预定之存续期间。而消灭时效则不然，乃因权利之不行使，而消灭其权利，非预定其权利于一定期间内之存续也。前者有为时所限定之性质，后者则否。所谓时效中断之制度，系因此理由也。两者之性质，既大不相同，故其效果，亦有重大差异。分述于次。

(1) 除斥期间在法律上当然有消灭权利之效力。而消灭时效仅能使债务人取得拒绝请求之抗辩权。前者虽不许抛弃，而后者则否。

(2) 时效期间有时因中断及停止而延长。除斥期间乃不变期间，绝不因何等事由而延长，故又称为预定期间。德国民法有不因中断停止而延长之除斥期间，与准用中断之规定或特别规定中断事由之除斥期间两种。学者称前者为纯粹的除斥期间（Reine Ausschlussfristen），后者为混合的除斥期间（Gemischte Ausschlussfristen）。我民法不认混合的除斥期间。其立法上之当否，兹不论及。

(3) 时效时间与除斥期间区别之标准，大都只能根据于法文之文意而推断之。例如法文中有使用"因时效""因几月年不行使"等之文字者，概属于前者，否则属于后者。

第三节　消灭时效之要件

何种权利得因消灭时效而消灭，《民法》虽依《德国民法》（一九四条）及《瑞士债务法》于一般消灭时效，仅就请求权有规定，一若惟有请求权始有消灭时效者。但同时于特别之消灭时效，就请求权以外之权利，亦设有规定（如四一六条、四一七条、五一四条等）。故解为得经消灭时效者，并不以请求权为限。兹分别论述如次。

第一，财产权

（1）请求权　不问其为作为之请求权，抑为不作为之请求权（参照一二八条），均得因时效而消灭。其期间除有特别规定外，应适用一二五条之规定。

（2）所有权　所有权不得因消灭时效而消灭。他国民法，亦有以明文规定者（《日民》一六七条）。我《民法》第六章所规定者，仅限于请求权，亦可为同一解释。盖所有权非如债权等为动态的权利，而为静态的权利。其权利本身，自不能因不行使而因消灭时效消灭也。至所有权因取得时效之间接效果而行消灭，乃属当然。由所有权所生之物权的请求权，即所有物返还请求权与妨害除去请求权，得因消灭时效消灭与否，学说有二。

（a）肯定说　谓此种请求权，既久不行使，实有害社会秩序，自仍应与一般请求权同视，使之消灭，方合于消灭时效之精神。

（b）否定说　谓所有权本身既不能因消灭时效而消灭，则由其所生之物权的请求权自亦不能因消灭时效而消灭。

就我《民法》九六三条之规定观之，似应采肯定说（陈瑾昆氏《民法通义·总则编》三五〇页)。然九六三条所规定之期间,应解为除斥期间而非时效期间(松冈氏《物权法》一六五页)。盖此两种请求权之行使,须以诉讼方法故也。日本鸠山氏以前采肯定说,现已改为否定说。谓物权的请求权虽与普通的债权之请求权相类似而实有不同。债编之规定,仅能于容许之范围内,准用于物权的请求权。所有权于其圆满状态被妨害之间,乃不断的发生返还请求权与妨害除去请求权。故物权的请求权不能因消灭时效而消灭云。所谓物权的请求权,乃以完全发挥其基本物权为目的,故于此范围内,方能存在。若基本物权一旦消灭,则物权的请求权当然归于消灭。又于基本物权之存续期间内,物权的请求权不能单独因消灭时效消灭也。不然者,事实上将有所谓无物权的请求权之物权。此种物权,仅有物权之名而无物权之实矣。

(3) 担保物权　担保物权不能先于债权因时效而消灭,乃为学说所公认。盖此项权利,乃为从属于债权之权利。且法律有特别规定,于债权之请求权经时效消灭时,尚不消灭(一四五条一项、八八〇条)。担保物权之不能受消灭时效之适用者,更属显然。

(4) 与一定事实关系或法律关系相终始之权利　如相邻权(七七四条以下)及共有物分割请求权(八二三条),在相邻关系或共有关系存续期间内,乃当然存在,自不能因时效而消灭。

(5) 形成权　形成权中之撤销权及契约解除权,《民法》设有特别规定(四一六条二项、四一七条、五一四条),则自可依此特别规定之消灭时效而消灭。但抗辩权乃须有他方之请求,方能行使,不能依时效而消灭也。

第二,非财产权

消灭时效之制度,仅能适用于财产权。故非财产权如人格权、身份权,其本身不能因时效而消灭。但由非财产权所生之请求权,若有财产上之价值，除赡养费已有明文规定外（一二六条），亦可适用消灭时效之规定。

第四节　消灭时效之期间

请求权因十五年间不行使而消灭。但法律所定期间较短者，依其规定（一二五条）。兹所谓请求权，乃指私法上之请求权而言，非指公法上之请求权即诉权也。又我《民法》仅规定请求权之消灭时效（Anspruchs Verjährung）而不规定债权之消灭时效者，与《德国民法》同，而与《日本民法》异。盖请求权消灭之结果，不过成立一种抗辩权，使债务人得以拒绝债权人之给付请求而已，债权并未消灭也。

罗马法及德国民法，称消灭时效已完成之债务为自然债务（naturalis obligatio）。此种债务，仍认为存续。债权人虽不能受诉权之保护，然债务人任意履行债务时，则不得以不当得利为理由而请求返还（《法民》一二三五条）。德国虽无明文规定，而学者大都认此种债务及其他债务为自然债务。我民之解释，亦应从之，请求权已经因消灭时效而消灭之债务，应视为自然债务也。

一二五条所规定之请求权，乃指一二六条、一二七条及其他特别规定以外之请求权而言。其成立原因是否为法律行为，是否经确定判决，是否作成公认证书，为主债权之请求权抑为从债权之请求权，非所问也。然物权的请求权，则不包含。

请求权之消灭时效，亦有长期短期之别。其期间自请求权可行使时起算。但以不行为为目的之请求权，则自为行为时起算（一二八条）。请求权消灭时效之期间，以十五年为原则。但依权利之性质，有规定较短之期间者。

（1）五年之时效期　利息、红利、租金、赡养费、退职金及其他一年或不及一年之定期给付债权，其各期给付请求权因五年间不行使而消灭（一二六条）。此等债权大都为一年或不及一年之定期给付债权，且其债权额亦不甚大。若经时过久，其法律关系易致暧昧。故法律规定五年短期之消灭时效。

所谓定期给付债权（Rente）者，于一定或不定之期间，以定期受领金钱及其他不特定物之给付为必要之债权也。其特质为每经过一定期间即须为一定给付，且有发生每期给付之基本债权。其给付不必限于金钱。其存续期间之为永久，为终身，为一定期间，均非所问。不过定期给付债权之性质上，须有为定期给付之反复期间而已。

因一定期间之经过，而生为一定给付之债务，此法文所以称为定期给付债权也。然每期所生之给付债权，须基于该债权之性质上之必要。如将买卖之价金定为月付，消费借贷之金钱定为年付时，非兹所谓定期给付之债权也。关于此等年付月付，乃当事人将普通债权之清偿期分为数期。即将债权分割，而定各部分债权行使之时期而已。须依一二五条之通则，以定各部分债权之消灭时效之进行。

除以每期给付为目的之债权之集合外，尚须有生此债权之基本债权。此基本债权，称为定期给付债权。如每年受千元之终身定期金债权，及每一年生千元之债权是也。每年给付债权与定期给付债权之关系若何，见解歧而为二。有主张基本债权成立时，则每期给付债权即行成立。期间之经过，不过为清偿期之届至者。又有主张因期间之经过，即发生每期给付债权者。然终身定期金之每期债权，究应于何时发生，殊为不明。故每期给付债权，须解为因时间之经过而成立也。

（2）二年之时效期　以二年为时效期间之请求权如次（一二七条）。

（a）旅店、饮食店及娱乐场之住宿费、饮食费、座费，消费物之代价及其垫款。

(b) 运送费及运送人所垫之款。

(c) 以租赁动产为营业者之租价。

(d) 医生、药师、看护生之诊费、药费、报酬及其垫款。

关于此等债权之消灭时效起算点，法律无规定。关于医生所有之债权，在法国议论尤烈。有主张因由每一次诊治或每一次手术，成立一个债权，而使其即进行消灭时效者。有谓虽可使其成立各个债权，然不能即时请求，须由疾病之终了，在长期之疾病，须由如年末等一定时期进行消灭时效者。又有以年末为得行使债权之时间者。法国判例则以病人与医生断绝关系时为消灭时效进行时期。我《民法》既无规定，若当事人（病人）与医生有特约，则依其特约。若无特约，而有习惯时，则依习惯。否则依一二八条之通则以定之。

(e) 律师、会计师、公证人之报酬及其垫款。

(f) 律师、会计师、公证人所收当事人物件之交还。

物件之返还请求权，不仅限于基于所有权之物上请求权。如该物件系由他人借来，则当事人自己对该物件虽无所有权，亦得请求返还也。时效起算点，乃职务执行终了之时。如仅委任第一审之诉讼代理时，则自第一审终局判决时起，进行消效时效。若系委任迄终审止之诉讼代理时，则自判决确定时起，进行消灭时效。

(g) 技师、承揽人之报酬及其垫款。

(h) 商人、制造人、手工业人所供给之商品及产物之代价。

以上各种债权，在吾人日常生活中发生最多，且往往不给收据。若为期过久，殊不易证明。故诸国法制，莫不规定短期之消灭时效，以从速确定其法律关系，且使权利人从速行使其权利也。

第五节　消灭时效之进行及完成

消灭时效乃以经过法定期间不行使权利为其成立要件。此期间之开始，曰消灭时效之进行，又曰消灭时效之起算。此期间之届满，曰消灭时效之完成，又曰消灭时效期间之终止。《民法》就请求权设有一般起算点之规定。即请求权之消灭时效，自请求权可行使时起算。以不作为为目的之请求权，自行为时起算（一二八条）。所谓权利可行使者，即谓行使权利无法律上障碍也。若仅有当事人之事实上之障碍，时效仍不妨进行。其是否有法律上之障碍，虽须各种权利而观察之，兹略述一般可适用之原则如次。

（1）权利行使之事实上之障碍，自不能有碍时效之进行。如权利人之不在、疾病，固不待言。至因天灾及其他不可避免之事变，使权利之行使发生困难时，亦然。

（2）权利人一身上之障碍，亦无影响。如当事人无能力且缺乏法定代理人是。

（3）附着于权利上之法律上之障碍，不问其种类若何，皆有碍时效之进行。关于未成立之权利，附停止条件之权利，附始期之权利，其消灭时效不开始进行。迨其权利成立，条件成就，始期届至时，若无其他故障，其消灭时效方行起算。

债权定有履行期时，则不问其期限为确定的抑为不确定的，迨其期限到来，时效方始进行。迨期限到来以后，当事人更定有犹豫期间者亦同。债权未定履行期者，时效之进行由债权成立时起抑由催告时起（参照二二九条二项），学说上有争执。以前说为当。附有抗辩权之请求权，是否可阻碍时效之进行，古来议论不一。有谓时效之进行不因此受影响者(Savigny)。有谓原则上应停止时效之进行者(Windscheid)。有主张应分别抗辩权之种类而研究之者。所谓抗辩权乃灭却或减杀请求权之效力之反对权。由此观念,即可分为灭却抗辩权(peremptorische Einrede)与延期抗辩权(dilatorische Einrede)两种。前者通说皆谓不碍时效之进行(Dernburg, Oertmann, etc.)。如抵销之抗辩是。盖附有此种抗辩权之请求权,其效力较普通之请求权为弱。若使其停止时效之进行时,反使其效力强大故也。反之,在延期抗辩权,其权利之行使,可谓为有法律上之障碍。非权利人除去其障碍,时效自应停止进行。如同时履行抗辩权,非请求权人清偿自己之债务或为履行之提出,而排除法律上之障碍时,时效不开始进行。

关于不作为之请求权,应自何时起进行时效,学说亦有议论。《民法》仿《德国民法》(一九八条二项)以明文解决之。即自有违反之行为时起,进行时效。盖在未有违反行为以前,权利仍在满足状态。权利人并无为何等行为之必要。故须于有违反之行为之时,始得称为行使权利之时。自此时起,仍不行使权利,消灭时效方能进行。

第六节　时效之抛弃

时效之利益,不得预先抛弃(一四七条)。时效之利益之抛弃(renonciation à la prescription)者,当事人表示其不受因时效完成所得之利益。即因时效完成而免除义务之人,表示其不免除义务是也。此种利益,不得预先抛弃。如时效期间进行前所为之抛弃的意思表示,固可谓为预先抛弃。而在时效进行中所为之抛弃的意思表示,须分别论之。如仅抛弃已经过去之时效期间之利益,仍可有效(鸠山氏、富井氏)。若系抛弃将来未完成之时效利益时,则为预先抛弃也。法律所以禁止预先抛弃时效利益,乃基于时效制度之理由。即由公益上理由所规定之时效制度,不许以私人之意思表示而任意左右之。若债权之消灭时效之利益,可以预先抛弃时,则债仅人可常强迫债务人为此抛弃之意思表示。其结果等于排除时效之适用,殊与设时效制度之公益上目的相反。故诸国法制,莫不禁止事前之抛弃(《德民》二五五条,《法民》二二二〇条)。

于时效完成后所为之时效利益之抛弃,通说皆解为有效(Staudinger、Riezler、富井氏、梅氏、冈松氏、中岛氏)。余亦采此说。盖一四七条之反面解释,抛弃已完成之时效利益,应解为有效也。抛弃之结果,从来之权利义务仍然存续,并非赠与已经消灭之权利,或负担已经消灭之义务也。故原债权之担保物权如质权、抵押亦依然存续。以时效为权利消灭之绝对原因学者,于说明抛弃之性质时甚感困难。兹说重要的二种学说如次。

(1) 赠与说 谓时效乃权利丧失之绝对原因。故时效完成后所为之抛弃,系将已经取得之权利从新让与于原权利人,或从新负担已经免除之义务(Laurent)。然此说关于抛弃之效果一点,与当事人之意不符。盖当事人为抛弃之意思表示时,仅有使时效之效果不发生之意思。而无于时效发生效果以后,而更为赠与之意思。故赠与说不仅与当事人之意思相反,且与意思表示之法理不合。于此意义而认时效之抛弃时,虽有抛弃之名,而无抛弃之实矣。

(2) 承认说 谓时效乃权利丧失之原因。其理论上之结果,抛弃虽应解为既取得权利之抛弃,既消灭债务之负担。然抛弃之意义,不在此点。所谓时效之抛弃乃承认已完成之时效为未完成而已(富井氏)。谓抛弃之性质并非赠与,而认从前之法律关系依然存续者,乃此说之特长。且此说不仅合于抛弃之性质,并与当事人之意思亦不相违背。然如此解释,殊难认时效为绝对的即确定的丧失权利之原因也。

比较适当之解释须以抛弃为当事人所为不受时效利益之意思表示，且因此意思表示而生时效不完成之效果也。盖法律对于当事人无强其必受时效效果之理。故当事人为不受时效利益之意思表示时，法律即须认其意思表示之效力。如此解释，方足以适合于当事人之意思，且与意思表示之法理不相违背也。

抛弃既为不受时效利益之意思表示，故与时效中断原因之承认不同。若不认识时效之完成，则不能为抛弃之意思表示。

关于抛弃之能力及效果，法律无特别规定。然抛弃乃消灭既完成时效之效果之行为，故为一种处分行为，须有处分之能力及权限也。

抛弃乃单独行为，且为有相对人之单独行为。其意思表示须向因时效之完成而受不利益之当事人为之。其与赠与不同之点，抛弃虽不须相对人之承认，但须为有相对人之意思表示也。

以使时效之完成发生困难为目的之法律行为，与预先抛弃时效之性质颇相类似。故《民法》第一四七条规定，时效期间不得以法律行为加长或减短之(《德民》二二五条)。盖此种法律行为，与设时效制度之公益上之理由相背驰故也。如于权利可以行使时，而使消灭时效不起算，时效期间已具备法定要件，而使其不进行之行为，固可谓为延长时效期间之行为。但定债务履行期之行为，虽能使迄履行期止，时效不开始进行，然不能解为延长时效期间之行为也。

第七节　时效完成之障碍

时效进行后，因一定之事实状态之存在，而不能完成，所谓时效中断及停止(不完成)是也。两者并称之为时效完成之障碍。

第一款 中断

时效之中断(interruption, Unterbrechung)者,于时效进行中,因发生与时效之要素相反之事实,而使其所经过之期间归于无效之谓。以之与时效之停止(Hemmung, suspension)相比较。两者虽统称之为时效进行之障碍,然后者仅在障碍事由存在期间内,妨碍时效之完成而已。反之,前者在障碍事由除去以后,并非继续障碍发生前之期间而进行时效,乃将以前所经过之期间全成归无效也。故在停止,时效之起算日,在停止以后。一旦时效完成时,其效力溯及停止以前。而在中断,则自中断以后,从新起算时效之期间。

《法国民法》(二二四二条)分时效中断为自然中断(interruption naturelle)与法定中断(interruption civile)两种。前者因丧失时效要素之外形的事实,时效当然中止进行。即因丧失占有而取得时效中断者,称为自然中断。由法律所规定之行为,而中断时效之进行者,称为法定中断。我《民法》于物权篇之取得时效,有自然中断之规定(七七一条)。本节所规定者,仅限于法定中断而已。

中断事由可大别为二。第一由于因时效受利益人之行为者。第二由于因时效受不利益人之行为者。前者一二九条所规定之承认是也。后者立法例又分二。第一为必限于诉讼上者,为德法及法法所采用(《德民》二〇九条,法二二四四条),乃系承袭罗马法之先例。第二,不必限于诉讼上者,为《日本民法》所采用。即认权利人之催告为中断事由之一(《日民》一五三条)。我《民法》亦然,一二九条所规定之请求是也。

(1) 请求　乃指裁判外之请求而言。即因时效受不利益当事人,对于相对人主张其权利也。若在债权通常为要求履行(即催告),但仅要求承认亦可。

关于请求之方式,法律无限制。债权人自己或由代理人、承发吏为请求,以口头,以书面为请求均可。不过为保留后日证明时效中断之证据起见,书面之请求较口头之请求为有力的中断事由而已。

由于请求之时效中断,受有巨大之限制。即时效因请求而中断者,若于请求后六个月内不起诉,视为不中断(一三〇条)。盖权利人为请求后,义务人如未之应,而权利人仍行放置,则可谓为无行使权利之意思,故民法视为不中断。又催告后六个月以内义务人为承认时,则权利人往往信赖此种承认而不为裁判上之请求,故应使请求效力继续,而于承认时认时效中断之效力。

由于请求之时效中断,是否由请求终了时起,依一二〇条二项之规定,由其翌日开始进行。尔后更由裁判上之请求,再认时效中断之效力;或由于请求之时效中断之效力继续至为裁判上请求时止,而以裁判之终了为中断事由之终了,解释上成为问题。若以请求与裁判上之请求两者相合而为一个中断事由时,固应依后者之见解。若以请求为一独立之中断事由,不过尔后须发生他之独立中断事由(即裁判上之请求)时,则应依前者之解释。然无论依何见解,其结果无若何之差异。

(2) 承认　承认者,受时效利益之当事人,表示认识债权人之权利之存在之行为也。债务人为此行为时,债权人往往信赖之而不行使权利,自不能谓为有怠于权利之行使。故须使其发生时效中断之效力。

承认是否为意思表示,学说上有议论。德国多数学者,皆不以之为意思表示(Planck, Kipp, Oertmann, Crome, Gareis, Neumann, Riezler, etc.; 反对 Endemann, Hölder)。日本学者,多以之为意思表示(冈松氏、梅氏、平沼氏;反对中岛氏)。然承认既无从新负担债务之意思,又无欲以此发生时效中断之效果之意思,不过认识债权之存在而已,故不应视为意思表示,而为一种观念通知也(鸠山氏、川名氏)。

承认须对于相对人表示之。此点法律虽未明白则定,但观念通知准用意思表示之规定。且考诸承认之所以为中断事由之理由,尤须以相对人表示为必要。如《德国民法》所例示之一部清偿、支付利息、提出担保及其他方法而承认债务时,非对于相对人表示之,则不生时效中断之效力。若仅以债务人知债务之存在为中断事由时,则恶意之债务人,势必不能受时效之利益,殊有埋没法律之所以就承认不分善意恶意之趣旨也。若已对相对人表示,则其表示之为书面或口头,在所不问。

承认只能于时效期间进行中为之。在时效期间进行前,固不得有所谓承认。而在时效完成后,亦不能有所谓中断。故在时效进行前完成后所为之承认自不能认为有时效中断之效力也。不过知时效完成所为之承认,生抛弃之效果而已。

由于承认之时效中断,于其承认之观念通知达到于相对人时,发生效力。新时效由承认达到之翌日开始进行。

(3) 起诉　起诉者,因时效受不利益之当事人,对于法院主张其权利存在之谓也。其诉为履行之诉、确认之诉、本诉、反诉、附带私诉,在所不同。因起诉而时效中断者,是否由当事人,提出诉状于法院即可,抑须由法院将其诉状送达于相对人,方能生中断之效力？学者有谓发生诉讼拘束之时期,乃诉状送达之时,应以此时为中断之时者。然生诉讼拘束之时期与时效中断之时期,不必在同一时期。故《民法》一二九条规定以起诉为中断时期(《德民》二〇九条),不必俟其诉状送达于相对人也。

以起诉为时效中断事由,乃条件的而非确定的。如当事人撤回其诉,或因不合法受驳回之判决,其判决确定时,不生中断之效力(一三一条)。盖撤回其诉,是当事人自愿抛弃其依诉而受保护之请求权。又因不合法而受驳回之判决,其判决确定时,其诉既为无效,故不生中断之效力,乃当然之理也。外国法制有以诉之驳回为基于管辖错误之理由时,不使其当然丧失时效中断之效力。若于驳回后之一定期间内,提起适法之讼诉时,则可补充以前起诉之中断效力者(《德民法》二一二条,《法民》二二四六条,《瑞债》一五八条)。我《民法》既无此类规定,自不能为同一解释。

附带私诉因有民诉之性质,故足以生时效中断之效力。但行政诉讼及行政诉愿,则并非依民诉之程序而主张权利者,故不能谓为起诉。盖依是等程序,固能间接影响于私权,然其直接之目的,则在求行政处分之撤销或变更,均不能因此而生时效中断之效力。

(4) 与起诉有同一效力之事项,又分为五。

(a) 依督促程序送达支付命令　督促程序者,以请求对于债务人发支付命令(Zahlungsbefehl)为目的之特别诉讼程序也。依督促程序送达支付命令之时,即生诉讼之拘束(权利拘束),故能发生时效中断之效力。然督促程序,系一种简易诉讼程序,与通常之诉讼程序大不相同。故其诉讼拘束之效力亦非确定的。若债务人对于支付命令声明异议,而债权人不于法定期间内提起正式诉讼,则诉讼拘束即丧失效力,时效中断之效力亦自始不存在(一三二条)。

时效自中断事由终了之时,更开始进行。关于由于支付命令之中断事由之终了,须区别债务人声明异议与否而研究之。若债务人未声明异议,则以声明异议之期间满了之时,为中断事由终了之时。若债务人声明异议,债权人不于法定期间内提起通常诉讼,则中断之效力归于全灭,固不发生问题。若债权人于法定期间内提起正式诉讼,而诉讼拘束仍不丧失效力时,则以通常诉讼之终结为中断事由之终了。

(b) 因和解而传唤　因和解而传唤者,因和解而有裁判上之传唤也。在通常情形,当事人于起诉之前,得将请求之目的开呈于法院,请求法院传唤相对人到庭和解。因和解而传唤,是权利人既为主张其权利之表示,故能发生时效中断之效力。但于此情形,相对人不到法庭,或和解不成立(一三三条),仍不发生时效中断之效力。盖此时权利人并未完全行使其权利,故不使发生时效中断之效力。

(c) 报明破产债权　即破产债权人报明其对于破产人之债权也。破产债权之报明,是债权人既为主张其权利之表示,故能发生时效中断之效力。但债权人撤回其报明,仍不发生时效中断之效力(一三四条)。盖债权人撤回其报明者,与未经主张其债权无异,故不能发生时效中断之效力。

破产宣告之声请,是否可以为时效中断之事由,尚有争论。有主张其为一种裁判上之请求,可以为中断事由者。有谓声请即属破产程序之参加,故应有中断之效力者。又有声请并非破产程序之参加亦非裁判上之请求,故不能为中断事由者(富井氏、中岛氏、三潴氏)。然破产宣告之声请,与裁判上之请求即起诉自有不同。第二说与我《民法》之规定不合。以第三说为当。

(d) 告知诉讼　诉讼告知者,原告或被告对于第三人,促其参加,通知其诉讼现在存在之谓也。诉讼之告知,是即对于义务人主张其权利之表示,故能发生时效中断之效力。但告知人于诉讼终结后,六个月内不起诉,视为不中断(一三五条)。盖告知人于诉讼终结后六个月内不提诉讼时,是为未完全行使其权利,故不能发生时效中断之效力。

(e) 开始执行行为或声请强制执行　此二者皆权利人为主张其权利之表示,故能发生时效中断之效力。但因开始执行行为而时效中断者,若因权利人之声请,或法律上要件之欠缺,而撤销其执行处分者,仍不生时效中断之效力(一三六条)。因声请强制执行而时效中断者,若其声请被驳回,或自行撤回其声请者,仍不生时效中断之效力(一三六条二项)。盖上述情形,与未开始执行行为,未声请强制执行无异,故不能发生时效中断之效力。

(5) 时效中断之效力　时效中断者,自中断之事由终止时,重行起算(一三七条一项)。因起诉而中断之时效,自受确定判决,或因其他方法诉讼终结时,重行起算(同条二项)。

中断之效力乃使过去已经经过之时效期间全归无效(《德民》二一七条),且在中断事由存在期间内,不使新时效进行。所谓中断事由终止之时,须就各种中断事由而研究之。法律所规定之诉讼终结,乃指判决确定而言。

中断后所进行之时效,是否为新时效,学者间亦有争执。多数学者皆主张为新时效(Oertmann,富井氏,冈松氏;反对川名氏,Goldmann,Lilienthal)。我《民法》所谓重行起算,自应采多数之解释。

中断后,从新进行之时效起算日,并非在中断事由终止之瞬间,须依《民法》一二〇条二项之规定,由终止之翌日开始进行。

此时尚须具备时效之成立要素。若权利人处于法律上不能行使权利之地位时,则须依一二八条之规定,自其权利可以行使时起,进行时效(Oertmann)。因判裁上之和解而时效中断,其和解时,若新定债务履行之期限,纵以前之债权为无期限,而中断后之时效,则须于新定期限满了时起,开始进行也。

中断后之时效,其期间不因中断而延长。法国民法及其法系之民法一般使短期时效于中断后变为长期时效。又《德国民法》(二一八条)亦以由判决所确定之请求权,其消灭时效为三十年。又由裁判上之请求所中断时效,亦变为三十年之长期时效。我民法均不采用之。

时效中断之效力,仅及于当事人及其继承人、受让人(一三八条)。故第三人既不能因时效而受利益,又不能因时效而蒙损害。兹所谓当事人,并非指时效之当事人,乃指中断之当事人而言。纵系因时效之完成而有利害关系之当事人,若未关与该中断行为时,非兹所谓当事人。盖本条规定,系为使未关于中断事由之时效当事人不受中断之效力而设故也。如义务人有二人,对于其中一人所为之中断行为,其效力不及于他之一人也。

所谓继承人与普通称继承人之意义相同。兹不赘述。

《民法》于各处尚设有本条之例外。如关于保证债务,向主债务人请求履行,及为其他中断时效之行为,对于保证人亦生效力(七四七条)。其适例也。

第二款 时效之停止(不完成)

时效期间进行后,因一定事由而停止进行者,学说上称为时效之停止(Suspension, Hemmung, Ruhen)。停止事由发生以前所经过之期间,不使其归于无效者,乃停止与中断不同之点。关于停止之立法例有二。德法两系之民法,不问停止事由系发生于时效进行之始,或进行中,抑进行之终,均认其有停止时效之效力(《德民》二○二条至二○五条,《法民》二二五一条以下)。反之,《日本民法》则仅限于停止事由发生于时效期间进行之终,始认其有停止时效之效力。此又称为完成之停止。我《民法》系采第二主义,不称曰停止而径称曰时效之不完成(Ablaufshemmung)。

外国法律上之停止,仅将停止事由之存续期间,由时效期间除外,而合算其停止事由之前后之期间为时效期间。然我民法上之停止,并非于停止事由消灭后,再经过残余之时效期间而完成时效,乃须经过法律所定之期间。故合算停止事由前后之期间,不一定为时效期间。如关于十五年之时效,其完成一年以前有一四一条所规定停止事由发生,而时效期间不因此事由发生即停止进行,尚可进行六个月之时效期间,至完成前六个月方行停止进行。其事由消灭后再经过六月个，时效即完全成。此时停止事由消灭以后所必须经过之期间，虽与时效之残余期间相等。然若时效完成前二个月发生停止事由时，其事由消灭后尚须经过六个月之期间，其时效方能完成，则停止后所必须经过之期间与时效之残余期间（两个月）不同也。

停止后所须要经过之期间与时效之残余期间其长短虽有不同，然其期间之性质，尚不失为时效期间，而非预定期间。盖权利之存在期间，并不能以停止事由之发生而当然限定。故于其期间内发生中断事由，则非再经过全期间，其时效不完成。又新发生停止事由，更须停止。

不完成之事由，民法所规定者为五种，然可大别为四种。

(1) 由于事变之停止（不完成）

时效之期间终止时，因天灾或其他不可避之事变，致不能中断其时效者，自其妨碍事由消灭时起，一个月内，其时效不完成（一三九条）。

(a) 妨碍事由须存在于时效完成之时，即终止之时。《德国民法》虽规定时完成前六个月，我《民法》为缩小时效停止之范围，故规定终止之时。若将本条终止二字，解为时效完成之瞬间，未免为文字所拘泥。其妨碍事由，纵令于完成前一日消灭，而最后一日有不能为时效中断之困难情形时，仍须认为不完成也。关于中断困难或不能之认定，毕竟委之法官之判断。而法官须以交易之习惯等为认定之基础。如因当事人间之距离、交易之性质之不同，而为中断行为，所需之时间亦不能不有差异。

(b) 妨碍事由须为天灾及其他不可避之事变。关于事变之意义，法律未设解释的规定。若妨碍事由，系因归责于当事人即由于当事人之过失时，纵令其过失甚轻，亦不可称为事变。然以此犹为未足，由事变之文字研究之，凡由于主观的原因，皆应除外。如当事人之错误、疾病、不在等,纵令非基于当事人之过失,亦不可称为事变也。本条所规定之妨碍事由如地震、海啸、洪水等之天灾,及其他如战争、暴动、流行病等,所谓由外来之妨碍,到底不能以通常手段而除去者也。

(c) 须不能中断　仅以不能提起诉讼,尚为未足(反对《德民》),须无论何种中断行为,皆不能为之。

(2) 由于权利之不完成

属于继承财产之权利,或对于继承财产之权利,自继承人确定或管理人选定,或破产宣告时起,六个月以内其时效不完成(一四〇条)。盖行使其属于继承财产之权利之人及对于继承财产行使权利之人,有于继承开始时尚不能确定。又于确定后,关于继承财产之审查,又未免须多少之时间。故我《民法》仿《德民》(二〇七条)之规定,设此种停止事由。《法国民法》关于此点,殊欠完备(参照《法民》二二五八条)。

关于继承人之确定及管理人之选定,属于继承编之范围,兹不赘述。

(3) 由于权利人之不完成

(a) 由于能力之绝对不完成　无行为能力人或限制行为能力人之权利,于时效期间终止前六个月内,若无法定代理人者,自其成为行为能力人或其法定代理人就职时起,六个月以内,其时效不完成(一四一条)。

诸国法制对于因时效而受不利益之无能力人,莫不加以保护。至其保护方法,各国所采用者,不限一律。我《民法》系仿《德民》二〇六条之规定。

罗马法对于未成年人及禁治产人,一般认时效之停止。《法国民法》(二二五二条至二二七八条)从之。然此等无能力及限制能力人若有法定代理人时,则无认时效停止而保护之之必要。我《民法》与《德民》相同,仅对于无法定代理人之无能力人及限制能力人而认时效之停止。法律规定,无法定代理人,则法定代理人纵令因疾病等之理由,事实上不能为未成年人行使权利,不能谓为具备本条之要件(Planck, Oertmann, Staudinger, Riezler)。又苟无法定代理人,纵令有意定代理人,对于权利之行使事实上不发生障碍,亦可具备本条之要件。如得法定代理人之允许,未成年人置有意定代理人后,而法定代理人死亡是。

限制行为能力人,在无须得法定代理人之允许而有行为能力及诉讼能力之范围内,纵令欠缺代理人,亦不受本条之适用。如依八五条一项之规定,允许独立营业之限制行为能力人,则于其营业与成年人有同一之能力。则就营业上之权利,纵令欠缺法定代理人,亦不能适用本条(Oertmann, Riezler, etc.)。

(4)由于身份之相对不完成

无行为能力人或限制行为能力人,对于其法定代理人之权利,于代理关系消灭后一年内,其时效不完成(一四二条)。夫对于妻或妻对于夫之权利,于婚姻关系消灭后一年内,其时效不完成(一四三条)。此两条规定与一四一条不同之点,并非认一般的时效之停止,仅限于无能力人与其法定代理人间、夫与妻间所有之权利义务,认时效之停止而已。故学者称之为相对的停止。

外国法制为图夫妇关系、亲子关系之圆满起见,而于其关系之当事人相互间认时效之停止者(参照《德民》二〇四条,《法民》二二五三条)。我《民法》仅于夫妻间之权利义务,认相互的时效之停止,而于无能力人与其法定代理人间,则认片面的时效之停止而已。

第八节 消灭时效之效力

我《民法》仿《德国民法》,规定请求权之消灭时效于总则编。请求权之消灭时效完成后,若为非债权性质之请求权,自应因时效而消灭。若为债权性质之请求权,则时效不能解为权利消灭之直接原因。即关于有债权性质之请求权,将债务与责任截然区别。消灭时效完成时,只责任可免除,债务并不消灭。故债务人此时对于债权人只有抗辩权。其结果如次。

(1) 时效完成以后,债务人得拒绝给付(一四四条一项)。故债务人受债权人之给付请求时,无论其为审判上审判外,如不为消灭时效之抗辩,仍应为给付。

(2) 请求权已经时效消灭,债务人仍为履行之给付者,不得以不知时效为理由,请求返还。其以契约承认该债务,或提出担保者,亦同(一四四条二项)。

主权利因时效而消灭者,其效力及于从权利。但法律有特别规定者,不在此限(一四六条)。盖从权利从主权利之运命,通常主权利消灭时,从权利既应同时消灭(三〇七条),则消灭时效之效力,自亦应同一论之。

以抵押权、质权或留置权为担保之请求权,虽经时效消灭,债权人仍得就其抵押物、质物或留置物取偿(一四五条一项)。此乃从权利从主权利之运命之例外。盖请求权之所以经消灭时效,往往由权利人信赖担保物权使然,故法律定为不依上述之原则。但此项规定,于利息及其他定期给付之各期给付请求权,经时效消灭者,不适用之(一四五条二项)。

第九节　私权之行使

私权之行使(Ausübung)者,享受私权内容之利益之行为也。有直接实现利益之享受者。有须与他事实相结合,方能实现利益之享受者。其享受利益之行为,或为法律行为,或为事实行为,或为裁判上之行为,或为裁判外之行为。权利之行使,原则上非权利人之义务。权利人之行使其权利与否,原则上乃权利人之自由。故不行使权利,致损害他人时,原则上不能为违法行为。然法律有时因公益上之必要,使权利人负行使权利之义务。或以当事人之契约,亦不妨定行使权利之义务也。权利行使之问题,尤其关于有限生活资料之权利,如土地所有权行使之问题,在社会政策上大有研究之必要。

因权利之行使,而致损害于他人者,事属常有。然法律于其分配社会之利益时,既认一方之权利,则他方之蒙不利者,亦势所难免。故适当行使权利时,纵致损害于他人,亦不谓为能违反法律。但专以损害他人为主要目的而行使权利时,即为权利之滥用,殊有背于公序良俗,为法律所不许也(《德民》二二六条、二四二条、八二六条,《瑞民》二条)。近世关于权利滥用之问题,颇为一般学者所注目,故各国多以明文规定之。我《民法》一百四十八条规定"权利之行使不得以损害他人为主要目的",盖采《德民》二二六条之规定也。

与权利之滥用有关联之问题,即欺罔法院而得不当之判决者,由此判决而为扣押时,是否亦构成侵法行为?解释上颇有议论。日本大审院之判例,采积极说。然以消极说为妥。盖由欺诈手段所得之确定判决,而为强制执行时,若解为侵法律行为,则实质上足以左右确定判决之效果故也。

如得行政官署之许可,是否仍可以不构成侵法行为?然行政官署,除特殊规定外,不得赋与侵害他人权利之权利。故纵有行政官署之许可,则侵害权利之行为,不能谓为权利之行使也。

一、正当防卫

对于现时不法之侵害,为防卫自己或他人之权利所为之行为,不负损害赔偿之责(一四九条)。此学说上所称为正当防卫(Notwehr)者是也。

防卫行为者,为防卫自己之权利所为之行为也。在往时法律尚未完备,权利之保护尚未充分之时,人民往往以自己之力,防卫自己之权利。故此时自卫权之范围甚广。迨时世进步,权利保护之制度,亦逐渐发达。于是自卫权之范围,亦逐渐缩小。现今文明诸国,对于权利侵害之救济,须依法律所规定之方法,不许个人之自力救济。然公力救济,其发动甚迟。若对于急迫不正之侵害,必须依公力之救济时,是不啻袖手而待权利之侵害。于是法律设正当防卫之制度。以自力而防卫权利之侵害者,为适法行为。其趣旨与刑法上之正当防御相同。

正当防卫之要件如次。

(1) 须有他人之不法行为　其不法行为,仅客观的不法,即可构成正当防御乎？抑尚须具备责任能力及故意过失之要件乎？解释上不无疑问。然不具备主观的要件者所为权利侵害,亦无应甘受之理。故应解为仅客观的不法,即可构成正当防卫也。对于适法行为,自不能成立正当防卫,固不待言。

刑法上之正当防御,以急迫不正之侵害为必要。而民法则不以急迫为要件。然侵害不急迫时,尚得依公力救济而纠正之。解释上对于不急迫之侵害所为之自助行为,殊难构成正当防卫也。

(2) 须为防卫自己或第三人之权利　关于第三人之范围及权利之种类,并无限制。则是否应权衡所防卫之利益,与因防御使相对人所受之损害,虽不属于正当防卫之要件,然于决定其是否有防卫之必要时,亦可以此点为标准也。

防卫非报复或救济过去之权利侵害,乃以防卫现在之权利侵害为目的。故不法行为已经完了之后,不能有防卫行为也。但相对人将为不法行为时,或于着手不法行为之后,尚有继续之虞时,仍得为防卫行为也。

(3) 须限于必要程度 若超过必要程度，则于超过之范围，仍为违法，自应负损害赔偿之责（一四九条但书）。防卫至若何程度，方可视为必要，须以防卫当时之情况及一般社会观念以决定之。如反击行为，若一般观念上认为不适当时，不能认为正当防卫也。

如防止夺取果实，而击毙夺取人，在一般观念上，不能认为适当是也。如超过必要程度，已非正当防卫，而为侵权行为。则于其程度，应负损害赔偿之责者，宁属当然也。

正常防御，不仅对于为侵权行为人所加之损害，不负赔偿之责，至为防御之必要，对第三人所加之损害，亦不负赔偿之责。此时受损害之第三人，对于为侵权行为人（即对于正当防卫者为侵权行为者），自得请求损害赔偿。如乙为防卫甲之侵权行为，破坏丙之物品时，丙对于甲有损害赔偿请求权是也。又防卫者为防卫行为之后尚不免发生损害时，亦得请求赔偿。但使侵权行为者负担上述之责任时，则侵权行为者，自应具备侵权行为之主观的要件也。

二、紧急避难

因避免自己或他人之生命、身体、自由或财产上急迫之危险所为之行为，不负损害赔偿之责。但以避免危险所必要，并未逾越危险所能致之损害程度者为限（一五〇条）。

紧急避难行为（Notstand）之成立，须以避免自己或他人生命、身体、自由或财产上急迫之危险为条件。其危险之发生，不问其由于天灾，或由于偶然之事实，或由于他人之行为，均可为紧急避难。若由于他人之行为时，而该行为，亦不必为违法行为，方能为紧急避难。此与正当防卫不同之点也。如由紧急避难行为，更生紧急避难行为，或因受他人违法之侵害，而对于第三人为紧急避难行为是也。然对于法律所要求之必要行为，自不得为紧急避难。

紧急避难，须对于现在或急迫之危险。若危险不急迫或已过去时，自不能为紧急避难之原因。

加害行为须为避免危险所必要，并未逾越危险所能致之损害程度为限(一五○条但书)。换言之，由其避免危险之必要所生之损害，须不超过由其危险所发生之损害程度。若其危险之发生，行为人有责任时，则应负损害赔偿之责(一五○条二项)。

因紧急避难而不成立不法行为者，因本人无冒险之义务故也。若本人于危险发生时，负担一定行为之业务上义务时，则为违反其义务之行为，仍为违法。如船长于有急迫之危险，非尽保护人命、船舶及载货之必要手段，且使乘客、船员离船之后，不能离开其所指挥之船舶。若违反时，纵令该时于自己之生命有莫大危险，亦不能援引紧急避难之例，而免除其违反义务之责任也。又医生、看护妇，不能以有传染之虞为理由，而遗弃病人是也。

人在紧急状态中，应默视自己或他人之法益被人侵害乎？抑应牺牲第三人之法益而救济自己或他人之法益乎？何去何从，紧急避难人自得以自己之意思决定之。由心理上观察之，自不能谓为无意思之自由，或选择之自由。然由普通人情观察之，能牺牲自己之法益，而尊重他人之法益者，宁属非凡之举，非一般庸俗所能为。故在若求不丧失自己之生命身体，则不能不加害于他人之紧急状态中所为之行为，普通皆谓为非由于自由意思所为之行为，或因不可抗力所为之行为，即无责任之行为也。此种观念，亦不足采。盖权利之保护，乃正义之要求。而法律禁止一般复仇的私力救济者，乃为维持社会之秩序耳。则对于避危难之私力救济，自无禁止之必要。然一面尚须牺牲他人之权利，故法律亦非积极的保护此私力救济，不过于不超过损害之范围内，采放任主义而已。此紧急避难之所以不为违法行为也。

三、权利之保护

法律于正当防卫、紧急避难之外,为保护自己之权利,对于他人之自由或财产,施以拘束、押收或毁损者,不负损害赔偿之责。但以不及受官署援助,并非于其时为之,则请求之不得实行,或其实行显有困难者,为限(一五一条)。若为保护自己之权利拘束他人之自由或押收他人之财产者,须即时向官署声请援助。若其声请被驳回,或其声请迟延者,行为人应负损害赔偿之责(一五二条)。

物权法论

例　言

一、本书与前著《民法总则》并为姊妹编，系著者历年在各国立大学讲授物权法所编之讲义增补而成。[①]

二、本书系就我国现行民法为学理的研究，以资各大学学生及法界同人之参考。

三、前大理院及现今最高法院判例，读者自可随时翻阅，本书概未引用。

四、本书括弧内所引用条文，称某条者，系指我国《民法》；称《德民》者，指《德国民法》；称《法民》者，指《法国民法》；称《瑞民》者，指《瑞士民法》；称《瑞债》者，指《瑞士债务法》；称《意民》者，指《意大利民法》；称《奥民》者，指《奥地利民法》；称《日民》者，指《日本民法》而言。

五、本书成于抗战时期，苦于参考资料之缺乏，其中误谬之处在所不免，希海内明哲之士，加以指正。

[①] 先生是书，先于1993年作为国立武汉大学讲义《民法物权》印行，经十余年增修，字数从9万余字增至20余万字，以《物权法论》为题于1945年5月由四川大学法律系印行。本次勘校，以先生1945年版《物权法论》为底本。——编者注

目　录

第一编　物权法总论

 第一章　物权法之意义及性质

 第二章　物权之特质

 第三章　物权之种类

 第四章　物权之效力

 第五章　物权之变动

  第一节　总说

  第二节　由于法律行为之物权变动

  第三节　物权之消灭

第二编　物权法各论

 第一章　所有权

  第一节　总说

  第二节　所有权之沿革

  第三节　所有权之性质

  第四节　所有权之分类

  第五节　所有权之效力

  第六节　所有权之取得时效

  第七节　所有权保留契约

  第八节　不动产所有权

第九节　动产所有权之变动

第十节　共有

第十一节　公同共有

第十二节　准共有或准公同共有

第二章　用益物权

第一节　用益物权之特质

第二节　用益物权之种类

第三章　地上权

第一节　地上权之意义及性质

第二节　地上权之存续期间

第三节　地上权之效力

第四节　地上权之变动

第四章　永佃权

第一节　永佃权之起源

第二节　我国永佃权发生之原因

第三节　永佃权之意义及性质

第四节　永佃权之效力

第五节　永佃权之变动

第五章　地役权

第一节　地役权之起源

第二节　地役权之意义及性质

第三节　地役权之种类

第四节　地役权之效力

第五节　地役权之变动

第六章　担保物权

第一节　泛论

第二节　担保物权之特质

第三节　担保物权之标的物

第四节　担保物权之种类

第七章　抵押权

第一节　抵押权之沿革

第二节　抵押权之性质

第三节　抵押权之设定

第四节　抵押权所担保之债权

第五节　抵押权之标的物

第六节　设定抵押权人对于抵押物之处分权

第七节　抵押权之效力

第八节　抵押权之消灭

第九节　以权利为标的物之抵押权及法定抵押权

第八章　质权

第一节　质权之沿革

第二节　质权所担保之债权

第三节　质权之标的

第四节　质权之设定

第五节　动产质权

第六节　权利质权

第九章　典权

第一节　典权之立法上之沿革

第二节　典权之性质

第三节　典权之取得

第四节　典权之期限

　　第五节　典权之效力

　　第六节　典权之消灭

第十章　留置权

　　第一节　留置权之性质及其成立要件

　　第二节　留置权之取得

　　第三节　留置权人之权利义务

　　第四节　留置权之消灭

　　第五节　法定留置权

第十一章　占有

　　第一节　占有之性质

　　第二节　占有之种类

　　第三节　占有之取得

　　第四节　占有之移转

　　第五节　关于占有事实之推定

　　第六节　占有之效力

　　第七节　占有之变更

　　第八节　占有之消灭

　　第九节　共同占有

　　第十节　准占有

第一编　物权法总论

第一章　物权法之意义及性质

第一，物权法之社会的意义与其理想

物权法，乃规定吾人对于各种财货之支配关系之法律。盖吾人必需种种财货，以满足吾人之生活。若世界中已充满财货，吾人得随时利用，如空气者然，固无须以法律保护其利用关系。究普通之财货，并不如是充满。若对于一定之物，不预定其得利用之人及其利用之方法，俾于必要时，得确保其利用，到底吾人不能营共同生活，其结果必惹起人类之争夺。与吾人以安心，而预防此争端者，乃物权法也。至于与吾人以安心及预防争夺之方法如何，则依时代及各地之社会情形而定。物权法之根本问题，亦在于此。古时法律，仅许人类专用其生活必要之一小部分之物，其以外之物，均供社会全员之公用。迨时势稍进，个人所有权之范围，虽逐渐扩张，而十八世纪各国，犹多少残留公用制度之痕迹。然十八世纪勃兴之个人主义哲学、经济学、法律学，皆利用个人之利己心，使其经营其独占物，以增加生产。其结果，全世界之富及生产增加，而文化亦有长足之进步。同时因文化之进步，平等思想，亦形发达。迄今为法律的乃至经济的特权阶级蠢然劳动之人类，渐次自觉，而要求平等矣。由此必然之结果所生之现象，乃需要之增加，与生产之减少。此种现象，在上次欧洲大战时,尤为显著。如上所述,需要激增,生产减少,其他一般物资,均感缺乏。以现今个人主义本位之物权法,自难满足社会全般之需要,而维持社会之安宁。盖物资既感不足而各人各独占专用其自己之物,则极感需要而不能得者,宁死乎,抑以腕力而夺之乎? 二者之中,必择其一。如此殊有反乎人类共存之本义。故默察现代社会之情状,为维持社会之安宁秩序,与人类全部之幸福生活计,殊有改造从来个人主义本位之物权法之必要也。

(1) 一般关于所有权思想之根本的改造。现今之人,往往不问自己之需要与满足如何,务求独占多物,以表示一己之权威。或于世人正苦物资缺乏之时,而已独浪费。社会之和平,何能维持?且私有财产制度,毕竟于不抵触社会全体之幸福范围内,方有存续之意义。法律俾个人以私有其财产者,不仅为该一人之幸福,同时以社会全体之幸福为目标,而信托(social trust)其财产而已。故其人若一旦违反信托之趣旨,即不符私有财产制之本义,而为违背信托、扰乱和平之人。然现今此种精神,尚未彻底。动辄此种扰乱和平者,往往因形式之适法,而受法律之保护。欲矫正之者,反受压迫焉。

(2) 若欲迅速且完全实现此种精神,不能仅恃个人之自觉与善意。犹有以立法干涉之必要。从来之法律,仅注重于确保个人之私有财产。而调和公共幸福之法律的方法,则付缺如。将来之立法,殊有为应社会之需要,限制或剥夺个人之所有权,以供万人之公用,俾增加物之使用能率,而使痛感需要之人,因皆得满足之必要也。

(3) 上述精神,不仅为立法之准绳,社会一般之伦理的理想。且为法院适用法律之实际的精神,即所谓权利滥用之法理是也。若法院能巧妙应用此法理,对于以违反法律所以认私有财产之根本的理由及个人所有权之社会的价值之方法,行使所有权者,不施以保护,则个人所有权将不至与社会全体之幸福相抵触矣。如此,于绝对的排他的所有权之观念中,参杂社会本位之臭味,借以减少往日之弊害,保持社会之安宁与秩序,使社会之全员,均能营相当幸福之生活,此所有权之所以应社会化(Socialisation, Sozialisierung)也。今后物权法之进路,亦在乎此。

第二,物权法之形式的范围

如前所述,物权法既具有如许社会的职能,今为形式的定义如次:物权法者,规定物权及准物权之权利,与关于此等权利之效力及其得丧之法律关系之法律也。

第三,物权法规之特质

物权法与债权法虽同为财产法之一部,两者之性质互异。债权法乃规定债权人与债务人间之相对关系,影响于一般第三人者甚少。苟不违背公序良俗,自可采用契约自由之原则,故其法规概为任意法规。而物权则具有排他性。其内容如何,常直接影响于一般第三人之利害,故须以法律限定其种类及内容。物权法规多为强行法规,原则上不许当事人任意变更之。由此观察之,物权法固与亲属法及继承法相类似。但其为强行法之理由,则有不同。前者则以其与第三人之关系甚深,且规定具有排他性的法律关系为理由,而为强行法规。后者则以其与人伦道德风俗有关,故为强行法规。

物权法既系规定物权的法律关系,则基于物权之关系（如所有权),当然规定于物权篇中。而在法律上附随于物权之债权,如物权人对特定人请求一定金钱之支付或孳息之返还等请求权,虽为债权,然系为完成物权之效用而附随于物权之权利(Begleitrechte),应规定于物权篇中。关于此等债权,应先适用物权法规,而后适用债篇规定。

物权法与社会关系,尤其与经济关系最为密切。故各国因其习惯、经济情形不同,而法规亦异。债权法有世界法之倾向,而物权法带固有法之色彩。纵在一国内,依据各地习惯者不少。

第二章 物权之特质

关于物权之定义,从来诸说纷纷,莫衷一是。此问题毕竟由于探求物权之共通性质及其总则的法理原则而起。现行民法仅规定所有权、地上权、永佃权、地役权、抵押权、质权、典权、留置权、占有权等九种。兹欲为物权定义时,势不能不将以上九种权利,全部包含之。今试检察此诸种权利之共通要素:(1)此诸种权利,均以直接对物享受利益为内容,无须请求他人之行为。(2)以物及准物为标的。略说明如下。

第一,物权之内容

物权者,以直接对于其标的物享受利益为目的之权利也。换言之,谓为直接管领物之权利,亦无不可。直接对物享受利益云者,不必请求他人之行为,直接由物享受利益之谓也。在债权,纵令以物之给付为目的,但其内容,单使特定债务人为给付物之行为。不能如物权,以直接对物享受利益也。

物权之享受利益之范围,依物权之种类而异,大别如次。

(1) 得享受由权利所提供之一切利益之权利,如所有权是。

(2) 对于标的物仅能享有限定范围之使用收益权,如地上权、地役权是。此等权利,其享益之程度范围,虽有差异,然皆为对标的物得为使用收益之权利。至其中不作为之地役权,不以对于其标的物之承役地为何等行为为内容。不过权利人,有使该土地不为一定目的所使用之利益。此时之权利内容,仍为对于土地享受一定利益。其结果,有人以违背权利内容之方法,使用该土地时,则不问其为承役地之所有者与否,均得请求其行为之停止。故不作为地役权,亦属于物权之范围也。

（3）以担保债权为目的之权利，其中有迄债务之履行时止，仅保留其标的之权利（留置权）；有于债务不清偿时，或债务人之总财产不足清偿债务时，将其标的物变价而充债务履行之权利（质权、抵押权）。

此外尚有占有权，乃以一定外形之事实为基础，而受相当法律保护之权利。此种权利，乃在物权中占特殊地位之权利也。

第二，物权之排他性

由一定之物所供给之利益之种类及范围，自有一定限度。于能供给十种利益之物，而甲已享有其十种利益之全部，则乙对于该物，已不能享受丝毫利益。由法律上言之，同时不能于一物上成立彼此不相容之两个物权，此即物权具有排他性之特性。不仅物权，至其他之支配权，亦当然具此特性也。

排他性乃支配权当然之性质。而从来多数学者，每混同排他性与所谓绝对性，谓物权具有排他性，故为绝对权。然绝对性者，乃无论对于何人，皆可对抗之意。换言之，无论何人，皆须尊重其权利。而侵害之者，则为法所不许。由此观之，则绝对性，不仅为物权及支配权所特有，苟为权利，皆有绝对性。盖有请求一定之行为或支配物之内容，而又有第三人不得侵害之外形，方可称为权利。若第三人随意可侵害之者，事实上殊难认为权利也。故绝对性，乃一般权利共通之性质，而排他性则为支配权所特有也。

第三，物权之标的物

物权乃直接对于其标的物享受利益之权利，则所谓物，仅限于有体物乎，抑除有体物以外，尚有得为物权之标的者乎？多数学者，谓物权之标的物，不可不为有体物。不然者，纵令其权利之内容与物权极相类似，亦只可称为准物权，不能谓有真正之物权也。然此种意见，徒重形式，纵令其标的物非有体物，苟其权利之内容，与普通之物权相同，且大体可适用物权之规定时,殊无与其余物权特为区别而说明之也。

物权之标的须为特定物,盖物权乃直接对物管领之权利。若其标的物不特定时,无由施其管领也。又集合物中,如商店内之商品等之事实上之集合物,虽由各有体物之集合而成,但不得为一个物权之客体。至法律上之集合物如包括财产,在《法国民法》(二一二一条至二一二三条)虽规定可为抵押权之客体,但我《民法》既无明文,此种包括财产不得为一个物权之客体。

关于物权之定义,古来之学说甚多。(1)谓权利乃人与人之间,方能成立。物权不过为对于物权者以外之多数不特人之禁令。而直接对物管领之积极内容,并非物权之内容。换言之,物权之本体,仅其消极方面。而积极方面,不过其反射之作用而已。尚有极端主张物权不过为对多数不特定人之禁令之总称,并非一个之权利者。(2)谓物权一方面有直接对物支配之积极的内容,一方面有第三人不得侵害之消极的内容。后者乃以完成前者之作用为目的。此说为一般之通说。至其消极方面之说明。有谓第三人之不可侵义务,乃对立义务。物权者对于一般第三人,有无数不作为请求权。又有谓对于此不可侵义务,物权者无何等请求权。所谓物上请求权,于侵害以后,方能发生。此后之一说,在日本为通说。但余以为物权之消极方面,乃权利一般之通性,并非物权所特有。故物权之特质,宁存于管领权也。

第三章　物权之种类

第一,以法律限定物权种类之理由

债权无排他性,故其存否及内容如何,通常影响于一般第三人者甚少。在古罗马法之初期,注重于法律关系之整理,关于债权之发生,亦采形式主义,故限制契约之种类及形式。而以个人主义为基础之近代法律,承认个人之意思有无上之力。各人之所欲者,法律须加以保护,而促其实现。且以近代文明之进步,已无使立法者整理其法律关系之必要,于是契约自由,一跃而为近代民法之基础矣。然物权与债权不同,具有排他性之特色,其影响于第三人之利益亦甚巨。近代民法,虽尊重个人之意思,究不能不整理关于物权之法律关系。故对于契约自由之原则,特加限制,而规定物权除本法或其他法律有规定外,不得创设也(七五七条)。

关于物权之创设,有放任主义与法定主义。前者当事人得依登记或占有而使关于物之债权成为物权,此主义为《普鲁士私法》所采用。法定主义者,以法律限制物权之种类及内容之主义,为罗马法、德法所采用。物权制度与国家经济及产业之盛衰有莫大关系,在立法政策上采法定主义,自为通当。我《民法》从之。

所谓"本法或其他法律",乃指宪法上之法律而言,故不许以命令创设物权。但委任命令与法律有同等之效力,自可创设物权也。又兹所谓法律既限于宪法上之法律,则物权不得以习惯法创设之。

物权不得创设之意义有二:(1)民法及其他法律所未认许之物权,不得由当事人之任意契约而创设之。(2)纵令名称与民法及其他法律所规定者相同,若其内容不符法律之规定,仍不许当事人任意创设之,如以建筑物、工作物及竹木所有以外之目的设定地上权,则非法律所许。

若以契约创设法律所不认许之物权时,其契约自为无效。若仅变更法律所规定之物权之内容时,其设定契约之效力若何?若法律有特别规定时,即依其规定(如九一二条)。在其他情形,须依一般法律行为之原则而决定之。即当事人之意思仅于当事人发生债权的效力,既无害于公益,仍可认为有效。如于让与所有权时禁止受让人处分之契约,虽不能发生物权的效力,然不妨发生债权的效力也。

第二,现行法所规定物权之种类

物权之种类,在一国经济组织甚为简单之社会,其数甚少。在人文进化、经济组织甚为复杂之社会,其种类甚多。我现行民法所规定之物权,为所有权、地上权、永佃权、地役权、抵押权、质权、典权、留置权、占有权九种。兹略举其重要分类如次。

(1) 所有权、限制物权、占有权

物权中最完全者,为所有权。因所有权人,对于其标的物得为完全之使用收益处分,即有完全之管领权故也。有完全管领权之所有权人,固有时受第三人权利之限制,至不能行使完全之管领权。然该第三人之权利一旦消灭,则所有人于其标的物上,即回复完全之管领权。所有权以外之物权,惟在某种关系,为对物管领之权利。大都于他人之所有物上或权利上行使之权利。此等物权中,有为限制所有人之权利,使所有权以外之人,行使属于所有权人之权利之一部者;有单纯为所有人以外之人之利益而限制所有权之行使者。如地上权、永佃权,使地上权人或永佃权人行使属于所有人之土地使用权及收益权;质权、抵押权,则使质权人及抵押权人取得属于所有人之处分权。消极的地役权,则为地役权人之利益,限制所有权人之权利行使是。所有权以外之物权,皆于他人之所有物上或权利上,所得行使之权利,故称为他物权。又由对物管领一点观察之,称为不完全物权或限制物权,通常与所有权相区别,如地上权、永佃权、地役权、留置权、质权、抵押权及典权是也。

占有权乃以物之占有为内容,虽亦为直接行于物上之权利,而我民法上亦视为物权之一种,但较其他之物权,其性质稍异,而在物权中,占特别之地位者也。盖所有权及其他之物权,其本来之性质,固为物之管领。然有时纵不为管领,亦不影响于其权利之存在。而占有权则否。占有权乃由物之占有所生之权利,不问其本来有否对物管领之权利。苟占有其物,即取得占有权。若丧失占有,即丧失占有权。故占有与占有权有不可分离之关系存焉。此占有权之所以为特殊权利也。

在现代之法律生活,往往由外部的事实,以推测权利之存在。以外部的事实状态,作为权利之表现形式,而为交易之标的。故于决定某本物权之存否以前,应将持有动产、利用不动产之一时的管领关系,作为权利而保护之。此种对物之事实上的管领关系,于被基本的权利推翻以前,不能不视为权利关系。故占有权乃以对物之事实上管领关系为基础,所成立之一时的物权也。

(2) 主物权、从物权

物权又分为主物权与从物权。主物权者,能独立存在之权利也,如所有权、地上权、永佃权、占有权是。从物权者,附随于他之权利方能存在之权利也,如附随于所有权之地役权,为债权担保之质权、抵押权、留置权等是。

(3) 用益物权、担保物权

用益物权者,以物之使用收益为内容之物权也,如地上权、永佃权是。担保物权者,以担保债权之清偿为目的之物权也,如质权、抵押权、留置权是。

用益物权乃以占有其标的物,取得有体的之使用价值(Gebrauchswert)为目的之权利。权利人因权利之存在而享受利益。其权利存在时,因权利之实行,而得满足。反之,担保物权非以取得其物之使用价值为目的,乃以拍卖其标的物,由其拍得价金以满足其债权为目的之权利。故担保物权乃以取得担保物之交换价值(Tauschwert)为目的之权利。于权利存续期间内,不能取得其交换价值。殆因权利之实行而取得其交换价值时，担保物权即行消灭。故用益物权乃因其权利之存续而得满足，担保物权乃因其权利之消灭而得满足。

担保物权既以取得其标的物之交换价值为目的，故须与有取得此价值之权利即债权尤其金钱债权相结合。担保物权既注意于交换价值，则其标的物是否为有体物，并非重要。地上权、永佃权、债权等权利，亦可为担保物权之标的。是担保物权乃使有交换价值之财货成为资金化之法律的手段，以物的信用为媒介之方法也。

（4）有期限物权、无期限物权

有期限物权者，有存续期间，即有始期及终期之物权也，如典权、质权是。无期限物权者，永久存续之物权也，如所有权、永佃权是。然地上权是否为有期限物权，抑为无期限物权，学者间原有议论。而地役权乃从属于所有权之物权，虽有无期之性质，但以设定行为，得使为有期限物权。

（5）动产物权、不动产物权

动产物权者，以动产为标的之物权也。不动产物权者，以不动产为标的之物权也，如所有权、占有权为动产物权，同时又为不动产物权；质权、留置权为动产物权；而地上权、典权、永佃权、地役权、抵押权则为不动产物权。

在德法对于物尚无抽象的观念，一切物权皆以其事实关系为基础。以不动产为目的之物权与以动产为目的之物权，彼此形态既不相同，而彼此内容亦有差异。又无此两物权所共通之名称。土地所有权称为 Eigen，动产所有权称为 Habe。反之，罗马法关于物已有抽象的观念。以人之意思可以管领之有体物均称为物。物虽有土地、动产、奴隶之不同，而以此为目的之物权，则无所差异。此种不认动产物权与不动产物权之区别之罗马法之思想，对于私有权之发达，与以甚大之便利。何则？

土地所有权因有种种特权及负担之存在,带有公法的关系。而动产所有权乃纯粹私法上无限制的绝对的管领力。两所有权之区别之废止,不啻将动产所有权之原理扩大于不动产,而使个人主义所有权之观念,成为一般化也。在资本主义的经济组织之现代,所有权作用之表现,主为资本方面。由资本的见地观察之,动产物权与不动产物权之区别,并不十分重要。近代基于抵押权之投资,而使不动产证券化、动产化者,乃此种倾向之表现。

我《民法》关于动产不动产没有区别(六十六条、六十七条)。因两者之取得方法既有不同,而权利移转之成立要件各异故也。如无主之动产可依先占取得所有权,而不动产则否(八〇二条)。动产所有权之移转以交付,不动产所有权之移转以登记,方生效力(七五八条、七六一条)。

第四章　物权之效力

第一,总说

物权乃直接对物享受利益之权利。而由一定之物所能供给之利益,自有一定限度。若有人垄断其利益之全部,则他人自不能享受同一之利益。换言之,一物上既有物权之存在,则与此不相容之第二物权,于不妨害第一物权之范围内,方能成立。此乃物权之排他性所使然。学者多称之为"对于后发生物权之优先的效力"。

物权以直接对物享受利益为内容,而债权则以请求他人之行为为内容。纵令其所请求之行为,为物之给付,然债权人不能直接对于物,为何等享受利益之行为,仅能由债务人之给付行为,享受利益而已。故债权之存在,毫不影响于同一物上之物权。学者称之为"对于一般债权之优先的效力"。

以上两种优先的效力,总称为物权之优先的效力,或优先权(Vorzugsrecht)。物权既以直接对物享受利益为目的,若有人加以妨害,致物权人不能享受完全之利益时,则物权人为恢复其原状计,对于妨害人,得请求为除去其妨害之行为。此学者所称为物权的请求权(dinglicher Anspruch)者是也。

此等效力,乃由物权之排他性而发生之效果也。

第二,优先的效力

(1) 对于后发生物权之优先的效力

物权既有排他性之特色,则于同一物上,不能同时成立内容相互矛盾之两个物权。若一物上,既已成立一个物权,则第二之物权,自应无效。物权之顺位,亦基于同一理由。但未完备公示要件之物权,无完全之排他性(七五八条、七六一条)。

(2) 对于一般债权之优先的效力

物权乃直接由物享受物的利益之权利,自应较由物所发生之普通债权,有优先的效力。纵令其债权之行使,由于强制执行或破产程序时,亦不能优先于物权。反之,所有权人于破产法上,对于破产财团中之特定物,有取回权(Aussonderungsrecht);抵押权人留置权人有别除权(Absonderungsrecht)。

第三,追及权

追及权者,向物追及,就其物得实行权利之内容之权利也。物权乃直接管领物之权利,其物无论归何人占有或所有,权利人得就其物行使权利。如所有权人有标的物之占有被侵夺时,不问其落于何人之手,对于现在占有其物之人,得证明其所有权而回复占有。因所有权中所包含之占有权须追及其物方可实现也。又抵押权人无论其所有权落于何人之手,亦得拍卖其所有权而受优先清偿。因抵押权追及所有权故也。物之占有人受破产宣告时,其物之所有人得不依破产程序而行使取回权(《破产法》一一〇条)。普通之债权人则无此追及权。

又他人不法侵害物权时,发生金钱的损害赔偿请求权。然此并非物权之追及权,因非权利人追及其物而实现权利之内容者也。此乃违反一般权利之不可侵义务所发生之制裁,与债权无异。债权乃对人的权利,其所以不发生追及权者,因为债权内容之给付请求权,乃对于特定人方可行使,对于一般人则不能行使。但一般不可侵义务,在两者之间并无差异也。

第四,物权的请求权

物权的请求权者,其物权本来之内容,与现时之状态不合致时,对于使发生此不合致之人,请求为排除此不合致之必要行为之权利也。此观念发达于德国,法国学者,亦普通称此效力为追及权(droit de suite)。

(1) 物权请求权的存在

物权乃对物直接享受利益之权利,并不以积极的请求他人之行为为内容。而物权不得侵害者,亦非物权包含对于一般不特定人之不侵害请求权。物权被侵害以后,其现状与本来之内容不合致时,即发生请求除去此不合致之权利。故物权的请求权者,乃为完成物权之效力所发生之权利。此请求权,仍与基本的物权不同也。学者中有主张不应认此权利之独立的存在者。然物权被他人之行为所侵害,致有碍其利益之享受时,而发生请求除去其妨害之权利者,乃理所当然也。

(2) 物权的请求权与基本物权之关系

物权的请求权,乃以完全发挥基本物权之内容为目的,故于此范围内,方能存在。若基本物权一旦消灭,则物权的请求权,当然亦归消灭。又基本物权存续期间内,物权的请求权不能单独因时效而消灭也。不然者,事实上将有所谓无物权的请求权之物权。此种物权,仅有物权之名,而无物权之实矣。此谓为物权的请求权之从属性。

物权的请求权,虽不能单独消灭,但能单独让与。如《民法》第七百六十一条第三项规定,让与动产物权,如其动产由第三人占有时,让与人得以对于第三人之返还请求权让与于受让人,以代交付是也。

(3) 物权的请求权是否为债权

物权的请求权,乃为完成物权本来之效力,而请求排除妨害之权利。由此点观察之,不失为一种债权。故关于债权之一般的规定,原则上适用于物权的请求权也。但由前述之从属性一点观察之,则又与债权异。因其虽为一种债权,然不因消灭时效而消灭也。

(4) 物权的请求权之种类

物权的请求权乃以请求排除妨害为目的之权利,故因其妨害事实之不同,物权的请求权,亦可分为次之种类。

(A) 返还请求权　第三人占有物权之标的物,致物权被妨害时,物权人对于该第三人,有请求返还其标的物之权利。如占有人其占有被侵夺者,得请求返还其占有物(九六二条)及所有物返还请求权(七六七条)是其例也。

(B) 妨害除去请求权　以侵夺占有以外之方法,而妨害权利人之利益时,即发生请求排除其妨害之权利,如九六二条所规定之妨害除去请求权是。

(C) 妨害预防请求权　以上所述之两种请求权,乃以除去妨害为目的,而仅有妨害之虞时,则不能不依妨害预防请求权,以完成物权之效力。有主张待其妨害以后,方能发生物权的请求权者,已为迂回之论。而无确实可以发生妨害之情形时,亦不应漫许当事人之请求预防也。于是有如何程度之危险,即可发生预防请求权,成为问题。

原来物权的请求权存在之目的,乃为制止他人之妨害,以完成物权之效用。若有确实可以发生妨害之情形,则许人于事前防止者,乃为最完全达到法律所以保护物权之目的。纵令法律无明文,亦应认妨害预防请求权之存在。又《民法》关于所有权、占有权,既已明认妨害预防请求权,则关于其他之物权,亦不能不认其存在也。

《民法》第九六二条规定,所谓有被妨害之虞者,乃指确实有妨害之虞,而须法律之保护者而言,不能擅许称有妨害之虞,而请求预防也。

(5) 物权的请求权之发生要件

物权的请求权,于物权本来之内容,与现状不合致时,换言之,因受妨害致不能完全享受利益时,方能发生,但下列诸事实,与发生物权的请求权无关。

(A) 侵害之不法　侵权行为之成立,固以不法之侵害为要件。但物权的请求权之发生,则不以此为必要。若其侵害有适法之情形,妨害者得以此为理由,拒绝物权的请求权人之请求时,则为别问题也。

(B) 妨害人不必有故意过失或责任能力　此点与侵权行为之赔偿请求权不同。所谓物权的请求权,不过使物权恢复其本来之状态而已。

(6) 物权的请求权之相对人

物权的请求权之相对人,乃现在妨害物权之人。如初为妨害者为甲,但现在为妨害者为乙时,则物权的请求权之相对人为乙。而对于甲虽有侵权律行为上之赔偿请求权,然无物权的请求权也。

第五章　物权之变动

第一节　总　说

物权得为种种之变动,即民法上所谓物权之设定、移转、得丧、变更、让与是也。设定者,对于一定之物,设定限制物权之谓。移转者,物权之主体由甲移于乙之谓。得丧者,物权之主体,附合于物,或与物分离之谓。变更者,物权之内容之变化之谓。让与者,基于当事人之意思,所为之设定、移转也。

物权生变动时,不能不有为其原因之事实。此等事实,总称之为物权法上之法律要件。而物权法上之法律要件,其种类甚多,可大别之为法律行为及法律行为以外者两种。其主要者为法律行为,更可分为单独行为(如遗赠)及契约。最普通行之者为契约。由于此等行为,虽多为债权发生之原因,而又直接构成物权得丧之原因。法律行为以外之事实者,乃非基因于吾人意思之事实,法律使其直接发生物权得丧之效果者也。如继承、取得时效、混同、先占、遗失物之拾得、埋藏物之发现、附合、混合、加工等是。又没收、公用征收亦可发生物权的变动,则不属于兹所应研究之范围。

第二节　由于法律行为之物权变动

第一,物权得由法律行为为种种之变动

或为物权之设定、移转,或为物权之消灭、限制,此等皆由于意思表示或法律行为之效力所发生也。吾人为物权变动之法律行为时,或因已负担债务,而以此为履行者;或为使相对人负担债务而以此为给付者(如消费借贷)。其种类杂多,不遑枚举。然吾人抽象的观察直接以此等物权变动为目的之法律行为时,即可发现所谓物权的法律行为及物权契约(Dingliches Rechtsgeschäft, Dinglicher Vertrag)之观念。如甲将其所有之特定物卖于乙时,甲仅负担移转所有权之债务乎,抑直接移转所有权乎？若系前者,则嗣后无移转物权之法律行为,物权不生移转。若系后者,于特定物之买卖成立时,物权即行移转,以后并不须何等移转物权之法律行为。关于此点,略述德、法立法例及短评如次。

(1) 罗马法

在罗马法,以发生债权为目的之契约与以发生物权变动为目的之契约,判然划分。债权契约原则上固不须有何等方式,而物权契约则以方式为必要。最初用 mancipatis 或 in jure cession 之方式。至儒帝时,无论动产不动产,均以交付(traditio)为物权契约之一般的形式。此称为罗马之交付主义。罗马法之学者,以发生物权变动为目的之契约乃债权契约,仅可于当事人间发生物权之设定、移转之债权债务。而物权变动本身则须于债权契约之履行时,另缔结物权契约,方可发生。仅有对人的请求关系之债权契约须与直接发生物权变动之物权契约明了区别。

(2) 法国法

法国封建时代土地之让与依 ensainement 之方式。此种方式系于让与土地所有权时,让与人先将该土地交还领主,然后由领主交与受让人。自继受罗马法以后,除法国北部地方外,不论动产与不动产,均采罗马之方式。

古代法之特色,于当事人相互间,为欲充分确保其法律的效力,必须以何等有形的事实表征之。又为物权的交易之安全计,使物权之变动与公示为不可分。然实际交易上深感不便。于是有主张废除此形式主义。物权之变动,亦得以当事人之合意而发生者(如 Grotius、Puffendorf 等自然法学者)。法国当时受此影响,于让与不动产物权时,作成公认证书以代不动产之现实交付。其证书内记载"尔后让与人为受让人占有该不动产"(即用占有改定之方法)。依此证书之交付,而使受让人取得物权。此种占有改定之方法,为一般所利用。且纵未将占有改定之约款记载于证书内而为不动产之让与时,一般解释皆谓当然包含此种约款。受此自然法学者之影响,于是舍弃罗马之交付主义。就不动产之设定移转,仅以当事人之合意即可发生效力。此种情形,在《法国民法》制定前,已成为各地方之习惯。而十八世纪之个人主义,认当事人之意思,有无上之力。故《法国民法》以明文规定之。

《法国民法》之舍弃罗马法之交付主义,同时即舍弃罗马法与交付相结合之物权契约。故在《法国民法》不认直接发生物权变动之独立的物权契约。换言之,在《法国民法》,如买卖、赠与等契约,不仅发生债权,同时发生物权移转之效果。物之所有权依债权效力而移转。纵无物之交付,其所有权可依当事人之合意,以法律规定移转于买主或受赠人(《法民》七一一条、一一三八条、一五八三条、九三八条)。如上所述,法法主义以债权之发生与物权之移转依同一行为行之。物权变动之发生作为债权契约之效力。若标的物特定,于债权契约成立时,即发生物权变动之效力。故法法主义除债权契约外,不认物权契约之独立的存在。此乃法法主义系以特定物之买卖为主眼之物权变动之理论也。

(3) 德法主义

德法最初在让与动产物权之行为,以标的物之交付行之。在让与土地所有权之行为,以交付该土地之表征物(如土块、树草之类)行之。迨佛兰克时代,于让与土地所有权,让与之合意(Sala, Sale)与基于让与契约而交付其表征物之行为(Vestitura)两相区别。换言之,当事人至法院或市会,在一定数额证人之面前,互相交换仪式的言语,公开表示双方合意于所有权之移转。此种合意行为相当于近代法之物权契约。所谓交付行为乃交付标的物之表征物于受让人之行为,相当于近代法之移转占有。此种让与之合意与交付行为,于土地之让与时,必须行之。两者同为让与行为之要件。两者相结合形成一个土地所有权之让与行为(Auflassung)。嗣后利用文书代替表征物之交付,将记载让与合意之要旨之文书交付于受让人而完成交付行为。此种文书发达成为登记簿之制度。由此观之,德国古时即确立独立的物权行为之观念。迨继受罗马法,德国固有法之制度,呈混乱状态。或采罗马主义,或依德国固有法,或采法法主义。至十九世纪,各州根据德国固有法之主义,制定法律,遂成为现行民法之规定。即《德国民法》关于不动产之设定移转,须将直接以此为目的之当事人之合意,与将设定移转登记于登记簿时,方生效力(《德民》八七三条以下)。关于动产所有权之移转,依直接以此为目的之当事人之合意及动产之交付而生效力(《德民》九二九条)。是《德国民法》与《法国民法》不同,物权变动不能视为债权契约之效力,乃因有与债权契约相独立之别个物权契约即登记与交付,方可发生物权之变动。故在《德国民法》,于债权契约之外,尚有物权契约之独立存在。德法主义系采以种类买卖为主眼之物权变动之理论。

(4) 英法

英法关于物权之移转方法有多种。关于动产,取无形式主义。就特定物之买卖,物权于买卖契约成立时即时转移。就不特定物之买卖,于标的物特定时移转物权。关于不动产之移转方法(conveyance),又有数种。

(a) Feoffment with Livery of Seisin 此乃最古之方式。让与人与受让人相会(不许代理)于现让与之土地,表示移转土地之意思,且移转占有。

(b) Lense and Release 此种方法系先设定租赁权,使承租人(即受让人)取得其土地之占有,然后由所有人将自己所有地上之利益让与承租人之契约也。依此方法,第一,卖主须占有该土地。第二,须作成两张捺印证书。

(c) Conveyance by Deed 此乃一八四五年之《不动产物权法》(Real Property Act)所规定。依前两种方法,须有土地之现实移转,故在远隔土地之让与,让与人与受让人双方均须要费用与时间,深感不便,此法系救济此弊而产生。依此法之规定,作成捺印让与证书(deed of grant),依此证书之交付而生物权移转之效力。从此英法不动产法大为简便。尔后犹经数次改正。

前述(a)(b)两种方法,现今虽少使用,然尚未废止,犹为现行法。其他尚有 confirmation, surender, bargain and sale 等无实用之现行法,兹不赘述。又一八九七年之《土地让与法》(Land Transfer Act)采用登记制度,以登记为土地之让与,尤为简便。但此法仅实行于龙伦地方[①],兹亦不赘。总之,英国不动产物权之让与设定,通常用(c)之方法。因其须

---

① 指英国伦敦。——编者注

用有式证书,故属于形式主义。

英法自有其独立发展,不受罗马法及欧洲大陆法之影响,兹不加以批评。法法主义,在当事人之内部关系,固甚简便,然在外部关系,则第三人将不敢安心为物权之交易。于是有调和此主义之新公示方法之发明。

关于动产,虽未发明适当之新公示方法,然关于不动产,则发明不动产登记制度,假公署之手,以期交易之安全。关于此点,德、法两国之思想,大异其趣。法国仍注重意思主义。故以能发生物权的变动者,乃买卖及其他之法律行为,唯未将其行为记载(transcription)于公簿时,不得以物权的变动对抗第三人而已。反之,德国民法,依然传袭罗马之形式主义,以交付之公示力,尤以不动产交付之公示力,殊形薄弱,于是以登记代之,使登记与物权的合意相结合,而构成别个物权契约。以上所述,德、法两国关于不动产之思想,对于动产物权,亦适用之。

总之,罗马法与法法,一则注重形式,一则注重意思;一则注重保护公众,一则注重保护当事人,均各趋极端。惟德法则适居于两者之间,而接近于罗马法。

德、法二主义,因各有其存在之相当理由。然吾人由价值判断及利益较量两点以研究此二主义之优劣,则不能不有所评论。法法于债权行为之外,并不须何等行为,即可发生物权变动。但关于不动产物权,非经登记,则不得以其变动对抗第三人。其结果于当事人相互间,确已发生之变动,而呈遭外部否认之变态。此种变态,徒使法律关系复杂,无裨实际。又如德法,于债权行为之外,更须有物权行为。在当事人间,固稍感不便,但较之法法使权利关系呈内外分裂之变态者,则不如采德法,于债权行为之外,更须有与公示方法相结合之物权行为时,方能发生物权变动之为愈也。

在现代法律行为之理论上,请求以物权之设定移转为内容之法律行为,与以物权之设定移转为直接内容之法律行为,其间自有差异,无待多辩。如地上权、永佃权、地役权、质权、抵押权等之限制物权之设定,消费借贷之金钱之交付,定金之交付,现实赠与,价金与物交换之现实买卖,物权之抛弃等,均系直接以物权之变动为内容,系与债权契约相独立之法律行为。故于债权行为之外而认物权行为之存在者,在法律行为之理论上,毫无置疑之余地。

关于他人权利之买卖,在法法主义则为无效(《法民》一五九九条)。因买卖或赠与契约之成立同时即有发生物权变动之效力,而卖主关于标的物无处分权故也。但在我民法则不能为同一解释。因买卖契约不过为发生物权移转之债权债务之双务契约,与标的物之处分,无何等关系,无物权之设定移转之效力。故为物之处分或设定移转物权时,须有直接以此为目的之法律行为。

《民法》一八〇条所规定之非债清偿,即"因清偿债务而为给付,于给付时明知无给付义务者,不得请求返还"。本条非解为不问债权契约之存否,而移转给付物之所有权于相对人时,则不能了解。盖不当得利之问题乃为物权变动之原因之债权行为,须与由此债权行为所展开之物权变动分离观察。物权变动乃于债权行为以外,以别个行为为前提,方能发生不当得利之问题。在不认物权行为之独立存在之法法,关于不当得利,其观念之含混不明,良非偶然。

法法于买卖契约中包含物权变动之效力,系以特定物之买卖关系,在种类买卖因标的物之特定而转换为特定债权之买卖关系为主眼。因原发生物权之设定移转之效力,则须以物之特定为前提。然在现代经济关系,物成商品化,所有买卖,大都成为种类买卖。种类买卖乃买卖之形态,势非以种类物之给付而构成债权关系之理论不可。在种类债权关系，仅能发生债务人为一定给付之义务与债权人请求一定给付之权利，此外别无效力可云。吾人以种类之买卖为主眼而观察之，于买卖契约之效力中而包含物权变动之效力，势不可能。吾人若解买卖契约为债权契约，于买卖契约中又包含物权变动之效力，殊违反买卖之所以成为双务契约之性质。若有如此买卖契约，则非债权契约之买卖，势非解为物权契约，或解为一种特别契约不可。吾人若把握买卖契约为债权契约，则物权变动势非另由直接以此为目的之法律行为发生不可。

不基于债权行为之物权行为，如他物权之设定，贷金或定金之交付，关于其成立时期，依法律行为之一般原则，即可决定，不生问题。然社会之实际生活，物权行为多以债权行为为原因，多以债权行为之履行行为行之。于此情形，在德国民法，不动产物权以登记、动产物权以交付为物权行为之要件。无登记或交付，不发生物权行为之效力。则于登记或交付完了时，物权行为已完成其必要要件。物权行为以公示行之，关于其成立时期，不生问题。反之，在法法系民法，登记及交付并非物权行为之要件，仅为对第三人主张物权变动之效力之要件，即对抗要件。物权变动以当事人之意思表示即可发生，则物权行为于有如何行为或事实之存在，方行成立，成为问题。

第二，物权的法律行为之无因性

物权行为系基于债权契约之履行时，其基本之债权行为因无效或撤销，如何影响于物权行为，殊有研究之必要。

在限制物权之设定，贷金及定金之交付等行为，并非基因于何等债权关系。此等物权行为独自成立。因无债权行为，自不发生有因无因之问题。不过物权行为有效时即可发生物权变动之效力。若无效时，不生物权变动之效力而已。又物权行为被撤销或解除时，溯及的消灭物权变动之效力而已。

然普通物权之移转,多基于债权契约之履行。此时为其原因之债权行为无效、被撤销或解除时,因此所为之物权行为是否无效,是否不发生物权的变动,发生问题。若谓物权行为之效力,因其原因之债权行为之无效、撤销、解除,当然受影响时,则物权行为自可以其原因行为之有效为其发生效力之要件。反之,物权行为之效力不因为其原因之债权行为之运命而受影响时,则物权行为之效力与其原因关系在法律上成为绝缘。究应如何解释,乃物权行为之有因无因问题。

物权行为之有因无因问题,系以物权变动由债权行为以外之别个物权行为之效力发生为前提。换言之,承认物权行为之独立性以后方行惹起之问题。在以物权因债权契约之效力即可发生变动而不承认物权行为之独立性之法国法制,则物权之变动当然被债权行为之效力所支配,无发生有因无因问题之余地。既不认物权行为之独立性而犹讨论有因无因之问题者,误也。

不基于债权行为之物权行为不发生有因无因之问题,故物权行为之有因无因,并非物权行为之全般问题。

物权行为作为债权行为之履行而为之者,为其原因之债权行为因无效、撤销、解除时,其所展开之物权行为亦应为无效者,乃一般之推论。然若贯彻此理论时,则由物权之受让人而取得权利之第三人之法律上之地位,将完全被由外部所不可推知之当事人之债权关系所左右。正当所取得之权利,此后因当事人之债权契约被撤销或解除而丧失,殊有不当。此种结果,殊有害于交易之安全,非现代之交易状况所能忍受。故近代私法为保护动的安全,莫不将基本行为之效力与其展开行为即物权行为之效力之牵连关系分离,而使物权行为之效力,不被为其原因之债权行为之运命所左右。因此近代之交易法成为私法之一特色。物权行为之有因无因之问题,除由履行理论外,尚须考虑法律政策交易安全之保护也。

物权行为之无因性,须与形式主义相结合,方能实现,两者不可分离。即物权行为之无因性,物权变动之形式主义,对于公示方法之公信力之三者,其间自有密切关系。三者相结合方能完全保护交易之安全。

第三,物权变动之公示

物权乃重要的财产权,其得丧变更,在社会上、经济上附有重大意义。故物权变动时,殊有以何等方法公示之必要。又物权有追及力及排他性,其得丧变更若不采使外部可以认识之公示方法,则第三人将蒙不测之损失。尤其以法律行为发生物权变动时,更有必要。其公示方法虽因时代与地域而有所不同,然无论在何时代,在何国家,关于物权之变动,尤其关于不动产物权之变动,常采某种公示方法,而将不动产物权之公示方法单纯化者,乃现代之登记制度也。

(1) 罗马之公示方法

罗马法之所有权之移转,须有取得名义(titulus)与取得方法(modus acquirendi)。取得名义者,乃取得所有权之基础之物权契约。在罗马法源上称为正权原(Iusta causa)。取得方法者指交付而言,乃现实完成所有权取得之可能也。罗马法之物权契约,最初须有 mancipatio 或 in jure cession 之仪式。物权变动,以此仪式公示之。至儒帝时,采用交付主义,以交付为物权契约之一般形式。物权变动以交付公示之。

(2) 德法之公示方法

德固有法一切法律行为非依一定方式公示之不生效力,物权之让与亦然。即古代德法与罗马法均采交付主义。及入佛兰克时代,物权之让与由让与契约(Sala, Sale)与基于让与契约所为之表征物交付行为(Vestitura)而成。让与契约乃于一定数额证人之面前,交换仪式的言语,借以公开表示关于物权之移转,双方当事人之意思已经一致。交付行为者,交付标的物之表征物之行为。此两个行为相合而完成土地之让与(Auflassung)。

自十世纪起,利用文书而为土地之让与,于是让与之形式发生变化。即让与契约之形式,乃作成让与证书(Traditio-Carte)。让与人取出置于表征物旁之白纸,交于法院之书记。由书记记载约束事项交证人阅览。为证明记载事项之正确起见,由书记与证人握手。然后将该证书交与让与人。由让与人与表征物一同交与受让人,而让与行为即行完了。当时之土地让与均在法院行之。于让与行为完了时,法官向民众为三次公示催告(Aufgebotsverfahren),即"有异议者即行声明,否则丧失声明异议之权"。无异议时,法官附记此旨于让与证书。因此附记,而受让人之权利得到裁判上之确认(Friedewirkte)。此种文书发达成为法院所备置之记录(Protokoll),更成为都市账簿(Stadtbuch),遂产生近代之登记簿。总之,德国固有法,动产物权之变动以交付、不动产物权之变动以文书公示之。

(3) 法法之公示方法

法国古法,关系物权之变动,以标的物之交付(traditio)为唯一之公示方法。迨封建时代,土地均成封地。土地之让与,依封建法,成为封地之让与。在此时代,让与人须将土地归还领主,由领主将该土地授与受让人。此种形式称为 ensaisinement。迨继承罗马法,关于动产物权之变动,虽依罗马法之交付主义,而关于不动产物权之变动,依然用 ensaisinement 之方法。嗣封建制度渐衰,ensaisinement 之方式渐废。至十六世纪,古来之形式与罗马法之交付主义相混合,除法国北部地方外,一般土地之让与由让与契约与交付而成。此种情形,成为各地方之习惯,以后关于交付移转占有之方法,采用罗马法占有改定之理论。让与土地时,在公证人之面前作成让与证书,且将让与人尔后为受让人占有其土地之意旨载入证书内,则受让人因此即取得所有权。此种方法,成为一般之惯行。土地让与契约中,必附记此种约款。且有时纵未附记,一般解释当然包含此种约款。于是实际上仅契约即可移转所有权。唯法国北部地方受罗马法之影响甚微,迄于近代尚保留 ensaisinement 之方式。让与土地时,由让与人向法官抛弃自己之所有权,再由法官将该所有权授与于受让人,且将让与意旨记载于法院记录。此种方式称为 nantissement。此种方式与当地之抵押法相结合,至一七九〇年设让与契约之登记(transcription)制度以代替之。从来法国大部分地方所行物权变动不公示之原则,在实际交易上发生大弊。故共和政府于一七九八年将北方所实行之登记制度,实施于全国。然此年法律之目的在确定不动产抵押制度。为抵押标的之不动产物权之设定移转,非经登记不得对抗第三人。然犹未成为一切不动产物权变动之公示方法。其后依一八五五年三月二三日之法律,方将登记成为不动产物权变动之一般的公示方法。

第四,关于物权变动之形式主义与意思主义

物权公示之原则乃关于物权变动之公示之原则,现代各国法制,大都与以登记及交付为公示方法者,前已说明。物权变动之公示方法与物权变动之效力如何结合,则立法主义自有差异。换言之,有以物权变动之公示方法,为物权变动之必要成立要件者。又有以物权变动虽可由当事人之意思表示即可发生效力。但当事人若欲以其变动之效力对抗第三人时,则非将其变动公示不可之对抗要件者。前者乃形式主义之立法,德国民法属之;后者乃意思主义之立法,法国民法属之。意思主义虽似无须用公示方法者,然亦为错误。物权公示之原则,无论在形式主义、意思主义,均有必要。唯意思主义之方法,不以公示方法为物权变动之成立要件,而以之为对抗要件而已。故形式主义与意思主义之差异,乃公示方法是否为物权变动之成立要件或对抗要件之差异而已。

(1) 德法主义

德法常使动产物权与对物之事实上之管领相结合,对物事实上之管领乃表现其实质上之权利于外部之形式。故动产物权非与其表现形式之 Gewere 共同,不得让与。Gewere 之成立及移转即动产物权之设定及移转。动产物权之变动,以其公示方法之交付为必要。无交付,不发生动产物权变动之效力。

关于不动产物权之变动之沿革,大致已于前述。迨利用文书以代替表征物之交付,土地之让与须记载于法院之记录或账簿,遂演变成为现代之登记制度。不动产物权之得丧变更之登记,乃物权变动之成立要件,由《德民》八七三条、九二九条之规定,甚为明了。《奥地利民法》(四二五条、四三一条、四三六条)、《瑞士民法》(六五六条以下、七一四条)均有同样之规定,均属于形式主义。

(2) 法法主义

法国民法不区别物权行为与债权行为,物权变动之债权行为即可发生。债权契约以无形式之合意即可发生效力。其当然之结果,物权变动亦不须何等形式。惟为谋动产交易之安全,同一动产为二重买卖时,先取得标的之占有之善意买主优先于他之买主(《法民》二二七九条)。又不动产物权变动时非经登记,不得对抗第三人(一八五五年三月二三日法律)。即法国主义系以公示方法为物权变动之对抗要件之意思主义。

第五,公信力问题

所有权利,乃概念上之观念,有形的知之甚难。故近代法莫不规定将权利表现于外部之形式。依此形式而图近代交易之圆满进行。在近代法,权利之所以成为证券化,最足以窥知即此种倾向之表现。关于物权,将其公示方法之登记及交付作为物权变动之要件。无登记及交付,则不发生物权变动之效力。一切动产物权以占有表现之,又一切不动产物权以登记簿反映之。即关于物权变动采用形式主义,使物权变动之公示方法同时即为物权关系之表现形式。故物之占有人推定其对物有物权,已登记之权利,推定其尚存在,已涂销之权利,推定其已经消灭。若法律为保护动的安全更进一步,保护相信占有人为权利人之人,又相信登记簿上之记载,而与登记簿上之权利人为交易之人,俾此等人取得实体上之权利时,则占有、登记,皆可为交易之目标。近代法之使命,方可完成。为保护善意第三人,法律能保障占有及登记之真实性时,则占有及登记,即有公信力。

关于动产之占有,我《民法》第九四三条规定"占有人于占有物上行使之权利,推定其适法有此权利"。所谓"于占有物上行使之权利",乃指以占有表现之一切权利而言,固不限于物权也。如以租赁权人或使用借贷权人之意思而为占有时,则推定其有租赁权或使用借贷权。又民法九四四条一项规定"占有人推定其为以所有之意思善意和平及公然占有者",则占有人于占有物上推定其为所有人。占有人受此推定之结果,在立证上甚为有利。若有人争执此权利时,占有人即可援引此两条规定,无须证明自己之权利。而争执者须证明反对之事实。

依上述两条推定之规定,不过使占有人于立证上占有利之立场,未足充分适应近代交易之要求。若有人相信占有人为所有人而受让其物之所有权,又受质权之设定时,是否以占有人无处分权为理由而使其行为为无效,或为谋交易之安全以保护善意人,使善意人取得其权利,尚有问题。由近代交易之要求观察之,应保护相信占有人为真的权利人之人,俾占有以公信力之必要。故我《民法》八〇一条规定,动产之受让人占有动产而受关于占有规定之保护者,纵让与人无移转所有权之权利,受让人仍取得其所有权。又《民法》八八六条规定"质权人占有动产而受关于占有规定之保护者，纵出质人无处分其质物之权利，质权人仍取得质权"。由此两条规定观察之，在我民法上俾动产占有以公信力者，甚为明了。

法律与登记以真实性之原则，在近代法上有两种主义，即法律认登记簿上之记载为绝对的真实之主义，与对善意第三人为相对的真实之主义。后者称为形式的效力主义(Prinzip der Formellen Rechtskraft)，前者称为公信主义(Prinzip des öeffentlichen Glaubens)。依前者之主义，不问登记人是否有实体法上之权利，是否基于正当之登记程序，以"公簿不可欺"之原理，而认登记簿之真实性，使登记常为正当。反之，在公信主义，根据"公簿虽为可欺，但对相信公簿之人，须与以权利"之原理，以公簿为善意第三人之标准，相信公簿之记载而为交易之人法律须保护之。即关于登记簿之内容，在一定范围(即限于权利之登记，不包含事实之登记)法律保障其记载为真实，且为完全。在交易上若有人相信登记簿之内容，即可受与此一致之法律保护。如有人相信登记簿之内容而为物权行为，纵前登记名义人无实体法上之权利，而善意第三人可依法律之规定，原始的取得其权利。《德国民法》(八九二条、八九三条)、《瑞士民法》(九七三条、九七四条)均认登记之公信力。公信力乃现代物权法之基本原则。

《德国民法》关于登记之公信力之发生要件述之如次。(1)登记之权利须行存在。(2)其权利须为可以登记之权利。(3)关于权利关系之登记簿之记载，须不真实。(4)就登记之权利为处分行为(不问其有偿无偿)。(5)取得者须为善意。但公信力之规定，仅适用于由于法律行为之物权之变动。由于强制执行或法律直接之规定之物权的变动，不适用之。

关于物权变动，非采德国立法例以登记及交付为物权变动之发生要件,且俾以公信力时,则不能贯彻物权公示之精神。否则,物权之交易将感不安,且易生窒碍。登记制度之完成,不仅可使不动产之交易安全容易,其结果,且能增加土地之信用而奖励土地之交易。我《民法》完全采德法主义。不动产物权依法律行为而取得、设定、丧失或变更者,非经登记,不生效力(七五八条)。有解此条规定之"不生效力"为不得对抗第三人者,误也。因继承、强制执行、公用征收或法院之判决,于登记前已取得不动产物权者,非经登记,不得处分其物权(七五九条)。不动产之移转、设定,应以书面为之(七六○条)。

又采形式的效力主义之国家之登记法,采用形式的适法主义。登记官吏对于登记之声请,仅有审查其是否具备法定要件之权限。而德国登记法则采用实质的适法主义,使登记官吏对于登记之声请,为实质上理由之审查,尤其登记原因之有无之审查,务使实质的权利关系与登记簿上之权利关系,能相符合。若有错误,由国家负损害赔偿之责任。我《土地法》第三十六条即标明依本法所为之登记,有绝对效力。因登记错误、遗漏或虚伪致受损害者,由地政机关负损害赔偿责任(《土地法》三十九条)。地政机关所收登记费,应提存百分之十作为登记储金,专备前条赔偿之用(《土地法》四十条)。我《土地法》关于登记部分,系采德法主义,则无庸疑。

德法关于动产,亦设一般的公示方法。我《民法》仿之,规定动产之让与,非将动产交付,不生效力(七六一条)。盖动产除船舶外,无适当之公示方法,故以交付为公示方法。《民法》关于动产之交付,尚规定三种简易方法。

(1) 简易交付

动产物权之受让人,苟因别种原因,早经占有其动产时,仅因双方一致之合意,即可生交付之效力(七六一条一项)。此种方法乃间接占有人将占有权移转于物之直接占有人或其代理人时用之。如所有人将其所有权移转于承租人是。此时承租人或其代理人因租赁契约，早经占有其标的物，故无移转物之占有之必要，仅双方有直接移转占有权之合意，即可完成交付。此所以称为简易交付也。此种意思表示，乃纯粹之物权契约，须依法律行为之一般规定。

简易交付是否可认为物权让与之公示方法，殊为疑问。反对论者，其所持理由有二。即：(a)交付之所以成为物权让与之公示方法者，乃因交付可将变更物之管领者之事实，使外部认知，第三人可由此推知物与权利之移转。而在简易交付，物之管领人并不变更，第三人不能由此推知权利之移转。故简易交付缺欠公示方法之资格。(b)本条系指动产之交付而言。所谓动产，乃有体物，故须有现实交付云云。然简易交付为实际上之便宜，可称为简单交付。否则，现在之占有人，须一旦返还其物之占有，然后再取得占有。如此，如物在远隔之地，或让与人与受让人相距甚远，将浪费许多费用与时间，且容易发生物之灭失毁损情形，到底非当事人所能容忍。此我民法所以以明文规定也。

（2）占有改定

《民法》规定让与动产物权，而让与人仍继续占有动产者，让与人与受让人间得订立契约，使受让人因此取得间接占有以代交付（七六一条二项）。依此规定，须设定使让与人成为代理占有所必要之法律关系。如使让与人成为承租人、保管人是。若无此种关系，仅使让与人成为物之所持或占有机关时，称为无因改定(Obstrakte Constitutum)。法律若认无因改定时，则移转占有，将不须为物之交付，其结果易生弊端。故本条解释，不包含无因改定。然占有改定之原因，不必须为有效，仅有设定一定法律关系之事实即可。

关于占有改定是否有公示方法之资格，不无反对说。然以与简易交付同一之理由,而认为有公示方法之资格。否则让与人须交付其物于受让人,再由受让人受领其物,不仅须要费用与时间,且有莫大危险故也。

(3) 指示占有

或称为长手之交付(traditio longa manu),乃让与间接占有之方法。因间接占有之基础,乃对于直接占有人有返还请求权。依此返还请求权之让与,让与人丧失此种权利,受让人取得此种权利,故可谓间接占有之移转。我《民法》七六一条三项规定让与动产物权,如其动产由第三人占有时,让与人得以对于第三人之返还请求权让与于受让人,以代交付。于此情形,仅有占有权之移转,而无物之交付。法律之所以规定指示占有为公示方法者,盖为谋实际上之便宜也。否则,间接占有人须由直接占有人取回其物而交付于受让人,将不胜其烦。如出卖有租赁权、质权之动产,卖主无须将该物取回而交付于买主之必要,仅有让与返还请求权之合意即可。但对于第三人(即直接占有人)是否应为通知,德民九三一条之解释,对于直接占有人无通知之必要。我民法亦无应为通知之明文。然无此通知,则直接占有人有返还其物于让与人之危险。解释上,为对抗直接占有人起见,应为返还请求权让与之通知也。

第三节 物权之消灭

物权之消灭者,物权绝对不存在之谓也。物权移转于他人时,在当事人间,固为权利之得丧,然非物权之消灭也。物权消灭原因,有为各种物权所特有者,有为各种物权所共通者。兹所应说明者,乃各种物权之共通消灭原因。其中最重要者,为标的物之灭失、混同、抛弃、消灭时效、公用征收、没收六种。分述于次。

(1) 标的物之灭失

物权以其标的物之灭失而消灭为原则。但因标的物之灭失,而经济上尚有代位物时,其物权仍可存续,称为物上代位。此种现象,乃担保物权之特质使然也。

(2) 混同

混同者,不能两立之二个资格,归属于同一人之谓也。包含债权之混同与物权之混同。

物权之混同有二,即所有权与限制物权之混同,及限制物权与限制物权之混同。《民法》第七六二条规定,同一物之所有权及其他物权归属于同一人者,其他物权因混同而消灭,乃属于前者。如所有权人继承地上权时,其地上权即行消灭是。又所有权以外之物权,及以该物权为标的物之权利,归属于一人者,其权利因混同而消灭(七六三条一项)。如以地上权为标的之抵押权,被地上权人取得时,其抵押权即行消灭是。

混同是否为物权消灭之原因,有两种主义。

(a) 消灭主义　乃罗马法主义,我民法采用之。至其主张消灭之理由,有谓就同一权利关系而集合积极消极两种力量于一人为不可能。故观念上一方之权利,不能不被他方权利所吸收。有谓于自己之所有物上有限制物权已无何等实益,故在法律上视为抛弃其限制物权。后说过于拟制,前说为妥。

(b) 不消灭主义　乃德法主义(《德民》八八九条),其根本思想有二。第一,限制物权之思想,系出于罗马。德国固有法,可将一物为想象的分割,而于其各部分上认物权之存在。故在同一物上虽有所有权与地上权并存,但其标的不同,不生混同。第二,德国登记法系采绝对的公信主义。登记簿上所记载之权利,为善意第三人视为绝对的存在。故须使登记与实体上之权利关系,完全符合。若采消灭主义,则有登记并未涂销而权利业已消灭之情形,致发生登记与权利关系不一致之弊(Planck)。我民法采消灭主义,固不无例外,然为谋实际之公平,其理由与德法异。

混同为物权消灭之原因,并非理论上必然之结果,乃因其无存续之价值故也。若有并立之价值时,仍不因混同而消灭。如其他物权之存续,于所有人或第三人有法律上之利益者,则限制物权不因混同而消灭(七六二条、七六三条二项)。如所有权人取得地上权、永佃权,其地上权、永佃权为第三人之抵押权之标的时,则地上权、永佃权并不消灭。若贯彻消灭主义时,则第三人之抵押权将因标的之消灭而消灭,损失甚大故也。兹所述之例,乃限制物权为第三人之利益,不因混同而消灭。限制物权为自己利益时亦然。如所有物上已设定第一、第二抵押权,而所有人取得第一抵押权时,其所有权尚为第三人之第二抵押权之标的。故第一抵押权不因混同而消灭。此时若使第一抵押权消灭,则第三人之第二抵押权成为第一抵押权,所有权人所取得第一抵押权之利益,将完全丧失故也。又如有地上权之设定之所有权,于抵押以后,所有权人取得其地上权时,其地上权并不消灭。若使地上权消灭,则抵押权可行之于完全所有权,而所有权人所取得地上权之利益,亦归乌有也。

所谓于所有人或第三人有法律上之利益,固不限于物权之利益,有债权之利益时亦然。如他物权为债权之标的,而债务人之他物权人取得所有权时,若使他物权消灭,则债权将因标的之消灭而消灭;若将债权之标的扩张于完全之所有权时,则债务人取得所有权之利益,将归乌有,均非公平之道。故此时不应使他物权消灭。又有他物权之设定之所有权成为债权之标的,债务人之所有人取得他物权时,若使他物权消灭,徒有利于债权人,使债务人丧失取得他物权之利益。故此时他物权亦不应消灭。又他物权为债权之标的,而债务人以外之所有人取得他物权时,其他物权消灭。盖债权无追及权,所有人无承认债权人之权利之义务故也。

所有权以外之物权及以该物权为标的物之权利归属于一人者,准用前条但书之规定(七六三条二项)。如地上权或永佃权上有第一第二抵押权之存在,地上权人或永佃权人虽取得第一抵押权,其第一抵押权并不消灭是也。

关于限定继承,继承人须以被继承人之财产清偿被继承人之债务,故彼此财产须明了划分,不生混同。

混同原因者,发生混同之原因也。如所有权人因继承或买卖取得地上权时,则继承或买卖为混同原因。若混同原因无效或撤销时,其结果如何?在罗马法,外形上发生混同之事实时,权利一旦消灭,其原因无效或撤销时,其权利溯及的再生(Dernburg)。我民法之解释,若混同原因无效时,权利自始不消灭。盖因原因之无效,不生"权利归属于一人"之现象,不能具备混同之要件故也。若混同原因撤销时,在撤销以前一旦发生混同,权利一旦消灭,因撤销溯及的缺欠混同之要件,权利溯及的复活。至对第三人之关系,则因撤销原因是否可对抗第三人而异。

(3) 抛弃

物权除法律另有规定外,因抛弃而消灭(七六四条)。物权之抛弃者,以抛弃意思为要素,即以权利人不将其权利移转于他人,而使其绝对消灭之意思为要素。因其表示上之意思之效果,而使物权消灭之法律行为也。抛弃乃物权的法律行为。因表示上之抛弃意思之效果,而使物权消灭。但关于所有权之抛弃,其抛弃意思,是否须有表示,而抛弃所持之外形的行为,是否可认为抛弃意思之表示,从来德国学者,颇有争议。然抛弃所持之行为,殊难即认为抛弃意思之表示行为,其抛弃意思,非以何等形式表示时,自不能生抛弃之效果。故抛弃乃以意思表示为其构成分子之普通法律行为也。

抛弃乃不要式之单独行为。但所有权及占有权以外之物权之抛弃，须对于标的物之所有者，以意思表示为之。抛弃为所有权时，尔后其标的物成为无主物。为限制物权时，因其权利之消灭，尔后其标的物上之所有权，恢复本来完全之状态。

物权为第三人权利之标的时，不得自由抛弃之。如有抵押权存在之地上权，不得由地上权人自由抛弃之。盖若可自由抛弃时，则第三人之权利，将因标的之缺欠而消灭，殊有害于第三人之利益故也。

又有所谓相对的抛弃，即物权之抛弃于不损害第三人权利范围内使其存续。其结果等于相对的物权之设定，不仅有损于物权之性质，且有害于交易之安全。故各国民法不承认之。

（4）消灭时效

物权不能因消灭时效而消灭，但所有权有因取得时效之结果而消灭者。又如留置权，须有其成立原因之事实之继续的存在。若其事实一旦断绝，则留置权亦当当消灭。至于抵押权，非其所担保之债权因时效而消灭时，不消灭也。

（5）公用征收

公用征收者，国家为公益事业，强制的剥夺个人所有权之制度也。由于公用征收之权利取得，乃原始取得，故以前存在于被征收物上之权利，若违反征收目的，即行消灭也。

（6）没收

第二编　物权法各论

第一章　所有权

第一节　总　说

第一，所有权之社会的基础

今日世界各国，皆承认各人所有权之制度。然吾人回顾以往历史，而为比较法的研究时，则此种制度，在量、质两方面，莫不经过几多之变迁，各国彼此，均有莫大之差异。而其有此变迁、有此差异之理由，势不能不归着于个人所有权之社会的根据。

关于个人所有权之根据，从来学说甚多。此等多数学说，可大别为二派。一为以历史及社会的研究，而探索个人所有权制度之渊源；一为承认维持私有财产制度，为现代之社会制度，而研究其论理的根据。此两派学说，不可混同。

予以为个人所有权制度，乃时代之产物，不能超越时代，而绝对的评论其得失。历史上某时代某国，公用物甚多，私有财产之范围甚狭。又在他时代他国，私有之分量甚多，公用之范围颇狭。而所以至此者，则不能不归着于各时代各国之事情，及其社会一般之福利。不能以立法者之意思，随意创造也。吾人细察中世欧洲封建时代之土地制度，变迁至由法国大革命所完成之土地解放，由依土地解放所完成之土地绝对的个人所有权制度，而移转于最近渐次实现之所有权之限制，乃至社会化之倾向，则私有财产制之如何，自应依各时代各国之物质的及思想的事情而定者，谁亦不能否认也。

欲以有限之物资，而欲满足无限人类之欲望，有时专注重于生产之增加，于是有利用个人之利己心，以奖励保护个人所有权之必要；有时又为谋分配之公平，而有专心于维持社会之安宁必要。法国大革命之土地解放，乃前者之例；最近欧洲之土地社会化运动，乃后者之例也。利用个人之利己心，以谋生产之增加，与资本之改良，满足各人之所有本能，以谋人心之安定。无论在何时代，在何国家，自难绝对废止个人所有权。同时为分配之公平，及社会安宁之维持，又求个人所有权之限制。而如何调和此互相矛盾之两种要求，则不能不依各时代各国之情形而解决之。总之，须参酌社会之一般信仰与理想，如何方能使所有权不至与社会一般之福利相背驰而解决之。以个人所有权为人类之文化及幸福所必要之制度之超越时代论，吾人固未敢贸然赞同。而未经调查一国之社会经济事情，漫然主张废止私有财产制度者，吾人亦难首肯。

现在世界下层民众，已弃其传统之梦，而要求平等矣。因下层民众之自觉，而形成生产之减少。于是一方面有为增大物之使用能率，而倡所有权之社会化者；他方面又有为补充生产之不足，而要求国民之总劳动者。但此等要求，应有一定界限，即须以社会一般之最大幸福为界限。换言之，社会化之要求，须以使资本不衰颓，又须以不害生产及所有本能为限度。总之。个人所有权之根据，既非天赋之人权，又非由神所授与，又非强者之掠夺，自有其存在之时代背景也。

现代分配不公平之最大原因，乃生产资本之大部分，集中于少数人之手。其结果,他之多数人,非依此少数人所定价格而卖劳动则不能生活。此种情形,若任其自然,不筹救济之方,不仅人类之不幸,且社会之和平,亦极危险。此所有权之应社会化也。

第二,所有权与其他之物权

所有权乃私有财产制度之基础,其发达较其他之物权为先。由经济上言之,所谓地上权、永佃权之存在,毕竟起于个人所有权之制度,于自己不欲使用之物上,设定用益物权,俾所有人取得租金,及其他不劳所得,而他人于所有人之容许限度内,以行使对物直接管领之权利。此今日物权法之根本组织也。

第二节 所有权之沿革

第一,所有权之起源

所有权由共有制变为家族制,再由家族制变为个人制。

(1) 共有制

在人类尚未营共同生活,且不感生活资料不够之原始时代,人类对于外物之收用,毫无争斗。彼我之区别,亦未判然。此时仅有动物的占领,而无所有权之存在。尔后人类繁殖,为谋生存竞争,于是同祖先之人即血族互相集合,组织团体,以营共同生活。所谓酋长时代是也。在此时代,同族中方产生土地及其收获物共有之观念,于是产生共有制。在以渔猎为取得生活资料之时代,则共有猎具及其收获物。在以牧畜为获得生活资料之时代,则共有牧场及家畜。在以幼稚之耕作为获得生活资料之时代,则共有土地及其收获物。在此时代,最初共有土地而行分配收获物之制度。其次分配土地令其耕种,经过一定期间,再行收回,重新分配。最后,其分配成为永久。于是产生个人的所有权。然此时不能谓无动产之专有也。此时猎具、武器、衣服及其所分配之收获物,属于个人之专有。总之,在此时代,共有为原则,个人专有为例外。盖在古代社会,获取生活资料之方法尚未进步,生活资料尚不甚充分。若许个人专有,易其斗争,则社会秩序,将不能维持。我国周朝之井田,英国Commons,德国之Allmende,法国之Vaine pâture,均系土地共有制之确证也。

(2) 家族制

定婚制度行而产生所谓家。又因农业之发达,获取生活资料之方法,逐渐容易。共有之必要,亦渐减少。于是家成为社会之单位。生活资料,成为一家之财产。家长对之,仅有管理权。所谓家族制度,即系指一家所属之财产而言。如罗马之 Patria potestas,又德国之 Allod,是其例也。此等乃世袭财产,虽家长亦不能自由处分。然在此家族时代,个人亦可有专有财产。家长以自己之劳力及技能所取得之财产,属于家长之专有,家长得自由处分。如德国之 Wehrgeld 是。又家族因战功、为吏及其他原因所取得之财产,属于家族,得自由处分之。在家族制时代,以家产为原则,个人专有为例外。而家长及家族之专有财产,乃个人所有权之起源。

(3) 个人制

社会进步,产业发达,家长及家族财产增加,且生活资料之有无相通容易,于是个人专有之财产制度益形发达,遂以个人所有权为原则矣。

第二,所有权意义之发达

在古代最发达之社会,乃罗马及德国。故所有权最完全之法则,在此两国。但其所有权之意义,彼此完全不同。近世诸国所采用之所有权之法则,莫不受此两主义之影响。

(1) 罗马法之所有权

罗马法之所谓所有权,不问其标的物之性质若何,具有同一内容之绝对的意义(Abstract)。即罗马法之所有权,乃在最广范围,管领有体物之权利。故所有人可依法律之规定或物之性质,在可能的范围,有为自己利用有体物之权能。然因此不能谓所有权乃无限制之权利。为保护社会上之利益,所有权受法律上之限制。如不许所有权之行使违反公序良俗,不许家产之让与是。总之,所有权之无限制,在罗马亦不存在。

(2) 德国古法之所有权

依德国古法,土地之大部分属于部落之共有,而住宅(包含地基)、庭园及动产,则属于各人之专有。至十八世纪,因经济上之原因,分割共有地而成为各人之专有。由此观之,在德国古法,亦有所有权之观念,则无庸疑。至其意义,则与罗马法不同。罗马法之所谓所有权,乃于最广范围管领有体物之权利,其内容不依其标的物之性质而异。故所有权之意义为绝对的。反之,德国古法之所谓所有权,乃对物所有权能之集合,其内容依其标的物之性质而异。其所有权之意义为相对的(Koncreto)。故(a)在德国古法,土地所有权与动产所有权,其本质各异。嗣受罗马法之影响,采取有绝对的意义之所有权之制度,对于土地所有权之本质,虽发生多大变更,然犹不许将土地所有权与动产所有权同视。即德国古法之土地所有权,包含公法的权能与私法的权能。近代之土地所有权仅有私法的权能,而公法的权能,则为领土主权。故德国古法之土地所有权,乃财产权,又兼有领土主权之性质。而现今之土地所有权,则为纯粹之财产权。德国古法之所谓动产所有权,无公法上之权能。罗马之所有权亦然。又德国古法之所谓土地所有权,具有财产权上之内容与身份权上之内容。近世之土地所有权,仅有财产权上之内容,而无身份权上之内容,是受罗马法之影响也。但因此不能谓土地所有权之身份权上之内容业已消灭,仅被财产权上之内容所吸收而已。此所以土地非商品而反成为本国领土之一部也。德国古法之动产所有权与罗马之所有权,无身份权上之内容。(b)在德国古法,所有权之内容,各不相同。称利用物之权利为所有权,而处分物之权利,亦称为所有权。嗣受罗马法所有权及限制物权之影响,逐渐以德国民法之规定,承认内容相同之所有权矣。德国学者所谓德国古法之所有权,不问其为债权或物权,各种完全之权利(Vollrecht)称为所有权。故《普鲁士私法》中,有租赁权之所有权,《奥地利民法》中有用益权及债权之所有权,德国宪法中有精神的所有权之用语,非偶然也。德国法之 Eigenthum,乃十三世纪以后方行出现,在古法可谓为无绝对的意义之所有权也。

(3) 近世诸国之所有权

近世诸国之民法及学说,受十九世纪初叶之自然法学派之势力及法国革命所产生之自由思想之影响,超越所有权本来之范围,而解所有权为在最广范围且无限制的管领物之权利。《普鲁士私法》《奥地利民法》所规定之所有权定义,及 Windscheid 之学说属之。然所有权与一般权利相同,须受社会利益之限制。所谓无限制之权利,与社会组织不能并存。故《德国民法》(九〇三条)、我《民法》(七六五条)以明文规定,不使其为无限制之权利。近世法国学说亦然。

第三节 所有权之性质

所有权者,以物之使用、收益、处分及其他一般的管领为内容之物权也。

第一,所有权之标的物为物

所有权之内容,乃关于物得为法律上一般的管领。故所有权与限制物权不同。所谓一般的之管领,乃在一切关系,得为物之利用之谓。《民法》第七六五条,虽仅用得自由使用收益处分,并排除他人之干涉之文字,不过仅例示其主要之作用而已。然所有权,仍为单一之权利,非其各种权能之总和也。故所有权人纵令将其某种权能容许于他人,亦毫不影响于所有权之本质。如于自己之所有物,设定地上权及其他限制物权时,于此限制物权之存续期间内,所有权人不能为物之使用,此时之所有权,成为虚有权(nuda proprietas),然所有权仍不失其为一般的管领权之性质。一旦限制物权消灭,所有权即回复本来之状态,而发挥其完全之作用。此称为所有权之弹性力(Elastizitaet des Eigentums)。又所有权苟无特别之限制,自有完全之一般管领权之本质。故发生争执时,则主张限制之存在者,不能不负证明之责任。此称为所有权之完全推定。

我民法于一物上,仅能成立一个一般管领权之所有权。故其他之物权,均为限制物权。普鲁士民法上所谓分割所有权之观念,即于一物上认上级所有权(Obereigentum)及下级所有权(Untereigentum)之观念,我民法自难采用也。

民法所谓使用者,不毁损其物,又不变更其本质,而供需要满足之用也。收益者,由物收取果实及其他之收益也。处分者,为物之破坏及消费等事实的处分,及卖却、入质等法律的处分之谓。

所有权乃一般的管领权,但不能超越法令之限制,又不能不以其社会的根据为界限。《民法》规定所有人于法令之限制内,得自由使用、收益、处分其所有物,并排除他人之干涉(七六五条)。在所有权称为一般的管领权,以之与限制物权相对立之时代,所有权之限制问题,尚未为学者所注意。及Windscheid等学者出,主张所有权之本质乃无限制的,方惹起学者之注意。盖依此说,所谓以法律限制所有权与所有权之本质不相容。即成为以法律所有权之侵害。嗣Jhering等痛论所有权亦与一般权利同,基于社会一般之利害及共同生活之必要,自有一定限度,而驳倒所有权无限制论。因此论争，方觉于所有权定义中有明示此限制之必要。故《德国民法》以明文规定之（九〇三条）。我《民法》亦然。

　　所有权之限制乃不变更其权利之本质，而限制其内容之谓。国家为保护社会一般之利益，或为保护邻人之利益，得以法令限制所有权之内容，即限制所有权之事实的法律的作用。盖所有权基于共同生活之必要，自有一定限度，无须变更其本质故也（所有权本质之变更，即所有权制度之破坏）。故所有权之限制，非所有权本身之限制，乃所有权内容之限制。又所有权之限制之消灭，乃所有权作用之回复，非权利之恢复也。如依假处分之让与之禁止，乃对于所有权之让与即法律的作用所加之限制。其限制之撤销，乃所有权让与权能之回复。

　　所有权之社会的根据，在社会全体之福利。国家为此福利，方行委托（social trust）所有权于个人。若以违反社会的意义之方法，行使所有权时，即违反委托之趣旨。应不为法律所保护。近代关于限制所有权之法规，尤其公法的法令，乃为保护社会一般的利益而限制所有权。纵无此种特别法规，所有权之行使，须与社会之利益、公共福利相一致之范围内，方可受法律之保护，此乃近代私法学之一般思想。违反社会秩序，即无所谓自由；违反公共福利，即不能认为所有权之行使。于个人利益与社会利益相调和之范围内，于是个人之利益方可受法律之保护。关于公用征用，从来均视为所有权保护之例外。而在现代反成为所有权委托之背书。盖征收之补偿，乃所有权价值之保护故也。近代权利滥用（Missbrauch des Rechte）之说兴，于是使所有人于自己之利益与公共福利相合致，而负行使所有权之义务。又现代社会逐渐明了社会连带之思想，个人之自由及富，须用之于社会连带之维持及发展。所有人须与其社会地位相适应，而遂行其职务。富之所有人即以富之理由，而遂行其职务。换言之，富者有为增加一般人之富，而使用其富之义务。富之所有人于遂行其义务之限度内,方可受社会之保护。此外,权利之行使,不能违反公序良俗,及不得以损害他人为主要目的(一四八条)之规定,富者对于贫者之侵权行为上之责任,较贫者对于富者为重之法理,均发源于此。

所有权乃对物为一般的管领之权利,故有永久性之特质。即其行使与否,全系所有人之自由。纵永年间不行使,亦不为消灭时效之原因(然此种思想极端维持时,将危及所有权之社会的基础)。

判定某种权利是否为所有权,须视该权利是否具备上述之性质而定。不能谓对于某物有处分权时,即断定其对于某物有所有权也。

所有权乃对物为一般的管领为内容之权利,故所有权之标的物,须为有体物。罗马法关于所有权之标的物,限定有体物。而在德国古法,无体物亦可为所有权之标的物。于是产生两种立法例。《法国民法》(七一一条)、《奥地利民法》(三五三条、三五四条)、《普鲁士私法》,采德国古法;《德国民法》(九○三条)及我国《民法》则采罗马法,以所有权之标的物限于有体物。若认无体物之所有权时,则所有权将涉及民法全体,民法将成为所有权法矣,殊违反所有权之性质。权利之所有,系指权利之归属而言。故智能的所有权,在德国及我国民法上不能称为所有权,因智能的产出物非有体物故也。

所有权之为单一的权利者,已于前述。原来所有权系为单一之管领权,抑为由各种权能相集合而成之权利(Einheit oder Summe),古来甚为争执。《德国普通法》谓所有权乃其所包含各种权能之集合,且将其分类为利用权(占有、使用、收益)、处分权、消费、让与及取回等权利。《法国民法》(五四四条)、《普鲁士私法》《奥地利民法》从之。如《法国民法》规定所有权者,以绝对的方法为收益及处分之权利。此等诸国之学者,或谓所有权乃诸权利之集合,或谓为对物所有最完全之权利。迨

Windscheid之《民法全书》出,主张所有权乃单一之权利,如使用权、收益权等,不过此单一权利之作用。《德国民法》遂采此理论,而以所有权乃单一之权利,以使用、收益、处分为其作用。我《民法》从之。盖所有权集合体说,在理论上,若缺欠一个权能,则足以使所有权不能成立,殊不合于实际情形也。

在罗马法以法令、裁判或法律行为,得限制所有权之法律的作用。所谓法令之限制,于嫁资不动产、被监护人之财产及诉讼中之财产行之。故嫁资不动产绝对的不能让与;被监护人之财产,非得国家之许可,不能让与;诉讼中之财产,非第三人不能让与,违反此禁止之行为为无效。故此种财产之让与行为,设定限制物权,尤其设定地役权之行为,及以此种财产为标的而发生物权的效力之债权行为,尤其以移转嫁资不动产为目的之买卖,均为无效。学者有主张对于有让与禁止之法律的限制之财产,其取得时效绝对的不完成者。此乃Dernburg之主张,然非正当之见解。盖取得时效系不基于此种财产所有人之好意的或故意的容忍而完成时,自应发生效力。此时并非所有人违反法令之限制而为财产之让与也。裁判上之限制之效力,与法令之限制同。反之,由于法律行为之限制(如契约、遗嘱),仅可使要约人对承诺人、受遗赠人对继承人请求因违反限制所生之损害赔偿,不发生物权的效力,即对第三人不生效力。故违反限制所为财产之让与及物权之限制,并非无效。此罗马法之原则加多少变更而为《德国普通法》及近世诸国所承认。在我民法之法理上,为公益所存法令之限制,其性质上有绝对的效力。其违反行为,应为无效。为私益即为保护特定私人之利益所存法令之限制,其性质上仅有相对的效力。其违反行为,于不害一私人之利益之范围内,仍不妨有效。如破产人让与属于破产财团之财产,或设定物权时,其行为仅对于破产债权人为无效。裁判上之限制亦然。如债务人违反假处分之命令,所为所有权之让与及物权之设定,于不害假处分债权人之范围内,不妨有效。反之,由于法律行为之限制,不生物权的效力,不足以影响于第三人。若使法律行为之限制可生物权的效力时,殊有害于财产之融通及改良,而阻碍国家经济之发达,故不许私人为之。违反此种限制之行为,仍为有效。此时不过使利害关系人对于违反者得请求损害赔偿,即发生债权的效力而已。盖发生此种效力之法律行为之限制,毫不违反公序良俗。故《德国民法》从之(《德民》一三四条乃至一三七条,《民诉》九三八条,《破产法》七条)。罗马法初以禁止所有权之让与之法律行为无效,嗣后认其有发生损害赔偿之效力。法国民法学说及判例,采罗马法之旧则。《德国民法》则以明文采罗马法之新则。我《民法》之解释亦然。

以附解除条件之法律行为或以附终期之法律行为,而为所有权之让与时,其效力如何？在罗马法,最初以所有权带永久且无期限之性质,故不认所有权之附条件的或期限的让与。若当事人为此种让与时,则受让人永久且确定的取得所有权。惟于条件成就、期限到来时,使受让人负为同一物之再让与之债务。此法则继续至罗马之模范时代。至此时代之末叶,产生反对的原则。儒帝法典,亦承认之,而有所谓不久永、不确定之所有权之出现。兹略述之。所谓交付,不过移转与其权原相当之所有权。故移转所有权之权原一旦解除时,则所有权发生不确定之现象。故所有权之取得行为为附解除条件或附终期之法律行为时,所有权之取得为不确定。如甲对于乙为买卖契约时,附以丙若为承买则解除买卖契约之条件,则乙取得不确定所有权。又无论何人不能让与自己所有以上之权利。故取得不确定所有权人,将同一所有权移转于他人,或于同一所有物上设定物权时,其新取得者之权利,亦不确定。如乙将同一所有权移转于丁或设定质权时,若解除条件成就,终期到来,则取得者或第三取得者当然丧失权利,所有权当然复归原主。如前例乙及丁当然丧失其权利，甲成为完全之所有人。故原所有人得以所有权之诉向取得者或第三取得者请求返还其所有权。又解除条件有溯及的效力，于条件成就前原所有人所设定之物权当然有效。但现今正当之解释，所有权之取得行为，附有条件或附有期限时，取得人仍取得确定的所有权，不过于条件成就，期限到来，发生返还所有权之债务而已。又取得者将所有权移转于他人或设定物权时，此种权利亦非不确定之权利。盖受让人之权利并非不确定故也。将来若条件成就，期限到来，取得者及第三取得者之权利，依然存续，不过原所有人对于取得者，得以债权之诉请求以其受领当时之状态交还所有权，或请求债务不履行之损害赔偿而已。总之，在罗马法，得以附解除条件或附终期之法律行为限制所有权，而不能以附停止条件或附始期之法律行为限制之。对此原则加多少变更而为《德国普通法》及近世诸国法律所采用。在《法国民法》，以附条件的法律行为而限制所有权时，学者间无异议。以附期限的法律行为是否可以限制所有权，则学者间之意见尚未一致。在《德国民法》则承认条件及期限之效力可以限制所有权（《德民》九二五条二项）。我《民法》亦应为同一解释。

对于所有权之私法的限制，有相邻者之限制与紧急行为之限制。前者当于后述之。兹将后者说明如次。

紧急行为之限制者，乃所有人就其标的物之动产及不动产，不能排斥他人之紧急行为是也。国家一面付与个人以正当防卫权，对于违法之侵害，为防卫自己之权利所必要范围内，允许侵害加害人之权利。他面又赋与个人以紧急行为权，在非侵害他人之权利，则不能保全自己或第三人之权利之急迫危险（紧急状态）时，为保全其权利所必要，得侵害他人之权利。此种侵害他人权利之行为为适法行为，此时所有人就自己所有物上所行之他人紧急行为，须忍受之。若为抵抗，成为违法行为。关于此点，我《民法》（一五〇条）及《德民》（九〇四条）以明文规定之。

(1)须为避免急迫危险所必要之行为。所谓急迫危险者,乃非侵害他人权利,则不能保全自己之权利之状态也。如因火灾,非破坏邻家,则不能保全自己之房屋是。但危险不必系对于行为人之财产,对于生命、身体自由之危险亦可。又不问是否基于行为人或第三人之故意过失。不区别危险系对于行为人抑对于第三人。亦不问第三人是否知此危险或是否有避免之意思。(2)须对于所有人之所有物行紧急行为(对于占有物或限制物权之标的而行之者,亦可达同一结论)。故对于所有人之生命、身体所为之紧急行为,所有人无忍受之必要。然紧急行为是否为所有物之破坏毁损使用消费,则非所问。如枪杀害自己生命之他人之猛兽;为救友人之生命利用他人之自行车;为保全自己之生命,消费他人之食物是。但未逾越危险所能致之损害程度者为限。(3)《德国民法》(九〇四条)尚规定行为人对于所有人,须负损害赔偿义务。但我《民法》则不然。盖紧急行为系权利之行使,而非侵权行为故也。若紧急行为逾越为限所能致之损害,或危险之发生,行为人有责任者,又当别论。(4)所有人妨害他人之紧急行为时,须负侵权行为上之责任。又行为人对于所有人,于必要时,得以腕力排除其抵抗。

第四节　所有权之分类

所有权依其标的物之为动产或不动产,得区别为动产所有权与不动产所有权。

(1)在罗马法,有受罗马市民法之保护之所有权,与受法官保护之所有权。前者之所有权之取得,须依法定方式。否则,前所有人依然保有所有权,而取得者不过取得占有权而已。故所有人有向取得者回收标的物之危险。然法定方式,甚为不便,不适于日常频繁之交易。故罗马法官设法保护不依法定方式而取得权利之人,此种所有权,称为受法官保护之所有权。

(2)固有地所有权及征服地所有权。后者属于国家或皇帝,私人仅有占有及收益之权利。然此权利,实际上与土地所有权受一之保护。固有地所有权者,以罗马本来之土地为标的之所有权,得为私人所有。儒帝以后,废止此二种区别。

(3)德国古法区别民法的所有权(Dominium civile)及自然的所有权(Dominium naturale)。所谓民法的所有权者,乃登录于法定公簿之所有权也。在德国古法,土地所有权之移转,须为公簿之登录。若不履行此方式,不能成为真正所有人。自然的所有权者,仅受交付而受特别保护之所有权也。德国古法,亦与罗马相同,对于不依法定方式而取得权利之人,亦加保护。于是发生此两种所有权。《德国民法》以登记为土地所有权移转之要件,故废止此种区别。

(4)领主权(Oebereigenthum)及领有权(Untereigenthum)。此两种区别,起于欧洲之野蛮时代,君主及地主所有土地,而使其所统属之人民领有而收益之。君主可将无领有人之土地收回己有。又有荣誉上或财产上之特权。如有受一定尊敬或使其年贡物品之特权。又臣民从属于君主,须给君主所必要之事物,同时得利用其土地,且得移转其权利于继承人。又对于第三人之侵害,得回收之。如此,君主之权利,称为领主权;臣民之权利,称为领有权。至十九世纪,领主权成为领土主权,入公法之范围。领有权成为土地所有权,入私法之范围。

(5)土地所有权及动产所有权。德国民族重视农业,故重视土地所有权。关于土地所有权之取得、让与及出质之法则,与关于动产所有权之法则不同。德国现行民法,亦仅认此种区别。因土地所有权及动产所有权,不适于适用同一法则。我民法则认动产所有权及不动产所有权。

因此两者之性质不同，而其取得方法及限制，亦不能以同一法则支配之。我《民法》以土地及其定着物为不动产（六六条），故不动产所有权，当然包含土地所有权及房屋所有权。罗马法对于房屋植物等之土地定着物，不认其有独立之所有权。反之，德国古法，对于此等定着物，而认其独立的所有权。我民法从之。此乃根据经济的观念，而决定立法政策之可否之问题也。所谓动产者，乃指六十六条所称不动产以外之物而言（六七条）。

此两种区别之实益，①两者之取得方法不同。动产所有权可依先占、埋藏物之发现、遗失物之拾得、附合、混合、加工而取得，不动产所有权则反是。又动产所有权之取得时效期间，与不动产所有权之取得时效期间不同。②动产所有权之移转以交付，不动产所有权之移转以登记为其成立要件。③动产所有权仅有公法上之限制（如征发），而无私法上之限制。反之，不动产所有权有公法上及私法上之限制。且其公法上之限制，较动产所有权为大。

第五节　所有权之效力

国家承认所有权之存在，而与所有人以各种权利保护请求权，而谋其权利之保护。至其保护之理由，则古来学者，争论甚烈。有求其保护之根据于个人者，有求其保护之根据于社会者。前者称为个人的所有权保护主义，后者称为社会的所有权保护主义。

第一，个人的所有权保护主义

此主义乃求保护所有权之理由于个人之行为或人格之学说。分为先占保护主义、劳力保护主义及人格的必要主义。

(1) 先占保护主义

依此主义,个人先占外界之无主物,而国家保护先占人与无主物之关系。此即所有权是也。故所有权之起源,由于先占,国家不过承认此种关系而保护之。然先占乃所有权之取得方法,须以所有权之存在为前提,故以先占不能说明所有权之起源及其保护之理由。

(2) 劳力保护主义

依此主义,个人加劳力于外界之物,于是发生劳力人与物之关系(即专有之观念与他人对此之容认)。国家以法律保护此种关系,于是发生所有权。故所有权之起源,由于劳力,国家不过认定此种关系而保护之。然劳力加工乃受报酬之原因。又劳力人虽可取得其生产物之所有权,但劳力不能为所有权之起源。又不能为所有权保护之理由。盖不能劳动之个人,仍有所有权,而国家仍须保护之故也。

(3) 人格的必要主义

依此主义,所有权乃对外界财产之人格的反映。无所有权,不能完成个人之人格。个人既行存在,则对于外界之事物,发生个人的关系,即所有权也,法律须保护之。故所有权保护之理由,乃基于完成人格之必要。此说漠视所有权之社会的原素,不能谓为完全。

第二,社会的所有权保护主义

此乃求保护所有权之理由于社会的行为(社会契约或法律)或社会秩序之学说。分为社会契约主义、法律创设主义、秩序维持主义及经济的必要主义。

(1) 社会契约主义

依此主义,社会组织之各员,创设所有权,而相约彼此不相侵害。故所有权保护之理由,乃根据此种社会契约。然此说系根据一片空想之社会契约,不能谓为完全。

(2) 法律创设主义

依此主义,法律创设所有权而保护之,盖人类既舍弃其自然的自由,而营国家的生活,则法律即废止共有而为私有之保护,于是遂发生所有权。此说不能说明法律何故创设所有权而保护之理由,故不完全。

(3) 秩序维持主义

依此主义,所有权之保护,乃为维持社会秩序。其论旨之大要,社会秩序之维持,乃人类社会的生活即共同生活之要件。而社会秩序之维持,乃彼我之区别明确,而期无个人之斗争。在未开社会,承认一族之所有权,在半开社会,承认属于家之所有权,在文明社会,承认属于个人之所有权而保护之者,毕竟为维持社会秩序也。此说甚为正当。

(4) 经济的必要主义

个人之所以有所有权,乃出于国家之经济的必要。征之所有之制度,甚为明了。若个人无生产储蓄劳动之观念,殊有害于国家经济之发达。故所有权之起源及其保护理由,乃在经济的必要。然此说不免有违反法律沿革之嫌。

所有物被侵夺,所有权被妨害时,所有人为防御自己之权利,法律赋与各种物权的请求权。外国民法,大都以所有诉权(Eigentumsanspruch)之形式行之。此种诉权,发源于罗马。德国民法发源中之所有诉权,系受罗马法之影响而发达者也。

第一,罗马法之所有诉权

罗马法所谓所有诉权,可大别之为对物诉权与对人诉权。对物诉权(Dinglichen Klagen)又可大别之为根据所有权之诉权与根据占有之诉权。根据所有权之诉权乃所有物回复诉权(Rei Vindicatio)及所有权保全诉权(Atio Negatoria)。根据占有诉权乃旧占有物回复诉权(Atio Publiciana)及占有诉权(Besitzinterdicte)。对人诉权(Persönlichen

Klagen)乃对于相邻者之诉权、对于加害者之诉权、对于物之占有人请求提示之诉权。所有权之对物诉权,有绝对的效力;对人诉权,仅有相对的效力。所有人得依自己之利益,于数个所有诉权中选择行使。

(1) 所有物回复诉权

所有物回复诉权者,乃所有人对于非所有人请求返还所有物之诉权也。所有物之占有被侵夺时,所有人对于其标的物,共有人对于其应有部分,得取回之,此乃所有权之效力,所有物回复诉权之基础。此诉之原告乃未占有所有物之所有人及共有人,被告乃占有原告之所有物之人,或法律上视为占有之人。此诉之目的,在返还所有物或应有部分。被告得提出基于物权(如质权)或债权(如租赁权)之抗辩,而主张有占有之权利。或迄返还其所支出之费用(必要费、有益费)时止,得留置其占有物。承认原告之请求之判决,在当时无执行力,即不得违反占有人之意思而取回其标的物。被告可支付裁判上之评价额,而保留占有。至儒帝时,方有执行力,即可违反占有人之意思而取其标的物。盖无执行力之裁判制度,偏于保护占有人故也。

(2) 所有权保全诉权

因地役权之行使或地役权存在之主张,而所有权之自由被妨害时,所有人、占有人、地上权人、质权人对于妨害人,以确定所有权之自由为目的,所提起之诉权也。所有权被妨害时,其利害关系人得排除其妨害者,乃所有权之效力,而为所有权保全诉权之基础。故此诉权,以妨害所有权之自由为原因。此诉之原告,乃因地役权之行使或存在之主张,而所有权之自由被妨害之所有人、占有人、地上权人、质权人(地上权人、质权人就其标的之所有权之自由确定,有利害关系)。此诉之被告乃行使地役权或主张地役权之存在而妨害所有权之自由之个人。此诉之目的,乃所有权自由之确定。其方法乃被告所主张权利之否认,妨害原因之除去,由于妨害之损害赔偿,由于妨害之损害之担保。承认原告之请求之判决,仅使被告负确保所有权之自由之义务,而无直接强制执行之方法。

(3) 旧占有物回复诉权

为取得时效原因之占有人为回复其已丧失之占有计,对较自己劣等地位之个人所主张之诉权也。此诉权乃罗马法官 Publizius 所创设,使为取得时效原因之占有人,于时效完成前,得回复其已丧失之占有,模拟所有权回复之诉,而创设此诉。为取得时效原因之占有人,于时效全期间内占有时,即可成为所有人。应较劣等地位之占有人,更加保护。此诉之原告,为取得时效原因之占有人,须为善意。而无取得所有权之权原之占有人,如质权人,则不得为原告。又被告须为在劣等地位之占有人,即较旧有人劣等或同等地位以外之占有人。如对于无取得所有权之权原之占有人或对于有此权原之恶意占有人,方可提起此诉。此与所有权回复之诉及所有权保全之诉不同之点也。此两种诉权,可绝对的向加害人提起之。而旧占有物回复之诉,则须于原告被告之间,有此相对关系也。此诉以旧占有物之回复为目的。而被告得提出自己为所有人之抗辩。是此诉属于本权之诉,而非占有之诉。若承认原告之请求时,其裁判之执行,与所有权回复之诉同。

(4) 占有诉权

所有人亦有占有诉权。占有诉权以占有之诉行之。当于占有章中详述之。

(5) 损害担保诉权

此乃请求担保由将来之妨害所生损害之诉权。原来罗马法,土地所有人对于邻地所有人之妨害,虽可请求除去,但不认其有直接强制之诉权,不过使土地所有人得请求邻地所有人,于法官所定期间内,提出担保,以担保将来由妨害所发生之损害,借以间接保护土地所有人之利益而已。如请求提出由邻地工作物尤其建筑物之倾倒所生损害之担保,或向邻地所有人请求提出由其将来之建筑物或凿井所生损害之担保是。此诉之原告乃对于损害预防有利害关系之土地所有人、共有人、物权的土地利用人及土地承租人。又被告乃妨害地所有人、共有人或占有人,但现存工作物之所有人、共有人或占有人与土地所有人不同时,则以现存工作物所有人或占有人为被告。此诉之目的,乃损害赔偿之担保。裁判后,损害赔偿担保义务人不履行其义务时,不得直接强制。若土地所有人不履行担保义务时,损害担保之请求权人可先占有裁判上之加害地,以担保义务人之费用修缮之,且取得该费用赔偿之质权。其次不能得担保,或不能受费用之赔偿时,则取得该土地之所有权。地上权或永佃权人不履行其担保义务时亦然。惟只能取得地上权或永佃权,而不能取得所有权耳。

第二,《德国普通法》之所有诉讼

《德国普通法》之所有诉讼,乃由罗马法进化而来。述之如次。

(1) 所有物回复诉权

《德国普通法》之所有物回复诉权(Eigentumsklage),与罗马同,乃以所有物之返还为目的之诉权也。故无体物回复之诉,在《德国普通法》,尚未存在。《奥地利民法》(三六六条)及《法国民法》亦然。惟《普鲁士私法》则允许无体物之回复,即对于侵害物权之第三人,可请求收回物权。《德国民法》(九八五条)及我国《民法》(七六七条)则依《德国普通法》。

(a)所有权回复之诉之原告乃未占有所有物之所有人及共有人。但共有人,仅可就其应有部分,提起所有物回复之诉。罗马法亦然。《德国民法》则反是(《德民》一〇一一条、四三二条)。我《民法》之解释,与《德民》同。此诉之被告,以占有所有物之非所有人为原则,而以未占有所有物之非所有人为例外，所谓间接占有人是也。盖所有人为排斥其权利冲突之原因，对各人可提起所有物回复之诉，若对于以第三人名义而为直接占有之承租人、受寄人、受任人提起此诉时，此等直接占有人通常对诉讼上之利害关系甚少，且不知其事情，又不能提出有力之证据，而利害关系最深且深知其事情，而又有有力证据之第三人即间接占有人，反不参与诉讼，殊不足以保护第三人即间接占有人之利益。又原告能使此第三人代为诉讼，亦有利益，固无须再行起诉。故至罗马儒帝时代，以第三人名义而为直接占有之人，为所有物回复之诉之被告时，得指名该第三人即间接占有人以代自己之诉讼，而自己由诉讼退脱。此民事诉讼法所谓指名参加之起源也。

未占有原告之所有物之非所有人，法律上视为占有人而使其为此诉之被告，即于诉讼开始前，将原告之所有物以故意或重过失，让与他人，或将其消灭而废止占有之个人，及为占有人之利益，而诈称占有人以应诉之个人是。以此等人为被告之诉，乃具备所有物回复之诉之形式之侵权行为的请求权。因有所有物回复之诉之形式，故能得与其真正占有人同一之判决，非为物之提出或价格之赔偿，不能免责。又为侵权行为的请求权，故原告虽由被告受所有物价格之赔偿，仍可对于真正之占有人提起所有物回复之诉。又对于此种被告之继承人，有不当得利之返还请求权。《普鲁士私法》，依《德国普通法》，以占有人为被告之诉，为纯粹的所有权回复之诉，而以法律上视为占有人为被告之诉，有所有物回复之诉之形式，而又有基于侵权行为之请求权之实质。反之，《德国民法》，所有物回复之诉，仅对于占有人方可提起，对于占有辅助人(Besetzdienes)则不得提起，又不认对于视为占有人之个人提起所有权回复之诉。盖此种诉讼可依侵权行为之诉故也(《德民》八二三条)。又占有人不必为直接占有人，间接占有人亦可。故此诉对于承租人或租赁人亦可提起。但直接占有人为被告时,得以指名参加,使间接占有人参加诉讼(《德民诉》七六条)。

此诉可对各占有人提起之,不问占有人意思之善恶。盖无论何人不能将自己所有以外之权利,移转他人。真正之所有人对于其所有之物之占有人均得取回之。故所有物回复之诉,以无限制为原则。此原则为罗马法及《德国普通法》所承认。反之,《德国民法》为保护善意取得人之利益,对此原则,设一限制,即此诉不能对于善意取得人提起之。又此诉之被告资格,以起诉之当时为标准而决定之者,各国亦不一定相同。

(b)此诉之标的物乃特定有体物(动产、不动产)及应有部分。在罗马法,此诉限于独立确定之标的物。若应回复之物附合于他物时,所有人须先提起所有物提示之诉,使其分离,如所有人之宝石附合于占有人之戒指是。

但建筑物之材料,则不许分离,故不许回复。《德国普通法》,有可以返还之物即可,不必分离。《德国民事诉讼法》亦然。

罗马法非正确记载标的物之性质、种类、数量,而构成诉讼一定基础,则不许提起所有物回复之诉。如须记载衣服之大小、模样、色彩,一见即与他物明了区别。又须正确记载应有部分之范围,方许提起此诉。但关于一群家畜及其他之集合物,为使其容易起诉,于诉状中纵不记载各物件之种类及数额,亦可提起此诉,是为例外。于此情形,起诉后,须调查各物是否有所有权,非认集合物全体为一个所有权也。又例外关于不确定之应有部分,亦许提起此诉。《德国普通法》,无须为详细正确之记载,如关于群畜及书籍之回复之诉,无须对各物有详细之记载,亦可提起。《德国民事诉讼法》亦然。

(c)此诉之目的,在原告所有权之裁判上之确定(Anerkennung),与所有物及其附属物之返还。而孳息之返还及损害赔偿,不过为其附带目的。但原告及被告为共有人时,则以共有权之裁判上之确定及公同共有为目的。在德国民法,所有人对于已交付标的物之间接占有人,亦可请求标的物之返还(其判决依《德民事诉讼法》八八六条之规定),或请求交付仓库钥匙或仓库证券以代标的物之返还,其他或请求间接占有人移转其对于直接占有人所有之返还请求权。

交付之处所及费用,因被告之为善意占有人与否而异。善意占有人于标的物(动产)现存之处所交付之。恶意占有人须于其原占有之处所交付之。故标的物现存之处所与原占有之处所不同时,恶意占有人须以自己之费用及危险,搬运标的物于原占有之处所交付之。此法则为罗马及《德国普通法》所承认。《普鲁士私法》对此有明文规定。但《德国民法》则付阙如。

关于孳息之返还及损害赔偿,亦因被告之为善意与否而异。善意占有人于权利发生拘束当时,返还其现存之孳息;于权利发生拘束以后,关于孳息之返还,与恶意占有人负同一责任。又权利拘束以前所生之损害,自己纵有过失,亦不负责。而恶意占有人,在权利拘束当时,不仅应返还现存之孳息,在权利拘束以前,已收取或可得收取之孳息亦应赔偿。在权利拘束以后原告可以收取之一切孳息,自己纵无收取之责任,亦应赔偿。又于权利拘束以前,由于自己之过失所生标的物之灭失毁损,须任损害赔偿之责;权利拘束以后由于偶然之事由所生标的物之灭失毁损,不能证明纵于合法时期交付原告,亦不免因同一事由发生同一情事时,须任损害赔偿之责。但侵权行为的占有人(以强暴、诈欺手段而为占有),对于标的物之灭失毁损,须负无条件之责任。此法则为罗马法及《德国普通法》所承认。《德国民法》对此加多少变更而承认之(《德民》九八七条乃至一〇〇三条)。

应返还所有物之占有人,于权利拘束以后,其标的物灭失时,则所有物回复之请求,变为所有物价格赔偿之请求(《德民诉》二六八条)。又将标的物让与他人时则依系争物让与之规定(《德民诉》二六五条参照)。反之,应返还所有物之占有人,于权利拘束前,将其标的物灭失,或让与他人时,则不能提起所有物回复之诉,惟得为债权的请求。即善意占有人于权利拘束前将占有物让与他人,尔后因标的物之灭失,致不能提起所有物回复之诉时,对之仅得为不当得利返还之请求。又恶意之占有人于权利拘束前,因归责于自己事由致占有物灭失毁损时,对之仅得为基于侵权行为之损害赔偿。盖所有物灭失时,纵提起所有物回复之诉亦无效力,故不得提起之。又不能附带为孳息之返还及损害赔偿之请求也。此法为罗马法及《德国普通法》所决定。《德国民法》对此加多少变更而承认之。

(d)被告对应返还占有物支出费用时,则迄其受费用之偿还时止,得留置占有物。又得主张基于物权或债权而有占有之权利,以排斥原告之诉(《德民》九八六条)。如被告主张有用益物权、质权或使用借贷权、租赁权是。在罗马法主张租赁权或使用借贷权,不能排斥所有物回复之诉。然卖他人所有物之卖主,尔后或为所有人之继承人,对于买主提起所有物回复之诉时,买主得主张其权利而排斥所有物回复之诉。德国民法,直接占有人得主张使自己取得占有之间接占有人之权利,而排斥所有物回复之诉。如由用益权人借受其标的物者(直接占有者),得主张用益权人(间接占有人)之权利(得为占有之权利),而排斥对于自己所提起之所有物回复之诉。

(e)所有物回复之诉,其原告须为所有人,其被告于起诉当时须为占有人。故被告否认原告之所有权,或否认自己之占有时,原告须证明之。

关于所有权,原告须主张其取得所有权之事实,且须证明之。在传来取得,原告迄其接近原始取得之事实时止,是否须证明各前主之所有权,乃古来学者所论争。多数学者,对于《德国普通法》之解释,采积极说。故所有权之证明,颇为困难。然原告若能将自己之占有与前主之占有合并,而证明取得时效期间占有时,则可避免此种证明之困难。换言之,占有之合并,可使所有权之证明容易。原告一旦证明所有权之存在时,其所有物占有期中,推定原告之所有权为继续,无须另为所有权继续之证明。故被告须提出反证,以证明原告所取得所有权之丧失。此乃根据生活常态之所为权利继续之推定。反之,原告不能证明所有权之存在时,则驳回所有物回复之诉(原告资格之缺欠),被告依然继续占有。此证明责任之法则,与法国民法之学说及德国民法所承认之法则,完全不同。关于占有,原告须证明被告之占有事实,若不能证明,原告未免受败诉之判决。

(f)基于所有物回复之诉,所为返还所有物之判决,乃认定判决,法律许其强制执行。惟所有物之交付,事实上成为不能时,而代以支付一定金额之判决而已。

(2) 所有权保全之诉

所有权保全之诉(Eigentumsfreiheitsklage)者,乃所有权之自由被妨害时,为排除此违法之干涉,所有人对于妨害人所提起之诉也。

故与所有物回复之诉不同,其妨害,依罗马多数之学说,限定于依地役权之行使或主张而生之妨害。在《德国普通法》,则不限定妨害之种类。所有妨害所有权之自由之各种违法干涉,均包含之。《奥地利民法》(五二三条)、《法国民法》,依罗马法之原则。而《德国民法》(一一〇四条),则依《德国普通法》。我《民法》亦然。在《德国普通法》,此诉之原告为所有权之自由被妨害之所有人、共有人、占有人、地上权人、质权人。所有权之自由被妨害之所有人,虽可为此诉之原告,而所有物被侵夺之所有人,则不能。盖此种所有人可依所有物回复之诉,而受权利之保护也。

共有人就其应有部分，或就所有权之全体，得提起所有权保全之诉。如关于收益之妨害，就其应有部分，又关于由于地役权之行使妨害，就所有权全体提起此诉是。盖地役权乃不可分的对于所有权全体所有之权利故也。

此诉的被告，乃妨害所有权之自由之人。妨害人不必有行使权利之意思。又受妨害之所有人不必有过失或发生实际损害，在事实上所有权之自由被妨害即可。然妨害须为继续的行为。故对于窃取所有地上一个孳息之人，不得提起所有权保全之诉。又其妨害仅对于所有人以口头主张就其标的有权利即可乎，抑现实须有妨害之实行行为乎？在学者之间，尚有问题。多数说以仅有口头的主张即可。此说甚当。盖口头主张即足以妨害所有权之自由及权利范围之安全也。此诉乃因被告之妨害，而以确定所有权之自由为目的。此目的乃除去妨害之主张及妨害之事实状态而达到。故在《德国普通法》，依所有物回复之诉所不能除去之一切所有权之自由之妨害，得依所有权保全之诉而除去之。《德国民法》亦然（《德民》一〇〇四条）。故限制物权之主张之排除，相邻权之妨害之排除，妨害工作物之除去，有害于土地所有权之自由之登记记载之更正，及妨害行为之避止等，皆可以所有权保全之诉达到之。然基于物权关系之法定债务关系，则不能为此诉之目的。如相邻地之所有人对于一方所有人所负赔偿是。但《德国普通法》可依所有权保全之诉，而请求基于此种债务关系之赔偿。又《德国民法》可将以此种债务关系为原因之诉与所有权保全之诉合并，为使诉讼容易故也。

被告提出抗辩，主张对于所有权之自由之干涉，并非违法，使法院驳回原告所为所有权保全之诉。盖原告因法律之限制，尤其相邻地对于所有人之限制，或根据法律行为所发生物权或债权之限制，而使所有人负容忍之义务时,则被告之干涉为适法,并非妨害所有权之自由也(《德民》一〇〇四条二项)。

《德国普通法》关于证明之人有三说:(a)原告仅须证明其所有权之存在。盖能证明所有权之存在时,当然足以排斥他人之干涉,故原告无须证明被告无干涉自己所有权之自由之权利。反之,被告不可不证明其有干涉之权利。此说颇有势力。(c)区别被告之为占有与否而异。在前者原告须证明其有干涉之权利。盖为占有人之被告,若对方不提出反证,因不负何等证明之责任也。《德国民法》采第一说。①

基于此诉之败诉判决,使被告对于原告所有权之自由负担保义务者,与罗马法同。若被告违反此义务时,法院的命令为加害原因之工作物之除去,且得命为损害赔偿。又有妨害之虞时,法院得命其提出损害赔偿之担保。反之,德国现行《民事诉讼法》规定有直接的强制执行之方法(《德民诉》八九〇条,《德民》一〇〇四条)。

(3) 旧占有回复之诉

此种诉权乃为取得时效之原因之占有人,为回复其丧失之占有,对于较自己劣等之各占有人所主张之诉权也。此点与罗马法同,《奥地利民法》从之。《普鲁士私法》承认保护优等占有者之法则,对于劣等占有人允许其已丧失占有物之回复,故不限于以取得时效为原因之占有人也。故《普鲁士私法》所谓旧占有物回复之诉,乃罗马法及《德国普通法》之旧占有物回复之诉之扩张。《德国民法》动产之善意占有人推定其为所有人。此种占有人为回复其所丧失之旧占有物,须对于现占有人为之。在《德国普通法》,此诉之原告乃为取得时效原因之占有人。盖此诉乃以保护此等占有人为目的故也。此诉之被告,乃较原告为劣等之占有

---

① 原件如此,此段所称三说,实则只有(a)(c)两说,未见(b)说。特此说明。——编者注

人。故较原告为优等之占有人（如有所有权之抗辩之占有人），或与原告同等之占有人（如亦有取得时效原因之占有权人），则不得为被告。此学者之所以称旧占有物回复诉权，仅有相对的效力者也。在罗马法，原告及被告由同一之非所有人取得同等之占有权时，则原告非先占有标的物，则不能回复旧占有物。反之，由别异之非所有人而取得同等占有权时，依多数之学说，原告不得提起此诉，被告依然保持占有。因原被告间无优劣之分，则须保护现占有人故也。有少数学者，主张保护前占有人，《德国普通法》，不认此种法则。

此诉之目的，与所有物回复之诉之目的相同。盖此诉系模拟所有物回复之诉，而谋保护因取得时效之完成而为所有人之占有人也。故此诉又称为准所有物回复之诉。然至后世，所有人为防御其权利之被妨害，得利用此诉，所谓准所有权保全之诉是也。

被告可以较原告为优等之权利人或与原告同等之权利人之事实为抗辩，或以标的物不能因取得时效取得之事由为抗辩，而使原告败诉。原告须证明其为取得时效原因之占有权，又被告须证明其抗辩之事实。此乃证明责任之原则。但占有之证明，较所有之证明为易。故真正之所有人亦多利用此诉而防御自己之权利。关于被告受败诉判决之裁判之执行，依所有物回复之诉。盖旧占有物回复之诉，乃模拟此两诉而创设故也。

（4）占有诉权

所有人亦有占有诉权，当于占有章中述之。

第三，《德国民法》之所有诉权

《德国民法》之所有诉权，分为所有物回复诉权，所有权保全诉权及旧占有物回复诉权（《德民》九九八条至一〇〇七条）三种。而占有诉权则规定于占有章中，关于损害担保诉权，则未为规定。

第四，《法国民法》之所有诉权

仅所有物回复诉权及所有物保全诉权两种。罗马法及德法所谓旧占有物回复诉权之原因之事情，不过使其在所有物回复之诉中，影响于当事人之证明责任而已，不认此诉权之独立的存在。然对此见解，反对说甚多。

第五，我《民法》之物权的请求权

此乃《民法》七六七条所规定之由所有权所发生之各种物权的请求权。此乃所有权之效力，均不用诉权之名称，其请求亦不限于裁判上也。

所有权人有占有其标的物之权利，故所有人对于其标的物之占有人得请求返还。此种返还请求权，与外国民法所规定之所有物回复诉权相当。所有人因侵害占有以外之方法，其权利之行使被妨害，得请求除去其妨害。此种妨害除去之请求权，与外国法之所有权保全之诉相当。有妨害之虞者，得请求防止之，此称为妨害预防请求权。所有人在裁判外不能得到物权的请求权之满足时，可在裁判上满足之。故我《民法》所规定之由所有权发生之各种物权的请求权，非对于国家请求为私权保护之权利。又不一定须用诉之形式，故非公权。又我《民法》不认旧占有物回复诉权。关于损害担保诉权，依侵权行为之法则，即可达到目的，法律无为规定之必要。

（1）返还请求权

乃未为物之占有之所有人，对于无所有权之占有人，请求返还其物之占有之权利也。原来所有人对于其标的物，有占有之权利。故所有物为他人占有时，则所有人自得请求其物之占有人返还其所有物者，乃此种请求权之基本法理。自罗马以来，各国莫不承认之。

返还请求权乃由所有权所发生之物权的请求权，而非由附随于所有权之债权所发生之对人的请求权，故为对物的请求权而非对人的请求权。各所有人均得行使之。

若在裁判上行使此请求权时,关于双方之证明责任,有说明之必要。此种请求权系以原告之所有权及被告之占有为原因。若被告否认原告之所有权及自己之占有权时,则原告不可不证明自己之所有权,及被告之占有。此乃证明责任之所当然也。

关于所有权,原告所主张之原始的取得之事实及传来的取得之事实,不可不证明。故在传来的取得,原告须证明迄其接近原始的取得之各前主之所有权。此原则乃理论上所当然。《德国普通法》《法国民法》《德国民法》均承认之。我《民法》亦不否认。然此种证明甚为困难,所有权之保护固难完全。故此原则之适用,基于实际上之必要,不能不有所限制。

(a)在《法国民法》,因所有权之标的物之为不动产或动产,其证明责任不同。在不动产所有权,当事人双方须证明其取得所有权之事实。而前主为同一人时,则依登记之先后而定其优劣。若前主非同一人时,则原告须证明其前主较被告之前主为优等权利之事实。又当事人双方未证明其取得所有权之事实时,则原告须证明推定其所有权之存在之占有事实(如较被告之占有为先)。其他原告已证明其在被告占有以前之有取得所有权之事实,而被告不能证明其取得所有权之事实时,则被告须败诉。此法则虽法律上无明文,而学者之间则为定说。在动产所有权动产之善意占有人推定其为所有人,自可避免其取得所有权之证明之困难。惟盗赃及遗失物,则允许于一定时间内可以取回。

(b)《德国民法》亦因所有权之标的物之为不动产或动产而异其证明之法则。在不动产所有权,原告可以所有权登记,以代取得所有权事实之证明。故被告须证明原告之所有权登记之不当事实。反之,若原告不能证明其所有权之登记之事实时,则须证明其有取得所有权之事实(《德民》八九一条)。又在动产所有权则与《法国民法》同,推定动产之占有人为所有人,以免证明之困难。此推定,对于因遗失、窃盗及其他之原因而丧失占有之前所有人为无效。但关于金钱及有价证券,则不在此限(《德民》一〇〇六条)。原告请求返还其任意丧失占有之动产时,被告之占有人受所有权人之推定。故原告须证明其以前占有之事实,及被告恶意由非所有人取得标的物之事实(因原告基于以前之占有,而受所有人之推定,故被告非证明原告在其占有当时并非所有人之事实,又自己因加工或时效而取得所有权之事实,则必败诉)。原告请求返还其不任意丧失占有之动产时,被告之占有人不能受所有权人之推定,故原告仅须证明其以前占有之事实及不任意丧失占有之事实即可(原告在其占有中受所有人之推定,故被告非证明原告为非所有人之事实,则成败诉)。原告请求返还金钱及有价证券时,被告无条件的受所有权人之推定。故原告须证明其以前占有之事实(金钱是否同一,证明颇难)及被告非善意取得之事实(《德民》九二三条)。又原告请求返还其未为占有之动产时,原告须证明其取得所有权之原因之事实及被告为违法占有之事实(被告为占有人,苟无反证,推定其为所有人)。

(c)我《民法》关于此点,未有明文,则不能不委之于学说之判定。我《民法》关于占有,有两条规定,可据以解决此种问题。即占有人推定其以所有之意思而为占有(九四四条);又占有人于占有物上行使之权利,推定其为适法(九四三条)。故占有人不问其标的物之为动产或不动产,受所有人之推定,自可避关于所有权取得之证明之困难。又所有人之推定,乃根据占有,故现在之占有人受现在所有权人之推定。往时之占有人受往时所有权之推定。原告请求返还其任意丧失占有之所有物时,略仅证明其任意丧失占有之事实,不过受往时占有人之推定,不能受现时所有人之推定。现时占有人之被告,受现时所有人之推定。故原告须提出足以推翻此推定之反证,即须证明被告非所有人之事实。又被告由第三人取得占有时,又须证明其中间占有人之第三人非所有人之事实。总之,原告须证明其任意丧失占有之事实与被告为非所有人之事实。如甲租赁其动产于乙,而乙卖与丙,且丙为恶意,则甲对于丙请求返还其所有物时,须证明自己之租赁、乙之盗卖、丙之恶意取得之事实。原告请求返还其因不任意丧失占有之所有物,而已证明其因不任意丧失占有之事实时,则因其为往时之占有人,而受往时所有人之推定,其权利推定其今尚存续。故原告无须证明被告之如何取得占有。反之,被告须证明原告为非所有人之事实。总之,原告仅证明其不任意丧失占有之事实即可。如甲之所有权被窃,辗转为丁所占有,而甲对丁请求返还时,甲仅证明其不任意丧失占有即可。丁须证明甲于丧失占有后即丧失所有权之事实,中间占有人取得所有权之事实。又原告请求返还其未曾占有之所有物时,原告须证明其所有权之取得及其继续之事实。被告为现在占有人,受所有权人之推定。然原告之前主为占有人时,只须证明由前主取得所有权之事实即可。盖于此情形,关于前主之所有权,若前主与被告之间,有请求返还所有物之诉时,则依一般证明责任之法则,以定原告请求之当否。不动产所有权之登记,足以证明其所有权之存在。盖以所有权人之资格为登记时,通常视为所有人故也。但就主物有所有权之证明,不能当然及于其附属物。盖附属物有属于主物所有人者,有不然者。惟主物所有权之取得事实,苟无反证,可推定其取得附属物之所有权而已。

(2) 妨害除去请求权与妨害预防请求权

所有权人因占有侵夺以外之原因,而所有权之自由被妨害时,对于为此妨害或妨害之虞之各人,请求行为(除去妨害)或不行为之请求权也。原来所有权人得自由行使其权利,对于各人有请求不为妨害之权利。故他人有妨害此权利之自由行使或有妨害之虞时,则所有人对于妨害人得请求妨害之除去或妨害之预防。此乃此种物权的请求权之根本法理。自罗马以来，各国莫不认之。如甲地所有人适法所建筑之房屋怠于修缮，致房屋倾倒于乙地而妨害乙地之通行，或该房屋有倾倒之危险是。

所有权之自由之妨害，须将来带继续之性质。盖不继续的妨害，即因一次行为即完了之妨害，则无请求除去之必要。如甲仅一回通行乙地，固不能请求除去妨害，若将来有继续通行之情况时则不然。

所有人为此请求时，所有人是否现占有该所有物，毫无影响。所有人对于侵夺占有人请求返还，同时对于妨害人亦得请求除去妨害。若俟所有人以返还请求权回复占有时，方可行使妨害除去请求权，乃迂回之论，非法律保护所有权之道也。地上权人、地役权人是否可以行使此种请求权，不能无疑。《德国民法》则以明文（《德民》一〇一七条、一〇二七条）积极的肯定之。我《民法》则付缺如。然为保护权利人之利益，应解为得以行使为当。此等权利人可依关于占有之九六二条之规定，亦可达到同一目的。

此请求权之目的，乃现在之妨害之除去，与将来妨害之预防。故由物权的法律关系所发生之法定债权，如妨害邻地之使用所发生之损害赔偿请求权、误信自己有权利而收取邻地孳息之返还请求权，应依侵权行为及不当得利之规定以解决之。至在裁判上可与此请求之诉合并者，又当别论。

关于妨害预防，在德法可命妨害人提出担保，以担保将来所发生之损害（《德民诉》八九〇条参照），而不能请求预防将来妨害行为之反复。我《民法》自不同一解释。但妨害预防之请求，是否须于所有权一旦被侵害，尔后尚有被侵害之危险为前提，学者尚有争议。然应解为于有侵害之虞，即可为此请求。

第六节 所有权之取得时效

第一，取得时效（Ersitzung）者，为取得权利之原因之时效之谓，以占有或准占有及时间之经过为要素之法律要件也

取得时效之结果，其反面即有他人丧失权利。然此乃权利取得之效果，而非时效本身之效果。取得时效乃于他人之物上取得权利之方法。故有占有他人之物为要件。故于自己之物上不能进行取得时效。纵令由于错误，将自己之物误认为他人之物而占有时亦然。关于无主物，可依先占取得所有权，不使用取得时效之规定。

我《民法》将消灭时效规定于总则编，将取得时效规定于物权编，系采法法主义。因两者之发达时期，实有不同。其要件及效果亦异。谓两者为统一制度，乃纯出于罗马法注释派学者之误解也（参照拙著《民法总则》[1]第五章消灭时效）。

在罗马法以取得时效为取得所有权之方法，我《民法》不采用之。七六八条至七七〇条，所有权之取得时效，七七二条规定所有权以外之财产权之取得时效。此种财产权之取得，因须准用占有之规定，故应以准占有为要件（九六六条），即以为自己之意思而行使他人之权利，而无须为物之占有者属之。如债权、著作权、商标特许财产权等，苟为财产权，均可为取得时效之标的。然不无例外。

（1）由于法律之规定

不继续并不表见之地役权（八五二条）。

---

[1] 胡先生《民法总则》有北平好望书店1934年版及四川大学1943年版两个版本，其中四川大学1943年版已收入本书。——编者注

(2) 基于权利之性质

公权虽有财产权之实质,但不能因时效取得。如征收租税之权利,不能为取得时效之标的。盖取得时效乃私法上之制度也。从权利不能独立为取得时效之标的。如未有债权之人不能取得质权或抵押权。专属英语人之身份而不能让与之权利,虽有财产权之实质,不能因取得时效而取得。盖人之身份不能因时效取得故也。如受扶养之权利、养老金请求权是。

(3) 一次行使即行消灭之权利

取得时效系以于一定期间内行使其权利为要件。故因一次行使即行消灭之权利,自不能适用消灭时效之规定。如撤销权、解除权、选择权、买回权是。因同一理由,以一次给付为目的之债权,亦不能为取得时效之标的。

《德国民法》以取得时效为取得动产所有权之方法(《德民》九三七条)。关于不动产,仅有类似之规定而已(《德民》九〇〇条),我《民法》则不然。取得时效,就动产、不动产,均可通用。无权利能力之物,虽可为占有之标的,然不能为取得时效之标的。盖法律不许于此种物上成立所有权。纵依时效,亦不能取得其所有权。

某物虽不能为甲种权利之标的,而可为乙种权利之标的时,则可为乙种权利之取得时效之标的。如于动产上虽可设定质权,但不能设定抵押权。故于动产上虽不能取得抵押权,但能取得质权也。

物之一部是否可为取得时效之标的,乃罗马以来之学者所激论。若物之性质上可以为一部占有,占有人所行使之权利,于物之一部上亦可成立时,可因取得时效而取得其权利。如对于两亩土地,仅行使一亩之所有权时,则对于该一亩进行取得时效。反之,仅占有一栋房屋中之一间房屋时,不能取得其一间房屋之所有权。盖一栋房屋不能为两个所有权之标的故也。然使用该一间之债权,仍无妨取得。对于遗失物及盗赃,取得时效无妨进行。此点在我民法之解释上则无庸疑。但外国亦有反对之立法例。

因取得时效所取得权利之范围,依占有人所行使权利之范围而定。如行使所有权者,取得所有权;行使收益权者,取得收益权。占有物之全部者,取得全部之权利;占有其一部者,取得一部之权利。

因取得时效之权利之取得,系由法律之直接规定。占有人不必有取得权利之意思。故取得时效非法律行为。无能力人亦可因取得时效而取得权利。但无权利能力者,则不然。

由于取得时效之权利取得,系继承的取得,抑为原始的取得,素为学者所争议。多数学者主张为原始取得,少数学者主张为继承的取得(Brinz, Unterholtzner)。自以通说为优。盖由于七六八条至七七〇条规定所取得之所有权,乃相当于七六五条所规定之所有权。而七六五条所规定之所有权,乃完全所有权。故于有限制物权存在之物上,取得时效完成时,则从来之限制物权,不能不归于消灭。由此现象观察之,以前之所有权乃有限制,而由占有所取得之所有权,乃完之所有权。故继承取得之观念,与此相反。

第二,所有权之取得时效,以具备一定要件之占有及法定期间为其成立要素

法律规定以所有之意思五年间和平公然占有他人之动产者,取得其所有权(七六八条)。以所有之意思,二十年间和平继续占有他人未登记之不动产者,得请求登记为所有人(七六九条)。以所有之意思,十年间和平继续占有他人未登记之不动产,而其占有之始为善意无过失者,得请求登记为所有人(七七〇条)。

普通取得时效之要件可分为二:一为占有,二为期间。

(1) 占有

占有者，以所有之意思，占有他人之所有物之谓也。关于占有之要件，在罗马法，须具备心素（Animus）及体素（Corpus）之两种要件。近世学说，倾向于客观主义。我《民法》则仍踏袭主观主义，故以所有之意思为必要。若将此意思变更，成为时效中段（七七一条）。

所谓占有，是否须物理的以实力把握其物，抑仅在社会观念上可认为之物之管领时，亦可称为占有？在罗马法仅认前者，而否认后者，颇不合于实际情形。在不动产之占有，或仅设围障，或设木标，或为耕作，自可视为物之管领。其他在远隔之地，纵足迹未到，而可占有其土地。在广大之建筑物中之各种物件，虽不能一一记忆之存在与否，亦可为占有者，皆非为物理的实力之管领，而为依社会观念可认为其物之管领故也。

分占有为直接占有与间接占有。直接占有者，心素、体素具备于一人之占有也。间接占有则反是，自己未为物之管领所为之占有也。换言之，使他人管领其物，占有人对于物之管领人有请求返还其物之权利。管理人以为他人之意思管领其物，而负返还其物之义务之谓。当事人间之此种权利义务关系，乃间接占有之基础。此种权利关系，有为补充占有所必要之物之管领者。如代理人为本人管领其物是。又有所谓假容占有（Precario），如管领人对自己之利益，同时亦为他人之利益而管领其物是。为取得时效之基础者，不仅直接占有，即间接占有，亦可为取得时效之基础。如本人使代理人占领其物，于时效完成时，取得其物之所有权者，乃本人而非代理人。又如窃盗，将其所窃之物设定质权，于经过时效期间时，受取得时效之利益者，乃窃盗本人。凡此皆由于间接占有之取得时效也。

为取得时效之要素之占有，不可不具备次之要件。

(a) 自主占有　即须以所有之意思而为占有。以所有之意思而为占有者,对于物以与所有者为同样管领之意思而为占有之谓。占有人不必自信其为所有人。盖恶意之占有人,亦能以所有之意思而为占有故也。又不必有取得所有权之意思,仅事实上有与所有人为同样管领之意思,即有排他的对物为一般的管领之意思即可。所有之意思,原则上不必表示之。然占有人自行中止占有,或变为不以所有之意思而占有,或其占有为他人所侵夺者,其所有权之取得时效中断(七七一条)。

所有意思之有无,乃事实问题。不能依是否有取得占有之权原而决定之。如窃盗纵无权原,若事实上有所有之意思时,亦不妨取得所有权。仅权原之性质上,占有人无所有之意思(如寄托、租赁、质权),纵令占有人事实上有所有之意思,占有之性质并不变更。否则,权利人正安心于自己之正当权原时,即将丧失其权利也。于此情形,非占有人对于使自己为占有之人表示其有所有之意思,或依新权原开始以所有之意思而为占有,其占有之性质不变(九四五条)。

所有意思之存在,须由占有人证明之。此种意思,无须向他人表示。由物之管领行为认定即可。但法律为避免证明之困难,规定占有人推定其为以所有之意思而为占有(九四四条)。故占有人于证明其占有之事实时,即受以所有之意思而为占有之推定。相对人若欲争执,须提出反证。

(b) 须为和平占有　和平占有(Ruhiger Besitz)者,乃不带强暴情形之占有,即不以暴行强迫而为之占有也。然强暴乃限时的且为相对的。盖以强暴开始之占有,于其强暴情形中止后,尚可变为和平占有。又占有人中之一人,纵有强暴之情形,而其他尚不失为和平占有也。

(c) 须为公然占有　公然(Öffentlich)之占有者,乃不带隐蔽情形之占有,即对于物之利害关系人,不特为隐蔽情形之占有也。此隐蔽之情形,亦为限时的且为相对的。

(d) 其占有须为他人之所有物　盖对于自己之物,更不能因取得时效而取得所有权。若其占有物为不动产,必须未经登记。依时效之权利取得,乃原始取得,故取得者,不必证明其物为他人所有也。

日本大审院判例,关于公用物,非于公用废止后,不得为取得时效之标的。但供公用之物,不过国家对之有私法上之所有权耳。而私人占有其所有物后,若无废止公用之程序,则公用仍然继续,故不妨为取得时效之标的也。

(2)须有法定期间之经过

取得时效所必要之法定期间,动产为五年。关于不动产,则因占有人之为善意恶意,而法定期间,亦有不同。其期间之计算法,则依一一九条以下之规定。外国立法例,普通时效之期间,有长至四十年者(《奥地利民法》一四七二条)。大多数为三十年(《法民》二二二九条,《德民》九〇〇条)。我《民法》则仿日本立法例,定为十年、二十年。因现代交通逐渐便利,财产之监督容易。又因交易之频繁,使权利在永不确定之状况,甚为不利。故缩短之。

所有之意思、和平、公然之三要件,不仅须存在于占有之始,并须于时效期间中继续存在。如在取得占有之当初为强暴,则取得时效不开始进行。但变为和平时,则具备法定要件,取得时效即开始进行。又占有之当初虽具备各种要件,嗣后变为强暴或隐秘时,由此时起,成为时效中断。由占有变为和平公然时起,再开始进行。然强暴、隐秘之瑕疵,非绝对的,而为相对的。故非对因时效受不利益之人为之,则时效不中断。如甲占有乙之物,而丙以强暴行为由甲夺取其物时,若经过时效期间,则时效完成。乙不能主张丙对于甲之强暴行为。又如甲占有乙之物,对于他人虽行隐秘,对于乙则为公然的,时效仍然进行。乙不能主张对他人之隐秘也(Bandry)。关于此点,虽不无多少疑问,始从通说。

此时效期不必就一人经过,占有可为继承。若前占有人占有十年,而现占有人占有十年时，则前后合算，已满二十年，故时效完成。占有之继承及期间之合算，不问其继承原因若何，均可适用。如由于普通之继承、特定继承、简易交付、占有之改定、占有物返还请求权之让与，均可适用。但占有合并时，前占有人之瑕疵，亦应继承（九四七条二项）。故合并不必一定有利于占有人。如前占有人为隐秘占有时，若行合并，则占有之期间纵长，其时效不完成。于此情形，不如不合并，而仅主张自己之占有，反为有利。是否主张占有之合并，抑仅主张自己之占有，一任占有人之选择。

为取得时效之要素之占有，于法定期间内须为继续。但经证明前后两时为占有者，推定前后两时之间继续占有（九四四条二项）。故主张时效利益之人，只须证明时效之起算日与满期日而为物之占有即可。相对人若欲主张有中断之事实，则须负证明责任。所有之意思、和平、公然三要件，亦推定其为继续（九四四条一项）。则相对人若主张因其条件之丧失而成为中断者，亦须负证明责任。

善意无过失之占有人，十年间和平继续占有他人未登记之不动产者，得请求登记为所有人（七七〇条）。而恶意之占于人，则须经过二十年（七六九条）。所谓善意之意义，从来有二说。有为积极的解释，谓占有人自信其为权利人者为善意。有为消极的解释，谓不知其权利不属于己者为善意。此两说之间，差异固微。然其权利之属于自己与否，尚属怀疑之人，若依前说，固为恶意；而依后说，则不能不为善意。然对于此等人，法律殊无特别保护之必要，故应采从前说。

善意须存在于取得占有之始。由法律行为取得占有时，此时若为恶意，则可为占有取得之时亦为恶意之证据也。但善意不必于时效期间中继续存在。由代理人取得占有时，依一〇五条之规定，原则上应就代理人决定其为善意恶意。又占有人之善意与意思表示不同，无须有特别表示。依取得占有之各种情形，可得推知即可。无须有取得占有之权原也。占有人之善意，亦受九四四条一项之推定，故反对之当事人须提出反证。

关于善意之取得时效，多数立法例，尚有以正权原为必要者。我民法不采用之。所谓正权原者，由权利让与之效果所生之法律事实也。其主要者，为以移转所有权为目的之占有之移转、裁判上之处分、继承、遗赠等。此等事实存在时，纵令前主无权利，而不能因此取得权利。但占有人犹为善意。又此等事实客观的存在时，纵令无效，而占有人仍为善意。故基于正权原之善意占有人，方可享受取得时效之利益。然在实际法律生活，占有有与其原因分离之必要。若以原因为必要，纵在依正权原而有效取得权利之时，如不能证明权原，而有不能受时效利益之弊。又纵令有正权原，就不免有过失。如因过失不知相对人为无权利人，而以法律行为取得占有是。故不以过失为要件，而仅以正权原为要件时，其结果反为保护有过失之人。因此理由，我《民法》将正权原除外，而加以过失之要件。

所谓无过失，并非关于取得占有之事实，乃系关于善意，即须为无过失之善意。过失之程度，须依客观的标准决定之。由于代理人时，原则上须由就代理人决定之。善意既须存在于占有之始，则无过失亦然。

第三，自然中断

占有人自行中止占有，或变为不以所有之意思而占有，或其占有为他人侵夺者，其所有权之取得时效中断。但依第九四九条或第九六二条之规定，回复其占有者，不在此限（七七一条）。此所谓自然中断，即取得时效之要素，因此消灭也。盖占有以所有之意思（心素）与物之占有（体素）为要件。若缺其一，自为取得时效之中断。

（1）占有意思之丧失

有完全丧失所有之意思者。如占有人受所有人之请求，而承认其所有权。尔后以代理人之资格,占有其物是。此时乃纯粹占有机关,而非真正之占有人。则纵经过多少年月,亦不能完成取得时效。又有占有人变更从来之意思,而以他之意思为占有者。如以前虽以所有之意思而为占有,嗣后变更,以永佃权之意思而为占有是。此时其占有之性质变更,以前之取得时效中断。由此时起,开始进行新时效。

(2)占有之丧失

在任意抛弃,于再取得物之占有时起,时效再开始进行。在占有被侵夺时,可依九六二条之规定,回复占有。占有回复时,时效视为不中断。在偶然丧失占有,如遗失、被盗等,依九四九条之规定回复其占有时,取得时效视为不中断。

(3)由于占有之性质变更之中断

取得时效之共通要件乃和平公然占有之继续,故于一定期间经过后,占有变为强暴隐秘时,自为取得时效之中断。于强暴隐秘继续中,时效不开始进行。此点虽非七七一条所规定,然依七六八条至七七〇条之规定,取得时效以和平公然占有为要件,则当然有此结果也。

第四,效力

因时效之所有权之取得,乃原始的取得者,已于前述,即使他人之权利消灭,而独立取得权利之谓。所谓原始的取得,并非指其所取得之权利毫无限制而言。若占有人继续承认他人之权利而为占有时,则因占有以取得之权利,亦不能不受他人权利之限制。例如不动产之占有人,于其占有期间内,继续容许所有者之通行。嗣后因时效而取得该不动产之所有权时,亦不能不受其通行之限制是也。

第五,所有权以外财产权之取得时效

第七六八条至七七一条之规定,准用于所有权以外财产权之取得(七七二条)。即于法定期间内,以为自己之意思,和平公然行使他人之财产权时,取得该财产权是也。其准占有之期间,亦有长短之别,与所有权同。然非民法上之权利,其不适用取得时效之规定,固不待言。即非财产权,亦不能适用取得时效之规定。且有虽为财产权亦不适用取得时效之规定者。

准占有人中止其权利之行使,或抛弃如自己之意思,或变更其权利之行使时,取得时效中断。关于财产权之意义,尚有说明之必要。所谓财产权乃经济上所谓财产而冠以权利者也。故离开经济上之意义,则不能定财产上之观念。有学者主张可以移转之权利为财产权者。此说失之狭隘。若依此说,则受扶养之权利,禁止让与之债权,将不能称为财产权,殊不适于解释财产之意思。有主张为权利人之利益所存在之权利为财产权者。若依此说,则名誉权亦为财产权,殊违反普通观念。又有主张以得为处分之利益为目的之权利为财产权者。若依此说,则以不作为为目的之债权,其不作为债权,并非不得处分。其他公用物之使用权,演剧之观览权,船舶之乘坐权等,其权利之目的,是否可得处分,不能无疑。故不足取。凡有金钱价值之权利为财产权之学说,较为妥当。所谓有金钱价值之权利,乃指权利本身有金钱价值而言。有因权利之让与而换取金钱者(如所有权),有因权利之行使而取得金钱者(如金钱债权),或因权利行使之结果,而换得金钱者(如不以金钱为目的之债权、买回权、撤销权)。凡此等权利,皆有金钱价值之权利也。

由此定义,财产权之范围,并非固定不动。因经济思想之变迁,而有伸缩之余地。如社员之表决权,在现今固不能谓为财产权,然若至此等权利,可以买卖之时代,仍可为财产权也。

第七节 所有权保留契约

第一，意义

在现今之交易，所谓年付或月付之买卖，日见增加。此种买卖，出卖人迄买受人支付其价金之全部时止，保留其所交付物之所有权之特约也。此种特约，称为所有权保留契约。如在以月付为一台缝纫机之买卖，其契约成立时，出卖人虽将该机交付于买受人，然为确保自己之价金债权，附加特约，迄买受人支付价金全部时止，保留所有权，他日买受人支付全部价金时，当然为其所有。

所有权保留契约，多用之于基于买卖或互易契约而移转所有权时。然不仅限于此两种契约。如为负担赠与时，赠与人迄负担之实行时止，可保留其所有权。又基于合伙契约而移转所有权时，在履行一定条件之下，可保留所有权。但在消费借贷契约，因标的物所有权之移转，方可生效。其契约之性质上，不得为所有权之保留。提存亦然。

所有权保留契约之经济的机能，与动产抵押相同，故多用之动产。如工场、机械、汽车、自行车、缝纫机及其他比较高价之家具、化妆品之所有权移转时，用之。现《德国民法》(四五五条)、《瑞士民法》(七一五条)规定，所有权保留契约之标的，限于动产。我《民法》既无此类规定，则关于不动产，亦可缔结此种契约。如关于房屋之买卖，附加此种契约，亦无不可。

第二，性质

所有权保留契约，附加于买卖时，标的物交付于买受人。且买受人支付全部价金时，当然取得其所有权。而为所有权之取得，并无须出卖人之助力。即在此种契约，标的物之交付与所有权移转之合意，业已完成。惟所有权移转之效力之发生，则系于价金全部之支付而已。故于支付全部价金以后，方为移转所有权之合意时，乃有价金先付之特约之买卖契约，非兹所谓所有权保留契约也。在所有权保留契约，本人虽为所有权移转之物权契约，但其效力之发生，则系于受让人之义务之履行，即以受让人之义务之履行为停止条件之所有权移转契约也。此种条件乃复杂的随意条件。买受人支付全部价金时，则条件成就，买主当然取得其所有权。

所有权保留契约，不必明示。在吾人日常生活，在以价金与物品交换之买卖，出卖人于价金支付前将物交付买受人时，可认为有默示的所有权保留契约也。

第三，效力

(1) 让与人之权利义务

有所有权保留之让与契约，乃以受让人之义务履行为停止条件之物权契约。迄条件成就时止，即买受人支付全部价金时止，让与人对于标的物有所有权。故买受人将其占有之标的物让与第三人时，或设定担保时，让与人对于第三人有基于所有权之返还请求权。但标的物为动产，受善意占有之限制而已（九四八条）。又买受人非得让与人之同意，不得将物租赁于他人。让与人有由所有权保留契约而确保之债权。让与人若将其债权让与第三人时，则买受人非向该债权之受让人支付价金，不能取得其所有权。

价金完全支付前，买受人破产时，让与人有将其标的物由破产财团取回之权利（《破产法》一一〇条）。又买受人之债权人扣押其物时，让与人得依《民事诉讼法》之规定，提起第三人异议之诉。让与人得抛弃所有权保留之利益。抛弃时，受让人即取得其所有权。

买受人不支付价金时，出卖人得解除买卖契约而取回其标的物。

《德国民法》(四五五条)虽视出卖人当然有解除权,但我《民法》无此特别规定。若出卖人特约保留解除权时,方可依一般契约解除之规定而解除契约。但买受人成为支付不能时,出卖人即可解除契约。

(2) 受让人之权利义务

受让人于支付全部价金前,有附条件的权利,即期待权。其期待权可为处分、继承或设定担保。受让人于支付全部价金前,虽不能取得所有权,但已为标的物之占有利用,故不能不负担关于标的物之一切负担。

受让人支付全部价金时,当然取得其所有权。价金债权因消灭时效完成时,亦可为同样解释。所有权保留契约,不因附合、加工而排斥其所有权之取得。但因附合、加工有时使让与人之权利消灭,而受让人取得合成物或加工物之所有权者,此时所有权保留契约之效力,自应消灭。若当事人就所有权归属有特约时,其特约应解为有效也。

第八节　不动产所有权

第一项　总说

土地制度之良否,对于吾人之社会生活,有密切之关系,迥非动产可比。吾人由历史的、经济的、法律的观察之,殊有惹起吾人之注意与兴趣之价值。

第一,土地由公用制,变迁至个人所有制,而更将移转于国有制

第二,土地之上空及地下之效力范围问题

近世社会生活之复杂,人类需要之增加,产业之发展,科学之进步,于是土地之使用,不仅限于地面,地下及空中,亦有使用之价值。现今专

以地面之使用为标准所制定之物权法,不能规律土地法律问题之全部。

第三,邻地者相互间之法律关系

多数人接境而营团体生活时,一方之行动,容易影响于他方。尤其近世产业勃兴,人口逐渐集中于都市,于是邻地者间,惹起种种复杂之问题。

第四,关于水之法律关系

灌溉用水之问题,在古来我国农业上,已形重要。其他工业用水如水车用水、水力电力用水之法律问题,亦甚嚣尘上。

第二项　以公益为理由之土地所有权之限制

土地制度之改革,大半起因于经济事情及社会思潮之变迁。迨十八世纪之末叶,土地解放之运动,风靡欧洲大陆,于是由封建的土地制,变为近代之个人主义土地制,而成立极端之绝对的排他的土地所有权。其结果,土地因以改良,农业亦形发展,而一般文化,亦有长足之进步。然从来于公用地上或他人之所有地上保有某种权利,仅借以维持生计之小农,因此顿失其生活之方法。又个人随意依其利己心而利用土地之结果,于是发生与产业、国民卫生、国土之美观及防止危险等之公益的要求相抵触之几多事件。从来为一般福利而要求土地解放主张个人所有权之扩张者,今一变而要求土地所有权之限制矣。其大者为土地国有之要求;小者则基于公益上之理由,而要求土地所有权之限制。

第三项　关于土地上下之法律关系

第一,世有"土地所有权上达天上下及地心"之法谚,是土地所有权之效力,不仅限于地面也

《法国民法》土地所有权,包含其上下所有权之规定(五五二条),亦

不外此意之表现。然十九世纪土地所有权之限制，对于土地之上下，亦发生问题。我《民法》规定土地所有权，除法令有限制外，于其行使有利益之范围内，及于土地之上下（七七三条）。若有人侵害土地之上下时，所有权人得以侵害为理由，请求停止其侵害行为，并得请求因此所受之损害赔偿。

若有使用他人土地之上下时，则须有其土地所有人之承诺。在英美法，认土地（包含建筑物）之各层，有独立之所有权，故可买收他人地下之所有权，以达使用之目的。而在我国民法，认土地为一物，而对于物之一部，不认其有独立所有权，自不能为地下所有权之买收。关于地下使用权之设定，学者曾提出各种案。有主张设定租赁者，但此种权利，乃债权。既不能登记，而又受期限之限制。有主张设定地役权者，然我民法所规定之地役权，非邻地所有人不得享有。又有主张设定地上权者，但此乃使用地上之权利，仍有未妥。故《德国民法》关于土地所有权及于土地之上下，设一限制。即于土地所有人无利益之高及深，不能禁止他人之干涉（《德民》九〇五条）。我《民法》亦规定，如他人之干涉，无碍其所有权之行使者，不得排除之（七七三条）。洵为至当之限制也。

法律认空间管领权之理由，盖为完成土地之利用。若不认此管领权，则房屋之建筑，树木之栽培等所有须要地面上之空间者，将无法利用矣。但我《民法》七七三条，对于上空亦有同样限制。

第二，限制

以上之原则，有次之限制。

(1) 事物之性质上当然之限制

权利所及之范围，不能不以现在之科学与人力所能及者，为最大度。故土地所有权之及于土地上下之效力，亦当然以此为限度。

(2) 法令之限制

以法令限制所有权者,甚多。关于正当防御紧急避难,法律已有明文规定(一四九条、一五〇条)。此二者学者称为防御的紧急状态行为(Vertheidigende Nothstandhandlung)。因此等紧急状态行为而侵害他人土地所有权(如侵入他人之土地)时,自不构成侵权行为。此外尚有限制所有权之习惯。即危害之原因,既不为他人之违法行为,又无须毁损其危险物,而允许侵入他人土地是也。如溺水之人,于沿岸地上陆以图逃脱其生命之危险时,则土地所有人不能禁止。又为救火侵入邻地汲水时,土地所有人不能不允许。又于他人土地内发现老幼不具者或病人,为施援救侵入他人土地时,该土地所有人不能不容忍。此类行为,德国学者称为攻击的紧急状态行为(Angreifende Nothstandhandlung)。此类行为,在我国大都视为寻常。在土地所有人则视为不得已,在侵入人亦无不正之感。由此亦可认为有此习惯法之成立也。

(3) 由权利行使之利益之限制

土地所有权之效力,固应及于土地之上下,然吾人为具体的观察时,有人于不碍所有权人之权利行使程度,侵犯土地上下时,则所有权人,自不能滥行禁止。古时土地之利用,大都限于地面。而及于其上下之范围颇狭。迨近世矿业发达,于地面之利用,与地下之利用,发生之冲突。又最近飞行术之发达,于是利用上空之价值增加。此等新利益(土地上下之利用),与土地使用利益之冲突,如何调和,在法国及日本,则全恃法理,我国及德、瑞,则以明文。

第四项 相邻者之法律关系

第一,关于流水之相邻者之权利义务

相邻者间关于水之使用及疏通,发生种种困难问题。

(1) 流水权

(a) 自然的流水　自高地流自然流至之水，低地所有人，不得防阻（七七五条）。水性向低流。故低地所有人对高地自然流至之水，当然有承水义务。若低地所有人加以阻止，殊有妨碍高地自然流水之疏通。在耕作上及卫生上难免不因此发生损害。不仅于一般经济上不利，且非所以使接境而居之土地所有人营共同生活之道。此本条之所由设也。

低地所有人之承水义务，乃不作为义务。即不防阻由高地自然流至之水。若加以防阻，成为承水义务之违反。此时高地所有人是否可以侵入低地而自为疏通所必要之行为，亦仅得请求其障碍物之除去，不无疑问。由承水义务之性质论之，应以后说为妥。盖在不作为义务之违反，若无特别规定，自应依一般原则以决定之故也。

苟为自然流至之水，不问其为通常流出之水（地下自然涌出之水雨水），抑为临时事变之水（洪水海啸），皆须受本条之适用。但在后者，居于下流之人，为保护自己之土地及财产之必要，得筑堤防，及用其他法以防流水之侵入，盖为避免危险之必要所加于他人之损害，不负赔偿责任（一五〇条）者，法律已有明文故也。尚低地之承水义务，唯消极的不得妨阻自然之流水，而由高地自然流至之水，如因事变在低地阻塞，低地所有人，无须为疏通之行为。高地所有人，得以自己之费用为必要疏通之工事。此时之费用负担，另有习惯者，从其习惯（七七八条）。

又由高地自然流至之水，至为低地所必须者，高地所有人，纵因其土地之必要，不得防堵其全部（七七五条二项）。

(b) 人工的流水　低地所有人，对于自然的流水，固不得防阻，然对于人工的流水，原则上固无承水义务也。故甲地因蓄水、排水或引水所设之工作物破溃阻塞，致损害乙地，或有致损害之虞者，乙地之所有人，得使甲地之所有人，为必要修缮、疏通或预防。此时修缮、疏通预防之费用,固应由甲地所有者负担。但另有习惯者,从其习惯(七七六条)。

原来所有权乃完全之管领权,以如何方法为如何目的而使用之,固其自由。如为蓄水、排水或引水设置工作物,而储蓄多量之水,或使其流通多量之水,固其自由。然因此使他人受损害时,则为法所不许。此时被害人因可依一般侵权行为之规定,以请求损害赔偿。然此乃对于已发生之损害之金钱赔偿。被害人无请求预防损害所必要之行为之权利。此本条之所由设也。

本条之当事人,一面为工作物所在地之所有权人,一面为因工作物受损害或有受损害之虞之土地所有人。又立法之意,系想象工作物之所有人与土地所有人系为同一人。若非同一人时,则本条规定,似欠稳当。如承租人设置蓄水池,致损害邻地,而邻地所有人对于租赁地所有人请求修缮,似不妥当也。于此情形,英法以工作物之所有人为请求之相对人,较适合于实际情形。

土地所有人不得设置屋檐或其他工作物,使雨水直注于相邻之不动产(七七七条)。土地所有人所设置之屋檐或其他工作物突出邻地时,依七七三条之规定,构成邻地之侵害。邻地所有人可以请求除去。若雨水一旦落于自己所有地内,然后流入邻地时,则邻地所有人有承水义务,不得妨阻(七七五条)。本条规定,乃指所设置之屋檐或工作物,虽在自己之所有地内,但其设置方法足以使雨水直注邻地而言。此种雨水,并非自然流水,系以人工使雨水直注他人之土地。故法律禁止之。

土地所有人为违反本条之行为时,自应负损害赔偿责任。然无须有故意或过失。盖土地所有人所负义务,乃不得为本条设置之消极的义务。使其负客观的责任,亦无不可。土地所有权为此设置以后,邻地所有人是否可以请求除去,稍有问题。然损害之原因,非屋檐及其他工作物本身,乃其设置之方法。苟有预防的设备,则损害之原因即可杜绝。

故不必强令其除去也。

但对上述原则,尚有一例外。即高地所有人,因使浸水之地干涸,或排泄家用农工业用之水,以至河渠或沟道,得使其水通过低地,但应择于低地损害最少之处所及方法为之。前项情形,高地所有人对于低地所受之损害,应支付偿金(七七九条一项、二项)。为使浸水地干涸或排泄家用、农工业用水,在土地之利用上及卫生上,均不可缺少。然土地之位置高,而低地又无直接通河渠或沟道之下水道时,势不能不通过低地以为排泄。此乃为公益上之理由,而限制低地之所有权也。水流如因事变在低地阻塞,高地所有人得以自己之费用为必要疏通之工事。但其费用之负担,另有习惯者,从其习惯(七七八条)。

土地所有人因使其土地之水通过,得使用高地或低地所有人所设置之工作物,但应按其受益之程度,负担该工作物设置及保存之费用(七八〇条)。高地所有人既可使水通过低地,通常须有多少工作物之设置。若低地所有人已有工作物之设置,而高地所有人不能使用时,其结果高地所有人须另设工作物。如此,不仅须二重费用,而低地所有人又须受二重损害。在经济上可谓有害无益。故有通水设备时,纵使他人使用,亦无多大损害。故法律与高地所有人以使用他人工作物之权利。高地所有人固可使用低地所有人所设置之工作物,低地所有人亦可使用高地所有人所设置之工作物。

第二,关于水之法律关系

(1)用水权

土地所有权之范围,原及于地之上下。故自地下涌出之泉水,当然为土地之成分。其土地所有人,原则上自得任意为水之使用及处分。故《民法》第七八一条规定,水源地井沟渠及其他水流地之所有人,得自由使用其水,但有特别习惯者,不在此限。

妨害水之使用与妨害土地之使用,可生同一结果。纵令妨害之原因,有时出于正当之工事。若因此杜绝减少或污秽其水。得依侵权行为之规定,请求回复原状并损害赔偿。若不能回复原状,则只能请求赔偿而已(七八二条)。

泉流于家屋及土地之利用,最感切要。然各地因位置状况,往往不能取得充裕之用水。又有虽能设法导引,因所需费用及劳力过巨,而受同一痛苦。故法律为节省物力及增加土地之利用起见,许土地所有人,以饮用为理由,支付偿金,对邻地所有人请求给付有余之水(七八三条)。

(2) 水流变更权

水流地所有人,如对岸之土地属于他人时,不得变更其水流及宽度(七八四条一项)。若土地所有人变更水流或宽度时,殊有害于对岸所有人之水利,或使其发生损害。故法律禁止之。若两岸之土地均属于水流地所有人,则水流全部均在其所有地内,纵变更其水流或宽度,亦不致累及他人。故法律许其可以变更,但应留下流自然之水路,以免低地所有人发生损害(七八四条二项)。前二项情形,如另有习惯者,从其习惯(七八四条三项)。本条关于流水之种类,固无何等限制。然公川及两岸不属于任何人所有之河川,自然不包含。

(3) 关于堰之设置使用之权利

水流地所有人,有设堰之必要者,得使其堰附着于对岸。但对于因此所生之损害,应支付偿金(七八五条一项)。对岸地所有人,如水流地之一部属于其所有者,得使用前项之堰,但应按其受益之程度,负担该堰设置及保存之费用(同条二项)。但另有习惯者,从其习惯(同条三项)。水壅为埭曰堰,堰者壅塞流水之设备也。其目的为使水面增高,以为水车引水之用。

由所有权之性质言之,水流地所有人于自己之所有地上,固有设堰之权利。而对岸为他人之所有地时，则不能使堰附着对岸。但如此不能得到设堰之目的。故法律认水流地所有人有将岸堰附着于对岸之权利。若对岸所有人因此受损害时，应由设堰人支付偿金。支付之方法，一时支付可，按年支付亦可。此种偿金请求权乃附着于土地所有权之权利，须与对岸所有权共其运命。对岸之土地所有权人，对于水流地无所有权时，自不能利用因堰之设置而增高之流水。但水流地之一部属于其所有者，得用前项之堰。所谓使用堰者，非使用堰之本身，乃使用因堰所增高之流水也。对岸之土地所有人得使用他人所设置之堰时，乃因水流地之一部属其所有故也。则两岸所有人均有设堰之权利，而两岸所有人之权利不可不同等。然设二堰时，不仅须耗加倍之费用，且其下面之堰，等于无用之长物。故法律与对岸所有权人以使用堰之权利，且按其受益之程度，令其负担该堰设置及保存之费用。

第三，为安设工作物通过邻地上下之权利

土地所有人，对于他人之干涉，苟无碍所有权之行使者，不得妄予排斥。故甲地所有人，为安设电线、水管、煤气管或其他筒管等工作物，得于相当条件内，径自通过乙地之上下。盖此类工作物之性质，于土地之利用，极感切要，法律苟不谋其安设之便宜，则必因一方任意阻碍工事，而使土地价格日就贬损，实非保全社会经济之道。惟行使此种权利时，必具备下列要件。

(1) 通过邻地之工作物，须以电线、水管、煤气管或其他筒管为限。

(2) 须有非经过邻地，不能安设；或虽能安设，而需费过巨之情形。

(3) 须择邻地损害最少之处所，及力谋减少损害之方法，并须对于所生损害，应支付偿金（七八六条一项）。

上述情形，法律为增加土地之利用，不得已而使邻地所有人容忍此义务耳。若一旦情势变更，有无须通过乙地之情状发生，或乙地有不能不更改安设工作物之状况,则乙地所有人,得从自己便利,请求甲地所有人变更其安设(七八六条二项)。

第四,邻地通行权

土地因与公路无适当之联络,致不能为通常使用者,土地所有人,得通行周围地以至公路。但对于通行地因此所受之损害,应支付偿金(七八七条一项)。邻地通行权之起源,远出于罗马。至近世则更扩大其范围。凡土地之四周不通公路者,法律均许通行周围地,以资救济。但有通行权人,应于通行之必要范围内,择其周围地损害最少之处所及方法为之(七八七条二项)。

本条规定,系指天然之袋地而言。即四围之土地,均系他人所有。若有一方之土地为自己所有,姑无论其便否,则不能通行他人之土地。若于自己之土地上与他人以绝对的使用权,而禁通行,以致不通公路时,此乃自作自受,不能发生通行权也。

关于与公路无适当联络之意义,有二主义。一为绝对主义,即完全与公路无联络。他为相对主义,即虽与公路有联络,但过于狭隘,不能为与土地相应之利用。此时亦发生通行权。如周围均为广大之市街宅地,则袋地之普通之利用方法乃建筑仓库或住宅。但仅有一人步行之路,而不能通行车马。于此情形,若依后说,虽可发生通行权。若依前说,则属不能。然为实际上之便宜,应采后说。而本条亦无否认相对主义之痕迹。

又周围均为他人之土地,若袋地所有人于周围地上有地役权、租赁权,根据此等权利,可通行至公路时,则不发生通行权。纵令该权利附有解除条件或解约权,可由邻地所有人一方之意思,即可消灭权利,而袋地所有人之地位甚不确实时,亦然。盖于此情形,与以通行权时,则可生二个通路,殊非本条之立法精神也。

又虽有通行邻地之权利,但此种权利附有停止条件或始期时,则袋地所有人不能即刻实行。此时因缺欠通路,应发生通行权。但现虽未开设道路,而袋地所有人即可行使其权利以开设道路时,则法律上不能发生通行权。盖本条规定,一面在公经济方面,完成土地之利用,一面为保护袋地所有人。则袋地所有人须先行使自己之权利,以求通路。迨不能得通路时,方可发生通行权也。

袋地所有人虽无通行权,但事实上占有邻地,而邻地所有人亦容忍时,是否亦发生通行权。关于此问题,有主张现既不缺通路,不应发生通行权者,殊欠妥当。法律之所以与袋地所有人以通行权者,非因其实际上缺欠通路,乃因其在法律上无通行之权利。故此时应与以通行权为当。此种情形,与前述之通行权可依邻地所有人之意思随时消灭者,相类似。在后者之情形,其通路虽不知何时遭遇闭锁,但迄其闭锁时止,尚可谓为基于权利之通路。而前者之情形,则尚无法律上之通路。故两者之结果不同。

通行权之性质,非债权。因其不以请求一定行为为内容,乃以于他人土地上施行现在之管领力为内容。即以通行地为标的之物权,其性质与通行地役权相类似。又可谓为附随于袋地之权利。

通行权因公路之新设,邻地之买收,地役权、租赁权之设定等,而袋地可通行至公路时,当然消灭。

关于通行之处所及方法,须依两种标准以决定之。第一以通行所必要之范围为限度。第二以周围地损害最少之处所及方法。如依袋地之为耕地或市街地,其面积之大小,形状如何等,而决定通行所必要之地面。总之,非以袋地所有人所经营事业之规模为标准,须依其土地为相当利用为标准,而客观的决定之。如于狭小之袋地,设立市场而要求广阔之通路,则为法所不许。然其通路须为应土地之需要,有时须要宽地。

有必要时,并可开设通路。惟对于通行地因此所受之损害,应支付偿金而已(七八八条)。无论在何种情形,须以其地为相当利用所必要为限度。

通行之处所,须择周围地损害最小者。如有甲乙丙之周围地,甲地有建筑物,乙地为他人之庭园,丙地为空地时,则丙地可谓为周围地之损害最少者。

偿金有债权的性质,故可适用债编之规定。又为袋地之物上负担(Reallast)。袋地所有人抛弃通行权,偿金义务,亦归消灭。袋地让与时,通行权亦当然让与。而支付偿金义务,亦随同移转。但迟延部分不在此限。

前述之规定,系对天然之袋地而设。若因分割共有土地,致其一部不通公路,或因以土地之一部让与于人,致其一部与公路阻隔时,则与天然之袋地,究有不同。该不通公路之土地所有人,仅能于他分割人或让与人、让受人所有地中,就其与公路连接者行使通行权(七八九条一项)。盖此种情形,实由当事人之任意行为而生。其难与公路联络,亦为当事人所预料。故通行权人可不负支付偿金责任(七八九条二项)。

土地所有人于邻地有地役权、租赁权,由此通行,可达公路,而任意抛弃此等权利(如因报酬太高),致使该地成为袋地时,是否发生通行权?于此情形,《德国民法》(九一八条)绝对不与以通行权,以为背信行为之制裁。然此时其袋地所有人让与其土地时,其特定继承人仍可取得通行权。故仍有间接取得通行权之方法。我国《民法》关于此点,未设明文。若准用七八九条之规定,则彼此关系不同,不能准用。若采用《德民》办法,又无法典上之根据。且具备七八七条之要件,应解为发生通行权为当。

第五,邻地使用权

土地所有人,因邻地所有人在其疆界或近旁营造或修缮建筑物,有使用其土地之必要,应许邻地所有人使用其土地。但因而受损害者,得请求偿金(七九二条)。土地所有人在其疆界或近旁营造或修缮建筑物,有使用邻地之必要时,理应得邻地所有人之允许。若不能得其允许,则建筑物之营造或修缮,势必中止。在经济上甚不利益。此法律之所以于一定条件之下,而规定邻地使用权也。邻地使用权仅限于建筑物之营造或修缮,此外则不发生。若栽植树木、安放机械而有使用邻地之必要时,则须得其允许。又使用邻地,限于为此项目的所必要。仅以须多额费用为理由,则不得使用邻地。

使用权之内容,乃为营造、修缮建筑物之必要范围内,使用邻地。即使用土地之面积,使用之方法,使用之时间,皆不能超越此必要范围。又其目的仅为使用邻地。换言之,邻地所有人不过有听其使用之容忍义务,而不能有何等积极的义务。如妨害物之除去,则不能请求。又使用之标的,仅于土地。故邻人空地或庭园,虽可使用,若家屋、商店、仓库、工场等紧要处所,自不许向之请求使用。

第六,相邻者之法律关系

原来土地不能如动产而有一定形状之自然的分划,仅有人为的或法律的所划定之疆界。彼此土地互相连接,由甲地所生之煤气、蒸气、臭气、烟气、灰屑、喧嚣、振动等,由空气水风及地壳的物理的媒介,侵入邻接之乙丙等地,则此等邻接之地势必受其影响。此种影响,在土地所有权之行使,势必随伴发生。若断绝此种影响,则土地之利用,为不可能。若完全容许此种影响,亦足以使邻地所有人负担不可忍耐之危险与损害。邻地之使用收益,亦因此发生莫大之障碍。此种影响之及于邻地,绝对禁止之不可,绝对容许之亦不可。故须定一定标准,而决定其禁止或容许之程度。

　　因土地利用而随伴发生及于邻地之影响之种类及程度，虽因时与场所而有所不同，但近世产业之勃兴，尤其制造工业之发达，愈使此种情形带重大之意义者，乃不可否认之事实。故最近立法例，莫不于公私法上以明文规定，解决此种问题。

　　臭气、煤气、音响等及于邻地之影响，自罗马以来，在私法上以所谓Immisionen概括的概念而讨论所有权之界限问题。在罗马法，尚无统一的制度，仅能探得二三法源。盖当时之社会状态，关于土地之利用，尚无现代之复杂。产业上之实施，尤其制造工业，亦甚寥寥。通常住家设备，甚少影响邻人。故关于Immision之问题，甚少发生。今举其二三法源如次。对于由邻灶所飞出之适当程度煤烟，固须容忍，而由炼乳场所飞出之煤烟，苟无特别地役权之设定，则无须容忍。石工凿石时，须防止碎石飞入邻地。在邻接地之疆界上所设沐室，须防止湿气继续侵入邻地。禁止因肥料场之设置而使邻地卑湿。由罗马法之此等法源，抽出一般原则，固甚困难。但其潜伏之共通思想，则仍然存在。即某程度之容忍义务，乃自明之事理。即土地所有人有以通常方法利用土地之权能。为利用而影响于邻地，视为不得已。若不依通常方法，而发生过度之影响时，在如何条件之下可请求法律之保护，则无由知之。因此在德国普通法上，成为问题。

　　在德国普通法时代，Jhering主张以绝对的标准而定Immission之种类及程度为不可能。须于具体情形，而以相对的标准判定之。即对于邻人有害之影响，则以一般人之感受性为标准。对于物有害之影响，则以土地之通常利用为标准而判定之。若超过一定程度，则不问其影响为有形或无形，皆不可允许。此说在适用上，结果甚佳。故在当时成为通说，而为现行《德民》九〇六条之基础思想。

《法国民法》关于Immission，未设明文。以前学说大都视此为土地所有权行使之必要的结果。邻地所有人有容忍适当Immission之义务，土地所有人有不放出过度Immission之义务。此种义务视之为法定地役(servitude ligale)。盖《法国民法》将基于相邻关系之土地所有权之限制，规定于地役权章内故也。但以后学者将相邻关系，视为债务关系。土地之相邻，足以使两地所有人发生法定债务关系，或视为准契约。

英法对于相邻地相互间之影响，以广泛之Nuisance之观念，而谋公私法上之保护。无论何人自自己土地放散有害于他人之物质，不负防止义务。若他人不受损害(actual damage)，即不能成立Nuisance。构成Nuisance之损害，由邻接财产权之共存关系，方能发生，或妨害财产权之正当使用收益，或有害邻人之健康。在后者之Nuisance，须为惹起不快不便(discomfort or inconvenience)之理由。其不快不便须为substantial，而决定之标准，须依通常人是否亦有同样感觉而决定之。

我《民法》七九三条规定，土地所有人于他人之土地有煤气、蒸气、臭气、烟气、热气、灰屑、喧嚣、振动及其他于此相类者侵入时，得禁止之。但其侵入轻微，或按土地形状、地方习惯认为相当者，不在此限。盖人类接境营社会的共同生活，一人之行为，往往与人以不利益。然此种不可免之不利益，吾人为共同生活之必要上，不能不忍受也。上述禁止邻地侵害之行为，学者称为禁止侵入权。此种权利之成立，只以邻地能否忍受其侵害为条件。被害地之有无防止方法，以及有无容许其侵入之意思，皆非所问。故被害地所有人，当取得此土地或房屋时，虽明知有侵害之事实，或可以预测其有侵害之行为者，仍可成立禁止侵入权。又加害地因中途变更其土地房屋之利用，致使邻地之侵害加剧者，被害地亦能请求为适当之预防。

如双方解释侵害之程度有争执时，则纯为一种事实问题，应听凭法官之判断。此外法律对于故意侵入他人地内者,亦许土地所有人有禁止之权。但有次之例外。

（a）他人有通行权者。

（b）地方苟有习惯,许于他人未设围之田地牧场山林刈取杂草、采取枯枝枯干或采取野生物或放牧牲畜者(七九〇条)。

（c）物品或动物之所有人或占有人,因寻查其逸失物,要地主许其搜索,实为习见之事。法律为保护所有权起见,自当限制禁止侵入权之行使(七九一条一项)。惟地主所负义务仅以容忍其寻查为限。若因寻查而发生损害,地主即有请求赔偿之权。未受赔偿以前,得留置其逸失物。盖如是,而后土地所有人始不致经受其蹂躏也(七九一条二项)。土地所有人经营工业及行使其他之权利,应注意防免邻地之损害(七七四条)。土地所有人开掘土地或为建筑时,不得因此使邻地之基地动摇,或发生危险,或使邻地之工作物受其损害(七九四条)。建筑物或其他工作物之全部或一部有倾倒之危险,致邻地有损害之虞者,邻地所有人得请求为必要之预防(七九五条)。

第七,相邻者之互助义务

于利用自己之土地时,须期其不加损害于邻地者,已于前述。由此更进一步,于不得已时,向邻人请求某种助力。邻人对此,因不负应与助力之义务。但请求人以该助力为绝对必要,且无可以代替助力之别种方法,而被请求者,纵与以助力,亦无若大之牺牲时,在邻居相互之情谊上,殊有认此助力之义务之必要也。

第八,关于疆界近旁之相邻者之关系

土地所有人建筑房屋逾越疆界者,邻地所有人若知其越界而不即提出异议,不得请求移去或变更其建筑物,但得请求土地所有人以相当之价格,购买越界部分之土地。如有损害,并得请求赔偿(七九六条)。土地所有人建筑房屋逾越疆界时,邻地所有人自可提出异议,请求其建筑之变更或移去。若邻地所有人知其越界,而不即提出异议,俟其建筑落成或将落成时,而请求其建筑之变更或移去,则为建筑之土地所有人将蒙非常之损害。故法律使邻地所有人不得请求移去或变更其建筑物,仅使其得请求为建筑物之土地所有人以相当价格,购买越界部分之土地,并请求赔偿而已。若邻地所有人知其越界,即提出异议,而土地所有人仍然建筑时,则纵在落成之后,邻地所有人仍可请求移去或变更其建筑物。盖此时为建筑之土地所有人完全恶意,法律无特予保护之必要。若不能请求时,则建筑物之移去或变更请求权,将成为毫无制裁也。

土地所有人遇邻地竹木之枝根有逾越疆界者,得向竹林所有人请求于相当期间内刈除之。竹木所有人,不于该期间内刈除者,土地所有人得刈取越界之枝根。然越界竹木之枝根,如于土地之利用无妨碍者,则不得请求刈除,或由土地所有人刈取(七九七条一项、二项、三项)。果实自然落于邻地者,视为属于邻地。但邻地为公用地者,不在此限(七九八条)。

七九七条所规定之事实,乃竹木之干系在邻地,而其枝根逾越疆界。若竹木之干在疆界线上时,则不能适用。此时该竹木成为双方共有,应适用共有之规定。枝根之刈除,乃共有物之变更,应得其他共有人之同意。各共有人亦可请求分割(《德民》九二三条参照)。

刈除请求权之发生,以枝根逾越疆界,且有碍于土地之利用。请求之相对人乃竹木之所有人,而非其占有人。如竹木为承租人所栽培时,则以承租人为相对人。盖枝根之刈除,乃竹木之处分,非其所有人,不得为之。

此刈除请求权之性质,乃所有人之妨害除去请求权。凡突出于他人所有地上之物,当然可以请求除去也。

物之成分及其天然孳息,于分离后,仍属于其物之所有人(七六六条),则落于邻地之果实,自应属于其树木之所有人。此时若使该树木之所有人,可以侵入邻地而取回时,不仅有害于相邻者之和平,而侵入邻地,又无法律上之根据,故法律使落于邻地之果实,属于邻地所有人。若地为公用地者,又当别论。

第九,被区分建筑物所有人之相邻关系

数人区分一建筑物,而各有其一部者,该建筑物及其附属物之共同部分,推定为各所有人之共有。其修缮费及其他负担,由各所有人按其所有部分之价值,分担之(七九九条)。数人区分一建筑物,而各有其一部时,则建筑物内所有之走廊厕所前后门等,大都供公共之使用。又区分建筑物相隔之墙壁,亦大都为所有者双方之利益。此等公用部分,属于何人所有,自得于区分之际,由所有者相互之合意定之。惟当事人之意思时有不明,故法律为共用部分推定为各所有人之共有之规定。又其一部分之所有人,有使用他人正中宅门之必要者,得使用之。但另有特约或另有习惯者,从其特约或习惯(八〇〇条一项)。因使用正中宅门,致所有人受损害者,应支付偿金(八〇〇条二项)。

《法国民法》(六六四条),对于一建筑物而认其各层之所有权。德国往时虽亦认之,但《德国民法》,则不然。盖建筑物阶层区分之所有权,不仅其修缮改良,颇难得所有人之意见之一致,甚为不便。且在所有权之观念上,亦不可认许。法国之建筑物区分制度,多由于分割继承财产之结果而发生。我国亦有由继承、买卖区分之情形,故法律规定之。

第九节 动产所有权之变动

前述之关于物权一般之得丧变更,亦大体可适用于所有权。兹所应说明者,乃动产所有权所特有之各种取得原因而已。

第一，先占

先占乃最原始的取得所有权之方法，至有学者主张私有财产系起源于先占者。人类可利用外界之物，以谋自己之生存，故无主物之属于先占之人者，乃理所当然。此罗马法以来各国民法认先占为取得所有权之原因也。

关于先占之立法主义，可大别之为先占自由主义（Der Freien Aneigung）与先占权主义（Aneigungsrecht）。

（1）罗马法

以先占为取得所有权之合理的方法，是采先占自由主义也。各人可依先占取得各种无主物之所有权。其标的物之为动产、不动产，其无主动产是否在他人之所有地上，又先占是否违反其标的物所在地之所有人之意思，非所问也。故各人可依先占取得土地所有人所抛弃之土地所有权，欠缺继承人之土地所有权，不属于任何人所有之无主物（如流水、冰块、空气、陆产物、水产物）所有权，所有人所抛弃之动产（如他人以抛弃所有权之意思投入水中之器具、抛弃道旁之纸屑）所有权。并可进入他人所有地内，依先占取得无主动产所有权。如入他人之山林捕获鸟兽是。惟此时该土地所有人，可依其所有权之作用，禁止先占人之侵入，并命其退出，又可请求所有权侵害之损害赔偿。

（2）德国古法

采先占权主义。其主义所行之范围，因先占标的物之为动产或不动产（土地）而异。无主之土地，当初得国王许可时，可依先占取得所有权。因在德国，国民全体之土地之先占及分配（即对于地方团体或私人所为之分配），乃土地所有权最古之取得方法。由于国王之下赐之土地所有权之取得，乃其次也。故无主土地之先占，须得国王之许可。而后成为国家之特权（Vorrecht），即优先的先占权。故无主之土地，归于国库。

《德国普通法》，采罗马法。关于无主之土地，采先占自由主义。《普鲁士私法》《奥地利民法》，则采德国古代法之观念，而确立国家之专属的先占权。

关于无主之动产，原则上承认先占自由主义。而关于特殊之无主动产，则承认先占权主义。因特殊之无主动产，乃专属于由国家赋与先占权之特定私人，各人不得自由先占。故先占权人先占特殊之无主动产时，或先占人得先占权人之承诺时，取得其所有权。如依狩猎法所捕获之鸟兽，依渔业法所捕获之鱼类，若先占人未经先占权人之承诺时，仍为无主物，不归先占人或先占权人之所有。但此种无主动产，尔后归先占权人或善意第三取得者占有时，则归其所有。《普鲁士私法》及《奥地利民法》(三八六条、三八七条)从之。

(3)《法国民法》

承认先占自由主义，而不认无主不动产之先占。盖土地乃领土之一部(领土主权与土地所有权相混同，不甚妥当)。无所有人之土地，当然归属国库。换言之，土地或属于私人，否则，属于国库。故无主之不动产不能存在，不能依先占而取得所有权。意大利等之法法系诸国从之。

(4) 德国

《德国民法》依其古代法之观念，关于无主之土地，采先占权主义。无主土地之先占权，属于其土地所在地之联邦之国库(《德民》九二八条二项，《德民诉》一九〇条)。故各联邦之国库，以登记取得无主土地之所有权。此法则对于抛弃之土地，亦适用之(土地所有权之抛弃，由所有人向登记官吏表示抛弃之意旨，且依登记而完成)。又关于无主之动产，以先占自由主义为原则，以先占权主义为例外。因以限制先占之自由，故各人原则上可依先占而取得无主动产所有权。但特殊之无主动产，非先占权人或经其承诺之先占人,不能依先占而取得其所有权。如依狩猎法所捕获之鸟兽,若未能得先占权人之承诺,其鸟兽仍为无主物,不能归先占人之所有(《德民》九五八条)。限制先占之主要法令为狩猎法、渔业法、矿业法、战时捕获物法、漂流物法等。

(5)《瑞士民法》

其七一八条规定,以所有之意思而占有无主之动产者,取得其所有权。其六五八条规定,经登记之不动产,非在登记簿上成为无主之不动产,不能依先占取得其所有权。未经登记之土地之先占适用关于无主物之规定。是关于动产不动产,均采先占自由主义也。

(6)我国《民法》

我《民法》关于动产采先占自由主义。若因先占自由之原则而侵害一私人之权利时,可依侵权行为之规定以保护之,无采先占权主义之必要。又无主之不动产为公有地(《土地法》十二条),不能依先占而取得所有权。盖为杜绝由无主不动产之先占所发生之争议,借以维持社会秩序之立法政策也。

先占者,以所有之意思,占有无主之动产者,取得其所有权之谓也(八〇二条)。

(1) 先占之标的物须为无主物

无主物者,不属于何人所有之物也。现既不属于何人所有,则以前果为何人所有,在所不问。

(2) 先占之标的物仅限于动产

对于无主之不动产,则不能因先占而取得所有权。私有土地之所有权消灭者,为公有土地(《土地法》第十二条)。

(3) 须以所有之意思为占有

虽须有所有之意思,然无须有所有之确信(opinio domini)有所有之意思即可。固无须知其物为无主物，亦不必有依先占取得所有权之意思。所谓占有，固无须本人，即代理占有，亦可取得所有权。

先占非法律行为。盖先占之成立，仅须有所有之意思，无须有取得所有权之意思。且占有人纵令不知其为无主物，亦可成立先占。故因先占之取得所有权，非其意思之效果也。

关于无主物，尚有稍加说明之必要。《瑞士民法》七一八条规定，捕获之动物，回复其自由，而所有人若不即时搜索，成为无主物。驯养之动物，回复其野栖状态，而不归还其驯养室时，成为无主物。蜜蜂等不因飞入他人地内，成为无主物。

鸟兽分为家畜及家畜以外之鸟兽。家畜乃通常之动产。而家畜以外之鸟兽，即野栖鸟兽，在其未丧失自由时，乃无主物。故丧失自由之野栖鸟兽，尤其在公有或私有之动物园中之鸟兽，非无主物（《德民》九六〇条一项参照）。又丧失自由而为他人所有物之野栖鸟兽，或饲养的动物，一旦回复其自由时，成为无主物。驯养的动物无归还于一定处所之习惯时，成为无主物。至关于饲养的动物回复其自由之程度，虽学说及立法例尚未一致，究以无须回复其天然的自由，仅单纯回复自由即可之议论较妥。故依以回复天然自由为必要之《德国普通法》，外国产之动物在本国不能回复其天然自由，则不能成为无主物。若依以单纯回复其自由即可之理论，则饲养的动物，不问其为外国产或本国产，一旦离脱所有人之手，而所有人不立时追索或废止追索时，成为无主物（《德民》九六〇条二项、三项参照）。私有水产之动植物属于土地所有人所有者，乃古今各国所承认（《法民》五六四条，《德民》九六〇条）。故未经该土地所有人之承诺而采集水产物者，构成窃盗罪。河海之水产物，除有渔业权之设定外，自可依各人之先占取得所有权。

捕获乃交战国之一方对于敌国国民之私有财产或与其同视之私有

财产之所有权取得行为。在罗马法及德国古代法，对于敌国国民之财产，视为无主物。不问海战陆战，皆可先占敌人之财产，而取得其所有权。但在近代文明诸国之法律，则区别海战与陆战。在海战，交战国可夺取敌国国民之私有财产或与其同视之私有财产，而取得其所有权。所谓海上捕获权（Prisenrecht）是也。如交战国用军舰捕获敌国国民之商船及其所载之货物。又捕获违反中立义务之中立国国民之商船，而夺其战时违禁品。故捕获与掠夺不同。掠夺乃战斗行为之结果，而取得敌国财产之行为（Beuterecht）。如交战国夺取敌国之军舰是。捕获须经过检查搜索拿捕等手续，而掠夺则否。反之，在陆战，交战国苟非为战斗所必要，不得侵害敌国住民之私有财产。盖战争系以敌为对象，非以私人为对象，其目的在使敌国屈服，而非为毒害人民也。

未被饲养之蜜蜂，乃无主之野栖动物，各人可依先占而取得其所有权。此乃古来各国所承认之法则。但被饲养之蜜蜂则如何？在罗马法及德国古法视为饲养的野栖动物，若一旦飞去，回复自由，而所有人不立时追索，成为无主物。《法国民法》，则依添附之法理，使其属于蜜蜂所栖息之土地所有人所有。《德国民法》（九六一条、九六二条）与罗马法同，视为饲养的野栖动物。于此情形，成为无主物。依各人先占取得其所有权。我《民法》对此，无明文规定。

饲养鸽在罗马法及《德国普通法》，视为驯养的野栖动物。故飞去以后无归还之习惯时，成为无主物。《法国民法》，则使其属于其所栖息之土地所有人。德国则委之于各联邦法之规定。而各联邦之法律，于一定条件之下，允许鸽之先占。我《民法》对此，亦无明文。

尚有所谓附条件的先占，学者亦认为有效。即尚属于他人所有而未归其占有之动产，可以附条件的先占。占有人以所有之意思而为占有，不得即时取得所有权。因所有权不能于一物上重复存在故也。若该动产所有人一旦抛弃其所有权时，其物即时成为无主物，即具备先占之条件，其占有人自可取得其所有权。此种事实，学者称为附条件的先占。附条件的先占，原则上虽为各人之自由，但关于遗失物、埋藏物等法律有特别规定，自应依此规定，而不能依先占之规定也。基于一定权原而占有他人之物者，该他人纵抛弃其所有权，而占有人不能取得该所有权。盖此种占有人非以所有之意思而为占有故也。不过占有人有将其意思变更而取得所有权之机会而已。

第二，遗失物之拾得

遗失物拾得者，经过法律所定之揭示期间后，仍无认领者，拾得人取得其所有权之谓也。在罗马法，拾得人不能取得遗失物之所有权。又对于遗失物，不进行取得时效。故拾得人不过迄遗失人之请求时止保管人而已。然如此，对于拾得人未免过酷。德国固有法，于一定条件之下，与拾得人以所有权。近世各国法律多仿之（《德民》九六五条以下，《法民》七一七条以下）。我《民法》亦然。

因遗失物之拾得而取得所有权者，须具备次之要件。

（1）标的物须为遗失物

遗失物者，非基于占有者之意思，又非基于他人之夺取，而离脱占有之物也。若所有人故意抛弃占有时，则其物成为无主物。盖所有人抛弃占有时，同时认为有抛弃所有权之意思故也。此时应适用前条之规定，而依无主物先占之原则以决定之。被他人抢夺或窃取之物，非遗失物。因现在尚有占有人，故不能依遗失物之规定而取得所有权。物之所有权人直接丧失占有时，及与他人以占有权而他人丧失占有时，如承租人、质权人丧失租赁物、质物之占有时，所有人亦丧失间接占有，致现在无人占有，亦为遗失物。窃盗惧怕追捕，而抛掷之物品，为遗失物。由占有机关所占有，而占有机关故意抛掷之物，亦为遗失物，因现无人占有故也。

误信为遗失物而占有之物件,他人忘记之物及逃走之家畜,现在虽不能谓完全无人占有,但其欠缺管领人一点,与遗失相类似。应适用关于遗失物之规定也。总之,遗失物须现不为任何人所占有。此所以遗失物之隐匿非窃盗之理由也。

(2) 须为拾得

拾得者,取得遗失物之占有之谓。单仅发现时,不能称为拾得。又由拾得所取得之占有,不必为自主占有,又不必有取得所有权之意思。如拾得人有隐匿遗失物之意思时,固可认为以所有之意思而为占有。若以返还于所有人或其他请求权人之意思而为拾得时,则不能谓自主占有也。

取得占有乃拾得条件,是否有隐匿之意思及返还之意思,则非所问。又拾得不必为物理的管领。在社会观念上认为占有即可。有一指未染,即可取得占有者。如发现遗失物即站立其侧,有人俟隙而欲夺取者,即驱逐之。此时亦可认为取得占有也。

(3) 须于招领之揭示后六个月以内无人认领

拾得之义务:

(1) 继续管理之义务

遗失物之拾得与否,固为发现者之自由。但一旦拾得,即成为无因管理,于拾得人与失主之间,即发生债权债务之关系,使拾得人负担继续管理之义务。

(2) 保管义务

拾得人原则上负轻过失责任。其保管义务因交付遗失物于返还请求权人、警署或自治机关而消灭。

(3) 通知及返还义务

遗失物拾得人,若知其所有人或其他返还请求人时,应通知之,请其认领。认领时应返还之。我《民法》(八〇三条)虽仅规定应通知其所有人。但返还请求权人,不一定为所有人。如承租人遗失租赁物时,承租人虽非所有人,亦应有返还请求权也。返还请求权人有数人时,为连带债权。拾得人返还遗失物于请求权人中一人时,其全部债务消灭。但请求权人果否为真正之权利人,则须以自己之责任调查之。若因过失而交付于非权利人时,对于真正权利人须负责任。但为返还,不必送至请求权人之住所。我民法规定认领之意,即在于此。

(4) 揭示及报告义务

拾得人不知所有人或所有人所在不明者,应为招领之揭示,或报告警署或自治机关。报告时应将其物一并交存(八〇三条)。拾得物经揭示后,所有人不于相当期间认领者,拾得人应报告警署或自治机关,并将其物交付(八〇四条)。因交存拾得人免除保管义务,以后由警署或自治机关保管。如拾得物有易于腐坏之性质,或其保管须费过巨者,警署或自治机关得拍卖之,而存其价金(八〇六条)。尔后所有人及拾得人之权利义务,存在于价金之上。

我民法之报告义务,纵令遗失物之价值极微,亦应履行。此点未免使行政繁难。故《德国民法》(九六五条)规定,价值在三马克以下之拾得物,不必报告。值得参考也。

拾得人之权利:

(1) 费用之偿还

遗失物拾得后六个月内所有人认领者,拾得人或警署或自治机关于揭示及保管费用返还后,应将其物返还之(八〇五条一项)。

(2) 报酬请求权

前项情形,拾得人对于所有人得请求其物价值十分之三之报酬(八〇五条二项)。此请求权与费用偿还请求权系两相并立。

(3) 所有权之取得

遗失物拾得后六个月内所有人未认领者,警署或自治机关应将其物或其拍卖所得之价金,交与拾得人归其所有(八〇七条)。拾得人取得所有权之理由,一非由于先占,因遗失物并非无主物。又非由于时效,因并不以占有之继续为必要故也。又无须有取得所有权之意思。则因此之所有权之取得,并非法律行为,不过为酬劳之便宜上,所认为之一种特殊取得方法而已。

又拾得漂流物或沉没品者,适用关于拾得遗失物之规定(八一〇条)。漂流物者,漂流于河潮海之物也。有知其所有人者,有不然者。虽非无主物,然为丧失占有之物,其性质与遗失物无异。沉没于水底之物件亦然。其与遗失物之差异,仅在漂流或沉没与否而已。故法律使其适用关于遗失物之规定。

第三,埋藏物之发现

埋藏物者,永年间埋没于他物中,而不知其所有人之动产也。发现埋藏物时,应使发现人取得其全部或一部之所有权,以酬其发现之功劳较为适当。盖埋藏物之发现,殊有益于人类社会故也。此古来各国莫不承认其为取得所有权之方法。关于埋藏物之发现之立法主义有二。一为取得所有权之方法,其他则否。

(1) 罗马法

视埋藏物为土地之附合物,故使其属于埋藏地所有人。嗣后使一半属于发现人,一半属于埋藏地所有人。关于埋藏于动产中之物亦然。至其理由之说明,则学说不一。或视为先占之一种,而以先占之法理,使发现人取得埋藏物全部之所有权。惟对于埋藏地之所有人,须提出一半,以履行其对人的义务。或谓埋藏物之取得,乃由于法律规定之独立取得所有权之方法。发现人之所以取得埋藏物之一半者,乃系对于发现之报酬。他一半归于埋藏地所有人者,乃因推定埋藏物属于其祖先,而埋藏地之所有人他日发现之机会甚多。故应施以保护故也。然埋藏物乃所有人不明之动产,并非无主物,而以先占之理由说明之者,殊欠妥当。

(2)德国古法

发现埋藏物时,归于国王或诸侯之所有。然此法则,被罗马法所压倒。在德国普通法时代,已实行罗马法之原则。

(3)《法国民法》

发现人与埋藏地所有人为同一人时,全部归发现人;不同时,一半属于发现人,一半属于埋藏地所有人。发现人无须占有埋藏物。至发现取得埋藏物一半之法理,乃由于先占。埋藏物所有人取得他一半之法理,乃系保护所有人之利益。然为发现埋藏物,不经埋藏地所有人之承诺,而为发掘时,发现人不能取得埋藏物之一半。盖此种行为不应奖励故也。

(4)《德国民法》

发现埋藏物而取得其占有时,取得埋藏物之一半(占有人为何,在所不问);他一半归埋藏地所有人。故埋藏物归发现人与埋藏地之所有人所共有。若仅为发现人而并未取得占有时,则不能取得埋藏物之所有权。此点与罗马法不同。如甲在乙地发现埋藏物而未为占有,丙更发现同一物而使丁为占有时,则埋藏物归乙、丙共有,而不归甲、丁所有。此可由于法律之规定,非依先占之法理也。

(5)《瑞士民法》

埋藏物属于其物所在之动产或不动产之所有人(《瑞民》七二三条一项)。但关于学术上有利益之埋藏物,依另外规定(同条二项)。埋藏物之发现人得请求适当之报酬,但不得超过埋藏物之价格一半以上(同条三项)。以采罗马古法也。

(6) 我国《民法》

我《民法》八〇八条规定,发现埋藏物而占有者,取得其所有权。但埋藏物系在他人所有之动产或不动产中发现者,该动产或不动产之所有人与发现人各取得埋藏物之半。是采德法也。

兹说明其要件如次。

(1) 标的物须为埋藏物

埋藏物者,埋藏于土地及其物中,而不知其所有权属于何人之物也。埋藏物虽常为动产,但如发掘古代房屋时,仍应将其全部视为一埋藏物。又包含埋藏物之物,虽通常为土地,然亦得为动产,如缝入衣襟之纸币,仍为埋藏物是。埋藏物乃在通常状态之下,不容易发现之物。而所以致此之原因,是否出于人为抑出于自然之事变,在所不问。又无须长年继续埋藏之必要。又罗马法埋藏物须为贵重之物,我民法则不以此为要件。

(2) 埋藏物须非无主物

埋藏物之观念,须以他人之所有权之存在为前提。否则,则应受先占之规定所支配,而无须另为埋藏物之规定。故已抛弃之物,非埋藏物。又前世界动物之骨骼、矿物、宝石等,明白不属于何人所有之物,亦非埋藏物也。反之,在冢中所发现之刀剑、器具、宝石之类,则为埋藏物。盖埋藏之时,埋葬者并无抛弃之意思,犹可认其继承人之所有权故也。

(3) 须为所有人不明

由埋藏之事情及其物之性质,虽可推知其所有人之存在,然须为不能确知其所有人(《德民》九八四条)。此要件,我《民法》八〇八条虽未明言,然由埋藏二字之文意义中,尚可探知。如因地震所埋藏邻人之货物,非埋藏物,发现人须全部返还于邻人。然所有人不明之埋藏物,通常虽须经过长久岁月,然此非法律之要件。如埋没后仅经数年,而事实上成为所有人不明时,亦不妨称为埋藏物也。因其须所有人不明,故罗马法视为无主物之一种。然埋藏物乃所有人不明之物,并非无所有人之物,此观察不甚妥当。

(4) 须为发现

发现者,认识埋藏物之存在之谓也。其发现是否出于偶然,抑出于预定之计划,在所不问。罗马法及法法(《法民》七一六条),发现虽须出于偶然,我民法则无此种限制。若属可能,以魔术发现埋藏物时,亦无碍于所有权之取得。发现出于偶然者,发现人与埋藏物之取得人,大都为同一人。若出于预定计划,如使用他人从事发掘,此时埋藏物之所有权,不属于受雇人,而属于雇佣人。

发现乃单纯之事实,并非法律行为。故无能力人亦可为发现埋藏物而取得其所有权。又无须为适法行为。如违法发掘他人之土地,而发现埋藏物时,亦能取得其所有权。不过此时对被害人负损害赔偿义务而已。

(5) 须为占有

我民法以占有为要件者,与德民法同。

具备以上之要件,发现人取得埋藏物之所有权。但埋藏物系在他人所有之动产或不动产中发现者,该动产或不动产之所有人,与发现人,各取得其埋藏物之半(八〇八条但书)。倘埋藏物足供学术、艺术、考古或历史之资料者,其所有权之归属,依特别法之规定(八〇九条)。

第四,添附

学者每总称附合、混合、加工三者为添附,然亦有将加工除外者。异其所有者之二个以上之物,互相附合或混合,至非毁损或非需过巨之费用,则不能分离时。又加工于他人动产上之结果,作成新美术品或工艺品,其复旧不能,或显有困难时,若强使其物回复原状,势必浪费无用之劳力与费用，或至减损其物之价值。由社会全体之富言之，可谓为无用之牺牲。在原物所有人，或欲使其物回复原状。然此不过其个人之主观的利益。以社会的利益，而减杀个人主观的利益者，乃添附法理之根据也。添附之结果，其从来之物消灭，而成为一个新的不可分物。从来之原物所有人，对于此新物，有如何之权利，发生问题。而解决此问题者，乃关于添附法规之目的也。

关于添附之法规，在其不认分离及复旧之请求一点，乃强行法规。反之。在其新物属于何人一点，得以特约定之。多数学者，不区别此两点，而概谓为强行法规者，不足采也。

添附之结果，一面为新所有权之取得，一面为旧所有权之丧失。一面有得利益之人，而他面则有受损害之人。此利得与损害，均缺乏法律上正当之根据。盖添附之结果，旧物化为新物。而此一个新物，若能使其为双方当事人所共有，固无问题。否则须设一定法则，使当事人之一方取得新物所有权。于是因所有权之得丧，于当事人相互间，发生不平均之现象。故法律为谋损失者之救济，特设八一六条之规定（因前五条之规定丧失权利而受损害者，得依关于不当得利之规定请求偿金）。又添附之结果，旧物归于消灭，则旧物之所有权及其他物权，亦不能不归于消灭（八一五条）。

(1) 附合

动产因附合而为不动产之重要成分者，不动产所有人，取得动产所有权（八一一条）。动产与他人之动产附合，非毁损不能分离，或分离需费过巨者，各动产所有人，按其动产附合时之价值，共有合成物。附合之动产，有可视为主物者，该主物所有人取得合成物之所有权（八一二条）。

由于附合之所有权之取得，乃古来各国所承认。

(A) 罗马法　附合分为不动产之附合与动产之附合。不动产之附合者,乃动产与不动产附合,不问其由于何人所为(不动产所有人、动产所有人、第三人),又不问其附合原因若何(由于故意或偶然),不动产所有人取得其动产所有权。盖不动产乃主物,其所附合之动产丧失其独立的性格,而成为从物故也。不动产之附合,又分为建筑物之附合、植物之附合及沿岸地之附合。

土地所有人取得自己或他人在自己土地上所建筑之房屋或附合于自己建筑物之工作物之所有权,不问附合人之意思之善恶。所谓建筑物之附合是也。然土地所有人不能取得建筑物之材料所有权,材料所有人在建筑物存续中,不经自己之承诺,对于擅用材料之土地所有人,得请求材料价值两倍之损害赔偿,但不能依所有物回复之诉,而请求拆毁其建筑物。因建筑物之拆毁,足以减损其价格,而有害于国家之经济也。反之,在建筑物拆毁后,得依所有物回复之诉,而请求返还其材料。又土地所有人对于他人在自己土地上所建筑之一时的性质之建筑物,不能取得其所有权。盖此种建筑物不构成土地之成分故也(参考《德民法》九五条)。

土地所有人对于自己或他人在自己土地上所播种子或所栽植物(已生根),取得其所有权。所谓植物之附合是也。从前之所有人,纵在其分离以后,亦不得取回。惟土地所有人负赔偿之责而已。若不赔偿,则能取回。此乃损害赔偿之一方法,非认取回人之所有权也。又生长于异其所有之二土地疆界上之植物,分属于各所有人(非共有,乃依疆界而定其分划部分)。但与其土地分离,而成为动产之植物,则为共有。因动产不许分属故也。

沿岸地之所有人取得其浅滩、连接地、旧河底及河洲之所有权。浅滩者,因流水之作用所生之堆积地,而足以使沿岸地增大者也。故因一时减水而露出之河底,则非浅滩。连接地者,因水流之急变,使沿岸地之一部与土地分离,而与他沿岸地相连结者。旧河底者,乃水不流入公川之河底地。河洲者,乃因河底增高,水量减少,公河中所生之岛屿也。故河洲乃水不流入公川之河底之一部分。

动产之附合者,乃动产非由于加工而与他动产附合之谓。其所有关系,若当事人有特约时,则依其特约。若无特约,则主物之所有人取得其合成物全体之所有权。盖主物乃合成物之基础故也。如毛巾与染料之关系,毛巾为主物;船板与龙骨之关系,龙骨为主物;戒指与宝石之关系,戒指为主物;书与纸之关系,纸为主物;图画与纸之关系,图画为主物(近代诸国民法,认着色书画为加工,而不认为附合)。从物与主物附合而不可分离时,其所有人不得请求分离。又在分离以后,其所有人不得请求返还。如二个金属附合是。此时从物成为主物之一部,而完全丧失其独立性格。反之,从物与主物附合,而尚可分离时,则其所有人尚可请求分离。在分离以后,可请求返还。如于古像上加一手臂是。盖此时其从物尚未丧失其独立性故也。在可以分离之附合,各动产所有权,仍然存续。惟主物之所有人对于外部,得请求回复其合成物之所有权而已。不能为主从之区别时,则合成物属于各动产所有人之共有。其应有部分,依其所有动产之价值定之。

(B)《德普通法》 分动产之附合与不动产之附合。不动产之附合分为动产与不动产之附合、不动产与不动产之附合。

在动产与不动产之附合,不动产所有人原则上取得其动产所有权。《德国普通法》《普鲁士私法》及《奥地利民法》所规定关于建筑物之附合,乃此原则之变更或例外也。依《德国普通法》之规定,土地所有人以他人材料在自己土地上建筑房屋时,则取得与土地合体之材料所有权,但被害人无妨请求损害赔偿。反之,材料所有人以自己材料在他人土地上建筑房屋时,其材料所有人于不害其土地范围内,得收回其材料。且占有其土地时,并有收回之权利。但未占有其土地时,于材料与土地分离以后得为收回。又依《德国普通法》,关于植物之附合,土地所有人栽种他人之植物时,若所有人为善意,应返还其因栽培之所得。若系恶意,须任损害赔偿之责。植物之所有人于他人土地上栽种植物,若系善意,且其栽种为必要且有益时,对于土地所有人得请求对价之返还;若系恶意,则非证明有栽种必要之事由,不得请求对价之返还。

关于不动产与不动产之附合,则为浅滩、连接地、旧河底及河洲。浅滩属于沿岸地所有人。连接地,则丧失土地之所有人,若不于一定期间内收回时,则属于附着地所有人。公有河川之旧河底,依《德国普通法》,属于沿岸地所有人。河洲亦然。

关于动产之附合,依当事人之意思定之。利害关系人意思相反,若可以分离,则请求分离。否则,依《德国普通法》,主物之所有人取得从物之所有权。

(C)《法国民法》 与罗马法同,分附合为不动产之附合与动产之附合。不动产之附合又分为建筑物之附合、植物之附合及沿岸地之附合。土地所有权及于土地之上下,故地上所建筑之房屋及栽种之植物,属于其土地所有人。土地之占有人为建筑或栽种植物之事实明了时,则区别占有人之意思之善恶。占有人为善意时,土地所有人不得请求建筑物及植物之除去。唯得于费用之支付,或增加额之支付之二者,选择请求其一而已。若占有人为恶意时,土地所有人得请求建筑物及植物之除去。若不欲其除去时,则须支付材料之对价及工作物之费用。

沿岸地所有人因附合取得浅滩、连接地、旧河底及河洲之所有权者,完全与罗马法同(《法民》五五一条至五六四条)。

关于动产之附合,与罗马法同。主物之所有人取得合成物全体之所有权,但须对从物之所有人为赔偿(《法民》五六七条至五六九条)。

(D)《德国民法》 关于各所有人之物互相附合,甲物成为乙物之成分,或互相构成一新物时,则区别其成分是否为主要成分或不主要成分。在后者,附合前之所有关系,无何等变更。各所有人依然保存所附合各物之所有权。在前者,依不可分离之混合之法则以决定之。但动产与不动产附合时,不动产常视为主物(《德民》九四六条、九四七条)。又河岸地之附合,依各联邦法之规定(《德民法施行法》六五条)。

(E)《瑞士民法》 仅认动产之附合,而以混合之法则支配之。关于不动产之土地因淤积、地崩、水流之变更及其他之方法形成无主物时,属于其土地所在地之联邦(《瑞民》七二七条一项)。联邦得将前项土地赋与邻接地所有人(同条二项)。能证明自己所有地一部分离之事由时,得于适当之期间内收回之(同条三项)。土地之疆界,不因地崩而变更(《瑞民》六五九条一项)。因地崩由某土地崩至他土地之地面及其他标的物,适用遗失物及附合之法则(《瑞民》六六〇条)。

(F) 我《民法》 仅认动产与不动产之附合、动产与动产之附合,而不认不动产与不动产之附合,似采瑞士之主义也。

动产因附合而为不动产之重要成分者,不动产所有人取得动产所有权(八一一条)。动产与他人之动产附合,非毁损不能分离,或分离须费过巨者,各动产所有人,按其动产附合时之价值,共有合成物(八一二条一项)。依此两条规定,所谓附合者,乃异其所有人之动产附合于不动产而构成其重要成分,又动产彼此附合达到非毁损不能分离之程度,因此取得所有权之法律事实也。

(a) 动产与不动产之附合,须为异其所有人之动产与不动产之附合。此点法律虽未明言,自应如此解释。若属于同一所有人之动产附合于不动产时,仅可为所有物之变更,而不生所有人之变更(不动产扩张,动产所有权消灭)。故无须依附合之规定,而定其所有人之必要。

动产须构成不动产之重要成分。如栽种于土地之植物及装置于房屋之窗槛是。若不构成不动产之重要成分时,则所有关系无变更之必要,不能成为附合。如船之桨是。我《民法》认房屋为独立之不动产,纵建筑在他人土地上,亦不成为不动产之附合。

须为无附合之权利。此点我民法虽未明白规定,若为附合人有附合之权利时,则不应适用附合之规定。如地上权人在他人土地上所栽种之树木,仍应属于地上权人所有也。

(b) 动产与动产之附合,须为异其所有人之动产之附合。此点已于前述。数个之动产须因附合不能分离。所谓不能分离者,乃一动产构成他动产重要成分之谓。故二个以上之动产,相合为一物,非毁损不能分离者,成为动产之附合。因分离而需费过巨时,亦视为不可分离。此时若允许分离,殊有害于国家经济。如甲将乙所有之种子播种于自己之花盆是。若一动产附合于他之动产,而不构成其重要成分时,则所有关系不变更,各所有人得请求分离。如以浆糊附合二个动产是。

动产之附合,同时须无加工之行为。若有加工之行为,须依加工之规定。如将异其所有人之木片作成家具时,不能依附合之规定以解决之。

(c) 附合乃法律事实而非法律行为。盖合成物之所有权之取得,不问取得人之意思若何,是否由于第三人之行为,抑是否由于偶然之事变故也。

(d) 效力。在动产与不动产之附合,不动产所有人取得其动产所有权。因不动产通常视为主物故也(《德民》九四六条)。在动产与动产之附合,有可视为主物者,该主物所有人取得合成物之所有权(八一二条二项)何者可认为主物,须依交易上之一般的观念,尤其合成物之经济的效用而决定之。如甲物为便于乙物之使用,或为其装饰,为其补充,而附合于乙物时,则乙物为主物也(《德民》九四七条,《法民》五六七条)。若不能区别主从时,则各动产所有人共有合成物。其应有部分,则按附合当时之动产之客观的价值以决定之。

在动产与不动产之附合,其动产所有权当然消灭。存在于其动产上之限制物权,亦当然消灭。纵在其分离以后,亦不能回复其效力。附合于主动产之动产所有权亦然。反之,存在于不动产或主动产上之限制物权,存续于其合成物上。又合成物为各动产所有人所共有时,则存在于各动产上之限制物权,存续于其应有部分上。

(2) 混合(Vermischung)

混合者,异其所有人之数个动产,互相混合不能识别之事实也。原来液体或固体之动产,互相混合,而不能认识其存在时,事实上不能分离。纵能分离,亦不经济。此法律之所以定其所有关系,以免纷争之理由也。古来关于混合之立法主义,有混合物共有主义及混合物单独所有主义。

(a) 罗马法　在罗马法,异其所有人之数个动产,虽互相混合,但无须过巨之费用,即可使分离时,则所有关系,不生何等变更。盖占有混合物之所有人,自己可以分离;而未占有混合物之所有人,亦可请求分离。反之,若不能分离时,即事实上不能分离,或非过巨之费用不能分离时,则所有关系发生变更。

液体混合时,如甲酒一斤与乙酒一斤混合时,各所有人共有混合物。其应有部分,依混合当时各物之价值。但混合由于契约时,其所有关系依契约定之。由于加工时,依加工之规定。

固体混合时,如甲米一升与乙米一升混合时,各所有人就其混合物之一部分有所有权,不能成为共有。其部分依混合当时各物之分量。故占有混合物之所有人,自己得分别其部分;未占有混合物之所有人,就其部分,得提起所有物回复之诉。

自己之金钱与他人之金钱混合不能识别时,混合金钱之占有人成为混合金钱之所有人,但对于其他所有人负赔偿同价格之金钱之债务而已。

(b)《德国普通法》 以混合为动产所有权取得之原因。依当事人之意思而为混合时,其法律关系依当事人之意思定之。若违反利害关系人之意思而为混合时,若可得分离,当然可以请求分离。若不能分离时,各利害关系人应按其所混合之材料之分量,而共有混合物。《奥地利民法》则因混合人之意思之善恶,其处理方法不同。

(c)《法国民法》 异其所有人之数个动产混合时,先区别其得分离与否。可以分离时,则分离之。否则,原则上为各所有人之共有。分量及价值较优之混合动产所有人,对于其他混合动产所有人支付偿金,而取得混合物全部之所有权,是为例外(《法民》五七三条、五七四条)。

(d)《德国民法》 所有人不同之数个动产混合时,若无须过巨之费用即可分离,其所有关系不生变更。反之,事实上不能分离,或分离须过巨之费用时,则所有关系发生变更。

混合物中有可认为主物时,则该主物之所有人取得混合物全体之所有权,其他之动产所有人丧失权利。若无可以认为主物时,则混合物为各动产所有人所共有。其应有部分,依混合当时其所有动产之价值(《德民》九四八条)。《瑞士民法》与《德民》同。

(e)我国《民法》 系采德法主义。八一三条规定,"动产与他人之动产混合,不能识别,或识别需费过巨者,准用前条之规定"。兹说明我民法之混合如次。

混合之动产,有为液体者,有为固体者。液体之混合,称为混合。如酒一斤与二斤之糖水混合是。固体之混合,称为混交。如甲米一升与乙米一升混合是。混合与混交之区别,在罗马法,因其所适用之原则不同,故有区别之实益。现今各国民法,则不认此区别。《德国民法》关于蜜蜂群之混合,另设规定(《德民》九六三条、九六四条)。《瑞士民法》亦然(《瑞民》七二五条二项)。

混合须为异其所有人之数个动产互相混合,而不能识别。若混合之数动产属于同一人时,无特设规定而变更其法律关系之必要。此时,其所有权人自可取得其混合物全体之所有权。又其限制物权,可存在于混合物全体之上。

数个动产须因混合而不能识别。所谓不能识别者,乃事实上不能分离,或其分离须过巨之费用之谓。

混合乃法律事实而非法律行为者,与附合同。

混合之效力,与动产之附合同(八一三条)。即混合之动产中,有可认为主物者,则该物之所有人取得混合物全部之所有权,其他之动产所有人丧失其权利。如葡萄酒一斤与糖水一斤混合时,则葡萄酒为主物,葡萄酒之所有人取得其混合物全部之所有权。反之,混合之动产不能为主从之区别时,则混合为各所有人所共有。其应有部分,按其混合当时之各动产之价值定之。自己之金钱与他人之金钱混合时亦同。又混合人不必确信其有混合之权利。故窃取他人之金钱而与自己之金钱混合,至不能识别时,被害人对于其混合之金钱上,有共有权。其他与关于附合所说明者相同。

(3) 加工(Verarbeitung)

加工者,加工于他人之动产,而使其成为新物(美术品、工艺品)之谓也。个人为完成其需要,每每加工于动产而使其成为新物。此时加工人为其材料所有人时,虽不发生困难,否则,新物究应属于加工人所有,抑应属于材料所有人所有,须行确定。此罗马法以来,各国民法莫不视加工为取得所有权之方法也。

加工之立法主义可大别之为加工者保护主义及材料所有人保护主义。

(a) 罗马法　学说分为两派。一派主张加工不应于所有权发生变动。加工物应归材料所有人所有(重视材料所有权)。他一派说加工物为新的动产,应以加工人为所有人(重视加工)。尔后发生折中主义。加工物可以回复原状时,属于材料所有人。否则,归加工人所有。如金属之加工物,可以溶解回复原状,其所有权依然属于材料所有人。象牙之加工物不能回复原状,则其所有权属于加工人。此折中说为儒帝法典所是认。然此区别,甚不完全。盖金属之加工,其加工之价值纵超过材料数百倍,其加工物亦属于其材料之所有人,对于加工人之利益之保护,未免太薄。故文明诸国之民法,不采此罗马主义。

(b)《法国民法》　加工物依然属于其材料之所有人,然须赔偿由加工所生之价值。但因加工所生之价值,甚逾材料之价值时,加工人取得其加工物之所有权。是主为保护材料所有人也(《法民》五七〇条至五七二条)。

(c) 德法　《德国普通法》采罗马之折中说。而《德国民法》九五〇条则规定,加工物不问其改造一个或数个之物而作成一新物(如溶解矿物所作之器具)或仅变更物之外面(如彩色),属于加工人所有。但由加工所生之价值较材料之价值甚少时,材料之所有人取得加工物之所有权。是主为保护有益之加工也。因加工而受损害之人,对于惹起损害之人,有侵权行为(若有故意过失)或不当得利(无故意过失)之赔偿请求权。

《瑞士民法》,采法民主义,我《民法》亦然。盖所有权须完全保护之。非不得已,不应令其丧失。否则,所有权之基础,失之薄弱。我《民法》之采法国之加工立法主义,甚为适当。

加工于他人之动产者,其加工物之所有权,属于材料所有人。但因加工所增之价值,显逾材料之价值者,其加工物之所有权,术业有加工人(八一四条)。依我《民法》规定,加工之标的物仅限于动产。则加工于不动产时,如开垦土地、涂饰房屋,非兹所谓加工也。于此情形,所有权不生变更,仅发生不当得利之返还问题。

加工之标的物之动产,须为他人所有。若加工于自己之动产,非兹所谓加工。

加工之结果,须使他人之动产成为新物。惟得称为新物与否,须以一般交易上之观念为标准而决定之。然事实上不少困难。普通其加工物与原物,在经济上是否有同一作用,其名称是否同一,其复旧之结果,是否甚减少其加工物之价值等,亦可为有力之判断标准。如以革制靴,以金银块作戒指钟表,以绢绘画,以木材作器具,以布制衣,以麦做面包,以糖制点心之类是。又罗马法加工仅在材料之表面时,则所有关系不变更。我民法无此限制。苟加工之结果,使动产成为新物,亦可称为加工。如印刷白纸,或施以绘画、涂写文字,又对于木材石块,加以雕刻是(《德民》九五〇条亦同)。

罗马法因加工物是否可以回复原状,而法律结果不同。《奥地利民法》(四一五条)虽认此区别,我民法则不认之。又罗马法加工人取得所有权时,以善意为要件。即须误信其材料为自己所有。我《民法》则无以此为要件之根据。不过于决定赔偿金额时,对此须加考虑而已(八一六条)。

新物须因加工而生。此加工之所以与附合、混合相区别之要点也。因附合、混合亦可产生新物。故有合成物、混合物之名称。然此时产生新物之原因,乃物与物之结合或混合。反之,因加工产生新物之原因,乃物与劳力之结合。然异其所有之二动产之结合,为附合或混合,同时亦有加工者。由其性质论之,乃加工与附合或混合之并存。苟有加工,则应适用加工之规定,而不应适用附合或混合之规定。如木匠甲以乙之材料与自己之材料做成木箱时,一面为甲乙二人之动产之动产之附合,一面为甲加工于乙之动产。此时应不适用附合之规定,而适用加工之规定也。

我《民法》关于加工之所有权之取得,系采折中主义。以材料所有人取得所有权为原则,而以加工人取得所有权为例外。加工物归材料所有人取得,而材料系数人所共有时,则加工物应属于数人所共有。又取数人材料而为加工时,法律虽无规定,此时应准用附合之规定,使主材料之所有人取得加工物之所有权。若不能区别主从时,则按其所有材料之价值共有加工物。

因加工所增之价值,显逾材料之价值者,其加工物之所有权,属于加工人(八一四条但书)。材料及加工之价值之计算,应依客观的标准,而比较材料之价值与加工之价值。非比较材料之价值与加工物之价值也。否则,加工物之价值常较材料之价值为大,则加工人即可常取得加工物之所有权。其结果殊违反本条但书之精神也。如材料之价值为百元而加工物为五百元,则四百元之增价,为加工之价值。即百元与四百元之比较,而非百元与五百元之比较也。所谓"显逾"乃对仅少而言,乃程度问题。是否达到"显逾"之程度,则委之于法官之认定。

关于加工人取得所有权之理由,有先占说与加工说。前说乃 Vangerow、Bechmann 诸氏所主张。谓因加工,则旧物消灭,旧所有权亦归消灭,一旦成为无主物,而加工人因先占取得其所有权。然依此说,加工人取得其所有权时,须加工所增之价值显逾材料之价值者,又为何故?则此说不能说明。故宁采加工说,因加工人以劳力增加价值,故须令其取得所有权,较为适当。然因加工所增之价值甚少时,是否亦按其价值取得所有权?本条规定乃因共有于经济上不利,故避免加工物之共有,使对加工物之创作耗最大牺牲之人,取得加工物之全部所有权。若加工所增之价值,未显逾材料之价值者,则不使其取得所有权。

加工若系由于契约时,则加工物之所有权之取得,依其契约定之。如在承揽契约,原料之所有人使他人加工,纵因加工所增之价值显逾材料之价值,加工人亦不能取得其所有权。经材料所有人之承诺而为加工者,亦同。

加工非法律行为,其所有权之取得,系直接出于法律之规定。关于此点,无反对说,故无能力人亦可为加工而取得所有权。代理仅适用于法律行为而不适用于加工。但加工无妨得他人之援助,或作为机械而使用他人。此时雇佣人乃加工人。加工之所有权之取得,乃原始的取得,且为终局的取得。故尔后纵回复原状,亦不影响由此所生之所有关系。

依前四条之规定,动产之所有权消灭者,该动产上之其他权利,亦同归消灭(八一五条)。因附合、混合、加工而成为从物之动产,丧失其独立性,而为主物所并合,因以丧失其存在。主物上之所有权扩张而及于新物,同时从物之所有权归于消灭。而存在于从物上之其他权利,亦当然归于消灭。所谓其他权利,自不包括债权。以特定物为标的之债权,其标的物消灭时,成为履行不能,应依债编之规定而定其效果。又前四条之规定,均系关于动产所有权,则存在于动产上之他物权,乃质权、留置权两种。然留置权之适用,想象不易。

因前五条之规定,丧失权利而受损害者,得依关于不当得利之规定,请求偿金(八一六条)。因附合、混合、加工之结果,动产所有人之一人丧失所有权,他之一人扩张其所有权。虽基于公益上之理由,然由当事人间之关系论之,显失公平。故法律使无实质上之理由而受损害之所有人，对于得利之所有人，请求金钱的补偿，以资救济。其请求补偿之根据，则依不当得利之规定。即受益人为恶意时，则不问其利益是否现尚存在，须将其所受利益附加利息而返还之，如有损害，并应赔偿（一八二条二项）。所谓恶意，并非指将他人之物附合、混合、加工而取得所有权之意思，乃知为他人之物而为附合、混合、加工之谓也。如知为他人之物而加以刺绣时，纵无取得所有权之意思，亦应视为恶意之受益人也。受益人为善意时，以现存利益为限度负返还义务（一八二条一项）。所谓善意者，不知为他人之物，即将他人之物误认为自己之物，而为附合、混合、加工之谓。附合、混合、加工非由于受益人之行为，而由于自然力、第三人之行为或损失人自己之行为时，严格言之，虽不能谓为善意之受益人，亦可适用一八二条一项之规定。

此请求权之当事人乃依前五条规定，丧失所有权或其费劳务之人。而因所有权消灭之结果而丧失质权之第三人，是否可以成为请求权人，成为问题。本条规定，失之广漠，似可以包含。然此等质权人，得依物上代位之原则，得于所有权人所受赔偿金上，行使其权利。不能认为受害人，即不能为此请求权之当事人也。此请求权之相对人乃因前五条规定而直接受利益之人。间接受利益者，应不在此限。如受益人之债权人及保证人，非兹所谓受益人也。若混合物、合成物为当事人所共有时，则无所谓权利之得丧。由法律之目的言之，亦无所谓损益也。

附合、混合、加工之事实，又构成侵权行为时，如知为他人之动产，而以故意或过失为加工或混合行为，以侵害他人之所有权时，自构成侵权行为。此时之受害人除有一八二条之请求权外，复有侵权行为之损害赔偿请求权。此两种请求权系为同一经济上之目的，而赋与当事人之两种法律上救济手段，故行使其一，而得满足时，他之请求权消灭。此时成为请求权之并存。

第十节 共 有

第一项 共有之意义及性质

第一,在个人所有权制度之下,一个之物,通常属于一人,以供其专用。然每因实际上之必要,使数人共用一个之物。而一个物上,不能同时成立二个以上之完全所有权者,乃物权法之原理所当然。于是数人共有一个物时,此等人对于该物有如何之权利关系,则不能不以法律规定之。

古来一个所有权为数人所共有之方法有种种。第一,乃将所有权之内容之权能分割,而共有一个所有权之方法,称为分割所有权(Geteiltes Eigentum)。有处分之权能者,其所有权为优等所有权(Obereigentum);有利用权(使用及收益之权能)者,其所有权为劣等所有权,或利用的所有权(Untereigentum oder Nutzbaren Eigentum)。此区别乃因袭于前后注释派学者所倡之直接所有权及利用所有权而来,而为适合于封建时代之思想者也(关于领土,君主有优等所有权,臣僚有劣等所有权)。其势力虽一时风靡欧洲诸国,但如我国及德国之近代法制,则不能采用。毕竟分割所有权之观念,与现代所有权之观念不相容。所有权乃单一之权利,并非使用权、收益权及处分权之集合。故不能将成为所有权之内容之权能分割而为其所有。所谓优等所有权、劣等所有权,皆非所有权。第二,乃由于分割而共有一所有权之方法,称为分属所有权。其标的物虽实质上分割于各所有人间,但其所分割之各部分,乃为一体。毕竟仅有共有之外观而已。如德国普通法之相邻地之界标,及其疆界线上之产出物,附着于土地期间内,以土地之疆界线为分界,而分属于各所有人是。此种观念我国及德国现行民法,亦不采用。我《民法》对于共有及公同共有设有规定而已。

(1) 共有(Miteigentum)

一个物上,不能成立二个以上之完全所有权。但于一物上成立数个所有权,若此数个所有权,互相节制,其内容互相受分量的限制,其结果,各权能之总合,实际上等于一个所有权之内容时,则于一个物上,成立数个之所有权,并非不可能也。共有乃基于此法理所产生之制度也。

(2) 公同共有(同有、总有、联有、合有,Gesamteigentum)

共有人对于其标的物——纵令其内容受分量之限制——各有独立之所有权。然数人共有一物,各无独立之所有权。数人结合为一体,所有其物时,亦属可能。此时各权利人对于其标的物,无独立之所有权。唯各权利人合为一体,所有一不可分割之物而已。学者所称为公有者,系指此而言。

第二,共有之性质 共有者数人对于一个之物,各有一个之所有权。而各所有权,按其应有部分,互相节制之结果,其内容之总合,与独立一个所有权之内容相当之谓也。

各共有者之所有权,性质上与常通之单独所有权无异。因其亦为对物为一般管领之权利故也。不过尚有其他共有者之所有权,须按其应有部分,互相限制,结局其所有权不能发挥其完全之效力而已。

各共有人互相限制之关系,并非债权关系。一共有人之权利,不能超越其应有部分之范围者,非对于其他共有人负此债务也。乃因他共有人亦有应有部分,而其应有部分不能侵害故也。即共有人彼此所负之义务,乃不侵害他人之所有权(应有部分)之义务。若侵害时,发生与侵害普通所有权同一之结果。故一共有人超过自己应有部分之范围,而为共有物之使用或占有时,他之共有人可行使所有物之返还请求权。共有人侵害共有物，或妨害他共有人之应有部分之使用时，其他共有人得请求停止其妨害。

数人按其应有部分，对于一物有所有权者，为共有人。各共有人之应有部分不明者，推定其为均等（八一七条一项、二项）。各共有人之应有部分，依其共有之原因定之。如以共同之有偿行为而取得一物时，则按其出捐之比例。如甲出百元、乙出二百元而共同取得一动产时，则甲、乙之应有部分为三分之一与三分之二之比例。在赠与及遗赠，则依赠与人及遗嘱之意思。在埋藏物之发现，则为各半（八〇八条）。在附合及混合，则按其动产之价值（八一二条、八一三条）。

依共有之原因，而其应有部分不明时，则法律推定其为均等。外国立法例亦然（《德民》七四二条，《奥地利民法》八三九条）。共有人全体之应有部分不明时，应适用本条。而共有人之一人或数人之应有部分不明时，亦适用之。如甲乙丙三共有人，甲之应有部分为二分之一，而乙丙之应有部分不明时，则乙丙于甲之应有部分以外之部分，有均等之权利，即推定乙、丙之应有部分各为四分之一也。

各共有人之所有权之性质，与普通之单独所有权无异。为所有权之内容之各种作用，各共有人之所有权，自应具备，不过其作用受分量的限制而已。然其所有权之作用中，有得为数量的分割者（如使用收益权），有不能分割者（如共有物之变更处分等）。前者，各共有人得按其应有部分任意行使之；而后者则非以共有者全部之共力，则不得行使。盖此种作用，若一共有人单独行使时，势必影响于其他之共有人。但此种不分割作用中之某种作用，纵使其单独行使，亦不甚影响于其他之共有人时，法律亦许其可以单独行使，或许其以多数决而行使之（八二〇条）。

如上所述，共有本身，并非一个所有权，亦非一个所有权之分量的分割，乃数个所有权存于一物上之结果，其状态俨然与一个所有权为分量的分割者相同而已。

法人有所有权时,其所有权之标的物,虽事实上供法人之社员或一般受益者之使用,然法律上所有权之主体,仍为法人。故其法律关系,与兹所说明之共有不同。

公同共有物属于公同共有者全体,其所有权唯一,亦属于公同共有人之全体,各公同共有人无独立之所有权。

第三,准共有或公同共有　共有及公有之法律关系,对于所有权以外之财产权,亦能成立,即准共有或准公有是也(八三一条)。如地上权、永佃权、地役权、抵押权之物权及特许权、著作权、矿业权等,亦能成为准共有或准公同共有之标的也。

第二项　共有者之应有部分

第一,意义

民法上所谓共有者之应有部分,有二义。一指各共有人之所有权互相限制之比例而言。在此意义之应有部分,可以之定各共有者之权利义务之比例的分量。一系指按各共有者之应有部分所限制之所有权而言。在此意义之应有部分,并非单纯之比例,乃事实上受分量的限制之所有权。故在此意义之所有权,与普通之所有权相同,当然有物权的效力,且能对抗一般人。

第二,应有部分之处分

以上第二意义之应有部分,既为一个所有权,故共有人按其应有部分,对于共有物之全部,有使用收益之权(八一八条),且得自由处分其应有部分(八一九条)。此被处分之应有部分,毕竟仍为依法律或契约之订定,受一定比例之限制所有权。则受让人所取得之所有权,自应受同样之限制。故让与人与其他共有人所存在之共有关系,移转于受让人。受让人基于该共有关系,立于与让与人同样之地位。

共有关系(如物之使用、管理、费用分担等),换言之,与共有权不可分离之关系,由受让人继承。若非此共有关系,如共有者相互间所发生之债权债务(管理费用偿还请求权),乃专属于各共有人之权利,非以让与人与受让人间之特约,性质上不能当然移转于应有部分之受让人也。共有人得缔结不让与其应有部分于第三人之特约,但此等特约,仅能发生债权的效力。若违反特约而为让与时,其让与仍为有效。不过违反特约者,对于旧共有人,负债务不履行之责任而已。应有部分之让与,既属可能,则其应有部分,自应可供担保。此时担保权人与普通所有权之担保权人相同,得于应有部分之范围内,对于共有物之全部,行使其权利。

第三项　共有者相互间之法律关系

各共有人对于共有物之所有权,其相互之关系上,受一定比例之限制。则关于共有物之利用、保存及其他,共有人相互间,当然发生种种问题。

第一,共有物之使用及收益

各共有人,按其应有部分,对于共有物之全部,有使用收益之权(八一八条)。各共有人须按其应有部分,为使用收益。苟超越此范围,则因此所得之利益,须视为不当得利,而返还于其他之共有人。又如误用其使用收益之方法,致毁损其物时,对于他之共有人,须负侵权行为之责任。

各共有人得为使用收益之抽象的比例,法律虽已明白规定"按各人之应有部分",而实际为使用收益之行为,极易惹起当事人间之纷争。故通常情形,共有人多以相互间之特约,协定其具体的使用收益之方法。若其协定不成立,致共有物之使用收益事实上成为不能时,则除请求分割以外,别无救济之方法。

第二,共有物之处分

共有物,乃共有人全部之共有的所有物,各共有人之权利,虽为各别,但其标的物,仍为同一,则其标的物之变更,当然影响于共有人全部之权利。故共有物之处分、变更及设定负担,应得共有人全体之同意(八一九条二项)。一共有人不能对于共有物全部,擅为法律的处分也。

第三,共有物之管理

共有物之管理者,其保存、利用及改良之谓。其各种行为,皆能影响于共有人之全部。则为管理行为时,除契约另有订定外,自应得全体共有人之同意(八二〇条一项)。但管理行为,与前述之处分行为不同,其本身并不十分重大。又大概以共有物之维持及改良为目的,结局仍为共有人全体之利益。故《民法》特设规定,共有物之简易修缮及其他保存行为,得由各共有人单独为之(八二〇条二项),无须得他共有人之同意。兹所谓保存行为者,不仅指保存其共有物之行为,而保存其价值之行为,亦包含之。故卖却易于腐坏物之行为,性质上虽为处分行为,实为保存价值之行为也。共有物之改良,非经共有人过半数并其应有部分合计已过半数者之同意,不得为之(八二〇条三项)。保存行为,乃物之保存所不可欠缺之行为,且其事物之性质上,当然为共有人全体之利益,故使各共有人得单独为之。而改良行为,则为比较奢侈之行为,故以共有人多数决之意思为之。所谓改良行为者,近于保存行为,而增进共有物之价值之行为也。苟超越此限度,则为物之变更矣。

第四,共有物上之请求权

凡本于所有权之请求权,各共有人均得就共有物全部,对于第三人行使之,与单独所有人无异。盖各共有人既为所有人,即应与所有人享同一之权利故也。惟以回复共有物为目的之请求,则须为共有人全体之利益行之（八二一条）。盖斯时，如单独为自己之利益为之，不免有害于其他共有人之利益也。

第五，关于共有物之费用及负担之分担

共有物之管理费及其他负担，除契约另有订定外，应由各共有人按其应有部分分担之（八二二条一项）。共有人中之一人，就共有物之担负为支付，而逾其所应分担之部分者，对于其他共有人，得按其各应分担之部分请求偿还（八二二条二项）。

第四项　共有关系之发生消灭

第一，共有关系之发生

共有关系，可由种种之原因发生。大别为次之二种。

（1）不基于当事人之意思而发生者。如数人共同先占无主之动产、拾得遗失物、发现埋藏物是。

（2）基于当事人之意思而发生者。如数人共同出资，而受让一物之所有权是。

第二，共有关系之消灭

共有关系，因种种之原因而消灭。

（1）存在于共有物上之各共有人之所有权，同时均移转于第三人时。

（2）共有人之一人，受让其他共有人之应有部分之全部时。

（3）共有之标的物灭失时。若灭失之原因，由于他人之侵权行为时，各共有人，按其应有部分，取得损害赔偿请求权，非共有人全体共有一个损害赔偿请求权也。

（4）共有之分割。

（A）分割请求权　共有人对共有关系，每多不便。而各共有人对于共有物之管理，易流于专擅。故共有人中有希望废止共有关系时，得随时请求分割共有物(八二三条一项)。关于请求分割之权利之法律的性质,日本多数学者,均视为普通之请求权,乃请求其他共有人,共同从事分割之权利。然余以为乃形成权之一种。盖请求被拒绝时,请求者向法院所提起之诉,并非给付之诉(请求共力),乃请求分割之诉。法院因此请求,而以判决直接发生分割之效果,故非给付判决,乃形成判决(Gestaltungsurteil)。则原告请求分割之权利,非请求权,乃形成权也。

各共有人得随时请求分割共有物。但有次之例外。

(甲)由于法律行为之限制　各共有人以契约订有不分割之期限者。但其期限不得逾五年。逾五年者,缩短为五年(八二三条一项、二项)。此种不分割契约,系以于一定期间,不行使分割请求权为内容之契约。通常由总共有人之合意成立之。然亦有由共有人中之一二人成立此种契约者。此时其效力仅限于当事人间。即其他之共有人,仍得请求分割。而当事人间,则不能请求。若当事人违反契约而请求分割时,不过发生损害赔偿之义务而已。又此种契约,乃债权契约,并不能以此排斥分割请求权。

不分割契约之期限,不能逾五年。逾五年者,缩短为五年(八二三条二项)。此乃一部违法之问题。有谓须将其违法部分无效,而将其不违法之部分有效者。有主张依罗马法以来之原则,其有效部分被无效部分所毁损,应使其全部无效者。又在当事人间,不分割之期间有十年,方可有不分割之利益,若为五年则不能达到其目的者,此时其期间若缩短为五年,乃成立当事人所不愿意之契约。故违反当事人之契约,而缩短权利之存续时,则必法律之明文规定。

甲对于其二子乙丙为不动产之赠与时,是否可以禁止分割,法律无规定。有谓分割之禁止,乃违反奖励分割之民法精神,不仅此禁止无效,其财产之处分亦应无效者。然实际上无须令其财产之处分无效之必要。

且民法之精神，未逾五年之分割禁止，并非违法。此时应准用八二三条二项之规定以解决之。

关于分割禁止之效力，有债权说及物权说。后者主张违反禁止所为之分割，对于第三人亦为无效。前者主张仅能于共有人间生债权的关系而已。以后说为是。

(乙)由于共有物之性质之限制　如由于共有物之使用目的，不能分割是。

(丙)由于共有之原因之限制　如合伙员于合伙清算前，不得请求合伙财产之分析(六八二条)。

(B) 分割之方法　分割乃废止共有关系。然共有关系之废止，仅以请求分割之意思表示，不能发生何等效力。其分割之方法，固有种种。究应采何种方法，于各共有人之利害关系甚大。原则上应由各共有人之协议定之。若协议不成，则不能不向法院请求分割。法院得因任何共有人之声请，命为下列分配(八二四条)。

(甲)以原物分配于各共有人　如按各共有人之应有部分，分原物为数个，而分配于各共有人。又数个之物为一团而为共有时，则分配其个个之物于各共有人。但共有人中，有不能按其应有部分受分配者，得以金钱补偿之(八二四条二项)。

(乙)变卖共有物以价金分配于各共有人　依此种方法而为分割时，其共有关系，于共有物移转于第三人时，即行终了。此时买主所应支付之价金，并不属于从来共有人全部所有。各共有人，得按其应有部分，直接对于买主请求价金。若共有人中之一人，代他共有人受价金之支付时，则该共有人对于此受支付之共有人，有偿还请求权。

分割判决，乃形成判决，非对于被告之给付判决。故判决确定时，当然发生分割之效果。如以一定之方法分割共有地之判决确定时，各共有人得独自占有其所应得之部分。若遭他共有人之妨害时,得根据所有权而请求停止其妨害。又其判决之趣旨,更须以一定程序,方能实现分割方法(拍卖)时,则须于其程序之完了,方能发生分割之效果。

(C)分割之效果　分割不问其出于协议,抑由于裁判,皆生下列之效果。

(甲)各共有人自分割以后,各单独取得其所受部分之所有权,盖分割有移转的效果。各共有人互交换其应有部分之一部,而因此就其所受部分,取得完全之所有权。故各共有人对于他共有人,因分割而得之物,负与出卖人同一之担保责任(八二五条)。又分割之效果,仅及其将来,不能追溯既往。

关于分割,从来有两种主义。一为移转主义,一为认定主义。

移转主义又称为设权主义。谓各共有人对于共有物有一部所有权,而分割乃将此一部所有权变为对于标的物之一部之完全所有权。故甲将自己对于标的物之一部之应有部分让与于乙,同时取得自己所应取得之乙之应有部分;乙亦将甲所应取得之自己之应有部分让与于甲,同时受让自己所应取得之甲之应有部分。如此互相让与应有部分之一部,而各自就其标的物之一部分取得完全之所有权。故依此主义,分割有互易之性质。一面为权利之取得,同时为权利之让与。分割出于合意,乃有偿行为。由于裁判时,不仅认定既存之权利关系,且为新权利关系之设定,故有设权的效力。故分割之效力,仅对将来发生,不溯既往。

认定主义,又称为宣言主义,法国、意大利、荷兰用之。此主义乃欧洲中世封建时代之法律家所创拟,纯为一种政策上之手段,非有理论上之根据也。在该时法国人民让与其所有地时,须得君主之认可。又为受其认可,须支付财产移转税。若将分割视为移转行为时,其结果须支付财产移转税。法国系采众子共同继承主义,故共有甚多,而君主视财产移转税为最好财源,人民不堪其苦。当时之法律家为反对君主而图保护人民之利益,故倡此说。谓共有物之分割,并非财产之移转,不过认定其财产关系而已。盖各共有人之应有部分,乃自始为共有物一部上之完全所有权。而认定其所有权之范围者,乃分割也。依此主义,分割非有偿行为。又其效力,当然溯及共有之时。

以上两主义,在理论上自以前者为优,故我民法采用之。后者之产生,乃因特别理由,且于物之一部上而认完全所有权之存在,殊违反共有之性质故也。

出卖人之责任,第一为追夺担保。乃为买卖标的之权利全部或一部不属于出卖人,因此不能移转于承买人所生之责任。其制裁为契约之解除、价金减额及损害赔偿,而实际上八二五条适用最多者为损害赔偿。第二为买卖标的物之瑕疵。其制裁为契约解除及损害赔偿。在分割时,适用解除之时甚稀。

八二五条之规定,是否仅适用由于契约之分割,抑裁判上之分割亦可适用,殊为疑问。由形式论言之,已确定之裁判为终局的且真实的。由裁判上之分割而为取得之人,无被追夺之危险,又无物之瑕疵。然此说不妥。盖分割之裁判,有时非确定共有人之权利(对第三人关系),仅系关于分割方法者,此时亦可发生追夺担保之问题。又物是否有瑕疵,乃事实问题,纵以裁判指定分割方法时,事实上亦可发生损害。故裁判上之分割亦应适用本条也。

各共有人就自己应有部分之共有物上所设定之担保物权,因分割之结果,所受之影响若何?若共有人系为原物之分割时,此时其担保物权,存续于该共有人之所受部分。盖分割之结果,原来之标的物(共有物)已不存在。而分配于各共有人之部分,其价值与从来之应有部分相当。而使该担保物权集中于此部分者,殊适合于其担保物权之性质故也。

若共有人非为原物之分割,而为对价之分割时,则不问该共有物归于何人之手,原来之担保物,仍存续于该共有物之全部。不过其行使之范围,须受当该应有部分之限制而已。但此时除就从来之共有物,直接行使权利外,依物上代位之法理,对于分配于当该共有人之金钱,亦能行使。

(乙)保存证书义务　关于共有物之证书,乃各共有人于确保其所受分配之权利所必要。故此项证书,于共有物分割后,应归何人保存,法律不能不规定之。其保存义务人,依次之标准而定。

其所分割之各部分,各有独立证书时,则各分割人应保存其所得物之证书。若其所分割之各部分有共同证书时,关于共有物之证书,归取得最大部分之人保存之。无取得最大部分者,由分割人协议定之,不能协议决定者,得声请法院指定之。又证书之保存,系为共有人全部之共同利益,故各分割人得请求使用他分割人所保存之证书(八二六条)。

第十一节　公同共有

公同共有之制度,远出于德国亲属法之家属共同团体(Haugemeinschaft)。其最古之形态,乃由于共同继承之家属共同团体。在德国古法,家长死亡,其子继承时,不分割其继承财产,依然同住于一家内,而营共同生活。继承财产乃独立之特别财产,属于继承人全体。继承人全体形成一团体而所有继承财产。故各继承人基于其继承人之身份,于总财产上虽有继承份,但此继承份乃身份权,而非物权法上之应有部分。故各继承人不能单独处分属于继承财产之各种权利。此种财产共同形态,继续至各继承人分家而营独立之生计为止。继承人中之一人死亡时,其子继承父之权利,而加入财产共同关系,此种关系有继续至数世者。

财产共同之形态,扩大至于婚姻关系。夫对于妻,由专制的支配而转入同权的夫妇共同思想。于是产生一般夫妇财产制(Allgemeine Gütergemeinschaft),更由身份而转入契约之定型,逸出身份法之领域。无身份关系之人,亦可依契约而作成公同共有之财产关系。此种形态,乃多数人为达一定共同目的,而共同取得权利负担义务时,所利用之一般形式。

公同共有之制度,各国法律皆承认之。至网罗其共同之原则,规定于物权编者,则自《瑞士民法》始。我《民法》关于公同共有之规定,即采诸《瑞士民法》也。

公同共有者,数人依法律规定或契约,成一公同关系。基于其公同关系,而以物为其所有之谓也(八二七条一项)。分析说明如次。

(1) 公同共有乃数人公同享有一所有权　公同共有,乃数人基于其公同关系,享有一所有权。与共有人按其应有部分,而有独立之所有权者,其性质迥然不同。故各共有人,于其应有部分之范围内,得自由行使所有权。而公同共有人,则非全体一致,不能行使其所有权。此两者根本上之差异也。

(2) 公同共有,必须基于数人之公同关系始能发生　民法以公同关系,为发生公同共有之前提。故必须有数人先行发生公同关系,而后本于此关系,以一物为其所有时,始能成立公同共有。此又与共有不同者也。

(3) 公同共有人,以依法律规定或契约发生公同关系者为限　公同关系,由于法律之规定者,如公同继承是。由于契约者,如合伙、夫妇财产契约是。必须依此等原因发生公同关系之人,始得为公同共有人,否则即为普通之共有矣。

第一,公同共有之权利义务

公同共有之发生,以公同关系为前提。而公同关系,必有其成立之原因。故公同共有人之权利义务,应依为其原因之法律规定或契约之内容而定,乃当然之理。例如二人合伙,因而共有一物者,其权利义务,应依合伙契约而定。如合伙契约中,关于此点无特约时,则应依债编合伙之规定是也(八二八条一项)。

各公同共有人之权利,及于公同共有物之全部(八二七条二项)。关于公有物之处分及其他之权利行使,均应得公同共有人全体之同意,始得为之,乃公同共有性质上当然之结论。惟法律或契约有特别订定时,则各公同共有人行使其权利,无须经全体之同意(八二八条二项)。

公同共有,系由公同关系而发生。故其运命,亦必与公同关系相终始。若公同关系尚存在时,各公同共有人,不得请求分割共有物(八二九条)。

第二,公同共有权之消灭

公同共有权之消灭原因有二。

(1) 公同关系之中止　如合伙之解散、婚姻关系之解除是。公同关系中止以后,其分割之方法,应依关于共有物分割之规定(八三〇条)。

(2) 标的物之让与　公同共有人如以其标的物让与于第三人,其公同共有权亦归于消灭(八三〇条)。

第十二节　准共有或准公同共有

共有或公同共有者,数人享有一所有权之谓。而数人享有一所有权以外之财产权时,严格言之,并非民法上之共有或公同共有。然就数人享有一财产权之点言之,两者完全相同,即绳以同一之法则,自无不可。此《民法》八三一条规定所有权以外之财产权,由数人共有时,准用共有或公同共有之规定也。

第二章　用益物权

第一节　用益物权之特质

第一，用益物权与所有权

现行民法所谓所有权，乃一般的管领权。而此一般的管领权，并非各种权能之总和，乃各种权能之渊源。因其在时及量两方面，无限制产生各种权能故也。反之，于同一物上所成立之其他物权，在量及时，均有一定限度。如土地所有权人，于其土地上设定地上权时，并不因此丧失其权利之全部或一部，不过于地上权之范围内，其权能受限制而已。故于地上权存续中，所有人对于不法占据土地者（地上权人以外之第三人），得请求其移转占有（物权的请求权）。又将来地上权消灭时，并不须发生何等法律事实，土地所有权，当然回复其完全无限制之权利（所有权之弹性力）。

法律因种种理由，限制所有权之内容。有时认留置权之存在，又有时认用益物权之取得时效，而加限制于所有权。然此外则非基于所有人之意思，自不能擅认限制物权之成立。各种限制物权，虽其内容受一定之限制，与所有权相同，仍不失为直接对物管领之权利。故其成立，必须得所有人之同意。又在成立后，对于所有人，须付佃租或地租。又有时得以所有人单独之意思，剥夺其权利。是限制物权，虽与所有权同为对物管领之权利，但一方占无限优越之地位，他方则具有限制的内容，而屈从于所有权之下。此现行民法所有权与其他物权之关系也。

第二，用益物权与担保物权

用益物权与担保物权，虽同为限制物权，但两者之精神全异。盖担保物权，乃以担保债权为目的之权利。其中如留置权，不过迄债务之履行止，得保留其标的物而已。其他如质权、抵押权，乃以标的物之金钱的价值，满足债权为目的。反之，用益物权，乃以标的物本身之使用价值为目的。故苟有金钱的价值时，皆得为担保物权之标的。而用益物权之标的物，在现行法上，仅限于土地。动产虽得为租赁之标的，但不得为用益物权之标的。盖(1)对于动产，不能用登记之公示方法。故于其上，不能成立有种种内容之物权。而占有亦无多大之公示力。(2)借用他人之动产者，对于其标的物，并无如不动产之借主对于不动产之重要，且有不可动的利害关系。故其利益，无受物权的保护之必要。(3)土地之数量有限，动产则否，故借他人所有物之必要甚少。此仅对于土地，方能认用益物权之主要理由也。

第二节　用益物权之种类

我现行《民法》所规定之用益物权，不过地上权、永佃权、地役权、典权之四种。地上权及永佃权乃为耕作及其他特殊目的，使用他人土地之权利。地役权乃以他人土地，供自己土地便宜之用之权利也。典权乃支付典价而取得他人不动产之使用收益之权利。

现行《民法》所规定之用益物权，仅限于以上四种。此外之权利关系，若欲设定物权时，则为法律所不许，则除依租赁之规定发生债权关系外，别无良法。然债权不过为一种对人的关系。承租人在法律上之地位，甚为薄弱。若非得承地主之好意，将不敢安心于其土地上，为永久的施设。故近代各国法律，莫不极力保护不动产租赁权，渐有赋与物权的效力之倾向。

第三章 地上权

第一节 地上权之意义及性质

第一，借用他人之土地建房屋及为其他永久的设备或植林时，自不愿地主于中途收回其土地，否则借地人，将不敢安心为永久的设备。又希望保留自己附合于土地之物之所有权。若欲实现第一之希望，殊有使借地人之权利，为物权之必要。纵令地主与借地人间，有若何严密之契约，若其契约仅债权契约时，一旦地主背约，将其土地让与于他人，则新地主与借地人间，并无何等权利义务。新地主若欲收回土地，借地人则不能不服从。此时借地人固可对于旧地主要求损害赔偿，借以多少防阻旧地主之背约。然旧地主犹敢背约，将其土地移转于他人时，则借地人无权利以与新地主对抗。故借地人自然不敢投巨资而为永久之设备。欲与借地人以安心，势不能不将彼之权利，作为物权也。

又借地人投巨资而为永久的设备时，其权利之存续期间，势不能不长久，否则彼亦不敢安心为此种设备。而实现此要求者，乃民法地上权之制度也。

罗马法有"地上之物属于土地"(superficies solo cedit)之原则，苟附合于土地之物，不问其为何人所附合，均属于土地所有人。嗣后罗马市逐渐繁荣，购地不易，于是有租借他人之土地，而建筑房屋者。但其所建筑之房屋，依地上之物，属于土地之原则，须归属于土地所有人。此时若地主未经更换，固无多大妨碍。若地主一旦更换，借地人不能以其自己之权利，与新地主对抗，致地上物之利用，被新地主拒绝。借地人极感困难，于是思始终保有其地上物之权利，而欲其权利成为得对抗一般人之物权。此种希望，遂为 praetor 所容纳。但 praetor 理论上并不破坏地上之物属于土地之原则，不过许借地人永久或长期间得利用其地上物而已。此乃罗马法地上权之起源也。故罗马法之地上权，与其谓为为地上物利用他人之土地之权利，宁可谓为关于附合于他人土地之物，得行使物权的权利而已。不明言地上权乃使用他人土地之权利，乃罗马法之特色。现代欧洲诸国法典之规定，尚多少受其影响。

我国从来，不视地上物为土地之构成部分，故我民法规定地上权时，关于地上物之权利，不发生多大问题，唯注重于土地使用之方面即可。

第二，地上权之法律的性质　地上权者，谓以在他人土地上有建筑物或其他工作物或竹木为目的，而使用其土地之权利也（八三二条）。

(1) 使用他人土地之权利

关于地上权之观念，有三说：(a)地上之建筑物与土地合为一体而成为一物。地上权人所有建筑物及土地之上部，而土地所有人所有土地之地盘，即地上权乃土地上部之所有权也。此说最古，乃于一物上认数个所有权，与所有权之观念不合，不足采。(b)以土地与建筑物构成一物者，与前说同，谓地上权乃使用他人建筑物之权利。此乃德国普通法上之通说。德国民法则反是，以地上权为土地之使用权。然与此说亦不无相同之处。盖德国民法视建筑物为土地之重要构成部分，故设定以既存建筑物为目的之地上权时，亦可谓为使用他人建筑物之权利也。此说在视建筑物为土地构成分子之国家，虽可采用，而在土地与建筑物相异其所有人之法制，则不可采用。(c)以地上权为所有建筑物、工作物或竹木为目的，而以使用他人土地为内容之限制物权（《德民》一〇一二条）。我《民法》从之。即地上权非建筑物、工作物或竹木之所有权本身，乃为享有此等所有权而使用他人土地。又非使用他人之建筑物或工作物之权利,乃为所为自己之物,而存在于他人土地上之权利也。

地上权乃限制物权,必存在于他人所有土地上,在一定范围内,限制土地所有权,而成为土地之负担。

地上权之标的,乃他人之土地。故地主继承地上权人时,其地上权原则上因混同而消灭。但其地上权为抵押权之标的时,则纵行混同,亦不消灭。

地上权之标的之土地,须为一笔之土地。但对于一笔土地之一部,亦不妨设定地上权。地上权之标的之土地,须为特定。但如定一定区域设定地上权时,其契约中明定"尔后因水流致减少其借用区域时,为补足此减少之部分,得渐次借用其他之土地",纵有此等约款,地上权亦可成立。

(2) 使用之目的须为建筑物、工作物或竹木

所谓工作物,不必限于地上之物,亦不限于附合于土地之物(如桥梁、堤防、纪念碑等)。至如变更于土地之物,亦包含之(如隧道、地窖)。竹木者,指可为植林之植物而言。至可为耕作之植物,则不包含之。盖为栽培此等草木而使用他人土地之权利,非地上权,乃永佃权也。

地上权设定之际,固无须有建筑物、工作物及竹木之存在。又设定后,建筑物等灭失时,亦非当然消灭地上权也。此时若地上权人放任其自然,或为目的外之使用时,则未免有受权利消灭之请求之虞而已。

为栽培竹木是否可以设定地上权,立法例有许之者(《普鲁士私法》《奥地利民法》一一四七条),有不许者(《德民》一〇一二条)。其理由,以租赁权即可达到其目的。然我国基于实际上之必要,故以明文规定之。

(3) 地租并非地上权之要素，故地上权之设定，得为有偿或无偿。

(4) 地上权与土地之租赁，虽全然为同一经济的目的所设定之制度，但其在法律上之性质，根本不同。地上权乃直接对于土地享受一定物上利益之权利，其设定虽原则上由于地主与地上权人之契约，其后关于地租及于其他问题，彼等相互间，虽有种种关系之存在，然此二权利，不过偶然以同一物为标的。在现行法上，所有权仍为总括的管领权。而地上权人直接对物享益之关系，并不因此而有所妨害。又地上权人不问土地所有权人之意思如何，得任意让与其权利。又土地所有权人之变更，毫不影响于地上权。

反之，租赁权不过为对于出租人请求为物之使用之权利。其结果，承租人虽得适法使用其标的物，但其关系，仍为对人的，而非对物的。故承租人非得出租人承诺，不得将租赁物转租于他人（四四三条）。此与地上权不同之点也。又租赁之继续中，其标的物之所有人有变更时，新所有人，理论上不应受租赁之拘束。《民法》第四百二十五条规定"出租人于租赁物交付后，纵将其所有权让与第三人，其租赁契约，对于让受人，仍继续存在"，然此等规定，仍以租赁之对人的关系为基础。不过于某程度，加以物权的保护而已。而租赁权，仍不能成为物权也。

如上所述，地上权与土地之租赁权，在法律之性质上，虽各不相同，但其在经济上之目的，则为同一。然实际上关于具体的事实，其果为地上权抑为租赁权，殊难判断也。

第二节　地上权之存续期间

地上权为使用他人土地之强有力之物权，若永久存在，则土地所有权，必至有名无实。故其性质上，应有一定之存续期间，无待多辩。惟各国法律,关于其期限之长短,大都无限制之规定。我《民法》亦然。兹将关于其存续期间之原则,列举如次。

(1) 存续期间得以设定行为定之

以设定行为定存续期间时,其期间之长短,法律上无限制之规定。故当事人得约定千年以上之长期地上权,或约定一年以下之短期地上权,于法均无不合。

(2) 设定行为未定存续期间

地上权人得随时抛弃其权利(八三四条)。凡财产权,以得自由抛弃为原则,地上权既为财产权之一种,权利人自得随时抛弃其权利。但另有习惯者,不在此限。兹所谓习惯,指各地方之习惯而言。例如以建筑物或工作物之灭失及腐朽为期限,或以竹木之采伐期为期限之习惯是。

又其抛弃,应向土地所有人以意思表示为之(八三四条二项)。地上权人抛弃其权利时,尚有一定义务,即应支付地租是也。盖地上权人欲抛弃其建筑等之权利,必须使之负特定义务,而不许为单纯之抛弃。否则,地上权人因抛弃而免支付地租之义务,则于土地所有人,极为不利。故我民法为保护土地所有人计,规定地上权人抛弃权利时,应就下列两种义务履行其一。

(A)应于一年前为抛弃之通知。法律之所以课地上权人以此种义务者,盖使土地所有人得以及早对于该土地为利用之准备,或另觅相当之人以承乏,应不至骤失利用之机会。

(B)支付未到支付期之一年份地租。盖地上权人突然抛弃其权利,虽未于一年前预为通知,然既支付一年份地租,则土地所有人亦不至受损失(八三五条)。

第三节 地上权之效力

第一项 土地使用权

地上权人,得依设定行为,及法律之规定,于权利之目的范围内,使用土地,及为其一切之必要行为。地上权人,有次之种种权利。

(1) 占有标的物之土地之权利

以在他人土地上有建筑物、工作物、竹木为目的,而使用土地时,则对于该土地,不能不为占有。故地上权人,对于土地所有人,得请求移转其土地之占有。又对于现占有其土地之第三人(包含由土地所有人取得租赁权之第三人),亦可请求移转占有。

(2) 得使用土地之权利

使用之目的及范围,依设定行为及法规而定。如工作物之种类有限制时,则不得擅行建筑限制外之工作物。为植林之目的所设定之地上权人,不得将该土地变为宅地,或供耕作之用。但为建筑住宅所设定之地上权人,于其住宅之周围,作小菜园,则不能谓为超越原来之目的范围也。

(3) 地上权乃占有使用土地之权利

故于此范围内,在同一地上,与此相抵触之第二物权(如地上权、永佃权),不仅不能成立,且能优先于其土地之所有权(纵所有人亦不得使用其土地或使他人使用收益)。但此时之所有权,不过受地上权之限制,非其权利之全部或一部,因此消灭也。一旦地上权消灭时,土地所有权人,并不须发生何等法律上之事实,当然回复其完全无限制之权利。故纵有地上权之存在,土地所有权人,仍可对于不法占据其土地者,请求交还其土地也。

第二项　地上权之处分

地上权乃直接对于土地为使用收益之权利，并非对人的权利，地上权人自得自由处分其权利。其情形有二：第一，地上权人除契约另有订定，或另有习惯外，得以其权利让与于人（八三八条）。第二，地上权人得以其权利供担保之用。如以地上权供抵押之用是（八八二条）。

第三项　邻地者关系

地上权乃直接使用土地之权利，其与土地所有权之差异，不过其内容有否限制而已。故相邻之地上权者相互间，又地上权者与土地所有者相互间，不能不设相互的限制。此《民法》八百三十三条"第七百七十四条至七百九十八条之规定，于地上权人间或地上权人与土地所有人间准用之"之所以规定也。

第四项　支付地租义务

第一，地租并非地上权之要素。此与永佃权不同之点也。故当事人未为支付地租之契约时，则当事人之意思，宁为无偿设定地上权也。无偿之地上权，有时固由于取得时效而取得，但通常多以遗嘱或契约发生。在以法律行为发生时，法律虽无规定，然应准用赠与之规定，使地上权设定人不负担保义务，方适合于当事人之意思及设定行为之性质。如甲于其土地上为乙设定地上权，该土地实为丙所有，而被追夺时，乙之地上权消灭。盖物权契约，仅物权人方有缔结之能力。故甲之地上权设定无效，对乙亦不负损害赔偿责任。

然普通地上权之设定，多为有偿，其地租通常以金钱及其他代替物支付之。又有于以植林为目的时，以其所收获木材之一部分作为地租，亦不能谓为违反地上权之性质也。支付地租之方法，有于设定当时以金钱及其他代替物而为一次支付者，此时法律虽无规定，然应准用买卖之规定。若因土地不属于设定人而地上权之设定契约无效时，则须返还地租。又有于地上权之终期为一次支付者。最普通者，为定期支付。

关于定期支付地租之性质，乃债权。于地上权存续期间内，于一定期间而有请求一定给付之权利。其与地上权之关系，有二说。第一说乃罗马法及《奥地利民法》所采用。谓地租乃物上负担，与地上权有不可分之结合，随同地上权移转。第二说乃德国及英国之主义。在德法，地租债务原则上不能当然附随于地上权。若欲使其与地上权相结合，则非以土地所有人作为债权人，而为物上负担之设定登记不可。在英法，有地租之地上权设定行为，分为两个法律行为。一为设定地上权之物权契约（conveyance），一为以地租为目的之债权契约（contract）。地上权虽可不经所有人之同意，而为让与（assignment）或租赁（underlease），而地租债务乃存在于契约当事人间之对人的义务，不能当然随同地上权移转。地上权移转以后，地租债务依然存在于旧契约当事人间。此乃英国普通法上之原则。然如此足以阻碍地上权之处分，故实际上于地上权设定书中，关于地租债务通常加以载"拘束自己及自己之受让人"之文句。如此使地租债务与地上权相结合，而成为物上负担，与地上权随同移转。今日不加此约款者甚稀。总之，依第一说，地上权与地租债务当然结合。此两说之差异，于让与地上权时发生。依第一说，让与人免除地租债务，而受让人当然负担地租债务；依后说，原则上让与人不免除地租债务，而受让人不负担地租债务。

我民法之解释应采第一说。盖我民法上之地上权虽不以支付地租为要素，若当事人以特约定有地租时，则地租与存续期间，皆能构成地上权之存立要件。换言之，即构成地上权之内容。其权利关系，从属于地上权及土地所有权。如因继承、买卖、让与地上权，或土地所有权移转，当然亦随同移转。故地主有变动时，新地主当然取得地租请求权。地上权人有变动时，地租债务，亦当然归新地上权人负担。

法律为保护土地所有人之利益，特设规定，即地上权人纵因不可抗力，妨碍其土地之使用，不得请求免除或减少租金（八三七条）。盖地租之数额，系由当事人之契约而定。纵因不可抗力而受损害（如竹木之枯死、工作物设置之限制），地上权人不得请求免除或减少地租。则反对解释，土地所有人不能因地租及课税之增加，或因土地繁荣、地价腾贵之事由发生，而请求地租之增加。盖地租与买卖之价金相同，其高低自得由当事人之任意定之。无庸法院之特加干涉也。日本大审院（相当于我国最高法院）认为有可以变更当事人约定之习惯法，使土地所有人可以请求增加地租，亦为误谬之见解。盖纵有此种习惯法，亦为任意之性质，自得以当事人之意思，而排除其适用。当事人于一定期间所定之地租，则有于该期间内不许变更之意思者，甚为明了。以此即足以排斥习惯法之适用，固无须有不许增加之特约也。

第二，地上权人积欠地租达二年之总额者，除另有习惯外，土地所有人，得撤销其地上权（八三六条一项）。前项撤销，应向地上权人以意思表示为之（八三六条二项）。盖地租为使用土地之对价，地上权人不支付地租，而依然使用其土地，是使所有人陷于不利益之地位。《民法》为保护所有人，特设此适当之救济方法。法律所以必以积欠达二年为标准者，其理由安在？盖以地上权为物权之一，应以巩固而不易消灭为必要。况在长期之地上权，权利人以将来之利用为目的，往往投莫大之资金，施改良于土地，若轻易使之丧失其权利，则必受非常之损失。故土地所有人，不能因一次或二次之支付迟延，而遂剥夺其权利也。

第四节　地上权之变动

第一项　地上权之取得

第一，原始的取得

（A）设定。地上权得以土地所有人与取得地上权人间之契约，或以土地所有人之遗嘱，设定之。又地上权之设定，得为有偿或无偿。

（B）取得时效。

（C）土地及其土地上之建筑物，同属于一人所有，而仅以土地或仅以建筑为抵押者，于抵押物拍卖时，视为已有地上权之设定，其地租由当事人协议定之。协议不谐时，得声请法院定之（八七六条一项）。土地及其土地上之建筑物，同属于一人所有，而以土地及建筑物为抵押者，如经拍卖，其土地与建筑物之拍定人各异时，适用前项之规定（八七六条二项）。

第二，继承的取得

地上权之性质上，既具有移转性，于其移转时，地租债务及其他当然成为地上权之内容之各种法律关系，当然移转于新地上权人与地主者，已于前述。

第二项　地上权之消灭

第一，消灭原因

地上权因下记诸原因而消灭。

（1）土地之全部灭失　反之，仅土地之一部灭失时，地上权并不消灭。

（2）土地之征收　地上权之标的之土地被征收时，地上权消灭。

（3）取得时效　第三人因时效取得地上权之标的之土地所有权时，

原则上地上权应行消灭。但该第三人,当为时效而占有该土地时,一面以所有之意思,同时又认识他人已于该土地上有地上权,则该第三人,自不能取得完全(无地上权之负担)所有权也。

(4) 存续期间之满了　经过约定之存续期间时,地上权当然消灭。此时得以当事人之合意,更延长地上权之期间而已。

(5) 特约中之消灭事由之发生　当事人往往以将来某种事由之发生,为地上权之存续期间,则该事由发生时,地上权自应消灭。但该事由之发生与否,以当事人一方之意思可以左右时,则以此为消灭地上权之契约,仍可认为有效。

(6) 解除

(A) 约定解除权　当事人得以特约,保留解除权。其行使是否全出于当事人之自由,抑尚须有某种条件之成就,得以当事人之合意定之。

(B) 法定解除权

(甲) 地上权人之解除即抛弃　地上权人,得抛弃其权利。但有支付地租之订定者,应于一年前通知土地所有人,或支付未到支付期之一年份地租(八三五条)。

(乙) 地主之解除(地上权消灭之请求)　地上权人,积欠地租达二年之总额者,得以土地所有人一方之意思表示,撤销其地上权(八三六条)。地主为此请求时,以一方之意思表示,即可发生解除契约之效果,固无须地上权人之承认,或为裁判上之请求也。又此意思表示,亦非为履行之催告也。本条规定,乃关于解除之一般原则(二五四条)之例外。地上权人一旦有迟延地租之情形,即令其丧失权利,以谋地上权之安定。若有与此相反之特约,则颇不利益于地上权人,不能不谓为无效。否则经济上优者之地主,可强要缔结与此相反之特约时,则本条将成为有名无实之规定矣。

第二，消灭之效果

（1）土地之返还

地上权消灭时，地上权人即须解除其土地之占有及使用，而将其返还于地主。然地上权人迄存续期间之最后止，得继续使用其土地。如地上权人有工作物及竹木时，固无须于存续期间内收回。故于期间经过后，于收回此等物之必要或相当期间内，仍可继续占有也。

返还之时期已到来，无何等正当理由，而不为返还时，须负损害赔偿责任。

（2）地上物取回义务

地上权人所有之工作物及竹木，始终为地上人所有。故在地上权消后，地上权人自得取回，同时亦为地上权人之义务。地上权人为取回时，应回复土地之原状（八三九条一项）。又取回须于地上权消灭后，即行开始，且必于相当期间内终了。此时土地所有人以时价购买其工作物或竹木者，地上权人不得拒绝（三八九条二项）。盖地上物被取回时，普通甚减损其价值。若地主以时价购买，地上权人滥行拒绝时，既无何等合理的理由，殊有害于公益也。

在以土地与其定着物为一体之法制，地上权消灭后，其建筑或竹木在法律上当然归土地所有人所有。如英国之地上权是。此时其地上权人于其期限将届满时，大都对于建筑物不加修缮，对于土地不加改良。在都市有以买收将到期之地上权而为短期租赁之营业者。此种情形，于一般经济上不少弊害。而在建筑物当然属于土地所有人之法制，亦不得已也。盖于权利消灭之最后一瞬间，而仍为修缮，殊非人情之常也。但在我民法认土地与其定着物为两个不动产，于地上权消灭后，地上权人仍不丧失其建筑物、工作物及竹木之所有权，自得收回。而地上权消灭后，犹保有在他人土地上所有建筑物及竹木时，实为妨害他人之权利，故使地上权人有取回之义务。

土地所有人对于工作物或竹木有买收权。盖工作物或竹木由地上权人取回时，足以减少其物及土地之价值，于双方均为不利。故法律使土地所有人可以购买，而地上权人不得拒绝，其条件为提出时价。所谓时价者，乃购买当时之价值。土地所有人须为现实提出，固不待言。关于时价有争执时，由法院决定之。若与时价不相当，虽不能购买。若相当时，地上权人不能拒绝。我《民法》关于此点，未加以无正当理由之限制。若工作物为纪念物或有人出高价购买时，则地上权人亦不能不牺牲者，似嫌过酷。反之，若地上权人欲以时价卖与土地所有人则如何？《民法》仅规定土地所有人之购买权，而未规定其应购买之义务，则地上权人无此种请求购买之权利。虽似有失公平，然实际上以时价购买比较容易实行，以时价卖出而强制土地所有人支付，则实行不易，盖不得已也。

地上权人之工作物为建筑物者，如地上权因存续期间届满而消灭，土地所有人应按该建筑物之时价为补偿。但契约另有订定者，从其订定（八四〇条一项）。土地所有人于地上权存续期间届满前得请求地上权人于建筑物得为使用之期间内，延长地上权之期间。地上权人拒绝延长者，不得请求前项之补偿（八四〇条二项）。

第四章　永佃权

第一节　永佃权之起源

永佃权之制度存在于罗马，而后传播于欧洲诸国。我国之永佃权，自古已存。虽未受罗马法之影响,但现行规定,乃斟酌我国固有习惯及罗马之永佃权之制度溶化而成。故关于罗马之永佃权,有说明之必要。

(1) 罗马法

罗马东部古时有永佃权之制度,系由希腊输入,乃为栽种树木或葡萄,对于土地所有人支付一定报酬,而永年间借用他人土地之制度。当初行于皇帝之耕地,尔后及于公共团体之所有地,然后及于私人之土地。在罗马西部,公共团体或寺院素有受一定报酬而将其所有地贷与他人永久耕种之制度。此种耕作他人土地之权利,依罗马市民法之规定,乃一债权,仅对于土地所有人有对人的诉权(Actio conducti),殊不足以保护永久使用他人土地者之利益。故罗马法官与权利人以对物的诉权(Actio imremutilis),而使其权利为物权。于是此种以土地之耕作为目的之行为,为租赁抑为买卖,在学者间发生争执。若视为租赁,则耕作人乃承租人,因不可抗力减少收益或耕作地有缺损时,对于地主可请求租金之减免。反之,若视为买卖,则耕作人乃买主,自己不能负担一切危险。此论争嗣后解决。此种以耕作为目的之行为,既非租赁,又非买卖,乃一种特殊之永佃契约(contraetus emphylenticarius)。依 Dernburg 氏之见解,耕作人因土地损失、非常凶年不得请求租金之减免。但土地损失之危险,理应由地主负担。而孳息之危险,则应由耕作人负担。如上所述,罗马东西两部所实行之永佃,其性质相同。至儒帝时,合而为一,成为永佃制度。

(2)《德国普通法》

所谓永佃,与罗马之物权的借地权相当。然在罗马法,此种权利,非依地上权设定行为或永佃权设定行为不能取得。反之,在德国,古来有种种取得方法。故其性质依契约、习惯及地方之特别法而定。罗马永佃权之法则,仅当事人有依从之意思时,方适用之。

(3) 文明诸国

永佃权制度,乃土地所有人无须投资而可以改良土地,又永佃权人有可以永远使用其土地之利益,故欧洲诸国莫不认之。惟德国不设永佃权之规定。因德法规定有广泛之用益权(Nutzungrecht),而无规定永佃权之必要故也。又普鲁士及奥地利之借地权(Erbkacht),非永佃权也。我国斟酌古来之惯行,参照欧洲永佃权之制度,而规定永佃权焉。

第二节 我国永佃权发生之原因

我国永佃权发生之原因如次。

(1) 购得

江苏松江、海门及江北各地,佃户均于承种时,先缴顶首洋若干元,视田土之肥瘠以定,大约顶首可及田价之半。凡缴顶首之佃户,非欠租不得撤佃。持有永佃权之佃户,得将其永佃权出售于人。出价购得者,即有永佃权。赣南各县,佃户预缴顶价于业主,名曰坠脚。湖北汉阳等处,称曰垫款。揆其实,则均相同。浙江台属一带,则名之曰绍价,为数有至每亩四五十元者。湖南湘乡等县,顶价亦极大。

(2) 垦荒

口外热河及东三省一带,多荒地。有土地权者,大半无力开垦,遂召集佃户,许以成熟后,永远耕种,永不加租。佃户垦熟后,遂有永佃权。又如江南沿岸江苏宝山、江阴,浙江黄岩等处沙田,低洼不能耕种。由业主租与佃户,佃户筑岸,排并成埠,耕殖成田者,佃户亦遂取得永佃权。又如湖南、福建、浙江等省,山多之处,开辟荒地种竹木成林者,承种者亦可取得永佃权。无故不得撤佃,撤佃时,亦须照价赔还工本。

（3）改良土质

江苏江宁、常熟等县，俗称永佃权曰灰肥田，意即谓佃户曾加灰肥于田，使田之价值增高。故由此增出之价值之权利，应属之于佃户。又如福建南平县之习惯，凡由地主承种者，勤劳农事，不惜工料，而致该地出产量增加，则此增加之出产品，即为承种者之所有，成为一种所有权，得自由买卖。

（4）乱时占据

前清洪杨之乱，浙江全衢岩及嘉湖一带，居民大半逃散，田地荒芜者甚多。乱平后，左宗棠抚浙，招集荒民，开垦成熟后，许其佃种权。固有之业主，只能收取租息，完粮管业，佃户可以永远垦殖。江西则于兵燹之后，田地荒芜，由人自由插标占领，招人开垦，占有者遂向承垦者收租，但不得收回自耕，承垦者于是取得永佃权。浙、赣情形不同之点，即在浙江，佃户系向原业主纳租，而江西则系向占有者纳租也。

（5）法律限制

绥远、热河、河北各地，及口外蒙古人及旗人地产，在昔依法均不得出售，故出让多作为永佃，其实则与购置相同。亦有本系暂租，历年既久，遂取得永佃权，按年仍向蒙人或旗人纳租若干。

第三节　永佃权之意义及性质

第一，农地所有人不能以自己之劳力耕作时，多使他人耕作之。此时地主与他人间所成立之法律关系，至为复杂。或地主自为农业经营者，而假他人之劳力以为耕作。此时之他人，乃单纯之雇佣劳动者，即雇工。

我国与外国不同，地主雇多数之工人而自经营企业的（大规模的）农业者,其例甚稀。普通皆将耕地贷与于人,使为耕作,而自己仅收佃租而已。现在我国租借他人土地之法律的形式有二。其中普通行之最广者,乃与地主为租赁契约,而租借其土地之方法。此时佃农之权利,乃由于租赁契约所成立之对人的权利。故一旦地主有所有变更,佃农之权利,不足与新地主对抗。若受新地主之土地返还之请求,则不能拒绝。其地位极不安定。此时佃农固可对于旧地主以债务不履行为理由,而诉求损害赔偿。但在现代徒耗费用与时间之裁判制度之下,此种救济,无充分之效果。而在无金钱无时间之贫民,概不敢安心以待此种救济。且现在佃农之契约期间极短,大多数概为一年。佃农平素,若不能得地主之欢心,则于期限届满时,不能继续。其结果佃农对于地主所有之佃权,已成为有名无实矣。

现行法除租赁外,尚规定物权的永佃权。永佃权既为物权,则地主纵有变更,自不受何等影响。且永佃权人原则上,得让与其权利。

第二,永佃权之法律的性质　永佃权者,谓支付佃租,永久在他人土地上,为耕作或牧畜之权利也(八四二条一项)。兹分述其权利之内容如次。

(1) 土地使用权

永佃权之目的,乃为耕作或牧畜,使用他人土地之权利。在其土地使用权一点,与地上权相同。然使用之目的,仅限于耕作或牧畜。耕作者,加劳力于土地,而栽培米谷蔬菜果树等之谓;牧畜者,饲养牛马及其他家畜之谓。换言之,苟可包含于农业中者,皆可为永佃权之标的。但栽培竹木,宁属于林业之范围,虽可为地上权之标的,而不得为永佃权之标的也。

永佃权乃物权,其成为物权之理由有二:第一,永佃权乃无期限之权利。第二,其目的在开垦改良。若为债权,而土地所有人让与其权利时,永佃权人即不能与之对抗,势非依其请求而返还土地不可,永佃权人将不敢投资而改良土地,则永佃权之目的,将不能达到。故法律使其为物权。此点可为永佃权与土地租赁相区别。

（2）佃租

永佃权人必负担支付佃租之义务,此与地上权不同之点也。免除佃租之契约,固为有效。然无佃租之永佃权,则不能设立。因我国习惯如是也。佃租乃使用土地之对价,普通以金钱及其他之物支付之。佃租虽通常为定期支付,亦无妨于设定当初一时支付也。盖《民法》之规定,虽系以普通之定期支付为标准,然不能解禁止一时支付也。又其支付之物,不必为代替物。

佃租与土地权之地租之性质相同,乃物上负担。即在永佃权让与时,其以后之佃租义务,归受让人负担,让与人免除支付义务。永佃权人发生变动时,其受让人仅应支付让与以后达清偿期之佃租。而在让与以前,让与人所欠之佃租,自不归受让人负担。但罗马法则使受让人负担前永佃权人所欠之佃租。我《民法》（八四九条）从之。因佃租系附随于永佃权故也。然受让人为善意的,将蒙损害。但永佃权之佃租,比其通常收获,其数甚微。而土地所有人因其土地之改良开发,亦有不少之利益,故取租甚廉也。

永佃权之设定,有定存续期间与不定存续期间之分,一任当事人之自由意思以行之。惟定有期间者,则视为租赁,适用关于租赁之规定（八四二条二项）。盖有期间之永佃权,其性质有类乎租赁。其权利义务及其他之法律关系,于本章容或有所未尽,故使之适用租赁之规定,以期周密也。

第四节　永佃权之效力

永佃权人有次之诸种权利义务。

(1) 权利之让与

永佃权人,得将其权利让与他人(八四三条)。盖永佃权为财产权之一种,故可自由让与于人也。但于此有亟应注意者,即永佃权人让与其权利于第三人者,所有前永佃权人对于土地所有人所欠之租额,由该第三人负偿还之责(八四九条)。盖所以保护土地所有人之利益,而妨第三人为无理之抗争也。

在罗马法,于永佃权让与时,土地所有人有请求让与对价百分之二之权利,且有先买权。故对土地所有人须为让与之通知。我《民法》不采用之。但佃租须向受让人请求,则土地所有人亦有知让与之事实之必要。使让与人负通知义务,亦无不可。此乃既存让与之通知,并非以所有人之同意为让与之要件也。

(2) 佃租之减免

永佃权人因不可抗力,致其收益减少或全无者,得请求减少或免除佃租(八四四条)。关于此点,与地上权大相径庭。盖地上权之目的,在于使用土地。且其期间,类皆长久。虽因一时不可抗力,妨碍土地之利用,于他时仍得回复之。故不许任意要求减免地租。反之。永佃权之目的,在于利用土地而有所收益。此期之收益减少,或全无,已不能完成其目的。而来期有无收益,又在不可知之数。故不得不俾永佃权人以佃租减免请求权,而保护其利益。此二者异点之所存也。

(3) 出租之禁止

永佃权人,不得将土地出租于他人。违反此规定者,土地所有人得撤佃（八四五条）。撤佃，应向永佃权人以意思表示行之（八四七条）。盖永佃权以耕作或牧畜为内容，此为土地所有人与永佃权人相互间，自初所同意者。假使永佃权人得自由出租于他人，他人是否仍用之于耕作或牧畜，要难预断。与其将来发生无益之纠纷，无宁慎之于始，自初即不许永佃权人出租于他人，以杜弊端。况法律既经明认永佃权人得以让与其权利于他人，永佃权人果不甘永佃，则固不妨以此权利转让，是尤无取乎出租之办法矣。

（4）佃租之支付

永佃权人因耕作或牧畜而收益，自应向土地所有人完纳其佃租，此无俟烦言而解。然使永佃权人偶有积欠，或所欠甚微，而即使之有撤佃之权，则于保护土地所有人，未免过厚，甚非所以维持劳资均衡之道，即与近代之经济政策不符。故我《民法》规定，永佃权人积欠佃租达二年之总额者，除另有习惯外，土地所有人得撤佃（八四六条）。关于撤佃时，应向永佃权人以意思表示为之（八四七条）。

（5）地状之回复

永佃权消灭时，永佃权人得取回其耕作物或牧畜物。对于当初因耕作或牧畜所变更之地状，应回复之。且在此情形，土地所有人，以时价购买其耕作物及牧畜物者，永佃权人不得拒绝（八四八条）。

为使永佃权人完全利用其土地，故本于土地所有权之请求权，在于永佃权人间，或永佃权人与土地所有人间，皆得行使之。此《民法》第八百五十条之所由规定也。

第五节　永佃权之变动

第一，永佃权之取得

与关于地上权所述者相同。但八七六条之规定,不能适用于永佃权。因土地与建筑物虽可为分别拍卖,而土地与耕作物实际上不能分别拍卖故也。

学者中有谓永佃权得依时效之完成,原始的取得之者。理论上或可如是主张。然永佃权之成立,必须有一定之佃租,性质上颇难适用时效之原则也。

第二，永佃权之消灭

关于地上权所说明之各种消灭原因,除存续期间之满了外,大致可适用于永佃权。如土地全部之灭失、土地之征收、时效、消灭事由之发生、抛弃消灭之请求等是。

第五章　地役权

第一节　地役权之起源

地役权起源于罗马,各国莫不受其影响。

(1) 罗马法

地役权系依社会之进步而发达。在狩猎时代,因无地役权之需要,均未发生。在牧畜时代,为牧畜之目的而有利用他人土地之必要,故地役权方始萌芽。在农业时代,为享受农业上之便利,于是发生田野地役。地役权在古代罗马,最为发达。所谓地役存在于罗马,非偶然也。

罗马法所谓地役权,乃为一定土地或一定之人而利用他人所有物之物权。为一定土地而利用他人之物之物权,称为物的役权。为一定之人而使用他人之物之权利,称为人的役权(利用完全者称为用益权,利用有限制者称为使用权、居住权)。原来土地之利用,不能单独完成者甚多。如为通行之便利,而须在他人土地上开设道路;为使土地肥美,而有引水灌溉经过他人土地之必要;又为增加需役地之便利,须使供役地受之不利益与需役地所受之利益,比例上相差甚微。如在耕地上设定通行地役权,在山地设定观望地役权,此种经济的效用,洵为物的地役之基础。又原物保留于所有人,而将其收益之全部或一部,以供一特定私人之终身使用者,亦有其必要。即使他人使用收益自己之所有物(用益权)、使他人使用自己之所有物(使用权)、使他人使用自己之建筑物(居住权)、使他人使用自己之奴隶或牲畜(奴隶及牲畜之使用)是。此种经济的效用,洵为人的役权之基础。

(2)《德国普通法》

仅认物的地役及用益权。用益权以外之人的役权,则不承认。因此等人的役权,乃基于罗马固有之习惯故也。在罗马无能力人尤其外国人不能取得市民法上之所有权及用益权,故设用益权以外之人役权,使外国人得使用居住,以资保护。

(3)近世诸国

地役权各国民法莫不承认。惟人役权在各国民法中有承认者,有不然者。如法国、意大利、葡萄牙诸国,则依罗马法而承认用益权、使用权、居住权(《法民》五七八条以下、六三〇条以下;《意民》四七六条以下、五二一条以下,《葡民》二一九七条以下、二二五七条以下);《德国民法》则认用益权及居住权(《德民》一〇九〇条以下)。我《民法》仅认地役权而不认人役权。因我国一面无人役权之习惯,一面人役权在欧洲弊害甚多,故不采用。然因其有弊害而将其利益亦一并牺牲,在立法政策上不无考虑之余地。故在现行法之下,欲使他人终身享受自己土地之收益,或使用自己之土地时,只好依债权契约以满足之。

第二节　地役权之意义及性质

第一,地役权之社会的意义

互相邻接之二土地存在时,法律必使相邻者双方,负一定法律上之义务。否则,相邻者各自随意极力主张自己之权利时,其结果于相邻者双方,均不利益。然法律使其负一定义务时,须具备法律所定之要件。如相邻之甲乙两地为田地,能将乙地供一定之使用时,自可增加甲地之便宜与价值。若甲地所有人为使用目的,有占有乙地之必要时(如为建筑、耕作、植林等),或须缔结租赁契约,或须设定地上权、永佃权。若无须为此等使用,仅为通行或流水而使用乙地时,若设定租赁权或地上权,则甲地所有人之牺牲过巨。此时不如使乙地所有人,仍可利用其土地,不过于甲地需要之限度内,供其便宜,则乙之牺牲小,而甲之便宜大。法律将此等关系,成为物权,于是为此等目的使用乙地之便宜,成为甲地之附属的权利,足以增大甲地之物的价值。此《民法》之所以设地役权也。故地役权有与相邻者相互间之权利关系类似之性质。唯前者概由于特约之设定,而后者于具备法律要件时,当然发生,其内容依法律而定。故后者一般称为法定地役(servitudes légales)。

第二,地役权之法律的性质

地役权者,以他人土地,供自己土地便宜之用之权利也。

(1) 以他人土地供自己土地便宜之用之权利

故地役权须有两个土地之存在。其中受便宜之土地，称为需役地；供便宜之土地，称为供役地。

地役权乃他物权。以前以地役权为一部所有权（Eigentumsbestandtheile）之说盛行，其误谬固不待言。盖地役权之效力，较所有权为强，且其取得又以所有权之存在为前提，自与所有权不同，又非其一部也。

其他之物权如地上权、永佃权、抵押权等，其内容极为广泛。所有权之效用，几令被剥。地役权之内容，法律虽无限制，但受其目的之限制，事实上不甚广泛。通常其供役地所有人可同时与地役权相并立行使其权利。又由权利之目的言之，地役权系增加土地之效用，而使用他人土地之权利。约言之，为土地而使用土地之权利。其名称之起源，亦在于此。然地上权等，均系使权利人受利益为目的，非为谋土地之便利也。为谋土地之便利一点，乃地役权之特色。

地租并非地役权之要件。故地役权之设定，得为有偿或无偿。地租债务既非地役权关系之必要的内容，则纯为一种债权关系。

地役权虽以两个土地之存在为前提，罗马法以此二地相邻为必要。德国普通法时代，即不依此见解。我《民法》（八五一条）亦无两地相邻之条件。故需役地与供役地不必相连接。如在可以互供便宜之位置即可。若甲乙两地相隔离，而乙地可供甲地之便宜时，如采用乙地所产之石灰以为甲地之肥料，引乙地之水而灌溉甲地，均可设定地役权。甲乙两地，不必连接也。又如为排泄甲地之污水，除其连接之丙地之外，尚有乙地，而污水非通过乙地不能流入公川时，则甲可以乙丙两地为供役地而设定地上权。

需役地及供役地，原则上须为一笔之土地，但以属于同一或相异所有者之数笔土地为需役地，而设定地役权时，亦无不可。此时与一笔之土地，因分割而成为二笔者相同。每一笔土地，成立一个地役权。而其地役权相互间，成立共有的关系。

供役地（不问其为一笔之土地或为土地之一部）被分割，或将其一部分让与于他人时，其结果地役权当然分裂，就其各部分，仍为存续。但地役权之行使，依其性质，只关于供役地之一部分者，仅对于该部分仍为存续。其他之部分当然免除（八五七条）。

共有地亦可为需役地及供役地。为需役地时，共有人之全部，为地役权人。其各共有者相互间之法律关系如何，则不可不稍加讨论。盖地役乃附随于需役地所有权之权利。需役地共有人，当然为地役权之准共有人。故对于共有人中之一人所生之事项，影响于其他共有人之程度若何，皆可依关于共有之说明以解决之。

需役地经分割者，其地役权为各部分之利益仍为存续。但地役权之行使，依其性质，仅关于需役地之一部者，仅就该部分仍为存续（八五六条）。

共有地为供役地时，则共有人之全部为供役义务人。彼等虽只能按各人之应有部分，对于地役权负给付之义务。但其给付，为不可分。无论何共有人，皆须为全部之履行。故彼等之义务，有不可分债务之性质。

(2) 为需役地之便宜所存在之权利

地役权不问其内容如何，须以供需役地之便宜为必要。即地役权之目的，非与地役权人以人的利益，乃以增加需役地之效用为其直接目的，而间接有利于地役权人而已。故仅取得邻地所产之果实之权利，非地役权也。若其果实可以供需役地之便宜时，方可成立地役权。又须以供役地供需役地之便宜，换言之，不能以供役地所有人负何等积极的给付为内容。即土地供役，而非供役地所有人供役也。故地役权乃物权而非债权。

(A) 地役权之内容之限制　地役权之内容,于需役地之利用,极有关系。不问其种类如何,是否有金钱上之价值,或仅为精神上之愉快,得设定有种种内容之物权,然不能不有一定之限制。

原来法律认地役权之理由,对于乙地所有权,附一定之限制,使其供甲地之便宜,以增加甲地之使用价值。如由甲地通行乙地以达公路,甲地为引水通水管于乙地等,固可设定地役权。然甲地所有者为在乙地散步或狩猎,而设定地役权时,则为法律所不许也。

地役权既系为供需役地之便宜,并不以在供役地为何等积极的行为为必要。为需役地之便宜,仅限制供役地之利用方法时,亦可成为地役权之内容。此学者所称为不作为地役权也,如不使乙地建筑妨害甲地眺望之建筑物之权利是。

地役权之目的,虽得由当事人任意定之,但不得违反公共秩序、善良风俗及强行法规。

(B) 地役权之内容(目的)　除以上所述之限制外,得以设定行为任意定之。又地役权因时效取得时,于时效期间中,得以为行使地役权事实上所为之行为定地役权之内容(七七二条)。

(C) 如上所述,地役权乃为需役地之便宜所存在之权利,常附随于需役地所有权。故需役地之所有权移转时,地役权亦当然移转。又地役权又可为存在于需役地上之其他权利(如地上权、永佃权、抵押权)之目的。但设定行为中,有特别订定时,不在此限。

地役权不得由需役地分离而为让与,或为其他权利之标的物(八五三条)。关于此点,当事人不得为另外订定。

(3) 地役权之标的物,乃供役地

故由供役地一方面观察之,则为物上的负担。负担之内容,因地役权之内容如何,千差万别。若地役权之内容为通行于供役地,或为其他积极的行为时,则供役地所有者之负担,乃为容许地役权人之行为。又在不作为地役权,供役地所有人所负担之义务,乃真正之不作为义务。

以上所述两种义务,均属不作为义务。供役地所有人,原则上不负担为积极的行为之义务。但以特约,得使其负担某种程度之积极的义务。

基于地役权之供役地之负担,乃附随于供役地所有权,而与其有不可分离之关系。故供役地所有人有变更时,其负担亦当然移转于新所有人。

(4) 地役权之存续期间

地役权设定人,得定其权利之存续期。所谓永久无期限之地役权,是否可以设定。关于地上权,不能设定永久无期限者,已于前述。反之,地役权乃于不夺供役地之占有及不甚侵害其他权利之限度内,而增加需役地之便宜之权利,纵令设定永久无期限之物权,亦不至甚害供役权之利用也。至设定永久之地役权以后,因四围事情之变化,至有违反地役权本来之目的,或公序良俗时,则地役权不能不消灭也。

(5) 地役权之不可分性

地役权不可分之原则,倡自罗马。现各国学者,莫不宗之。然地役权与其他之用益物权不同,其成立须有需役地与供地之二个土地之存在。则因此等土地之共有分割,发生种种复杂之关系。若勉强附以不可分性之名称,而以统一的理论说明之时,不仅无裨实际,反为惹起误解之原因。故余以为不若废止此种包括的且漠然的名称也。

第三节　地役权之种类

地役权之内容,既得以设定行为,由当事人任意定之,故其种类,千差万别。然依种种标准,大约可为次之分类。

(1) 法定地役权、设定地役权

法定地役权者,依法律之直接规定所设定之地役权之谓,如由相邻关系所发生之地役权是。设定地役权者,以当事人间之法律行为所设定之地役权之谓,如《民法》八五一条所规定之地役权是。此种区别,系根据所有权系绝对的无限制的之理论。为他人土地之便宜而限制所有权时,不问其系由于法律之规定,抑出于人为,均可发生地役权。法国民法乃根据此种理论。然我《民法》所谓所有权系根据于法令限制范围之观念,相当于《法国民法》之法定地役权之相邻关系,视为所有权本来之界限,而规定于所有权章中,不视为地役权之一种。故我《民法》所认之地役权,乃依法律行为设定之地役权。此种区别,在现行法制之下,不能采用。

(2) 田野地役权、街市地役权

此种区别,自罗马法以来为诸国所采用。田野地役权,系关于土地之地役权。街市地役权,系关于建筑物之地役权。其所以用此名称,因土地多在于田野,而建筑物多在街市故也。如通行权、用水权、牧畜权等属于田野地役权。观望权及不以工作物及竹木为所有之地役权,属于街市地役权。然此区别,在我民法毫无实用。

(3) 作为地役权、不作为地役权

作为地役权者,地役权人得于供役地为何等积极的行为之谓。而供役地所有人对之,负容忍其行为之消极的义务。如通行地役权、汲水地役权是。

不作为地役权者,乃需役地不使供役地为一定目的所使用而受便宜之谓。此时供役地所有人所负之义务,乃真正之不作为义务。如不建筑高房、不栽妨碍眺望之树木、不凿井之类是。不作为地役权,亦为物权之一种者,已于前述。供役地所有人所负之不作为义务之范围,亦非漫无限制也。

又供役地所有人所负担之不作为义务,乃供役地不为一定目的所使用之义务。反之,如以由甲地所发生之煤烟毒气及于乙地,乙地不得要求损害赔偿为内容之地役权,则为现行法上所不许也。

(4) 继续地役权、不继续地役权

继续地役权者,其行使为无间断继续之谓。换言之,供役地一旦适于受地役权之行使时,尔后无须地役权人之特别行为,自然且无间断于供役地上可以行使之地役权也。如自来水地役权,一旦安设水管之后,水由供役地无间断流入需役地,因此无须地役权人之特别行为。故自来水地役权,乃继续地役权。其他如安设窗户之地役权,不建筑房屋及工作物之地役权,及一般消极的地役权皆属于继续地役权。继续地役权仅须无地役权人之行为,而可以继续行使即可。并无须继续行使其地役权为必要。如观望地役权,仅有窗户之设备而无间断可以观望邻地即可。纵有时关闭窗户,而中止地役权之行使,亦不失为继续地役权。自来水地役权纵有时因水管之破坏而断绝流水,亦不妨其为继续的地役权也。

不继续地役权者,其行使以地役权人之行为为必要之谓。如通行地役权、汲水地役权是。

(5) 表现地役权、不表现地役权

此分类乃地役权之行使,是否可由第三人认识之区别。如通行地役权、汲水地役权、地面之引水地役权,属于前者;各种之不作为地役权、地下之引水地役权,属于后者。

第四节　地役权之效力

地役权之内容,千差万别。故其效力,亦极复杂。以下唯将其中比较的普遍而重要者,加以说明。

第一,地役权人所得为之行为之种类及范围

(1) 地役权人为实现其权利之内容,有为一切必要行为之权利。行为之种类及范围,固可由当该地役权之内容而定。唯须注意者,若以设定行为及其后之特约,定明权利行使之程度时,从其所定。其后需地役之需要,纵行增加,亦不能超越约定之程度。若无此种特约,而有特别习惯时,亦可依之以定权利行使之程度。若无特约,又无习惯时,则按照当时需地役之需要,而定权利行使之限度。故需地役之需要有增减时,权利行使之程度,亦应可以增减。但须注意下列二点。

(a)需役地之需要增加过大,若以此要求供役地之使用时,殊有违背设立行为之精神,及地役权制度之合理的基础时,则需要纵行增加,而其使用,自不可超越合法的限度。

若需役地之需要之增加,基因于土地之性质(非由于自然的原因之)之变化时,则不得主张扩张权利之行使。例如从来于乙地有通行地役权之甲地,由住宅地变为学校时,则乙地自无容许多数学生通行之义务。反之,仅居住甲地之人数增加时,若无特别之事情,仍可扩张权利之行使。

(b)需役地所有人得行使为地役权所必要之附随的地役权。如在汲水地役权,需役地所有人当然可行使通行权。因通行权乃汲水地役权之行使所必要故也。若无此种必要,仅为地役权之行使之便宜时,则不能行使此种附随的权利。如通行地役权固为自来水地役权行使之便宜,然并非必要。故自来水地役权不能包含通行地役权也。

(2)地役权人因行使或维持其权利,得为必要之一切行为,但应择于供役地损害最少之处所及方法为之(八五四条)。法律设地役权之理由,乃使供役地受一定之限制,而使需役地受一定之利益。若供役地因此所受之损害过巨时,殊非所以保护供役地所有人之道。故地役权人所为行为之程度,不能由地役权人一方面观察,以其需要而定。须较量地役权人之需要,与供役地之损害,为相对的决定者,乃地役权之特色,且其最重要之点也。故地役权人于行使其权利时,须择其损害最少之处所及方法为之,否则为权利之滥用。又供役地所有人,于利用土地之必要上,加变更于土地或工作物,而于地役权人无多大不便时,则不得对之为妨害除去之请求。

地役权人因行使权利而为设置者,有维持其设置之义务(八五五条一项)。供役地所有人,得使用前项之设置。但有碍地役权之行使者,不在此限(同条二项)。此时供役地所有人,须按其受益之程度,分担维持其设置之费用(同条三项)。如需役地所有人以自己之费用在供役地开设道路或水路时。此乃地役权系在供役地直接行使之权利,而供役地所有人不负担为何等积极行为之义务之结果也。若以设定行为或其后之特别契约,使供役地所有人负担为工作物之设置及修缮之义务时,则供役地所有人不仅须以自己之费用为工作物之设置及修缮。且此种义务,乃物上负担。不问供役地所有权属于何人,需役地所有人均可向之请求履行其义务。盖请求工作物之设置及修缮之权利,其本来之性质,乃一债权,不过此种债权与地役权相牵连而彼此有密切关系,故应解为物上负担。

关于地役权之行使定有处所及方法,若供役地所有人有将其变更之正当理由，且其变更对于地役权人并无不利时，是否可以请求变更，成为问题。法国民法对此亦无规定。一般学者之解释，不能以一方之意思而变更之。若能得相对人之同意时，又当别论。地役权行使之处所及方法，一面固为满足需役地之需要，一面又须择供役地之损害最少之处所以损害最少之方法者，乃地役权人与所有权人间所应遵守之原则。故未定地役权之行使之处所及方法时，固应依此原则。纵令定有处所及方法，亦可根据此原则而许其可以变更者，颇适合于地役权之性质也。我民法对此，亦无规定。盖为恐予当事人之一方以此权利时，则当事人往往于种种口实之下，而请求变更地役权行使之处所及方法，而起纠纷欤。

第二，地役权之优先的效力

（1）对于供役地所有权之优先的效力

因地役权乃物的负担。对于供役权所有权，有优先的效力。故于其权利之限度内，得妨碍供役地所有权之行使。但供役地所有人于不侵害此限度内，仍可使用其土地也。

（2）地役权人相互间之优先关系

供役地上，既成立一个地役权，则与此不相容之第二地役权，自不能成立。盖该地役权，既有独占由供役地所供利益之内容，则以同样利益为目的之第二地役权，最早无成立之余地故也。但第二之地役权，以别种之利益为目的时，或纵令以同种之利益为目的，而第一地役权之内容，并非独占其利益之全部，尚可以其残部为第二地役权之目的时，自得成立第二地役权也。如通行地役权、汲水地役权是其例也。此时第二地役权，不过于不妨害第一地役权之范围内，得行使其权利而已。

不作为之地役权，纵有同一之内容，同时不妨成立二个以上之地役权。此乃由不作为之性质所生之当然结果，不能谓为物权之排他性之例外也。

第三,供役地所有人之义务

不作为义务　供役地所有人,按地役权之内容,负担义务。其义务之内容,在作为地役权,则为容忍地役权人之行为。在不作为地役权,则为不为地役权所禁止之行为。以上两者,皆为不作为义务。而作为义务,原则上供役地所有人不负担之。供役地所有人负担此不作为义务之结果,若地役权之内容,为使用供役地之工作物时,供役地所有人,自不得擅行破坏或废止其工作物。

第四,地役权之请求权

第七百六十七条之规定,于地役权准用之(八五八条),即关于所有权之各种物权的请求权,准用于地役权。《德国民法》(一〇二七条)则将所有权之妨害除去请求权之规定,准用于地役权。

地役权被妨害时,地役权人自得请求其妨害之除去,此乃法律承认及维持地役权所必要。若仅认损害赔偿请求权时,则地役权将不能维持。但此请求权:

(1) 须有妨害。即有惹起与地役权不能两立之事实之原因。

(2) 其妨害不必为第三人。供役地所有人为妨害人时,亦可发生此请求权。因地役权乃物权故也。

(3) 此请求权之发生,地役权人不必占有需役地或供役地,故不必为占有之妨害。盖由地役权所发生之请求权,系由于地役权之妨害,而非占有权之妨害。如在供役地上通水之权利,不能谓为供役地之占有人。若其水流被壅塞时,自发生妨害除去请求权也。

(4) 有妨害之虞时,得请求预防。

(5) 地役权之侵害,不能谓为占有之侵害,故占有侵夺之规定,不能适用。

(6) 地役权人就其妨害,可依一般侵权行为之规定,又其应取得之果实被夺时,可依一般不当得利之原则,请求赔偿或返还。

第五节　地役权之变动

第一项　地役权之取得

地役权因次之诸种原因而取得。大别之为设定行为及取得时效。法国民法除此以外,尚规定由于所有人之用法之取得方法。如甲于土地上设置用水沟或下水道,将其一端之土地卖与乙而保留其他一端之土地时,假定其水沟或水道之上部归乙所有,则乙因此土地之买卖,当然对于甲所保留之土地取得流水地役权。盖所有人甲依其从来利用土地之方法,而发生地役权也。我《民法》关于此点,一任当事人之意思,而无特设规定之必要,故不采用之。

第一,法律行为

地役权之设定,原则上以法律行为。而其法律行为,又通常为契约。亦有以供役地所有人之遗嘱而设定之。

设定契约,得为有偿或无偿。若以定期金之支付为报酬时,则其义务自应构成地役权之内容。又此项契约之当事人,能常虽为需役地及供役地之所有人。然地上权人或永佃权人,于其权利之存续期间内,是否得为其所使用之土地。或于其所使用之土地上,亦得设定地役权?《民法》关于此点,未设明文。由法律以土地所有人为标准而规定地役权一点观察之,似以消极说为妥当。但此等权利,乃以直接使用土地为目的之权利,则于自己权利之范围内,自得为其所使用之土地,设定地役权。又得以自己之土地为供役地,而设定地役权也。

第二，时效

因时效而取得地役权时，自须具取得时效之一般的要件。但《民法》关于地役权，规定特别之要件，即因时效而取得之地役权，须以继续并表现者为限（八五二条）。盖地役权乃财产权之一，自可为取得时效之标的。我《民法》规定为取得时效标的之地役权，须其行使之事实为无间断，且须为外部所认识。纵为继续而不表现，纵为表现而不继续之地役权，不能为取得时效之标的。如采取沙土、刈取杂草之权利，虽为表现，但不继续；埋水管于地下之权利，虽为继续，但不表现，均不能为取得时效之标的。其他如开设道路、地上水管之设置、设置屋檐及其他工作物突出邻地使雨水直注于邻地之权利、观望邻地之窗户之设置之权利等，系兼有此两种性质，自可为取得时效之标的也。

所谓表现，系由供役地观察，而为表现之谓。其工作物不必存在于供役地上。如观望地役权，其工作物纵不存在于供役地上，仍为表现也。法律之所以规定继续且表现之地役权，方可为取得时效之标的者，因在不继续地役权供役地所有人所受之损害当少。故他人为与不继续地役相当之行为时，土地所有人，大都默认之。若因其事实多年继续，即可取得所有权行时，对于土地所有人，殊失平允。又不表现地役之行使，不易为外部所认识。若以与权利之行使相当之行为多年继续为理由，发生地役权时，亦殊不当。此《民法》第八百五十二条所由设也。因时效之完成所取得地役权之内容，依时效期间中取得者所为之行为（权利之行使）而定。故从来无偿继续行使权利而取得地役权者，则其取得，原则上为无偿。

第二项　地役权之消灭

地役权因下列诸原因而消灭。

(1) 需役地或供役地之灭失。

(2) 供役地之征收　若需役地被征收时,则征收者于取得土地所有权时,仍可取得地役权。

(3) 使地役权之存续为不合理、不适法或不必要之事由发生　如引水供地役权之涌泉,因自然之原因永久涸竭时,法院因供役地所有人之声请,宣告地役权消灭是(八五九条)。

(4) 抛弃　须对于供役地所有人以意思表示为之。

(5) 混同。

(6) 存续期间之满了或约定消灭事由之发生。

第六章　担保物权

第一节　泛　论

物权依其有无独立存在之性质,得分为主物权与从物权二种。主物权者,独立存在之物权也。从物权者,从属于他权利而存在者也。从物权有从属于物权而供其便宜者,地役权是也。有从属于债权而为之担保者,即今所研究之担保物权是也。夫吾人所负担之债务,应以吾人之总财产任清偿之责,乃各国立法上所公认之原则(《法国民法》二〇九三条、《意国民法》一九四九条均以明文规定债务人之总财产为债权人之共同担保)。故债务人之财产,即为债权之担保,自不待论。然一切债权,均立于同等地位,并无优先之效力。则债务人之负债日增,而担保必因之日减。又若债务人将供共同担保之财产加以处分,则因债权无追及的效力,除其处分有诈害行为(二四四条)外,惟有听之任之而已。债务之履行,必日陷于不确实之状态。于是而欲求巩固债权,自不可不于共同担保之外,另有个别的使债权人地位安固之制度。此债权之特别担保制度之所以必要也。而特别担保,则可分为对人担保(保证)及物上担保二种。前者为债权编所规定,不属于本书之范围,后者即民法物权编所规定之担保物权是也。

物上担保与对人担保,各有一得一失,不能一概断定其优劣。即物上担保,于担保确实之点,优于对人担保。盖保证人亦有与主债权人同陷于无资力状态之虞。而物上担保,则有担保物权之债权人,得直接就物之对价受债权之清偿,不至遭遇此种危险故也。虽然,于保证人资力雄厚时,则对人担保比诸权利之保全及实行需要复杂程序之物上担保,适于敏捷之经济生活。加之,对人担保,对于无可供担保之财产之人,系唯一使其取得信用之方法。故就实际生活而言,亦必要不可缺之制度也。

担保物权之名称,系意大利及法国学者用之。而德国则不用此概括的名称,因德国有土地负担(Grundschuld)之物权。即以由土地支付一定金额之方法,而加于土地之一种负担。其支付方法为定期时,称为定期土地负担(Rerterschuld),而准用抵押权之规定(《德民法》一一九一条、一一九九条参照)。但其性质与抵押权不同,并非从属于债权,而为一种无因的关系。设定土地负担时,虽有其所担保之债权之存在,但其存在,不过为成立土地负担之经济上之缘由。其债务与土地负担互相独立。债务之不成立及消灭,对于土地负担无何等影响。其他德法之担保物权及其类似之权利,其种类性质,甚为复杂,用概括的担保物权之名称,亦无实益也。

德国之担保物权,仅有质权及抵押权两种。而留置权,在德法则不视为物权。质权称为 Pfand,抵押权称为 Hypothek。而广义之 Pfand,

实包含质权及抵押权。故 Pfand 一语,足以表示德国担保物权之全部,并非过言。故担保物权之概括的名称,亦无其必要。又罗马之 Pignus,狭义的虽指质权而言,而广义的则系指质权及抵押权而言者,亦堪注意。

第二节　担保物权之特质

担保物权,除具有物权一般所应有之优先权及追及权之通性外,有特别之性质,即不可分性及物上代位性是也。

第一,担保物权有不可分性

担保物权之不可分云者,有担保物权之债权人,于其所担保之债权全部未受清偿以前,得对于标的物之全部行使权利之谓也。换言之,即以担保物之各部分担保债权之全部,又以担保物之全部担保债权之各部分之谓也。由是可生两种结果如次。

(1) 纵令担保物之一部归于灭失,其残余部分依然应担保债权之全部。又于担保物之分割或其一部让与时,各分割人或受让人,苟不清偿债权之全部,其因分割或让与所取得之部分,仍应供担保权之实行,与自始以数个担保物担保一债权之情形无异。债权人原则上无论对于何部分,均得随意行使其担保权者也(参看八六七条)。

(2) 债权人虽受债权一部之清偿,而为受其残部之清偿计,仍得就担保物之全部行使其权利。又于债权之一部已届清偿期限而未受清偿时,债权人得拍卖担保物之全部。惟此时除由卖得价金扣除与应受清偿之债权额相当之部分外,其残余部分应为债务人提存而已。

即就债权之一部让与之时而言,担保权因有不可分之特性,不得分割于当事人之间。斯时系以一个之担保权属于双方之共有(八三一条),但由担保权之实行所生之利益,须按各人之债权额以行分配,自不待言。

担保物权不可分之原则,在民法上系任意的规定,非强行的规定。当事人如以合意缔结违反此原则之契约,自无妨碍。盖此原则完全为债权人之利益而设,非本于公益上之理由。即因有此原则,始能强制债务人履行其债务,担保权之效力始能巩固,其目的专在谋债权人之利益,与公益无关故也。

第二,担保物权有物上代位之特性

担保物权,于其标的物变形时,有以其变形物为标的之特性,此即所谓物上代位是也。《民法》关于物上代位,于抵押权则有八八一条之规定,于动产质权则有八九九条之规定。盖担保物权之成立,既以担保物为构成要素,则于担保物灭失或毁损之后,理论上不得不视担保物权为业已消灭,无再以其变形物为标的之理。虽然,若贯彻此理论,则担保物权中之抵押权人,以不占有标的物之故,难免不因债务人或第三人之行为而使担保权化为乌有。即在占有担保物之动产质权人,亦有因自然力或第三人之行为,致担保物发生毁损、灭失情事,因而害及其担保权者。苟非有物上代位之方法,实无以巩固担保权之效力。此即法律使担保权人于担保物灭失、毁损后,有就其赔偿金受清偿之权利之理由也。

担保物权,一方为债权人之利益,一方为权利上之限制,与各当事人均有利害关系,原则上须依法律行为设定之。

第三节 担保物权之标的物

得为担保物权之标的者,须具备下列各种性质。

第一,须为有体物

兹所谓有体物者,系指动产及不动产而言。担保物权为管领物之权利,其标的物原则上应以有体物为限,自不待论。惟设定担保物权之目的,本所以谋债权之巩固,就此目的而言,则凡有交换价值者,不问其有体无体,均有为担保物权标的物之资格。故《民法》关于担保物权之标的物,虽以动产、不动产为原则,而一方面又规定法令有特别规定时,无体物亦得为标的。此所以谋经济上之便利也(九〇〇条以下)。

第二,须为能让与之物

能让与之物,即所谓融通物是也。担保物权之目的,在以标的物之卖得金受债权之清偿,如以不能让与之物为其标的,则无由达其目的矣。故其标的物必须为能让与之物。

第三,须为现在已取得之物

现在已取得之物,系对于将来可取得之物而言。盖无论何人不得处分自己所无之权利,乃法理上不易之原则。故担保物权之标的物,必须为现在已取得之物。如将来可取得之物亦得为担保物权之标的,则是认许各个人得处分未经取得之权利,于理论不合,无待多言。且使法律上有此制度,则继承人得借此将被继承人生前之财产供担保之用,实有败坏风俗之虞也。

第四,须为物之全部

物之一部不能独立为物权之标的,乃物权之性质上当然之结论。担保物权既为物权,则其标的物须为物之全部,不得为物之一部,无待说明。惟共有人之应有部分,非共有物之一部,乃共有物上之有限制的所有权,民法既许其自由处分,则其得为担保物权之标的,自不待言。

第五,须为特定物

兹所谓特定物,系指债务人总财产中特定之动产或不动产而言。盖担保物权,系直接管领其标的物之权利。换言之,即以变卖其标的物受债权之清偿为目的之权利。苟标的物不特定，即无由施其管领，其权利即无从实行故也。

第四节　担保物权之种类

担保物权之种类，各国立法上大都采限定主义，以明文定之。惟各国习惯不同，社会经济之情况互异，故其所定往往不能一致。我国《民法》系折中德、法两国之主义，于担保物权认抵押权、质权、留置权之三种。而典权可否亦认为担保物权，当于后述之。但此为《民法》物权编所认定之种类，如有特别法令认许他种担保物权者，自不在此限。

兹将《民法》所规定各种担保物权，依次分别说明之。

第七章　抵押权

第一节　抵押权之沿革

第一，罗马法

据 Dernburg 氏之研究，罗马最初之担保物权，乃以信托行为（Fiducia），以移转所有权之方法行之。英国普通法上之质权亦然。其次起者为质权（Pignus），初行之于不动产，嗣后仅用之于动产。其设定，以占有之移转即交付为要件。继之而起者，则为抵押权。有谓抵押权非起源于罗马，而系由希腊输入者。抵押权乃不将标的物之占有移转于债权人，而仅以意思表示所设定之担保物权也。由此观之，罗马之担保物权，最初系移转所有权,其次移转占有权,最后成为无形式。于是设定担保物权之方法,依次简便。盖时势进步,融通资金之必要,自然增加。而融通资金,势必要求担保。则设定担保之程序,非简便不足以应时势之要求。质权之变迁史,亦不外社会进化之反映也。

无形式之担保制度,即抵押权之制度输入罗马以后,罗马法官将其扩张于租地人之农具家畜。即租地人可将此种之物向地主设定抵押权。由法官认其有担保物权之效力,而与以物权的诉权。此种诉权,称为Actio Salviana。因系法官Salvianus所创设故也。嗣将此诉权扩张于农具以外,发生所谓Actio Quasi Salviana诉权,于是抵押制度完成。然此等年代,均不可考。最初行于东方,而罗马依然使用信托行为,盖沿革使然也。但信托行为,形式过严,遂被抵押权制度所排斥。

如此,抵押权制度虽输入罗马,瞬生弊端。罗马之担保制度,紊乱达于极点。盖担保物权,非有绝对的效力,则不能达到目的。而欲有绝对的效力,非有公示方法不可者,其理甚明。然罗马法,既认抵押权有物权的效力,又无何等公示方法。故善意取得抵押权之人,因受抵押权标的物之追及而蒙不测之损失者,层出不穷。及登记制度出,以抵押权之登记为公示方法,使第三人得到适当之保护。而后抵押权之制度,方为世人所信用。故抵押权若不与登记制度相配合,诚为有害无益之权利者,并非过言也。

第二,德国古代法及《德国普通法》

德国古代法,债权担保之手段,有移转土地所有权之担保,有移转土地或动产之占有之担保,及不移转土地所有权及占有权之担保者,大致与罗马法同。移转土地所有权之担保者,债务人将土地所有权移转于债权人,而为其债权之担保。此制度行之甚古。移转土地之占有之担保者,债务人使债权人占有其所有地而为收益。故债务人依然为担保地之所有人，债权人收取担保地之孳息以充利息。又其收取得之孳息，超过利息额时，以其一部抵充原本。移转动产之占有之担保者，债务人移转动产之占有于债权人，而为其债权之担保之方法也。故债务人依然为动产之所有人，债权人为动产之占有人。于适当时期不清偿债务时，得依裁判上之宣告，而卖却其担保物。此种担保，乃德法质权之起源。不移转土地之所有权或占有权之担保者，债务人允许债权人就自己所有且占有之土地之卖得价金以充清偿之担保方法也。此种担保方法，系产生于市府地，发达最迟。在广大之田野地，以其一部作为担保，纵令使债权人占有其地，在土地所有人方面，并不感多大困难。然市府地甚为狭隘，其土地之占有，在所有人，甚为必要。市府地所有人于其土地上为建筑或为建筑物之修缮而向他人融通资金，若非将其土地及其建筑物之占有一并移转于债权人，则不能设定担保时，在土地所有人最感困难。盖土地所有人为占有利用其土地及建筑物，方行融通资金故也。而在债权人方面，于债务人不为清偿时，能就债务人之土地及建筑物之卖得价金而受清偿即可。其目的不一定须占有其土地及建筑物。于是债务人可不移转其土地之所有权及占有权，而供担保之制度发生。又此担保，须公示之。且使债权人于债务人不履行其债务时，就其标的物得为执行。其公示方法，乃将担保之设定，登记于市府之公簿。尔后债权人对于各取得人得为同样请求。债权人未受清偿时，即可申请执行。法院为三次卖却担保之通告而为卖却，以其价金充债权人之清偿。尔后《德国普通法》继受罗马法，于是德国担保制度大生变化。即动产担保与不动产担保使其受同一法则之支配（德国古代法则为分别）。又依罗马法设多数之法律抵押权及一般抵押权。于是罗马之抵押制度之瑕疵，益形暴露，不仅有害于物的信用，且使法律呈混乱状态，致促成担保制度之改订。其改订方法，乃使德国固有之法律复活而加以改良。故德国诸联邦之特别法，区别不动产担保与动产担保。前者称为抵押，后者称为质权。关于抵押，采登记主义（Eintragungsprinzip）或公示主义（Publicitatprinzip）。废止一般抵押而采登记特定主义（Specialitatprinzip）。废止优先质权，而以登记之先后定抵押之秩序。于是抵押权以登记成立，而设定抵押权之物权的法律行为、遗嘱及法院，不过用为登记名义而已。非如罗马法，以法律行为及法院，即可成立抵押权。又抵押之标的物，须为特定，而不许以一般的财产为其标的物。法律上之抵押权，原则上废止之，仅认少许之动产之法定质权而已。

第三，《法国民法》

在十三世纪以前，无抵押权。在第九世纪及第十世纪，实行不动产质权。其与附有买回权之不动产买卖，是否相同，尚属不明。及十三、十四世纪，不动产质权发生变化。仅许不动产之收益，而不许将不动产设定质权。故质权设定人，依然为不动产所有人。债权人仅得处分不动产之收益，而不能处分不动产。此乃法国不动产质权之起源。在此时代，有附买回权之不动产买卖，故对不动产质权，无有卖却权之必要。及十三世纪之末叶，发生抵押权。所谓总财产抵押权是也。在此时代，债权人对于债务人之财产实行其权利时，须要长久之时间及烦杂之诉讼程序。故债务人非以特约与债权人以卖却权，则不能满足金钱上之需要。此抵押权所由发生也。此抵押权之十四世纪，袭同罗马法之名称，与罗马之抵押权同。以前虽可以私买证书或公认证书设定抵押权，至十六世纪，仅可以公认证书（由公吏或公证人所作成之证书）设定之。至十七、十八世纪，法国之抵押权方与罗马之抵押权不同。不能以动产为其标的物（废止动产抵押），又非依公认证书不能设定（要式行为）。但可以债务人之一切财产为标的物者，则仍与罗马法同（一般抵押）。又其设定，无须公示。于是罗马法之两大缺点，仍然袭用。当时学者谓一般抵押，系根据当事人之默契之正当制度，乃法国抵押权之特征而用以自夸。虽有二三学者，谓其失当，毫无影响。此种抵押权存续至法国大革命时代。抵押权之公示，乃一六六七年三月宰相Colbert氏以布告定之。然当时之贵族穷极奢华，负债甚巨，深恐因抵押之公示而暴露其家世之丑恶。以家世之暴露，不仅其一家之不幸，且非社会一般之幸福之理由反对之。此布告遂于一六七四年四月以后废止。至法国大革命时代，以法令确立抵押权之公示主义及特定主义，废止默契之抵押权及一般抵押权。于是抵押权须行公示，特定之不动产，方可为抵押权之标的物，不许于总财产上设定金钱不确定之抵押权。然《法国民法》，尚有二大缺点：(1)妻及未成年人、禁治产人对于夫及监护人之财产有无须公示之一般抵押权。此缺点在一八五五年之法令，不过有少许变更。(2)废止不动产物权让与之公示主义。不动产之让与既无公示，则于设定抵押权后，债权人不能知设定人是否为不动产之真正所有人。此点经一八五五年之法令，设登记制度，以补救之。尔后以许多之特别法，订正抵押制度。又创设土地抵押银行，变更抵押制度。土地抵押银行者，对于土地所有人以土地之抵押融通资金，再以年付之方法而为清偿之贷金公司也。《意大利民法》，多仿《法国民法》，允许一般抵押，且其登记之标的物，须为特定。

第四，《德国民法》

《德国民法》制定前，多依罗马法者，与法国同。于是破坏德国固有之抵押制度，而呈一时的黑暗时代（当时仅有二三市府维持其固有之抵押制度）。至一六九三年以后，逐渐确立抵押公示主义。《德国民法》始集大成。

《德国民法》区别动产担保物权与不动产担保物权。动产则准据其古来所实行之动产质权之法则，而认其有从属性之动产质权。又由其标的物观察之，分为有体动产质权（《德民》一二〇四条至一二七二条）及权利质权(《德民》一二七三条至一二九六条)。由其设定方法观察之,分为契约质权(《德民》一二〇五条)及法定质权(《德民》五五九条、五八五条、五九〇条、六四七条、七〇四条,《德国商法》三九七条、四一〇条、四二一条、四四〇条,《德破产法》四九条)。

不动产担保物权采用登记主义(Eintragungsprinzip)。不经登记,不能成立担保物权。删除以法律规定当然成立抵押权。不动产担保物权由其性质观察之,分为土地债务及抵押权。土地债务者,与担保物权人所有之债权无关系而独立由土地受一定金额之支付之权利也(《德民》一一九一条)。盖欲使担保物权与实际交易相符合并完成物的信用,则有与其债权债务相独立,而由土地受一定支付之性质(绝对性或独立性)。债权人可不因债务人基于债务关系之琐屑抗辩而即为执行时,而后担保物权方为完全且为确实。故德法采用独立的土地债务为不动产担保物权之形式。土地债务分为定期土地债务(Retenschuld,《德民》一一九九条)、无记名式土地债务(Inhabergrundschuld,《德民》一一九五条)及土地所有人之土地债务(Eigentümergrundschuld,《德民》一一八六条)。土地债务可发行证券。此种证券,与票据同,得为交易之标的。土地所有人或为记名式或为无记名式交付土地债务证券。所谓无记名式土地债务乃指后者而言(《德民》一一九五条、一一九六条、一一九九条、一一九二条)。

抵押权乃附随于债权之担保物权,盖为使不动产担保物权适合于交易之实际,并完成物的信用起见,须具备附随于其所担保之债权之性质(Accessorische Natur)。依一般交易之观念,不动产担保物权之实行,以其所担保之债务关系之成立为要件。故有从属性质之不动产担保物权亦不能否认。由此观之,抵押权人有两个权利。即有对于债务人之债权与对于特定土地之物权,与法国、日本及我国民法同。反之,在土地债务,债权人仅对于特定土地有物权,对于债务人之一般财产无受清偿之权利。此种抵押权之观念,实行于普鲁士,遂为德国民法所采用。抵押权别为保全抵押与通常抵押(交易抵押)。保全抵押(Sicherungshypothek)者,抵押权人之权利,从属于其债权,且不能利用登记以证明其债权之成立之抵押权也。故为有从属于债权性质之抵押权(《德民》一一八四条)。保全抵押更分为有价证券抵押(《德民》一一八七条)、最高额登记抵押(《德民》一一九〇条)、强制抵押(《德民诉》八六六条)、假扣押抵押(《德民诉》九三二条)。通常抵押(Gewohliche Hypothek oder Verkehrshypothek)者,由登记所发生之抵押,由此推定其所担保之债权之成立及金额之抵押也。故此种抵押权亦有从属之性质(《德民》一一八六条、一一一三条、一一三八条)。通常抵押再分为证券抵押(Brifhypothek)及登记抵押(Buchypothek)。证券抵押者,为设定抵押权而作成证券之抵押也。此种抵押权因证券之交付而取得。又主张抵押权之让与及请求支付,须为证券之占有(《德民》一一一六条、一一一七条、一一六〇条、一一五四条、一一四四条)。登记抵押者,由于登记所成立之抵押,其抵押权之让与,非经登记不生效力(《德民》一一一六条)。

如上所述,《德国民法》关于不动产物权之规定,颇为复杂。其中究以何者为通例,颇难判断。总之,通常抵押者,乃通例之抵押,其他可谓为变则之抵押。

《德国民法》之抵押权,虽极复杂,但对我国立法,不无可资借镜之处。如证券抵押,原则上可请求登记所发行抵押券。此种证券乃记名式之物权的有价证券,以证券之让与为抵押权之让与。然得以当事人之物权的合意除斥抵押登记之发行(《德民》一一一六条)。反之,账簿抵押,则不许发行证券(《德民》一一八五条)。所谓保全抵押,均属于账簿抵押。证券抵押之登记之效力，对于善意第三人推定其所担保之债权绝对的存在(《德民》一一三八条)。反之，保全抵押之登记，对于抵押权之存在，须有公信力，然对于其所担保之债权，则全无效力(《德民》一一八四条)，其存否依事实而定。

我国民法之抵押权，与德国民法之保全抵押相当。而证券抵押制度，则付缺如。然为抵押权容易处分，自以证券制度为必要。且证券制度与所有人抵押制度相配合，足以使证券容易发行，并可使融通资金之债务人避免负担无直接必要之过重债务之不利。

又德国之抵押权，更可分为所有人抵押权(Eigenthumer Hypothek)与他人物上之抵押权(Fremd Hypothek)。我民法之抵押权，属于后者。而所有人抵押权之思想，在我民法上，则完全否认。我民法与罗马法同，抵押权及于标的物之全体。若有多数抵押权时，后发生之权利，受前之权利之限制。故先发生之抵押权实行其权利时，则后发生之抵押权仅可就其标的物之剩余额实行其权利。若前之权利消灭时，则后权利进入其位置。又我民法关于混同，采消灭主义。所有人取得抵押权时，则抵押权消灭。反之，在德国民法，物可依其价值分割，于其价格之一部上认其权利之存在。故抵押权乃存在于物之价格之一部上之权利。多数抵押权纵存在于一不动产上，各抵押权并不互相限制，而视为各有其标的物。故关于混同，采非消灭主义，认所有人于自己之土地上有抵押权。所有人纵行取得抵押权，不生混同。且土地债务自始不以债权之存在为前提，故土地所有人即可以自己为权利人而设定抵押权。以此与上述之证券抵押合并观察之，当甚便利。如土地所有人虽有融通资金之必要，而不能确定其数额，且不能得融通资金人时，即可预先完成其设定程序，即可以自己为权利人而设定土地债务(Eigentümergrundschuld)，而请发行债权证券。迨需要资金，且觅得融通资金之人时，即卖出其所必要之债权额，以融通资金。于证券卖出后，若有余款，即可买回证券，以免支付利息。此种便利，到底非我民法所能企及也。

第五，我国《民法》

现行《民法》未公布以前，社会上多以典当办法以达到不动产担保物权之目的。现行抵押权之规定，大体采诸《日本民法》，与《法国民法》之抵押权及《德国民法》之保全抵押权相类似。

第二节 抵押权之性质

抵押权云者，于债务人或第三人不移转占有而供担保之不动产上，就其卖得金受清偿之从物权也（八六〇条）。兹就此定义，说明抵押权之性质于次。

第一，抵押权者，物权也

论者或谓物权乃管领物之权利，而抵押权人不过于不动产上有受优先清偿之权，并无何等管领关系，自不得谓之物权。此说虽似近理，然物之管领，不必尽属有形的，亦无须权利人自身得任意为之，已成学说上之定论。且依此说，亦无由说明其有追及权之理由。况实行抵押权时，抵押权人得请求拍卖其标的物。抵押权存续时，所有人对于抵押物如为不当之处分，抵押权人亦得从而干涉之。此种关系，欲谓之为非管领关系不可得也。管领关系既备，则抵押权之为物权，不辩自明矣。抵押权为物权，故生追及的效力。抵押物无论入于何人之手，抵押权人皆得请求拍卖以抵押物价金供清偿之用，此抵押权重要之内容也。

第二，抵押权者，就标的物之卖得金受清偿之权利也

抵押权人于债务人不履行债务时得拍卖其标的物，就其卖得金独受优先清偿。所谓优先之意义有二：其一，有抵押权之债权人，对于无抵押

权之债权人,得排斥其于抵押物上受优先之清偿。其二,先抵押权人,在抵押物上,优于后抵押权人而受清偿。此权利实为抵押权最重要之内容,而担保之实益,亦即在是。

第三,抵押权者,从物权也

抵押权为从物权,不能独立存在。故其所担保之债权如消灭、移转,抵押权亦即随之,乃不易之理。惟关于抵押权之从属性,学者之间,意见殊不一致。有谓抵押权应从属于特定之债权,不能离所担保之债权,而附从于他债权者。有谓抵押权固必须附从于债权始能存在,但其附从于某特定债权,则为事实上偶然之结合,非法律上必然之关系。故一旦附从于甲债权之抵押权,虽以之附从于乙债权,亦于抵押权之性质无伤者。两说之中,自以后说之理论为优,余亦赞同之(参看《德民》一一八〇条)。

第四,抵押权者,不动产物权也

以不动产为权利之标的物,亦为《民法》所规定之抵押权之一要件。虽然,此项要件,非抵押权之性质上当然所应有,乃因法律之规定而生者也。盖动产上之抵押权,在外国亦不少其例,如罗马法及德国古法均认动产之抵押,英吉利法亦然。而《民法》之所以不承认动产之抵押者,其理由无他,盖动产由甲而乙,移转自在。虽以之为抵押,而无登记之公示方法,第三人无由知其有抵押权之存在,易蒙不测之损害故也。德、法两国之民法,亦与我民法之主义相同,不承认动产之抵押。惟不动产物权得为抵押权之标的物,系各国立法例所同认。故《民法》亦认地上权及其他关于不动产物权得为抵押权之标的物,而许其准用抵押权之规定(八八二条、八八三条)。

第五,抵押权者,不移转标的物之占有之担保权也

此性质为抵押权之特征,系抵押权与不动产质权区别最重要之一点。抵押权因不移转标的物之占有,故设定抵押权人于抵押权设定后,

仍得占有标的物而行使其使用收益之权,于设定抵押权人极为便利。又抵押权人因不移转占有之故,得免去保存标的物之义务,而取得完全之担保物权,亦有极便利之处。故抵押权可谓最适于实际生活也。

抵押权既不包含占有标的物之权利,故抵押权人自无收益权。此种权利,于债权届清偿前,其效力甚弱。仅于债权达清偿期后,有确保其效力之手段而已。抵押权普遍多对于定有清偿期之债权设定之。此时于期限到来时,抵押权得为实行。又于清偿期须有催告(Kündigung)者。此时若债务人与抵押物之所有人为同一人时,则对债务人所为之催告,同时即为对所有人所为之催告。若不同时,则发生对何人所为之催告,方可实行抵押权之问题。或谓定有实行期之抵押权,须对所有人行催告者(《德民》一一四一条)。然由抵押权之为担保物权之性质言之,若债权已达清偿期,抵押权亦当然达实行期。苟法典无反对明文,催告应向债务人为之。

第六,抵押权者,他物权也

抵押权之标的物,有属于债务人所有者,有属于债务人以外之第三人所有者,要皆存在于他人所有物上之权利,此其所以为他物权也。

第七,抵押权者,不可分之担保物权也

各种担保物权,均有不可分性,已述于前。抵押权因有不可分之性质,发生次之两种结果。

(1)为抵押物之不动产,虽经分割,抵押权人对于其分割之部分,仍得就全部债权行其权利,各分割人不得仅支付与其分割部分相当之金额即免其责任。其以抵押物之一部让与他人,或抵押物有数个而以其一让与他人者亦同(八六八条)。

(2)以抵押权担保之债权,虽经分割,而债权之各分割人,仍得就其分割之部分,实行全部抵押权。其以债权之一部让与他人,或将一债务分割为数部时亦同(八六九条)。

第三节　抵押权之设定

　　法国法系之立法例中,认有三种类之抵押权,即法律上之抵押权、审判上之抵押权与契约上之抵押权是也。法律上之抵押权云者,不问当事人之意思如何,法律上当然发生之抵押权之谓。例如妻对于夫有债权时。于夫之财产上当然有抵押权。又无能力人对于监护人有债权时,于监护人之财产上当然有抵押权。又如国家或其他公共团体对于收税官吏或管理人等之财产上有抵押权是也(《法民》二一二一条,《意民》一九六九条,《日旧民》二〇四条)。审判上之抵押权云者,如其名称之所示,依判决而生之抵押权之谓(《法民》二一二三条,《意民》一九七〇条以下)。契约上之抵押权云者,依当事人之合意所成立之抵押权之谓(《法民》二一二四条,《意民》一九七四条以下)。此三种抵押权之中,《民法》所承认者,惟法律上之抵押权及契约上之抵押权。而法律上之抵押权,《民法》采用此种制度,而无详细之规定,其内容如何,无由说明。兹惟就契约上之抵押权,即依法律行为所设定者说明之而已。

　　第一,设定行为及其方式

　　抵押权者,对于债务人或第三人不移转占有而供担保之不动产,得就其卖得价金受清偿之权利也(八六〇条)。

　　抵押权通常依债务人或第三人与债权人之契约而设定之,但其设定不以移转标的物之占有为必要,故不必限于契约,即以遗嘱亦当然能设定之。又于以契约设定抵押权时,其契约与质契约不同,属于诺成契约之部类者也,但与质契约同为从属的债权契约,自不待言。

抵押权之设定，属于契约者，为要式行为，以订立书据为必要之方式，且非经登记不生效力（七五八条）。至于取得时效之规定，对于抵押权，虽非全不适用，然抵押权之因取得时效之取得，须同时取得债权。故关于抵押权，颇少适用取得时效之规定。

抵押权之设定行为，系以直接发生抵押权为内容之法律行为。此种行为，乃物权契约之一种。

第二，设定抵押权之人

抵押权之设定，系与抵押权人以拍卖抵押不动产之权能。故抵押权设定人须有卖却抵押物之权能。盖无论何人不能与他人以较自己所有更大之权利故也。于此意味，抵押权之设定，乃处分行为，设定人须有处分之权能。有此处分之权能者，虽大都为所有人，但：(1)破产人；(2)受扣押或假扣押、假处分者之财产，则不能设定抵押权。无处分权能之人所为抵押权设定行为为无效。

抵押权可由债务人以外之第三人设定之。此时之设定契约，由债权人与该第三人缔结之。不仅无须得债务人之承诺，且得反于债务人之意思而设定之。此种第三人通常称为物上保证人。物上保证人若行清偿债务，或因抵押权实行之结果，丧失抵押物之所有权时，得依保证债务之规定，向债务人求偿（八七九条）。抵押权得由代理人设定之。但抵押权之设定行为乃处分行为，故代理人须有处分行为之代理权。若仅有管理行为之代理权人所为设定抵押权之行为为无效。无取得特定不动产所有权之能力之人，是否可就该不动产上取得抵押权？此问题应积极的解答之。盖所有权与抵押权不同。法律禁止所有权之取得，不能即解为禁止抵押权之取得也。

第四节　抵押权所担保之债权

抵押权所担保之债权，当事人间其特约者，从其特约。如无特约，则如次之种类（八六一条）。

第一，原债权

其所担保之债权不以一定金额为标的时，亦可设定抵押权。但此时登记声请书内，应记明其债权之估定价额（《土地法》一二二条）。盖抵押权之普通实行方法，仍为拍卖。抵押权人系由其卖得价金而受清偿。若非金钱债权，则不能以金钱而为清偿，似不适于抵押权之设定。然所有债务于不履行时，均可变为金钱的损害赔偿。则此种债务，亦可变为金钱债务，而有以金钱清偿之性质。不能谓其当然目的不在金钱，即谓其不能以抵押权为之担保。然损害赔偿额当初不能预定，若估定太高，殊有害于普通债权人及第二抵押权人。故须于其声请登记时，估定其债权额，使抵押权所担保者，不能及于估定额以上。

第二，利息

第三，迟延利息

第四，实行抵押权之费用

以上四项中，原本债须于设定时登记之。其余各项，无须登记即当然发生担保之效力。盖实行费用，乃抵押权当然发生之结果。约定利息，其利率已于设定时登记，不难知其数额。迟延利息，则为因债务不履行所生之损害赔偿，为债权关系所常见者，虽不登记亦不至使他债权人受意外损失故也。

被担保债权之范围，原则上得由当事人任意定之。故当事人有将违约金及其他附随的给付，亦可作为抵押权效力所及之范围。然此等给付,并非普通债权所应有。故当事人若欲将此等给付作为抵押权所担保之范围,须有特约,但须将此特约登记。关于此点,《土地法》第一二一条有明文规定。兹所谓违约金,自包含履行担保之违约金与损害赔偿预定额之违约金两者。

第五节　抵押权之标的物

第一,标的物之性质

抵押权之标的物须为不动产。惟地上权、永佃权及典权,皆不动产上强有力之权利,且得独立让与于人,故依民法规定得为抵押权之标的物(八八二条)。

对于物之一部上,是否可以设定抵押权,尚有研究之必要。然抵押权毕竟为拍卖其标的物,而由其卖得价金受优先清偿之权利。于一个物上既不能成立数个所有权,则于物之一部上,自不能成立一个所有权。且物之一部无从拍卖,物之一部上之抵押权无法登记。实际上于物之一部上设定抵押权为不可能。故如土地、房屋容易分割者,须先行分割而后设定抵押权。否则,除以物之全部上设定抵押权外,别无他法。

对于将来之物,如对于将来建筑之房屋设定抵押权时,亦无法履行登记程序。盖抵押权乃物上权利。依《土地法》第四十四条之规定,非先为所有权之登记,不得为所有权以外之权利之登记。若不动产尚未存在时,既不能为所有权之登记,则以将来之物为标的所为抵押权之设定,自无法登记也。此种当事人所为设定抵押权之合意,若欲即时成立抵押权,则为无效。若以物之成立为条件而为抵押权设定之预约,自可发生债权的效力。若当事人之意思不明时,自可推定其有抵押权设定预约之推定。

不能让与之物及权利,是否可以设定抵押权,法无明文。关于权利质权,有九百条之规定。而关于动产质权,亦无明文。此两种权利,均为拍卖其标的物而就其卖得价金受优先清偿之权利。故不能拍卖之物,自不适于为质权或抵押权之标的也。本法关于此点,未设规定,乃其缺点,此时或类推适用九百条之规定,或基于抵押权之性质而为一般推论以认此结果为妥。

第二,标的物之范围

标的物之范围,依下列原则定之。

(1) 抵押权标的物之范围,与抵押物所有权同。在设定抵押权之目的,在行使所有人之处分权,以供清偿之用。故所有权之范围,亦即抵押权之范围,此不待多言者也。

(2) 抵押权标的物之范围,于实行权利时及于从物或从权利。凡附属于抵押物之从物及附属于抵押物所有权之从权利,不问其附属关系自何时发生,于实行权利时均属抵押权效力所及之范围(八六二条一项)。但第三人于抵押权设定前就从物取得之权利,自不受能因此而受影响(同条二项)。

(3) 抵押权标的物之范围,于实行权利及于天然孳息时,依抵押权之本旨,在使不动产所有人于设定抵押权后对于其所有物(即抵押物)仍有使用收益之权能。故就原则而言,由抵押物所生之孳息,应归所有人取得,自不待论。惟于抵押权实行权利时。所有人对于抵押物之一切权能,已因扣押处分而被剥夺,不能再为收益行为,又属当然之理。故《民法》对于斯时由抵押物分离之天然孳息,以明文规定属于抵押权标的物之范围(八六三条)。盖所以巩固抵押权之信用也。

(4) 抵押权标的物之范围,于实行权利时及于法定孳息。实行抵押权时,抵押物所有人就抵押物得收取之法定孳息,亦属于抵押权标的物之范围，其理由与前段同。但此时抵押权人对于应清偿法定孳息之义务人，须以抵押权之事通知之，始得与之对抗（八六四条）。盖所以保护第三人之利益也。

第六节　设定抵押权人对于抵押物之处分权

担保物权，为限制物权之一，其作用在限制所有人对于其所有物之处分，自不待论。但其设定目的，原不过谋债权之巩固，使其处分而不害于债权人之利益，则亦不必尽举而限制之，以妨碍社会经济之发达。故民法特以明文规定，使抵押物所有人得为下列之处分行为。

第一，得就同一抵押物设定二次以上之抵押权

设定第一次抵押权后，如抵押物之价格大于所担保之债权额时，就其余剩部分再设定抵押权以供他之债权之担保，不惟无碍于第一抵押权人之权利，且可尽其抵押物之利用以促进经济之发达，实有益无害之制度也。故《民法》以明文规定，许设定抵押权人有就同一不动产设定数抵押权之权能。于设定第二次之抵押权后，若抵押物之价格再有余剩时，得设定第三次、第四次等之抵押权。其次序依登记之先后定之（八六五条）。

第二，得于抵押物上设定地上权及其他权利

抵押权之设，所以担保债权之清偿，故其存在，与他种物权之设定，性质上非绝对不能相容。故所有人于设定抵押权后，得更设定地上权及其他权利。惟此等权利之设定，往往有减少抵押物价值之虞。若一任所有人之自由漫无限制，则抵押权之实益或将荡然无存。故《民法》规定，抵押权不因此而受影响，以保护其利益（八六六条）。

第三，得将抵押物让与他人

抵押物所有人，于设定抵押权后，仍得以其所有权让与他人，但不得因而害及抵押权人之利益。故设定行为如无特别订定，则虽有让与行为，而既存之债务及担保之关系不因此而受影响。例如甲对于乙有债权，因而于乙不动产上有抵押权时，乙虽以其不动产让与于丙，甲仍得于此物上就其对于乙之债权受优先之清偿是也（八六七条）。

依上述情形，抵押权人实行权利后，受让人自得求偿于债务人也。

第四，债权及抵押物之分割

抵押物因共有人之请求，分割为数部时，或所有人以抵押物之一部让与于人时，又担保一债权之抵押物为数个而以其一让与于人时，如设定行为无特别规定，则债务及担保之关系均不受影响（八六八条）。以抵押权担保之债权，如经分割或让与其一部者，其抵押权不因此而受影响（八六九条一项）。债务分割时亦然（同条二项）。

第七节　抵押权之效力

第一款　抵押权之次序

同一不动产上设定数抵押权时，则各抵押权人之权利，非立于同等地位，即有优劣之分，于是抵押权之次序问题起焉。关于此问题，民法第八六五条规定抵押权之次序，以登记之先后定之。盖抵押权为不动产物权，其设定非经登记不生效力。以登记之先后定权利之优先次序，最为合理故也。此种优先次序之权利，称为次序权（Rangrecht）。

关于次序权之性质，从来有二说。一派将次序权解为抵押权之性质，与抵押权不可分离（Windscheid）。此派学者主张次序权之让与，仅以发生不优先实行抵押权之义务为内容。故此种让与行为乃债权的行为。反之，他一派学者主张次序权乃可以与主权利（即抵押权）分离之附随的权利（Conrad，Biermann）。我《民法》关于次序权之让与，既无明文，则当事人所为之此种权利之让与行为，自应属于债权的行为。此两派之主张，在我民法之解释上，自以采第一派为妥。

第二款　抵押权之实行

第一项　实行抵押权之方法

抵押权所担保之债权，已至清偿期，债务人不履行债务时，抵押权人得实行抵押权。其实行之方法有三：一曰拍卖；二曰抵押物所有权之移转；三曰拍卖以外之处分方法。

第一，拍卖

抵押权人于债权已届清偿期而未受清偿者，得声请法院拍卖抵押物，就其卖得价金而受清偿（八七三条一项）。

抵押权之标的物为土地或建筑物时，一经拍卖，则拍买人即取得其所有权，自不待言。惟我国习惯及《民法》规定，土地与建筑物各为独立之不动产，均得独立为抵押权之标的。由纯理言之，为实行建筑物上之抵押权拍卖建筑物，为实行土地上之抵押权而拍卖土地，就其卖得价金而受清偿即可。对于建筑物之除去问题，自无顾虑之必要。然如此对于土地或建筑物之所有人，不仅予以莫大之损失，且对于国家经济，亦甚不利。此时土地拍定人与其地上所存建筑物所有人之关系如何？建筑物拍定人与其建筑物所在地之所有人之关系又如何？殊有研究之必要。

（甲）土地与建筑物之所有人不同时，可细别为二种情形。

（1）在抵押权设定当时，地上有建筑物，而其所有人各异时。即于他人土地上有建筑物而为抵押时。此时建筑物所有人大都于他人土地上有地上权或租赁权。于实行抵押权而拍卖其建筑时,若无反对之意思表示,此种权利,亦可视为随同拍卖。故土地所有人不能向拍定人请求建筑物之除去。又其土地拍卖时,则已登记之地上权及租赁权可与土地拍定人对抗。

(2) 当初土地与建筑物虽同属于一人所有,于土地设定抵押权后,再设定地上权或租赁权而将建筑物之所有权让与于他人时,或于土地设定抵押权后,土地所有人对第三人设定地上权,而该第三人于该土地上建筑房屋时。此时与上述结果大不相同。盖抵押权乃物权,于其登记后,得否认其以后之他物权(八六六条)。此时若抵押权人将土地拍卖,可否认地上权之存在。故拍定人可取得完全之所有权,自可请求建筑物之除去。

(乙) 土地与建筑物之所有人为同一时,有下列三种情形。

(1) 对土地及土地上所存建筑物有所有权人,仅以土地或建筑物抵押于人时,仅得拍卖其所抵押之土地或建筑物。但其拍卖之物为土地时,建筑物所有人,视为取得地上权人,仍得利用其土地。拍卖之物为建筑物时,土地所有人,视为设定地上权人,须以其土地供建筑物拍定人之用。至其地租,则因当事人协议定之。协议不谐,得声请法院定之(八七六条一项)。

(2) 对土地及土地上所存建筑物有所有权人,以其土地及建筑物抵押于人时,得将土地及建筑物均行拍卖。其拍定人各异时,适用前述之规定(八七六条二项),即一方之拍定人,视有地上权人,他之拍定人,视为设定地上权人。其地租,亦因当事人协议定之协议不谐时得声请法院定之。此即所谓法定地上权是也。

八七六条乃强制的规定,仅以建筑物抵押时,固视为已有地上权之设定。若仅以土地为抵押时,亦然。即仅拍卖土地时,拍定人不能取得完全之所有权,必对于建筑物设定地上权。此乃当然之结果。或谓于建筑物抵押时为强制的,于土地抵押时乃任意的者(日本富井氏),不啻将同一规定之性质为两样解释,自不可采用。

(3)土地所有人设定抵押权后,在抵押地上营造建筑物者,抵押权人于必要时,得将其土地及建筑物并行拍卖。但建筑物并非抵押权之标的物,抵押权人不得就建筑物之卖得价金受优先之清偿(八七七条)。

新建筑之建筑物不能成为抵押权之标的物者,虽为外国立法例所罕见。但我国国情与外国不同,故法律特为规定之。

于抵押权设定后,第三人于该土地上建筑房屋时,纵令该时有地上权或租赁权之设定,抵押权人亦可否认之,拍定人自得请求其建筑物之除去。此点对于建筑物所有人虽似过酷,然建筑物所有人既知有抵押权之存在,而取得地上权或租赁权以为建筑。其对于除去之请求,不能谓其预无觉悟也。

土地所有人于设定抵押权后,在抵押之土地上营造建筑物时,若法律无特别规定,因抵押权之效力不能及于建筑物,则抵押权人只能拍卖土地而不能拍卖建筑物。此时若依八七六条之规定,发生法定地上权时,则土地之价格,将大为减少,抵押权人将蒙不测之损失。反之,若土地拍定人可请求建筑物之除去时,则一旦有抵押权之设定之土地,足以阻碍于他方面之利用。于是抵押权之特长,亦将埋没。故法律以八七七条之规定,使抵押权人于必要时,得将其建筑物与土地并付拍卖。

本条规定,只适用于土地所有人所营造之建筑物。而第三人所营造之建筑物,则非本条适用之范围。又关于建筑以外之其他工作物,亦不适用。

所谓得并行拍卖者,并非抵押权之效力及于建筑物之义,乃抵押权人之拍卖权及于建筑物之义。其将建筑物并行拍卖与否,视抵押权人是否认为必要以为决定。若抵押权人不拍卖土地而仅拍卖建筑物时,则为法所不许。盖建筑物不成为抵押权之标的故也。

将土地及建筑物并行拍卖时,其拍定人须为同一人。否则土地所有人可请求建筑物之除去,则本条所规定之目的将不能达到。且拍卖时,土地与建筑物之价金,须明了区别。若非如此,则本条但书对于建筑物之价金,无受优先清偿之权之规定,将无法适用。惟有问题者,以标价一万元,买受者有二人,其一人之标价为土地六千元建筑物四千元,其他一人之标价为土地四千元建筑物六千元,若为抵押权人之利益计,自应以前者为拍定人;若为土地所有人之利益计,又应以后者为拍定人。此问题似有待于法律之规定以解决之。

第二,抵押物所有权之移转

拍卖固为行使抵押权最适当之方法。然其程序繁重,收效迟缓,于敏捷之经济生活往往有感不便者。故《民法》又规定移转抵押物所有权之便宜方法以资补救。即抵押权人,于债权清偿期届满后,得与所有人订立契约取得抵押物之所有权以代清偿是也。但有害于其他抵押权人之利益者,不在此限(八七八条)。然约定于债权已届清偿期而未为清偿时,抵押物之所有权移转于抵押权人者,其约定为无效(八七三条二项)。此乃法律禁流质契约之理由,当于质权章中论述之。

第三,拍卖以外之处分方法

此亦《民法》为补救拍卖之不便所规定之便宜方法之一。即抵押权人于清偿期届后,得与所有人订立契约用拍卖以外之方法处分抵押物是也(八七八条)。至此项处分方法之范围如何?法律上原无限制。凡可以达清偿之目的,经彼此订约同意者,均得行之。例如将抵押物依普通之买卖方法卖于第三人。而以其价金充债权之清偿。或抵押物之价格大于债权额时,则以其余剩部分,再供担保,借入金钱,以充债权之清偿,均无不可也。

第二项 抵押物卖得金之分配

抵押物经拍卖后,其卖得金应分配于各抵押权人,自不待言。至其分配之方法,依《民法》八七四条之规定,于抵押权有次序之先后者,则按各抵押权人之次序分配之。其次序同者,则平均分配之。此为事理之当然,不生何等之困难。惟数抵押权人中,如有一人关于同一债权于数不动产上有抵押权时,其分配方法如何,于各抵押权人有重大之利害关系。故民法对于此种特别情形,又规定特别之分配方法。即为同一债权之担保,于数不动产上设定抵押权,而未限定各个不动产所负担之金额者,抵押权人得就各个不动产卖得之价金,受债权全部或一部之清偿(八七五条)。

《民法》八七五条之规定,其意义甚为含混。故有详细说明之必要。为同一债权之担保,于数不动产上设定抵押权,于抵押权人不受损害之范围内,而谋公平保护次序在后之抵押权人者,乃本条之趣旨也(参看《德民》一一三二条)。

为一债权之担保于数不动产上设定抵押权时,并非将该数个之不动产视为一体而有一个抵押权之存在,乃各不动产上,均有抵押权之存在也。故可由抵押权人任意选择,就该不动产中之任何一个,实行抵押权。若有必要,就数个不动产实行数个抵押权,亦无不可。然于一个或二个不动产上有次序在后之抵押权之存在时,则因次序在先之抵押权人对甲不动产或乙不动产实行抵押权而受影响。如在甲、乙两地上有第一、第二抵押权之存在,若第一抵押权人对甲地实行其抵押权时,则甲地之第二抵押权人受损失,而乙地之第二抵押权人受利益。反之,若就乙地实行其抵押权时,则乙地之第二抵押权人受损失,而甲地之第二抵押权人受利益。如此,次序在后之抵押权人之利益,完全系于次序在先之抵押权人之意思。法律为公平保护次序在后之抵押权人计,故有本条规定。关于此点,法律虽未明言,若无第二抵押权之存在,则第一抵押权人对任何不动产实行其权利,对他人均无损益可云。而无特别担保之债权人,除就债务人之全部财产受公平分配外,别无他法。则法律对此无特设明文之必要也。

违反八七五条之规定所为之分配,其效力如何,法无明文。关于此点,主张分三派。第一派主张其分配无效,应将已为之分配金收回,更依本配规定再为分配。若有因无资力而不能收回其所受分配之部分时,则依侵权行为之原则,而赔偿此部分之损失。第二派主张若分配完了时,则不变更,对于受害人赔偿其损失。盖关于侵害权利之行为,若法律又特别规定,自应从之。否则依侵权行为之规定以为赔偿。因对于权利侵害一般的救济方法,乃侵权行为故也。第三派主张其分配无效,须更为合法分配。自以后说为妥。盖违反法律所为之分配,当然无效。此种分配,既不能发生法律上之效力,则回复原状,乃当然之结果,无待乎法律有规定也。

第三款　抵押权人于抵押物价格减少或有减少之虞时之权利

抵押物因抵押人之行为,或因不能归责于抵押人之事由,致其价格减少时,抵押权人有种种之权利,兹分别说明之。

第一,抵押物价格之减少,基于抵押人之行为者。更分述于次。

(1) 抵押人之行为足以使抵押物之价值减少者,抵押权人有下列之权利(八七一条一项)。

(甲)请求停止其行为　例如抵押土地本为宅地,抵押人欲改为耕地,足以减少其价格时,抵押权人得请求停止其行为。盖债权之得受完全清偿与否,视抵押物价值之大小为断,故以此等权利畀之,使其得保护自己之利益。至于请求之实行,或用审判上之方法为之,或用审判外之方法为之,均无不可。

(乙)自为必要之保全处分　抵押物价格,因抵押人之行为足以减少,而其情事急迫,依前述之请求方法不能保护其权利时,抵押权人得自为必要之保全处分。此即所谓抵押权人之自力救济是也。自力救济,往往为纷争之源,各国法律未有轻于认许之者。惟当情形急迫之时,如必令其为前项之请求,则程序繁重,往往不能奏保护之效。故于此时特以明文许之,并使抵押人负担因请求或处分所生之费用(同条二项)。

(2)抵押物价格因抵押人之行为减少时,抵押权人有下之权利(八七二条一项)

(甲)请求回复原状　例如抵押人将为抵押物之宅地变为耕地,致其价格减少时,抵押权人得请求回复宅地之原状是也。

(乙)请求提出损害赔偿之担保　抵押物价格因抵押人之行为致减少,而抵押权人不为前两种保全处分者,日后尚得依侵权行为之规定,向抵押人请求损害赔偿。惟抵押人之资力,不能历久不变,如将来实行损害赔偿之请求权不能奏效,则抵押权人所受损失即陷于不可恢复之状态。故于此时,法律使抵押权人对于抵押人得请求提出与减少价额相当之担保。

第二,抵押物价格减少因不能归责于抵押人之事由者

不能归责于设定抵押权人之事由,即天灾地变及第三人之侵权行为等是也。因此等事由致抵押物价格减少时,抵押人理论上无赔偿损害之

责。惟其事由为第三人之侵权行为,而抵押人得请求损害赔偿时,如仍使其免赔偿之责,则在抵押权人因第三人之行为而受损,抵押人反因第三人之行为而受益,不公实甚。故《民法》规定斯时抵押权人得于抵押人所受之损害赔偿限度内,请求提出担保,以保护抵押权人之利益(八七二条二项)。

第四款 抵押权之处分

《民法》所规定之抵押权之处分,计有二种,即抵押权之让与及以抵押权为他债权之担保是也。关于此两种处分,民法均设有限制。兹分述于次。

第一,抵押权不得由债权分离而为让与

抵押权非专属的权利,抵押权人得将其让与于人,自不待言。惟抵押权系从属于所担保之债权之权利,不能离其主权利独立存在,又属当然之理。故以抵押权让与于人时,必须连同所担保之债权行之,不得由债权分离而为让与。抵押权由债权分离而单独让与,在外国之立法例中虽有认许之者,而《民法》则绝对禁止之(八七〇条前段)。

第二,抵押权不得离债权而为他债权之担保

以抵押权为他债权担保之时有二,即:(一)以抵押权为标的物设定质权。(二)以抵押权为标的物设定抵押权,以担保他之债权是也。于设定质权时,则发生权利质权。于设定抵押权时,则发生权利抵押权。就质权而言,则卖却标的物之权能,实为最重要之内容。若不能让与之物或权利,自不适于为质权之标的物。而抵押权不独因其性质为从权利,不得将其由债权分离单独卖却,且《民法》有明文规定,不得离债权而为让与。故于抵押权上设定质权时,必须连同所担保之债权行之。于抵押权上设定抵押权时,亦必须连同所担保之债权行之。其理由与于抵押权上设定质权者相同。此《民法》所以有抵押权不得离债权而为他债权担保之规定也（八七〇条后段）。

第八节　抵押权之消灭

抵押权之消灭原因，有下列之数种。

第一，主债权之消灭

抵押权为从物权，以主债权之存在为其存在之要件。主债权消灭时，不问其原因如何。抵押权当然随之消灭，此为法理上之原则，无须以明文规定者也。

第三人以其所有物为债务人设定抵押权者，得代清偿债务以消灭其抵押权，此时其法律上之地位，与保证人相似，得依保证债务之规定，对于债务人行使求偿权。其因抵押权人实行权利致丧失抵押物所有权者亦同（八七九条）。

第二，抵押权之抛弃

抵押权为一种财产权，得以自由抛弃，无待多论。有抵押权之抛弃时，抵押权即因之而消灭（七六四条）。

第三，抵押权人于抵押权所担保之债权之消灭时效完成后五年间不实行权利

以抵押权担保之请求权，虽经时效消灭，抵押权并不因之消灭，仍得就其抵押物取偿（一四五条）。但抵押权人若于消灭时效完成后五年间不实行其抵押权，则其抵押权即归消灭（八八〇条）。

第四，抵押物灭失

抵押不动产全部灭失，则抵押权失其标的物，自当全然消灭。其仅

毁损一部时，依抵押权不可分之原则，应存续于其残存部分之上。

因抵押物灭失得受之赔偿金，应按抵押权之次序分配于各抵押权人，此即所谓抵押权物上代位之原则也（八八一条）。

第五，抵押权之实行

实行抵押权后，无论所担保之债权受全部清偿与否，其抵押权均因之消灭。

第六，抵押物之公用征收

抵押物因公用而被征收时，其所有权当然消灭，存于其上之抵押权自亦随之消灭。但抵押权人得由被征收土地之价额受债权之清偿。

第七，混同

为抵押权标的物之不动产所有权或地上权，及其他关于不动产物权，与抵押权同归于一人时，其抵押权即依混同之原则而消灭。但抵押权之存续于所有人或第三人有法律上之利益者，不在此限（《民法》七六二条、七六三条）。

第九节　以权利为标的物之抵押权及法定抵押权

地上权、永佃权、典权均得为抵押权之标的物（《民法》八八二条）。又抵押权有依法律之规定当然发生者（例如五一三条之抵押权），此等以权利为标的物之抵押权，及依法律规定当然发生之抵押权，其标的物及发生原因，虽与普通之抵押权有相异之点，而性质则相同。故依《民法》规定，此两种抵押权均准用普通抵押权之规定（八八三条）。

第八章 质 权

第一节 质权之沿革

第一,质权发源于罗马法及德国古代法

盖法律上之种种交易,须恃信用。有对人的信用与对物的信用两种。若债权人相信债务人有支付能力时,则以对人信用为基础而为交易。否则,非以对物的信用为基础不可。此对物信用之所以成为交易上之必要也。对人信用系以人之技能、才干、诚实等人的资格为材料。非交易人对于相对人知之甚详者,不能实行。且实行之范围,甚为狭隘。盖人之荣枯盛衰,不可避免。故人的信用,不甚确实,且不能长期继续。而对物信用,乃对他人财产上之信用。以财产之多寡,为其参考之资料。以对物信用为基础而为交易之人,果能熟悉相对人之财产状况即可。故其实行之范围颇广。又财产上之信用,不易使当事人受损失,故比较对人信用为确实。此对物信用之所以能代替对人信用而成为交易上之不可缺之要件也。此种信用,不问古今中西均行存在。然具有最发达之法律者,则首推罗马法及德国古代法。又质权自古有广狭二义。广义之质权,乃指债权人就某财产上所享有之权利,为使债权得完全清偿,而将其变价之权利也。此种广义之质权,所有一切可以变价之财产,均可为其标的。有体物固不待言,如地上权、债权等无体物,亦可成为质权之标的物。又其设定之方式,有为所有权之移转者,有为限制物权之设定者,不拘泥于一定之形式。盖质权之目的,乃为债权之担保。质权之手段,乃为使债权受清偿而将其标的物变价。此种目的及手段,乃广义质权之特质。我国《民法》所谓质权及抵押权,属于广义质权之范围。罗马法及德国古代法所谓之质权亦然。又狭义之质权,乃债权人就他人之有体物上所有之担保物权。为使债权受完全清偿,有将标的物变价之权利。此狭义之质权,将抵押权除外。《德国普通法》及我国、日本之所谓质权,属于狭义质权之范围。

第二,罗马法

罗马法,以信托行为、出质及抵押三种方法,为债权之担保。信托契约系采移转所有权而为债权担保之手段。盖在罗马古代法,不知设定限制物权而为债权担保之方法,即出质方法。故债权之对物担保不得不采取由债务人移转担保标的物之所有权于债权人,而同时缔结特约,于债权受清偿后返还所有权于债务人之手段。依此方法,对物担保之所有权以买卖形式(mancipatio)或抛弃诉权(in jure cessio)之形式,移转于债权人。又债权人依信托契约(poctum fiducia)保管标的物。且于债权受清偿后,以再买卖(remancipatio)之方式,债权人负担返还该所有权于债务人之义务。但由标的物所收取之孳息,则抵充债务额。信托契约通常有两个约款。一为卖却之特约。依此特约,债权人于清偿期不能受债务之清偿时,得将担保物卖却,而有由其卖得价金受清偿之权利。其他为代位之特约。依此特约,在上述同一情形,债权人可得担保物之所有权以代清偿。债务人对于不能履行返还担保物所有权之债权人,可依信托诉权(Actio fiducia)而诉追其履行。但对于第三人,则不能主张此种诉权。若债权人以背信行为将担保物让与第三人时,则对该第三人则不能主张信托诉权。然债权人败诉时,须受名誉罚(infamia)。附信托契约之担保物所有权之移转,显超越担保目的之范围,债务人往往因债权人之背信行为而受损失,故对债务人颇为危险,此其最大缺点。故此制度逐渐衰颓,至儒帝法典时,已绝迹矣。

出质乃移转占有为债权之担保。依此方法，取得对物担保之债权人，得占有担保物，而受占有之保护。且于迄债权受清偿时止，得留置担保物。但不能享有担保物之变价及物上追及权。至罗帝政时代，依卖却之特约及代位之特约，而取得卖却权和代位权。嗣出质与抵押混合为一个制度。抵押仅以担保契约即行成立，无须移转担保物之所有权及占有权。此种对物担保，乃罗马法官所创设。罗马法官当时，认出租人对承租人之动产，有抵押担保之存在。承租人于土地上所设置之动产，系为利用土地所必要，不能以信托行为或出质之方法，以移转其所有权或占有权于出租人，以为支付租金之担保。而出租人往往无租金之担保，又不出租土地。故罗马法官认承租人于其土地所设置之动产或将来所设置之动产上，认租金担保契约之存在。若承租人不支付租金而将此动产携出时，与出租人以占有回复诉权以保护之。又此动产被第三人取得时，则与出租人以请求返还该动产之物权的诉权以保护之。尔后此种诉权，扩张于租赁以外之债权担保契约，即抵押。抵押虽自希腊输入，而在罗马市民之交易，亦有同一观念之存在。于是罗马法官根据其固有之观念，又参考希腊之法则，以完成担保契约之对物担保。

抵押权人依当初之卖却特约，有将担保物卖却之权利。尔后至帝政时代，依默示的契约而有此权利。最后，苟无反对之特约，当然有此卖却权。至儒帝时之法律，以此卖却权为抵押权之要素。纵以反对之特约，亦不能除去之。至其实行，须为三回卖却之通知。又依当初之代位特约，有将担保物作为自己所有物之权能。此种权能，自君士坦丁帝以后，为法律所禁止。

抵押盛行，信托益衰。又质权人若欲卖却其未占有之标的物时（因质权人无占有其标的物之必要），有抵押权人之诉权。故罗马末叶，物的担保，可不依有体物之交付而设定之。因此原则之确立，于是出质与抵押之区别，完全消灭，以动产及不动产为目的之对物担保，受同一原则之支配。且对于债务人之一切财产，可成立法律上之抵押权。

罗马之物的担保即广义之质权，虽一时博得社会上之好评。但因其缺乏公示方法，遂演成破坏信用之恶果（参考 Dernburg 所著 Pandekten）。盖对个人有效之权利，须为个人所知悉。否则，交易人将蒙不测之损失。为信用手段所设之物的担保，反为破坏信用之手段。不知抵押权之存在而买受其标的物之买主，遭遇抵押权之对抗，不知抵押权之存在，贷与金钱，而取得抵押权之人，遭遇以前所成立之抵押权之对抗，均蒙不测之损失。又债务人可与第三人通谋而为虚伪的抵押权之设定，以害真正之权利人。此种弊害，乃破坏信用之最大原因。故各国莫不鉴于此种经验，而为适当之立法。

第三，德国古代法及普通法

德国古代法严格区别动产与不动产之对物担保。又担保物权设定，只有对物责任，而无附带的对人责任。此二点乃德国古代法之特征。动产之对物担保，仅得依移转占有之方法设定之（Ohne Faust, Keine Pfand）。在德国古代，若债务人于一定期间内不为清偿时，债权人取得担保物之所有权，同时债权归于消灭。但债权是否超过担保物之价额，在所不问。所谓取得质权（Verfallspfand）是也。至后世，以特约发生对人责任。即债务人于一定期间内不为清偿时，债权人将担保物卖却，由卖得价金受清偿。若有剩余，返还于债务人。若有不足，根据特约，使债务人任清偿之责。所谓卖却质权（Verkaufpfand）是也。

关于不动产之对物担保，最初系以移转所有权之方法行之者，与罗马法同。然此乃附解除条件之所有权之移转。若债务人清偿其债务时，则债权人当然返还其担保物。此种法律行为，乃后世买回契约之起源。至佛兰克时代，于是产生所谓收益质权（Nutzungspfand）。此种质权，乃债务人于自己之不动产上为债权人设定物权,债权人将其所得之收益抵充利息及原本。至继受罗马法之时代,以类似抵押之罗马法之担保制度代替收益质权。依此制度,债权人不过有此担保物归自己所有,或对此为执行之权利。因寺院法严禁利息之结果,债权人不得收取利息,债务人自始不负人的责任。又债权人对债务人虽可主张担保物权,但担保物被第三人取得时,对此第三人则不得主张之。尔后依罗马法之原则,将此种担保物权成为一个物权。又使担保义务人负人的责任。但不动产之出质,须记载于公簿而公示之。

罗马之对物担保之制度,与其他之制度相同,为德国所继受。故德国习惯法所存在之担保制度,亦与其他之制度相同,一时归于废弃。至十七世纪,对于外国法之继受,均起反动。于是感觉罗马法之物的担保制度,颇为失当,不适合于德国之交易。而德国固有之担保制度,较罗马为佳。此复古运动,仅维罗马法为普通法之地位,于各地无特别法时,方准其适用。故近代之德国法与古代法相同,设动产担保与不动产担保之区别。此两者均以公示为必要。所谓公示主义(Publizitaet)是也。故在动产担保,须移转标的物之占有于债权人。在不动产之担保,须将其登记于公簿。于是动产担保与不动产担保不能不严为区别。此点为保护交易之安全,使第三人不致蒙不测之损失,所必要也。又此两者均系一定债权额之担保,故须以特定物为标的物,所谓特定主义(Spezialitaet)是也。故罗马法之法律上总抵押,不为德法所采用。此点亦为保护交易之安全所不可缺之条件也。一七九四年《普鲁士私法》中所规定之《动产质权法》及一七二二年、一七五〇年、一七八三年所制定之《不动产抵押法》,系采德国固有法。《德国民法》亦然。

第四,《法国民法》

《法国民法》所谓质权(nantissement)有三种,即动产质(gage)、不动产质（nantissement immobiliére）及权利质（nantissenment）是也。故抵押权不包含于质权中。动产质者，由债务人或第三人交付动产于债权人而为债权之担保之契约也。债权人由此契约所有之权利，乃一个物权即质权。此种质权，自古已实行于法国，似由德国古代法之质权发达而来。但在法国，抵押权乃最完全之对物担保，故抵押权以外之担保物权，几无存在之必要，大都归于消灭。不过抵押权因债权人不占有其标的物，关于不动产或与此相类似之船舶等不易灭失之物，虽甚适当，但关于债务人容易隐匿或辗转让与之动产，则不适宜。此动产质权之所以存在也（《法民》二〇七三条）。

不动产质权者，乃由债务人移转特定不动产之占有于债权人，债权人由该不动产所得之收益，先抵充利息，次及原本。由此契约债权人所有之权利乃物权（《法民》二〇八五条至二〇九一条）。不动产质权发源于希腊。此种契约，系债权人以收益形式取得利息。故成为高利借贷契约，而为寺院法所严禁。因此古时称为死亡质（mortgage）。若以不动产设定质权之必要时，由债权人与债务人缔结契约，以该不动产之收益抵充原本。此种契约不能认为高利借贷契约，不为寺院法所禁止。古时称之为生存质（vifgage）。但死亡质至十六世纪于极少情形，如组织嫁资之情形认许之。至十八世纪，受罗马法之影响，以不动产质为单纯之收益契约，与质权契约相区别。所谓不动产质不过移转标的物之占有于债权人，且有留置之权利，与质权契约相类似而已。然债权人无将标的物卖却而由其价金受优先清偿之权利，则与质权契约不同。由此观之，当时之法法之对物担保，在动产则为质权，在不动产则为抵押之两种。而不动产质权虽不能视为高利借贷契约而构成犯罪，然纯粹为担保贷金之利息之契约，对于不动产之卖得价金无受优先清偿之权利。一八〇四年之法国民法草案，承认不动产质权。然同法所规定之不动产质权，是否与以往相同，乃不动产收入之质权，抑与动产质权相同，为纯粹之质权，殊为疑问。

权利质，系以可让与之权利为标的而设定之，与动产同。此种质权似亦由德国古代法发达而来(《法民》二〇七三条至二〇七六条)。

第五,《德国民法》

《德国民法》所谓质权，系指动产质权及权利质权而言。故德国古代法所谓不动产质权，并非质权。《德国民法》将此二者区别之理由，因动产质权系为救济一时的金钱之缺乏所使用之手段，而不动产质权系为受继续的资金之供给所用之手段故也。

动产质权(Pfandrecht an beweglichen Sachen)者，由债务人移转特定动产之占有于债权人，而债权人可由此动产而受债权之清偿之从的限制物权也。《德国民法》根据德国古代法，以公示主义及特定主义为对物担保之要件。故于动产质权设定时，以动产之占有之移转为公示方法。以单纯之质权契约，则不能设定之(《德民》一二〇四条、一二〇五条)。又动产质权须以特定动产为标的。故以总财产为标的之一般质权，则非《德国民法》所认许。动产质权乃从物权，故以其所担保之债权之成立为要件。又与其所担保之债权随同移转，随同消灭(《德民》一二〇四条、一二五〇条、一二五二条)。动产质权乃一物权，故标的物之所有人纵有变更，动产质权依然存续。质权人对于第三取得人得主张质权，但对于善意之第三取得人(所有权及质权之取得人)，不在此限(《德民》九三六条、九三二条、一二〇七条、一二〇八条)。

权利质权(Pfandrecht an Recht)者，有与动产质权同一之内容之权利也，以公示主义及特定主义为对物担保之要件。故基于此两主义之法则，亦适用于权利质权。然为权利质权之标的之权利之占有移转，其性质上为不可能。故权利质权之设定，须依债权让与之法则。又为实现公示之原则,若权利之移转须以物之交付(如证券之交付)为必要时(《德民》一一五四条),则质权之设定,亦须有物之交付。反之,若仅以让与契约即可,无须有物之交付时,则须通知债务人(《德民》一二七三条、一二八〇条)。又非特定之权利,不得为质权之标的物。权利质权乃从权利,与动产质同。故随同其所担保之债权移转或消灭。又权利质权乃一绝对权而非物权。因物权系以特定有体物为标的,而权利质权则否。其为绝对权者,对第三人得主张其权利故也。

第六,我国《民法》

我国《民法》所谓质权系指动产质权及权利质权而言者,与《德民》相同。关于不动产质权,则无规定。因典之关系,社会上沿用已久,故法律特为规定之。此种权利,其法律上之性质,虽与不动产质不同,然其经济上之效用,则一也。

第二节　质权所担保之债权

如何债权适于为质权所担保,分述如次。

第一,非金钱债权

金钱债权当然适于为质权所担保,实际上质权适用于金钱债权之情形最多。然非金钱债权,不能即断定其不适于为质权所担保。质权实行之方法,乃拍卖质物,而以其价金供清偿之用。如此,质权所能担保者,虽似仅限于金钱债权,实则不然。该所有质权,于其所担保之债权达履行期而不履行时,方可实行。则非金钱债权,于不履行时亦可变为金钱的损害赔偿请求权。若能将非金钱的债权预先估价,于不履行时,由质物之卖得价金中取偿此估价之金额,亦无不可。故对于非金钱的债,亦可设定质权。

第二，由无效行为所发生之债权

被担保之债权无效时，质权亦不能成立。因依我《民法》之规定，质权乃从权利故也。然为债权发生之原因行为因承认而为有效时，质权亦可溯及设定时成立。关于此点，罗马法曾肯定之。我《民法》因有一一八条规定，亦可为同样解释。若债务人对于无效行为设定质权时，则意思表示之解释上，其无效行为之承认，自包含其设定质权行为之承认也。但第三人为无效之行为所设定之质权，不能因承认而为有效。盖为发生债权之原因之行为与设定质权之行为乃别个行为，当事人既不相同，故不能因当事人之承认之效力，及于其他之行为。

第三，由得撤销行为所发生之债权

得撤销之行为仍为有效之行为。迄其行为被撤销时止，仍可发生与其内容相当之效力。若其行为为债权行为时，仍不妨发生债权。对此种债权，不妨设定质权。不过依一一四条之规定，其行为被撤销时，视为自始无效，则质权亦不能不追溯既往而消灭耳。

第四，附期限之债权

期限有两种意义。一为停止法律行为之效力之发生。一为停止履行之请求。在前者，债权尚未发生，于期限到来时，方能发生债权，其性质恰与附停止条件相同。关于此种行为，应适用停止条件之规定，于第五中述之。在后者，债权既已发生，不过因期限之未经到来，有碍于履行之请求而已。其适用于质权所担保者，无挟疑余地。质权之目的，系担保债权之清偿，故通常于清偿期前设定之。

有主张债权附有期限时，质权亦附期限者（Krainz, Pfaff）。因债权迄清偿期到来时止，不能实行质权，则此种主张，亦非无故。然此说亦不可采。盖质权并非请求权，无所谓履行，故以期限不能停止其履行之请求。至债权达清偿期前不能实行质权者，乃质权之性质使然，不能谓质权系附有期限。若以此种现象,谓系质权附有期限,则将有无期限之质权之产生。此种质权,于债权达清偿期前,自可实行。然此种质权,无论何人不能想象也。

对于无期限之债务,即已达清偿期之债务,亦可设定质权。此时质权实行之条件自始已经具备,故质权即可实行。

第五,附条件之债务

条件只能用以限制法律行为之效力。对于权利,则不能附以条件。故通常所谓附条件之权利,有两种意义:(1)系指关于附条件之法律行为于条件成否未定前,当事人所有现存之权利而言(一〇〇条)。于此意义之权利,自得为担保物权之标的。此时担保物权所担保之权利,乃现存之权利,并非将来之权利。故不发生质权之属性之问题。此种附条件之权利与条件成就所发生之权利,虽非同一,但两者之间,不无何等关系。后者之权利,系由前者之权利发展而成。故条件成就时,对前者所设定之担保,成为担保后者之权利,并非前者之担保物权消灭,对后者之权利,从新设定担保物权也。(2)系指因条件成就所发生之债权而言。于此意义之所谓附条件之权利,乃将来之债权。对于此种债权,是否可以设定担保,当于次述之。

第六,将来之债权

所谓将来之债权乃指现在尚未成立之债权而言。可别为次之三种。(1)为发生债权原因之法律事实已经完成,但因其包含于法律事实本身内之事实而妨碍权利之发生时,如附停止条件或始期之债权,因条件成就、期限之到来,方能发生债权是也。(2)为发生债权原因之法律事实虽尚未存在,而诱致此事实之客观的事实关系已经存在时,如失踪人之财产管理、监护人对于被监护人之财产管理、妨害他人占有之危险工作物之设置等是。(3)抽象的将来之债权,如余若对汝负担债务是。

以上三种之将来债权中，属于一二两种者，自可设定担保。在第二种情形，债务虽尚未存在，但债权发生之可能已客观的存在。所谓客观的可能者，乃根据客观的事实所推测之可能，与抽象的可能相对立。既客观的有发生债权之可能，则其债权虽非现存之债权，然并非确定的不存在。故对于此种债权设定质权时，亦不致与担保物权之从属性相矛盾。

对于第三种之将来债权，不得设定质权。于此情形，债务有负担之可能，虽非完全不存在。然推断其可能之具体的基础，完全缺乏。此种债务，对任何人均可负担。名为将来债务，实乃债务之不存在。故在经济上不仅无设定担保之必要，且设定担保，殊违反担保物权之从属性也。

第七，已消灭之债权

对已经消灭之债权，不得设定质权。盖已消灭之债权乃现在不存在之债权。若对此设定质权时，殊违反质权之从属性。若质权设定人不知其债权已经消灭，而误信其债权现尚存在时，亦然。盖质权之从属性，乃其本质，不得以当事人之意思而左右之。反之，若当事人知其债权已经消灭而犹设定质权时，或可解释当事人有发生与已消灭之债权有同一内容之债权，而为之设担保之意思。总之，其效力须依各种具体情形而决定之。

第八，不完全债权

不完全债权即自然债务者，债权之内容不完全之谓也。完全之债权有积极的和消极的两种内容。债权人对债务人有请求给付之权能（Anspruch），同时有保持其所受领给付之权能（Bereicherungsgrund）。而不完全债权之债权人仅有后者之权能，而前者之权能，则付缺如，故无诉权。但此权能并非道德上之权能，乃成文法上之权能。债权人有依裁判外之方法实行其权能之法律上之理由，故对于此种债权，自可设定担保物权。

第九，物体不确定之债务

债权之物体虽不确定，但有确定其标的之标准时，其债权仍可成立，仍可设定担保。如选择债务，种类债务，一年内某工厂所使用之石灰之供给，失踪人之财产管理人、被监护人之财产管理人之返还义务之担保是。

第十，债权内容之变更

债权可不丧失其同一性而变更其内容（Umwanderung）。如选择债权之选择、种类债权之特定、代物清偿是。于此情形，为债权内容未变更以前之债权所设定之质权，当然担保其内容变更以后之债权。盖债务之内容虽已变更，而仍为同一债务故也。

第三节 质权之标的

质权之标的为何？对此问题，学说纷歧。或谓质权之标的，无论其为权利质或物上质，并非有体物，而为有体物上所存在之所有权（Bremer）。或谓有体物乃质权之标的。此等学说，均系有为而发。即为质权之统一的观念所创设。吾人由公平的见地观察之，所谓质权之标的，在物上质乃有体物，在权利质乃权利。

无论在物上质或权利质，质权之标的必须特定，且须于质权设定时完全成立。此种为特定主义。我《民法》关于此点，虽无直接明文，自应采此主义。我《民法》所规定之质权，乃动产质及权利质两种。若以多数财产为一团而设定质权时，则为法所不许。曩时罗马法有所谓一般质权，即以质权设定人之现在及将来之全财产或于一定财产上设定质权。又有所谓法定质权，如国库质权，对于债务人之全财产有质权；未成年人关于由监护所发生之债权,对于监护人之全财产有质权;妻关于嫁资返还请求权,对于夫之全财产有质权。至其效力,虽学说不一,如国库质权、嫁资质权其效力甚强,往往能凌驾以往所发生之特定质权。其结果,普通质权之效力,因此减低。有质权之债权人之地位,甚感不安。故罗马之物上担保制度,紊乱达于极点。欧洲各国继承罗马法时,大都排斥此一般质权之制度。我《民法》不采用之,洵为妥当。

不能让与之物,不能为质权之标的。盖质权之效力,须占有质物。至清偿期债务人不履行债务时,须将质权之标的物拍卖,而就其价金上行使优先清偿之权。然不能让与之物或权利为质权之标的时,则不能付诸拍卖,殊不适于为质权之标的者也。

金钱及其他消费物亦可为质权之标的。其设定方法有二:

(1) 以一定数额之消费物交付于债权人作为债权之担保,但该物之所有权则不让与于债权人。于此情形,债权人占有其物。于债权受清偿时,负返还其物之义务。未受清偿时,拍卖其物而行其权利者,与普通之质权无异。若以金钱为金钱债权之担保,或以金钱设定质权而被担保债权变为金钱债权时,其实行方法多少与普通质权不同。即质权人无拍卖质物之必要。发生拍卖权时,即可以之抵充清偿。又债务人于债务达清偿期时,可通知债权人请其以质权标的之金钱作为清偿,而拒绝对于其他财产之执行。但剩余额须返还于债务人者,自不待言。

(2) 以一定数额之金钱及其他消费物交付于债权人,且将其所有权移转于债权人,于债务清偿时,返还同类之金钱及其他消费物时。所谓保证金押租之类是。此种质权在其移转所有权于债权人之点,与普通质权大异其趣,称为不规则质权(Pignus irregulare)。

关于不规则质权之效力,从来无多大争执。即债务清偿时,质权人须返还其所受领同额之金钱。至付利息与否,依当事人之契约而定。为将来债权之担保,其债务之不发生已确定时亦然。反之,债务未受清偿时,质权人不为返还。其债权对额消灭。关于普通质权之实行方法,大都不适用之。此种不规则质权之效力,既与普通质权不同,则不规则质权是否为质权之一种?若系质权,其构造若何,成为问题。

(a)假清偿行为说　此为 Gierke 等之主张。谓不规则质权非以有从属性之担保物权之方法担保债权,乃直接与债权人以满足,使其就债权之清偿无何等利益。惟债务人得以清偿解除假清偿(Deckung)之效力而已。此种担保方法,较之质权,更有利于债权人。因债权人可不受担保物之灭失与价格低落之危险,且无实行担保物权(拍卖)之麻烦。故所谓不规则质,与普通之担保并无差异。且其设定,系为担保将来之债权。此债权在设定当时,尚未发生。而谓以此直接满足债权人者,与事实不符。

(b)抵销契约说　此说为 Kipp、Windscheid 等所主张。谓不规则质乃抵销契约,即债权人有请求一定金额之权利,质权设定人有与质物同额之金钱返还请求权。所谓不规则质,乃此两种请求权之抵销契约也。反对论者谓抵销之要件,须有两债权之对立。在不规则质,质权设定人虽有质物之返还请求权,而债权人之债权尚未成立。若将来某事实发生时,质权人可直接由质物得满足,更无发生债权之余地。故不规则质,缺乏两债权之对立云云。此种非难,容有未当。在质权设定当时,质权人之债权虽未发生,但将来一旦发生时,亦可认为因抵销而消灭。且当事人设定不规则质时,亦希望于将来负担债务时,与质物之返还请求权两相抵销。以法定条件(债权对立)为条件之抵销预约,在法律上不能不认为有效。有此预约,当事人为抵销时,无须另有抵销之意思表示。不过此说不能说明债权人之优先权。所谓不规则质,不过为债权关系之集团,若债务人之其他债权人扣押对质权人之质物返还请求权时,则债权人将完全丧失担保,殊非当事人设定不规则质权之本意。债权人取得不规则质时,每自信有较普通担保更强之权利,故须赋与较普通债权更大之效力。又担保系第三人提出时,则质物之返还请求权系第三人所有,而被担保之债权系对债务人发生,是已缺乏债权对立之要件,以抵销说不能说明。

(c) 质权说　更分为三:(甲)对自己之所有物上取得质权说。(乙)对债务之标的物上取得质权说。因债权人负返还一定额之消费物于质权设定人之义务,就其义务之标的物上取得质权。(丙)债权质说。债务人对债权人有同种同额之质物返还请求权,以此请求权为债权之担保,债权人就此请求权上取得质权。

就自己之所有物上取得质权之学说,与我民法之规定不合。我《民法》所规定之担保物权,据八六〇条及八八四条之规定,须为他物权者,甚为明显。因担保物权为他物权,故担保物权与所有权同归于一人时,则担保物权因混同而消灭(七六三条)。依我《民法》之规定,就自己之所有物上,自不能认担保物权即他物权之存在。且我《民法》之解释上,动产质权之标的物,须为特定,而质权人所应返还于出质人之物,并非特定。乙说所主张之动产质,等于就不特定物之动产上发生质权,亦与我《民法》之趣旨不符。以不规则质为权利质之丙说,较为妥当。第三人纵行扣押质物返还请求权,质权人仍可主张担保物权之优先的效力,不至因扣押而丧失担保。但在普通之债权质,为质权标的之债权,系以第三人为债务人。而在不规则质,则以质权人为债务人。故有主张不能以对于债权人之债权为标的设定债权质者。关于此点,法律既无禁止明文,即令在以第三人为债务人之普通债权质,若有债权人继承第三债务人、第三债务人继承债权人之情形时,质权仍有存续之必要。否则,质权人将因继承之偶然的事实,而丧失担保,殊有未当。由此可知以对于债权人之债权为标的设定债权质，亦无不可。

又有谓在普通之债权质，质权人有使行使债务人之债权之权利，即向第三债务人请求给付之权利（九〇六条）。若第三债务人为质权人时，则质权人不能行使对于自己之权利，即向自己请求给付。我《民法》所规定质权之实行方法有二：一为给付之请求；二为拍卖（八九三条）。此等实行方法，是否为债权质所必要，不能无疑。若不依法律所规定之实行方法，而能以其他方法完成债权质之实行时，自无须依法律之规定。不能谓未依法律所规定之实行方法，即行否认债权质之存在。盖质权系以担保债权为目的，若能以其他方法达到此目的时，自无须采用法律所规定之实行方法。在不规则质，并非缺欠实行方法，不过债权人为第三债务人，须将请求给付之方法，略加变更而已。此时质权人以抵销之方法代替请求给付，质权人于他方债权额中扣除自己之债权额，以实行质权而已。

物之一部上不能设定质权。盖物上质权之设定，以交付为要件，而交付必须移转占有。以物之一部为质权之标的时，一部占有既不可能，则一部交付，自无法实行也。

共有人以其现存之应有部分设定质权时，以移转共同占有于质权人，即可成立质权。但质权人对于质物使用收益之权利，须受其应有部分之限制。实行质权时，系拍卖其应有部分。《德国民法》于某种条件之下，与质权人以分割请求权（《德民》一二五八条）。我《民法》不采用之。盖若认质权人有此权利时，须法有明文。我民法对此无规定故也。此种应有部分上之质权，有系从新设定者，有嗣后变为此种形式者。如共有物全部上所存在之质权，因其中之一人或数人抛弃质权完成消灭时效是。又因共同继承之结果，共有质物时，亦可发生各应有部分上之质权也。

单独所有人于所有权的一部分上，可否设定质权。关于此点，议论甚歧。《德国民法》因其弊害多必要少而禁止之（《德民》一一一四条）。但依同法，理论上有发生之可能。学者亦多主张其可能（Demelius, Exner, Gierke, Dernburg），谓在理论上不仅有其可能发生，而在经济上亦有其必要。如出卖物之二分之一所有权，而将其他二分之一之所有权设定质权是。然应有部分之观念，须有二人以上之所有人。若所有者仅一人，而将所有权分割成为二个应有部分，则不能也。论者又谓将物分割成为二个应有部分，同时设定质权时，亦属可能。然此种情形之质权，系以应有部分为标的。而应有部分在质权发生前，须行存在。故单独所有人之应有部分之质权，在观念上为不可能也。

　　拍卖质物之价金之一部质权，往往与应有部分之质权两相混同。在前者，债权人仅对于拍卖价金之一部上有优先权，对于其他部分无优先权。故债权人纵不能得完全清偿，仍须将无优先权之部分返还于质权设定人（Bremer）。在应有部分之质权，质权人有拍卖应有部分之权利。在价金一部分之质权，质权人有拍卖全部质物之权利。惟优先权仅可对价金之一部行使而已。此两者之差异也。又应有部分之质权，非共有人不得设定。而价金一部之质权，单独所有人亦得设定之。尤以第三人为债务人设定此种质权，甚为便利。

　　主物上设定之质权，是否及于从物，关于此点，须区别二种情形而讨论之。

　　（1）在设定质权当时从物已存在时

　　依《民法》第六十八条第二项之规定，主物之处分及于从物。故主物上所设定之质权，当然及于从物。但本条乃当事人之意思解释之规定。若当事人有反对之意思时，当然不能适用。当事人既可仅于主物上设定质权，又可仅于从物上设定质权。盖从物并非主物之一部，乃别个之物，故可独立为质权之标的。

(2) 在质权设定后,质物所有人将从物附着于主物时

在质权设定后,质物归质权人所占有。质权设定人既不能直接占有,又不能为占有机关(八八五条二项)。质权设定人附着从物于主物,似为不可能。其实不然。质权设定人仍可使质权人附着从物于主物。此问题,不能谓为毫无实益。关于此点,学说大致可分为三派:

甲、谓当事人在设定质权之当时,既有将质权之效力及于从来从物上之意思,则质权当然及于新从物之上。此论乃拟制当事人之意思,不合实际。盖对现存之从物,可依六十八条第二项之规定,推定当事人有处分从物之意思。而谓当事人有处分其从未预想之新从物之意思,与事实不符。

乙、谓从物与主物乃物的结合,故质权应及于从物(Zeiller)。此乃误解从物之性质之论。盖从物并非构成主物之一部分,自不必一定与主物共其运命,自不妨为与主物相异之处分。由此观之,不生上述之结论。

丙、谓原则上主物上之质权,不及于从物,惟例外则及于从物(Dernburg)。其例外情形,以新从物代替从来之从物时,或于设定质权之当时预想将来附着新从物时,然后质权及于从物。此为多数说。然大体可视为妥当。盖本问题乃质权标的之范围之问题。法律既无明文,则不能不解释当事人之意思而决定之。即当事人在质权设定当时即预想附着从物,而有为质权标的之意思时,则依其意思之效力,质权及于从物。以新从物代替旧从物时,亦包含在内。此时从物上之质权,自从物附着时起发生,其以前不过为预约的法律关系。又在质权设定当时,虽无此意思,但自从物附着时起,有积极的为质权标的之意思时,则质权及于从物。此时质权自从物附着时起发生,因系于从物上从新设定质权故也。

天然孳息可否为质权之标的，分为下列两种情形而讨论之。

(1) 在天然孳息分离以后设定质权时

此时之孳息既成为独立之物，若欲于孳息上设定质权时，须依通常之规定设定之。在原物上所设定之质权，不能当然及于与原物已经分离之孳息。关于此点，学者之间无异议。

(2) 在原物上设定质权以后所生及分离之天然孳息

此时质权之效力是否及于孳息，立法例不一。在罗马法之解释，亦多争议。然多数学者主张质权之效力及于孳息(Dernburg, Windscheid)。《德国民法》规定，得以设定行为与质权人以收益权(《德民》一二一二条)。此种质权称为用益权。反之，《奥地利民法》不与质权人以收益权(《奥民》四五七条)。我《民法》系采罗马法主义，原则上质权人有收取孳息之权利(八八九条)。所谓收取孳息之权利乃取得孳息所有权之义。然并非无条件取得。质权人应以对于自己财产同一之注意收取孳息，并为计算，并先抵充收取孳息之费用，次及利息，再及原本(八九○条一项、二项)。

于质物中所发现之埋藏物，不得为质权之标的(Dernburg, Demelius)。盖埋藏物之发现，大都出于人之意料之外。当事人在质权设定当时，并非预想发现埋藏物，然后有设定质权之意思。故埋藏物之所有权，须依《民法》八○八条之规定以决定之，与质权毫无关系。

质权因附合、混合、加工之结果，其质物之所有权消灭时，质权亦当然消灭(八九九条)。惟质权人得依《民法》八一六条之规定，有偿金请求权。反之，质物之所有人取得合成物、混合物、加工物之所有权时，则质权存在于此等物上。成为共有时，质权存在于其应有部分上。

将来之物可否为质权之标的，分为次之二种情形而研究之。

(1) 对于物理的尚未存在之物，如将来制造之物，不得成立物权。

质权既为物权之一种,自不得成立质权。若当事人有即时设定质权之意思时,其法律行为为无效。若有于将来之物成立时设定质权之意思时,并非完全无效,仍可发生设定质权之债权的法律关系。

(2) 物虽已物理的存在而不属于质权设定人之所有时。所谓将他人之物设定质权是也。将他人之物设定质权并非绝对的不能。若由所有人赋与处分之权能时,仍可设定质权。不然,则为无效,因其无质权设定之权能故也。但质权人占有动产而受关于占有规定之保护者,纵出质人无处分其质物之权利,质权人仍取得质权(八八六条)。

质权设定后,质物未免有时发生变化。盖质权大都有多少时间之继续,往往因自然力或人工,变更物之性质,增减分量;或质物之市价,发生增减;或质物上之负担,有消灭情事。此各种情事之利害,皆归质权人负担。盖质权乃物上之权利,故就物所发生之变化,足以影响于质权人之权利者,宁属当然也。

质权乃物权之一种,故有人侵害质权时,质权人对之有请求权。关于此请求权,在罗马法及《德国民法》(《德民》一二二七条)皆准用所有权之规定。我《民法》对此虽无明文,然应发生与质权内容相当之请求权者,毫无疑义。又质权人必为占有人,故除质权人所有之请求权以外,尚得以占有人之资格,发生占有诉权。

质权被侵害以后变为损害赔偿请求权时,在罗马法,其赔偿额不得超过债权额。其理由谓,若质权人请求质物全部之价格(即所有权之价格)之赔偿时,其超过额须返还于债务人。故其超过部分,虽一旦请求,而结局不能不返还。因此发生无用之诉讼。是以赔偿额不能超过其债权额。然在我民法上,是否采用,尚有研究之必要。盖质权一面为债权之担保,故质权人对质物所有之利益,不得超过债权额。依此理论,任何人侵害质权时,其赔偿额不得超过债权额。而他面质权有不可分性。质权乃及于质物全体之权利。则损害赔偿,不能不为代替质物之物。故质物全部收回之价格即所有权全部之价格,乃赔偿额。依此见解,质权人为全部价格之请求后,须扣除债权额,而将残部返还于债务人或其他之质权设定人。以上两说,以前说为优。盖无论在何种情形,损害赔偿额性质上不得超过其实际所受之损害额。质权人对质物所有之利益,无论在何种情形,亦不能超过其债权额。至质权不可分之原则,乃对将来质物之价值减少时,所赋与之准备的特权。若债权即时得满足时,则无准据此原则之必要也。第三人对于质物返还之请求,得为次之抗辩。

(1) 费用之抗辩

第三人保存质物,并支出有益费用时,自可请求其费用之偿还。若第三人系质物之所有人时,则无费用偿还请求权,盖非对他人之物支出费用故也。

(2) 基因于设定行为之抗辩

质物之占有人系质权设定人时,则占有人有基因于设定行为之抗辩。如质权之设定由于错误、意思能力之欠缺、处分权之欠缺等是。于此情形,纵令将质物返还于质权人,仍须再行返还于设定人。故得以以上之事实为抗辩,借以拒绝返还为当。但此抗辩,乃质权否认之抗辩,且为对人的抗辩,质权设定人以外之占有人,不得行使。

(3) 对于债权之抗辩

质物之占有人为债务人时,得以对于债权之抗辩,对抗返还请求权人。如债权之不成立、消灭、得撤销是。债权与质权,固彼此为别个之权利。然质权系担保物权,若其所担保之债权被攻击时,其质权将丧失其存在之基础。故不得不与其所担保之债权共其命运。此自古以来认此抗辩权之理由也。

(4) 先向保证人请求之抗辩

此抗辩自罗马法以来，多承认之。即第三占有人受返还之请求时，主张先对债务人，若有保证人，主张先对保证人请求执行，借以拒绝返还之请求之权利也。然若与占有人以此种抗辩时，则质权之效力，甚为薄弱。不承认之，较为妥当。盖债权人之取得质权，其目的在就质物受清偿。若须先执行债务人之其他财产时，则质权之效力甚为薄弱，且违反当事人之意思。又债权人有质权及保证时，乃系加倍担保之程度，任其选择，以求清偿。若令其先对保证人请求执行，亦与当事人之意思相反。故此种抗辩，不可认许。在现行法之解释亦然。盖此种抗辩，乃质权之限制，须法有明文。而现行法则无此明文也。若占有人与质权人间有此限制之契约，则发生基因于契约之抗辩权。然此乃特约使然，并非质权所当然存在之限制也。

(5) 执行质物之指定

罗马法有此抗辩之权利。即以数个之物为同一债权之担保时，债务人得指定先为执行之质物。故质权人对占有人为返还之请求时，占有人得指示其他质物之存在，有请求先对其他质物执行之抗辩权。关于此点，法律既无明文，而数个之物，均为质权之标的，则各个之物，均为全债权之担保。当事人之意思，宁在任债权人之选择，对任何标的物，均可先为执行。若当事人有与此反对之特约，固可依据。否则，宁不认占有人有此抗辩权为妥。

(6) 提出清偿之抗辩

质物之占有人为债务人所有人或其他就清偿有正当利益之人时，得提出清偿以拒绝返还。盖质权人除债权人之清偿外，并无何等可以主张之利益。由有就清偿有正当利益之人所提出之清偿，质权人不得拒绝受领。占有人以提出清偿以消灭债权，质权亦随之消灭。故可依清偿之提出而拒绝返还之请求。反之,占有人系侵权行为人或就清偿无何等法律上之利益,而债权人可拒绝受领时,则无此种抗辩权。盖质权人一面固有受清偿之利益,而他面对质权设定人尚负返还质物之义务。故可拒绝清偿,而有取回质物之法律上之利益也。

第四节　质权之设定

第一,质权设定之种类

在罗马法、德国及奥地利之法律,质权之设定,大致可分为三种:即由于契约、法律之直接规定、裁判上之处分是也。关于由于法律直接规定之质权,我《民法》无明文。由于裁判上处分之质权者,由于扣押所发生之质权也。即债权人基于判决扣押债务人之财产时,于该财产上取得质权,可排斥其他债权而独受优先清偿。此乃欧洲多数之法制。然在我《民事诉讼法》,采债权平等之原则,扣押不能发生取得质权之效力,可使其他之债权人以平等资格加入分配。故此种质权,在我《民法》上不能存在,在《民事诉讼法》上,法院有时命当事人提供担保。然由此不过发生提供担保之义务。因此义务之履行,往往设定质权或其他之担保物权,仍系由于契约,并非依法院之命令,于特定动产上发生质权也。故我《民法》上之质权,仅可以契约设定之。

质权之发生,除契约外,尚有取得时效。在罗马法,不认质权之取得时效(Dernburg)。其理由谓质权之性质上不得为取得时效之标的。然仅质权虽不能因取得时效而取得,但若与其债权同时亦可因取得时效取得者,毫无疑义。我《民法》将取得时效之规定,广泛适用于所有权以外之财产权。故质权之性质上,亦可因取得时效而取得,惟实际上不易发生而已。

第二，第三人之质权设定

质权可由第三人（债务人以外）设定之（八八四条）。此时之质权契约系由债权人与第三人缔结之。不仅无须得债务人之承诺，且不妨违反债务人之意思而设定。此时之第三人称为物上保证人。物上保证人因清偿债务，或因质权实行之结果丧失所有权时，得依保证债务之规定，对债务人有求偿权。关于此点，法律虽无明文，应准用八七九条之规定，则无庸疑。

第三，质权设定之权能

质权之设定，与质权人以拍卖质物之权能。故质权设定，须有卖却质物之权能。盖任何人不能与他人以较自己更大之权利。于此意义，质权之设定，属于处分行为，设定人须有处分之权能（Dispositionsbefugniss）。关于动产，有处分能力者，为所有人，及由所有人赋与处分权限之人。所有人在一般故有设定质权之权能。若其所有权有他物权之限制时，则质权与其他物权在不冲突之范围内，方能存在。又纵为所有权人，亦有无处分之权能者，或其处分权能受限制者。此时于此范围内，其设定行为为无效。如破产人或受扣押、假扣押、假处分之财产是。

第四，无能力人之质权之设定

无能力人之质权设定行为为无效（七五条）。若能得法定代理人之允许，仍为有效。盖质权之设定，乃以权利之得丧为目的之法律行为故也。

第五，代理人之质权之设定

质权可由代理人设定之。其要件除依直接代理之规定外，更须注意质权契约乃要物契约之点。又质权之设定乃处分行为，故仅有管理行为之代理人，如失踪人之财产管理人、监护人、继承财产之管理人，则无此权限。权限未定之代理人亦然。

第六，出质他人之物

出质不属于质权设定人所有之物时，其效力不可一概而论。

(1) 质权人具备八八六条之要件时，即可原始的取得质权，无须区别质权设定人之善意恶意。若质物为遗失物、盗赃物时，依九四九条之规定，所有人得于两年以内，回复其物(九五〇条)。

(2) 质权人及设定人均为恶意，而出质他人之物，并非绝对的无效。若当事人有即时发生质权之意思时，其法律行为为无效。盖债务人并无于他人之物设定质权之权能故也。无效之行为，亦不能因追认而溯及的有效。

若债务人尔后取得该物之所有权时，不能当然即发生质权。若欲发生，须从新有设定行为。

反之，若当事人有于将来取得该物之所有权即设定质权之意思时，是乃质权设定之预约，故可即时发生债权契约之效力。债务人取得其物所有权时，可请求设定质权。若债务人不为承诺时，可以判决代替意思表示，而强制的设定质权。或谓此种情形乃附条件的质权之设定。债务人取得时，即可取得质权者(Dernburg)。但此种解释，若债务人虽无所有权而有占有权，而将占有移转于债权人时，虽可采用。若无占有权时，则不能不解为债权的预约也。

第七，质权人

质权人必为债权人。为附条件、附期限或将来之债权设定质权时，则将来取得债权人之地位之人为质权人。关于此点，无一例外。

(1) 未成年人

未成年人未得法定代理人之允许，可否得为质权人。依《民法》七十七条之规定，纯获法律上利益之行为，无须得法定代理人之允许。未成年人之为质权人，是否可适用此例外规定，成为问题。由表面观察之，为质权人似为单纯取得权利之行为。但质权人对于质物之占有，负善良保管者之注意义务(八八八条),并非单纯取得权利。故未成年人为质权人时,须得法定代理人之允许。

(2) 代理人

债权人可由代理人直接取得质权。由无权代理人或无因管理人亦可取得质权。此种情形,依一般之规定。

(3) 无权利能力人

无取得质权能力之人,当然不能取得质权。但现今已无此例。

对某物无取得所有权之能力之人,对该物上,可否取得质权? 对于此点,罗马法曾禁止之(Dernburg)。盖罗马法之质权,系由让与所有权之形式之信托行为而来,因此沿革的理由,故而禁止。然在我民法上,既无禁止之明文,自无禁止之法律上之根据。盖所有权与质权,彼此各异。禁止所有,不能即谓为禁止取得质权。且质权之实行,系拍卖他人之所有物,并非因此取得所有权。纵取得质权,亦无妨碍。不过于债权达清偿期后,缔结流质契约,其他以取得所有权为目的之行为,则不得为之耳。实际上,其权利能力受限制者,乃外国人及外国法人。

第八,质权契约

以质权之设定为目的之契约,乃物权契约,须有债权人与设定人之意思之合致。又质权之设定乃要物行为。故除上述之意思表示以外,须交付质权之标的物,方可成立质权契约(八八五条)。其他关于质权契约之成立要件,依一般法律行为之规定。又质权契约乃无因行为。有时先有设定质权之债权关系,而其质权之设定,不过为债务之履行者。然质权纯不因其债权关系之无效、不存在而受影响。若被担保债权不存在或消灭时,质权亦行消灭。此乃质权之从属性之结果,并非质权契约系有因行为也。交付乃质权契约之成立要件,并非对抗要件。

质权之设定得附停止条件或附始期。其设定除附条件或附始期之意思表示之外，须将质权之标的物支付于债权人，于条件成就、期限到来时，即时发生质权。至质权设定之预约，不过发生债权的法律关系，无须将质权之标的交付于债权人。此与附条件的或附期限的质权设定不同之点也。在后者，于条件成就、期限到来时，虽可即时发生质权，而在前者，其预约之实行，须依普通规定，设定质权，将质物交付于债权人方可成立质权。

第九，信托行为

信托行为乃以担保债权为目的而将所有权让与于债权人之行为也。

(1) 附买回约款之所有权之让与

即债务人附买回约款而将所有权出卖于债权人。其价金请求权与从来所负之债务两相抵销，而计算其差额。债权人虽丧失债权，然取得所有权。担保之目的，以约款即可达到。即债务人返还价金即可回复其所有权。

(2) 再买卖之预约

即债务人依买卖契约，将所有权移转于债权人。其应受领之价金与从来之债务相抵销。再买卖时，由债务人交与债务额同额之价金于债权人，而缔结再买卖之契约。此与买回约款相类似而有所不同。在买回乃一方的行为，而再买卖之预约，其实行时须缔结买卖契约。

(3) 附条件的让与

以条件之内容达到担保之目的。其方法分为附停止条件行为与附解除条件行为。

债务人附消极的条件，如附"迄一定时期止不清偿债务"之条件，而将所有权移转于债权人。若至该时期不清偿债务，则因条件之成就，债权人虽丧失债权，然取得所有权。又为清偿时，其法律行为因条件不成就之结果，不能发生效力。债务人不丧失所有权，债权人得清偿之结果。

债务人附以积极的条件，如附"清偿债务"之条件，而将所有权移转于债权人以达担保之目的。债务人不为清偿时，则因条件之不成就，丧失所有权。为清偿时，则因条件之成就，回复所有权。

此种附条件让与之方法，颇与流质契约相酷似。又其让与可为单纯的无原因之让与，又可采取买回之形式，而将价金与债务抵销之方法。

以上三种方式，皆法有明文，自可依据，以定其效力。当事人无论出于任何经济上之目的，使用此数种方式，其效力毫无影响。

至关于信托行为，法律未为规定。故其效力，须依法律行为之自由之原则而决定之。若该行为不违反法律，无害于公益，则为有效，否则为无效。

信托行为分为二种：一为债权的信托行为；二为物权的信托行为。

（1）债权的信托行为

债权的信托行为，与罗马法之 fiducia 相同。债务人完全让与所有权于债权人，同时缔结附随的债权信托契约。即信托行为并非单纯的行为，乃附以信托契约之所有权之让与行为。详言之，乃积极的物权契约与消极的债权契约所合成。故其效力，亦分为两方面。在物权关系，债权人为完全之所有人，对于第三人、对于信托人有物权的请求权；对于第三人或信托人之侵害，有损害赔偿请求权。债权人破产时，债务人对于信托物无取回权。盖债务人对信托物无物权故也。

然所有权之让与，须适合让与之目的，即须受基于信托契约之债权的限制。在债权关系，债权人负担不滥用或处分其所有物之义务。债务清偿时，有返还所有权之义务。若一旦违反此种义务时，须依一般规定，任债务不履行之损害赔偿之责。若债务人至履行期不履行债务时，债权人可处分其物，而以其卖得价金抵充清偿，然后返还其剩余额于债务人。此乃以担保为目的之信托契约之解释上所当然。如上所述，债权的信托行为之本质,仅为债权的限制或负担之存在而已,并非创设法律所不认许之物权。且其特色乃债权关系,不致加损害于他人,故无害于公益。因此理由,债权的信托行为,无论其关于动产或不动产,均为有效。关于所有权之移转,须依一般之规定,具备成立要件。如不动产须为登记,动产须为交付。

(2) 物权的信托行为

物权的信托行为者,将信托行为之本质,成为物权关系之行为也。其物权关系,分为内外两面。受信人(债权人)对第三人之关系,为所有权人;对信托者(债务人)之关系,信托者仍为所有人。前者称为对外关系,后者称为对内关系。因对内、对外之关系不同,而所有人各异。此说在理论上之结果,受信者处分信托物时,其相对人完全取得所有权。信托者不能追及之。又第三人因过失侵害信托物时,对之有损害赔偿请求权者,非信托人而为受信人。此两点与前说相同。然债务人破坏毁损信托物时,不负损害赔偿责任。债务人占有信托物时,债权人不得请求返还。债权人破产时,债务人得将信托物与破产财团分离而取回之。以上三点与前说异。

物权的信托行为,应解为无效。盖我民法上之所有权为绝对的,一物上不容有二个所有权之存在。然依此说,在对内关系,债务人有所有权;在对外关系,债权人有所有权。是于一物上有二个所有权,是所有权非绝对的而为相对的。此种所有权,非我民法所能承认也。

第五节　动产质权

依《民法》之规定,质权分为动产质权及权利质权之二种。

第一项　动产质权之性质

动产质权者,权利人因担保债权,占有由债务人或第三人移交之动产,得就其卖得价金受优先清偿之物权也(八八四条)。兹以此定义为基础,说明动产质权之性质如次。

第一,动产质权者,物权也

物权之特征。在权利人对于权利之标的物有直接之管领关系。而动产质权人,依前示之定义,既有占有其标的物并就其卖得价金受优先清偿之权,则其结果,权利人得拍卖其标的物而取得其卖得价金之全部或一部。其对于标的物有直接之管领关系,极为明显。动产质权之为物权,毫无疑义,原无说明之必要。惟学者之中,关于质权之本质,异论甚多。有谓质权之本质不外普通之债权者(债权说),亦有谓质权不外债权人所有之一种之权能,非于债权之外有其独立之存在者(债权之一部说)。质权之物权性,于学理上或不免因是等异说而动摇,故不得不首先说明之。

兹更申述此两说之概要,并究明其不当之点于次。

(1) 债权说

此说谓质权之本质不外普通之债权。其所异者,惟在以质物为债务之主体之一点而已。按此说系根本错误。盖普通所谓债权,系对于特定人请求给付之权利,其取得给付,须有特定人之行为之介入。而质权人之取得质物之卖得金,并不借他人之行为,乃直接依自己之意思取得之。换言之,即债权为请求权,质权非请求权。此其不可者一。纵令退让一步,承认质权为请求权,本说亦仍属误谬。盖请求者要求为给付之意思之动作也,故必须对于能了解其意思之人为之。对于物行请求,乃不可能之事。而本说系以质权为对于物之请求权,其不合理,无待多辩。且认质权之本质为债权时,说明其优先权之根据,亦极感困难也。

(2) 债权之一部说

其说曰:凡财产权均直接或间接关系于实质的货物,故以实质的货物为权利之内容者,始有作为独立之权利存在之意义。而质权之设定,系以由债权关系所生之请求权之存在为基础。质权人业经以债权人之资格有由债务人总财产中受清偿之权利,质权之设定,不定加倍其实质上之担保,并非因是而设定新财产权,不过对于既存之财产权确保其履行而已。质权非有独立之目的及内容之权利,不过使债权与其所拘束之目的及内容间之关系更加密切而已云云。按本说系仅着眼于质权之经济上之作用,而蔑视其法律上之形式之论。债权人不能因质权之设定,超过债权额多得丝毫之利益,固属事实。然因是而谓质权无独立之目的,亦非正论。为债权所拘束者,系债务人之行为;为质权所拘束者,则为质物自身。故两者之间,有明了之区别存在。加之,其发生之原因、消灭之原因,两者亦非同一。故以质权为债权之一部之见解,决非正当也。

第二,动产质权者,从物权也

从物权以主权利之存在,为其成立存续之要件。换言之,非有主权利存在不能成立;主权利消灭时,亦随之消灭者也。而动产质权之目的,在担保债权,为前述之定义所明示。其成立存续,以债权之存在为前提要件。其为从物权,自无疑义也。

第三,动产质权者,他物权也

依前示之定义,动产质权系存于债务人或第三人之动产上之权利,其为他物权,尤无置疑之余地。故权利人如取得为其权利标的物之动产之所有权时,则动产质权因混同而消灭。

第四,动产质权者,以移转标的物之占有为要件之物权也

由前示定义中因担保债权占有由债务人或第三人移交之动产云

云之文句观之,标的物之占有,为组成动产质权本体之一成分。无待多辩。故设定之际,必须将质物交付于权利人,始生效力(八八四条)。

动产质权虽以交付标的物于权利人为其成立之要件,然无须权利人自身占有其标的物。使第三人代自己占有之,亦毫无妨碍。是即所谓代理占有是也。因质权人之委托占有质物之第三人,其占有质物,非为自己占有,乃为质权人占有。质权人仍得随心所欲行使权利。于质权之行使,固毫无妨碍也。

质权人虽得使第三人代自己占有质物,而使出质人代自己占有质物,则为法所不许(八八五条二项)。依本条第一项之规定,质权之设定,因移转占有而生效者,因质权乃有追及效力之强有力之物权。故其成立时,须行公示于第三人。若使出质人代自己占有质物,则质物依然存在于出质人手中,第三人无由窥知质权之存在。有人善意取得所有权时,若先有质权之存在,则将蒙不测之损失,殊有害于交易之安全。故法律禁止出质人代理占有。

依八八五条第二项之规定,出质人不得采用占有改定之方法,又不得为占有机关。盖占有机关虽非占有人,但由第三人观察之,仍易误解为物之管领人也。在质权合法成立以后,出质人仍不得为直接占有人或占有机关,如将质物租赁于出质人,或命其搬运、保管是。

本条规定,乃为保护公益之禁止法规。当事人有违反之者或使其设定行为无效。若在质权合法成立以后,则使其质权消灭。

第五,动产质权有不可分性

此为担保物权之通性,其意义已于说明担保物权之特质时详论之矣。

第二项 动产质权之取得

动产质权之取得原因,为当事人间之契约,即所谓设定行为。而设定质权之要件,为移转质物之占有,已如前述。又设定质权,为处分行为,必须物之所有人始得为之。若非某物之所有人而就某物设定质权,其设定自属无效,相对人不能因是而取得质权,乃当然之理。惟兹有一例外,即质权人之占有质物,若确系善意应受法律之保护者,纵令出质人无处分其质物之权利,仍取得质权(八八六条)。此不可不注意者也。

第三项 动产质权所担保之债权

动产质权所担保之债权,除契约有特别订定外,为:(1)原债权;(2)利息;(3)迟延利息;(4)实行质权之费用;(5)因质物隐有瑕疵而生之损害赔偿(八八七条)。

(1) 原债权

所谓原债权并非对质权为主债权之义,乃对利息及其他附随之权利为主债权之意。质权不必为全债权之担保,担保原债权之一部分,亦无不可。而一部担保并非债权之分割也。如于一千元债权之中担保五百元。以某金额有限度提出之担保,若发生超过之债权时,其结果成为一部担保。债务人设定质权时,实际上无一部担保之必要。第三人设定担保时,若有将其责任限定于其债权之一部之必要时,则采用一部担保之方法。债权之一部担保与质物一部之出质,虽往往用之于同一经济上之目的,但两者不可混同。如债权额为千元,质物之价格为八百元。若假定担保债权二分之一,则质物之负担为五百元。于同一情形,若假定于质物二分之一上设定质权,则其所担保之债权额为四百余。尔后若债权减少六百元,在第一种情形,虽有利于出质人;在第二种情形,毫无利益之可言。又若质物之价格减少三百元时,在第一种情形,债权人毫无损失;在第二种情形,则损失一百五十元。

(2) 利息

当然包含约定利息与法定利息。关于利息之担保,法律既无限制于几年份之明文,自可解为无限制之担保也。

(3) 迟延利息

(4) 实行质权之费用

如拍卖质物之费用;质权之标的为债权时,收取债权之费用;依《民事诉讼法》实行其质权时,其实行之费用。

(5) 因质物隐有瑕疵而生之损害赔偿

如质物为动物,因有传染病而传染质权人所有之家畜,或该动物带恶性,伤害质权人所有之家畜;或质物带爆炸性,加损害于质权人;或因带腐败性、潮湿性,害及他之质物是。此种情形,出质人负损害赔偿之责任。此种损害赔偿请求权,为质权所担保。

第四项 动产质权之效力

第一目 动产质权人之权利义务

第一,保管质物之义务

动产质权人,应以善良管理人之注意,保管质物(八八八条)。盖动产质权人之占有质物,非为所有人之利益,乃于确保自己债权之清偿之必要上,为自己之利益而占有之者也。而为自己之利益占有他人之物者,其责任重于为他人之利益占有他人之物者,乃法律上之原则。故《民法》对于动产质权人之保管质物,课以善良管理人注意之义务。善良管理人之注意云者,即罗马法所谓善良家父之注意。换言之,即诚实勤勉富有经验之人之注意之义。善良管理人之注意,系假设一理想的普通人,而以其人之注意为标准,抽象的所定之注意之程度,非具体的以某特定人为标准所定注意之程度。而有此种注意之义务时,则虽对于轻过失,亦不能免其责任也。

第二,收取孳息之权利

动产质权人,除设定质权之契约有反对之订定外,得收取由质物所生之孳息(八八九条)。

质权人有收取孳息之权利者,应以对于自己财产同一之注意,收取孳息,并为计算(八九〇条)。对于自己财产同一之注意云者,系对于善良管理人之注意而言,即与用于管理自己之财产同一程度之注意之义。换言之,即具体的以某人平常加诸自己之财产之注意为标准所定之注意之程度。而有此种注意之义务时,其责任较善良管理人之注意为轻,仅对于重过失负责而已。

至其所收之孳息,则先以抵充收取之费用,有余则以抵充原债权之利息,再有余则以抵充原债权(八九〇条二项)。

第三,以质物之价金代充质物之权利

质物如有败坏之虞或其价值显有减少足以害及质权人之权利者,质权人得拍卖质物,以其卖得价金代充质物(八九二条)。此项卖得价金之保存,与出质人有密切之利害关系。如出质人认为有提存之必要,自应与以请求提存之权,方足以保护之也(参看《民草》一二二七条)。

依前述理由拍卖者,应于拍卖前通知出质人。但不能通知者,不在此限(八九四条)。

质权人有就质物受优先清偿之权利,而无执行质物之义务。故质权人可以普通债权人之资格,对债务人提起给付之诉,对于质物以外之债务人之财产,得为强制执行。若出质人为第三人时,尤不得不然。《普鲁士国法》(一部二十章四十八条)与债务人以指定质物之抗辩,即债务人受给付之请求时,有先就质物执行之抗辩。然此种抗辩,足以使诉讼迟延。且质物不足以清偿债务时,殊有害于债权人。故《德国民事诉讼法》规定,在诉讼进行中,债务人无此抗辩权。至移转于强制执行程序时,然后方有尽先就质物满足之抗辩,但以债务人与质物之所有人为同一人者为限(《德民诉》七七七条)。然犹未免有多少之弊端。即对质物执行中,债务人有减少其他财产之机会。故认债务人有此抗辩时,须法有明文。但我民法对此,既无规定,故债务人无以上两种抗辩权。盖债权人取得质物为担保者,乃欲得较普通债权更强有力之保护。不能因质权之设定,即抛弃普通债权人所有权能之一部。故若无反对之规定,除质权人应有之权能而外,尚有普通债权人所有之权能也。又在立法论上,亦不可与债务人以此等抗辩。何则?此等抗辩,足以使质权之效果薄弱。其结果,徒使债权人要求过大之质物,殊有害于资金之融通也。

关于以典当为营业之质权,法律无明文规定。此等质权之设定,原则上为流质契约,且以质物为责任之限度,在习惯上所谓有限责任(Beschränkte Haftung)之制度是也。故此种情形,乃质权之例外。债权人仅可对于质物执行。对于质物以外之债务人之财产,则不得执行之。

第四,转质之权利

动产质权人于质权存续中,得以自己之责任,将质物转质于第三人。其因转质所受不可抗力之损失,亦由转质人任其责(八九一条)。

转质(Afterpfand)者,质权人将质物作为自己债务之担保,更设定质权之行为也。其要件与普通质权之设定相同。即质权人与转质权人间,须有以发生质权为目的之合意,且须有质物之交付。

转质之权能如何发生,诸国之法制不甚一致。《德国民法》对此无规定。其学说主张无须交付质物,不过转质之设定,须向第三债务人通知而已(Staudinger, Biermann, Planck)。《普鲁士国法》(一部二十章一二七条以下)及《瑞士民法》(八八七条)则以出质人之同意为必要。《奥地利民法》(四六〇条)及罗马法则无须有出质人之同意,然须加重质权人之责任,即因转质所受不可抗力之损失,亦应负责。我《民法》从之。

关于转质之性质,列举其主要学说如次。

(1) 以质物为标的物之新质权设定说

此说为 Brinz 所主张。谓质权当然包含于质物上设定新质权之力。转质系基于此种法律上之力。质权人于质物上从新所设定之质权也。质权是否当然包含转质权,在学理上及立法上殊为难解之问题。且转质之特色,乃在能排斥原质权而行使其权利。若固执以质物为标的物之思想时,殊不足以说明转质之现象。

(2) 质权出质说

此说系 Sohm 所主张。谓转质乃以质权为标的所设定之质权。其债权并非与质权同时出质,又非以质物上从新设定质权。对于本说之非难,乃质权系不能单独让与之权利,故不能以质权出质。Sohm 氏对于此种非难,加以驳斥。谓出卖并非质权之必然的要件,质权虽不能单独卖出,但因其行使,可得财产上之利益,故质权可独立为他质权之标的。然我民法之解释,不能让与之物,不得为担保物权之标的。不能以财产上价值之有无,为决定可否为质权之标的之标准。故此说在我《民法》之解释上,不能采用。

(3) 质权之创设的让与说

依 Horn 之学说,谓转质系第一质权人对于自己之质权创设新质权而为让与。依此说,原质权人及转质权人均有质权。且转质权人之权利,不得大于原质权人之权利。然转质权之标的,乃原质权,则对于前说之非难,亦可加诸此说。又创设的让与之观念,在物上质虽可予以承认,而在权利质尤其债权质,是否可以承认,成为疑问。

(4) 质权之附条件的让与说

此说为日本之梅氏、富井氏、三潴氏所主张。谓转质乃质权之附条件的让与。此说尤不完全。若为附停止条件的让与,则于条件成就以前,受让人不能取得权利。然在转质,转质权人即时取得权利。若解为附解除条件的让与,则于条件成就以前,让与人无何等权利。然事实与此相反,原质权人于不害转质权人之权利范围内,仍有质权。总之,在转质有二个权利之存在。若依此说,仅能有一个质权,不能不认为误谬也。又此说将出质行为与让与行为混同。因出质行为以不让与所有权为要件,而让与行为则丧失所有权。两者根本不能混为一谈。

(5) 共同出质说

谓转质系将质权与其所担保之债权同时出质(Dernburg, Demelius)。依此说,转质乃质权之设定。转质权之标的乃质权与其所担保之债权。故转质为权利质之一种。此说较为妥当。第一,此说无质权出质说之非难。因质权系与其被担保债权共同设定,故不能谓为禁止让与。又无以质物为标的说之非难,因转质与原质权之标的不同。转质权既系以原质权为标的,故立于限制原质权之地位。殊适合于转质之经济上之目的。最后,原质权虽为转质权之标的,然非不能让与,故无让与说之非难。

然本说尚有两个非难:

(1) Exner 之批评。谓转质时,当事人仅有将质物设定质权之意思。在普通情形,无同时将债权设定质权之意思,故不能发现以债权设定质权之根据。若不得已而为拟制的说明,亦不过为一时之方便,离事实甚远。然质权人将担保自己之债权之质物转质于他人时,不能谓其有将在法律上与债权不可分离之质权供他人债权担保之意思,即有为无效行为之意思。谓其有将债权出质之默契者,反与事实相符。

(2)第二之非难,谓假设转质系为质权与债权之共同出质,是乃债权之出质,而质权不过为附随的移转,是乃权利质之一种。则关于转质,尽可适用权利质之规定。法律对此无特设规定之必要。今法律之所以特设规定者,乃系认质权之出质故也。实则不然。转质并非仅以质权出质者,由其被担保之债权亦须受转质权之拘束一点观察之,甚为明了。在转质权设定以后,原质权人不得免除债权,或收回债权。此乃被担保债权,亦为转质权之标的之明证。法律之所以特设规定者,因质权人有以善良管理者之注意保管标的物之义务。而委托他人保管质物,则非质权人当然所有之权能,故法律须以明文规定之。且法典往往对于理论上甚为明了之原则,亦下规定。规定明了之原则,乃法律之目的。不能将法律之规定,一概视为例外或变则。故论者之反对论法,不能认为正当。

以共同出质说为立脚点,其理论上之结果如次。

(一)转质权人可依权利质之一般原则,行使出质人所有之债权及质权。即自己之债权达清偿期时,可向第三债务人请求清偿,或拍卖质物。若清偿之物为金钱时,即可抵充债权。否则,于其清偿之物上有质权。

(二)质权人对于质物及自己所有之债权,受转质权之拘束。因两者均为转质权之标的故也。故质权人不得抛弃自己之质权,又不能免除自己之债权或受领清偿。

(三)质物所有人向转质权人请求返还质物时,转质权人得行使原质权以为抗辩。

(四)因转质权之消灭,而原质权免除拘束。原质权人可收回质物而成为完全之质权。

(五)质物之灭失毁损,质权人任过失之责(八八八条)。但在转质以后,纵系由于不可抗力之损失,质权人亦须负责。

(六)转质权因原质权之消灭而消灭。如原质权定有存续期间时,则因其期间之满了，原质权与转质权均行消灭。又原质权所担保之债权，因时效完成，原质权消灭时亦然。盖物权因物之消灭，不能不消灭故也。

第二目　动产质权之实行

动产质权实行之方法，有下列之三种。

第一，拍卖质物

设定动产质权之目的，原在担保债权之得受清偿。故质权人于债权已至清偿期而未受清偿时，即得将质物拍卖，以其卖得价金供自己债权清偿之用（八九三条一项），此为实行质权最普通之方法。惟拍卖质物，关系于出质人之权利者至人，除不能通知者外，自应于拍卖前，由质权人将实行拍卖之事，通知出质人（八九四条）。

第二，取得质物之所有权

债权清偿期届满后，质权人得与出质人订立契约，取得质物之所有权，以代清偿（八九五条）。

惟兹所应注意者，即当事人间取得质物之所有权以代清偿之契约，以于债权清偿期届满后所订立者为限，法律上始能认为有效。若于设定行为或清偿期前，约定债权至清偿期不为清偿，质权人即取得质物之所有权以代清偿者，法律上不生效力（八九三条二项）。此种于清偿期前约定至清偿期不为清偿质权人即取得质物之所有权之契约，学者通称为流质契约，罗马法以来各国法律多禁止之。但关于流质之利害，学理上尚有讨论之余地。就债权人而言，于多数情形，流质自能认为有利。盖债权人无拍卖质物之烦累故也。虽然，于流质契约，债权人之权利，限于质物之范围。纵令质物之价值不足债权额，债权人亦不得请求不足之额。故质物之价值比较的低贱时，就债权人而言，不能谓之无危险。而由他之一面观之，债务人因流质而丧失价值在债权额以上之质物者，亦常有之，其结果与支付重利无异。各国法律禁止流质契约，其主要之着眼点，专在乎此。详言之,即虑经验短少、智虑浅薄之债务人,迫于一时之急,以高价之标的物担保些少之债权额,至清偿期不能清偿因而丧失质物之所有权也。就事实而言,狡猾之债权人,乘无经验无思虑之债务人一时之穷迫,缔结流质契约,以期取得不当之利益,固为事之所不能免。若专就此点而言,流质契约诚有禁止之必要。然而全然禁止流质时,则善良之资本家,因不愿拍卖之烦累,对于出质之人,踌躇资金融通之弊害,亦难保其必无。由是观之,禁止流质,实利害各半也。惟典当营业者与出质人间之流质契约,法律上有效,自不待言。

我《民法》关于流质契约之规定,带强行的性质。违反之者,则为无效。但其无效,仅限于流质契约。如设定行为中包含流质契约时,仅令其流质契约之部分无效,其他仍为有效。换言之,其法律行为为可分的。将流质契约分离令其无效,其他部分,仍可保持其效力。盖纵无流质契约,亦可完全达到设定质权之目的。在当事人之意思解释上,普通亦有以其有效之部分为法律行为之意思也。

流质契约乃债权人与出质人间之契约。因此契约,债权人所取得之权利,并非债权,乃于某条件之下,直接取得质物所有权之权利,即直接管领物之权利。若出质人将质物之所有权让与第三人时,债权人得以流质契约对抗受让人。

我《民法》虽不认流质契约,但流质契约有效之例外,亦复不少。兹为便宜起见,说明流质契约之效力如次。

(一)流质契约并不妨强制执行

债权人可选择的取得质物之所有权或以普通债权人之资格对于债务人之财产为强制执行(Dernburg)。即质权人虽有取得质物之权利,而无取得之义务。债权人虽有以流质契约巩固自己之债权之效力,然并无抛弃其当然所有权能之意思。但典当营业者,在我国之习惯上及当事人之意思解释上,债务人有将其责任限定于质物之意思。故对于债务人之其他财产,不得为执行。

(二)债权人取得质物,其债权消灭

债权人虽无取得质物之义务,然一旦取得时,纵令其价格不能满足债权,而对于债务人之其他财产,不得为强制执行。此乃当事人之意思故也。

(三)流质并非质物之出卖

主张流质系买卖之学说,一时颇为盛行。即买主支付价金而取得财产权,与此同时,流质乃质权人取得质物之所有权时,同时对债务人负支付价金之义务。因债权人有债权,以之与价金债务两相抵销而使债务消灭(Gesterding)。此说亦误。何则?在买卖系两当事人相互负担义务。在流质契约,仅债务人一方面受给与所有权之拘束,而债权人不负取得所有权之义务。总之,流质契约之性质,并非买卖,而为代物清偿之一种。

第三,用拍卖以外之方法处分质物

债权清偿期届满后,质权人得与出质人订立契约,用拍卖以外之方法处分质物,以供债权之清偿(八九五条、八七八条)。

八九五条系规定特别之质权实行之方法。因质权实行之原则,乃拍卖质物,由其卖得价金中,较其他债权人受优先清偿。然在动产质,拍卖往往不便。盖拍卖须费甚多,依质物之种类,往往拍卖之价格尚不及普通之市价。且质权人欲取得质物之所有权时,无由达到其希望。故法律规定质权之特别实行方法。即用拍卖以外之方法,处分质物,以供债权之清偿。依此方法,一面可救济拍卖之不便,而他一方面,对于出质人并无何等损害。盖质权之实行时,因拍卖丧失所有权、与质权人以所有权,在出质人方面,结果相同故也。

第五项　动产质权之消灭

动产质权消灭之原因，有下之数种。

第一，动产质权因其所担保之债权消灭而消灭

质权系从属于其所担保之债权之权利，性质上不能独立存在。故于其所担保之债权消灭时，质权自亦随之而消灭。此为当然之理，无须以明文规定者也。

动产质权所担保之债权消灭时，质权人应将质物返还于有受领权之人（八九六条）。

第二，动产质权因其实行而消灭

此亦当然之理，无须以明文规定者也。惟质权虽因其实行而消灭，而其所担保之债权若未能受全部之清偿，则未受清偿之部分依然存续，自不待言。

第三，动产质权因质权人返还质物于出质人而消灭

返还质物时，质权人虽保留质权使其继续存在，亦无效力（八九七条二项）。盖质权以占有标的物为其成立之要件，若返还质物，即欠缺其存续之要件矣，自不得不归于消灭。且斯时如仍令其存续，则第三人无由知有质权之存在，或因让受其标的物而蒙不测之损害，亦未可知，甚非所以维持交易安全之道也。

第四，动产质权因质权人抛弃其权利而消灭（七六四条）

动产质权之抛弃，只须质权人向出质人表示抛弃之意思即生效力。质权人应将其所占有之质物返还于出质人，自不待言。又动产质权为第三人之权利标的物时，若未经第三人之承诺，质权人自不得以一己之意思抛弃之也。

关于抛弃之要件，在罗马法，债务之免除须得债务人之承诺。而质权之抛弃,须得所有人之承诺。但在我《民法》,关于债务之免除,采不以债务人之承诺为必要之主义(三四三条)。则质物之抛弃,亦得以当事人一方之行为为之。罗马法以所有人之承诺为必要者,因不能强制他人享受利益故也。然以一方之行为免除债务时,其结果质权亦当然消灭。以此亦可间接强制免除质权之利益,而以一方的行为直接抛弃质权之规定,不能认为不合理。

第五,动产质权因质权人丧失质物之占有不能请求返还而消灭(八九八条)

盖质权人丧失质物之占有不能请求返还时,则其质权存续之要件即已欠缺,自不得不归于消灭。且斯时若不使其质权消灭,则质权人虽不能向第三人请求回复质物之占有,而得以其质权与第三人对抗,法律保护善意第三人之精神,将无由贯彻矣。故斯时应使其质权归于消灭。

第六,动产质权因其标的物灭失而消灭(八九九条前段)

如因标的物灭失得受赔偿金者,质权人得就赔偿金取偿(八九九条后段)。此即所谓担保物权物上代位之原则也。

质权人行使物上代位之权利时,须于赔偿金交付前,扣押之。但依质权之种类有不能适用物上代位之原则者,又有对此原则须稍加变更者,不可不注意及之。

(1)出质人将质物之所有权让与第三人所得之价金,质权人不得扣押之。在此种情形,质权人可以追及权之作用,圆满行使其权利。其所有之质权,不因此而受影响。盖质权人之能就质物之代表物而行使其权利者,须限于质权消灭,或受影响故也。

(2)出质人租赁质物而得报酬之情形,殆难相像。租赁宁由质权人得出质人之同意为之。盖质权人既占有其质物,出质人自然无法租赁。纵假定其可为租赁,质权不因此而受影响,自无须于租赁之对价上行使质权。

（3）质物之灭失由于第三人之侵权行为时，出质人对于该第三人，或对于保险公司，有损害赔偿请求权。此时之质权亦归消灭，故对于损害赔偿请求权，得行使质权。

第七，动产质权因混同而消灭（七六二条）

第六节　权利质权

第一项　权利质权之意义及性质

权利质权云者，以所有权以外之财产权为标的物之质权也。盖此种财产权，虽非有体之物，而其性质则大抵可以让与于人。可以让与，则有交换价值。有交换价值，则足以担保债权之实行。故各国立法例，均有权利质之制度。《民法》九〇〇条规定，可让与之债权及其他权利，均得为质权之标的物，即以明文认权利质之制度者也。

关于权利质之性质，学说纷歧。兹分别说明于次。

（1）附停止条件让与说（Theorie der bedingten Zession, Mühlenbruch）

此说之趣旨，谓债权质之本质，乃附停止条件之债权让与。其条件为"出质人若不于适当时期满足债权"。其所根据之理由，谓能行使他人之债权即有请求给付之权能者，仅限于代理人，或债权之受让人。质权人既有请求给付之权能，故质权人乃债权之受让人。设定质权之行为乃让与行为。此说一时成为有力之学说，赞成者甚多。然在今日已失坠矣。

在债权之让与质权之设定，其外形颇相类似。然当事人之意思，则完全不同。在债权之让与，让与人有与他人以权利之意思。在质权之设定，出质人有保有权利之意思，而无附条件的让与权利之意思。质权实行之结果，丧失债权者，乃质权之效力使然，并非系根据当事人之意思。故此说与事实不符。若以债权质为附条件的让与时，则于条件成就时质权人乃绝对的债权人，于其所请求之标的物上，不能不取得所有权。然事实与此相反。质权人仅就自己之债权额之部分，有请求之权利。若债权之标的非金钱时，仅于其所请求之物上发生质权，而不能取得所有权。凡此均与让与之观念不合。主张此说之密氏谓质权人所取得之债权，须受经济上目的之限制，不得超过之。然条件系附于让与行为，以对于其所让与之权利之限制，不足以说明条件之观念。

依附停止条件之观念，于条件成就前，受让人不过有取得权利之期待权。然事实与此相反。质权人所有之权能，于条件成就前，业已具备。条件之成就，不过为实行质权之要件而已。

此说虽足以说明质权人请求给付之权能，然此种权能，视为质权所特有之权能，亦无不可，并无须借假让与之观念以说明之必要也。

（2）共同的让与说（Theorie der co-option, Hellwig）

依此说，在物上质质物被第三人毁损或窃取时，出质人与质权人对第三人有共同的诉权。再以此种情形，说明债权质。谓质物被第三人毁损或窃取时，所有权人有基于所有权之损害赔偿请求权。质权人虽非所有人，对第三人亦有损害赔偿请求权。此种权利，并非侵权行为之诉权，乃担保被侵夺之代偿请求权。故其范围，以被担保之债权额为限度。所有人及质权人对第三人之关系，与债权质之质权人及出质人对第三债务人之关系相同。其关系以共同让与之观念说明之。黑氏所谓共同让与与普通之让与不同。在普通之让与，受让人取得让与人所有之权利，让与人丧失其从来所有之权利。但在共同让与，受让人虽取得让与人所有之权利，而让与人并不丧失其权利。让与人及受让人为共同的债权人，即第三债务人有二人之债权人,于是发生债权之连带。但此种连带,又与普通之连带不同。在普通之连带债权,各债权人得请求全部之履行。而在此种连带,质权人仅可以自己之债权额为限度,有请求权。又此请求权仅于质权所担保之债权未受清偿之期间内方行存续。对于此说之非难甚多。总之,此说为迎合债权质之法律关系,而作成新的观念以说明之。但其说明,无甚价值之可言。即名为让与,而埋没让与观念之要素。名为连带,而去连带之本质甚远。对于一个债权,而有二个债权人,斯亦奇矣。嗣后对于此说,无人赞成。

（3）实质的限制让与说(Theorie der materiellbeshränkten Cession, Dernburg)

依此说,债权质乃特种之债权让与。其结果受让人即质权人所有之权能,受质权目的范围之限制。以之与第一说比较之,第一说主张让与行为附条件,而此说主张让与行为未附条件,惟受让人之权利受限制而已。此两说重要差异之点。其说明受让人即质权人之权能时,又与单纯之受让人不同。质权人不得任意处分其债权。于其被担保债权之履行期前,质权人不得请求其标的债权之履行。又不能受领第三债务人所提出之给付。至履行期时,方可拍卖其标的之债权,或请求给付。而对于取得之给付物,仅有质权而无所有权。此乃质权契约之当事人之意思也。对于此说有与第一说同样之非难。即在设定质权时,当事人无让与债权之意思。故让与说无论用何种形式,均为不可。若真为债权之让与时,则质权人为何不能为质权标的之债权人？又对于其取得之物,为何不得为所有权人？此乃与让与之观念不能两立者也。

（4）债权之标的物出质说(Exner)

谓债权质之真的标的乃出质债权之标的物。依此见解,债权质仍为物权。与各种质权之观念相同。然此说亦有未当。盖债务人不为清偿时，质权人可索取债权，于其标的物上有质权，或将债权卖出而以其价金供清偿之用。但此等事实乃债权质之变化，而为法律上当然发生之结果，并非基于出质人之意思也。故此说与当事人之意思不符。又对于不以物为标的之债权，亦可设定质权。此时其质权实行时，并无可为物权之标的物。若出质之债权之标的物为不特定物时，则质权系存在于不特定物上，殊为不妥。

（5）创设的继承说（Theorie der Konstitutive Sukcession, Bekker, Hasauneck）

此说乃有力学说之一。谓权利之继承，有两种形式，即移转的继承与创设的继承是也。在前者乃不变更前主之权利内容而继承之。换言之，乃单纯权利主体之变更。在后者，乃基因于前主之权利，创设与此有相异之性质及内容之权利而取得之谓。其基本权利，称为母权；所创设之权利，称为子权。此种创设的继承之观念，在基于所有权而设定物权之情形，已为学界一般所承认。在物上质之设定，不外为创设的让与。将此观念应用于债权质，谓质权人所取得者，乃基因于出质之债权而创设与该债权之内容及性质不同之别个权利也。所创设之权利之内容，因质权之经济上之目的而定。于批评此说之前，须说明母权与子权之关系。在学者之间，亦无定论。依 Exner 氏之见解，子权乃包含于母权中之权能之一部分。故在创设以后，母权减少其权能之一部。依 Mansbach 之见解，在创设子权后母权在分量上毫不受影响。不过子权较母权为强，因此母权不能十分发挥其效力而已。后说乃现今之通说。然依后说之见解，仍有他方面之非难。盖所有权之标的物，可依种种方法管领之。故可与一人以使用权，而与其他之一人以收益权。而债权之内容为单一不可分。债权人只能按其内容有请求履行之权利。尤其关于以物之给付为标的之债权，债权人不能先请求地上权而后请求处分权,以此而得完全之所有权。以同一理由,债权人所取得者,或为债权之全部,或完全不能取得,不能分离其权能之一部而取得之(Stammler, Hellwig)。此种非难,自有一部理由。且子权与母权其标的相同,由第三债务人观察之,对于自己之债权人负担全部债务,对于质权人又负担于质权之目的范围内所创设之义务。纵令自己之债权人之权利,被质权所压制,不能表现其作用,然于质权存续中,产生加重第三债务人之债务之结果,不能谓为合理也。

(6) 权利客体说

与前数说相对立者,则为权利客体说。依此说,则谓权利质与物上质于本质上并无差异。其不同之点,惟在其客体而已。即物上质以物为其客体,权利质以权利为其客体者也。盖权利之上不能有权利存在之观念,作为罗马法之解释,虽不妨采用,而在今日之法律交易上,则不能相容。在今日,不独法理上无形体之权利应得与有形体之物同为权利之客体,且此种无形体之权利与其他无形体之物为权利之客体者,实际上亦数见不鲜。例如抵押权,于不动产之外,地上权、永佃权、典权均得为其客体。又著作权、特许权等所谓无体财产权,皆系以人之智能的创作物之无体物为其客体。故以无形体之权利为质权之客体,实未见其不可,亦决无将权利质说明为权利之让与之必要。至让与论者,在一般权利质,根据其设定须依让与权利之规定之一事,遂认一般权利质为权利之让与,实不免认手段为目的之讥。何则? 此时其目的在设定权利质,非让与权利。依其让与权利之规定设定者,不过为设定质权之手段,非即以让与权利为目的故也。又让与论者,根据质权人得直接索取其债权之一事,遂认债权之出质为债权之让与,亦非稳妥之论。何则? 此时法律仅于便宜上赋与以索取他人之债权之权能,债权固仍应认为存留为出质人之手。盖赋与以索取债权之权能,与赋与债权,性质上截然两事,决非可视为同一故也。要之，物上质与权利质，在本质上，实无何等之差异，不过前者以物为客体，后者以权利为客体而已。此说能将一切质权之观念统一的说明，已成近世学者间之通说，而于我民法之解释上亦最为适当，故吾人亦采此说。

关于上述论点，权利质是否为物权，尚有问题。对此问题，可分两派。即物权说(Gierke, Bremer)与债权说(Sohm, Windscheid)是也。然此问题，可依对于物权性之见解如何而求解决。在否认物权性之学者，谓物权乃对有体物上直接行使之权利。在此种独断的前提之下而推论债权质时，自然达到债权质非物权之结论。然物权之本质，非存在于权利之标的，乃存在于权利之构造。若权利人对于标的之关系为直接时，自可认为物权。至其标的是否为物，抑为权利，则毫无区别之必要。盖实际上物权之特性，乃追及权。而发生追及权之理由，因其对于标的物之关系乃直接的故也。对于标的物有直接的关系时，则其权利，并非仅对于特定人。故其适当的保护之方法在赋与追及权。有如此构成之权利，必发生追及权，而成为物权也。

第二项　权利质权之客体

权利质权之客体为权利，已如前述。而兹所应注意者，即非谓一切之权利均得为质权之客体。法律上得为质权客体之权利，以具有让与性之财产权为限（九〇〇条，《德民》一二七三条，《法民》二〇七五条，《意民》一八八六条，《日民》三六二条一项）。非财产权固不待言。即令为财产权，而未具有让与性者，均不得为权利质权之客体也。

兹就各种财产权分别说明之。

第一，债权

以债权为质权之客权，实为权利质中最普通之现象。惟必须可让与之债权,始能为质权之客体。故(1)性质上不许让与之债权,例如基于雇佣、委任、使用借贷等之关系所生之债权;(2)当事人以特约禁止让与之债权;(3)法律禁止扣押之债权,均不得以为质权之客体。惟当事人间禁止让与之特约,不得以之对抗善意第三人。故第三人不知当事人间有禁止让与之特约,而就此种债权取得质权时,其取得之质权,并不因有此特约而受影响(参看二九四条一项、二项)。

债权之标的为金钱给付、特定物之给付、不特定物之给付,或为作为,或为选择债务,或为附条件、附期限债务,皆可为质权之标的。若被担保债权与其标的债权,为非同种时,质权人于其所收取之物上有质权。依与普通物上质相同之方法,实行其权利。或不为收取而依《强制执行法》之规定请法院发转移命令(《强制执行法》一一五条二项),而以其债权充清偿之用。在选择债权出质时,选择权亦当然为质权之标的。故质权人于实行其权利时,可行使选择权。选择权不属于债权人时,质权人亦有二一○条之权利。

对于质权人之债权,可否为质权之标的,如押金、保证金之返还请求权上之质权,以银行定期存款折向银行设定担保,以生命保险证券向保险公司设定担保等是。又第三人设定质权而债权人继承该第三债务人时,乃由法律之规定,发生此种现象。

如上所述,于对于自己之债权上,亦可设定质权者,并非法律所不许。盖法律所规定之债权质,并不限于以第三人为债务人之债权。在解释上,对于自己之债权上,亦可设定质权也。主张债权质为债权让与之学者,谓此种债权质之设定,系将出质人之债权移转于债务人(质权人),因混同之结果,出质人之债权消灭,质权不能成立云云。然债权质之标的乃债权,质权之设定并非债权之让与,故讨论此种质权之构造时,并不发生困难也。不过对于此种不自然之形式,未尝不发生疑问。在普通之债权质,质权人有收取其标的之债权之权利,而在此种形式,质权人固可收取对于自己之债权而为被担保债权之清偿,但毕竟为无用之程序。故于具备抵销之要件,使其债权因抵销而消灭,反容易达到其目的。

第二,物权

物权虽亦得为质权之客体,而以所有权为质权之客体时,则为物上质而非权利质。地役权,因其性质不能由需役地之所有权分离独立,自无单独为权利质权之客体之理。又担保物权,于理论上,亦不得与其主债权分离为他之权利之客体。故实际上得单独为权利质权之客体者,不过地上权、永佃权、典权而已。

第三,无体财产权

无体财产权,亦称无体物权,例如著作权、特许权、商标权等均属之。此等权利,亦均得为质权之客体。

第三项　权利质权之设定

权利质权之设定,虽亦得以遗嘱行之,然而最普通者,则为契约。而得为权利质权之客体之权利,种类颇多,已如前述。故关于设定质权之要件,亦须分别说明之。

第一目　债权质之设定

债权质,得分为通常之债权质及以有价证券为客体之债权质之二种,其设定之要件各异。分述于次。

第一,通常之债权质之设定

(1) 以通常之债权为质权之标的物者,其设定应以书面为之(九〇四条前段)。

(2) 以有证书之债权为标的物之质权,其设定除应以书面为之外,并应将其证书交付于质权人(九〇四条后段)。所谓将证书交付于质权人,即将证书之占有移转于质权人之义。而证书之占有,质权人原不必自己为之,使他人代自己占有之,亦无不可。惟权利质权因准用动产质权之规定(九〇一条),质权人不得使出质人代自己占有证书,自不待言(八八五条)。

债权是否有证书,惟债务人即出质人知之,质权人不可得而确知。若出质人隐蔽债权证书,而作为无证书之债权出质时,其效力如何?有谓九〇四条乃规定质权设定之客观的要件。若债权有证书,须行交付。若不交付,则缺乏设定行为之要件,则其设定行为为无效。然依此说,因出质人违法隐蔽证书之结果,使设定行为无效时,则无过失之质权人将蒙不测之损失,殊为不当。又有谓法律既已认无证书之债权之出质,若债权人之证书不为交付,法律即可视为无证书之债权。盖证书系为债权人之利益所存在之证据,债权人纵视为无债权证书之债权亦无妨碍。且质权人既认为无证书之债权,于其上取得质权时,其证书纵不交付,质权人并不受何等损害。在形式论上,前之无效说虽较有力,遽难采用。然依后说,质权人亦甚危险。若自始无债权证书之存在,其效力虽不发生问题,若有证书而不交付,则质权人收取债权时,对于第三债务人无可以对抗之证据,甚为危险。故在此种情形,关于质权设定之效力,尚为疑问。

第二,以有价证券为客体之债权质

(1) 以无记名证券为标的物之质权,其设定因交付其证券于质权人而生效力(九〇八条前段)。换言之,以无记名证券为标的物设定质权时,只须交付其证券于质权人,即生设定质权之效力,此外无须何等之形式。盖此种质权,其主要之标的物,虽系证券上之权利而非证券自身,但证券自身与证券上之权利,互相结合,不可分离。就证券上之权利设定质权,即无异就证券自身设定质权。故法律规定,只须交付其证券于质权人即生设定质权之效力也。

(2)以无记名证券以外之有价证券为标的物之质权,其设定除以交付其证券为要件外,并须依背书方法为之(九〇八条后段)。盖此种有价证券,证券上之权利与证券自身虽亦有互相结合之关系,但其结合之程度,不及无记名证券与其证券上之权利之密切。故就此种有价证券设定质权时,于交付证券之外,必须更有其他之方法始足以证明有质权之设定。此即法律以背书为其一要件之理由也。

第二目 债权质以外之权利质之设定

权利质权之客体如为物权或其他之无体物权时,则其设定,须依让与其权利之规定为之(九〇二条)。例如以地上权、永佃权、典权等之物权为客体设定质权时,则须依《民法》第七六〇条之规定,以书面为之。以著作权、商标权等之无体物权为客体设定质权时,则须依著作权法、商标法关于让与各该权利之规定为之是也。而权利质权,因准用动产质权之规定,故就地上权等之物权设定质权时,除应以书面订立设定质权之契约外,并须移转地上权等之标的物之占有(八八五条)。又质权人不得使出质人代自己行占有,亦无待说明者也(八八五条二项)。

第四项 权利质权之效力

权利质权,除有特别规定外,准用关于动产质权之规定(九〇一条)。故研究权利质权之效力,必须常注意此点。例如以债权为质权之标的物时,质权人得收取由该债权所生之孳息。而收取孳息时,应以对于自己财产同一之注意收取并为计算。所收取之孳息,应依法定次序抵充各债权(八八九条、八九〇条)。又于以地上权、永佃权等为质权之标的物时,质权人既取得该权利等之标的物之占有(八八五条),得依各该权利之性质为使用收益,自不待言。此外,权利质权人,得将其权利转质于人(八九一条),及应以善良管理人之注意保存为质权标的物之权利(八八八条),均属其效力中之主要者也。

惟《民法》关于权利质权之效力,尚有特别之规定。以下分别说明之。

第一,关于一般权利质者

设定质权以后,为质权标的物之权利,非经质权人同意,出质人不得以法律行为使其消灭或变更(九〇三条)。详言之,出质人除取得质权人之同意外,对于此项权利,不得自由抛弃,亦不得以契约减缩其内容或短缩其存续期间等。盖此项权利之存否,及其内容之增减,存续期间之长短,均与质权人之权利有重大之关系。出质人如欲使其消灭、变更,自非得质权人之同意不可也。

第二,关于通常之债权质者

(1) 以债权为质权标的物而其清偿期先于其所担保之债权之清偿期者,质权人得请求债务人提存其为清偿之给付物(九〇五条)。此时债务人若实行提存其给付物,则质权人自应于请求交付提存物之债权上享有质权。惟债务人之给付物,不尽适于提存。若有不适于提存情形(例如给付物之数量过巨之类),则质权人得请求债务人拍卖其给付物而提存其价金,自不待言(三三一条)。

(2) 以债权为质权标的物而其清偿期后于其所担保之债权之清偿期者,质权人于其清偿期届满时,得直接向债务人请求给付。但为质权标的物之债权,如系金钱债权,则质权人仅得就自己对于出质人之债权额为给付之请求(九〇六条)。此时该债权之标的物,如系金钱以外之物,则质权人自应于其所受领之物上享有质权。如系金钱,则质权人所受领之金额,既与其债权相当,即得视为已受出质人之清偿也。

(3) 以债权为质权标的物而其债务人已受质权设定之通知者,如债务人欲向出质人或质权人一方为清偿,则必须得他方之同意。他方不同意时,则债务人应提存其为清偿之给付物(九〇七条)。此时该给付物如不适于提存,则亦得拍卖其物而提存其价金(三三一条)。债务人如提存给付物或提存其价金,则质权人当然于请求交付提存物或提存金之债权上享有质权也。

第三,关于以有价证券为标的物之债权质者

(1) 附属于为质权标的物之有价证券之利息证券、定期金证券、分配利益证券,已交付于质权人者,亦为质权之标的物(九一〇条)。

(2) 以有价证券中之无记名证券、票据或其他依背书而让与之证券为质权之标的物者,法律更规定有下之特别效力(九〇九条)。

甲、质权所担保之债权纵未届清偿期,质权人仍得收取证券上应受之给付。

乙、质权所担保之债权纵未届清偿期,质权人如有预行通知证券债务人之必要时,有为通知之权利。

丙、质权所担保之债权纵未届清偿期,该证券之债务人,亦仅得向质权人为给付。盖此种有价证券,其性质均属流通证券。行使证券上之权利及履行证券上之义务,均以直接迅速为贵,否则即于金融发生影响。故以此种有价证券为质权之标的物时,法律不得不与以上述特别之效力也。

第五项　权利质权之消灭

权利质权之消灭原因,有下之数种。

第一,主债权之消灭

权利质权为从物权,与动产质权相同。故其所担保之债权因清偿或其他之原因归于消灭,权利质权亦当然归于消灭。

第二,权利之实行

权利质权人实行其权利时,无论其债权已受全部之清偿与否,质权均归消灭。

第三,为质权标的物之权利之消灭

例如以地上权、永佃权等为标的物之质权,于此等权利因为其标的物之土地之灭失或被收用而消灭时,质权即失其标的物,当然不能存在也。

第四,权利之抛弃

权利质权,既为财产权之一,以不妨害第三人之权利为限,质权人得抛弃其质权,无待说明。质权人抛弃其质权时,其质权即因之消灭(七六四条)。

第五,混同

权利质权与为其标的物之权利之混同,亦为其消灭原因(七六三条)。惟在债权质,质权人与第三债务人,虽为同一人,质权并不消灭,乃就他人对于自己之债权而存在,此不可不注意者也。

第九章 典 权

第一节 典权之立法上之沿革

典权为我国特有之物权,其立法上之沿革,远者无可考证,兹惟就清初以来之沿革情形略言之。按大清律典卖田宅律文载,凡典卖田宅不税契者,笞五十。又载,其所典田宅、林园、碾磨等物,年限已满,业主备价取赎,若典主托故不肯放赎者,笞四十。限外递年所得花利,追缴给主。仍依价取赎。其年限虽满,业主无力取赎者,不拘此律。可知定律之初,实视典、卖为同种之法律关系。不过出卖之后,卖主不能回赎。而典则有一定期限,期限届满,业主仍有回赎之权。至典期之长短,律文毫无限制,一任当事人之自由订定。而于典期届满后原业主无力回赎时,当事人间之典关系仍存续如故。迨至乾隆年间,以民间置买产业,多有典卖契载不明之产。于是定例断自乾隆十八年止,以前契载不明之产在三十年以上者,除注明回赎外,即作绝卖,不许找价回赎。其在三十年以内契无绝卖字样者,仍准分别找赎。可知当时于回赎外,已认业主有请求找价之权利。其后以典关系之长久存续,于不动产之流通改良,多所妨碍,有限制典期之必要。于是《户部则例》以明文规定,民间活契典当田房契载十年以内者,概不纳税。又规定,民人典当田房,契载年份统以十年为率。倘于契内多载年份,一经发觉,追缴税银,照例治罪(见《户部则例·置产投税》)。而关于旗人间与旗民间之典当,则又定明旗人典当田房,契载年份以十年为率。十年限满,原业主力不能赎,再予余一年。逾期不赎,典主得以报税。报税之后,即不许告找告赎(见《户部则例·置产投税》)。又定明民人契典旗地,回赎典限以二十年为断。如立契已逾例限,即许呈契升科,不准回赎(见《户部则例·旗民交产》)。是一面限制典期,一面即认回赎权之消灭时效。惟典期之设,不过为原业主回赎权之限制。若原业主于典期届满后,无力回赎,则于回赎期限届满以前,当事人间之典关系,仍不能不任其存续。即限制典期之精神,终无由贯彻。于是立法者为补偏救弊计,又不得不认典之新效力。故于《户部则例》又定明卖主(指原业主言。典与活卖相同,亦称卖主)无力回赎,许立绝卖契据,公估找贴一次。若买主(指典主言)不愿找贴,应听别售,归还典价。此即所谓别售与找贴之权利也。又其后各省因地方特别情形,关于典权制定特别法规者甚多。如光绪十四年之《直隶查办升科章程》、光绪三十二年之《奏准奉天整顿税契章程》、民国元年之奉天都督订立《王公产业加价抽赎办法》等是也。民元以后，典当田宅之诉讼日益增多，无统一法规以资遵守，审判执行均感困难。于是由前司法部拟订《清理不动产典当办法》十条，于民国四年十月六日呈准施行，是为我国关于典当关系之现行法规。惟该办法偏重在清理以前之典当关系，故其规定极其简单，除回赎权及典期外，涉及典权之重要内容者甚少。最近国民政府公布之《民法》，对于典权设有专章，自是关于典权始有完备统一之规定。此则典权之立法上沿革之大略也。

第二节　典权之性质

典权云者，支付典价占有他人之不动产而为使用及收益之物权也（九一一条）。兹就此定义，说明典权之性质于次。

第一，典权者，以不动产为标的物之物权也

民法上所谓不动产，系指土地及其定着物而言。典权之标的物，法律既规定为不动产，则于土地以外，凡建设于土地上之房屋、其他之建筑物、堤防、地窖、桥梁、隧道等一切之定着物，均得为典权之标的物，自不待言。惟我国习惯上，就房屋以外之定着物成立典关系者甚少。故典权之标的物，通常多属土地及房屋也。

第二，典权者，就他人之不动产为使用及收益之物权也

典权为存于他人之不动产上之权利，其内容为使用收益，故其性质为他物权中之用益物权。典权于此点，与地上权、永佃权等毫无差异。惟地上权、永佃权等之标的物，以土地为限。而典权之标的物，通常为土地及房屋。又地上权人、永佃权人等之利用土地，法律上限于一定之目

的，而典权人就其权利之标的物为使用收益，法律上毫无限制。此其相异之点也。

第三，典权者，占有他人之不动产之物权也。

典权之成立，以移转占有为要件。盖典权之目的，在就他人之不动产为使用收益，典权人苟非取得其权利标的物之占有，即无由行使其使用收益之权能故也。

第四，典权以支付典价为其要件

典价之性质，与地上权之地租、永佃权之佃租不同。地上权之地租、永佃权之佃租，一经支付，即绝对为土地所有人之所有。于地上权、永佃权之存续期间届满，土地所有人收回土地时，其所取得之地租、佃租，无返还于地上权人、永佃权人之理。而出典人所取得之典价，于典期届满回赎典物时，仍须将原典价返还于典权人。盖一为使用土地之对价，一为取得典权之对价故也。至典价之多寡，一任当事人之自由订定，而通常则为原价十分之七八也。

第三节　典权之取得

一、设定之取得

典权得依设定行为取得之。依一般之习惯，典权之设定，通常以契约为之。而其契约，则为要式契约，以写立典契为必要之方式（七六〇条），且非经登记不生效力（七五八条）。至典契之方式如何，《民法》无明文之规定。惟据一般惯例，其必须记载者，为下列各项：

(1) 契之名称。

(2) 出典人之姓名。

(3) 出典之原因。此项与契约内容无关，往往由出典人任意书写，亦有仅写今因正用字样者。

(4) 标的物之所在地,坐落、四至,间数、亩数,年纳及应纳钱粮数目。

(5) 中人在场之意旨。

(6) 典主之姓名。

(7) 典价数目及收清典价之意旨。

(8) 交付典物或兑佃(典物出佃于人时)之意旨,与典主权利之范围,及典主负担正供之意旨。

(9) 典期。

(10) 期满后原业主得备价赎回,及典主不得借词搪塞之意旨。

(11) 原业主无力取赎时之关系。

(12) 结文(通常用"恐口无凭,立字为据"字样)。

(13) 年月日及出典人与中人之署名、画押。

典契在前清雍乾以前,必须投税。后经明定条例,免除投税义务。而自民国三年公布《契税条例》以来,典契又须投税。且典契用纸,必须购用政府印制者。此不可不注意者也(《契税条例》第一条、第四条)。

又据大清律典卖田宅律文载,若将已典卖与人田宅朦胧重复典卖者,以所得重典卖之价,追还后典买之主,田宅从原典买主为业等语。故依该律,在同一不动产上,不得设定第二位之典权。以前大理院亦有同样之判例(五年上字八八七号判例)。现行之《民法》,于典权规定中,虽无禁止重典之明文,而由物权内容采限定主义之原则而言,当然采同样之解释也。

二、移转的取得

典权之取得,属于移转的取得时,即依继承及依让与行为而取得典权者是也。兹分述于次。

(1) 继承

典权与一般财产相同,得依继承取得之,自不待言。而依继承取得典权时,虽无须登记,即发生取得之效力。而欲处分其所得之典权,则非为取得之登记不可(七五八条)。盖登记簿上之典权人与现在之典权人,必须一致,始能确保交易之安全。若未为取得之登记,即能处分其典权,是登记簿上之典权人,非现在之典权人,登记之信用,将无法维持故也。

(2) 让与

典权人得将其典权自由让与于人(九一七条一项)。故既存之典权,得依让与行为取得之。有典权之让与行为时,让受人对于出典人即取得与典权人同一之权利(同条二项)。而让与典权,必须立让与书据(七六〇条),且非经登记不生效力(七五八条)。

第四节　典权之期限

《民法》关于典权之期限,定有下之二原则。

(一) 典权之期限不得逾三十年,逾三十年者缩短为三十年(九一二条)

设定典权时,为其标的物之不动产,既归典权人之占有,则该不动产之所有人,于期期以内,即绝对不能行使其使用收益之权,自不愿投资以改良该不动产,而典权人亦往往着眼于目前之利益,不为永久之计划。若其期限失之过长,则于不动产之改良利用,必大有妨碍。故《民法》限制其期限不得逾三十年。而此项限制典权期限之规定,系出于公益上之理由,有强行之必要。如违反此项规定而约定三十年以上之期限,其超过三十年之部分,法律上自应无效。故《民法》又规定斯时其期限缩短为三十年。

（二）典权之约定期限不满十五年者，不得附有到期不赎即作绝卖之条款（九一三条）

换言之，于典期不满十五年之典契约，纵令附有到期不赎即作绝卖之条款，此项附款，在法律上不生效力。出典人于典期届满后，仍得于九二三条所规定之回赎期限内，行使其回赎权，绝不受该附款之拘束。此规定之目的，纯在保护出典人之所有权。盖凡以财产出典于人者，必因经济困难。而在短期之典，出典人于典期以内，不能回复其资力者，往往有之。即认此种附款为有效，使出典人于典期届满即丧失其回赎权，非尊重其所有权之道故也。但典期满十五年以上之典契约，附有此种条款者，依九二三条之反对论法，应属有效，自不待言。

我国以前法令，关于典期有规定者，即前述之《户部则例》、光绪三十二年《奉天奏定田房税契章程》及《清理不动产典当办法》之各法规是也。除《户部则例》中关于典期之规定，前已说明，无庸再述外，兹更将《奉天奏定田房税契章程》及《清理不动产典当办法》两法规内关于典期之规定，举示于次。

（1）光绪三十二年《奉天奏定田房税契章程》内关于典期之规定

据该章程所载，嗣后典当之契，概应以二十年为限。逾期不赎，即作绝卖。其定章以前已逾二十年之典契，准再展限一年，由原业主赶紧回赎。逾期不赎，亦作绝卖。此则当时适用于奉天一地方之特别法规也。

（2）《清理不动产典当办法》内关于典期之规定

该《办法》第八条后段规定，典当期间，以不过十年为限。违者一届十年限满，应准业主即时收赎。业主届限不赎，听凭典主过户投税。不满十年之典当，不准附于到期不赎听凭作绝之条件。违者虽经逾期，于自立约之日起，十年期限内，仍准业主随时告赎。此则于《民法》公布前通行于全国之有效之法规也。

第五节　典权之效力

第一，典权人之权利义务

一、典权人得将典物转典或出租于人

（1）典物之转典　典权除契约另有订定，或有特别习惯，应依其订定或习惯外，典权人于典权存续中，得将典物转典于人（九一五条）。转典云者，以典权为标的物再设定典权之谓。其性质与质权之转质颇相类似。惟质权系从物权，不能独立存在，故转质时，必须将质权连同其所担保之债权行之。而转典则直就典权行之。又转质之目的，在担保转质权人之债权。而转典则为单纯之处分典权行为。两者之间，自有明了之区别也。又转典与典权之让与，亦不可混同。典权之让与，除附有解除条件者之外，系绝对的处分典权之行为，于让与典权以后，典权人即丧失其权利。而转典则不过于典权之上设定典权，于转典以后，典权人仍有回赎其典权之权利。故转典与典权之让与，虽同属处分典权之行为，而两者亦自有其区别之点也。

典权以移转典物之占有为其成立要件。典权人行转典时，应将典物之占有移转于转典权人，自不待言。

典权定有期限者，其转典之期限，不得超过原典权之期限。未定期限者，其转典不得定有期限（九一五条二项前段）。盖转典为典权人处分其典权之行为，而典权人于原典权之范围内，始有可处分之权利故也。

转典之典价，不得超过原典价（同条二项后段）。此规定与前述关于转典期限之规定不同，非出于法理上之理由，乃纯出于事实上之理由。盖转典时出典人与原典权人之法律关系继续如故，出典人提出原典价声明回赎时，原典权人须由转典权人之手回赎典物，而以之返还于出典人。

转典之典价若超过原典价,其超过部分若原典权人一时无力支付,则必影响于出典人之回赎权故也。

转典为典权人之权利,系以其一己之意思为之,无须得出典人之同意。故因转典致典物受损害时,亦自应由原典权人负其责任也(九一六条)。

又前清《户部则例》载:"典产并原卖听赎(即活卖)之产,现业主(即典主)果有急需,原主不能回赎,亦听现业主转典。"又载:"十年以后,原业主无力回赎,听典主执业转典。"可知典权人转典之权利,在以前之法令中即已认许也。

(2)典物之出租　除有特别契约或有特别习惯外,典权人于典权存续中,亦得将典物出租于人(九一五条)。典权人将典物出租时,除租价得自由订定外,关于出租之期限及出租后对于典物之责任,均与转典时相同。

二、典权人得行使由不动产相邻关系所生之权利并须负担其义务

典权之内容,除对于标的物不得为处分行为外,大抵与不动产所有权之内容相同,故《民法》规定凡关于不动产所有人于相邻关系所有之权利义务各规定,于典权人间或典权人与土地所有人间准用之(九一四条)。惟所有物返还请求权及妨害除去请求权之规定,于典权关系亦有准用之必要。民法无此规定,不得谓非立法上之疏漏也。

三、典权人须负担因自己之过失致典物灭失之责任

凡为自己之利益占有他人之物者,应以善良管理人之注意保管其物,乃法律上之原则。而典权人之占有典物,系为自己之利益,非为出典人之利益,极为明显。其保管典物,应负善良管理人注意之义务,无待多辩。典权人因负此种注意义务,故于典权存续中因典权人怠于注意,即典权人自己有过失,致典物全部或一部灭失时,自应由典权人负赔偿之

责。而其责任，则以典价额为限度。即无论典物系全部灭失抑系一部灭失，典权人赔偿责任之最大限度，不出典价额之范围。纵令损害额超过典价额，对于其超过部分，典权人无须赔偿。但因典权人之故意或重大过失致典物全部或一部灭失时，则其责任自不得不加重。斯时如典价额不足赔偿全部损害，则于典价额以外，仍应负赔偿责任也（九二二条）。

四、典权人于典物因不可抗力灭失后得为重建或修缮

为典权标的物之建筑物，于典权存续中，因不可抗力全部灭失时，典权人有重建之权。一部灭失时，典权人有修缮之权。盖于典权存续期间以内，典权人对于已灭失之标的物，如自愿以费用为重建或修缮，就典权人而言，得因此而继续达其使用收益之目的，就出典人而言，亦别无损害之可言，法律自无禁止其重建或修缮之理。惟重建或修缮之费用，如超过灭失时灭失部分之价值，则于回赎典物时，因典权人对于其所支出之费用有求偿之权利（九二七条），出典人自不免因此而受不利益之影响。故典权人如欲超过灭失时典物之全部或一部之价值为重建或修缮者，则非经出典人之同意，不得为之（九二一条）。

五、典权人有请求偿还有益费及重建或修缮之权利

有益费云者，改良典物增加其价值之费用之谓。典物因典权人支出此种费用所增加之价值，如于回赎时仍有存在者，典权人得就现存之利益，请求偿还。又典权人于典物因不可抗力全部或一部灭失而为重建或修缮者，于典物回赎时，亦得就现存之利益，请求偿还（九二七条）。盖此种利益，就出典人而言，其性质均属不当得利，自应与典权人以求偿权也。

第二，出典人之权利义务

一、出典人得将典物之所有权让与他人

典权之性质，为限制物权，于其存续期内，出典人对于典物之使用收

益及为事实上处分之权能,虽不得不受典权之限制,而对于典物为法律上处分之权能,则毫不受典权之影响。故出典人于设定典权后,仍得将典物之所有权自由让与他人(九一八条)。有此项让与行为时,典权人对于受让人仍有同一之权利。此即所谓典权之追及的效力也(同条二项)。

出典人将典物之所有权让与他人时,典权人如欲留买典物,法律上有留买之权利,此即所谓典权人之先买权。惟典权人留买典物,非仅有留买之意思表示,即能发生效力,必须声明提出同一之价额留买,始能有效。此为行使先买权当然之条件。否则,难免不损害出典人之利益。典权人依法行使先买权时,出典人非有正当理由不得拒绝。所谓有正当理由者,例如典权人徒托留买之空言,毫无资力,希图抗价不交之类是也(九一九条)。

又出典人于典权存续中,表示让与典物之所有权于典权人,且经典权人同意者,自能发生让与之效力。斯时法律为期手续简易起见,许典权人得按时价找贴典价外典物之余价,而取得其所有权(九二六条一项)。惟找贴以后,即应发生绝卖之效力,否则于典物之流通,必有妨碍。故找贴典物之余价,自应以一次为限也(同条二项)。

二、出典人得以原典价回赎典物

典与卖异,出典以后,出典人对于典物仍有所有权。故除典物因不可抗力灭失回赎权归于消灭者(九二〇条一项)外,出典人有回赎典物之权利,自不待言。而回赎典物时,应以原典价回赎,又属当然之理。至出典人行使回赎权之时期,则因典权有无约定期限,而有差异。(1)典权如定有期限,则出典人必须于典期届满后,始能以原典价回赎典物。此时回赎权之消灭时效,法律定为二年,由典期届满之日起算。即出典人于典期届满后经过二年不以原典价回赎者,其回赎权即因时效而消灭,典权人即取得典物所有权(九二三条一项、二项)。(2)典权如未定期限,则出典人得随时以原典价回赎典物。此时回赎权之消灭时效，法律定为三十年，由出典之日起算。即出典后经过三十年不回赎者，其回赎权亦因时效而消灭，典权人即取得典物所有权（九二四条）。出典人回赎典物，原则上虽应以原典价回赎，惟于典物因不可抗力一部灭失时，出典人就其余存部分为回赎时，则得由原典价中扣减典物灭失部分灭失时之价值之半数，以行回赎。盖典物因不可抗力灭失时，其损害由出典人、典权人双方平均负担为公允故也。但典权人之责任，以原典价为最大限度。即令原典价之全额不足典物灭失部分灭失时之价值之半数，典权人之责任，亦以原典价为限。《民法》九二〇条二项但书所谓以扣尽原典价为限，即属此义。盖典权人究与所有人异，其享受典物之利益，既限于一定之范围，则其负担典物之损害，亦自应有一定之限度也。

三、出典人回赎典物应遵守法定期间或先行通知典权人

典物之回赎，依典物之种类，有应遵守法定期间者，有应先行通知典权人者。即典物如系耕作地，则其回赎应于收获季节后次期作业开始前为之。盖于开始作业后收获季节前，如回赎典物，则典权人本期已支出之费用，势必无法取偿，于典权人殊不利益故也。典物如系其他不动产，则其回赎应于六个月前先行通知典权人。盖一经回赎，典权人即不得再行利用典物，且典价多属大宗款项，如出典人回赎典物，不于相当期间以前先行通知典权人，则典权人必于种种方面感受困难，殊非所以保护典权人之道故也（九二五条）。

第六节　典权之消灭

典权因涂销其登记而消灭，与他之不动产物权同。至其消灭原因，则有下之数种。

第一，标的物之灭失

典物因不可抗力全部或一部灭失者，就其灭失之部分，典权归于消灭（九二〇条一项）。典物因典权人之故意过失全部或一部灭失时，典权应否就其灭失之部分消灭，法无明文。但由法理上言之，当然采同样之解释。惟典物因不可抗力全部或一部灭失，典权人为重建或修缮者，依民法之解释，典权并不消灭。

第二，回赎权之行使

典权定有期限者，于期限届满后，出典人得回赎典物；未定期限者，出典人得随时回赎典物，已如前述。有典物之回赎时，典权即归消灭。

第三，抛弃

典权与一般财产权相同，得因抛弃而消灭。而典权人抛弃其典权时，出典人无须交出典价即能收回典物，此又当然之解释也。

第四，混同

典权人依《民法》九二三条、九二六条之规定，或其他之原因，取得典物之所有权时，其典权即因混同而消灭。

第十章 留置权

第一节 留置权之性质及其成立要件

留置权云者，债权人占有属于债务人之动产，其占有非因侵权行为，且其债权之发生与占有之动产有牵连关系，并已至清偿期者，于未受清偿以前，得留置占有物之权利也（九二八条）。

兹就此定义，说明留置权之成立要件及其性质于次。

第一，留置权之客体以动产为限

外国之立法，有不问动产与不动产，均得行使留置权者。而我国《民法》，关于留置权之客体，则以明文规定为动产，对于不动产不能成立留置权。此为研究留置权时首当注意之点。

第二，留置权之成立须占有属于债务人之动产

属于债务人之动产云者，属于债务人所有之动产之谓。即留置权之成立，必须债权人所占有之动产，为债务人之所有物。若其占有之动产，非债务人之所有物，乃第三人之所有物时，即自始不发生留置权（例如承租人使修缮人为物之修缮时，因承租人非物之所有人，修缮人就其所占有之物，即自始不发生留置权之类）。又即令于业已发生留置权之后，若债务人将物之所有权让与于他人时，债权人亦不得以其留置权对抗受让人。故就此意义而言，我民法上之留置权，仅有对人的效力也。

第三，须占有之取得非因侵权行为

盖留置权系使债权人得继续其占有，借以促债务人清偿债务，其目的在图当事人双方之公平。故必须债权人之占有系适法取得者，始有受留置权保护之理由。若其占有系因侵权行为取得者，则以迅速返还占有物回复原状为正当。若与以留置权之保护，反于公平之观念不合故也。例如以强取之手段取得物之占有者，纵令对于其物有修缮行为，而就修缮费之偿还，不能留置占有物是也。

第四，须债权之发生与占有之动产有牵连关系

此为民事上之留置权与商事上之留置权不同之点。在商事关系，只须债权系因营业关系而生及动产之占有系因营业关系而取得者，法律即视为有牵连关系（《民法》九二九条）。换言之，于商事关系，债权与占有物之间，不以实际上有牵连关系为必要。而在民事关系，则以两者之间，有牵连关系，为留置权成立之要件。至牵连关系之意义如何，实为一极重要极困难之问题。关于此问题，从来学说不一。

（一）有谓牵连关系之观念，殊不明确，不能定其适用之范围者。虽然，牵连关系既为法典所采用之观念，则说明其意义，自属法律家之任务，不得以其观念不明了，遽卸解释之责也。

（二）有谓牵连关系之有无，应属法官之自由裁量者。此说亦属不妥。盖牵连关系，为法律要件。换言之，系法律上之规范，非事实问题，其性质非可委诸法官之自由裁量者也。

（三）有谓两请求权由同一之权利关系而生者，其间即有牵连关系。虽然，此说所谓权利关系，其意义殊欠明确，故实际上欲依此说定留置权适用之范围，仍属困难。

（四）有谓债权之发生与占有之动产有牵连关系，系指占有之动产为债权发生原因之全部或其一部者而言。占有之动产为债权发生原因之全部或其一部时，则两者之间，显有原因结果之关系。所谓为留置权成立要件之牵连关系，即指此原因结果之关系而言。此为本说之要领。而主张本说者，更将占有之动产为债权发生原因之时，分为次之二种类。

（1）占有之动产积极的为债权发生原因之时。例如寄托物有瑕疵，运送物有瑕疵，与受寄人、运送人等以损害，发生损害赔偿义务之情形是也。

（2）占有之动产消极的为债权发生之原因行为之客体时。例如加修缮费于占有物及其他加改良费等之时是也。

以上四说之中，自以第四说为妥。依第四说，则牵连关系之意义，极为明白。而法律规定于有牵连关系时发生留置权之理由，亦不难了解之。盖留置权之基础，在公平之观念，而债权之发生系以占有之动产为其原因之全部或一部时，若不清偿债务而能收回其动产，自与公平之观念不合，此即斯时发生留置权之理由也。

第五，须债权已至清偿期

债权人享有留置权，必须其债权已至清偿期。若自己之债权尚未至清偿期，而交付占有物之债权已达履行期限，则债权人应先交付占有物，不得就该占有物有留置权。盖法律认留置权之趣旨，在促债务人清偿债务，使双方得公平受清偿，当然以债务人不履行债务为发生留置权之前提条件。若债权人自己之债权尚未至清偿期，自不发生债务人不履行债务之问题，即无与债权人以留置权之理由故也。但债务人无支付能力时，则不独现在不能清偿债务，即将来亦同样有不能清偿债务之危险，为保护债权人计，应不问其债权已否至清偿期，均有与以留置权之必要。故法律规定斯时债权人纵于其债权未届清偿期，亦有留置权（九三一条一项）。

第六，以留置权担保之债权其发生原因如何在所不问

即不问债权系因契约而生者（例如物之修缮或物之买卖是），抑因不当利得而生者（例如物之占有人就占有物支出必要费是），或由无因管理而生者（例如无义务管理他人之物因而支出必要费、有益费等是），或由侵权行为而生者（例如因寄托人之过失致受寄人由寄托物受损害是），债权人均得行使留置权。但占有之动产与债权之发生须有牵连关系，已如前述矣。

第七，留置权为从属于债权之他物权

留置权系债权人为确保其债权得受清偿，于债务人所有之动产上行使之权利，其性质为他物权，且为从物权，无待说明者也。

第八，留置权为留置占有物之权利

留置权如其名称所示，系留置占有物之权利，其效用在对于债务人间接促其清偿债务。盖债权人有留置权时，债务人非清偿自己之债务，不能取回其所有之物。故欲取回其所有物之债务人，自不得不先清偿自己之债务故也。债权人得留置占有物，为留置权主要的内容。

第九，留置权有不可分性

此为担保物权之通性。留置权既为担保物权，应有此性质，无待说明。《民法》关于留置权之不可分性，于第九三二条有明文之规定。

第十，留置权为依法律之规定而生之权利

留置权于具备法定之要件时，不问当事人之意思如何，当然发生。又于未具备法定要件之时，不得以当事人之意思自由设定之。此为留置权与抵押权、质权等之担保物权显然不同之点。

第二节　留置权之取得

（一）原始的取得　留置权必于具备法律所规定之要件时，始能发生，不得以当事人之意思自由使其发生，已如前述。故留置权之原始的取得，惟有依法律之规定之一种原因而已。而于具备法定要件之时，即当然发生留置权，债权人亦即当然取得留置权，此外无须何等其他之条件。虽然，于具备法定要件时，原则上虽然发生留置权，然亦有例外不发生留置权者。此不可不注意者也。兹将民法所规定不发生留置权者（九三〇条）列举于次。

（1）动产之留置权违反公共秩序或善良风俗时。

（2）动产之留置权与债权人所承担之义务相抵触时。

（3）动产之留置权，与债务人于交付动产前或交付时所为之指示相抵触时。

于（1）之时，系绝对的不发生留置权。于（2）与（3）之时，就一般情形论，虽不发生留置权，但于有特别情事存在时，即债务人于交付动产后成为无支付能力或其无支付能力于交付后始为债权人所知者，债权人仍有留置权。此又当有所区别者也（九三一条二项）。

(二) 承继的取得　承继的取得之原因,得分为继承及让与之二种。

(1) 继承

留置权为财产权之一,得依一般之原则,依继承取得之。

(2) 让与

留置权为财产权,法律无禁止其让与之规定。又自其权利之性质而言,亦无应禁止其让与之理由,故留置权人得将其权利让与于人。惟留置权系从属的权利,行让与时,必须连同其所担保之债权一并行之。又留置权之成立,以物之占有为要件。让与留置权时,必须交付留置物,自属当然之理。有留置权之让与时,受让人即当然取得留置权也。

第三节　留置权人之权利义务

第一,留置权人于其债权未受全部清偿以前,有继续占有留置物全部之权利(九三二条)

此系由留置权之不可分性所生之当然之结论。留置权人应有此权利,无待说明。

第二,留置权人有请求债务人偿还因保管留置物所支出之必要费之权利(九三四条)

兹所谓必要费,例如修缮费、饲养料之类。必要费之支出,于留置物之保存有至大之关系,自应使留置权人有请求偿还此种费用之权利也。

第三,留置权人有收取留置物之孳息以抵偿其债权之权利(九三五条)

兹所谓孳息,系包括天然孳息与法定孳息两者而言。其所收取之孳息,不问属何种类,均得以之抵偿其债权。至收取孳息时应用如何程度之注意,及抵偿债权应依如何之次序行之,法律均无规定。依吾人之所见,此两问题,均应准用《民法》八九〇条之规定以解决之者也。

第四,留置权人于其债权已届清偿期未受清偿时,有就留置物取偿之权利

《民法》九三六条一项规定,债权人于其债权已届清偿期而未受清偿者,得定六个月以上之相当期限,通知债务人,声明如不于期限内为清偿时,即就其留置物取偿,是即留置权人得就留置物取偿之法典上之根据。而债务人若不于通知所定之期限为清偿时,即发生取偿权,留置权人得拍卖留置物就其卖得金受清偿,或与债务人订立契约取得留置物之所有权以代清偿。但拍卖留置物时,除不能通知者外,应于拍卖前通知债务人(九三六条二项)。又因债务人所在不明之原因事实上不能为九三六条一项之通知时,法律为保护债权人之利益,亦与债权人以就留置物取偿之权利,但必须于债权清偿期届满后,经过二年。仍未受清偿,始能行使此权利也(九三六条三项)。

第五,留置权人有以善良管理人之注意保管留置物之义务(《民法》九三三条)

留置权人之保管留置物,应以善良管理人注意行之,与动产质权人保管质物时完全相同。其理由前已说明,兹不再述。

第四节 留置权之消灭

留置权消灭之原因,有下之数种。

第一,标的物之灭失

留置权亦因标的物之灭失而消灭,无待说明。惟留置权有不可分

性,若其标的物非全部灭失仅一部灭失时,留置权并不因之消灭也。

第二,混同

混同为他物权消灭之原因。留置权与留置物之所有权同归一人时,留置权即依混同之原则而消灭。

第三,主债权之消灭

盖留置权为从属于主债权之从权利,主债权消灭时,留置权当然随之消灭也。

第四,担保之提出

债务人为债务之清债已提出相当之担保者,债权人之留置权消灭(九三七条)。盖留置权之制度,在保护债权人使其债权得受清偿。若债务人为债务之清偿已提出相当之担保,则留置权人之债权已无不能受清偿之危险,其留置权即无存续之必要故也。至所谓相当之担保,不外充分之担保之意。又担保之种类,法律虽无限制,但解释上自应以物上担保为限,不得供以对人担保也(参看《德民》二七三条三项)。

第五,占有之丧失

留置权系留置占有物维持其占有之权利。留置物之占有,与留置权有不可分离之关系。故留置权人丧失其标的物之占有时,留置权即欠缺其成立要件之一,自不得不归于消灭(九三八条)。但留置权人之占有被他侵夺时,留置权人得以占有人之资格请求返还占有物。留置权人行使此权利回复物之占有时,则其占有并不丧失,其留置权亦当然不消灭也。

第五节　法定留置权

法律于特种债权关系,为保护债权人之利益,亦有直接规定债权人有留置权者,此即所谓法定留置权。例如《民法》四四五条、六一二条等所规定之留置权是也。法定留置权与普通留置权比较,其成立要件虽不尽相同。但其性质则与普通留置权无甚差异。故法律规定此种留置权,除另有规定外,准用普通留置权之规定(九三九条)。

第十一章 占 有

第一节 占有之性质

占有云者,对于物有事实上之管领力之谓也(九四〇条)。

兹就此定义,说明占有之性质于次。

第一,占有之客体为有体物

为占有客体之物,应限于有体物,无形体之财产权不能为占有之客体。而对于为占有客体之物,更有次之应注意之点。

(1) 物之性质上无为本权客体之能力者,非必不能为占有之客体。例如公共河川,在法理上虽不能为私权之客体,但经官厅之特许而取得其使用权者,自不妨取得其占有之权利。虽然,因物之性质上不许私人实力管领之理由不能为本权客体之物,例如空气、海洋等,则依同一之理由,亦不得为占有之客体。

(2) 一物一所有权之法理,有时不适用于占有。物之性质上其一部分能容许独立之管领者,则对于其部分不妨成立独立之占有。例如房屋所有人将房屋之一部分租赁于人者是也。

(3) 财团不得为占有之客体。对于财团成立占有时,其占有系存于组成财团各个之物上。盖财团非一个之有体物,故不能占有。又继承财产,系权利义务之集团,非一个之有体物,亦不能对其成立占有。

(4) 无主之物，亦能为占有之客体。无主物云者，现在未为所有权客体之物之谓。无主物亦适于为占有之客体。又作为遗失物拾得之物，事实上若系他人所抛弃者，亦为无主物。而于此时，拾得人因无所有之意思，不能成立先占，仅取得其占有而已。

第二，占有以事实上管领物为其唯一之要素

关于占有之要素，立法上从来有两主义。法国法系民法，则于有事实上管领力（所谓体素）之外，尚以有占有意思（所谓心素）为要素。德国法系民法，则不问占有意思之有无，但在事实上其物在人之管领内，即成立占有。依前示之定义观之，我民法系采德国法系之主义，以有事实上管领力为成立占有之要素。其人有无占有之意思，则在所不问。故虽属无意思能力之幼儿、精神病者，若对于物有事实上之管领力，均能取得，占有受法律之保护。

关于有事实上管领力之意义，亦有一言之必要。罗马法之占有，以前大抵作为物之实力管领，即物之物理的管领解释。然而如斯之思想，颇难适用于今日之实际。盖虽非实力管领而有保护之必要者甚多故也。且就法文而言，亦仅云对于物有事实上管领力，并无必须以腕力把持其物之明文。故事实上管领之意义，不妨求其能适合于实际而解释之。依学者间之通说，则事实上管领一语，应作为社会的意义解释，始能与实际相适合。吾人亦赞同此说。所谓社会的意义云者，即于社会上之观念能认为某人管领某物，即其人对于其物有事实上之管领力之意。由是言之，物之事实上管领所必要之条件，自难一一列举。盖因各种情形之不同，而其条件亦随之变化故也。虽然，下之诸点，有注意之必要。

(1) 依为占有客体之物之性质，而管领之方法自有不同，此应注意者一。例如动产与不动产，其占有之方法当然有别。动产虽概能把持，而在不动产，则管领之事实，恒不如动产之密切。房屋则依住居或管理之方法而有事实上之管领，土地则依耕作、牧畜或设围障或单纯监视或其他种种之使用而有事实上之管领，树木则依管领其栽培之土地而有事实上之管领。但登记与占有，截然两事。故仅有登记，自不得谓之对于不动产有事实上之管领。而动产则保管于建筑物内之物，自得谓之属于保管人之管领。饲养于屋外之动物，例如家鱼、蜜蜂之类，则以社会观念上能认为属于某人意思之支配时为限，属于其人之管领。故流入于公河之家鱼，飞去而不能归来之蜜蜂，自不得不谓之脱离其人之占有也。

（2）依一般生活状态之不同，而管领方法亦有差异，此应注意者二。盖在社会秩序整顿财产安全之时代，管领之方法，大抵缓和。反之，在盗贼横行之时代，管领之方法，大抵紧切故也。

（3）外力之排斥，非管领之要件。换言之，即物之管领之观念，不以有排斥外力干涉之实力为必要，此应注意者三。盖占有常存在于得被外力侵害之状态故也。

（4）占有之原始取得，不以有物之物理的管领为必要，此应注意者四。学者之中，有谓占有之原始取得（例如野兽鱼类之捕获），必须有物理上之管领者，然而非正论也。依吾人之所见，即在此时，亦应依社会观念决定之。例如射击野兽时，应依其负伤之大小，即逃走力之大小，而决定是否属于射击者之占有。又有以大网包围鱼类时亦同。鱼类逃走之机会极少者，即得谓之已有事实上之管领。

关于占有之性质，尚有一应研究之问题，即占有究为事实，抑为权利之问题是也。关于本问题，学者间或谓占有为事实，或谓占有为权利，从来多所议论。各国法典，或采事实说，名之曰占有；或采权利说，名之曰占有权，立法例亦殊不一致。《民法》第三编第十章定名曰"占有"，系采取事实说，自不待论。然而通常所谓权利，乃法律上之可能力，吾人所取得之占有，既受法律之保护，享有法律上种种之权能，自不得不谓之具有法律上之可能力，即不得不谓之权利。故就公平之见地言之，本问题纯属解释上之问题。若将占有作为人与物之关系解释，自不妨认为事实；若将占有作为由此项关系所生之法律上之力解释，则仍应认为权利也。如上所述，事实上管领物，为占有唯一之要素。具备此要素，即得为所谓占有，受法律种种之保护。例如对于占有侵害人，则有占有请求权及占有诉权；又占有人法律上推定为权利人。而此等法律上之保护，不独有正权原之占有人及善意占有人享有之，即无权原之占有人及恶意占有人亦均享有之也。如斯，于一方面因违法行为应受法律之制裁者，而于他方面反受法律之保护，事实上不无矛盾之感。吾人于此，自有特别说明法律保护占有之理由之必要。关于此点，从来学者间议论虽多，然可大别为相对主义及绝对主义之二种。依相对主义，则保护占有之理由，存于所谓占有之一事实以外。换言之，若于占有之事实以外，无何等可为保护占有之根据之他之事实存在时，则占有不能受法律之保护。依绝对主义，则保护占有之理由，存在于所谓占有之一事实自身之内。换言之，苟有占有事实之存在，则此外无须何等之根据，当然受法律之保护。是为两主义之要点。兹更分别列举属于两主义之各种学说并评论其当否于次。

一、属于相对主义者

（一）侵权行为说　此说谓凡以暴力侵害占有，必损害占有人之人格，即属侵权行为。法律为防遏此侵权行为，故有保护占有之必要云云。虽然，我民法之解释上，此说殊有未当。盖民法之所谓侵权行为，系以故意或过失为其构成之要件，而于行使占有之请求权或提起占有之诉，并不以占有之侵害出于故意或过失为必要。故谓占有之保护即对于侵权行为之保护之学说，当然不能采用也。

（二）所有权说　此说又分为三种。（1）有谓占有因其受所有权之推定,故应保护之者。虽然,于占有人自认非所有权人时,法律仍同样保护之,故此说亦不妥。(2)有谓占有因其得变为所有权,故应保护之者。于时效及占有取得权利(九四八条)之时,占有之效果,虽有取得所有权者,但此为占有受法律保护之结果,不得认为法律保护占有之理由。(3)有谓欲令所有权之保护完全无缺,则必须保护占有者。主张此说者,更说明其关系曰,占有者,所有权之现于外部者也。又占有人通常为所有人,占有自身虽无保护之价值,而为保护所有权起见,则必须保护占有。惟例外占有人非所有人时,亦同受法律之保护,固为事所不免,但此不过法律为普遍的保护所有权所生之不可避免之副产物而已云云。对于此说,以前虽不乏赞成论者,而今日之学者,大都持反对之论。其理由为:(a)占有人大都为所有人,虽属事实,而例外非所有人之占有人亦受法律之保护,则为主张此说者所自认者也。对于此种占有人之保护,依此说究无法以说明其理由。(b)于占有之诉,占有人虽自认非所有人,仍得以占有人之资格受法律之保护。又占有之诉不得本于本权理由而行裁判,亦为世所公认之法理。是保护占有非为保护所有权,极为明了。吾人亦赞成此反对也。

二、属于绝对主义者

(一)意思主义说　占有之保护,系保护意思之自由,此为本说之要领。其言曰,占有系依具体的事实表示其意思者也。而其意思虽有时仅系事实,与真之权利关系不一致。然意思之自由,为私法全体之基础。而占有之妨害,即系妨害意思之自由,故不得不保护之云云。此说之不当,无待多辩。盖于占有之诉,占有人之意思与侵害其占有者之意思,常相对立。若意思之自由有绝对保护之必要,则两者应受平等之保护。然事实相反,常为占有人之胜利,然则保护占有之真正理由非保护意思之自由可知矣。

（二）客观主义说　占有自身之内，换言之，即人对物之关系自身之内，有应保护占有之理由存在，此为本说之要领。其言曰，占有者，表示共同生活中人之对物的秩序者也。而此秩序之保护，于满足吾人对物的欲望之关系上有绝对的必要云。今日之学者，大都赞同此说。吾人亦以本说为可。依前数说，保护占有之理由，在私人之利益，而依客观主义说，则其理由在公益，法律为维持社会之秩序所以保护占有也。本来占有自身并非权利，似无保护之必要，而为维持社会之秩序计，法律于认占有为不法以前，不得不尊重之。此即保护占有之真之理由也。

第二节　占有之种类

占有依观察方面之不同，得为种种之分类。

第一，自主占有及他主占有

自主占有云者，以所有（总括的管领）之意思所为之占有之谓。各人占有其所有物时，即属自主占有。然亦有非物之真正所有人，而其占有属自主占有者。例如物之受让人，不知让与行为无效，自信为所有权人所为之占有，亦属自主占有是也。又自信为所有权人，亦非自主占有之要件。例如窃盗占有其窃取之物时，固明知自己非所有权人，但系以总括的管领之意思占有其物，故亦为自主占有人。要之，不问是否为真之所有人，凡将一物作为自己之所有而占有之者，均属自主占有也。他主占有云者，无总括的管领（所有）之意思，仅以于某特定关系管领物之意思所为之占有之谓。故他主占有，亦得称为限定占有（对于他主占有之称限定占有，则自主占有可称总括占有）。例如质权人、地上权人、承租人、永佃权人、运送人等之占有，均属他主占有也。

第二,善意占有及恶意占有

善意占有云者,占有人不知其权原之瑕疵而为占有之谓。例如甲将乙之所有物卖却于丙,丙不知为乙之所有物,即不知甲无卖却之权利而受物之交付时,丙之占有为善意占有。反之,恶意占有云者,无权利之占有人知其权原有瑕疵而为占有之谓。就前例而言,如丙知物为乙之所有而仍受物之交付,则其占有即恶意占有也。

第三,瑕疵占有及无瑕疵占有

以强暴或隐秘之方法所为之占有,为瑕疵占有。以和平及公然之方法所为之占有,为无瑕疵占有。

强暴系对于和平而言,隐秘系对于公然而言。故就本分类之内容,又得分为次之二种分类。

(1) 和平占有及强暴占有

和平占有云者,占有之取得及保持,依和平稳当之手段行之者之谓。例如买主依买卖关系所取得之占有,即和平占有也。强暴占有云者,依暴力取得占有或保持占有者之谓。暴力云者,非仅腕力之义。占有之需腕力,宁属普通。故暴力应作为不正之腕力解释。例如强盗入室时,吾人以腕力保护吾人之财产,自不得谓之强暴占有。盖斯时非不正之腕力故也。反之,强盗夺取吾人之财产,其取得之占有,自属强暴占有也。

(2) 公然占有及隐秘占有

隐秘占有云者,恐被他人发现占有之事实,故意隐秘其占有之谓。反之,不故意为避免他人发现之行为者,谓之公然占有。即公然云者,全属消极的观念,无故意使他人知有占有事实之必要。但随物之性质之普通之方法而行占有,即为公然占有。例如当铺将质物收藏于仓库内,自非隐秘占有。盖当铺之此种行为,决非为避免他人之发现,仅为预防质物之灭失毁损故也。反之,窃盗将窃取之手表藏匿于地板之下,则为隐秘占有。又因物之性质，普通之占有方法，不能由外部窥见之者有之。例如为引水而将水管埋入土地之类是也。此种情形，不过占有方法因物之性质上之关系非表见的而已，决不得谓之隐秘占有，盖占有人并未特别采取隐秘其占有之手段故也。

第四，直接占有及间接占有

物之占有人自身现实的占有其物者，为直接占有。反之，非自身现实的占有其物，仅对于现实的占有之人有返还请求权因而间接的有物上管领者，为间接占有。凡本于质权、租赁权、寄托及与此相类之法律关系，对于他人有占有权或负占有义务者，均系自身现实的占有物之人，即为直接占有人，斯时其他人即为间接占有人（《民法》九四一条）。

又此项间接占有人与第三人之间有前述同样之法律关系时，其第三人亦为间接占有人。

又有所谓占有辅助人者，即雇用人、学徒及本于与此相类之法律关系而为他人占有之人。例如为主人御马之马丁，使用主人之家具之雇人，运搬主人之货物之铺伙、学徒等是也。依此等人所为之占有，仍由其主人直接取得，此等人并非取得占有之人。盖此等人须从主人之指示，乃主人用为占有之机关，对于主人事实上立于从属地位，虽有物之管领，然无自主独立之目的，完全服从他人行动者也。故凡依占为辅助人占有物时，主人对于物之关系视为直接，法律上仍以主人为占有人也（九四二条）。

第五，过失占有及无过失占有

此为善意占有之再分类。即占有有因过失而成善意者，或虽善意而有过失者，谓之有过失之占有。无过失云者，对于其善意无过失之谓。换言之，虽加相当之注意仍不能发现自己无占有权利时所为之占有，谓之无过失之占有。反之，若加相当之注意即能发现自己无占有权利，而因欠缺其注意,致不知无占有权利所为之占有,即有过失之善意占有也。

第六,正权原占有及无权原占有

正权原占有云者,有付与占有人占有物之权利之法律上之原因,基于此原因所取得之占有之谓。换言之,依法律行为或法律之规定所取得之占有是也。例如买主之占有买卖标的物,质权人之占有质权标的物,土地租赁人之占有土地,遗产继承人之占有遗产,均系有法律上之原因之占有,即均属正权原占有。但取得占有之法律上之原因,不必有效,仅须有客观的存在即足。此为通说。无权原占有云者,无占有物之法律上之原因之占有之谓。例如无何等土地关系而占有他人之土地等是也。

第七,单独占有及共同占有

单独占有云者,属于一人之占有之谓。例如单独所有人对于其所有物之占有是也。共同占有云者,共属于数人之占有之谓。数人依法律行为或法律之规定共同取得占有者有之。例如数人共同买取一物及数人共同继承遗产之类是也。又依数人之实力共同取得占有者有之。例如多数之渔夫或猎夫共同捕获鱼兽之类是也。又依数人之实力共同保管之仓库内之物及数人同居住之房屋或其一室,均属共同占有之客体也。

第三节　占有之取得

依本章第一节所论,占有系以事实上管领物为其唯一之构成要素。是否取得占有,自应以对于物有无事实上之管领力为断。如某人对于某物有事实上之管领力,即得认为其人对于其物已取得占有,此外无须何等之条件。而事实上有管领力存在与否,则为事实问题。如有争论,应由法院认定之。至关于有事实上管领力一语之意义,本章第一节已有详细之说明,兹不再论。

第三人为占有辅助人时，其本人则于该第三人对于物有事实上管领力时，取得占有。盖占有辅助人，乃本人之机关，其行为与本人自己之行为无异也。

又于第三人本于质权、租赁权等之法律关系，对于他人为直接占有人时，其他人则于该第三人对于物有事实上管领力时，取得间接占有。盖间接占有系对于直接占有之关系。直接占有一经成立，当然成立间接占有。故于第三人本于质权等之法律关系对于物有事实上之管领力成立直接占有时，则设定质权人等当然取得间接占有也。

第四节　占有之移转

占有移转之原因有二，即让与及继承是也。兹分项说明之。

第一项　让与

占有之让与，须具备下之二要件。

第一，让与占有须有意思表示

让与为法律行为，以意思表示为其成立之要件。故让与占有，必须当事人有让与及让受之意思表示始能成立也。

第二，让与占有须交付标的物

此为占有性质上当然之结果，无待说明。但关于此原则，有下之例外。

（一）占有受让人，现已于其物上有事实上管领力者，得仅以意思表示让与之（九四六条二项、七六一条一项但书）。

（二）占有让与人，因特别之法律关系继续占有者，让与人与受让人间，得订立契约，使受让人因此取得间接占有，以代交付（九四六条二项、七六一条二项)。

(三) 间接占有之让与,其让与人得将其对直接占有人之请求交付权,让与于受让人,以代交付(九四六条二项、七六一条三项)。

第二项　继承

占有有法律上之利益。《民法》虽仅认为事实,但其实质与权利无甚差异,故应依一般之原则使继承人得以继承之。而继承人之继承占有,仅依开始继承之一事即发生效力,完全取得被继承人所取得之占有也。

第三项　占有移转之效力

占有之继承人或受让人,得任其选择,或仅主张自己之占有,或并主张前主之占有。盖占有为取得时效之要件,而取得时效之完成,其期间内本不限于一人为占有人。故占有之继承人或受让人,应使其关于占有之分离合并有自由选择之权。如欲主张自己之占有,应听其与前主之占有分离,仅主张自己之占有。如欲合并前主之占有及自己之占有而为主张,则应听其合并主张之,庶得完全享有取得时效之利益。惟合并前占有人之占有而为主张者,如前占有人之占有有瑕疵,则其瑕疵亦应承继之。例如动产之前占有人,如系以强暴隐秘之法行占有,即为有瑕疵之占有,现占有人如欲合并主张其占有,则其瑕疵亦应继承之。即此时,现占有人之占有,虽系以和平公然之法并以所有之意思行之者,仍非由其取得占有之时起算经过五年,不能完成取得时效是也(九四七条一项、二项)。

第五节　关于占有事实之推定

占有依其各种事实之不同,法律上之效果亦随之而异。就纯理而言,欲决定占有之效果如何,应以真实之占有事实为根据。惟占有之现象,吾人日常生活中无数存在,其事实大概恒归属于一定之种类。且占有人关于占有事实难于证明者,亦常有之。故各国之立法,均于便宜上设种种推定占有事实之规定,《民法》亦仿之。兹分述于次。

第一,占有人于占有物上所行使之权利,推定其适法有此权利(九四三条)。

第二,占有人推定其为以所有之意思善意和平及公然占有者(九四四条一项)。

第三,有证据足证明其前后两时期均为占有者,推定其前后两时期之间继续占有(九四四条二项)。

第六节　占有之效力

取得占有之后,法律上发生种种之效力。兹分述于次。

第一,权利之取得

《民法》第九四八条规定以动产所有权或其他物权之移转或设定为目的而善意受让该动产之占有者,纵其让与人无让与之权利,其占有仍受法律之保护。所谓其占有仍受法律之保护,即占有人仍取得于其动产上所行使之权利之意。例如因让与行为占有动产者,苟具备法定之要件,则即时取得其所有权。如因设定质权行为占有动产者,苟具备法定之要件,则即时取得其质权。盖动产上之权利,非依占有无从表见,此外别无公示方法,他人往往信占有人为正当之权利人而与之交易,若对于具备法定之要件开始占有动产之人,不使之能即时取得其所行使之权利,则交易之安全必无由确保故也。

《民法》虽规定动产占有人得即时取得权利,然于占有物为盗赃或遗失物时,则设有限制之规定。即于此时,有回复权人,自被盗或遗失之时起二年以内,得向占有人请求回复其物。盖此等物品,系违反权利人之意思或不本于其意思脱离其管领之物。即于对第三人之关系仍有保护之必要故也(九四九条)。

回复之请求,以无偿行之为原则。但占有人如系由拍卖或公共市场或由贩卖与其物同种之物之商人以善意买得盗赃或遗失物时,则其物之来源不正,在占有人更属无从知悉。故被害人或遗失人非偿还占有人所支出之价金,不得回复其物(九五〇条)。虽然,占有物虽为盗赃、遗失物,亦非可一概行使回复权也。如盗赃、遗失物为金钱或无记名证券,则占有人仍得即时取得于其占有物上所行使之权利。盖金钱与无记名证券,最易流通,脱离原主之手后,即无从辨别。如认被害人或遗失人有回复请求权,反滋纷扰故也(九五一条)。

第二,孳息之取得

善意占有人,虽返还其占有物于有回复权之人,而其所曾取得之孳息,仍可保有之。恶意占有人,则有返还孳息之义务。若其孳息业经消费或因过失而毁损或怠于收取得者,则负偿还其孳息价金之义务。盖善意占有人,既自信为权利人而为占有,则其所取得之孳息,亦必自信为自己所应有而以供一切之用途。若一旦受回复之请求,即不得不举以还之,则必蒙意外之损失,甚非所以保护善意占有人之道。至若恶意占有人,则当其占有之时,已自知无正当之权利。既知无正当权利,则对于有正当权利者须将占有物及其孳息一并返还,亦必为其所能预料。纵使其归还现存之孳息并清偿现已无存孳息之价金,必不至因此而受不测之损害。此所以令其负返还孳息或偿还孳息价金之义务也(九五二条及九五八条)。

第三，占有人与回复权人之关系
一、占有人之义务

占有人于占有物因可归责于自己之事由而灭失或毁损者，对于其回复权人有赔偿义务，自不待论。但此项义务，因其占有之为善意恶意与自主他主而有差异。兹分述之。

甲、善意占有人，于占有物可归责于自己之事由而灭失或毁损者，对于其回复人，以因灭失或毁损现受利益为限度，负赔偿之义务。盖其占有既为善意，则斯时赔偿义务之发生，自以有不当之利得为前提。故使其依不当利得之原则。以现受利益为限度，负赔偿义务，庶足以保护善意占有人之利益也（九五三条）。

乙、恶意占有人或他主占有人，于占有物因可归责于自己之事由而灭失或毁损者，对于其回复权人，负赔偿全部损害之义务。盖恶意占有人及他主占有人，皆明知其占有物为他所有权或他之权利之标的。故占有物灭失毁损其事由应归责于恶意占有人及他主占有人时，应使其依侵权行为之原则，对于其回复权人，负赔偿全部损害之义务。否则，不足以保护物之回复权人之利益也（九五六条）。

二、占有人之权利

甲、请求偿还占有物必要费之权利　占有物之必要费云者，为保存占有物所不可缺少之费用之谓。例如修缮费、租税等是也。此项费用如系由占有人支出，应使其得向回复人请求偿还，自不待言。惟请求偿还费用之范围，因占有人之为善意恶意而有广狭之分。在善意占有人则不问费用支出之情形如何，凡属保存占有物所支出之必要费，均得请求回复人偿还。惟取得孳息之善意占有人，对于通常之必要费，则应由其所得之孳息中支出，回复人无须偿还之。在恶意占有人，则以所支出之费用利于回复人并合于回复人真意或得以推知之意思及为回复人尽公益之义务者为限,有请求偿还之权(九五四条及九五七条)。

乙、请求偿还占有物有益费之权利　占有物之有益费云者,为改良占有物所支出之费用之谓。此种费用,惟善意占有人始得请求偿还。恶意占有人,则无此权利。盖恶意占有人系明知自己无占有其物之权利之人,其占有物之须返还于回复权人,亦为其所能预期。若许其有请求偿还此项费用之权利,则恶意占有人或不免故意多加有益费于占有物,借此以难回复权人,无以保护回复权人之利益故也。惟有益费之支出,虽能使物价增加,然所增加之价格,业已消灭或减少,则对于回复权人自无索偿或全部索偿之理。故有益费之请求偿还,须以返还占有物时现存者为限(九五五条)。

第四,占有人之自力救济

自力救济云者,不假国家之公力而以个人之腕力自为保护之谓也。自力救济之法,常引起纷争,扰乱秩序,法律上本不宜轻易认许。惟当占有被侵害时,其情形常较为紧迫,若必待公力之救济,则占有人往往蒙不可恢复之损害,非完全保护占有之道。故《民法》关于占有,认许占有人自力救济之权。兹述其所规定者于次。

(一)占有人对于侵夺或妨害其占有之行为,得以己力防御之(九六〇条一项)。

(二)不动产占有人,如其占有物被侵夺,得于侵夺后即时排除加害人而取回之(同条二项前段)。

(三)动产占有人,如其占有物被侵夺,得于侵夺后就地或追踪向加害人而取回之(同条二项前段)。

(四)占有辅助人,于其所辅助之占有被侵夺或被妨害时,亦得行使前述占有人自力救济之权利(九六一条)。

第五，占有人之请求权

占有人之请求权云者，于占有被侵夺或被妨害或有被妨害之虞时，法律上为保护占有赋与占有人之各种请求权之总称也。凡请求权均有诉权为之保护，能引起公力之救济。故对于前述之自力救济而言，此种请求权自不妨认公力救济。但请求权自身仍属私权，自不待言。兹详述于次。

一、占有人之请求权之种类及其要件

占有人之请求权，计有三种，其要件各异。兹更分别说明之。

甲、占有物返还之请求权　占有物返还之请求权云者，即占有被侵夺时，原占有人对于侵夺人请求返还其占有物之权利也（九六二条上段）。此请求权有下之要件。

（1）请求人须为被侵夺占有之人即过去之占有人　盖此请求权，系于占有完全被侵夺之时，即对于过去之侵害以收回其占有为目的，乃过去之占有人对于现在之占有人所有之权利，请求人当然不得为现在之占有人。惟请求人于过去为如何种类之占有人，均非所问。尤不问其有无占有之权利。盖此请求权，系以过去之占有一事实为其基础，非以实体上之权利为基础也。

（2）须占有受不正之侵夺　行此请求权时，占有之侵夺须出于不正行为，其理由不难想见。又就法文用侵夺二字之文字观之，亦可推知其中寓有不正之意。不正云者，即违反原占有人之意思，或无特别得侵夺其占有之法律上之权能，而夺取占有之义。例如设围障不许占有人进入，或建筑房屋排斥占有人之实力管领等是也。而实际上占有之妨害与占有之侵夺，往往有难于区别者。然而观念上则有判然之区别，即占有人未完全丧失其占有者，则为妨害；致占有之丧失者，则为侵夺。要之，此请求权，必于占有被不正侵夺，始能行使。例如于承租人至租赁期间满了后不返还租赁物之时,则不得行使此请求权。盖斯时承租人不过无理由不返还租赁物而已,非占有之侵夺故也。此时非行使债权上之请求权,即须行使所有权上之请求权,始能达其收回之目的也。

(3)此请求权之相对人须为现在之占有人　盖此请求权,系以占有物之返还为目的。非现在之占有人,即无为其相对人之资格故也。于依占有机关行占有时,不得以占有机关为相对人。于间接占有(例如侵夺人将占有物寄托于第三人或典质于第三人),得以间接占有人为相对人。斯时,请求人虽不能直接由相对人回复其占有,但能取得相对人对于直接占有人所有之返还请求权,依其行使得由直接占有人回复物之占有。又斯时,亦得以直接占有人为相对人。

此项请求权,法律上应有相当之期限。过此期限,即应使其归于消灭,盖占有制度,本所以维持社会之秩序。若被侵夺后已逾相当之时间,则基于新占有所生之人之对物的秩序,亦有尊重之必要,自不得不转而保护新占有。故《民法》规定此请求权自侵夺后一年间不行使而消灭(九六三条)。

乙、妨害除去之请求权　妨害除去之请求权云者,占有人于其占有被妨害时对于妨害人请求除去其妨害以保持其占有之权利也(九六二条中段)。此请求权有下列之要件。

(1)请求权人须为现在之占有人,而其占有,得为直接占有,亦得为间接占有。一部占有人,亦有此请求权。惟斯时占有之妨害,必须系对于一部占有人之占有部分者。于共同占有,则于第三人加侵害于占有物或他之共同占有人超过一定之范围行物之管领时,发生此请求权。虽然,若占有人之占有完全被侵夺,则只得行使前述之占有物返还请求权,不得行使此请求权。又占有人抛弃其占有时,亦不得行使此请求权。

(2)须现在有占有之妨害　就广义言之,占有之妨害云者,即阻害占有人管领占有物之事实之意。而占有系人与物之关系,故理论上,占有之妨害,得对于人与物之两方面行之。例如监禁占有人,亦得成为占有之妨害。又设围障于占有物使占有人不能接近其物,占有亦当然被妨害。虽然,在前者则因直接受干涉者为人身,占有之被妨害,乃其间接之结果。故此种情形,法律不视为占有之妨害,系作为对于人身之侵权行为而保护。通常所谓占有之妨害,系指后者而言。换言之,即因他人直接干涉占有之物体而阻害占有人行管领者是也。

占有之妨害除去请求权,于动产之占有及不动产之占有,均适用之。虽然,在动产占有,其实例甚少。在不动产占有,其实例甚多。例如于他人占有之土地上设置工作物,或于其地下设水道、地窖之类,又于其地上通行或设栅栏防阻通行之类是也。而就防害之性质而言,有属于继续的妨害者,有属于反复的妨害者,亦有属于一时的妨害者。要之,妨害之有无,则为事实问题,但其性质必须系现实的加妨害于物之管领者方可。若仅以口头或书面争占有人之占有,则不得为行使此请求权之原因,此时仅能提起占有确认之诉而已。

占有之妨害,必须于现在存在。盖此请求权之目的,在妨害之除去。过去之妨害,及将来之妨害,均在不能除去之例,故必须系现在之妨害也。而对于一时妨害,不得行使此请求权。例如对于旅行人一次横断田亩,不得行使此请求权,只得请求损害赔偿而已。依同一之理由,将来之妨害即仅止于占有受胁迫时,虽得行使次述之妨害预防请求权,不得行使此请求权。

(3) 须为不正之妨害　此点法文虽未明言,但妨害二字之字义中,自含有不正之意。分述如下。

(a)不本于占有人意思之妨害,即违反占有人意思之干涉,或不得占有人同意之干涉。

(b)未经法律特许所为之妨害。约言之,于取得占有人同意及经法律特许,则妨害即属正当。经法律特许之干涉云者,由承发吏所为之强制执行,或由警察官吏所为之搜检或危险物之收去等是也。关于本于占有人意思,则无说明之必要。于依占有机关行占有时,机关之意思无何等效力,应以占有人之意思为标准。若占有机关违反占有人之意思擅与他人以干涉之同意,或自为未经占有人许可之干涉时,则占有机关即可谓行不正之妨害者也。

虽然,占有之妨害,无须出于过失,又虽证明无过失,若于前述之意义有不正之性质,即得行此请求权。此占有之请求权,与侵权行为之请求权不同之要点也。

具备上述之要件时,占有人即有此请求权。惟自妨害占有后如于一年以内不行使此请求权,则此请求权即归消灭(九六三条)。

丙、妨害预防请求权　妨害预防请求权云者,占有人于其占有有被妨害之虞时,对于将来之妨害人请求预防其妨害以保全其占有之权利也(九六二条下段)。此请求权有下列之要件。

(1)须有妨害占有之虞　所谓有妨害占有之虞,究指如何之事情而言,不失为一问题。按占有原属一事实,常立于得受不正攻击之状态者也。故无论何时,均得谓之有妨害之虞。虽然,若论有妨害之虞之程度,则有种种。《民法》九六二条下段所谓有被妨害之虞,非指一般或抽象的妨害之虞而言,乃指具体的妨害之虞,且其实现之可能性之著大者而言也。具体的妨害之虞云者,即能预见何人行妨害且能预见以如何之方法行妨害之意。因此二条件不克具备,则吾人即无由知悉应对于何人行请求,且亦无由知悉应请求如何之事项(预防)。必须妨害实现之可能性之大者之理由无他,盖对于占有,如前所述,程度轻微之妨害危险,时常存在,无须要请求权保护之理由故也。

此项请求权,其适明最频繁者,即依工事而有妨害不动产占有之虞时。例如建筑不坚固之高楼高墙,或建设不完全之煤气槽贮水槽,或接近邻地建设地窖隧道等,因其颠覆破溃或陷落而有妨害邻地占有之虞等时也。

(2)发生妨害占有之虞之行为须为不正行为 此要件与于说明妨害除去请求权时所述者相同,即须不本于占有人之意思或法律之规定之义。盖就为占有妨害原因之事情自身而言,虽尚未与占有以何等现实之损害,然因其结局有使占有发生现实的妨害之虞,所以对于占有预为保护。故于行使妨害除去请求权时,如以妨害不正为要件,则于行使此请求权时,亦必须同样之条件,自不待言。

(3)请求权人 请求人须为现在之占有人,此要件完全与前述妨害除去请求权之要件相同。前已说明,兹不再论。

具备上述之要件时,占有人即有此请求权。但占有人自妨害占有之危险发生后如于一年以内不行使此请求权,则此请求权亦归消灭(九六三条)。

二、占有请求权于诉讼上主张时与本权诉讼之关系

占有上之请求权于诉讼上主张者,即所谓占有诉讼是也。关于占有诉讼与本权诉讼之关系,法理上有下之二原则。

(1)占有诉讼与本权诉讼各不相妨 占有与实体权,其性质原得并存。而占有之请求权与本权之请求权,又系基础不同之两个权利。故在诉讼上主张一方之请求权与诉讼上主张他方之请求权,决无妨碍之理。换言之,即占有诉讼之提起及其审判,于本权诉讼绝不相妨。而本权诉讼之提起及其审判,亦不能影响占有诉讼也。故凡有实体权并有占有权者,当其占有被侵害时,无论提起何项诉讼,皆其自由。将两诉讼分别向两法院提起,或将两诉讼分别或并合向同一之法院提起,均无不可。又对于一方之诉之判决,于他方之诉既无判决之效力,若被害人先提起一方之诉

败诉时,自不妨更提起他方之诉。此即两诉讼各不相妨之根本意义也。

(2) 本权诉讼之确定判决及和解有使占有诉讼消灭之效力　占有人提起占有诉讼之后,若相对人于本权诉讼受确定判决或因和解之结果明示其妨害占有之权利,则占有诉讼即因之消灭,以免占有诉讼为无益之进行。但其消灭以关于本案之部分为限。至关于负担诉讼费用之部分,则依旧存续,故此仍须为负担诉讼费用之审判也。

第七节　占有之变更

第一,善意占有人因下列情形变为恶意占有人

一、善意占有人,自知无占有权利时起,变为恶意占有人。

二、善意占有人,于本权诉讼败诉者,自其诉讼拘束发生之日起,视为恶意占有人(九五九条)。例如自信为所有权人而为占有者,因真之所有人提起所有权回复之诉被请求返还标的物而败诉时,则诉讼拘束发生时即自提出诉状于法院送达于被告,于法院原告被告之间成立诉讼关系时起,视为恶意占有人,发生法律上恶意占有之效果,民法所以有如斯之规定者,其理由全在期实际上之公平。例如就孳息而言,诉讼拘束发生以后所生之孳息,若能于诉讼拘束发生之当时立即判决,将权利关系立时决定,则败诉人自无再取得孳息之理。此项孳息当然得由回复人取得。然而诉讼之程序极繁,往往不能即时终结,若无此规定,则回复人因诉讼终结之迟延,必蒙不当之损失,殊非所以保护回复人之道故也。

第二,他主占有人因下列情形变为自主占有人

一、他主占有人,向使自己为占有之人表示以所有意思为占有时,变为自主占有人(九四五条前段)。

二、他主占有人,因新事实变为以所有之意思占有者,变为自主占

有人。所谓新事实,即权利原因之谓。如买卖、赠与、互易等凡为所有权移转之原因者皆是(同条后段)。

此外,恶意占有人,自确信自己有占有之权利时起,变为善意占有人。瑕疵占有人,自以和平及公然之法管领占有物时起,变为无瑕疵占有人。无瑕疵占有人,自以强暴或隐秘之法保持其占有时起,变为瑕疵占有人。此皆事理之当然,无待说明者也。

占有变更之后,则其法律上之效果亦随之变更。例如由善意占有变为恶意占有者,虽以和平之手段并以所有之意思占有他人之不动产,仍非经过二十年之期间,不能完全取得时效。又如由无瑕疵占有变为瑕疵占有者,则绝对不能依时效取得所有权。其由瑕疵占有变为无瑕疵占有者,则反是。此外如即时取得权之有无,使用收益权之有无,返还孳息义务之有无,及对于回复人之权利义务之关系等,均因占有性质之变更,而异其法律上之效果者也。

第八节　占有之消灭

占有之消灭原因,有下之三种:

(一)事实上管领力之抛弃　占有人抛弃对于物之事实上管领力时,占有即因之消灭。盖占有系因对于物有事实上管领力而取得,抛弃此事实上管领力时,占有自应消灭。此无须有明文规定者也。

(二)事实上管领力之丧失　占有人丧失对于物之事实上管领力时,占有亦因之消灭。盖占有之存续与占有之取得,要件相同。故占有人如丧失对于物之事实上管领力,则占有当然消灭也。但占有人如仅系一时不能行其事实上管领力者,不得以丧失事实上管领力论。所谓丧失事实上管领力者,乃其管领力之不能行使陷于永久之状态者也(九六四条)。

(三)标的物之灭失　占有之标的物灭失时,占有归于消灭,自不待言。

以上三种消灭原因之中,第一之原因,系本于占有人意思者。第二之原因,系不本于占有人之意思者。至第三之原因,则有本于占有人之意思者,有不本于占有人之意思者,应就各种情形分别定之。

第九节　共同占有

数人共同占有一物时,各共同占有人就其占有物使用之范围,不得互相请求占有之保护。盖数人共同占有一物时,各共同占有人之对外关系,虽有与单独占有人无异,得各向第三人主张占有之效力。而各共同占有人相互间之法律关系,则皆依本权而定。各占有人关于其占有物使用之范围,如有争执,非依据本权无从判定。故斯时不得各自互相主张占有之效力,提起占有之诉请求保护也(九六五条)。

第十节　准占有

准占有云者,行使不因物之占有而成立之财产权之谓也(九九六条一项)。于行使此种财产权时,亦有与以类似于占有之保护之必要。此即民法于保护占有之外,又有保护准占有之规定之理由也。盖不问是否真正之权利人,各人于事实上行使某权利时,其状态与各人事实上管领物无异,非与以法律上之保护,即无以维持社会之秩序。故法律之保护准占有,实与保护占有出于同一之公益上之必要。

占有以对于物有事实上管领力为要件，而准占有则以财产权之行使为要件。故德国学者称占有为物之占有，称准占有为权利之占有。适于准占有之财产权，必须系得继续的行使者。因一回之行使即归消灭之权利，不适于准占有，自不待言。而为准占有之要件之财产权之行使，只须有一回之行使即足，不以继续反复行使为必要。财产权之行使者云，实行财产权之内容之全部或一部之谓。例如持有债权证书之人向债务人行催告，即债权之准占有。此外如行使地役权之人、行使抵押之人均准占有人也。

准占有系以财产权之行使为要件，故仅能就财产权而成立。就非财产权之人格权、身份权自无成立准占有之余地。又此项财产权，除不因物之占有而成立之一条件外，别无限制。故就债权、物权及著作权等权之无形财产权，均得成立准占有也。

准占有之效力，准用关于占有之规定（九六六条二项）。至关系各个之问题，应如何准用占有之规定，则应就占有之各条文比较研究之者也。

破产法

衡變通量
立論精審

程天放敬題

程天放（1899—1967），江西新建人，加拿大多伦多大学哲学博士。1927年起历任江西省教育厅厅长、安徽省教育厅厅长、安徽大学校长、浙江大学校长、湖北省教育厅厅长、国民政府首任驻德大使等职。1938年12月至1943年1月任四川大学校长。

——编者注

例　言

一、本书系为我国之神圣抗战之纪念而作。①

二、本书既成于抗战时期,苦于参考资材之缺乏。其中谬误之处在所不免,希海内明哲之士,加以指正。

三、本书注重于学理的研究,以资各大学及法界之参考。

四、现行《破产法》条文,失之过简,本书随时有所指摘。

五、本书内所引中外条文,皆已注明。其未经注明者,系指我国《破产法》之条文而言。

---

① 先生是书于1942年11月由四川乐山文化印书馆印制,以四川大学法律系主任室名义发行。封面署名为"部聘教授、国立四川大学法律系主任胡元义"。——编者注

目　录

第一章　总论
  第一节　破产声请权
  第二节　破产及和解之意义
    第一项　破产之意义
    第二项　和解之意义
  第三节　破产法及和解法之沿革
  第四节　破产法立法之各种主义
  第五节　和解及破产事件之裁判管辖
  第六节　债务人之破产及和解能力
  第七节　破产及和解之国际的效力

第二章　和解
  第一节　法院之和解
  第二节　商会之和解
  第三节　和解及和解让步之撤销

第三章　破产
  第一节　破产债权
  第二节　别除权
  第三节　取回权

第四节　抵销权

第五节　撤销权

第六节　破产财团

第七节　破产及于法律行为之效力

第八节　财团债权

第九节　破产宣告程序

　第一项　通则

　第二项　破产宣告

　第三项　抗告

　第四项　破产宣告之撤销及其结果

　第五项　破产宣告前后之保全处分

第十节　破产机关

第十一节　破产财团之占有及管理

第十二节　破产债权之申报、调查及确定

第十三节　破产之终结

　第一项　协调

　第二项　破产财团之变价及分配

第四章　复权

第五章　罚则

第一章 总 论

第一节 破产声请权

第一,自助与国家私权保护之关系 在曩昔国家之权利薄弱,国家对于私权保护之机关未臻完备之时代,腕力即权利之母,一切权利之保护皆有待于自助。此种现象证诸罗马法及诸国法律之沿革,即可了然。降至后世,国家之权力,渐臻强大,国家之私权保护机关渐臻完备。于是自助不仅无其必要,且足以扰乱社会秩序及和平。故诸国大都禁止之,而代以国家机关完成权利之保护及实行。盖自助在弱者并不充分,每不易达到权利保护之目的。而强者每每超越其目的而扰乱社会之和平。由此观之,自助与国家之私权保护,互为消长,适成反比例。即在国家权力甚薄弱时代,自助之范围极广。迨国家权力渐增强大,权利保护之机关渐臻完备,自助范围,逐渐缩小。若国家保护权利机关整顿完备,对于权利之保护,其确实迅速达于理想之程度时,则自助毫无必要矣。现代国家,权力已统一,国权之活动已形强大,国家之机关已臻完备,而对于自助尚感其有多少之必要者,因国家对于私产保护之活动,在确实及迅速两点,尚未达理想之域。在法律上及事实上,尚有多少缺陷故也。故今日之立法,尚有规定多少自助之必要。

自助乃权利人为保护自己之权利,以自己之力量,而施以救济之谓

(《民法总则》一五一条)。故为自助行为人与权利人须为同一人。若为第三人之权利,而为自助行为者,则为法所不许。又自助人须有可以自助之权利,否则为违法。为自助权的之权利乃对于相对人之私权。故自助之权利,亦为私权。

然对于国家机关请求保护吾人之私权之权利,非直接对于相对人之权利,乃对于国家之权利,故为公权。兹名之为私权保护请求权。

第二,私权保护请求权及破产声请权之性质　私权保护请求权者,吾人对于国家要求保护私权之概括的权利也。其种类甚多。广义言之,要求警察权之发动之权利,亦包含之。兹仅列举《民事诉讼法》及《破产法》中之权利。第一,依证据保全之方法,而主张权利时,为使其权利容易证明,而有证据保全请求权。第二,以假扣押、假处分之方法,而保全执行之执行保全请求权。第三,以判决而保护私权之判决请求权(诉权)。第四,以强制执行保护私权之强制执行请求权。第五,以破产宣告,对于破产人之总财产为一般的执行,为使多数债权人得公平满足之破产声请权。此各种权利总称之为吾人对于国家之私权保护请求权。

由此观之,破产声请权,与判决请求权、强制执行请求权相同,乃吾人对于国家请求为私权保护之公权,非对于相对人之私权。相对人不能依判决请求权、强制执行请求权、破产声请权等,直接满足自己之权利,仅国家可使其直接满足。唯债务人任意履行其债务时,债权人已无向国家请求保护之必要。其对于国家之此等保护请求权,已丧失其存在之理由,自应消灭而已。故破产声请权,非私法上债权之效力。对于国家声请破产之权利,须与对于相对人之债权相区别。债权之存在,不过于有破产原因时,为发生破产声请权之理由而已。

又债务人声请破产时,或为避免各别之强制执行,而对总债权人为公平之清偿。或使其享受和解之利益。其为私权保护也明矣。故债务人声请破产时，并非变更声请权之性质，不过以此表示与债权相区别而已。

第二节　破产及和解之意义

我国破产法，实包含破产及和解两种程序。则所谓破产，由狭义言之，虽系专指破产程序而言，然由广义言之，实包括破产程序与和解程序。债务人在声请破产以前，如愿与债权人磋商请求让步，而清理其债务时，自可声请和解。而债务人是否愿声请和解，纯为债务人之自由。兹将破产与和解两种意义，分项说明之。

第一项　破产之意义

破产者，债务人不能清偿其债务时，使多数债权人得公平满足之诉讼事件也。兹将此定义分析之，即可知破产包含四种要素。一为多数债权人。二为公平满足。三为不能清偿。四为诉讼事件。

第一，多数债权人（由债权人方面观察）　从来之破产法，皆系由债务人方面观察。所谓破产法，即等于对债务人之处分法。盖沿革使然，未足以窥破产法理之全豹。然在今日须另加以社会方面的观察。故破产须具备多数债权人之要件。从来仅由债务人方面观察破产者，其故安在？吾人一考以前社会之如何待遇债务人时，即不难得其梗概。兹略述之。在古代罗马，破产法系由执行法发达而成。破产法乃人的执行法（personal execution）。债务人之自由、名誉、生命等，皆成为执行之标的，死后犹及其尸体。盖当时私权与公犯之观念，尚甚含混。对于犯罪人之刑罚执行与对于私法上债务之执行，系用同一方法者，毫不足怪也。

追人的执行废止,而专对于财产执行时,债务人因破产执行之结果,身上犹不免受 infamia 之制裁,此乃对人执行之遗物也。法国历代破产法,大都系为诈欺破产之规定。对于破产人待遇甚苛,其处罚亦严,甚有处以死刑者。《英国破产法》之发达,亦系由于诈欺破产。其待遇破产人,亦如犯人。由此观之,破产法既由对人执行及有罪破产演变而来,遂养成破产即犯罪之社会思想。破产法对于破产人之监督甚严。现今各国立法例,不仅对于有罪破产,关于普通破产,于破产程序终结后,每每对于破产人之公私权,加多少之限制。于是破产乃专指对破产人开始之程序而言。多数债权人之存否,毫未顾及。以职权宣告破产之立法理由,盖基于此。此种主义,虽现已知其不可,然法法系诸国,均采用之。

法国破产法,虽主由破产事实及破产人方面观察,然德国普通法时代即用 Konkurs 之名称。新旧破产法,皆称 Konkursordnung,含有维持多数债权人秩序之意。其法律上之名称已由债权人方面着眼矣。

破产之直接效果,影响于破产人之身上,使其公私权受限制者,乃沿革上之遗传思想。罗马之 infamia,即其一例。然今日之法律思想,不因债务不履行而使债务人之身上受影响。破产乃一诉讼事件,乃为多数债权人之共同强制执行。若普通之执行,不影响于债务人之身上时,则破产时之共同执行,亦不得不然。或谓普通执行,债权人可得完全清偿,而破产则不能受完全清偿,其间自有差异者。然非确论,如破产债权人仅一人,自可不依破产程序,而为普通之强制执行。其执行之结果,不能受完全清偿者,亦有之。

在今日之法制,破产之效果大都及于破产人之身上者,非债务不清偿之效果,即破产之效果,其理由另须他求。此种问题,与社会之公德及信用,大有牵连,乃立法政策上之问题,不能以其债权性质上之法理而解决之。

依职权而为破产宣告之主义,既逐渐废止,破产之效果及于债务人之身上之理由,亦有不当,则破产开始之主要目的,须由债权人方面观察之。所谓破产之目的,第一,乃防止多数债权人彼此排挤,而欲独得完全清偿。第二,使各债权人均得公平分配。由此点观察之,破产程序又可谓为对债权人之开始。何以言之,破产一旦开始时,债权人亦受破产关系之拘束,债权人非依破产程序不得行使其破产债权故也(九九条)。然债权人仅一人时,不发生维持公平之问题。适用一般强制执行之规定,已足以保护该债权人。无须适用繁杂之破产程序。由此可知多数债权人乃破产法理所不可缺之客观的要件之一。有此思想,破产法理,方可成立。若无多数债权人,即无破产宣告之必要。

在立法论上,破产程序之开始,是否须先确定有多数债权人,乃另一问题。由立法上之见地言之,破产程序之开始,仅预想有多数债权人之存在而已。盖在具体情形,是否有多数债权人,纵有多数债权人,是否均参加破产程序,在破产开始以后,方可明了。若已为破产宣告,已开始破产程序,而后确定债权人仅一人时,再将已开始之破产程序废止,而移转于普通之强制执行,实际亦多不利与不便。故债权人仅一人时,已经开始之破产程序,仍须进行,乃为实际上之便宜计,与破产之法理不可混同。德国学者均采进行说。德国判例亦然。但少数学者之反对见解,尚属有力。谓破产之声请,虽只须一债权人,而破产宣告后,无人申报其债权,致债权人仅剩一人时,则破产应即废止。破产法院为破产之裁定时,不仅对于债务人之清偿不能,而是否有多数债权人之存在,亦应考虑。若无多数债权人之存在之希望时,应驳回破产之声请。

第二,损失分担(由社会方面观察) 破产固为社会所忌恶。在有罪破产,又当别论。至普通破产,到底不能以法律禁止之。法律不过对于已经发生之破产,徐图善后之策而已。其善后策中,由保护债权人一点观察之,须将债务人之剩余财产,公平分配于各债权人,使其各得公平满足。但破产乃一社会现象。由社会方面观察之,于破产之事实发生时,务使多数人分担其损失,方适合于社会政策。故由积极财产方面观察,固含有为各债权人公平分配之观念。而其里面,即由消极财产方面观察,尚含有为社会分担损失之观念。故今日之破产法,可谓为以实行损失分担主义为目的之社会的立法政策(Sociale Gesetzgebung)之一。

第三,清偿不能(由债务人方面观察) 由客观的观察债务人之境遇时,若债务人之信用及其财产苟能完全清偿其债务,自不能对彼宣告破产。故不能清偿乃破产之客观的前提要件,称之为破产原因(Konkursgrund)(一条)。

法国学者所谓债务人之总财产为总债权之共同担保。将担保之意义,广义的解释之,则人的担保即信用,亦应包含。若以信用及财产为共同担保,则不能清偿,亦可谓为担保不够。然担保是否不够,由客观的观念或抽象的观念,固可想象。而由主观的具体情形,殊难断定。其担保不够,有为一时的,有为继续的。有为相对的,有为绝对的。则破产须于担保不够之某种征候出现时,即须开始。若于显然之完全不能清偿方开始破产时,已逸时机。此时债务人之资产,或不足以清偿总债权十分之一。故债务人之不能完全清偿,在实际的立法论上已不能作为破产开始之要件。

担保缺乏之征候达如何程度,方足以宣告破产,在今日之立法例,有将可视为破产行为列举者,有为概括的规定者。前者为英美法所采用。而为概括的规定之立法主义中,究在如何情形,方可开始破产,尚有三种思想。即停止支付(Zahlungseinstellung)、不能清偿或不能支付(Zahlungsunfähigkeit)、负债超过(Überschuidung)是也。

现代采商人破产主义之国家,莫不以不能清偿为破产原因。欧洲中世纪意大利北部之诸自由都市之商业勃兴,商人间深感破产制度之必要,而以停止支付为商人破产之原因。然当时停止支付之观念,尚甚简单。嗣为法国路易十四世之《商事敕令》所采用,而后传播于欧洲诸国。该敕令中虽对于停止支付,设有注释的规定,但其意义不甚明了。故法国现行法完全删去,对停止支付之意义,一任法官之自由认定。

德国最初亦受法国之影响。一八五五年之《普鲁士破产法》虽将商人破产与非商人破产规定于同一法律中,但其开始之原因及程序,彼此大有差异。商人之破产原因以停止支付,非商人之破产原因以财产不足(Vermögensunzulänglichkeit)为要件。同法一一三条设有注释的规定。债务人自己宣言不能清偿或因不能清偿关闭营业,或债务人在不能清偿之状态,或其他一切事情存在时,皆可谓为支付不能。法国之注释的规定,既不能得圆满之结果。于是普鲁士商法理由书中谓,关于停止支付之注释,将发生无限之变态,宁委之于法官之认定,反适合于商业社会之实情云云,遂削除此注释的规定。德国新旧破产法效之。德国多数学者著书,皆与此理由书之说明,大同小异。谓停止支付与不能清偿,在债务人之客观的状态,完全相同。惟停止支付系对于债权人所表示之不能清偿而已。停止支付之根据,何故由于不能清偿,换言之,在客观的状态,为何此二者必须同一?既经同一,为何法律除设有停止支付之规定外,更设不能清偿之规定?由此可知德国普通学者之解释,殊难首肯。然德国学者之所以如此解释,则不能不基因于《普鲁士破产法》。该法系折中于法国商人破产主义。虽将商人破产与非商人破产规定于同一法律之中,然商人破产,占其中主要部分。于解释商人破产原因之停止支付时,即借用不能清偿之观念。但现行《德国破产法》完全废除商人破产与非商人破产之区别。破产之一般原因以不能清偿为要件,而停止支付不过为证明不能清偿之一现象(德《破产法》一〇二条,我《破产法》一条一项、二项)。即停止支付时,视为不能清偿而已。由此可知停止支付与不能清偿,其客观的基础不尽相同。《普鲁士破产法》之停止支付之观念与《德国破产法》之停止支付之观念,因立法主义变更之结果,已有多少潜移默变。而学者多默守旧套,致以带法国臭味之《普鲁士破产法》之注释的规定,说明德国现行破产法之停止支付之观念。其凿枘不入,固毫不足怪也。近来学者如 Heigelin、Jaeger 等,已渐知其不可。于是舍弃理由书之说明,而为独立的解释,稍中肯綮。所谓停止支付乃债务人因不能支付所表示之行为(Handlung)。不能清偿乃债务人不能支付之状态(Zustand)。故二者之区别,一为行为,一为状态。(1) 所谓行为,不仅限于法律行为,乃泛指以意思决定之一切行为,即 Willensakt 是。若无意思之行动,非兹所谓行为。但其行为,有为以法律行为而向相对人明示者,有为闭店逃亡等之默示者。唯仅由心内决定,而未向外部表示者,则不能称为行为,故不能视为停止支付。(2) 停止支付须其拒绝支付之意思,以外部行动积极的表示之。债务至履行期而不清偿,不能即视为停止支付。故债权人方面必有履行之请求或逼迫。盖停止支付与迟延责任不同,乃债权是否得到清偿之死活问题。若债权人默过清偿期而毫不逼迫时,则对于债务人尚有多少之信用。

停止支付与不能清偿之第二区别,前者系由主观的观察,即债务人不能支付。后者系由客观的观察,即债务人至于不能支付。盖一系行为,其观察必为主观的。一系状态,其观察必为客观的。前者之不能支付乃债务人对于自己境遇判断之结果。后者之不能清偿乃他人观察债务人之境遇而为判断之结果。客观的结果,即他人所观察债务人之境遇乃一定不移。无论何人,不能左右。但吾人既非神仙,颇难知事实之真相,不得已依法官之认定。债务人在不能清偿之境遇时方为确定。反之,停止支付乃债务人对于自己境遇之判断。是否与事实相符,即与客观的境遇是否一致，尚属疑问。然自家心事自家知，对于自己之境遇，理应知之最谛。故债务人自己不能支付时，乃停止支付最好之证据。德国及我破产法规定债务人停止支付者，推定其为不能清偿，盖为此也。然本人之判断，亦有不得正确者。(1)由客观的观察，本人之境遇，尚未十分恶劣，即尚未达到不能清偿之地步。而本人自己遽行悲观，有信用而不利用，有善策而不讲求，遂陷于停止支付者，亦不可谓绝无。此等纵开始破产程序，其所负债务大都可得完全清偿。其无须为破产宣告者，事后方知。(2)反之，由客观的观察，本人之境遇，非常危险，已至不能清偿地步。但本人利用巧妙手腕，仍继续营业，未生破绽。对于已到期之债务，照常清偿。此时虽未达停止支付之时期，然细察本人之行为时，或以高利借款，或廉价卖出贵重物品，以作清偿债务之资金。故以不能清偿为破产原因之国家，多依此等事实之证明，法院认为不能清偿，而为破产宣告。(3)本人得为支付而毫无理由的拒绝支付时，或以反诉及其他抗辩拒绝支付时，固不能谓为停止支付。然本人已真不能支付，唯糊涂一时滥设口实拒绝支付时，亦可谓为停止支付也。

时的关系，亦可为停止支付与不能清偿之第三种区别。前者为行为，故成立于一定时日。后者乃一状态，系指继续的期间内之境遇而言，然亦非永久也。

所谓负担超过，系将信用除外，乃指负债超过资产而言。故虽负债超过，而犹有信用，尚无宣告破产之必要。有信用而有手腕之人，最初即以负债而开始营业者，数见不鲜。但法人继承财产股份有限公司等之负债超过，亦为破产原因也。(《民法》三十五条，《公司法》一四七条，《破产法》五十九条)

第四，诉讼事件　关于破产程序之性质，有主张为非讼事件者。其理由谓破产程序并非诉讼程序，系在法院指挥监督之下由债务人与其总债权人所成立之清算程序。然应解为诉讼程序。盖所谓诉讼，依今日之通说，无非为确定私权之存否，并图其实行。吾人一考破产程序之内容，实具备此两种要素。破产程序虽与普通诉讼程序不同，但其最后目的，则无差异。债权之申报，等于诉之提起。申报之债权无人声明异议时，其债权即行确定，而记入债权人清册，与确定判决有同等之效力。在普通之民事诉讼，债权确定后而债务人不为清偿时，即可开始强制执行。在破产程序，破产财产团之管理、变价、分配等，皆可谓为强制执行程序。不过普通之执行，系为个个债权人，扣押债务人之财产而为各别的执行。破产则扣押债务人之总财产，而分配于总债权人，而为一般的执行耳。其有强制执行之性质，两者毫无差异。此破产应解为诉讼事件之理由也。

第二项　和解之意义

和解（Ausgleich，Arrangement）者，为预防破产，经法院之认可，由债务人债权人缔结关于债务清理之强制契约也。

我《破产法》，对于和解之意义，虽无解释的规定，然由和解程序之全部观察之，当可得上述之定义。盖和解之目的，一面可使债务人免除因破产所受身上之效果，他面使债务人继续营业，又可保持其社会上之信用。故和解可谓为法律对于债务人所施与之恩惠（Rechtswohltat），仅债务人方得声请和解。

和解人又可谓系谋债权人之一般的利益（im Allgemeinen Interesse der Gläubiger）。盖破产时，债务人之亲戚故旧友人等，大都不愿意援助。而和解时，往往愿意为人的或物的担保，或为第三人之清偿。则债权人非依和解，不能取得以前未有之担保及清偿。较之破产，已大有利于债权人。关于此点，各国之和解统计，已有证明。

破产程序,迄其终结时止,不仅须相当岁月,且须相当之财团债务及财团费用,不能即刻将破产财团为变价分配。财产价值之减损,在所不免。故债权人亦往往有厌恶长期裁判程序之烦杂,破产诉讼足以影响彼此关系之圆满之倾向。破产程序固有一般强制执行损失共同分担及公平分配之特长,而和解可以避免由破产所生之各种不利。盖和解程序大都于短期间迅速终结。债务人依然有管理其财产及处分之权利。纵令受监督人之监督,犹可继续营业而保持社会上之信用。

然债权人所受和解之一般的利益,乃和解之第二次目的。法律对于债权人,不认其有声请和解之权利。唯债权人得以破产之声请,间接怂恿债务人声请和解而已。

在大公司、大实业家、大银行之破产,往往使社会经济发生激烈变动。而和解则足以维持债务之经济上之地位及其交易关系。尤以债务人之财产状况,陷于一时的危殆,因时之经过,而危机即逝者,为然。是和解有裨益于一般社会经济即公益之处不少。

由此观之,和解足以矫正破产之弊害,缓和债务人因破产所受身上之效果,使债权人得到较破产有利之满足,防止社会经济受破产之影响。是预防破产(Zur Abwendung des Konkurses)乃和解之根本理由,和解之应加奖励者亦在此。

和解系指破产外之强制和解(Zwangsvergleich ausserhalb Konkurses)而言,与以终结破产程序为目的之协调(Zwangsvergleich Zur Beendigung des Konkurses)即破产内之强制和解相对立。故两者须互相区别。

和解固为保护债务人之制度,然不能谓所有债务人皆可声请和解。即现在破产状态之债务人,方可声请(六条)。此种状态,称为和解原因。

有和解原因时,方可许可进行和解程序。所谓和解原因,即破产原因。故须具备债务人之不能清偿与多数债权人之存在之两要件。而停止支付,法律推定其不能清偿。故停止支付之债务人,亦不妨声请和解(一条)。

和解系一种强制契约。一面由声请人提出和解方案、清偿方法及所提供担保而为要约。他面在债权人会议以出席债权人之过半数,而其所代表之债权额占无担保总债权额四分之三之同意,而为承诺。故和解之提出与和解之可决,正等于对于要约而为承诺也。

债权人会议可决之反面,纵有少数债权人不同意,亦须受和解之拘束。此乃债权人为一般利益,组织债权人会议,而形成制止个个债权人之反对之一种共同团体(Gemeinschaft)之结果。以多数债权人之意思代表少数债权人之意思,所谓强制代表(Zwangsvertretung)是也。如此强制少数债权人之意思,并不与强制契约即和解之性质相违背。和解之所以称为强制契约之理由,亦在于此。和解乃契约,为现代学者间之通说。然不无反对说。略述于次。

(1) 判决说 谓和解非一般之所谓契约,乃裁判上之判决(Urteil)。即和解系在债权人、债务人、法院三位一体之下,依法院调解所表示之判决也。故一切判决,须先有请求。而和解亦须先有声请。多数债权人之意思,固为和解重要要素,然不能即为判决之标准。多数债权人意思之发表,不能即谓为和解意思,不过法院就和解为裁判时,作为法官之认识资料(Erkenntnisqelle für der Richter)而已。换言之,多数决,仅有报告的意义,而无处分的意义。和解之所以能够拘束少数债权人者,因其为判决故也。

(2) 特种事实说 谓契约说虽能说明和解之可以拘束多数债权人,但少数债权人并无缔结契约之意思。亦虽认为有和解之判决,和解之所以能拘束少数债权人者,乃由于法律之规定。故和解非契约亦非判决,乃由债务人之和解提出、债权人之多数决、法院之认可所组织而成之特种事实也。此两说均不可采。

和解乃清理债务之契约。故和解之内容,须有清理债务之清偿方法。故清偿方法确定之后,方可约定支付犹豫、债务之一部免除、担保之提出、财产之交付、代物清偿、债务承担及其他限制债权之事项。但和解条件,对各债权人须为公平。至债权人愿意受不公平之待遇者,又当别论。

和解虽为债务人与债权人间所缔结之强制契约,但第三人为和解担保义务人时,亦不妨参加。普通为和解时,大都由第三人提出担保,为和解担保义务人,参加和解而缔结之。此时之第三人,亦受和解之拘束。

和解系在裁判程序上所缔结之契约,即由法院所认可之契约。即私人在裁判外所为清理债务之契约,仅能发生普通契约上之效力,非兹所谓和解也。

和解与法院之认可相连系者,因和解对于总债权人有统一的效力(三六条)。一面应由法院保护一般债权人之利益,他面又须防止债务人滥用和解或为不正当之和解也。

第三节　破产法及和解法之沿革

第一,罗马法　罗马是否亦有破产法规,尚有人怀疑。其中以采商人破产主义国家之学者为尤甚。罗马当时尚士农,贱工商。其建国之始,商业成为奴隶之事业,罗马市民,则不许经营。其结果,法律之发达,亦受其影响。罗马私法虽整齐完备,使天下后世莫不蒙其惠。然商法始终未成为特别法典。固其一般私法,能伸缩自如,克与时势相调和,而商法之制定,不合罗马人之一般惯行风气者,乃其最大原因。既无商法,则适于商人特别团体之破产法,当然亦无机会制定。但吾人于罗马一般私法中,可发现适用于商事之商事法规。于一般执行法中,又可发现适用于破产人之破产法规。因罗马并未将普通债务人与缺乏支付能力之商人相区别故也。

在罗马王政时代,若债务人之清偿方法,不能满足债权人时,债权人可将其作为奴隶。此乃身上执行之制度,为执行法发达之第一阶段。此种奴隶,似与普通之奴隶不同。普通之奴隶之使用、收益、处分,全系所有者之自由,殆与物品无异。而债务人为奴隶时,则仅隶属于债权人之权力范围。或监禁之,或使其服劳务。虽形似奴隶,然罗马市民之资格,并未因此剥夺。社会视之,尚为自由人。《十二铜表法》关于一定金钱债务,自债务人之自认(aeris confessi)或判决(Judicatio)时起,与债务人以三十日之犹豫期间。若于此犹豫期间内,债务人犹不能履行债务时,债权人以自己之腕力捕获债务人而提出于法庭。此时债务人犹不能清偿债务或设定保证时,债权人可将债务人监禁六十日。此六十日中,债权人将债务人提出于法庭三次,高声向公众报告其债权额,盖欲使债务人之亲戚故旧友人及慈善家援救债务人以清偿其债务也。罗马之市场,九日开市一次,法庭亦于此时开庭。

若债权人履行以上程序,而六十日内尚无人对债务人施以救助时,债权人可将其杀戮或作为奴隶,卖诸罗马以外或外国。当时债权人是否照《十二铜表法》文字所表示将债务人杀戮或寸断其肢体,学者之意见,尚未一致。古时人之生命、身体、劳务等,皆可为债务之担保,而为执行标的者,不独罗马为然。吾人一翻史乘,其例甚多。罗马是否多行此残暴之行为,据 Vainberg 氏之考证:至"此种惨酷执行以前,曾数次将债务人提示于公众之前。若债务人实可怜悯,或因天灾及其他之不幸而不能清偿债务时。其亲戚、故旧、友人、慈善家等多施以救助。苟无救助之人时，则为市井无赖。纵施以严刑峻法，反为市民所快。故此种酷刑多施诸无赖"云云。尚近情理。

《十二铜表法》之执行法规对债务人太酷，人民不堪涂炭之苦。当时富者为贵族，大都为债权人。贫者为平民，大都为债务人，于是，多数平民，变为贵族所使用之奴隶。贵族平民间，除政治上之地位有优劣外，尚有此经济上地位之优劣。《十二铜表法》虽对于利率有一定限制，而富者尚可用种种方法贪图高利，于是平民益困。若债务人诉之于法院，则暴露自己之高利借贷，未免受《十二铜表法》之严罚。故只得屈膝于债权人之膝下，而供其驱使。当时罗马参政院有鉴于此，于是容纳人民之请愿，公布 Lex Poetelia。一面缓和人的执行，他面承认对于财产之独立执行。盖《十二铜表法》中，仅有对人执行之规定，而无对财产执行之规定者，因当时观念认财产乃人的附属物故也。债务人不清偿债务而成为奴隶，归债权人所有时，因奴隶不能有独立财产，则债务人之财产，亦归债权人所有。然财产不能独立成为执行之标的。而能成为独立执行之标的者，则自 Lex Poetelia 始。故此法之地位，极为重要。同时在执行法理上，划一新纪元。从此不清偿债务与公犯之性质，完全不同。以铁索系人而致之死者，仅对于公犯施行刑罚时，方得为之，而不应施之于不为清偿之债务人。

财产执行虽起因于 Lex Poetelia，然此法仅可适用于私人债务，而纳税、刑事上之没收、财产刑之执行，或因通敌而将其财产没收于国库时，则用财产征收方法。此种征收方法，先由法官命令财政官吏扣押犯人或未纳税人之财产。然罗马之财政官吏，为数极少，自不能尽管理扣押财产之责，又不能采取分别卖却之方法。故将扣押财产包括的拍卖于一人。不仅程序简约，所费者少，且处分迅速。假如就其财产，已发生诉讼时,则国家长期对于纳税财产,处于未决之状态。若国家已包括的付诸公卖时,则买主可依私法之通则,对其财产取得完全所有权,而成为包括继承人。不仅继承其权利,而同时继承其义务。就该诉讼,亦自为当事人而担任之。故国家由买主领收一定额之公卖价金,即可达到收税之目的。至买主亦可将其买得财产分别卖出而取得利益。此制度称为 Sectio Bonorum,包括的买主称为 Bonorum Sector。

罗马法官将此种收税方法应用于私人的债务执行,是乃 Bonorum Venditio 之起源。最初应用于无继承人之遗产及剥夺民权之追放人之财产。盖在此两种情形,其财产不能即归属于国库。对于此等财产之债权人,尚须由此财产受清偿。遂不问该财产是否足以完全清偿债务,而将财产包括的拍卖。买主按其买受价格,以一定比例向总债权人为清偿。嗣后扩张应用于以诈害债权人之意思不应法院之传唤又无代理人而逃亡之债务人,即今日英法所谓破产的行为。更于一般债务人自认或判决时,为总债权人之利益,对于债务人之包括财产为一般的执行,而按其债权额为公平的分配,遂启破产程序之端矣。

(一) Bonorum Venditio 程序之开始　与原告以 Missio in Bona 之命令,使原告占有被告之财产。关于 Missio in Bona,尚有其特别要件及一般要件。

(1) 特别要件

(A) 被告隐匿于法院所在地或其管辖区域内或竟逃亡致不能应法院之传唤。盖当时之传唤,须原告自己为之。若被告隐匿或逃亡时,则原告无法传唤。故须与原告以 missio。学者谓 missio 系由缺席判决发达而来者,亦非无因。此外尚须有诈害债权人之意思及其亲族友人或其他代理人不出而为防御(defensio)之要件。

(B) 债务人约定于一定期内到庭而竟背约时。

(C) 债务人事实上不在法院所在地时,于此情形,自不能履行传唤程序,究与诈害债权人之情形不同。故此时之 missio 与其谓为对于财产之执行而受清偿,毋宁谓为以保全财产为目的,故不能即将其财产拍卖。若有防御人或为不在者设定财产管理人时,或不在者自己归来担任诉讼时,missio 即须撤销。若其不在长期继续时,则推定其有诈害债权人之意思。

(D) 行为无能力人于诉讼进行中,不设定代理人时。如法人欠缺代表,未成年人,死亡后无继承人是。

法人欠缺代表而发 missio 者,宁为强迫法人设定适当代理人之手段。而竟无代理人出而防御时,则推定有诈害之意思。

对于未成年人未设定监护人及其他代理人时,法院因债权人之请求,发 missio。发 missio 以前,法院应传唤未成年人之亲戚友人,令其为未成年人设定代理人。若无人出而为防御时,方发 missio。然非经过一定期间,不能拍卖债务人之财产。故此时之 missio 为引诱防御人之手段。若未成年人达于成年而自出为防御时,可请求撤销 missio。

对于无继承人之遗产,亦因债权人之请求,定一定期间。其期间经过后,仍无人出而为防御时,法院发 missio。

(E) 经债务人自认或判决后,于一定期间内不为清偿时,债权人得请求发 missio 以为强制执行之手段。

(2) 一般要件 债权之存在

(二) missio 之程序及其效力 由债权人一造的请求,为他债权人之利益,亦生效力。若其他债权人申报其债权,亦可参加此程序,而得公平清偿。

依 missio 与债权人以占有债务人总财产之权。此种占有系以保管债务人之财产与预防其减少为目的,并非完全排斥债务人之占有。如房屋及其他之不动产,若债务人不腾交时,不能强其腾交。动产仍可保管于债务人之家内。若不能保管,方可他运。于必要时法院得查封其家屋,阅览其账簿及其记录,又可请求交付缮本。总之,非以现实占有其财产为目的,乃以使债权人受清偿之保全处分。

履行 missio 程序后,经过一定期间时,再适用 Bonorum Venditio 程序。其间虽未经管理财产之一阶段,然有为应急处分之必要,即不能适用 Bonorum Venditio 程序时,依已申报之多数债权人之意见,得请求法院设定财产管理人。而取回债务,以诈害债权人之意思而让与之财产,亦其职务之一。

债权人依 missio 而有拍卖债务人之总财产之权利时,法官就其财产,与债务人以 Pfandrecht(质权)。近代德国学者说明德法系之破产法时,大都采此见解。谓依 missio,有占有、管理及让与债务人财产之权。此种效力,不仅可以对抗债务人,并可以对抗第三人。此种物权之效力,自应算入质权之范围。而又有用 Beschlagsrecht(扣押权)之名称者。于破产时使债权人对于债务人之财产取得质权或扣押权之学说,是否妥当,自属疑问。而其根据,则渊源于罗马 missio,甚为明显。然仅能对于个个之物发生质权,而不能对物之全体,发生质权。罗马之 missio 系使债权人占有债务人之全财产,其不能就此发生质权者,其理甚明。又纵令扣押其全财产,就个个财产,可发生质权,而对于总财产则不能也。

(三) Bonorum Venditio 之程序及效力　于 missio 后,在普通债务,经过三十日,在死亡人之债务经过十五日,债权人可请求法院认可,设定 B. Venditio 中之管理人(magister)。得其认可,由债权人中选任一人或数人之管理人,而同时为拍卖财产之公告。一面使公众知其拍卖,而引诱多数人参加,以谋高价出售。一面使未知拍卖程序之债权人申报其债权。而后作成拍卖之条件,请法院认可。其中须记载债务人之财产目录、债权人清册、债权额、优先权人之表示、财产买受人对各债权人清偿之成数、拍卖之最低价格。

上之程序终了后，在普通之债务经过三十日，在死亡人之债务，经过二十日，然后拍卖。拍卖价金非一定之金额，而为清偿总债权之成数。其投标价格相同时，以债权人或债务人之亲属为拍定人。又债权人中投标之价格相同时，以债权额最大者为拍定人。

买受人为包括继承人，继承债务人之权利与义务。其对债权人之关系，债权人对之有受一定成数清偿之权利。买受人清偿之后，尚有残额债权时，若债务人除生活费用外，尚有剩余财产，则债权人对于旧债务人，依然立于债权人之地位而受清偿。

债务人依 B. Venditio 丧失总财产，同时身份上亦受 Infamia 之制裁。此乃从前身上执行之遗物。又诉讼亦由买受人继承。但 Actio Pauliana 即以诈害之意思与第三人所为行为之撤销之诉，则为例外。此时债务人既丧失所有资产，致无法赔偿。不得已，处以拘役刑。后日债务人取得财产时，债权人无妨再进行 B. Venditio 之程序。

在帝政时代对于 B. Venditio 有两点修改。即 Cessio Bonorum 与 Bonorum Distractio 两制度是也。在前者之制度，若债务人相信其不能完全清偿其债务时，可将其全部财产移转于债权人。恰相当于债务人自己声请破产。此制对于债务人，较之 Missio in Bona 大有利益。第一，债务人可避免人的执行。第二，不受 Infamia 之制裁。第三，有受生活资费用之利益。即债权人依 Cessio Bonorum 不能得全部清偿时，欲对于债务人再为执行，纵令债务人重新取得财产，亦须扣除债务人及其家族之生活费用。

依 Bonorum Venditio，财产须包括的拍卖，然寻觅买主，实际异常困难。依 Distractio Bonorum 选任财产管理人（Curator），而将其财产分别卖出，以其价金公平分配于各债权人。有剩余时，归债务人所有。此 Bonorum Venditio 与 Distractio Bonorum 两种制度，任凭债务人选择。

儒帝时，对于从前之制度，未加多大变更。仅对于申报债权，附有除斥期间，即为 missio 之声请后，与声请人住同一州内之债权人二年间，以外之债权人四年间，若不申报其债权，不得受分配。

罗马尚有以协调终结破产之方法。即对于债务超过之继承财产，若继承人明白表示非债权人免除一部债权即不继承时，法律为救济被继承人之死后污名，以债权额过半数之债权人之同意，而强制其余债权人服从之。又儒帝时代，有一般的支付犹豫之制度。即以帝王之特权，经多数债权人一致之同意，与债务人以犹豫期间，而强迫少数债权人服从，借以预防破产。此犹豫期间，最长不能超过五年。

第二，中世纪之意大利法　中世纪意大利北部由私的扣押程序而变为裁判上之扣押程序。由债权人一方证明其债权及请求扣押之原因时，法院即发 Arrestmandat（扣押委任命令）。债权人根据此委任命令，开始对债权人之身体或财产执行。对于财产的扣押有二。一对于债务人之个个财产施行扣押。二对于债务人之总财产施行扣押。后者称为 Generalarrest，大都对于逃亡或无支付能力之债务人行之。盖债务人于不能清偿其债务时，大都逃亡，故为一时之保全处分而扣押债务人之全部财产。若以后债务人犹不露面时，由扣押一变而为执行。执行虽原由债权人自己行之，后由法院之机关行之。动产由庭丁取去而交付于公的提存所，或委托第三人保管。不动产由保管人保管。

当时研究罗马法之风气盛行，有参酌 missio 之制度，将债务人之财产变价，以谋债权人之公平分配者。有采罗马法设管理人（Curator）之制度，以谋财产之分别卖出者。或将扣押之标的物，作为代物清偿，而交付于债权人者。

罗马之 Cessio Bonorum 制度，在当时或成为地方上之习惯法，或已经都市条例之认可。由债务人提出财产目录后，不经扣押，即选任财产管理人而管理、变价、卖出其财产以分配于各债权人。裁判则依简易诉讼程序，较之普通诉讼简易迅速。由债权人请求 Generalarrest 时，即传唤债务人。若到庭，即使其辩论。若不到庭，即对其财产实行 Generalarrest。在普通情形，且羁押债务人。若债务人争论自己之支付能力时，则不可不满足债权人。由债务人声请破产时，依 Cessio Bonorum 程序。

法院将破产公告，定一定除斥期间命债权人申报并证明其债权。破产人由破产公告时起，丧失其财产之处分权。法院因债权人之声请，选任财产管理人。在法院监督之下，以谋财产之管理、变价及分配。又以协调终结破产之方法，在各都市，亦甚发达。

意大利之北方自由都市之商业，非常发达，于是产生商人破产制度。商人破产主义之破产原因，为停止支付。停止支付，多于债务人逃亡时认定之。

意大利之破产法规，较之罗马 missio，已大进步。兹举其重要之点如次。

（1）从来由债权人自己扣押债务人之财产，尔后以法院之公力行之。

（2）法院公告破产，告知债权人。定一定之除斥期间，使债权人申报其债权，且须证明之。

（3）对于申报之债权有异议时，依简易诉讼判决之。

（4）依协调而终结破产之制度已盛行。其决议亦容易。

（5）商人破产主义之制度，由北方自由都市之条例发达而来，故停止支付之观念，亦应运而生。

第三,法国法 法国最初之破产法规对于以诈害债权人之意思而不为清偿之债务人科以刑罚,即由今日所谓诈欺破产之规定发达而来。至路易十三世止,其间多少之破产法规,皆主由诈欺破产人之刑罚规定而成。其刑极严,视破产人几如盗贼,甚至处以死刑者。嗣罗马及意大利法渐次输入,一六六七年之里昂法律,乃关于破产私法法规之嚆矢。盖一面当时意大利之商业繁盛,其势力已及于法国。一面受著述之影响,意大利之破产法规已输入法国,而成为习惯。里昂法律不过以明文表现而已。

一六七三年路易十四世所发布之有名《商事敕令》(Ordonnance de Commerce),其中第十一章系关于破产及有罪破产之规定。虽仅十三条,而主要之规定存焉。今将其内容略述之如次。第一条定破产开始之时期。自债务人隐匿或查封其财产之日起,开始破产。第二条破产人有向债权人报告其资产及负债状况之义务。第三条命商人提出其商业账簿。第四条设撤销权之规定,即以诈害债权人之意思所为之行为无效。第五条至第七条以多数债权人之决议,拘束少数债权人,即所谓协调之规定是也。其决议不依债权人之人数而依债权额四分之三之多数决。第八条优先权人不受协调之拘束。第九条选财产管理人交付变价后之取得。盖为预防寄托于仓库而支付寄托费用故也。第十条以下规定诈欺破产。十二条有处死刑之规定。此乃袭以前之遗制,由此又可知当时社会之如何待遇债务人也。

上之 Ordonnance 尚有种种之缺点。一面不足以十分保护债权人。即依第四条之规定,以诈害债权人之意思所为之财产让与及赠与无效。而诈害意思之证明,颇为困难。故一七〇二年之 Déclaration 规定破产前十日内商人所为之财产让与行为无效。又他面对于债务人之处罚过严。而就过怠破产,又无规定。至其他之缺点,无破产宣告决定之规定。

关于债务人之财产，无解除占有管理之规定。债权人与债务人之调解，不在法院指挥监督之下。又债权人所选任之财产管理人，有时为假装之债权人，或债务人之友人、亲戚等由利害最浅之少数出席债权人选为财产管理人，致破产人之财产状况，不易捉摸，使债权人受不利益之结果。又撤销权之规定，亦不充分。破产人可预先将其财产，改换其妻之名义，而避免执行。

拿翁①编纂《商法法典》时，力图革除从来弊端，故对于债务人，设严格的规定。其一八〇七年所公布之《商法法典》(Code de Commerce)之第三卷，即为破产规定，补救从来之缺点，而努力保护债权人。即扩张撤销权之范围，使破产宣告前之破产人所为某种行为无效。规定管理破产人财产之方法。又因宣告破产，即使债务人丧失其财产之占有管理权。破产人于破产时，亦受羁押。因此严格的规定，债务人于破产时，大都逃亡，致不能履行其对财产管理人说明其财产状况之义务，实际上殊感不便。其他关于程序，尚有复杂的规定，致为破产程序而消耗许多时日与费用。

因以上缺点，故一八三八年之法律，大加修正，是为现行破产法。此法虽不可谓为完全无缺，然较诸旧法，已能得满足之结果。如破产程序已无须费如许时日与费用矣。以后种种法律之修正，如一八六七年之法律，废止人身羁押。一八八九年之法律，设裁判上清算制度。因当时破产宣告之效力，对于债务人太严，破产人自计逃避，致破产宣告时，往往债务人之财产，不够清偿破产程序费用，于是使不幸之破产人依比较缓和之清算方法。实际上裁判上之清算，亦为破产程序之一，不过较普通破产程序缓和而已。即破产宣告时，债务人并不完全丧失财产管理权，

---

① 拿破仑·波拿巴(1769—1821)，法兰西共和国第一执政(1799—1804)，法兰西第一帝国皇帝(1804—1815)。——编者注

使法院所选任之清算人辅佐之,又其身上所受之效果亦较宽。

法法一贯采商人破产主义。商人停止支付时,即可宣告破产。法法系诸国效之。

关于非商人与民事公司,有家资分散制度,不适用破产法之规定。盖法国之普通强制执行,扣押债权人无受优先清偿之权,其他债权人皆可加入分配而受公平清偿。故对于非商人无适用破产程序之必要。纵使其依普通强制执行之规定,亦可收与破产相同之结果。

第四,德法 德国最初以其固有之 Arrestprozess 作为权利之保全处分。至十五、十六世纪继承罗马法及意大利法,与从来之程序混合而产生 Gemeines Recht。此法依破产法院之裁判,而分各种阶级。

(1) 先有破产开始之程序(Eröffnungsverfahren)。即破产须有债务人或债权人之声请,方可开始,而不能依职权宣告之。此点与现行法相同。破产原因,为负债超过。破产宣告时,禁止债务人处分其财产。且对于破产人之支付及交付,均须向法院之提存所为之。破产决定书中选任财产管理人二人。一为今日所谓一时的破产管理人(Curator)。其他一人称为 Kontradiktor,乃参与破产债权之确定者。以后由债权人会议选任确定管财人以代替一时的管财人。此两种管理人均为法院之辅助机关。

(2) 次行确定债权程序(Liquidationsverfahren)。即依破产宣告之公告,催告债权人于一定期间内申报其债权。若不于此期间内申报时,除有回复原状之情形外,不能加入分配。德国现行法,债权不于申报期间内申报时,唯负担特别调查期日开始之费用,有时不能加入中间分配而已,非完全不能加入分配也。

申报期间内所申报之债权人,依简易诉讼辩论之,再以判决确定之。在此种情形,Kontradiktor 常成为确定债权诉讼之被告。在债权调查期日，债权人选任确定的破产管财人。又依声请为强制的期限犹豫（Zwangsstundung）或强制的免除（Zwangserlass），即协调之决议。

（3）定债权人顺位之程序。

（4）分配程序（Verteilungsverfahren）。所申报之债权及其顺位已确定，且其财产之变价已终了时，即举行分配程序。财产之变价，由破产管财人，在法院指挥之下为之。分配仅一次，而破产程序终了。

拿翁于统一中欧后，其公布之《商法法典》，德国亦受其影响。一八五五年之普鲁士之破产法，即系继承法国者。兹列举其重要之点。撤销权之扩张，破产主任官之设置，一时的及确定的破产管财人之区别，关于债权申报之催告、废止、除斥之效力，协调之一般的规定，中间分配，移转有异议之债权于特别诉讼等是。又商人破产与普通破产之区别，较法法尤为显者。法法仅任商法认商人破产。《普鲁士破产法》虽将商人破产与非商人破产规定于同一法中，但其规定各异。商人破产以停止支付为要件。而非商人破产，则以资产不足为要件。商人破产除依债权人或债务人之声请外，尚可以职权宣告。而非商人则仅能依声请。

嗣德国起草商法时，主张统一商人破产之程序法。最初《普鲁士商法草案》第五卷包含破产规定，第六卷包含商事法院之规定。当时之委员会认定非有统一之商事法院与统一的程序规定，则最后二卷之统一，甚为困难。于是删去商事法院与破产程序之规定。该时普鲁士虽曾表示希望保存商人破产之规定，亦未遭采纳。

迨北德国联邦成立，一八七〇年联邦会议议决编纂北德国联邦统一之破产法典。以普鲁士司法部长主持其事，将其所成草案 Entwurf einer Deutschen gemeinschuldordnung 报告于各州政府。同年十二月经联邦会议议决以法律家八人、实业家三人为委员，审查该草案。经些须修正，与其理由书一同提出于帝国议会。又举出十四人审查，再经仅少之修正，于一八七六年正式通过，于一八七七年公布。是为《德帝国破产法》(Konkursordnung für das Deutsche Reich)。嗣于一八九八年虽经一次修正，然大体依然也。《德国破产法》公布之后，关于预防破产之和解法，则迄无统一之成文法典。如一八九五年之《普鲁士小铁路质权法》，一八八九年之《券法》，一九〇一年之《私立保险业法》等，亦不过和解法之断片。

嗣为英国之破产和解程序(一八八九年)及瑞士之免除契约(一八八九年)所激动，德国司法部于一九〇六年向议会提出关于破产外之裁判上强制和解程序报告书。其中说明诸国之和解法制，其法律发达之概要，及其施行后之成绩等，俨如世界和解法之巨著，主张德国亦有制定和解法之必要。

迨一九一四年公布《破产预防之业务监视规则》(Anordnung einer Geschäftsaufsicht zur Abwendung des Konkurses)。此规则乃以维持第一次欧洲大战之德国战时经济为目的，仅由十三个条而成。依此规则，债务人因战争而陷于不能清偿时，无须得多数债权人之同意，经裁判上之认可，可受支付犹豫(Stundung)之恩惠。

上之规则公布之后，于一九一六年公布《破产预防业务监视法》，由八十个条而成。此法乃参酌一八七三年《破产法草案》中之和解法规及一九一四年之《奥地利和解法》编纂而成。依此新法之规定，债务人因战争之结果而陷于不能清偿时，得声请业务监视命令。同时须提出债权人清册、债权及债务一览表、财产目录及贷借对照表。法院于业务监视程序开始时，选任监视人一人或数人。其监视人不仅辅助监视债务人之业务，且得自己或委托他人执行业务之全部或一部。又债务人不得处分其重要财产，但得继续业务与维持其家属之生计。业务监视继续中，不得开始破产程序。其债权之时效，亦停止进行。

由此观之,受业务监视之债务人及债权人得缔结破产预防之强制和解契约。其和解契约之成立,须得总债权人之过半数之同意,且其债权额须达总债权额之四分之三,并须得法院之认可,方为确定。

第五,英国法 英国之破产法,亦由有罪破产发达而来。最古者,为一五四二年之法律,适用于商人与非商人之诈害行为。嗣后仅商人可适用破产规定。此主义继续至一八六一年。同年之 Bankruptcy Act 适用于商人与非商人。其后经多年之修正,至一九一四年又行整理。英国之法律概由 Common Law 即不文法发达,独破产法系由 Equity 即成文法(Statutory Law)发达。故研究《英国破产法》者,较研究其他之法律为易。

英国法一般有其独立的发展,而破产法亦然。《英国破产法》,乃其固有之法制,并非继承罗马法与中世纪之意大利法。吾人一察其内容,即可明了。大陆法之破产原因,大致采停止支付或不能清偿之概括主义。而英法则将各种破产原因列举,而采列举主义。又其破产程序,分二阶段。先由债权人及债务人试行和解(Compensation)。和解不成立时,方进行破产程序。又英美法采债务免责主义(Discharge),乃其特点。所谓免责主义者,在某条件之下,经法院之认定,使债权人免除债务人在破产程序中所不能清偿之残额债务。

《英国破产法》一般尚实行债权人之自助主义。即由债权人选任信托人(Trustee),而管理债务人之财产。至公司之破产,则采重公益之官权主义。选任公的清算人(Official Liquidators),在法院指挥监督之下管理破产财团。此清算人对于公司之债权人及债务人,保持独立之地位,而居两者之中间,处理破产事务。

第六,比利时及奥地利和解法 我国《破产法》,实合并破产、和解两部分。所谓破产程序,系指破产程序与和解程序而言。比利时之《和解法》，乃世界之模范法典。而奥地利之《和解法》，又为最新的立法。故有略述其梗概之必要。

比利时之现行《和解法》，系一八八七年公布。此法乃参酌英国之和解制度与法国之裁判上之清算制度编纂而成。欧洲诸国，莫不受其影响，视为和解法之模范法典。

依此法之规定，债务人（商人）为避免宣告破产，得与其债权人缔结强制和解契约。其强制和解之成立，须得债权人人数之过半数与债权总额之四分之三之同意。

商事法院关于强制和解，有事物管辖权。法院于开始和解程序之裁定时，招集债权人会议。和解程序中，债务人非得监督人（主任推事）之许可，不能让与自己之财产，设定担保或增加负担。

所申报之债权，其请求权之存否虽未确定。关于有异议之债权，其能否行使议决权，由法院裁判之。

和解可决时，法院须决定其和解之认否。认否之判决，不得声明异议。但未受债务人招集之债权人会议，不同意之债权人及抛弃议决权之债权人得为控告或上诉。和解经认可时，总债权人均受拘束。又依交出财产而成立和解时，债权人得指名一人或数人为清算人，在监督人监督之下，而变价处分债务人之财产。

和解债务人尔后回复其财产状态时，对于债权人负完全清偿之义务。

奥地利于一七八一年虽已制定《破产法》，但《和解法》于一八六二年方行公布施行。依此法之规定，已登记之工商业者，及制造业者，停止支付时，可适用《和解法》。然当时之登记，甚为容易。于是发生商人滥用和解法之弊。故改为二年间有商号之登记之工商业人及制造业人，方可适用。此《和解法》于一八六八年废止。

《奥地利破产法》之协调，颇少实行。而破产及于债务人身上之效果，又极严重，且须受刑事上之制裁。即破产人于停止支付后而不声请破产，犹负担新债务或新设担保，以偿还旧债务时，处三个月以上之拘役。故奥地利人民莫不忌避破产。于是裁判外整理契约之风甚炽。奥国政府，有鉴于此，遂制定债权人招集法草案，提出于上院。然未得下院之通过。

德国政府一九〇六年前向议会所提出关于破产外之强制和解之报告书，议会虽决定在现行破产法施行状况之下，无另制定破产外强制和解之必要。但德国学者及实业家主张制定之议论甚炽，一九一四年德国法曹会之报告亦然。于是奥地利容纳学者、实业家及社会方面之希望，遂于一九一四年制定破产程序外之《和解法》（Ausgleichsordnung），与新《破产法》、新《撤销法》，于一九一五年公布施行。

依此《和解法》之规定，债务人有破产原因时，得依《和解法》声请和解。其债务人为法人或继承财产时，亦同。但声请和解时，须提出和解之内容及财产一览表（Vermögensverzeichnis）。为声请之债务人有品格（Würdigkeit）时，方可允许和解。对于逃亡中之债务人或诈欺破产已经确定之债务人，则不应许可。

和解法院认和解之声请为适法而有理由时，须为和解开始裁定，而公告之。同时决定和解主任官，选任和解管理人。

关于和解开始之效力，债务人由声请和解时起至和解开始时止，债务人不得让与不动产，增加负担，在自己财产上设定别除权，为保证，及无偿处分。其违反行为，对债权人为无效。然债务人于和解开始后，原则上，仍可为属于通常业务之行为。而逾越此通常业务之行为，则须得和解管理人之同意。又纵令属于通常业务之行为，若和解管理人表示异议时，仍不得为之。和解管理人又可请求受领债务人所应受领之金钱并为债务人支付金钱履行义务。至保全债务人之财产、监视业务及债务人财产之监督,当然属于和解管理人之义务范围也。

和解主任官之任务,乃指挥或监督和解程序。和解管理人,除上述义务外,尚有调查债务人之财产状况而报告于和解主任官之义务。

和解法院于和解程序开始时,招集债权人会议。

和解之成立,须经出席债权人之过半数且其债权总额须达四分之三之债权人之同意。和解可决时,尚须经和解法院之认可,方生效力。

债务人于和解期日前,撤回和解之声请,和解程序开始后九十日以内债权人会议尚未可决和解,债务人不为宣誓或逃亡,不认可和解可决之判决确定时,即须废止和解程序,而同时对于破产之声请裁判之。

其他和解成立后二年以内,关于债务人之诈欺破产之有罪判决确定时,和解之让步及其他恩惠,对于总债权人为无效。

此奥地利之《和解法》,系继承比利时之《和解法》,乃最新且完备之立法。我国和解程序,参酌此法之处不少。

第七,我国法 我国旧时法律,向无破产之规定。债务人之财产,不足以清偿债务时,只有私人倒闭,绝无由国家机关宣告破产者。前清末年,因交通发达,商业日盛,始由修订法律大臣起草《破产律》六十九条。不仅规定简略,且未见诸实行。民国成立,前北京司法部复起草破产法。其组织内容,多根据日本破产法旧草案。内分三编:(1) 实体法,(2) 程序法,(3) 罚则。名为《破产法草案》。此草案虽已具备破产法之大观,然错误失当之处,实属不少。此草案终未施行,嗣制定《商人债务清理条例》,乃本法未公布施行以前之现行法也。迨国府奠都南京,成立五院。立法院先忙于民法及其他特别法、刑法、民刑诉讼之制定。嗣后方着手制定破产法。于民国二十四年七月十七日公布,同年十月一日施行,是为现行破产法。内分四章:(1) 总则,(2) 和解,(3) 破产,(4) 罚则。而

将和解程序与破产程序合并规定者,乃其特点。(宁柏青先生著《破产法论》[①]第九页)

第四节　破产法立法之各种主义

（一）商人破产主义与一般破产主义　商人破产主义者,仅商人适用破产法之主义也。法法系属之。依此主义,破产法编纂于商法中,而不作为单行法。一般破产主义者,商人与非商人皆适用破产法之主义也。德法系及英法系属之。依此主义,破产法不编入商法中,而另为单行法。我国《破产法》,系采此主义。又一般破产主义中,有将商人破产程序与非商人破产程序,分别立案者。往时之《普鲁士破产法》及《奥地利破产法》效之。

（二）普及破产主义、属地破产主义　普及破产主义者,将债务人所有之国内国外之财产,均划归破产财团之主义。换言之,破产之效力,及于外国之主义也。属地破产主义者,破产之效力,仅及于国内,即将在国内之债务人之财产划归破产财团之主义也。我国现行法系采此主义。

（三）普通破产(全部破产)、特别破产　普通破产者,对债务人之总财产宣告破产之谓也,又称为全部破产。特别破产者,对债务人之特定财产宣告破产之谓也,又称为一部破产。我现行破产法,不认特别破产。所谓破产,乃指普通破产而言。债务人所有财产,均构成破产财团。惟五十九条规定,对于继承人为限定继承之财产,亦得宣告破产。所谓继承财产,既非法人,且不能为破产人。而继承开始后,继承财产应属于继

---

① 商务印书馆 1935 年版。——编者注

承人。故对于限定继承之财产宣告破产时,自可构成特别破产也。然此为例外。

(四)惩戒主义、非惩戒主义　惩戒主义者,以破产作为对债务人之一种惩戒之主义也。有罪破产时,科以刑罚,以防止破产。其为惩戒者,自无疑义。至普通之破产,亦直接有害于债权人,间接亦有损于社会。故破产宣告后,直接对于债务人之公私权加以限制,以谋惩戒陷于破产境遇之债务人。以职权宣告破产之理由,纯基于此。

在罗马法认人的执行,使破产人身上受 Infamia 之效果者,前已说明。后世法国及英国破产法规,亦均由有罪破产发达而成。则视破产为恶事者,毫不足怪。故往时之破产法,多采惩戒主义,法法系之破产法属之。此种立法,在破产程序中及破产程序后,享有破产人之身份。迄复权时止,当然身上受破产之效果。故必须有复权之规定。

非惩戒主义者,以破产为债务人与其总债权人间所成立之清算程序,或视为债权人之一般的强制执行。则破产宣告,决非对债务人之惩戒。我破产法对于破产人未设任何身上效果之规定。在立法论上,自应认为妥当。然其他之特别法,基于特别理由,亦往往对于破产人加以歧视(如《公司法》第四十一条)。然非破产及于破产人身上之直接效果,乃该特别法规,认为必要,所及于破产人之间接效果。而此间接的效果,在破产程序中,或破产程序终结后,亦可发生。故破产人欲离脱破产人之身份而消灭此等效果时,亦有待于复权。此我破产法亦设有复权规定之理由也(一五〇条)。

(五)清算主义、强制执行主义　清算主义者,所谓破产,与普通商人废止营业、公司解散时之清算相同,乃在法院指挥监督之下,债务人与总债权人间所成立之清算程序。依此主义,破产程序之进行,多委之于当事人之自治或自卫。而破产管理人或为债权人团体之代理人,或为受信托人而执行其职务。故破产事件为非诉讼事件。

强制执行主义，以破产程序为一般的强制执行。为总债权人之利益，扣押债务人之总财产，而为变价分配。破产管理人之地位，与破产法院相同，为破产的执行机关。故破产事件，为强制执行事件。广义言之，为诉讼事件。

关于破产事件之性质，非可绝对的谓为清算或强制执行，应依各国成文法之立法而解释之。即在采清算主义立法之破产法，则破产为清算，在采强制执行立法之破产法，则破产为强制执行。惟实际上各国之破产法，究以何种主义之立法，殊欠明了。如现行德国破产之解释，依其立法者之理由书，则破产为清算。而德国多数学者，均谓为强制执行。而所以如此，因其立法主义在条文之内容上，殊欠明了故也。

破产立法应采清算主义，抑应采强制执行主义，与其国内之商业道德、商业机关之组织，大有关系，非可绝对的定其是非。我现行法，应解为采强制执行主义。

（六）法国式编纂法、德国式编纂法　英美法，因其有特殊之发达，姑不论述。大陆之破产法，大致可分为德国式与法国式之二种。在法国式，最初规定破产宣告之程序，其次规定破产之效力、破产财团之管理及变价、破产债权之申报及确定等。其次规定破产终结之方法，即协调与分配。概括言之，即编成自破产开始起至破产终结止之程序规定。而关于破产之实体规定，不过附属于程序规定而已。其次为德国式。分为实体的规定与程序的规定两部分。而实体的规定中，网罗民商事共通之破产关系。在理论上，于制定破产法时，不仅破产程序之规定，至关于民商法共通之破产关系之实体的规定，亦应网罗。然为实际上之便宜计，亦不必如此。如关于票据之破产关系规定于票据法中，关于保险之破产关系规定于保险法中，较为便利。至其他关于各种契约之破产关系，亦然。

盖法典之编纂,与学者之著述不同,不必拘泥于理论。我《破产法》虽属于德法系统,然并未网罗民商破产关系之一切实体的规定,实体与程序规定,亦未截然划分。和解程序与破产程序合并规定,犹为我《破产法》之特点。

破产之处罚规定,不编入刑法中,而编入破产法者,乃现今普通之例。在采网罗主义之德法,将实体规定、程序规定及刑事规定,网罗于一破产法中者,乃理所当然。但法国式,亦将刑事规事,列入破产法中。

第五节　和解及破产事件之裁判管辖

第一,事务管辖　和解及破产事件,专属地方法院管辖。

第二,土地管辖　和解及破产事件之土地管辖者,就和解及破产事件有裁判权之同级法院中,而有处理在特定土地区域所发生之和解及破产事件之权限之谓。

法院之土地管辖,其土地区域之广狭及其裁判籍之标准如何,影响于债务人及债权人之利害休戚者甚大。故法律以明文规定之(二条一项、二项、三项)。

(一)有营业所之债务人之裁判籍　和解及破产事件专属其主营业所所在地之地方法院管辖。所谓主营业所(gewerbliche Hauptniederlassung)者,乃债务人为独立营业之根据。仅有营业店铺,尚犹未足。是否为债务人之主营业所,应以其对外之交易为标准而决定之。所谓营业,不仅限于商业,工业及其他营业,亦应包含之。故不能谓非商人即不能营业也。若债务人仅有一个营业所时,其和解及破产事件专属其营业所所在地之地方法院管辖者,自无问题。若有数个营业所时,当然有主营业所之存在。和解及破产事件，归其主营业所之法院管辖者，因债务人声请和解后，仍可继续营业，法院又须对其总财产负监督之责，自不能以其支店营业为对象。且和解及破产原因，乃不能清偿，则债务人之总财产是否陷于危殆，尤须加以断定。故和解及破产程序，应于其营业根据地进行之。若债务人之主营业所在外国，则其和解及破产事件，专属其在中国之主营业所所在地之地方法院管辖。

（二）无营业所之债务人之裁判管辖　无营业所之债务人，关于和解及破产事件专属债务人或破产人住所地之地方法院管辖。

（三）财产所在地之裁判管辖　依前二项规定，不能定其管辖籍时，即不能依营业所及住所地而定其管辖籍时，则以债务人之主要财产所在地，定其管辖籍。所谓主要财产，不问其为动产、不动产、债权、物权或其他财产权，但须属于破产财团或监视财团之财产。若不属于此两种财团之财产，则于和解及破产程序，毫无影响。故属于债务人之自由财产，不能扣押之财产及取回权之标的物，则不包含。

所谓专属，系指不能以当事人双方之合意而变更之谓。故法院于接受和解或破产之申请时，即当以职权调查其有否管辖之权限。若无管辖权时，则当以职权驳回和解或破产之声请。故《民诉》二十三条、二十四条之规定，不能准用。

和解及破产程序，既为一种诉讼程序，则《破产法》与《民事诉讼法》之关系，即等于特别法与普通法之关系。故第五条规定，关于和解及破产程序，除本法有规定外，准用《民事诉讼法》之规定，如法院职员之回避规定（《民诉》三十二条以下）、当事人能力之规定（《民诉》四十条以下）、诉讼代理人之规定（《民诉》六十八条以下）、送达之规定（《民诉》一二三条以下）、期日及期间之规定（《民诉》一五四条以下）、言词辩论之规定（《民诉》一九二条以下）、证据调查之规定（《民讼》二七七条以下）、抗告程序之规定(《民诉》四七九条以下)等,皆可准用于和解及破产程序也。

第六节　债务人之破产及和解能力

　　破产乃债权人对于债务人之总财产,为一般的强制执行,而和解又为一种裁判上之强制契约,故当事人须有破产或和解之能力,否则不能进行破产或和解之程序。且破产人有种种答复询问之义务(八九条、一二二条),若不为说明或为虚伪之陈述者,须受一定之处罚(一五三条)。而又有负担此种义务或受处罚之责任人,故法律以明文规定之(三条)。兹分别说明如次。

　　(1) 自然人　若债务人为自然人时,则不问其为商人与否,皆有和解及破产能力。若债务人为未成年人或禁治产人,则应负义务及应受处罚者,为其法定代理人、经理人、清算人。

　　(2) 法人　私法人如无限公司、两合公司、股份有限公司、股份两合公司等之商事公司及其他民事公司,皆有和解及破产能力。其负担义务及受处罚之责任者,在无限公司、两合公司及股份两合公司,则为执行业务之股东,在股份有限公司,则为董事,在其他之法人,则为董事或与董事地位相等之人。

　　法人解散后,在清算目的范围内,法人之人格,尚为存续。法人之财产,有不能清偿债务之情形时,虽可声请破产,但无和解能力。因和解之目的,乃使债务人之财产关系及业务,仍然继续,显与清算之目的相反故也。

　　公法人如国家府县等自治团体,自无破产能力与和解能力。此种法人者若为和解或受破产宣告时,显有碍统治权之行使也。

(3) 继承财产　继承财产有破产能力,然无和解能力。盖破产系使债权人受公平之清偿,和解系使债务人继续其业务及财产关系。继承财产,只可为权利之客体,而不能为权利之主体,且与和解之继承财产关系之目的不合。故继承财产有不能清偿债务之情形,宁使其开始破产程序,较为简便。依第三条第六款之规定,其意义至为明显。至其负担义务及受处罚责任者,则为继承人、遗产管理人及遗嘱执行人。

第七节　破产及和解之国际的效力

　　破产之上再无破产者,乃法国从来关于破产之格言。在国际间,使一人仅成立一破产之问题,亦为近代学者所研究。
　　世界之交通及通商,日臻发达。各国人民,错居杂处,经营事业。一国人民在他国设有商店,或其财产散诸数国者,亦数见不鲜。于是国际破产法之研究,亦应运而生。
　　从来关于破产之宣告,有两种主义。即普及破产主义与属地破产主义,前已说明。依前者之主义,在国际间产生一人一破产之制度。依后者之主义,产生一人数破产之制度。主张普及破产主义之学者,其根据亦各有不同。兹举其重要之说明如次。
　　(1) 谓破产事件之性质上当然为普及者。此派系采法国债务人之总财产为总债权人之共同担保之思想,为其根据。破产既系以债务人之总财产分配于总债权人为目的,则债务人之财产为统一的。在外国之财产,亦当然属于破产财团。然所谓债务人之财产为统一的,须为总债权人之共同担保者,在经济上之意义,虽可施行于各国,然在法律上之意义,殊未见其妥当。盖在各国之财产,系隶属于各国统治权之下,殊难认为统一也。

（2）谓债权人于破产宣告时，系包括的继承债务人之财产。故破产有普及性。此思想系怀胎于罗马之 Cessio Bonorum。若债权人于破产时包括的继承债务人之财产时不仅超越破产程序之目的，且债权人之债权，将因混同而消灭。故各国立法莫不将破产财团，视为破产人之所有，殊难认为有债权人之包括的继承也。

（3）谓破产财团当然形成法人。然破产财团，可否成为法人，非有明文上之根据不能肯定。且此说非根据于破产人之总财产为统一的事实，不能说明破产之普及性。

（4）谓国际间各国负有法律上之互助之义务，破产执行，亦应互助，故破产应有普及的效力。然此种互助义务，在统一的国家或联邦之各法院虽已实行，然在独立国间，尚不能认为存在。此种互助目的，仅可以国际条约达到之。

（5）或有采破产管理人与破产人及破产债权人之代理关系为根据者。关于破产管理人之地位，尚多议论。纵为破产人及破产债权人之代理人，则其代理范围，自限于破产宣告之效力范围。若破产之效力及于破产人在外国之财产，则代理之范围虽可扩张，否则不能。

总之，现今主张普及破产主义者，其法理上之根据，均嫌薄弱。而主张属地破产主义者，其学说亦不一致。有主张破产法与国家之安宁秩序大有关系，其效力只应及于一国领土内者。然破产法中，因有刑事规定，即不能断定破产法为公安法。或谓由当事人之意思解释之，债权人系以债务人在国内之财产为其信用之基础者。然债务人在外国之财产，亦往往为债权人信用之基础。故不能以当事人之意思解释而采属地破产主义。

破产乃一诉讼事件，乃债权人之共同的强制执行。既为强制执行，其效力仅能及主权所及之领土内者，宁属当然。所谓属地主义，亦应以此为依据。现今各国破产法有采普及破产主义者。有采折中主义，即关于动产，采普及主义，关于不动产，采属地主义者。有采纯粹之属地破产主义者。我国立法即属于后者。《破产法》第四条规定和解在外国成立或破产在外国宣告者，对于债务人或破产人在中国之财产，不生效力。其反对解释，在中国所成立之和解及破产宣告，其效力不及于债务人在外国之财产。故：

（1）在中国所成立之和解及破产，仅及于债务人在中国之财产。而在外国之财产，仍为债务人之自由财产，债务人完全得自由处分之。

（2）债权人可不顾虑在中国所成立之和解及执行权之限制，对于在外国之债务人之财产，仍可请求强制执行。

（3）债务人在中国已经声请和解或破产之后，在外国亦无妨为同样之声请。于是国际上发生一人数和解、数破产之现象。

（4）在中国之和解及破产之声请程序之终结，和解之认可及不认可，声请之驳回，对于债务人在外国之和解及破产，不生影响。

外国人在中国破产法上之地位若何，我破产法未有明文。由《民法总则施行法》第二条、第十二条对于外国人及外国法人之规定观之，我法律对于内外人系采平等主义者，毫无疑义。故外国人在破产法上，亦与中国人同。为债权人时，亦得成为破产或和解债权人而行使其权利，又得为别除权人或财团债权人。为债务人时，亦得声请和解或破产。

第二章 和 解

第一节 法院之和解

第一,和解程序之性质

破产程序虽为一般的强制执行而属于民事诉讼法之特别程序。而和解之目的,为预防破产,无强制执行之性质。故破产程序与和解程序,其本质上有重大之差异。第五条规定,关于和解程序虽准用《民事诉讼法》规定,且须准用《破产法》之规定,乃基于便利上之理由,非和解程序之性质使然也。

和解程序,可否认为民事诉讼程序之一种,尚属疑问。盖在和解程序中,只有债权之调查而无确定债权之效力。债权人在和解程序中,不能取得有执行力之债务名义。债权人若欲取得此种名义,非于和解程序终结后,另行起诉不可。和解程序,不能仅因债务人之声请即可进行,此外尚须有债权人多数决之同意。又在和解程序不能拘提或羁押债务人,亦与破产不同。

总之,和解程序,无债权之确定及执行之效力。其目的仅为一般债权人之利益,维持债务人之经济生活,防止其财产价值之减少,而使债权人之债权受一般和解之限制也。和解程序之特质,在法律上既如此形成,则和解程序可谓一种特种程序,应属于非诉讼事件。

第二,和解程序的开始(Eröffnung des Ausgleichsverfahrens)

和解程序开始者,为预防破产,关于债务人与债权人之和解契约之缔结,而开始商会及裁判上之程序之谓也。和解程序经法院许可和解之声请后开始,而生和解开始之效力。盖对于濒于破产状况之债务人财产,不能不以和解程序迅速清理。同时债务人及债权人之实体的及程序上之权利关系,亦受和解的限制效力。故即须开始和解程序。

和解程序开始,不仅对于和解声请人,对于债权人及其他利害关系人,亦生效力。兹举其重要者如次:

(1) 对于债务人之效力　债务人之经济行为及处分权之限制(十五条、十六条)、业务之监督及流动资产之保管(十四条、十八条)、答复询问之义务及对于检查之容忍义务(十四条、二十四条)。

(2) 对于债权人之效力　债权执行之限制(十七条),其他破产程序中所规定之清偿期之到来,非金钱债权之评价撤销权之成立及抵销之扩张及限制等。

(1) 债务人之行为及财产处分权之限制　和解程序之开始,原则上不影响于债务人之财产之管理及处分之权利。在和解程序中,仅须维持并保全债务人之财产。故债务人仍得为各种经济上之行为,并得继续其业务(十四条一项)。然若于和解之声请许可前,为有害于债权人之行为,逾越通常管理行为或通常营业范围之行为者,则不能不加以限制。盖此种行为与维持并保全债务人之财产之目的相反故也。

债务人向法院声请和解时,已知自己所有之财产,不够清偿债务,而债权人因此已不能得完全满足。若债务人为无偿行为,使其现存财产更形减少时,则债权人之损失更大。故法律规定,债务人声请和解后,其所为无偿行为不生效力(十五条一项)。至有偿行为,并不影响于债务人之财产,自应认为有效。但法律又加以对人的限制,即与其配偶、直系亲属、同居亲属或家属所为之有偿行为,仍为无效(十五条二项)。盖此等人与债务人之关系,极为密切。其与债务人所为之有偿行为,若认其有效时,难免不发生流弊故也。

债务人声请和解后,以低于市价一半之价格而处分其财产之行为,亦视为无偿行为,而为无效(十五条二项)。此种行为,若在平时,法律固不能干涉。而在声请和解以后,法律应为一般债权人之利益,而维持保全债务人之财产。此种行为显然足以减少债务人之财产,故法律使其无效。

债务人声请和解后,所有之有偿行为,如逾越通常管理行为或通常营业之范围者,对于债权人不生效力(十六条)。至如何行为为逾越通常之管理及营业之行为,须依具体的情形决定之。即须参酌债务人之经济上之地位、财产状况、业务关系,而依客观的交易观念决定之。

财产上之金钱出纳行为,若放任其自由时,殊难达到监督财产之目的。故法律使监督辅助人保管债务人之流动资产及其业务上之收入(十八条一项二款),是为财务管理权(Finanzverwaltungsrecht)。但管理业务及债务人维持家庭生活所必需之费用,则不能由监督辅助人保管。

债务人既不因和解之开始而丧失其财产之管理及处分之权利,则关于财产之诉讼,自不因和解之开始而受影响。即其诉讼,不因和解而生中断之效力,与破产不同。关于此点,法律虽无明文规定,解释上自应如是。其诉讼不问其为由债务人请求之积极的诉讼或对债务人请求之消极的诉讼,债务人不仅有为诉讼行为之权限,且有为诉讼当事人之资格。唯在和解程序开始后,债务人之诉讼行为中关于诉讼标的物之承认、抛弃、和解、诉讼之撤销及上诉等,若逾越通常之范围,或有害于债权人时,则须受监督辅助人之监督耳。

关于双务契约在和解开始之当时,若债务人与其相对人尚未履行完了时,不因和解而受影响。盖此时之债务人尚有继续业务及为经济上之行为之权限故也。

(2) 和解监视财团　和解声请经许可后,法院应指定推事一人为监督人,并选任会计师或当地商会所推举之人员或其他适当之人一人或二人为监督辅助人(十一条)。监督人及监督辅助人之任务,乃为维持保全债务人之财产,而监督债务人之一切经济上之行为。所谓经济上之行为,乃债务人关于其财产所为之权利行为,较狭义的法律行为之意义为广。债务人之总财产,既均在监督人及监督辅助人监督之下,其财产之总合,学理上称为和解监视财团。此种财团与破产程序之破产财团不同,监督人及监督辅助人无占有、管理、处分之权。迨和解契约成立,和解发生效力时,债务人须依照和解条件而处分之。又和解被撤销而移转于破产程序时,即构成破产财团(五十四条)。

和解监视财团者,债务人在和解开始之当时及和解程序继续中所有,而在监督人及监督辅助人监督之下之有扣押可能性之财产也。故和解监视财团之财产第一须为贷方财产。盖和解程序,须维持债务人之财产。所谓贷方财产乃属于债务人之一切有金钱价值之物及权利是也。物包含动产、不动产及视为动产之无记名证券。有金钱价值之权利,包含一切债权、物权及其他无体财产权,其财产权之成立,不问其由于私法或公法也。

和解监视财团之范围,既限于财产权,如姓名权、身体权、精神及肉体的劳动力、名誉权等专属于债务人之人格权,则不属于此财团之范围。商号权,系附属于其营业,若能与其营业一同让与时,自应视为无体财产权。又纯粹亲属法及继承法上之权利,纵令影响于其财产,然非财产权,自应专属于债务人。

属于和解监视财团之财产是否须有扣押可能性,固属疑问。然须积极的解释之。盖无扣押可能性之财产,在和解程序中不能以监督权之作用,而限制债务人之处分也。

和解监视财团之财产又须限于债务人所有具备适法性之财产。若属于他人之财产,虽事实上由债务人占有,而真正之权利人对于债务人有取回权(Aussonderung)。又违禁物系依法无论何人不能所持或让与,自亦不属于和解监视财团之范围也。

和解监视财团不仅包含在和解开始之当时债务人所有之财产,而迄和解程序终了时止,债务人所取得之财产,亦包含之。

(3) 债权人执行权之限制　和解程序开始后,法律一面须维持债权人之公平,一面又须保全债务人之财产。故对于债权人之执行权,不能不加以限制(十七条)。即在和解程序中债权人不能对于债务人之财产为强制执行、假扣押及假处分。纵令得监督人或债务人之同意,亦属不可。然此限制,乃阻止债权人之个个执行权之行使,非如破产债权人之个个执行权被破产之一般的执行权所吸收也。

十七条之规定,仅限制和解债权人之强制执行、假扣押、假处分,而非和解债权,如有担保或有优先权之债权,债务人处理通常业务所发生之债权,及和解程序费用之债权,则不受此限制。盖此种债权,既不得参加和解程序,当然不受和解开始之效力也。故此种债权人在和解程序中,不妨对债务人提起诉讼,而为强制执行。然和解债权,纵不参加和解程序,仍须受此限制。反之权利人基于人格权、亲属权、继承权之请求权,仍可对债务人为强制执行。如基于离婚之确定判决而为执行是。

和解程序,只须维持债务人之财产,则执行权限制之标的物,不能不为债务人之财产,和解债权人以其债权向债务人之共同债务人即连带债务人、保证人或债务承担人,仍不妨为财产上之强制执行、假扣押、假处分(三十八条)。

债务人对于第三债务人所为之强制执行、假扣押、假处分,与兹所谓执行权之限制,毫无关系。故债务人于其通常业务范围内,仍可对第三债务人为强制执行或假扣押也。

执行权之限制,仅限于强制执行、假扣押、假处分。所谓拍卖执行权当不包含。盖有拍卖执行权人,大都为有留置权、质权或抵押权人。其请求权既为别除权,自不因和解开始而受影响。

执行权之限制,仅于和解程序中,即由和解开始之时起迄和解程序终结之时止。而在和解开始前或和解程序终结后当可为强制执行也。

债权人对于债务人之财产所为之强制执行,因和解开始,生中止之效力(十七条)。法律规定不得继续执行程序者,系指和解开始以前之强制执行、假扣押、假处分之民事执行程序而言。此等程序,因和解开始,须中止之。

和解程序之开始,虽不影响于债权时效之进行。但在和解程序中债权人对于债务人之财产,既不能开始民事上之执行程序,若债权人于和解程序中,非向债务人提起诉讼而不能为时效中断时,其情形殊欠妥当。故日本和议法附则规定,和解程序之参加,视为裁判上之请求,而为时效中断之原因。我《破产法》无规定。

第三,和解与破产之关系

债权人及债务人依五十八条之规定,有声请破产之权利。而债务人依第六条之规定,有声请和解之权利。是债务人就破产及和解之两种声请,得自由选择其一。迄和解经法院许可即和解开始时止,破产及和解之声请,得两相并立。故债权人于债务人声请和解后及和解程序中,亦得声请破产(五十八条二项)。但在破产宣言以后,则债务人自不能声请和解。盖破产开始以后,已丧失预防破产即和解之目的,尔后破产人只能依协调之方法,以终结破产程序。

和解程序开始后,和解契约成立,而又经法院认可时,对于一切债权人其债权在和解声请许可前成立者,均有效力(三十六条)。受和解效力之债权人不能再基于以前之债权,声请破产。至和解认可后,债务人有该当于诈欺破产之行为时,或不履行和解条件,而和解被撤销时,又当别论(五十一条、五十二条)。

反之,和解程序纵行开始,法院基于法定原因,驳回和解之声请时,(十条),传讯债务人而有不到场等情形时(二十条),不认可和解时(三十三条、三十五条),或撤销和解时(五十四条),法院应依职权宣告债务人破产。如此,由和解程序而移转于破产程序。其破产原因之事实,当然无须证明。盖和解开始之决定当时,既认定有和解原因即破产原因之事实,而后维持其财产状态,进行和解程序。且五十五条规定法院撤销经其认可之和解而宣告债务人破产时,以前之和解程序作为破产程序之一部。则破产原因,已无证明之必要也。

由和解移转于破产程序时,则由和解所发生之债权及和解程序之费用,据五十五条规定之解释,应视为财团债权。若债权人在和解契约缔结以后撤销以前受一部清偿时,则以其残额作为破产债权。但破产财团应加算其已受清偿部分,以定其应受分配额。且须俟其他债权人所受之分配与自己已受清偿之程度成同一比例后,始得再受分配(四十条)。

和解契约缔结后,债务人所提出之担保,因和解撤销,当然丧失效力。其担保财产,归属于破产财团。

破产程序中关于撤销权、取回权、别除权抵销权等规定,亦应准用于和解程序。其意义及效力,当于破产程序中说明之。

第四,和解债权

与破产债权同。当于破产章中述之。

第五，和解程序之通则

关于和解程序，若《破产法》无规定时，准用《民事诉讼法》之规定（五条），然不能因此谓和解为诉讼事件也。兹将和解程序之通则说明如次：

（1）任意的口头辩论（Freigestellte Mündlichkeit der Uerhandlung）

在普通诉讼法院虽应以当事人口头辩论之资料，作为裁判之基础，而采必要的口头辩论主义。在和解程序，大都以依职权调查所认定之诉讼资料为基础而为裁判。故关于和解程序之裁判，纵令经过口头辩论，而不妨以口头辩论以外之资料，作为裁判之基础。关于此点，吾人细察和解程序之规定，即可了然。关于和解程序之裁判，不用判决而用裁定者，其意亦在此。兹所谓裁判，系指法院所为一切明示的处分而言。如和解声请之许可与否之裁定，和解之认可与否之裁定，监督人之指定，监督辅助人之选任等是。

法院关于和解虽有时询问债权人及债务人，经过口头辩论之程序，然得一贯以书面审理。口头辩论，仅为补充书面审理之资料。关于和解程序之裁判，一律为裁定。故和解无缺席判决。

（2）调查　法院为明了和解事件之情形起见，应得以职权为必要之调查（八条、六十三条）。其调查方法，如对于一私人或官署请求书面报告，或使监督辅助人、证人、鉴定人调查事实均可。以职权调查之必要及其程度，则纯属于法院之自由裁量。

（3）公告及送达　关于和解程序之裁判，原则上须以职权送达。因其概为书面审理之裁定故也。但有时可以公告代替送达（二十九条）。因公告乃对一切利害关系人，有送达之效力故也。

法律除公告外，尚须为送达时，送达由法院书记官交执达员或邮务局行之（《民诉》一二四条）。公告之方法，应黏贴于法院牌示处，并登记于公报及新闻纸。如该法院管辖区域内无公报、新闻纸者，应并黏贴于商会或其他相当处所(十三条)。

和解之声请,法律既未限定方式,则以口头或书面均得为之。

(4) 抗告　关于和解程序之裁判,非判决而为裁定,可不经口头辩论为之。故对于此种裁判之不服方法,即为抗告(Beschwerde)。抗告须于法律有特别规定时,由利害关系人为之。原则上不许抗告。

为抗告之权利人,乃就应为抗告之裁判有利害关系之人。而就如何裁判有利害关系,在具体情形,依其裁判而法律上之利益被侵害之人即债权人债务人是也。但债权人为抗告时,须业已参加和解程序。债权人会议,既无人格,又非权利主体,故不得为抗告。

抗告程序准用《民事诉讼法》四七九条以下之规定。抗告之提起须于和解程序之裁定送达后十日内之不变期间内为之(《民诉》四八四条)。

(5) 法律上之协助　法院仅能于自己管辖区域内,方可进行裁判上之程序。而和解事件专属于债务人之营业所及其普通裁判籍之地方法院管辖。则在与债务人之财产有关系之其他地方法院管辖区域内,往往有调查其财产状况、和解原因及其他事项之必要。故关于和解事件,管辖内及管辖外之各法院,须互相协助,方足以完成和解程序。《法院组织法》之八十四条至八十六条之规定,亦当准用于和解及破产程序。

第六,和解之开始

(一) 和解之声请　和解程序须有债务人之声请,方可开始(六条)。唯债务人有声请和解之权利,而法院不能以职权开始和解程序。盖和解乃法律上赋与债务人之恩惠,且声请和解时须明白提出和解条件,方可成立和解契约也。反之,债权人无论在何种情形之下均不能声请和解。唯得以破产之声请,间接怂恿债务人为和解之声请耳。至个个债权人与债务人在裁判上所为之和解,则依《民事诉讼法》三七七条以下之规定。

然债务人仅有声请和解之权利,而无声请和解之义务。纵令债务人有时在法律上有声请破产之义务,然亦不能即认债务人有声请和解之义务也。

若债务人为无能力人或法人时,由其法定代理人、代表等声请和解(三条)。

继承财产无和解能力,故不能由继承人、遗产管理人或遗嘱执行人声请和解(三条第六款)。

债务人声请和解时,须有债务人之品格。如有下列情形之一时,法院应驳回之。

(1) 声请不合第七条之规定,经限令其补正,而不补正者。

(2) 声请人曾因和解或破产,依本法之规定而受有期徒刑者。

(3) 声请人曾经法院认可和解或协调,而未成履行其条件者。

(4) 声请人经法院传唤无正当理由而不到场,或到场而不为真实之陈述,或拒绝提出关系文件者(十条)。

和解人声请和解时,应提出财产状况说明书,及其债权人债务人清册,并附具所拟与债权人和解之方案,及提供履行其所拟清偿办法之担保(七条)。和解方案中之清偿办法乃声请和解之主要的内容,即对于债权人为几何清偿之数额。其支付方法及时期须为特定而且明示。

清偿办法,大都开列对债权人清偿之成数,而请求债务之一部免除。但我破产法未规定对债权人清偿成数之最低限度,或请求一部免除,而就其残额债务,依和解保证人之担保而为支付或请求支付犹豫。

和解条件虽大都由债务人提出担保,然和解方案中之担保之提出,并非声请和解之主要的内容。若提出担保时,系若何担保,且以如何条件及方法负担保责任,亦须记明。否则徒托空言,不能使和解之声请适法也。

《破产法》对于担保之种类,并无限制。故债务人提出人的担保如加入连带债务人,提出物的担保如设定抵押权、质权,均无不可。至其担保之适当与否,则委之于债权人会议之决议。

和解保证人大都系债务人之亲戚友人出而担保债务履行,有时由第三人出而代替债务人履行。或与债务人为复杂或单纯的债务承担者,亦有之。

清偿办法及担保之提出是否可附条件,固有议论,应解为得附以条件。清偿办法及提出担保以外之和解条件,亦可提出。第七条所规定之和解方案,当不仅限于此二者。

为和解声请内容之和解方案如清偿方法、担保之提出等,须对所有债权人公允(三二条)。盖和解成立时,不仅对于出席于债权人会议而同意于和解条件之债权人发生效力,至对出席于债权人会议而不同意之少数债权人及不出席之债权人、不参加和解程序之债权人,亦发生和解之效力故也(三六条)。至和解条件之不公允而受不利益之债权人已同意时,又当别论。然债务人对于债权人允许和解方案所未规定之额外利益者,其允许不生效力(三九条)。无论何人皆得主张其无效。

关于声请和解之方法,法律既无限制的规定,则依书面或依口头,均得为之。

债务人声请和解时,应提出财产状况说明书及其债权人债务人清册(七条)。且此种文书及申报债权之文书、债权表供利害关系人之阅览及抄录(二一条)。在财产状况说明书中,须开列在声请和解当时债务人所有之财产状况。关于其积极的贷方财产,须列举其各个财产及其价格。关于权利亦然。别除权及取回权之标的物,及债务人之自由财产亦须记载。又关于借方财产即消极财产,则列举其各个债务之种类及数额。

债务人及债权人清册中,须记明债权人及债务人之姓名、住所及各债权债务之种类及数额。

此种财产状况说明书及债权人债务人清册,虽须有真实之内容,但不能以此拘束法院之财产调查及认定,亦不能省略法院及监督人之调查程序。此类文书,难保债务人不以之作为回避破产或其他利己的企图。故法院于必要时,仍可以职权调查。但此类文书为法院于审查和解条件适当与否及和解程序开始后监督人、监督辅助人之主要参考资料者,则无庸疑。

关于声请和解之时期,法律亦无限制。则债务人在和解原因之状态之下,无论何时,皆可声请。

(二)监督人及监督辅助人　和解声请经许可后,法院应指定推事一人为监督人,并选任会计师或当地商会所推举之人员或其他适当之人一人或二人为监督辅助人(十一条)。

监督辅助人之选任虽属于法院之自由选择,但监督辅助人之职务,乃监督债务人之一切经济上之行为。则和解程序之能否顺利进行,一视其技能及劳绩以为断。非有诚实公正而且精通债务人业务之人,不克胜任。而且有此种资格之人,当以会计师或商会所推举之人比较适当。故法院原则上由此种人中选任监督辅助人。

监督辅助人须为有行为能力及诉讼能力之自然人,亦不妨由债权人中选任。但法人、债务人之法定代理人及其亲属,或与债务人有特别利害关系之人,则不能为监督辅助人,以其不能或不适于执行其职务也。

监督辅助人原则上为一人。但因和解程序的复杂及范围的扩大,亦可选任二人。监督辅助人系为法院选任,而依法律之规定,以执行其职务,均为公的机关。然与监督人不同,不能因选任即取得国家官吏之资格。故《刑法》渎职罪之规定(《刑法》一二〇条以下),不适用之。

监督辅助人不仅须受法院之监督,且须受监督人之指挥(十八条)。其职务之执行不能委任代理人,须自己为之。又其职务之执行,须以善良管理人之注意,若因故意过失使他人受损害时,对于被害人应负损害赔偿之责。

监督人之职务,于债务人有下列情形之一者,应即报告法院(十九条)。

(A) 隐匿簿册文件或财产或虚报债务。

(B) 拒绝答复监督人或监督辅助人之询问,或为虚伪之陈述。

(C) 不受监督人或监督辅助人之制止,于业务之管理,有损债权人利益之行为。

法院接到此项报告后,应即传讯债务人。若债务人无正当理由不到场,或关于其行为不能说明正当理由时,法院应即宣告债务人破产(二十条)。

监督人及监督辅助人之职务如下:

(A) 监督债务人之业务。

(B) 检查与债务人有关之一切簿册文件(十四条)。若债务人为商人时,自有商业账簿可资检查。为非商人时,苟系关于财产之簿册,不问其所用标题若何,均得检查其内容。债务人对此检查,有容忍之义务。

监督辅助人之职务如下:

(A) 监督债务人业务之管理,并制止债务人有损债权人利益之行为。

(B) 保管债务人之流动资产及其业务上之收入。因监督辅助人有此义务,故法院认为必要时,得命其提出相当担保(十一条二项)。但管理业务及债务人维持家庭生活所必需之费用,则不能由监督辅助人保管。

(C) 完成债权人清册。

(D) 调查债务人之业务财产及其价格(十八条)。

监督辅助人对于债务人有请求报酬之权利。其报酬由法院定之(十一条三项)。法院于决定报酬额时,虽纯属于其自由裁量,然下列情事,不失为法院斟酌资料:

(A) 和解事件之大小,和解程序开始之地点关系,债务人之财产关系,交易之范围,业务之状况。

(B) 充清偿之财产总额,债权人受清偿之实额,监督辅助人之职业学力及劳绩。

(C) 监督辅助人之职务上之努力,和解监督财团之范围,调查财产状况之程度。

(D) 监督辅助人于执行职务时,被妨碍之程度。

监督辅助人之报酬有受优先清偿之权。故监督辅助人之报酬,可不受和解程序之拘束,随时向债务人请求,或为强制执行。由和解程序移转于破产程序时,成为财团债权。

(三) 和解声请事件之审理　法院于受理和解之声请时,应即审查其声请之适法与否及和解原因之有无。和解事件之审理,我法律系采任意的口头辩论主义,或用书面审理,或于必要时,传讯声请人,令其就第七条所规定之事项为补充的陈述(八条),或并用口头辩论及书面审理,均无不可。法院为明了事件之内容起见,得令声请人提出关系文件,或为其他之必要调查。

法院于受理声请后第一须以职权审查声请之适法与否。

(A) 声请方法之适法。

(B) 债务之和解能力之适格。

(C) 和解声请人及其代理人之适格。

(D) 法院管辖之适法。

若和解之声请欠缺上列形式的适法要件之一时,法院应以不合法为理由,驳回声请。

和解之声请具备形式的适法要件时,法院又应以职权调查债务人之品格,故有下列情形之一者,应驳回和解之声请(十条)。

(A) 声请不合第七条之规定,经限期令其补正,而不补正者。

(B) 声请人因和解或破产,依本法之规定,而受有期徒刑之宣告者。债务人为该当于诈欺破产、过怠破产等罚则之行为,而受有期徒刑之宣告时,则其声请和解,殊难认为有诚实及信义,故应驳回和解之声请。

为受徒刑宣告之行为人,不仅限于债务人。至声请人为此种犯罪行为时,亦不得声请和解。如已受无刑之宣告或已死亡者,不在此限。如声请人之父犯本款之罪而已死亡时,其继承人仍可声请和解。至大赦亦不足以消灭驳回声请之原因。又犯罪行为与和解原因,须有因果关系之连络。若其行为与和解原因无因果关系,纵该当于罚则之规定,而受有期徒刑之宣告,系不能为驳回和解声请之理由也。

(C) 声请人经法院认可和解或调协而未能履行其条件者。在此种情形之下,法院纵许可声请,和解纵行成立,债务人仍无履行和解条件之意思。而和解之声请,不过为回避诈欺破产或过怠破产之处罚而已。其欠缺诚意,尤属显然。故应驳回和解之声请。

(D) 声请人经法院传唤,无正当理由而不到场,或到场而不为真实之陈述,或拒绝提出关系文件者。

法院于审查形式的适法及债务人品格之后,尚须对于和解原因即清偿不能、停止支付及多数债权人,加以审查。又应于收到声请之日起,七日以内以裁定许可或驳回声请。且此种裁定,不得抗告(九条)。

法院许可和解声请后,应即将下列事项公告之(十二条)。

(A) 许可和解声请之要旨。

(B) 监督人之姓名,监督辅助人之姓名、住址,及进行和解之地点。

(C) 申报债权之期间及债权会议期日。

此公告乃法院之职务。

法院对于已知之债权人及声请人，应另以通知书记明本条第一项各款所列事项送达之(十二条三项)。对于已知之债权人应将声请人所提出和解方案之缮本一并送达之(同条四项)。

第七，债权人之和解程序之参加

债权人若欲行使和解程序上之权利，则不能不参加和解程序。其和解程序参加权(Beteiligungsrecht)，因向法院适法申报其债权而取得。

债权之申报期间(Anmeldungsfrist)，自许可和解声请时，由法院定之。其期间应自许可之日起，十日以上二个月以下(十二条三项)。法院定此期间时，斟酌和解事件之大小，债权人交易之广狭，而自由裁量之。如声请人有支店或代办商在远隔之地者，得酌量延长之。申报期间须公告之(十二条一项、三项)。

申报期间非不变期间(Notfrist)，亦非除斥期间(Ausschlussfrist)。于申报期间经过后之申报，在破产程序有规定(六十四条、六十五条)，而和解程序则无规定。苟其申报在债权人会议期日以前，解释上应行受理。

债权之申报，应向法院为之，并应记明其债权额及发生债权之原因。有别除权之债权人申报时，除此二点外，尚须记明别除权之标的物及行使别除权不能受清偿之债权额。

在和解声请许可当时，关于债权人之债权业已涉讼时，债权人于申报债权时，尚应记明其事件之管辖法院。但和解之开始，不影响于债权人之诉讼，即诉讼不因和解之开始而中断。债权人适法申报其债权时，取得和解程序参加权。即得在债权人会议开会时，行使议决权。并应有时效中断之效力。

法院于受理债权之申报后，应即作成债权表，而与关于申报债权之文书,供利害关系人之阅览或抄录(二十一条)。

第八,债权人会议

债权人会议(Gläubigerversammlung)乃为缔结和解契约之债权人团体之意思机关。即债权人对于债务人所提之和解方案为议决之意思机关(Willens Organisation),而无执行机关(Vollzugsorgan)之性质。又为和解程序之最高机关,但不能干涉和解程序。盖债权人会议对于监督人及监督辅助人不仅无选任解任之权,且无监督之权能(Aufsichtsbefugnis)故也。

使债权人组织债权人会议者,乃使债权人参加和解程序,对于债务人所提出之和解方案,加以可否之议决,而构成债权人单一之意思以缔结和解契约也。一切债权人在和解程序中,以一般债权人之利益为目的,而形成制止个个债权人之反对意思之一种共同团体。由此共同团体之意思机关所表示之多数债权人之意思,有强制少数债权人之意思之效力,即所谓有强制代表(Zwangsvertretung)之机能。然此种共同团体,即债权人会议,无独立人格,故非权利主体。

债权人会议由法院召集之。法院于许可和解之声请时,即须定债权人会议期日而公告之(十二条一项三款)。故非由法院所招集者非债权人会议。出席于债权人会议之出席权利人(Zutrittsberechtigter)为已申报之债权人、和解声请人、和解担保义务人、监督辅助人,并以监督人为主席(二十二条)。然新债权人、和解费用债权人、取回权人及新闻记者,亦得入场。但议决仅属于债权人,而未申报之债权人、新债权人、和解费用债权人、取回权人、别除权人则无议决权。议决权应解为得行抛弃。

和解之可决,须有议决权之出席债权人之过半数(人数多数 Kopfmehrheit),而其所代表之债权额,应占无担保总债权额四分之三以上(金额多数 Summenmehrheit)之同意(二十七条)。人数计算,根据债权人之人格。如债权人就其所有一个债权或数个债权而使数人代理出席,而行使议决权时,以一人计算。连带债权之数债权人以一人计算。以一代理人代表数债权人时,以数人计算。连带债权之债权额,以一债权计算。

债权人会议,仅有对和解方案,有议决之权。此外有请求债务人答复,监督人及监督辅助人报告调查结果之权(二十四条、二十五条)。其他事项则不得议决。和解缔结之债权人会议期日终了时,债权人会议当行结束,不能继续至和解程序终结时也。

债权人会议期日,由法院指定之。但应在申报债权期间届满后七日以外一个月以内(十二条二项)。且须由法院公告之(同条一项三款)。

在债权人会议,债权人得委托代理人出席(二三条)。

和解契约之缔结,乃于债权人会议期日,提出债务人所拟和解方案,然后由债权人会议可决时,方可成立。故会议期日之和解,双方当事人之口头辩论,乃和解缔结之基础。而法院之能否认可和解,亦以此为依据。故债务人所提出之和解方案,在债权人会议以前,不过仅有通告的效力。至债权人会议时,方能发生要约之拘束力也。但提出和解方案于债权人会议,系裁判上之行为,具备一种诉讼行为之形式。于会议期日为口头辩论之人,不可不有诉讼能力。故拟和解方案之债务人,须亲自出席,答复监督人、监督辅助人及债权人之询问(二十四条一项)。并监督人或监督辅助人依据调查结果,报告债务人财产业务之状况,并陈述对于债务人所提出和解方案之意见(二十五条一项)。若债务人经法院通知债权人会议期日后,无正当理由而不出席,主席即监督人应解散债权人会议,并向法院报告,由法院宣告债务人破产(二十四条二项)。

和解担保义务人亦应于会议期日出席于债权人会议,以备询问。盖和解乃在裁判上所缔结之契约,则在裁判上负担保义务之人,须有所陈述即意思表示,方能负担保和解之责任也。

债权人会议,既以监督人为主席,则监督人自有指挥会议而司辩论之权。如使参加和解程序之人均有陈述之机会,对于发言应否许可,应否限制,均由监督人指挥。

关于和解条件,应由债权人与债务人自由磋商。主席应力谋双方之妥协(二十五条二项)。对于债权人所主张之权利或数额,债务人或其他债权人提出驳议时,主席应即为裁定(二十六条一项、二项)。不服此裁定之债权人应自裁定之日起十日以内向法院提出异议(三十条)。

债务人之和解方案即等于契约之要约,而债权人会议之可决即等于对于要约之承诺。此两者均为和解契约之本质的要素。和解之可决须以人数多数及金额多数之重复多数者,已于前述。有此多数决时,则会议期日即行终了,而移转于法院对于可决认可与否之问题。此种和解决议,有人数多数而无金额多数,又有金额多数而无人数多数时,均不能谓为可决。

法律对于可决之方法虽有规定,然对于否决则付缺如。又二十八条规定和解经债权人会议否决时,主席应即宣告和解程序终结,并报告法院。则否决应解为与可决相同,方见妥当。债权人对于主席依第二十六条所为之裁定或对于债权人会议所通过之和解决议有不服时,应自裁定或决议之日起十日以内,向法院提出异议(三十条)。法院对于此项异议为裁定前,得传唤债权人及债务人为必要之询问,并得命监督人、监督辅助人到场,陈述意见(三十一条)。

第九,和解认否之裁定

和解契约之缔结,自债权人会议可决以后,尚须有法院认可(Gerichtliche Vergleichsbestätigung)之裁定(二十九条一项)。和解可决后,即移转于法院对于和解认否之程序。盖和解之缔结,其效力不仅可以拘束出席于债权人会议之同意、不同意之债权人,而未出席之申报债权人及未参加和解程序之债权人,亦受和解缔结效力之拘束。故法院有审查和解之可决,是否有违反债权人一般之利益,是否适法且正当成立之必要也。和解认否之裁定,仅应公告,无须送达(同条二项)。

法院对于和解之认否,不能以绝对的自由裁量。若法律上有和解不认可之情形,法院须为不认可之裁定。若和解之可决,正当且适法成立时,法院即须认可和解。故法院如认为债权人会议可决之和解条件公允,提出之担保相当者,应以裁定认可和解(三十二条)。因债权人之异议,认为增加债务人之负担,经债务人之同意时,应认可和解。此时应将所增负担,列入于认可和解裁定书内。若债务人不愿意增加负担时,应即不认可和解(三十三条)。曾向法院提出异议或被拒绝参加和解之债权人对于认可和解之裁定,得为抗告。但对于抗告法院之裁定,不得再抗告。对于认可和解之裁定,虽经抗告,仍有执行效力。对于不认可和解之裁定,不得抗告(三十四条)。

法院于驳回和解之声请,或不认可和解时,应依职权宣告债务人破产(三十五条)。

第十,和解之效力

和解自认可之裁定确定时,发生效力。盖对于和解认可之裁定,再为抗告,而抗告审犹可废弃和解认可之裁定故也。此种裁定应解为自公告之日起,经过十日,即行确定(《民诉》四八四条)。裁定确定时,和解程序,即行终结。监督人及监督辅助人之任务,亦行终了。此时对于监督辅助人之报酬,须以裁定确定之,而使其直接由债务人之财产受清偿。此种报酬,乃属于和解程序费用之范围,法律规定其有受优先清偿之权利故也(十一条)。

债务人于和解认可裁定确定时,对于监督人之报酬及其他有优先权之债权,须以自己之财产清偿之。此种债权不受和解效力之拘束。若债务人不为清偿时，可不问其和解条件如何，可对于债务人之财产强制执行。若债务人对于此种债权有异议时，俟其确定而为清偿。

债务人于和解认可裁定确定时，于不抵触和解条件范围内，解除一切由和解程序所加之束缚，而恢复其行为之自由。以后关于其业务及经济上之行为，可不受监督人及监督辅助人之监督。

关于和解监督财团，则在和解缔结以后，犹须受和解条件之拘束。普通之和解条件，有将其财产移转于债权人而任其处分者。有委托保管人保管者。有使特定人将其财产卖出，而以卖得价金分配于债权人者。有将财产分割于各债权人间以为代物清偿者。有为将现金存蓄银行为债权人设定质权者。

若债务人为法人，如无限公司、两合公司等与其债权人成立和解时，其负无限责任之股东对于公司之债权人所负责任如何，我破产法无规定。然法人因和解之成立，自己之债务已行减轻，而股东犹依然负无限责任时，殊不能达法人和解之目的。故此时股东应于和解条件所定条件内负其责任。

和解担保义务人（Vergleichsgarant）关于为债务人所提出之人的或物的担保，当然依和解所定条件，负担保清偿债权之责任，而受和解效力之拘束。

和解之成立，虽使债务人解脱因和解程序所受之束缚，然开始和解程序之效力依然有效。不因和解之成立而溯及的消灭。即和解之成立，仅向将来消灭和解程序上之效力。故在和解程序中债务人所为之无效力行为，不因和解之成立而变为有效也。

和解成立时，对于一切债权人，若其债权在和解声请许可前成立者，均有效力（三十六条）。不问其是否出席于债权人会议，是否参加和解程序，均受此和解条件之拘束。换言之，各债权人统一的受和解条件之利益或不利益。反之,有担保或有优先权之债权人,则不受此拘束。若此种债权人愿意受和解之拘束者,则不在此限(三十七条)。又债权人对于债务人之保证人及其他共同债务人所有之权利,不因和解而受影响(三十八条)。盖保证人及共同债务人如连带债务人等,于债务人以声请和解清理债务时,尤有担保其债权之必要也。

和解对于债权仅有限制清偿方法之效力,而无确定债权之效力。债权人若欲向债务人请求或执行时,须依和解条件。若欲确定其债权,则须依别种方法如提起诉讼或依督促程序向法院请求发支付命令。此与破产不同之点也。

第二节　商会之和解

法院和解程序中之债务人,既未限定商人与非商人,则商人与非商人,当然可向法院声请和解。但我国习惯,商人于不能清偿债务时,往往向当地商会请求和解。故法律一仍其旧,于规定法院和解程序之外,复规定商会和解程序。使商人于不能清偿债务时,于向法院声请和解或声请破产以前,得向当地商会请求和解(四十一条)。

债务人为商人向当地商会请求和解时,准用第七条之规定。当地商会于声请人有第十条之情形,亦得驳回和解之请求(四十九条)。

商会允许和解之请求后,应就债务人簿册或以其他方法查明一切债权人,使其参加和解,并出席于债权人会议(四十二条)。委派商会会员、会计师或其他专门人员,检查债务人之财产及簿册,监督债务人业务之管理,并制止债务人有损债权人利益之行为(四十三条)。

商会接到和解请求后,应自请求之日起两个月以内,从速召集债权人会议(四十四条)。商会允许和解之声请后,应请求法院不开始民事执行程序。若已开始,应请求中止进行。但有担保或优先权之债权人,则不受此限制(四十九条、十七条)。

在和解程序进行中,若债务人有十五条、十六条之行为时,则为无效(四十九条)。商会所派人员在债务人有十九条所列各款之行为时,应即向商会报告,商会得终止和解(四十六条)。商会在和解程序进行中,应为二十一条所列各款行为(四十九条)。

债权人会议得推举代表一人至三人会同商会所委派人员检查债务人之财产及簿册(四十五条)。二十三条至二十七条之规定,亦准用于商会和解之债权人会议(四十九条)。

在商会之和解,经债权人会议可决时,应订立书面契约,并由商会主席署名,加盖商会钤记(四十七条)。否则和解尚不能有效成立。

债权人会议得推举代表一人至三人,监督和解条件之执行(四十八条)。庶免债务人懈怠,以收和解之效。

关于和解之效力,准用三十六条至四十条之规定。

第三节 和解及和解让步之撤销

第一,和解之撤销

撤销者,为总债权人撤销和解契约之谓。和解撤销时,和解已不复存在,故法院应依职权宣告债务人破产(五十四条)。恰与破产内调协之撤销而再施破产程序者然。

和解之撤销,仅可使和解向将来丧失效力,而不能回复未缔结和解契约之原状,即不能使和解契约之效力溯及的消灭。故依和解条件债权

人所受之清偿,仍为有效。和解撤销之原因如次:

(1)债权人于债权人会议时不赞同和解之条件,或于决议和解时未曾出席,亦未委托代理人出席,而能证明和解偏重其他债权人之利益致有损本人之权利者,得自法院认可和解或商会主席签署和解契约之日起,十日内声请法院撤销和解(五十条)。

(2)自法院认可和解或商会主席签署和解契约之日起,一年内,如债权人证明债务人有虚报债务、隐匿财产或对于债权人中一人或数人允许额外利益之情事者,法院因债权人之声请,得撤销和解(五十一条)。

(3)债务人不履行和解条件时,经债权人过半数,而其所代表之债权额占无担保总债权额三分之二以上者之声请,法院应撤销和解。关于人数之计算,依和解已受全部清偿之债权人,不算入声请人数之内。关于债权额之计算,须将已受清偿之债权额扣除之(五十二条)。

和解之撤销,须依法院之裁定为之。在(1)(2)两种情形,属于法院之义务的裁量,非法院必为撤销之裁定。而在(3)种情形,法院须以裁定撤销和解。对于此种裁定,不得抗告(五十三条二项)。

法院认债权人所为撤销和解之声请无理由时,得以裁定驳回其声请。对于此种裁定,得为抗告(五十三条二项)。

和解之撤销对于总债权人且向将来发生效力。在理论上此时债权人虽可不受和解条件之限制,而得自由行使其债权。然撤销和解时,法院应依职权宣告债务人破产(五十四条)。实际上债权人即依破产法之规定,而受权利行使之限制也。

和解之撤销,仅向将来发生效力,而不能绝对恢复和解契约未缔结以前之原状。故债权人在和解撤销以前依和解条件所受领之金钱,仍为有效清偿,并无须返还于破产财团。由和解程序移转于破产程序之破产债权人,扣除其已受清偿之债权额,而以其残额加入破产程序。其所受分配,须依四十条第二项之标准。

第二,和解让步之撤销

债务人不依和解条件为清偿者,其未受清偿之债权人得撤销和解所定之让步(五十六条一项)。和解让步之撤销与和解之撤销不同。在后者法院须为破产宣告,而移转于破产程序。而前者不过个个债权人对于债务人撤销和解所定之让步。其他债权人之债权,并不受此撤销之影响。和解契约,依然有效存在。

有撤销和解让步之权利人,仅限于未受清偿之债权人。至已受清偿或在受领迟延之债权人,则无撤销之权利。

和解让步之撤销,法律既未限定其方式,本依民法之一般原则,在裁判上或裁判外行使之。债权人撤销和解之让步时,其债权恢复和解让步以前之原状。如和解让步为债务之一部免除或为支付犹豫时,则和解让步之撤销,发生最初未为免除或未允许支付犹豫之效力。有此权利之债权人,不问其是否参加和解程序,对于和解之决议,是否同意也。但和解担保义务人所提出之人的及物的担保,不因和解让步之撤销,而对于撤销人丧失效力。盖此种担保责任,于债务人不依和解条件为清偿时,或债务不履行时,尤有确保债权之必要也。但债权人因和解让步之撤销而回复之债权额,非于债务人对于其他债权人完全履行和解条件后,不得行使其权利(五十六条二项)。否则,其他债权人将因为撤销和解让步之债权人之权利实行而受损害也。

第三章 破　产

第一节　破产债权

第一，破产债权之定义

破产债权者,参加破产程序而由破产财团受公平清偿之债权也。此乃形式的定义,不足以说明现行法上破产债权之意义。兹为实质的定义如次。

破产债权者,乃对于破产人之债权而有因破产宣告前之原因所成立之财产上之请求权者也(九十八条)。由此实质的定义分析之,可知破产债权,须具备次之要件。

(1) 对于破产人之债权　债务人之责任,可分为人的责任与物的责任。所谓人的责任,乃指以债务人之总财产负责任而言。若债务人任意不履行其债务时,则不问其财产之种类如何,皆可为强制执行之标的。破产乃对于债务人之总财产为一般的强制执行,故此种债权,方可为破产债权,而行使权利。九十八条规定"对于破产人之债权",而未限定债务人即破产人之责任者,当然系指以债务人之总财产负责任之人的责任而言。物的责任则反是,不问其物属于何人,责任由其物负也。其物消灭时,责任亦归消灭。此种债权,虽有由物受特别清偿之权利,但不能由一般的执行之标的之破产财团受清偿。此种权利人虽可为别除权人,但不得为破产债权人。故九十八条又规定"有别除权者,不在此限"。

普通有物上担保之债权人,严格言之,并有人的责任与物的责任两种。换言之,兼有普通破产债权人之资格及别除权人之资格。此种债权人若抛弃物上担保之全部或一部,而以普通破产债权人之资格行使其权利时,又当别论。否则,法律有明文规定,不能成为破产债权人。换言之,即在破产法上不许兼有此两种资格也。但行使物上担保权利之结果,其债权不能受全部清偿时,得以其残额为破产债权,而行使其权利(一〇九条)。

(2)为财产上之请求权　即金钱及得以金钱评价之请求权之谓。破产程序,系以对于破产人之总财产为一般的强制执行,将破产财团之财产变价,而以金钱满足各债权人为目的。故破产债权须限于有金钱价值之财产上之请求权也。盖债权之标的,千差万别,破产宣告后,对各债权人到底不能依债务本旨而为履行。且一面须维持债权人间之公平,一面又须使各债权人得真正满足者,亦非破产程序所能企及。故破产债权理论上须为财产上之请求权。德《破产法》以明文规定之(德《破产法》三条)。我《破产法》虽仅用债权两字,自应为同样解释。请求作为不作为之权利,是否可作为破产债权,我法律无规定。然破产宣告,仅能使债务人丧失其财产之管理及处分之权利,而债务人为作为或不作为之行为之自由,并不丧失。故此种义务之履行,应于破产程序外请求之,依破产程序不能满足此种债权也。兹将此种请求权分析观察之。

此种作为不作为之债权,可由第三人代为履行,而得由债权人向债务人请求其费用时,其费用请求权自应可为破产债权,因其为财产的请求权也。其费用额则由法院决定之。在破产宣告前尚未决定时,是否可成为破产债权,在德国学者间,虽尚多争议,然其债权之性质,既可主张费用请求权,当亦得主张为破产债权。不过须有法院之决定,其债权额方能确定耳。此种作为不作为之债权,在破产宣告前已因不履行而变为损害赔偿请求权时,此损害赔偿请求权为金钱债权,故应得为破产债权。

　　破产宣告之时尚未达清偿期,而尚未发生损害赔偿请求权之不代替作为不作为之债权,在破产程序上,应如何处置?依一百条规定,附期限之破产债权未到期者,于破产宣告时,视为已到期。则债务人对于此种作为不作为之债权,似不能主张期限之利益。然一百条规定,系指得为破产债权之债权而言。而破产宣告之当时,不能以金钱评价之债权,自不能为破产债权。故不代替作为不作为之债权,在破产当时,既不能以金钱估价,自不得为破产债权。债务人亦不丧失期限之利益。债权人于该债权达履行期时,方可向债务人请求履行。债务人不为履行时,债权人方可请求不履行之损害赔偿。此种损害赔偿请求权,因不履行方能发生。而不履行之事实,发生于破产宣告以后,破产人不能以破产宣告后之行为使破产财团受损害。则此种请求权,乃破产宣告后之不履行所生之损害赔偿请求权,当然不得参加破产程序也(一〇三条三款)。盖破产宣告之目的,乃使在当时有财产上之请求权人得公平满足。若当时尚未有财产上之请求权,因破产宣告后之破产人之不履行,方发生之损害赔偿请求权得参加破产程序时,将因债务人之任意不履行而使破产财团受损害,殊为不当。德国学者中虽有主张,不能由第三人代替履行之作为不作为债权人,恰似以不履行为停止条件之损害偿请求权,于期限前亦可行使其权利者,不足取也。

　　《民法》亲属编所规定之种种亲属权,自不得为破产债权。但扶养请求权,虽以亲属关系为原因而由扶养义务所发生之请求权,乃财产上之请求权,得为破产债权。然扶养之程度,其扶养权利人之需要须与扶养义务人之身份及资力相适应。抚养义务人破产时,其扶养义务实际上已成为有名无实。且抚养义务因权利人之需要随时发生。故在破产宣告前,可得请求部分之扶养请求权,固得成为破产债务权。而在破产宣告后之部分，不合九十八条所规定"破产宣告前成立"之要件，不得成为破产债权。

（3）在破产宣告前成立　破产之目的系为破产宣告当时之总债权人之利益，执行债务人之财产而公平分配于各债权人。故破产债权之成立，须成立在破产宣告前。而破产宣告后新成立之债权，自不得参加破产程序。且新债权人亦非视债务人之财产，为彼债权之担保。若使其可以加入破产程序，则债权之续出，不知伊于胡底也。

附期限债权，即在破产宣告当时尚未达清偿期之债权，其成立既在破产宣告前，当然可成为破产债权。然由破产财团受清偿时，若一一须待其履行期之届至，则破产程序不知延长至何年何月，方得终结。故一面使当事人间不发生不公平及损失，一方面又须使破产程序迅速终结起见，法律一面使此等债权视为到期（一〇〇条），使债务人不能主张期限之利益，一面使债权人在履行期前亦可行使其权利。至以如何债权额行使其权利，法律尚规定其债权额之计算方法，当于后述之。

附条件债权，得以其全额为破产债权（一〇二条）。附解除条件之债权在破产宣告当时，其债权既已成立，当得为破产债权。至附停止条件之债权，虽于条件成熟时，其债权方能发生。然成立附停止条件债权之行为在破产宣告前，已经存在，故法律上亦应视为破产债权。唯其最终之效力如何，其债权额如何计算，当于次节述之。

第二，破产债权额之算定

破产债权皆须以金钱评价而计算其债权额。即债权之标的为金钱时，则以其额为债权额。为非金钱时，或虽为金钱其额不确定时，或为外国货币时，须以中国货币评价而定其债权额。盖破产系以将破产财团变价而使各债权人得金钱的满足为目的，则依此受清偿之债权，亦须于破产宣告时，以金钱评价而计算其债权额者，宁属当然也。

关于债权额之计算,微有问题者,乃附期限债权与附条件债权。

关于附期限债权须分别其有否附利息而观察之。

附利息债权以其原本之名义额及破产宣告时止之利息作为破产债权额。而破产宣告以后之利息,则不算入(一〇三条一款)。盖约定利息乃使用原本之对价,因时之经过而发生。破产宣告时,原本债权既视为到期而受清偿,则尔后之利息,自不应算入。且尔后之利息,其利息债权之成立在破产宣告以后,亦不应使其为破产债权也。

附有期限之无利息债权,须俟其到期方能达名义额。若以此名义额,为破产债权时,未免失之过大。故应扣除自破产宣告时起至到期时止之法定利息(一〇一条)。

附条件之债权,得以其全额为破产债权(一〇二条)。

附解除条件之债权,在破产宣告当时,其债权已经成立,自得以其全额为破产债权。然条件成否未定时,即向之清偿或承认其行使抵销权,不无危险。故附解除条件之债权人非提出相当担保,不得受分配。若不提出相当担保,由财产管理人提存其债权额(一四〇条)。关于抵销,法律虽无规定,然附解除条件之债权人就其对破产人所负债务以为抵销时,亦应提出相当担保或提存其债权额,以防危险也。若解除条件于最后分配表公告后十五日以内尚未成就时,则为避免破产程序之迟延,使附解除条件债权人所提出之担保丧失效力,而返还于该债权人(一四三条)。又为该债权人所提出之金额,交付于该债权人。

附停止条件之债权,其标的之债权虽尚未发生,然该债权之发生原因,则已于破产宣告前有效成立,故法律亦视为破产债权。然条件成否未确定时,对该债权之分配额应提存之(一四一条)。该债权人就自己所负之债务欲为抵销时,则于条件成熟以前,自己之债权,尚未发生,自不得抵销。然该债权人向破产财团清偿自己之债务,而保留抵销权时,是否可以请求提存与自己债权相当之金额,以为后日抵销之地步,我法律亦无规定。解释上应可请求提存也。若该债权于最后分配表公告后十五日以内尚不能行使,即停止条件于此期间内尚未成就时,法律为迅速终结破产程序起见,使其不能加入分配(一四二条)。而于中间分配时为该债权所提存之金额,应分配于其他债权人。

第三,多数当事人之债权

不可分债务、连带债务、保证债务等之共同债务人破产时,应分别其对于债权人之关系与债务人相互间之关系而研究之。

(1) 对于债权人之关系　此等共同债务人之一人或全体,于破产宣告前,尚未为清偿时,则破产债权人对于此共同债务人之各破产财团,得以其全额作为破产债权而行使其权利者,已为各国一般法理所公认。故我法律亦以明文规定之(一〇四条)。此种债权于共同债务人之一人或全体破产宣告前,已有一部之任意清偿,或已由破产程序受一部分配时,则以如何额作为破产债权,对各破产财团行使其权利,有下列三种主义。

第一种主义,共同债务人之一人所为之一部清偿,并非足以无条件的消灭其他共同债务人之责任。债权人结局已受全部清偿时,以前所受一部清偿方能有效,即方有消灭一部债权之效力。现实行此主义者为瑞士。共同债务人中之一人或数人于破产宣告前,纵已为一部清偿,不能以其清偿额消灭债权。债权人仍以其当初之全额加入各破产财团而受分配(《瑞士破产法》二一七条)。依此主义,就债权人可得完全清偿之机会之点言之,诚然遗憾。然在立法上采此主义之妥当与否,尚属疑问。我现行法不采此主义。且此主义,如瑞士有明文之国家,方可采用。

第二种主义将清偿分为普通之任意清偿与由破产所受之分配之清偿。即破产宣告前之清偿及普通之任意清偿。其清偿部分,有完全消灭债权之效力。以后只能以其残额加入破产程序。然由破产程序所受分配之清偿,并非任意清偿,无消灭债权之效力。债权人尚得以债权全额加入破产程序。法国及法法系诸国系采此主义。

第三种主义主张以在破产宣告当时所有现存债权额,对各破产财团行使其权利。而一旦申报之债权额,尔后始终继续以其额加入分配。纵令中途有一部之任意清偿,或由他破产程序受分配,对于其所申报之债权额,不生影响。此主义为德法所采用(德《破产法》六九条)。

依第三种主义,因共同债务人同时破产及依次破产其得受清偿之额有所不同。同时破产与依次破产,不过一种偶然的事实。因此偶然的事实,使加入破产程序之债权额发生差异,虽似不甚公平。然破产债权,须以在破产宣告时之现存额为准。若债权人在当时已受领一部任意清偿,或由破产程序受一部分配,其债权已一部消灭时,则除瑞士有明文规定之外,自不能不以破产宣告当时之现存额作为破产债权也。

我《破产法》虽规定债权人得以其债权之总额,对各破产财团行使其权利。此总额非债权成立当时之总额,乃破产宣告当时之现存额也,在破产程序中,始终以其总额加入分配。纵令由他破产财团受分配,不应由其所申报之债权额中扣除受分配额。盖破产债权额之算定,须以破产宣告当时之债权额为准故也。

(2) 共同债务人相互间之关系　共同债务人清偿他债务人之负担部分债务时,在其相互间之关系,当然发生求偿权。尤其共同债务人中之一人或数人宣告破产时,债权人到底不能由宣告破产之共同债务人得到完全清偿,自得向其他之共同债务人请求清偿。故常发生求偿权之问题。然此求偿权非预先作为破产债权行使,不能奏效。若俟至后日行使时,则破产财团已经分配于各破产债权人,破产人已无剩余财产可供求偿权人之求偿。故法律规定共同债务人得以其将来求偿权之总额为破产债权而行使其权利。但债权人已以其债权总额为破产债权行使其权利时,则求偿权人不得行使(一〇五条)。因求偿权人若可与债权人同时行使其权利,是就同一债权而为二重的行使。对于其他债权人,殊欠公平故也。然共同债务人于破产宣告前,已为一部清偿而使债权一部消灭时,则就该部分之求偿权即可成为破产债权。盖债权人就其已经消灭之债权额,不得行使其债权,已无二重行使破产债权之情形故也。

所谓将来行使之请求权,可以作为破产债权而行使其权利,其情形与附停止条件之债权相同。关于此点,德国学者之见解,亦趋一致。由我《破产法》一四二条观之,自应如此解释。

对于法人之债务,应负无限责任之人,如无限公司、两合公司、股份两合公司之负无限责任之股东受破产宣告,法人之债权人得以其债权之总额为破产债权,而行使其权利(一〇六条)。盖无限责任股东,对于法人之债务,与法人连带负责故也。若法人与对于法人之债务负无限责任之股东同时或依次受破产宣告时,则与共同债务人破产之情形相同。法人之债权人得以其债权总额作为破产债权,对各破产财团行使其权利。

至此种公司之有限责任股东受破产宣告时,若其出资尚未向公司缴纳,公司固得以其出资额作为破产债权而行使权利,而公司之债权人亦得以其出资额为限度作为破产债权而行使权利。盖有限责任股东就其出资额,对于公司之债权人直接负责故也。但股份有限公司之股东受破产宣告时,其股东非公司之直接债务人。故公司之债权人不得为破产债权人。

法人破产时,其法人之社员或股东不能以其出资作为破产债权,盖此等出资乃公司破产财团之基础。若可以出资作为破产债权时,则公司之破产财团,将化归乌有也。股东不能以其对于公司之债权与自己出资之债权相抵销者,其理由亦在此。法人破产时股东之债权人之债权自不得为破产债权。因法人对于其股东之债务,不负保证责任故也。

遗产不敷清偿被继承人之债务,而无继承人时,或继承人为限定继承或全体抛弃继承时,或未抛弃继承之继承人全体有破产之原因时,得由继承人、遗产管理人及遗嘱执行人声请破产(五十九条)。

遗产不敷清偿债务而无继承人时,或虽有继承人而全体抛弃继承时,得由遗产管理人或遗嘱执行人向法院声请破产者,自无特加说明之必要。若有继承人而为限定继承时,或为包括继承而遗产及继承人同有破产原因时,则如何?

继承人破产时,须分别为包括继承与限定继承之两种情形而观察之。在包括继承时,被继承人之债权人,得以其债权总额作为破产债权,而行使其权利。盖继承人对于被继承人之债权人,须以其固有财产及遗产二者负责故也。但被继承人之债权人对于遗产,有较继承人之债权人受优先清偿之权(一一五条)。而继承人之债权人对于继承人之固有财产有较被继承人之债权人有优先清偿之权利。若继承人为限定继承时,则被继承人之债权人只能就遗产受清偿。继承人破产时,不能对其固有财产,行使其权利。

遗产受破产宣告时,被继承人之债权人及遗赠人,固得为破产债权人。而继承人是否亦可为破产债权人,亦须分别包括继承与限定继承而观察之。在前者,继承人之权利已因混同而消灭,故不得为破产债权人。在后者,继承人对于被继承人之权利义务,并未消灭,故亦可成为破产债权人。

对于遗产及继承人同时或依次宣告破产时,若继承人为限定继承,则被继承人之债权人固只能对于遗产,行使其权利;若为包括继承时,则被继承人之债权人不仅可对于遗产行使其权利,并可对于继承人之破产财团行使其权利。但继承人之固有债权人对于继承人之破产财团,有受优先清偿之权利,亦不生不公平之结果。

汇票发票人或背书人受破产宣告,而付款人或预备付款人不知其事实为承兑或付款者,其因此所生之债权得为破产债权而行使其权利。前项规定,于支票及其他以给付金钱或其他物件为标的之有价证券,准用之(一七〇条)。盖付款人或预备付款人不知发票人或背书人有破产宣告之事实而为承兑或付款,显系善意。故法律许其因此所生之债权,作为破产债权而行使其权利。

第四,不得为破产债权之债权

不包含于前述破产债权定义中之债权,法律因特别理由以明文规定,列举其不得为破产债权之债权。兹分别说明于次(一〇三条)。

(1) 破产宣告后之利息　利息乃使用原本之报酬,因时之经过而发生。且依一百条之规定,未到期之债权,于破产宣告时,视为到期。则破产宣告后之利息,自不得为破产债权。唯须研究者,乃《民法》清偿抵充之规定(《民法》三二三条)与本条之关系。依《民法》规定,先抵充利息而后抵充原本。若将破产宣告后之利息合算,而由破产财团尽先抵充,而次及原本,殊有害于其他债权人。《破产法》本条之意旨乃破产宣告时止之利息与原本,由破产财团先受清偿。若有剩余,而后清偿破产宣告后之利息。并非适用民法之规定,不问破产宣告之前后,尽先抵充利息也。

(2) 参加破产程序所支出之费用　此种费用亦于破产宣告以后,方行发生,故亦不得为破产债权。

(3) 因破产宣告后之不履行所生之损害赔偿及违约金　债权虽于破产宣告前发生,而不履行之事实,发生于破产宣告后。故因此所生之损害赔偿及违约金请求权,不得为破产债权。关于由不代替作为不作为所发生之破产宣告后之损害赔偿请求权,不能成为破产债权者,已于前述。

破产宣告时尚未到期之金钱以外之债权,自得为破产债权。盖得以金钱评价之债权,于破产宣告时,视为到期,可行使其权利故也。

(4) 罚金、罚锾及追征金　此等权利在理论上视为破产债权,而应与其他债权人同等受公平分配。然由实际观察之,在破产时,若令其由破产财团受分配时,而感痛苦者,非破产人,而为破产债权人,显与刑罚之目的相反,故不使其为破产债权。

第五,破产债权人之地位

关于破产债权人之地位所应研究之点有二。一为破产债权人对于破产财团之关系。二为破产债权人相互间之关系。

(1) 破产债权人对于破产财团之关系　破产宣告之效力,足以使破产债权人对于破产财团取得质权或扣押权之学说,在德国虽有一二有力学者主张之,然依此说不仅不能说明破产关系之全部,且无明文上之根据,亦不可采用。如前所述,破产乃一诉讼事件。其当事人间,仅发生诉讼的法律关系。破产债权人对于破产财团,不过得为共同的强制执行。故破产债权人对于破产财团之关系,亦为一个诉讼的法律关系。破产债权人由破产财团有排他的共同的受清偿之权利而已。总之,破产之效力不能使破产债权人对于破产财团之实体上之权利发生变更。由此可知质权说及扣押权说主张取得新权利者,不足采也。

(2) 破产债权人相互间之关系　依九十九条之规定,破产债权非依破产程序,不得行使。破产程序既系对破产人之总财产为一般的强制执行,则在破产程序中,破产债权人不能就特定破产人之财产为单独的强制执行者,其理甚明。若使在破产程序进行中,可以作为破产债权而行使其权利之人,可不参加程序,而自由行使其权利,对于破产人之财产,得单独为强制执行时,则破产程序,到底无法进行也。但在破产宣告以后,破产人之行为之自由,并不丧失。故以破产人作为或不作为为标的之债权,自不妨在破产程序以外请求履行。

在立法论上，九十九条规定，失之广泛。不若附以"若欲由破产财团受清偿"之限制（德《破产法》十二条）。本条规定或惹起不得向保证人请求履行，或由第三人受领清偿之误解也。如上所述，破产债权人既不得为单独的强制执行，若欲对破产人为强制执行而行使其权利时，则非依破产程序不可。破产程序即破产债权人为共同的强制执行之程序。破产债权人因破产之宣告，形成一共同执行团体。关于此团体之性质，或谓为法人，或解释为一合伙团体。然均未见其妥。

如前所述，破产乃一诉讼事件。故在当事人间所生之关系，亦为诉讼的法律关系。因当事人为多数，故破产债权人相互间，不过立于共同诉讼之关系。各债权人申报其债权而参加破产程序，该当于诉讼之提起。（a）对破产人确定各债权人之实体上请求权之存否，不过偶然于同一破产程序中为之。其各债权人相互间，立于偶然的共同诉讼人之关系，即普通共同诉讼人之关系。各债权人因其共同之债务人受破产宣告，偶然在同一诉讼程序中，确定其权利，行使其权利，且同时为强制执行而已。（b）由形式上之请求权，即参加破产程序而由破产财团受公平清偿之权利言之，若使非真正债权人即所谓自称债权人可任意申报其债权时，各债权人所能受清偿之额，势必因此减少。故各债权人对于其所申报之债权，纵令经破产人默认，在各债权人相互间，亦有声明异议之权利。此相互声明异议之诉讼关系，不能不为各债权人合一的确定。换言之，为一人所成立之异议，不得为他人不成立。是破产程序中之破产债权之确定，不仅对于破产人确定，且在破产债权人相互间亦不能不确定。其确定，对总债权人为合一的。故由形式上之请求权之关系，换言之，由破产债权人相互确定之关系言之，各债权人立于所谓必要的共同诉讼之关系。

总之，在破产程序中，实体上之各破产债权人对于破产人确定其债权之关系,立于偶然的普通诉讼关系。而形式上请求权之确定关系,即各债权人相互确定之关系,乃立于相互必要的共同诉讼之关系。故破产债权人之确定,对于破产人固为确定,而同时各债权人相互间亦行确定。

兹所述者,不过以共同诉讼之法理,解释破产债权共同之确定,其他如破产管理人之破产财团之管理、变价、分配等,亦应以此法理说明之。

第二节　别除权

别除权者,不依破产程序,对于属于破产财团之特定财产,优先于破产债权人而受清偿之权利也(一○八条)。

别除权乃对于属于破产财团之财产而行使之权利,此点得与取回权相区别。盖取回权乃对于不属于破产财团之财产而行使之权利也。别除权既为对于属于破产财团之财产而行使之权利,其结果在破产宣告后,更无在其物上取得担保物权之危险,则别除权人由其标的物受清偿之后而犹有剩余时,自应返还于破产财团。又第三人为担保破产人之债务所设定之物上担保,自不发生别除之问题。因该财产不属于破产财团故也。

别除权乃对于特别财产如动产或不动产之权利。此点得与财团债权相区别。财团债权虽亦优先于破产债权受清偿,然非对于特定财产行使之权利也。

别除权非破产债权。故其行使,可不依破产程序,又不受和解之限制(三十七条)。然别除权人抛弃其别除权之全部或一部,亦不妨作为破产债权而行使其权利。

《破产法》所规定之别除权为质权、抵押权及留置权三种。此等权利本身即有较任何权利受优先清偿之效力。法律视为别除权，宁属当然。

留置权乃迄其债权完全受清偿时止，留置他人所有物之权利。而权利人无直接由其物受清偿之权利。故在外国法律，留置权应否视为别除权，微有问题。但我国《民法》（九三六条）规定，留置权人有直接由其留置物取偿之权利，故法律亦视为别除权。

有别除权之债权人，不依破产程序，而行使其权利（一〇八条二项）。故有别除权之债权人得于破产程序以外，依《民事诉讼法》及《拍卖法》之规定，拍卖其标的物，而由其拍卖价金受费用、利息、原本之清偿。其清偿抵充之方法，依《民法》三二三条之规定。但利息计算至破产宣告时止，尽先抵充，次及原本，而后以其残额作为破产债权（一〇九条）。若拍卖价金抵充破产宣告时止之利息及原本后尚有剩余时，再抵充破产宣告后之利息。

别除权之标的物既属于破产财团，而破产财团之管理及处分又属于破产管理人。故有别除权之债权人若欲行使其权利时，自须向破产管理人在裁判上或裁判外主张之。破产管理人亦不妨向有别除权之债权人清偿其债务而收回其别除权之标的物，编入破产财团（九十二条十二款）。故破产管理人得请求将别除权之标的物估价，或承认别除权人之主张（九十二条十一款）。若不为承认时，则由有别除权之债权人诉之于法院。若在破产宣告前在破产人与别除权人之间已发生诉讼时，应由破产管理人代为进行。

第三节 取回权

第一，在破产程序之性质上，破产债权人只能由属于破产人之破产财团受清偿。若欲由破产人以外之第三人之财产为执行时，则除该第三人已设定质权或其他担保物权以外，自属不能。若第三人已设定担保物权，则对于执行，亦不属于破产程序之范围。故得依破产程序而为执行之财产，即破产财团，仅限于属于破产人之财产。然破产宣告后破产财团立于管理人之管理处分之下，其财产中亦有不属于破产人者。此种财产之所有人，自得取回。称之为破产法上之取回权。与在各别的执行时，第三人对于执行标的物之异议相当（《强制执行法》第十五条）。

别除权乃对特定财产行使之权利，此点与取回权相同，而与财团债权相区别。但别除权乃对于属于破产财团之特定财产之权利。而取回权系对于不属于破产财团之特定财产之权利，故此点又可为二者之区别。

如何权利系存在于破产财团中而不属于破产人之财产，而可请求取回，法律无规定。应依民法及其他实体法之规定而决定之。毕竟破产人虽受破产宣告，而权利人行使其权利则不受其影响者也。如所有权人基于其物权的追及权，而请求取回是。其他纵令基于契约关系，将某物移转于破产人，而非让与其所有权者，如因委任、寄托、承揽、租赁之关系，而交付某物时，迨其契约终了，自得取回。

以担保之目的让与某财产而受让人宣告破产时，让与人是否有取回该财产之权利，成为问题。然所有权既完全移转，如交付、登记等之公示方法亦已完备时，则所有权之移转，不问其目的何在，其标的物自应视为受让人即破产人之财产。让与人系为担保之目的而为让与,抑系为委托管理之目的而为让与,在所不问也。此种理由毕竟为由移转所有权之物权契约所生之基本的债权关系。至当事人间有如何特约,有如何债权关系,与破产人发生法律关系之第三人即社会公众,毫未知悉。第三人信用此种财产而与破产人继续交易。一旦破产程序开始时,破产人之财产大半为他人之委托物或担保品而行使取回权时,则为过分信用之第三人,不能不茫然不知所措矣,实有害于交易之安全。我民法采有绝对公信力之登记制度,盖系为此。故已将财产移转于破产人,又已完了其公示方法时,则该财产自应认为受让人即破产人之财产,让与人不得行使取回权。依上述理论,以担保目的而为让与之让与人即债务人,自己对破产人所负之债务须对破产财团完全清偿,而担保品又不能取回,似受意外之损失。而非难本说者,亦以此为理由。然以担保为目的移转所有权时,受让人有于其目的范围内处分其财产之义务。破产宣告之结果,受让人即债务人已不能自由处分其财产者,系由于破产人之债务不履行。则因此所发生之损害赔偿请求权,让与人自得以之与自己对于破产财团之债务相抵销。如此让与人亦不至受意外之损失。若让与人所负之债务过小而担保品之价值甚大时,则只得以其抵销之差额,作为普通破产债权而行使权利。此乃以担保之目的让与价值甚大之财产于破产人者所不能不负担之危险。其情形恰与金钱之消费借贷相同。基于此种契约而移转金钱所有权于破产人时,亦只能作为普通之破产债权而行使其权利。惟一系基于以担保为目的之债权关系,一系基于以消费借贷为目的之债权关系。两者之差异,仅此而已。至其所有权之移转,均系基于履行该债权关系之物权契约者,则二者并无差异。故以担保为目的之所有权之移转,不发生取回权之问题。所遗留者,仅其移转之债权关系而已。

取回权既不受破产宣告之影响,则关于其存否之问题,不应决之于破产宣告之时,而应决之于行使取回权之时。盖破产人在破产宣告后固不能为第三人发生取回权,但管理人得依其权限而发生取回权也。如将关于破产财产之财产卖与他人是。故取回权之有无,应于其行使之时判断之。

取回权之行使,与别除权同,于破产程序以外,在裁判上或裁判外主张之。破产宣告时破产管理人即着手于破产财团之占有及管理,若其中有属于他人之财产时,有取回权人须对于管理人主张之。此时管理人得以破产人所有一切之抗辩对抗之。若管理人将该财产委之于破产人之自由处分而不存在于破产财团中时,取回权人须对于破产人主张之。取回权人于行使其权利时,得请求因破产人或管理人之行为所生之损害赔偿。其损害若于破产宣告前由于破产人之行为发生时,为破产债权。于破产宣告后由于管理人之行为发生时,则为财团债权(九十六条一款)。

取回权乃请求取回原物之权利。若于取回权行使以前,已将其标的物让与,而其反对给付尚存在于破产财团时,外国法律有规定,使取回权人得请求返还该反对给付者。学者名之为赔偿取回权。关于此点,我法律无规定。若同样情形发生于破产宣告之前,破产财团对于取回权人应构成不当得利(九十六条四款)。若发生在破产宣告以后,则管理人之让与行为,显系侵害他人之所有权。则因此所生之债务,应适用九十六条第一款之规定。此种不当得利请求权及由于侵权行为之损害赔偿请求权,均可构成财团债权。

第二,特种取回权 出卖人已将买卖标的物发送买受人,尚未收到,亦未付清全价,而受破产宣告者,出卖人得解除契约并取回其标的物(一一一条)。此称为出卖人之取回权。在隔地交易之买卖,买主尚未付价或未付清全价,卖主已将货物发送于买受人。而买主之财产状态发生急剧变化,往往停止支付,不能清偿,或受破产宣告。故诸国法制,于此种情形之下,均与出卖人以一种取回权,以保护其利益。此种制度,首先发达于英国,由英传播于法国,而后被其他大陆诸国所继承。原来英国之法律,有其独立之发达,与大陆诸国相互影响之处甚少。尤其在英国所发达之原理原则,而能影响于大陆者,颇乏其例。独出卖人之取回权,适为一大例外。

在英国之买卖契约,若当事人间无明示之反对特约,纵令解释当事人之意思或以法律之推定(by implication of law),其标的物之所有权已移转于买受人,法律为保护出卖人,与以次之三种权利。

(1) 留置权(lien on the goods or right to retain) 留置权者,出卖人于迄买受人支付或提出价金时止,得留置其占有中之出卖品之权利也。此种留置权系发源于出卖人本来之所有权。以支付价金为移转占有权于买受人之停止条件。迄价金之支付或提出时止,推定其占有权不移转。

(2) 取回权(right of stoppage in transit) 当于后述之。

(3) 再卖权(right of resale) 若买卖之标的物有易于腐坏之性质,或出卖人向买受人发再卖之通知而买受人犹不于相当期间内支付或提出价金时,出卖人有将该标的物再卖之权。出卖人行使留置权及取回权时,买卖契约既不能视为当然解除,出卖人行使再卖权时亦然。此时出卖人恰如质权人视为原买受人之代理人而与第三人缔结买卖契约。若再卖价金高于原价时,应返还其差额于原买受人。纵不能证明其差额,亦不免名义上损害赔偿之责任。

一七六一年 Lord Northington 关于 D'aquila v. Lambert 事件有云"凡一人不能以自己所有之财产,清偿他人之债务"。此乃英国出卖人取回权之起源。在隔地买卖出卖人将标的物发送后,已丧失占有,不能行使留置权。此时若买受人未付清价金,而陷于支付停止之状态,出卖人又不能取回时,是买受人等于以他人之财产清偿自己之债务。此时应使出卖人得取回其标的物,以恢复原来之占有,俾出卖人得以留置权与买受人对抗。

出卖人之取回权最初为平衡法法院所承认,嗣普通法法院亦采用之。集多数判例之结果,而成为成文法(Sale of Goods Act, 1893)。

《德国破产法》(二十六条、二十七条)关于出卖人之取回权,设有规定。兹将其与英法主要不同之点,说明于次。

(1) 英法不问形式上是否有破产宣告,苟买受人陷于不能支付(insolvency)之状态时,即可成立取回权。而德法则以形式的破产宣告为必要。是英法之取回权,在破产程序之内外,均可行使。德法则仅在破产程序中方可行使。英法之取回权容易成立,德法困难,英法之条件宽,德法之条件严。关于此点英法之规定较优。盖买受人有破产原因之后,方有破产之声请,然后开始口头辩论,多须时日。又取回权之成立要件,须于破产宣告之时,该标的尚在运送中。则买受人已陷于不能支付,而至宣告破产时止,买卖之标的物,多落于买受人之手。故法律所规定之出卖人之取回权,多成为有其名无其实矣。

(2) 取回权之成立,须标的物尚有运送中(in transit)。英德两国之立法皆同。但定运送中之时日,英法以行使取回权之时为标准。即出卖人知买受人陷于支付不能,而采取停止(stop)运送手段之时。事实上采取停止手段之时,标的物须尚在运送中。而此种手段之是否有效,其危险由出卖人负担。若停止之通知迟延或未达到,运送人善意将买卖标的物交付于买受人时,则取回权不得行使。反之德法定运送中之时日,以破产宣告之时为标准。故在破产宣告时尚在运送中,即可成立取回权。纵令日后该标的物已落于买受人之手,亦可行使取回权。此种要件,英法严而德法宽。德法较优。

(3) 关于运送终了,在英法不问标的物是否达到当初指定之达到地(destination),一旦归买受人或其代理人现实占有,则运送即行终了,不能成立取回权。如买受人在运送中受领标的物时,运送即终了。在德法定运送终了之时日虽以破产宣告之时为标准,但买受人或其代理人须于达到地现实占有该标的物,运送方行终了。若仅于途中占有,出卖人仍可行使取回权。关于此点,德国立法亦较优。

我《破产法》———条之规定,系采诸德国。兹说明其要件如次。

(1) 隔地之买卖契约须行成立　取回权仅于隔地买卖方可存在之权利,征之发达之沿革,甚为明显。法律使用"发送"字样,当指隔地买卖而言。

(2) 买受人须未付清全价　出卖人与买受人以信用时,或价金之清偿期尚未届至时,亦不妨行使取回权。若已付清全价时,则不能行使。盖此种权利,为保护出卖人而设。出卖人已受领价金之全部时,已无特予保护之必要也。但清偿不必限于支付现金,如抵销、免除、混同等消灭债权之方法均可。

(3) 在买受人破产宣告之当时,标的物须尚在运送之途中　在买受人受破产宣告时,标的物已达到目的地,且由破产人或其代理人现实占有时,不能成立取回权。故达到目的地与现实占有二者,乃必要条件。若未达到目的地以前,由破产人或其代理人在途中占有其标的物时,仍可成立取回权。又已达到目的地而尚未由破产人或其代理人现实占有时,亦可成立取回权。法律之所以须此条件者,因标的物达到目的地而归买受人占有时,则买受人之债权人大都以为归其所有而视为担保也。至于在途中停止运送,实际上并无多大必要。纵令达到目的地而归破产人现实占有,一旦已经成立之取回权,并不因此而受影响。又于发送前亦可成立取回权。

所谓现实占有，乃事实上将该标的物置于其支配下之谓。若仅提单之交付，不能即谓为现实占有。又目的地乃指当事人所定之地点而言。买受人之住所或营业所不能即谓为目的地也。代理人代买受人占有标的物时，此乃事实问题，往往发生疑义。如运送人、仓库营业人受领买卖之标的物时，视为买受人之代理人，抑视为出卖人之代理人，不能无疑。此种情形乃事实问题，须依各种具体情形而决定之，不能即视为何人之代理人也。又本条所谓标的物，仅限于动产。

(4) 须破产管理人未清偿全价而请求标的物之交付　出卖人之取回权乃恐出卖人不能受价金全部之清偿而施以保护之权利。故破产管理人若清偿全价而请求标的物之交付时，出卖人已无保护之必要，自不能发生取回权。

关于出卖人取回权之性质，其说不一。有视为基于物权的效力之追及权者。然出卖人之取回权不问其所有权是否移转，当然发生。有时固可以追及权之理论说明之，有时则不能。有谓由于法律之拟制，因取回之请求，所有权当然复归原主者。然如此解释，非法无明文不可。此说在我《破产法》上，不能寻得明文之根据，故不可采。取回权既非基于物权的效力，则只能谓为基于债权的效力，而为有债权性质之权利。法国学者，视为解除权之一种，解除之结果，所有权当然复归原主。然在德法及我《民法》上，买卖契约纵行解除，仅能使相对人负回复原状之义务，不能谓所有权当然复归原主。故行使取回权时，虽须解除契约，仅能发生使相对人返还所有权及占有权之债权的请求权。故取回权应解为有债权的性质之权利。

破产管理人已经着手于取回权之标的物之占有及管理时，取回权人应向管理人请求之。若管理人未占有管理而存在于破产人之手时，应对破产人请求之。关于取回权行使之效力,若所有权已经移转时,则请求其所有权之返还。若尚未移转时,则依取回权之作用以防止所有权及占有权之移转。

行纪人为委托人购买物品,已将标的物发送,委托人尚未收到,亦未付清全价而受破产宣告时,行纪人是否得解除委任契约,而将标的物取回,现行法无规定。行纪人与委托人之关系,固与出卖人与买受人之关系不同。然在此种情形,行纪人之应受法律之保护者,与出卖人毫无二致,故应准用———条之规定以保护之。

第四节　抵销权

第一,《破产法》规定抵销权之根据,与民法上之抵销权无多大差别。不过其理由更为深刻。在民法上之抵销权,乃消灭债务之方法。在通常情形,纵不为抵销,当事人双方受领清偿,不过有迟早之不同。无论何时,皆可受完全清偿。而为破产人之债权人同时又为其债务人时,自己之债权到底不能受完全清偿,而自己之债务又须完全履行,显失公平。故在一般情形,以抵销对抗之人宁注重于拒绝自己债务之履行,是抵销乃为债务人之抗辩。而在破产法上利用抵销权者,乃以破产人之债权为清偿自己债权之资金,乃为债权人之抗辩。由此观之,破产法上之抵销权,与别除权有同样之效用。别除权乃以属于破产财团之特定财产供自己之债权之清偿。抵销权乃以属于破产财团之特定债权供自己债权之清偿。此两者之间,仅有标的物之差异,而其受优先清偿之效用则相同。

兹将《破产法》上抵销权之规定所能适用之范围说明之。《破产法》上抵销权之规定仅适用于破产债权人与属于破产财团之债权所为之抵销。故：

（1）由破产债权人以抵销对抗时，即由破产债权人主张抵销时，方可适用。若由破产人或管理人主张抵销时，则适用民法关于抵销之规定。

（2）由破产财团享有权利负担义务时所为之抵销，亦适用《民法》之规定。如买得属于破产财团之财产而负担支付价金义务之人，若欲以其价金债务与其为财团所垫出之费用相抵销时，应适用《民法》之规定。盖此种抵销，于破产财团之增减，无何等关系，于破产债权人之权利毫无影响故也。

（3）对于不属于破产财团之破产人之债权所为之抵销，亦依民法之规定。盖破产债权人以自己之债权与破产财团以外之破产人之债权相抵销时，则破产债权额因此减少，而其他之破产债权人反因此受利益故也。又非破产债权人与不属于破产财团之破产人之债权所为之抵销，亦对破产财团与破产债权之总额，毫无关系，故应完全适用《民法》之规定。

（4）破产法上抵销之规定，于破产程序继续中，方可见其适用。若破产程序一旦终结，破产财团已不存在，自不能适用破产法上抵销之规定。然破产程序中所为抵销之效力，在破产程序终结后，仍然继续。

总之，破产债权人主张抵销时，有影响于破产财团之增减，方可适用破产法上抵销之规定。抵销权之行使，可不依破产程序（一一三条）。

关于抵销之要件，原则上依民法之规定。但《破产法》上之抵销，一面有对于《民法》抵销权之扩张之性质，他面有对于《民法》上抵销权之限制之性质。分述于次。

（1）对于《民法》抵销权之扩张　依《民法》之规定（三三四条），未届清偿期之债权，不得主张抵销。然在《破产法》，未届清偿期之债权，亦可主张抵销。盖为扩张抵销之范围，使债权人受优先的清偿故也。其债权若无利息,则准用一〇一条之规定,扣除自破产宣告时起至到期时止之法定利息,以其扣除后之债权额以为抵销。若有利息时,则在破产宣告当时,已适于抵销。故因抵销而原本债权消灭,以后不发生利息。故破产宣告以后之利息不算入。

以上所述,乃主张抵销之破产债权人之债权即主动债权附有期限。若属于破产财团之破产人之债权即受动债权附有期限则如何?此时破产债权人自信将自己之债权作为破产债权,比较有利,可作为破产债权而行使其权利。又可抛弃自己之期限利益而行使抵销权(一一三条二项)。破产人之债权无利息时,不能扣除破产宣告后至清偿期止之利息。因一〇一条之规定,仅能准用于破产债权即主动债权故也。若有利息时,则在破产宣告当时,已适于抵销。原本债权因抵销而消灭,故破产宣告后之利息,不算入被抵销之债权额中。

若双方之债权,均附有期限,破产债权人亦得主张抵销。此时之抵销额之计算,适用上述理论。

主张抵销之破产债权人之债权附有解除条件,而受动债权为单纯债权时,亦得为抵销(一一三条二项)。然日后其解除条件成就时,则破产财团将受损失。此时应准用一四〇条之规定,使其提出相当担保,或提存其为抵销之债权额。若条件于最后分配之除斥期间内不成就时,则所提出之担保丧失效力。又其所提存之金额,返还于主张抵销之债权人(一四三条)。

主张抵销之债权人之债权附有停止条件时,依一一三条之反对解释,自不得为抵销。然此条件一旦成就,债权人亦可为抵销者,毫无疑问。故附有停止条件之债权人于履行自己之债务时,是否可以保留抵销权,而使管理人提存其为抵销之债权额,因法无明文,犹为疑问。依《民法》抵销之通则,为抵销之双方债权,须其种类相同。但在《破产法》无论给付种类是否相同,亦得为抵销(一一三条)。此点又为《民法》抵销规定之扩张。盖在破产法上,一切债权皆须以金钱评价而确定其债权额。故双方债权得以其所确定之金钱债权额以为抵销。

(2) 对于《民法》抵销之限制　依民法之通则,主张抵销时,仅须双方之债权互相对立,而适于抵销即可。但破产宣告,系使债权人由破产财团受公平清偿为目的。故在破产宣告当时,双方之债权须互相对立。换言之,若在破产宣告以后因取得债权或负担债务,而有抵销适状之情形,仍不能抵销。《破产法》一一四条所列不得抵销之各种情形,毕竟为在破产宣告当时,双方债权未对立,或与此同视者也。

(a) 破产债权人在破产宣告后对于破产财团负债务者　抵销权人之债权可较其他债权人之债权受优先清偿,其效力与别除权无异。此种优先权若能在破产宣告后自由设定时,于破产债权人间难得其平。故在破产宣告后因新负担债务,纵有民法上之抵销适状,在破产法上,仍不能主张抵销。如破产债权人由破产财团买得财产,而负担支付价金债务时,其价金债务须完全履行。若自为破产债权而以自己之债权与价金债务相抵销时,则为法所不许。盖若许其可以抵销时,则此种债权人独可受完全清偿,对于其他债权人显失公平也。

(b) 破产人之债务人在破产宣告后,对于破产人取得债权,或取得他人之破产债权者　破产宣告后破产财团之财产须公平分配于各破产债权人。故在破产宣告后对于破产人新取得债权之人,不仅不能作为普通之破产债权而由破产财团受清偿。其不能以抵销之方法而由破产财团受完全清偿者,其理甚明。故法律禁止抵销。取得他人之破产债权者,其理由亦同。若须向破产财团为清偿之债务人,以廉价买得他人之破产债权,而能以其名义额向破产财团主张抵销时,则破产财团之财产愈形减少。盖破产债权人既知自己之债权不能得完全清偿,若有人能以比其预想之分配额较高之价格购买,亦乐得售出。由破产财团买得财产之债务人若能以其所收买之破产债权之名义额为抵销时,则破产财团之财产益见减少,其理甚明也。

(c) 破产之债务人已知其停止支付或声请破产后而取得债权者在此种情形,其受动债权于破产宣告当时已经成立,而自动债权亦非于破产宣告后方行发生。两债权之对立,在破产宣告前业已成立,似可主张抵销。但在取得债权之当时,已有停止支付或破产之原因,而取得债权之人又已事前知之,故法律禁止抵销。其理由与上述相同。盖虽尚未宣告破产,而已停止支付或声请破产时,债务人已濒于破产状态。其破产债权之价格,势必低落。若由破产人之债权人买得,能以其名义额主张抵销时,则破产财团之财产势必减少也。但其破产债权之取得,系基于法定原因,或基于知悉停止支付或声请破产以前所生之原因者,则为例外,可以主张撤销,盖其取得并无以廉价收买破产债权而为抵销之故意手段也。

第五节 撤销权

破产人因破产之宣告,对于应属于破产财团之财产,丧失其管理及处分之权(七十五条)。则在破产宣告以前,债务人对于其自己之财产,自有完全管理及处分之权。然债务人已濒于破产状态时,难保其不为有害于债权人之行为。故法律特设撤销权之规定,若破产宣告前债务人关于破产财团为有害于债权人之行为时,得撤销之,以保护破产债权人之利益。

关于撤销权之目的及性质,与《民法》二四四条所规定之撤销权即废罢诉权相同。破产法上之撤销权，实际上等于民法上废罢诉权之扩张。撤销权并不能使债务人之行为绝对的无效，仅能使其行为对于破产财团发生相对的无效之效果。故债务人自己不能谓其行为被撤销而主张无效。

撤销权究竟属于何人，从来有三说。

第一说谓撤销权乃依法律之力所赋与破产管理人之权利。采此说者，亦视管理人为公吏，谓管理人行使撤销权，非行使破产人之权利，亦非行使破产债权人团体之权利，乃行使依法律之力所赋与管理人之权利。

然管理人将此私法上之权利作为自己之权利而行使者，在法理上自有其误谬之点。纵令管理人为公吏，而公吏之行为皆系国家权力之发动。公吏惟得以职权行使之，不能作为自己之私权。撤销权虽由管理人行使，并非管理人自己之权利。

然撤销权之行使，是否为国家权力之发动，尚属疑问。若视为国家权力之发动时，则为对于破产财团强制执行之扩张，宁属于形式的规定范围，又与八十一条所规定之除斥期间不合。总之撤销权乃一种实体的规定，虽由管理人行使，其权利之归属者，不能不求之于管理人以外。

第二说主张撤销权乃属于破产人之权利。谓管理人行使撤销权之结果，其回复之财产，仍属于破产财团。而破产财团在破产宣告以后，依然归破产人所有。则撤销权既系为增加破产财团即为增加破产人之财产为目的之权利，自应属于破产人。

此说在德国学者如 Wach 氏已有充分辩驳。谓此说之误系将撤销权固有之目的与其由此所生经济效果两相混同。今由民法上之废罢诉权观察之，该权利之属于债权人者，固无庸疑。然该权利行使之结果，其所回复之财产，仍属于债务人。债权人不过因此增加共同担保而已。破产法上之撤销权亦然。撤销之结果，其回复之财产纵令属于破产人所有之破产财团。但撤销之权利，纵令使其属于破产债权人，亦未见其不可。撤销之结果，其利益是否归债务人，抑归第三人，在所不问。总之，撤销权须与其结果分离而作为一种权利观察之。撤销之结果，仅能使破产人之行为发生相对的无效之结果。又撤销之效力，仅能在破产程序中方可维持。至破产程序终结后，在破产人与其相对人间，仍不妨发生其行为之效力。则撤销结果，亦未见有利于破产人。破产财团在破产宣告以后，虽仍属于破产人，但破产之效力，已使破产财团处于公平分配于各破产债权人之运命。故对于破产财团之增减有利害关系者，宁为破产债权人。纵令撤销权系属于破产人，则何故自己所为之行为而自己撤销之，其立法上之根据又安在？总之，民法上之废罢诉权，系为债权人之利益，而非为债务人之利益。则破产法上之撤销权亦非为债务人之利益，实属显然。

第三说主张撤销权系属于破产债权人之权利。撤销权虽由管理人行使，而系为破产债权人之利益者，则无庸疑。管理人行使撤销权时大都视为破产债权人团体之法定代理人。至主张管理人为破产人之代理人之学者中，在行使撤销权时，亦视为破产债权人之代理人。

在我《破产法》之解释上，亦以第三说较为妥当，盖民法上之废罢诉权，既属于债权人，而为保全债权之权利，债务人既不能受撤销权之利益。则破产法上之撤销权，由其发达之沿革及为保护债权人之点观察之，应与废罢诉权相同。破产法上撤销权，可谓为民法上废罢诉权之扩张。在法理上，其权利之归属，不应与民法不同。故撤销权乃属于破产债权人之权利也。如上所述，撤销权虽属于破产债权人，但由管理人行使。故关于撤销权之诉讼，应以管理人为诉讼当事人，而非以破产债权人为诉讼当事人。是犹之破产财团虽属于破产人，而管理及处分则属于管理人也。

债务人在破产宣告前所为之无偿或有偿行为有损害债权人之权利，依民法之规定，得撤销者，破产管理人应声请法院撤销之（七十八条），此种故意有害于债权人之行为之说明，属于民法之范围。兹不赘述。

债务人在破产宣告六个月内所为之下列行为，破产管理人得撤销之（七十九条）。

（1）对于现有债务提供担保。但债务人对于该项债务已于破产宣告六个月前承诺提供担保者，不在此限。

（2）对于未到期之债务为清偿。

此乃《破产法》所特有之撤销权。债务人受破产宣告前，仍得处分其财产。若已将受破产宣告，而为有害于债权人之公平清偿之行为，或对于未到期之债务为清偿，或对于特定债权人提供担保，则无异使此种债权人受优先清偿。故法律特设规定，以资救济。

七十九条所列各款之行为，乃不属于债务人之义务。对于未到期之债务，债务人本无清偿之义务，而为清偿。对于从来所负之债务，无从新提出担保之义务，而从新提出担保。此等行为，影响于其债权人者甚大。故法律不问相对人是否为善意，而使管理人得撤销债务人之行为。撤销权仅得撤销债务人关于其财产之行为。则奸狡之徒，往往串通他人，由债务人取得财产后，即时移转，以避免撤销权之行使。故法律对于转得人于转得时，知其有得撤销之原因者，亦得行使撤销权（八〇条）。

撤销权虽属于破产债权人，但破产债权人不能自己行使，由破产管理人行使之。犹之破产财团虽属于破产人，而破产人自己不能管理处分者然。

破产人与其相对人间，纵已经确定判决，其相对人已有执行力之债务名义，亦应可行使撤销权。盖判决仅可决定诉讼当事人间之争议，而不能决定撤销权之有无故也。

行使撤销权之方式与民法同,须以诉之形式行使之。

关于行使撤销权之效果,《破产法》无规定,《民法》亦然,势不能不取决于一般理论。兹由相对人之义务及权利两方面观察之。撤销之结果,相对人对于破产财团,负回复原状之义务。如由破产人所受领之给付,尚存在于相对人之手时,应将其现存之物,返还于破产财团。若现物不存在时,应返还其价格。原来撤销权非能使破产人与其相对人所为之行为绝对无效。行使撤销权之结果,仅能发生债权的请求权。纵令现物尚存在于相对人之手,不得行使物权的追及权。相对人破产时,管理人亦只能为破产债权人而行使其权利,不得为取回权人。

其次说明相对人之权利。撤销权之目的,不过为预防破产财团之财产之不当减少,而非使其行为绝对无效。则破产财团亦不能因撤销权之行使,而有所得利。若管理人行使撤销权使相对人对破产财团回复原状,而破产财团不返还相对人所为之给付时,则破产财团,自构成不当得利。故由相对人所受领之给付,应返还之。

撤销权自破产宣告之日起,二年间不行使而消灭(八一条)。盖撤销权经过长久期间而尚可行使时,殊有扰乱现状,而有害交易之安全,故规定二年间不行使而消灭。此二年期间乃权利之除斥期间,并非消灭时效。故时效中断及不完成之规定,不适用之。

第六节　破产财团

第一,破产财团之定义

关于破产财团,为形式的定义时,乃指依破产程序而公平分配于破产债权人之破产人之财产而言。为实质的定义时,乃指在破产宣告当时属于破产人之一切财产,及在破产程序中归属于破产人之财产而言(八十二条)。

兹将此定义分析说明如次。

(1) 属于破产人之财产　财产者乃指有金钱价值之物及权利之全体而言。兹所谓财产,乃资产之意,非指包括财产而言也。破产人在外国之财产,依我《破产法》所采之主义(四条),则不属于破产财团。盖此等财产,除以条约彼此有互助之义务外,不能为强制执行故也。属于破产人之财产方可构成破产财团。但他人之财产,不属于破产财团者,固不待言。但事实上有将他人之财产编入破产财团者。此时该财产之所有人得行使取回权,而取回其属于自己之财产(一一〇条)。

依法令之规定所应没收之财产,在破产宣告前尚未以确定判决或处分没收时,尚可谓为属于破产人之财产。故该财产应编入破产财团。至违禁物既非破产人所得私有,自不能属于破产财团也。

(2) 在破产宣告当时或在破产程序中归属于破产人之财产　破产财团之范围是否仅限于在破产宣告当时属于破产人之一切财产,抑迄破产终结时止归属于破产人之财产,亦应属于破产财团,关于此点从来有两种主义,第一种主义,破产财团之范围仅限于破产人在破产宣告当时所有一切之财产。第二种主义,不仅破产人在破产宣告当时所有一切之财产,至在破产程序中从新取得之财产,亦属于破产财团。前者称为固定主义。后者称为膨胀主义。前者为德法所采用,又称为德法主义。后者为法法所采用,又称为法法主义。在固定主义,破产人在破产宣告后在破产程序中从新取得之财产既不属于破产财团,则此种新取得之财产,法律上发生如何处置之问题。即对于此种财产,任债务人之自由处分,抑可允许债权人强制执行? 若允许强制执行时,而新旧债权人是否受同样待遇？又对于此种财产是否为新债权人之利益，允许第二次破产宣告？而新旧债权人参加破产程序之债权额又如何？在膨胀主义，债务人在破产宣告后在破产程序中从新取得之财产，概被破产财团所吸收，而归破产管理人之管理及处分，故不生上述各种问题。对于一债务人，同时不至开始第二次破产程序。兹仅将德法两国之立法情形及其主张之根据述之如次。

法国从前之法律仅规定债务人因破产宣告而丧失其总财产之管理权。故破产财团之范围是否限于在破产宣告当时之财产，抑在破产程序中债务人所取得之财产亦应包含，发生疑问。一八三八年改正之破产法即现行法则，明白规定在破产程序中所取得之财产亦属于破产财团。又以前在破产程序中所发生之新债权人对于在破产宣告当时属于债务人之财产，固不能加入分配，而对于在破产程序中新取得之财产，亦有主张可以加入分配者。而现行法则明白规定在破产程序中所发生之新债权人，完全不能参加破产程序。

如上所述，破产人在破产程序中所取得之财产，亦属于破产财团。其取得原因如何，在所不问。因无偿原因如继承、赠与遗赠亦属之。惟关于因继承、遗赠之财产取得，在法国法其抛弃包括继承、限定继承等关于财产方面之问题，皆取决于破产管理人。破产人纵为意思表示，亦属无效。其所取得之财产上有法律之负担时，得受优先之清偿。此乃适用"非扣除他人之财产无财产"之原则也。又破产人仍有服劳务之自由。故破产人在破产程序中因服劳务亦可取得报酬。此种报酬在理论上亦应被破产财团所吸收。因法国法与我《破产法》相同，并未以明文规定此种报酬不属于破产财团也。但法国学者皆主张此等报酬在破产人之生活资料范围以内，不应被破产财团所吸收。在法国一八九五年之法律，凡债务人因勤劳所得之报酬若一年未超过二千法郎时，其十分之九不得扣押。故此种报酬之十分之九不至被破产财团所吸收。又破产人在破产程序中可不经破产主任官或法院之认可，经营新商业。若在同一地域经营同一商业足以减少破产财团时，固属不可，然在他地方经营新的商业时，则无妨碍。此时之商业资本，若限于由破产财团所给与之生活资料之范围时，固无问题。若为他人所借贷之巨额资本，是否被破产财团所吸收，其贷与资本之新债权人如何处置，成为问题。关于此点，依法国学者之见解及判例，在破产程序中破产人经营新事业时，不问其为取得生活资料，或为复权之准备，或为恢复对债权人清偿之资力，皆大欢迎。故其借来资本，不应被破产财团所吸收，而适用"非扣除他人财产则无财产"之原则。故贷与资本之新债权人之债权，可由新事业之财产中受优先清偿，否则破产财团成为不当得利。故此时新债权人不视为破产债权人而视为财团债权人。

德国古法亦采膨胀主义。故迄破产终结时止，破产人因继承所取得之财产，皆属于破产财团。在 Gemeines Recht 时代，学者之意见纷歧，而各州之立法，又未趋一致。迨一八七七年之《德国破产法》及一八九八年之现行《德国破产法》，方明定破产财团之范围，限于在破产宣告当时破产人所有之财产，是采固定主义也。

上述膨胀主义与固定主义，各有相当理由。兹述之如次。

膨胀主义之根据：

（a）膨胀主义足以增加破产财团之财产，而使债权人受多额清偿之利益。盖债务人受破产宣告时，债权人自不能得完全清偿。则不问破产宣告之前后，而使债务人所取得之财产悉被破产财团所吸收，借以增加破产财团之财产，使债权人得比较多额之清偿者，乃国家为保护私权所当然应尽之职务。故为保护债权人起见，有采膨胀主义之必要。

（b）膨胀主义足以预防债务人浪费或隐匿其新得财产，而即为保全处分之利益。若破产财团之范围仅限于破产宣告当时之财产,尔后破产程序中破产人所取得之财产,不属于破产财团时,则破产人在破产程序中如因继承等取得如何巨额之财产,而破产管理人亦只袖手旁观。新得财产既不能被破产财团所吸收,则破产人自得任意处分。浪费、隐匿固其自由。此时债权人因债务人之破产,已感非常痛苦,而债务人反可得最优裕生活,殊失平允。此时债权人固得对于新得财产声请强制执行或声请第二次破产宣告以资救济。但强制执行或第二次破产宣告之开始,又费相当时日。在其中间时期,若债务人将其新得财产,尽行处分时,则债权人亦莫可如何。若能使已经开始之第一破产管理人即刻占有此新得财产,而吸收于破产财团,诚属最机敏之保全处分,且能减少破产程序之费用也。

在固定主义之下,参加第一次破产之破产债权人,对于新得财产,不得为强制执行。而旧债权人,又不得参加第二次破产。此在采固定主义之国家如德国,宁为多数说。在如此情形之下,则新得财产,完全属于债务人之自由处分,而生浪费、隐匿之结果。

(c)膨胀主义足使债权人对于破产人之新得财产,无须着手普通之强制执行,或声请第二破产,有节省破产费用之利益。若债务人于破产程序中,从新取得巨额之财产时,一任债务人之自由处分,不仅有害于债权人,且非国家所以保护私权之道。若声请第二次破产时,又须选任破产管理人及监督人。其他如债权之申报,债权人表、贷借对照表、债权调查书等,均须另行编制。于是遇债务人每有新得财产,即声请第二、第三、第四次破产,不仅法院不堪其烦,且实际上无论在第二次、第三次破产,其债权人大都相同,虽有时加入新债权人,其数亦微。故固定主义徒为理论所拘泥。而允许声请重复破产程序之结果,须耗数重劳力、时期及费用。为满足空想,徒耗费用。在固定主义之下,所谓破产,已被破产费用所压倒矣。此法国所以适用"破产之上更无破产"之格言也。

若采膨胀主义,则新得财产即被破产财团所吸收。故仅有财产目录之补充记载新得财产之变价及分配而已。法院可省第二次破产宣告之劳,债权人会议无开第二次之必要,破产管理人及监督人亦无须从新选任,可以节省劳力及费用。新得财产被破产财团所吸收时,固对于破产宣告后之新债权人,缺欠保护,然此种新债权人与债务人发生债务当时,已知自己之债权不能由债务人得到清偿。则此种新债权人,法律亦无特加保护之必要。

(d) 现今世界各国采膨胀主义者,占最大多数。法法系之国家固不待言。至德法系之国家如瑞典、挪威、丹麦、奥地利、瑞士、中国、日本,此外如英国,均采膨胀主义。膨胀主义尚可谓世界破产立法之趋势。

固定主义所主张之根据如次。

(a) 固定主义适合于破产程序之理想。破产程序之理想,乃于有破产原因时,即为破产宣告。以其在破产宣告当时之总财产,公平且迅速分配于总债权人。恰如票据交易所,以数十分之时期,而终结数亿万元之债务债权者然。破产程序,若能在破产宣告之当日,即为总债权申报调查及确定,同时将债务人之总财产为变价分配完毕者,实为最理想的保护债权之方法。然实际上决不能如此迅速完结。一面债权之申报,需要相当之时日。然后再开始调查。对于有异议之债权,更须以诉讼确定其存否及数额。他方面破产财团之管理及变价亦需要相当之时期。尤其关于破产财团之财产,有提起诉讼之必要时为然。故破产程序到底不能如票据交易所之能迅速完结。有延长至一年二年者,有延至十年而犹不能终结者。

破产程序通常固需要长久时期。然期其合于理想,使破产程序比较迅速终结者,亦为立法上所应尔。由德国破产统计(一九一一年度)观之，其一半以上皆在一年以下终结。而能举如此成绩者，因德国采固定主义故也。反之若采膨胀主义，在破产程序中每于破产人取得新财产时，即被破产财团所吸收，再由管理人为变价分配，破产程序不知延长至何年何月，方能终结。

又破产程序之理想乃破产债权之范围，限于在破产宣告当时之债权人。否则，在破产宣告以后之新生债权人亦得加入破产程序时，则破产债权范围之增加，不知伊于胡底。而与此相对照，若破产财团之范围，不加限制，使新得财产依次被破产财团所吸收时，则破产程序之延长亦不知伊于胡底。是膨胀主义形式上虽有破产程序开始之名，而实际上不过以破产管理人之机关为媒介，而使债务人之普通营业状态永久继续而已。极端言之，所谓破产程序，无特别开始之必要，不如任命辅助人或监督人，使其永远辅助监督债务人之普通营业状态已足。如此形式上已经开始之破产程序，永久继续，何时终结，几难想象。此种永久破产，不仅破产人深感不便，而债权人亦不堪其烦。此种状态，自非破产程序之目的也。

各国关于破产立法，破产债权之范围仅限于破产宣告当时之债权人，并无二致。独于破产财团，而有所谓膨胀主义，与破产程序以无限延长之机会。破产债权之范围，既限于破产宣告当时之债权，则破产财团之范围，理应限于破产宣告当时之财产。将此财产迅速变价分配于各债权人，方可与理想相适合。

(b) 固定主义可以保护新债权人，而维持新旧债权人间之公平。在膨胀主义，对于新债权人之保护，则完全缺乏。盖能参加破产程序而由破产财团受公平分配之破产债权人，仅限于破产宣告当时之债权人，尔后新生之债权人则不许参加破产程序。在破产程序中破产人之新得财产，依次被破产财团所吸收。对于旧债权人之保护固完全无缺，然新债权人已无可受清偿之财产。若在固定主义，旧债权人可以受清偿之财产，限于破产宣告当时之财产。而破产程序中之新得财产，可以作为清偿新债权人之资源。是固定主义在保护新旧债权人之点颇公平。或谓新债权人对于新得财产之被破产财团所吸收者，已有觉悟。此种新债权人可谓自业自得，纵缺欠保护，法律亦无顾虑之必要。此乃主张膨胀主义之学者，所为之普通辩解。然债权之取得，不必限于契约。依契约取得债权时，或以信用贷与金钱或其他物品于债务人时，则新债权人固有觉悟。而依契约以外之原因取得债权时，如依法律之规定取得债权时，则非有此觉悟。法律殊有保护之必要。膨胀主义对于此债权人，仍然缺欠保护，乃其最大缺点。

又谓对于新得财产之债权，须由新得财产中扣除以后，其纯粹之剩余财产，方行被破产财团所吸收。则对新债权人之保护，并不欠缺。此乃法国学者之主张。然对于新得财产有担保物权之债权人，固可对新得财产行使其权利。此乃担保物权之效力使然，与破产程序毫无关系。而无此担保物权之新债权人，自不能由新得财产受优先清偿。结局依然欠缺保护也。

(c) 固定主义可于破产程序中，与破产人以再兴事业之机会。破产人在破产程序中因继承、遗嘱、赠与勤劳等所新得之财产，既不能被破产财团所吸收，自得以之重兴新事业。又信用破产人在商业上之技术与才干之资本家，更可贷与资本，俾其经营新事业。若旧债权人对于新得财团，不开始个别之强制执行，而债务人又无新的破产原因时，则旧债权人在第一破产程序继续中自不能染指也。

债务人以其新得财团经营新事业时，对于新债权人自可为任意清偿。新债权人亦可为强制执行。若新事业不再失败，当不至受第二次破产宣告。故债务人在第一破产程序继续中，仍可经营新事业。若新事业亦归失败，而发生新的破产原因时，当然可由新旧债权人声请第二次破产宣告。不过旧债权人参加第二破产程序之债权额，乃在第一破产程序中所未受清偿之残额。如此在第二破产，亦可维持新旧债权人间之公平。

总之，在固定主义之下，对于新债权人设有保护之方法，使其对于新得财产，有由强制执行或第二破产宣告而受清偿之机会。故新债权人稍可放心。若认债务人有经营事业之手腕时，亦可依信用供给资本、贷与金钱而援助债务人再兴事业。第三人对于债务人之新兴事业，亦可发生交易上之关系。然在膨胀主义之下，新债权人绝不敢如此放心。所有新得财产悉被破产财团所吸收以供旧债权之清偿。对债务人无人敢贷与资本或与其发生交易关系。故在膨胀主义之下，债务人到底无再兴事业之余地。除拱手以待破产程序之终结以外，别无他法也。

(d) 在固定主义之下，对于新得财产，大都预想第二破产（zweiter Konkurs, Nachkonkurs）。而在膨胀主义之下，在第一破产继续中，绝无第二破产。故主张膨胀主义之学者，谓膨胀主义足以节省费用，而使破产程序简便。固定二义足以产生多数破产程序，而被破产费用所压倒。然此弊端依第二破产之构成如何，得以补救。若第二破产原因为旧破产原因，而旧债权人得以其债权全额加入第二破产程序时，则第一破产与第二破产彼此毫无差异。破产程序徒重复进行，固不免上述非难。若第二破产系基于新的破产原因，而旧债权人仅能以其在第一破产未受清偿之残额加入第二破产程序时，则二者仅有彼此牵连之关系。然第二破产，乃新的破产。则上述非难殊有未当。盖第二破产如此构成，实与第一破产程序终结以后，开始第二破产无异。即在膨胀主义，亦何独不然。

(e) 主张膨胀主义之学者，谓固定主义足以使债务人在第一破产宣告后，与第二破产宣告之中间时期，发生浪费或隐匿新得财产之弊。然在第一破产宣告后，若未发生新的破产原因，新旧债权人不能声请第二破产，又旧债权人对于新得财产不得为个别的强制执行时，则新得财产，自属于债务人自由处分之范围。故浪费隐匿之弊，在固定主义，或不能免。此乃固定主义之缺点，则无庸疑。然固定主义之目的在使新得财产，委之于债务人之自由处分。其结果滥用者在所不免。但债务人不一定皆行滥用，而将此主义合理的利用者仍属不少。又由债权人方面言之，信用债务人而贷与资本时，则债务人有时滥用其信用，而有浪费隐匿之危险者，不能不有所觉悟。若有此危险时，须使第一破产程序早日终结，或与旧债权人一致废止第一破产程序而后再声请破产，使其新得财产被破产财团所吸收为妙。

浪费隐匿之危险，在膨胀主义之下，亦不可谓绝无。如破产人在破产程序中，新得财产时，故意隐秘，而不移交于破产管理人。浪费隐匿之事，不乏其例。此种行为，固可视为有罪破产而加以处罚。然事实上此种弊端，不一定以此均可防止。是浪费隐匿之动机，反在膨胀主义之下为多。盖不浪费隐匿，则新得财产势必被破产财团所吸收故也。在固定主义之下，新得财产当然归债务人之自由处分。浪费隐匿，殊无必要。是浪费隐匿之动机，反在固定主义之下为少。

（f）固定主义足以奖励破产人之勤劳，而使破产人及其家属容易取得生活费用之利益。在膨胀主义，严格言之，破产人在破产宣告后，因勤劳所得之财产，亦被破产财团所吸收。则破产人纵如何勤劳，并非自己直接之利益。故破产人往往陷于自暴自弃，贪安逸懒惰而恶勤劳，往往不能再起。故在膨胀主义之立法例，通常使破产人在破产程序中，因勤劳所得，不许被破产财团所吸收。

若采固定主义，则无设此例外规定之必要。破产人在破产程序中因勤劳所得财产，及其他新得财产，均在破产财团以外。故破产人纵在破产程序进行中,仍努力勤劳,以图家运之再兴。若新得财产较多时,破产财团对于破产人及其家属,亦无支给生活费用之必要。

(g) 固定主义足以确定破产财团之范围,使破产管理人之职务简便,且可使破产程序迅速终结。即在固定主义之下,破产财团之范围,在破产宣告当时,即行确定。故破产管理人仅须将其当时之财产占有管理,作成财产目录及贷借对照表,然后将其财产变价分配即可。

然采膨胀主义,破产管理人须不断监视财产人之财产状况,而努力于破产财团之吸收。每于破产人新得财产时,补充财产目录及贷借对照表,以至无限延长变价分配之程序。故在膨胀主义,破产程序之延长,不可避免。

破产程序之延长,不仅足以阻碍破产人之经济的活动,而采仅于破产程序中,方可发生破产及于破产人身上之效果之立法国家,尤为大忌。德国之所以舍膨胀主义而采固定主义者,此亦为其理由之一。

(h) 固定主义足以奖励债务人自己声请破产。反之膨胀主义,足以使债务人忌避破产。盖债务人已陷于停止支付或不能清偿之状态时,自己声请破产,而使债权人得公平清偿者,乃社会所最希望。但在膨胀主义之下,债务人在破产宣告当时之财产及其后之新得财产悉被破产财团所吸收。破产程序逐渐延长。其间债务人不能为何等经济的活动。惟仅袖手旁观,束手无策。债务人嫌恶破产之宣告,而百计回避破产者,乃人之常情。此在采膨胀主义之日本破产统计上甚为明了。

若采固定主义,债务人在破产程序中犹可借得资本,开始经济的活动。故自己纵声请破产,比较上不甚感痛苦。借国家之力以整理诸事业之财产上之纠纷者,宁为善策。此在采固定主义之德国破产统计上,由债务人自己声请破产者,占半数以上。

(i) 兹将诸国之立法例比较之。往时之立法例,概采膨胀主义。而近代之立法例，则采固定主义，如德美两国是。

英国之《破产法》，原则上虽采膨胀主义，但一九一三年之《改正法》及一九一四年之《整理法》，承认第二次以下之破产宣告。新得财产纵令在第一破产管理人之占有中，若声请第二破产之际，尚未分记于债权人时，须移交于第二破产管理人，而构成第二破产财团。故英法虽有膨胀主义之名，而例外尚能举固定主义之实。惟奥地利一九一四年之新《破产法》，尚采膨胀主义，是乃沿袭旧法而已。故最近立法倾向于固定主义。

将以上两种主义比较之，一方之利益，即他方之缺点。一方之缺点，乃他方之利益。膨胀主义足以防止新得财产之浪费隐匿，无须为第二破产之声请，乃其优点。而独厚于旧债权人而薄于新债权人，有失新旧债权人间之公平。又使债务人不能为经济的活动，及使破产程序延长，乃其最大缺点。故采膨胀主义之法国及奥地利学者，以各种理论期补此缺陷，终非正论。英国则半倾向于固定主义。

固定主义不失新旧债权人间之公平，使破产人在破产程序中尚得为种种经济活动，又能使破产程序迅速终结，乃其优点。但易发生浪费隐匿之弊，又不能不认第二破产，乃其最大缺点。使新得财产不被破产财团所吸收者，乃固定主义之生命。而浪费隐匿之弊，即随固定主义之宽大态度而生。则此种弊端，在固定主义之下，绝难防止也。

此两种主义，在理论上固以固定主义为优，而由实际上之便宜，膨胀主义亦无不可。盖在破产程序中，对破产人新发生之债权，其不能得完全清偿者，固所预料。且实际上其例甚稀，而在破产程序中破产人因继承或其他原因而从新取得财产之例甚多。在此种情形，若不使新得财产被破产财团所吸收，则从来之债权人，除袖手旁观以待破产程序之终结，或声请第二破产以外，毫无善策。如此，不过徒耗费用而已。不若使新得财产被破产财团所吸收之为愈也。我国现行法(八十二条一项)犹采膨胀主义之理由,或在乎此。

第二,不属于破产财团之财产

上述定义中所应包含之财产,而法律以明文规定,使其不属于破产财团者,述之如下(八十二条二项)。

(1)专属于破产人本身之权利　专属于破产人本身之权利,自不能变价分配。不得已,使其不属于破产财团。但行使此种权利所得之结果,即其所取得之财产,则仍属于破产财团。如受扶养之权利,乃专属之权利,虽不能让与,但行使此种权利之结果,所取得之金钱及其他之财产,则属于破产财团。

关于著作权,依《著作权法》第三条之规定,著作权得让与他人。又依同法二十七条之规定,未发行著作物之原本及其著作权,不得因债务之执行而受强制处分,但已经本人允诺者,不在此限。则依反对解释,已经发行之著作物及其著作自可为强制执行。故于著作权人受破产宣告时,已经发行之著作物及著作权属于破产财团。在破产宣告后,破产人因其勤劳所得之财产,是否亦属于破产财团,我法律无明文规定。在采膨胀主义之国家,大都视为例外,使其不属于破产财产。然为奖励破产人之勤劳,维持破产人及其家属之生计,并为恢复其经济的活动计,应使其不属于破产财团,较为妥当。因侵害非财产权所发生之损害赔偿权,亦可认为专属于破产人本身之权利。此种损害赔偿请求权,破产债权人并未视为其债权之担保也。

(2)禁止扣押之财产　破产既具有一般的强制执行之性质,则在普通之强制执行所禁止扣押之财产,当然不属于破产财团。如《强制执行法》五十二条、五十三条及一二二条所规定不得扣押之财产,《著作权法》二十七条所规定之不受强制处分之著作等是。

第三，破产财团之增减

(1) 票据之支付保证　银行为票据之支付保证，而发票人受破产宣告时，银行是否可以对于破产财团拒绝支付其所保证之存款额，成为问题。然应解为得拒绝支付。关于票据之支付保证之性质及效力，学说虽尚未归一致。但银行支付保证而负绝对的支付义务。银行与票据所持人之关系，已因此决定。所剩者仅银行与有存款之发票人之关系而已。在此种关系，银行受存款人之委托，为票据之支付保证，对于票据之所持人负担支付义务时，其义务之性质，不问其为绝对的义务或为民法上之保证义务，银行对于支付保证之委托人发生以对于所持人支付为条件之求偿权。银行得以此求偿权对于存款人之破产财团主张抵销，而拒绝返还其支付保证之存款额。总之，银行可依破产法上抵销权之作用，于支付存款于破产财团时，得扣除其票据之支付保证额。

若银行与存款人间有扣除其支付保证额之契约时，则一旦为票据之支付保证，其存款即行减少。若发票人于受破产宣告之当时，该票据尚归其所有时，则破产财团自可以该票据请求银行支付。若已移转于他人时，则银行对于该票据所持人须支付其保证之金额。对于存款人之破产财团，则无须支付其保证额。

(2) 担保物之返还请求　破产人之债务人，以物为担保，负担债务时，若对于破产财团已清偿其债务，自得请求返还其担保物。此种请求权，乃破产法上之取回权之作用，非抵销权之作用也。若为抵销权之作用，于担保物之价值大于其债务额时，则其超过额只能作为破产债权而加入分配。若为取回权之作用，其超过额构成破产财团之不当得利，可作为财团债权，优先于破产债权而受清偿。如债务额为一千元，而担保物之价格为一千二百元时，在破产管理人将其担保物变价以后，其超过额二百元可主张为财团债权。

第四,破产财团之管理及处分

　　破产财团之管理及处分之权利,属于破产管理人。在此种情形,关于破产管理人之地位,学说不一。而采破产债权人团体对于破产财团取得质权或扣押权之见解之学者,则以破产管理人为破产债权人团体之法定代理人,而为破产财团之管理及处分。然破产之效力不能使破产债权人团体对于破产财团取得质权或扣押权。在采破产财团仅为破产债权人受公平清偿之目的而存在之见解之学者,则主张破产人因为此目的而丧失破产财团之管理及处分之权利,且不得为有害于破产债权人之行为。此种学者,关于破产管理人之地位,或主张为纯粹之公吏。或主张破产管理人为破产人之法定代理人而为破产财团之管理及处分。或主张破产管理人一部分为破产人之法定代理人一部分为破产债权人之法定代理人。又有主张其为破产财团之代理人者。管理人为公的执行机关,为公吏之见解,虽可表赞同,但其说纷歧。详细当于后述之。

　　破产人虽不能自己行使破产财团之管理及处分之权利,然破产财团之所有权,仍属于破产人。不过依法律之规定,使破产管理人行使其权利而已。破产管理人亦仅能于破产之目的范围内,行使管理及处分之权利,不能任意将破产财团之财产赠与他人,或任意免除他人之债务。然破产人并不因此丧失一切权利能力、行为能力及诉讼能力。故关于破产财团以外之财产,仍得为管理处分。又与破产财团无关之人事诉讼,仍得提起。公司设立无效之诉讼亦然。

　　破产财团之管理处分,既属于管理人,若破产债权人欲由破产财团受清偿,须依破产程序而行使其权利(九十九条),不能为单独之强制执行,亦不能对债务人提起诉讼。

　　破产之效力虽多,然无逾于使破产人丧失破产财团之管理及处分之权利者。而破产应于何时发生效力,我法律虽无规定,应解为自破产宣告时起,发生效力。故破产人对于破产财团之管理及处分之权利,亦自宣告时起,不得行使。破产之效力,非于裁定之确定送达公告或当事人知悉时起,方能发生效力也。

在外国立法例,德国、法国及其他多数国家,皆以宣告之时为破产效力发生之时期。但西班牙以停止支付之时,奥地利以公告之时为破产效力发生之时期,未见妥当。

破产宣告,不仅在当事人间,无论对于何人,均发生效力。

第七节　破产及于法律行为之效力

第一,破产宣告后破产人之行为

破产人在破产宣告以后,并不丧失行为能力。然根据七十五条之规定,破产人因破产之宣告,对于应属于破产财团之财产,丧失其管理及处分权。则破产人在破产宣告后关于破产财团之财产所为之行为,如买卖、赠与、债务之承认、权利之抛弃、担保物权之设定等行为,自应不得对抗破产债权人者,其理甚明。但关于破产财团以外之财产之行为,无论对于何人,仍为有效。纵系关于破产财团之行为,在破产终结后,仍不妨发生效力。又关于身份上之行为,其有效自不待言。

原则上破产之宣告有一般的效力。则与破产人为行为之相对人,不问其知否破产宣告之事实,其与破产人所为之行为,亦不能对抗破产债权人。故相对人由破产人受领给付时,不能不返还于破产财团。若已消费时,依民法之规定,不能不赔偿。若相对人为善意,则发生不当之结果。故法设例外规定,以补救之(七十六条)。

在破产宣告后,属于破产财团之债权之清偿,须向破产管理人为之。

破产人之债务人,在破产宣告后,善意即不知破产宣告之事实向破产人所为之清偿,仍为有效,亦得对抗破产债权人(七十六条)。此条规定,系由破产人之债权人之地位与其债务人之地位两相比较而来。盖破产人之债权人对于破产人是否在停止支付或不能清偿之境遇,时常注意。而破产人之债务人对于破产人之生平财产状况,大都不甚注意。在通常情形,非预先调查破产人是否在破产之境遇,是否在受破产宣告以后,而后为清偿。故破产人之债权人,在破产宣告后,由破产人受领清偿时,虽有充分理由应行返还。然破产人之债务人所为之清偿,若使其无效,则殊为可悯。债权人将其所受领之清偿,返还于破产财团时,不过回复其原来之地位,即与其他破产债权人处于同等之地位,并不感多大痛苦。反之,若债务人对于破产人所为之清偿不能对抗债权人时,则债务人势必为二重清偿。其地位殊为可悯。故法律使破产人之债务人善意所为之清偿,仍为有效。

关于善意之举证责任,法律无规定。理论上应依破产宣告之公告之前后,而有所不同。若其清偿在公告前,大都可推定债务人不知破产宣告之事实,故破产管理人或破产债权人方面,非证明债务人预知破产宣告之事实,不能使其清偿无效。在公告后所为之清偿,可推定债务人已知破产宣告之事实。非债务人证明自己不知破产宣告之事实,不得谓为善意。又恶意之债务人所为之清偿,仅得以破产财团所受之利益为限,对抗破产债权人(七十六条)。如破产人受领清偿以后而将其交付于破产财团时,若系全部,债务人自得以全部清偿对抗破产债权人。若系一部,债务人亦可以一部清偿对抗破产债权人也。

第二,破产宣告前之破产人之行为

(1)双务契约 关于双务契约之当事人双方之债务,在法律上及经济上彼此互有牵连关系,且彼此互相视为担保,故《民法》设有同时履行之抗辩(二六四条以下),及因不履行之契约解除权(二五四条以下)。此等权利,在理论上不应因当事人一方之破产,而有所妨碍。然外国破产法,为谋当事人双方之公平的保护及破产程序之迅速的终结,关于双务契约,设有特殊规定。

我国旧《破产法草案》仿《日本破产法》之规定,关于双务契约,赋与破产管理人以选择履行或解除之权(旧《破产法草案》七十五条、七十六条、七十七条)。若管理人认履行契约有利于破产财团时,得履行破产人之债务,而请求相对人之债务之履行。此时相对人之债权为财团债权。关于此点,我现行《破产法》九十六条第二款,设有明文。若使相对人之债权仅可成为破产债权时,殊违背双务契约之精神也。

若管理人认解除契约有利于破产财团时,则解除契约。相对人因此所受之损害,得作为破产债权,而请求赔偿。又解除契约时,依《民法》二五九条之规定,当事人双方,负回复原状之义务。故相对人所为之给付,现存于破产财团时,须返还之。未现存时,须返还其价格。此时破产财团,就其价格,构成不当得利。故相对人得以其所给付标的物之价格,作为财团债权而行使其权利(九十六条第四款)。

《德国破产法》第十七条一项规定管理人有履行之请求或拒绝之选择权。因相对人提出给付而请求管理人履行时,管理人无理由解除契约,殊为不当。若管理人认为不利,拒绝履行即可。故相对人亦有请求履行或拒绝履行之选择权。但实际上,《德国破产法》与我旧草案达到同一结果。契约当事人之一方,已经履行完了时,如破产人已履行义务时,则对其相对人之债权,构成破产财团之财产,若相对人已履行其债务时,则对于破产人之债权成为破产债权。

我现行《破产法》除租赁契约外,关于一般双务契约,未设有解除之规定。则破产管理人是否可解除双务契约,尚属疑问。

(2) 租赁契约　承租人受破产宣告时,虽其租赁契约定有期限,破产管理人得终止契约(七十七条)。契约之终止,仅于将来发生效力,并非自始消灭租赁契约也。此时各当事人不得对于相对人请求损害赔偿。其始止契约之期间,依《民法》四百五十条之规定。故自破产宣告时起至终止契约期间经过时止之租金,得成为财团债权,而由破产财团受清偿(九十六条第二款)。

(3) 交易所之商品买卖　交易所之商品买卖,乃双方当事人之连锁的买卖交易。若当事人之一方受破产宣告,已明白完全不能履行其债务时,须即时确定其权利关系,而变为差额交易。即由相对人受领差额之支付,或向相对人支付差额。如此,相对人可另买或另卖,以免受损失。若履行地之价格较原买卖价格为高时,买主取得其差额。为低时,卖主取得其差额。如乙在上海缔结米十石之买卖契约。其价金为二百元,于本年五月十五日由甲将米送至乙在南京之住所。乙于三月三十日,宣告破产。若该时南京市价为二百十元,则其差额十元归买主乙取得。乙之破产管理人将其划归破产财团。若为一百八十元,则其差额二十元,归卖主甲取得。甲得以其差额,作为破产债权而行使权利。关于此点,我《破产法》未有明文规定,须依关于双务契约之一般理论以解决之。

第三,诉讼行为

破产宣告后,破产财团之管理及处分之权利,属于破产管理人。则于破产宣告后,关于破产财团所提起之诉讼,不发生承受之问题。而在破产宣告前所提起之诉讼,依《民事诉讼法》一七四条之规定,当事人受破产宣告者,关于破产财团之诉讼程序,在依《破产法》有承受诉讼人或破产程序终结以前中断。故此种诉讼,应由何人承受,发生问题。我《破产法》关于此点,未设明文。

在破产宣告以前,关于破产财团所提起之诉讼,理应由管理人承受,盖在破产宣告后,管理人有管理处分破产财团之权利故也。管理人承受诉讼时,以前破产人所为之诉讼行为,仍为有效。管理人不过在破产宣告当时之状态,承受诉讼而已。管理人所为之诉讼行为,不仅在破产程序中,至在破产程序终结后,对于破产人亦生效力。如关于破产财团有确定判决时,纵在破产程序终结后,对于破产人,亦为有效是也。

管理人承受诉讼以后,则管理人自己为诉讼当事人。破产人已非诉讼当事人,其地位该当于诉讼第三人。故法院于管理人所为诉讼程序中,得将破产人作为证人而传讯之。

管理人所承受之诉讼,仅关于破产财团。如就某财产是否属于破产财团所提起之诉讼,应以管理人与破产人为当事人。因此等诉讼,系在破产宣告后,不发生承受之问题。又与破产财团无关系之婚姻及其他人事诉讼,并不因破产宣告而中断,破产人仍可继续其诉讼行为。盖破产宣告不能使破产人成为诉讼无能力也。

所谓关于破产财团之诉讼,如破产人立于债权人方面之诉讼,所谓主张请求权(给付之诉)及请求关系之成立(确认之诉)是也。在此两种情形,破产人系居于攻击的一方面。故学者称之为主动的诉讼。由破产财团方面观察,诉讼标的请求权或请求关系之成立,皆属其资产。胜诉之结果,可以积极的增加破产财团之财产,故应视为关于破产财团之诉讼。此等诉讼之原告,虽大致为破产人,若相对人提起否认破产人请求权之存在之消极的确认之诉时,则破产人系被告也。

与前相反,破产人立于债务人方面之诉讼,即相对人向破产人主张请求权或请求关系之成立之诉讼。此时相对人立于攻击的方面,破产人处于受动的地位。故学者称之为受动的诉讼。在此种情形,相对人胜诉时,足以增加破产财团之负担,而减少破产财团之财产,故亦可谓为关于破产财团之诉讼。实际上此种诉讼,发生于相对人主张取回权、别除权或财团债权之时,自与破产财团有利害关系,破产人纵令胜诉,亦不过防止增加破产财团之负担,不能积极的而仅消极的有利于破产财团而已。破产债权人在破产宣告前,就属于破产财团之财产,开始强制执行时,应行停止。盖破产债权,非依破产程序,不得行使(九十九条)故也。但别除权人、取回权人之权利,既非破产债权,得在破产程序以外,继续执行(一〇八条二项、一一〇条)。《德国民事诉讼法》规定,在普通之强制执行,扣押债权人于扣押财产上取得质权。故因扣押程序之完成所取得之质权,纵令扣押债务人受破产宣告,亦可将其权利作为别除权而行使其权利(德《破产法》四十九条第二款)。故不问破产程序是否继续进行,或因即时抗告之结果撤销破产宣告之裁定,扣押债权人得于扣押财产上行使优先权。而依我现行《民事诉讼法》之规定,扣押债权人不能因扣押而取得受优先清偿之权利。对于破产人之总财产开始破产程序时,即一般的强制执行时,各别的强制执行皆被此一般的强制执行所吸收,而丧失效力。管理人成为公的执行机关,而为破产财团之管理及处分,以继续各债权人之强制执行。故破产宣告之裁定,因即时抗告之结果,被撤销时,管理人须将已经变价或尚未变价之破产财团之财产返还于破产人即债务人,而非返还于以前开始扣押程序之扣押债权人也。

第八节 财团债权

第一,财团债权之意义

财团债权者,由破产财团先于破产债权而受清偿之权利也。由此定义分析之,说明其要件如次。

(1) 乃由破产财团受优先清偿之权利。此点虽与别除权同,但别除权乃由破产财团中之特定财产受优先清偿,而财团债权乃由破产财团之全体财产受优先清偿。又取回权乃对于不属于破产财团之财产之权利,亦与财团债权不同。

财团债权系由破产财团受优先清偿之权利,则其债务人应为破产人,有以破产债权人团体为财团债权之债务人者,不足采也。若依此说,则破产之效力,足以使破产债权人团体对于破产财团取得质权或扣押权。然破产宣告仅使破产人丧失破产财团之管理及处分之权利,非使其丧失破产财团,破产财团仍归破产人所有。由破产人所有之财产清偿一点言之,则非以破产人为财团债权之债务人不可。盖不能以自己之财产清偿他人之债务故也。又破产人自己亦得为财团债权人（九十五条第二项）,致有主张破产人不能同时为债权人及债务人,不应使破产人为财团债权之债务人者。然破产程序当然之效力,足以使破产财团与非破产财团互相区别,而决定此二财团之关系。故财团债权之债务人,仍为破产人也。

(2) 系优先于破产债权而受清偿之权利　既非破产债权,其行使自可不依破产程序。既无须经债权人之申报及分配程序,又可不受协调之拘束。在债权人会议,亦无议决权。

第二,财团债权之范围

(1) 因破产财团之管理、变价及分配所生之费用　依《破产法》九十五条之规定,破产管理人为管理、变价及分配所支付之费用及报酬,自得为财团债权。至国税及其他课税,《德国破产法》（六十一条二款）视为破产债权,《日本破产法》（四十七条二款）则视为财团债权,我国《破产法》则无明文。由最高法院营业税项不适用破产债权规定之解释（二十五年院字一二五〇号）及管理人不纳赋税则不能处分破产财团之财产两点观

之,应认为因管理财团所生之费用也。(王仲桓氏《破产法要论》[①]二三六页)

(2) 因破产债权人共同利益所需审判上之费用　自破产程序开始时起至终结时止所需审判上之费用属之。如声请破产之费用,破产宣告公告之费用,羁押破产人之费用,调查债权费用,由协调而终结破产之费用属之。唯纵令为审判上之费用,而非为破产债权人共同利益所支出者,则不属之。如虽为破产之声请,而法院未为破产宣告所需之费用,参加破产程序之费用,行使别除权之费用等,并非为破产债权人之共同利益,应由该债权人自己负担。

(3) 破产管理之报酬　此亦为管理破产财团所生之费用。

(4) 破产人及其家属之必要生活费及丧葬费　此种费用,虽非为破产债权人之共同利益,然若不给付,则破产人及其家属,将无以为生。而丧葬费在中国社会观念上,其重要亦不亚于生活费。故法律以明文规定之。

(5) 破产管理人关于破产财团所为行为而生之债务(九十六条)　破产管理人在其权限内,为破产财团之管理及变价,往往与第三人为种种法律行为。由此行为所生之债务,自应为财团债务。如破产管理人为管理破产财团与第三人缔结承揽契约、雇佣契约,由此种契约所应给与之报酬,当为财团债务也。

(6) 破产管理人为破产财团请求履行双务契约所生之债务,或因破产宣告后,应履行双务契约而生之债务　双务契约之当事人之一方受破产宣告时,若双方当事人尚未完全履行其契约,破产管理人是否可以解除其契约,在我破产法之解释上尚属疑问。然可以请求履行,则无疑义。

---

① 中华书局 1937 年版。——编者注

若破产管理人请求相对人履行时，相对人方面须完全履行其债务，而对于破产人之债权，只能参加破产程序而受公平分配时，极不平允。故法律规定因请求履行双务契约所生破产人方面之债务，为财团债务，使其较一般破产债权人受优先清偿。若破产宣告以前相对人已完全履行其债务，在破产宣告后，破产管理人须履行破产人方面之债务时，此种债务亦为财团债务。

(7) 为破产财团无因管理所生之债务

(8) 因破产财团不当得利所生之债务　因无因管理或不当得利所生之债务，在破产宣告以后发生者，方得为财团债务。盖在破产宣告以后，方有破产财团。若在破产宣告以前发生者，仅得为破产债权。破产管理人将别除权之标的物变价时，依物上代位之原则，尔后别除权存在于其价金之上，此时若别除权因变价而消灭，则不可不有救济之方，故法律规定破产财团成为不当得利，使此种债务，成为财团债务。故若别除权之权利消灭而破产财团有所得利时，实为本条之一例也。

第三，财团债务之效力

(1) 财团债务与破产债权之关系　财团债务先于破产债权而受清偿，乃事所当然。法律之所以特设财团债务之目的，亦在于此。盖财团债务大都为破产债权人之共同利益所生，故应优先于破产债权而受清偿。有谓破产债权人团体为财团债务之债务人，故财团债务能受优先清偿，清偿后有剩余财产时，然后分配于各破产债权人者，其理由之误谬，无待说明。

(2) 财团债务之清偿　财团费用及财团债务应先于破产债权随时由破产财团清偿之(九十七条)。财团债务乃破产程序中所生之债务，则其清偿，乃破产程序之一部分。破产管理人为清偿时，不依普通之分配程序，依其清偿期之届至，随时清偿之。破产管理人不为清偿时，财团债务之债权人得依裁判上或裁判外之方法,请求清偿。又财团债务当然由破产财团受清。故破产管理人对于已经承认或确定之财团债务,其职务上亦应清偿。此点与对于破产债权人别除权人不同。在破产债权人若不申报其债权不参加破产程序,别除权人在破产程序外,对于别除权之标的物,不行使其权利,破产人固无所顾虑。而在财团债务,正与此相反。盖财团债务,乃在破产程序中发生,理应在破产程序中清偿。财团债务之债权人抛弃其权利时,自当别论。否则财团债权人纵不主张其权利,破产管理人对于已知之财团债权,应为清偿之准备者,乃其职务上所当为也。

第九节 破产宣告程序

第一项 通则

(一)《民事诉讼法》之准用 已于和解章中述之。

(二)任意的口头辩论 已于和解章中述之。

(三)不服之声明 关于破产程序之裁判,为裁定而非判决。对此声明不服之方法则为抗告。因破产为一般的强制执行,可不经口头辩论而为裁判,故其不服之声明为抗告。但法律于例外情形,有时禁止抗告(如一四六条)。故除例外情形外,对于所有法院之裁定原则上得为抗告。当事人对于法院之裁定,纵行抗告,但原则上抗告无停止执行之效力。

(四)法律上之协助 亦见于和解章中。

(五)职权调查 在《民事诉讼法》中,虽通行当事人之辩论主义,然在《破产法》则盛行官权主义。除以明文规定须当事人声明者外,法院均得以职权为必要之调查(六十三条二项)。

(六)送达及公告　除法律有明文规定须有此二者外,原则上有公告时,则无须送达。盖送达不适于行之于不确定之多数人,而公告对于一切利害关系人,有送达之效力故也。惟法律规定除公告外尚须为送达时(六十五条),"须送达"不过对于法官具有训示的性质。若法官不为送达时,仅可受上级之监督,或负民事上之责任而已,不影响于送达之效力。因公告有送达之效力故也。若公告与送达之时期互有先后时,则抗告之起算点,究以何者为依据,不无异论。然应由公告之时起算,较为妥当。

公告之方法,准用十三条之规定。

第二项　破产宣告

(一)破产之声请

往时诉讼,采干涉主义。故关于破产,亦采以职权宣告破产之主义。纵在今日,亦有不少国家,采此主义。然破产乃诉讼事件,无当事人之声请,以职权宣告,殊为不当。故近时诸国立法例,一般采因声请而宣告破产之主义。我《破产法》原则上采声请主义。但于例外情形,亦得以职权宣告破产。如十九条、二十条、二十四条、三十五条、四十九条、六十条所规定之情形是。

破产对债务人不能清偿债务者宣告之(五十七条)。破产除另有规定外,得因债权人或债务人之声请,宣告之(五十八条一项)。

(1)债权人之声请　债权人当然得为破产之声请。普通破产宣告,由于债权人声请者,居多数。数债权人共同声请,亦为有效。法律规定,仅泛指债权人。则附期限而期限尚未届至之债权人,附条件尚未成就之债权人,因破产宣告而得成为破产债权人等,皆有此声请权。至有物上担保之优先权人,为求清偿其担保不足额,或抛弃物上担保者,亦有此声请权。继承财产之债权人,对于继承财产,有声请权。

外国立法例中有限制声请债权人之债权额,须超过一定数额者,如《英国破产法》第六条规定,声请债权人之债权额,合并计算须超过五十磅以上。我《破产法》不采此主义。在立法论上,不无讨论之余地。

声请破产之债权人之债权额,是否经确定判决,是否取得有执行力之债务名义,皆非所问。然自称债权人而声请破产者,难保其绝无。故债权人声请破产宣告时,应于声请书叙明其债权之性质、数额及债务人不能清偿其债务之事(六十一条)。此种自称债权人滥为破产宣告之声请,致他人受损害时,构成侵权行为。

为声请之债权人,不为上述之叙明时,法院应认为不适法,而驳回其声请。盖法院非以职权为破产宣告故也。又声请人之债权须迄破产宣告确定时止,现尚存在。否则,其声请权应行消灭。

数个声请同时存在时,法院得以诉讼指挥权之作用,无妨合并审理之。

因债权人之声请而为破产宣告时,声请人之债权,并非因此确定。破产之宣告与债权之确定,乃两个问题,不能混为一谈。

破产之声请,迄宣告破产时止,应得随时撤销。但一旦为破产宣告,即关系一般债权人之利害,则不能由声请人撤销也。

(2) 债务人之声请　法律对于将来应行破产之债务人,认其有声请破产之权利者,乃理所当然。盖债务人对于自己之财产,知之最详。若自觉已有破产原因,对于债权人不能为充分清偿时,须从速声请破产,以谋债权人之公平分配。又债务人因此可避免债权人之个别强制执行,且有提出协调之利益。法人由其代表声请,继承财产由继承人、遗产管理人、遗嘱执行人声请(三条)。

债务人声请宣告破产时,应附具财产状况说明书及其债权人债务人清册(六十二条)。债务人声请宣告破产时,固当然有破产原因。但难保其故意声请破产,借以避免强制执行。故使其提出财产状况说明书及债权人债务人清册,以调查破产原因之存否。法人之代表声请破产时,无须得全体代表之一致。

(二)破产财团须足以清偿破产程序之费用

法院如认破产财团之财产不足以清偿破产程序之费用时,应驳回破产宣告之声请。关于此点,由一四八条之规定观之甚为明了。盖破产之目的,乃将破产财团公平分配于各破产债权人。若破产财团之财产如此稀少,则纵开始破产程序,毫无实益,不如驳回声请而节省费用之为愈也。

破产财团财产之多少,委之于法官之判断。关于别除权之计算,扣除其所担保之债权额,而以其剩除划归破产财团。关于撤销权之计算,其行使撤销权之结果,所回复之财产,划归破产财团。又法院于破产宣告后,如破产财团之财产,不敷清偿财团费用及财团债务时,因破产管理人之声请,以裁定宣告破产终止(一四八条)。在宣告破产终止以后,各债权人得实行强制执行,因债务人容易消费其财产故也。

(三)破产声请之时期

若有破产原因,无论何时均可声请。纵在和解程序中,亦可声请宣告破产。但法院认为有和解之可能者,得驳回之(五十八条二项)。

(四)破产声请之审理及驳回

法院于接收破产之声请时,须调查其适法要件与破产原因。其调查或依职权或经口头辩论或此二者并用均可。

破产声请之适法与否之调查事项:(甲)破产声请书之适法。(乙)

法院之管辖。(丙)破产声请人之声请权、当事人能力、诉讼能力、法定代理、诉讼代理。(丁)破产声请时是否有对于破产人之财产宣告破产之可能。(戊)财产状况说明书之提出与破产原因之叙明。

破产声请之格式,须以书面为之。《破产法》六十一条已有明文规定。

债务人自己声请破产时,等于裁判上之自白,自应有破产原因。法院似可据此宣告破产。凡裁判上之自白,在民事诉讼法上,虽可即时发生效力,但在破产事件,因与公益有关,则不能即时发生效力。因破产人有时无破产原因,而为避免个别强制执行,或为协调之目的,声请破产者,亦有之。故法院于债务人声请以后,仍须以职权调查其破产原因之存否。财产状况说明书之提出与破产原因之叙明,虽属于破产声请之适法要件。若不提出财产状况说明书或叙明破产原因时,虽应驳回破产之声请。然纵有适法之财产状况说明书之提出与破产原因之叙明,法院仍不能受其拘束,而为破产之宣告。法院仍可依口头辩论、书面审理及其他职权调查,以确定其破产原因之存否。若依自由心证,认为无破产原因时,仍可驳回破产之声请。若破产财团之财产,不足以清偿破产程序之费用时,亦应驳回破产之声请。财团之财产是否不够,全系法院之自由判断。

破产之声请不适法或无理由时,应驳回之。声请费用,原则上由声请人负担。此时无公告之必要,仅送达于声请人即可。

破产之声请适法而有破产原因,且破产财团之财产不过少时,法院应以裁定为破产之宣告(五十七条)。盖破产宣告系基于任意的口头辩论所为之裁判,故以裁定为裁判之形式。对此不服者,自得抗告。

破产宣告裁定书中,应记载宣告之年月日。盖破产宣告,应自宣告时起,发生效力。自宣告时起,对于债务人之财产,发生破产的扣押之效力。故有此记载之必要。

破产程序宜于速结。故法院对于破产之声请,应自收到声请之日起,七日内以裁定宣告破产或驳回破产之声请。此期间届满,调查仍不完竣时,得为七日以内之展期(六十三条一项、三项)。法院为破产宣告时:(1)须选任破产管理人,(2)定申报债权之期间,(3)定第一次债权人会议之期日。但申报债权之期间,须在破产宣告之日起十五日以上三个月以下。第一次债权人会议期日,须在破产宣告之日起,一个月以内(六十四条一项、二项、三项)。

(五)破产宣告之公告及送达

法院为破产宣告时,应公告下列事项。

(1)破产裁定之主文及其宣告之年月日。

(2)破产管理人之姓名、住址及处理破产事务之地址。

(3)申报债权之期间,及第一次债权人会议期日。

(4)破产人之债务人及属于破产财团之财产持有人,对于破产人不得为清偿或交付其财产,应即交还或通知破产管理人。

(5)破产人之债权人,应于规定期限内向破产管理人申报债权,其不依限申报者,不得就破产财团受清偿(六十五条一项)。

对于已知之债权人、债务人及财产持有人,仍应将前项所列各事项,以通知书送达之(六十五条第二项)。前项公告,准用十三条之规定(六十五条三项)。

法院为破产宣告时,就破产人或破产财团有关之登记,应即通知该登记所嘱托为破产之登记(六十六条)。与破产人有关之登记,如破产人为内外国法人时,则通知登记所嘱托为破产登记。对内国法人为破产宣告时,因破产乃法人解散之原因,并须嘱托为解散登记。至外国法人之破产,不能为该法人之解散原因,应只嘱托为破产登记。有关破产财团之登记,乃属于破产财团权利之登记。如破产财团所有之不动产、船舶、所有权、地上权、承佃权、地役权、抵押权等之登记是。此等权利大都信赖登记簿以行交易。故破产宣告时,即须嘱托登记,以防止尔后之交易与登记。庶破产债权人,不致因此受损害。此种嘱托,自应以法院所知者为限。盖法院不能有就破产财团中一切应登记之财产或权利,悉为调查故也。又此种登记之嘱托,亦应适用于破产宣告后,破产人新取得之财产,及行使撤销权之结果所复归之财产。又管理人有管理、处分破产财团之权利,故在立法论上管理人亦应有此嘱托登记之权利（德《破产法》一一三条末项参照）。

第三项 抗告

（一）不服宣告破产裁定之抗告

宣告破产之裁定,可不待其确定,即可发生效力,自得对此为抗告。关于抗告期间,准用《民事诉讼法》四八四条之规定,于宣告破产裁定送达后十日之不变期间内为之。但送达前之抗告,亦有效力。

对于宣告破产之裁定,何人得提起抗告,法律无规定,须依诉讼法上之普通原则判断之。若债务人声请破产时,若未适法撤销其声请,自不得抗告。盖对于裁判之上诉,须法院不容纳自己之请求而受不利益时,方得声明不服,以求变更裁判。然法院完全容纳自己请求时,声明不服之理由,已不存在。故此时若债务人提起抗告时,则其抗告无理由,应驳回之。又于此情形,其他债权人亦不得提起抗告。因破产之宣告系为总债权人之利益故也。

若破产由债权人声请时,则受破产宣告之债务人,自得提起抗告。而声请破产之债权人,因自己之请求完全容纳,自无提起抗告之权。其他之债权人亦不能提起者,其理由已于前述。在立法论上,对于破产宣告之裁定,是否可由有利害关系之第三人提起抗告,则有讨论之余地。盖破产之宣告,与第三人之利害及公益有关。其宣告不依破产当事人之辩论,大都依职权调查。且法院又得以职权宣告破产。在职务繁剧之法官,所谓职权调查,恐言之甚易,而行之甚难。则以债权人债务人间之通谋而声请破产,而损害第三人之权利者,亦难保其绝无。关于此点,《德国破产法》第一○九条之规定,失之狭隘,乃德国学者间之批评也。

(二) 驳回破产声请之抗告

破产之声请因不适法或无理由被驳回时,则破产声请人不问其为债权人或为债务人,当得提起抗告。若多数债权人共同声请时,各债权人得提起抗告,但未加入声请之债权人,则不能提起,仅能为破产之声请而已。

认抗告为适法而有理由时,抗告法院得废弃原裁判,而自为破产之宣告,或命令其下级之破产法院为之。实际上命原法院为破产之宣告,较为便利(《民诉》四八九条二项)。

抗告法院准其抗告,废弃原裁判而为破产之宣告时,则债务人对之更得提起再抗告(《民诉》四八三条二项),此与当初由破产法院宣告破产之情形相同。反之,若抗告法院认抗告为不适法或无理由而驳回时,破产声请人若有独立之抗告理由时,更得为抗告。

第四项 破产宣告之撤销及其结果

破产宣告之裁定,因抗告被撤销,其撤销之裁定,因再抗告期间之经过,或因再抗告之驳回,或因再抗告之撤回,发生如何结果,殊有研究之必要。破产宣告之裁定,尚未确定期间内,破产管理人所为之行为,皆为有效。纵在破产宣告撤销,对于债务人,仍不失其效力。管理人对于财团债权,其职务上,应于破产程序中支付之。至破产财团之管理及处分之权能及因破产所发生之撤销权等,则因破产宣告撤销,应自始不生效力。

破产宣告之裁定,因上述理由被撤销时,关于财团债权之清偿,法律未有明文规定。在立法论上,应认为遗漏。关于此点,德国旧法,亦未设规定,新法则规定之(《德国破产法》一一六条、一九一条)较为明了。即破产宣告被撤销时,在交付破产财团之财产于破产人以前,其职务上应清偿财团债权,否则须负损害赔偿之责。

在我破产法上,破产管理人于交付破产财团以前是否有清偿财团债权之责任,管理人自己之报酬,应归何人负担,成为问题。破产管理人对于财团债权,其职务上有应为清偿之义务,破产管理人之报酬,理应由破产人负担,较为妥当。有谓破产事件乃执行事件,则财团费用,即等于执行费用,理应由债权人担负者。然财团债权,不一定与执行费用相同。如破产声请被驳回时,其声请费用并非为债权人之共同利益,故不能视为财团债权。然纯粹之财团债权,如管理破产财团之费用等,大都有利于破产财团,则使破产财团之所有人即债务人负担,毫无不可也。

第五项　破产宣告前后之保全处分

破产人对于破产管理人或监查人,关于其财产及业务之询问,有答复之义务(八十九条)。破产人应出席债权人会议,并答复主席、破产管理人、监查人或债权人之询问(一二二条)。法律之所以使破产人负此种答复义务者,因关于破产程序系采官权主义,法院得以职权为一切必要之调查之结果也。但债权人会议,虽有此询问之权利,各破产债权人则无。

破产人无故不为前项之答复,或为虚伪之陈述者,不仅须受刑罚上之制裁(一五三条),且受法院之拘提或羁押之处分。述之于次。

(一) 对于破产人身上之保全处分

破产人既负有上述之答复义务,难保其不离开其居住地,或行逃亡,或为隐匿财产之行为。故法律于破产宣告后，须规定对于破产人身上之保全处分。

(1) 居住之限制　破产人非经法院之许可，不得离开其居住地（六十九条），否则不能达到履行答复之义务。法院为许可时，或为绝对的，或附以"于必要时归来""以书面报告"之条件。所谓离开居住地，如转居他地或为旅行是。唯一时之出外及散步则不包含。

(2) 传唤或拘提　法院认为必要时，得传唤或拘提破产人（七十条）。

(3) 羁押　破产人有逃亡或隐匿、毁弃其财产之虞时，法院得签发押票，将破产人羁押（七十一条一项）。羁押之性质，纯为强制破产人履行法律上之义务及预防破产财团财产之减少之将来的预防手段，绝非处罚其过去之行为。故羁押之原因不存在时，法院应即撤销羁押（七十三条）。羁押期间，不得超过一个月。

但经破产管理人提出正当理由时，法院得准予展期。每次展期，以一个月为限（七十一条二项）。

(4) 函电秘密自由之限制　法院于破产宣告后，认为必要时，得嘱托邮局或电报局，将寄与破产人之邮件电报，送交破产管理人（六十七条）。此亦预防破产财团之减少，而限制破产人通信秘密之自由也。

上述对于破产人身上之各种保全处分，是否可以适用于第三条所开之人，因法无明文，故属疑问。若第三条各款所开列之人，不适用此项保全处分之规定，殊难达到强制履行法律上之义务及预防破产财团之减少之目的。解释上，自应适用也（王仲桓氏《破产法要论》一九三页）。

(二) 对于财产上之保全处分

(1) 账簿记载之保全　法院书记官于破产宣告后，应即将破产人关于财产之账簿，记明截止账目，签名盖章，并作成节略，记明账簿之状况

(六十八条)。此乃保全破产人财产状况之处分。

(2) 财产业务状况之查询　法院得依职权或因破产管理人或债权人之声请,传唤破产人之亲属或其他关系人,查询破产人之财产及业务状况(七十四条)。以上所述,乃破产宣告后之保全处分。但破产宣告前,其有保全处分之必要,毫不让于破产宣告后。故七十条又规定,有破产声请时,虽在破产宣告前,法院得因债权人之声请或依职权,拘提或羁押债务人,或命为必要之保全处分。

关于拘提、羁押之费用,相当于九十五条第二项第二款,应视为财团费用。

第十节　破产机关

第一,破产法院

破产事件乃一般强制执行,故专属于地方法院管辖(第二条)。地方法院虽为合议制,但我《破产法》,不设破产主任官。而采破产债权人自卫主义,设监查人,使其多少代行破产主任官之职务。

第二,破产管理人

(一) 选任　法院为破产宣告时,应选任破产管理人(六十四条)。因破产管理人之姓名、住址及处理破产事务之地址,乃破产宣告时之公告事项之一故也。破产管理人原则上由法院选任。法院选任管理人时,应就会计师或其他适于管理该破产财团之人中选任之。但债权人会议得就债权人中,另行选任管理人(八十三条一项、二项)。此乃采债权人自卫主义之结果也。管理人之员数,虽通常为一人,但法院认为必要时,自得选任数人。其职务之执行,依过半数之议决。

（二）监督　破产管理人受法院之监督，必要时法院并得命其提出担保（八十三条三项）。故法院随时可命破产管理人报告其事务。关于义务之违反，或禁止之，或命令之。然破产管理人之行为不行为之所以受法院之监督者，非因其性质之良否，乃与义务之违反与否有关系故也。盖破产管理人在法律所规定之职权范围内，尚得自由判断，得独立执行其职务。法院决非对于同一行为而有同一职权之上级机关也。法院得因债权人会议之议决，或监查人之声请，依职权撤换破产管理人（八十五条）。破产管理人有违反其义务之行为时，须受处罚（一五七条）。

（三）责任及报酬　破产管理人应以善良管理人之注意，执行其职务（八十六条）。此乃注意程度之规定。原来破产管理人之职务及权限，系由于法律之规定发生，不能适用《民法》关于受任人责任之规定者，其理甚明。然负责任之程度，应与受任人相同。故法律特设八十六条之规定。

破产管理人之报酬，由法院定之（八十四条）。又破产管理人之报酬，为财团费用（九十五条一项第三款）。关于报酬之数额，由法院自由裁量定之。

（四）任务终了　因破产程序之终结，破产管理人之任务，当然终了。此外死亡、辞职、撤换，亦为其任务终了之事由。

（五）破产管理人之地位　破产管理人之地位如何，学说纷歧，未趋一致。大别之为公吏说与代理说。而代理说中又有种种。有视为破产人之代理人者。有视为个个破产债权人或破产债权人团体之代理人者。有视为同时为破产人及破产债权人之代理人者。或谓关于破产财团之管理及处分，系代理破产人，关于撤销之行使，系代理破产债权人者。或视为破产财团之代理人者。今为避繁就简，就各说之根据，不加说明。若采代理说，则破产管理人关于破产财团之破产及处分，系代理破产人，关于撤销权之行使,系代理破产债权人全体之说明,较为妥当。盖在破产宣告后,破产人并不丧失破产财团之所有权,唯使破产管理人行使其管理及处分权而已。又撤销权乃属于破产债权人之权利,破产管理人代之行使而已。其代理权限,系由法律规定发生,故属于法定代理。在我现行法上,采公吏说较为妥当。盖破产乃一诉讼事件,以此对于破产人之财产,开始一般的强制执行。在个别的强制执行,以法院及执达员为执行机关。而在破产,则以破产法院及破产管理人为一般的执行之执行机关。

如上所述,破产管理人乃一般强制执行之国家的执行机关,故其在破产程序中所为之行为,皆为在执行机关之职务权限内所为之行为。换言之,乃依法律之规定,而非以其个人资格所为之行为也。破产管理人以公的资格,以其职权,或以一般的执行的方法,而为破产财团之管理及处分,或行使撤销权,或为破产债权确定之诉讼。其行为之效力,不仅在破产程序中,纵在破产程序终结后,而能直接对于破产人或破产债权人发生效力者,因其以执行机关之职权所为之执行行为故也。或可谓为基于破产的一般执行法之直接的效力。

破产管理人乃执行机关,依法律直接授与之职权所为之行为,其效力及于破产人及破产债权人者,乃执行行为之性质上所当然。故破产管理人与破产人及破产债权人之关系,不仅不能以私法上代理之法理说明,且无说明之余地。换言之,破产管理人既为公的执行机关,依其职务上之权限,自得为一切执行行为,更无将其个个行为以私法上之代理说明之余地。故代理说不足采也。

破产管理人关于破产财团之诉讼,关于撤销权之诉讼,又关于对于破产债权人之异议之诉,并非破产人或破产债权人之法定代理人,乃破产管理人以公的资格而自为诉讼当事人也。故生下之结果。

（1）关于裁判管辖，依破产管理人处理破产事务之地址而定（六十五条）。

（2）推事之回避原因，不能依诉讼当事人之破产管理人与推事之关系而定。盖破产管理人系以公的资格为诉讼当事人。在公的资格，纵与推事有亲属关系或姻亲关系，不能为回避之原因。故《民事诉讼法》三十二条之规定，不能适用。推事是否有本条之回避原因，应依实体的当事人即破产人与推事之亲属关系或姻亲关系而定。

（3）关于诉讼代理，破产管理人不自己进行诉讼时，得请律师为诉讼代理人。

（4）关于诉讼费用，在破产财团之诉讼或行使撤销权之诉讼，若破产管理人败诉时，由破产财团负担，而视为财团费用（九十五条一项二款）。

（5）破产管理人不得请求诉讼救助。盖破产财团之财产不足以清偿破产程序之费用时，法院应驳回破产之声请。纵在破产宣告后亦得终止破产程序（一四八条）。且破产管理人系以公的资格提起诉讼，与"当事人无资力支出诉讼费用者"之《民事诉讼法》第一〇七条之规定不合。故不具备诉讼救助之要件。

（6）破产人在关于破产债权、破产财团之撤销权诉讼，得为证人或参加人。尤其在撤销权之诉讼，破产人仅得为反对破产管理人方面之参加人，而不能为辅助破产管理人之参加人。盖破产人在破产程序终结后，对于撤销权之相对人仍负担保义务，对于破产管理人之胜诉，无法律之利害关系（《民诉》五十八条）。唯可反对破产管理人之胜诉，而不可辅助也。关于破产债权之确定诉讼，当于后述之。

第三，监查人

（一）选任及地位　监查人者，乃为破产债权人之利益，辅助及监督破产管理人之债权人团体之机关也。债权人会议得议决选任监查人一人或数人代表债权人监督破产程序之进行(一二〇条一款)。故监查人乃破产债权人之机关,非国家之机关,即保护破产债权人由破产程序受清偿之共同利益之机关也。关于监查人之选任,外国立法例中有采必须选任者。但由我《破产法》一二〇条之规定观之,则选任监查人与否,委之于破产债权人之意思而已。又外国立法例中有于第一次债权人会议前,得由法院选任临时监查人者,我《破产法》亦不采用。所选任之监查人不问其性别若何,又不必一定为破产债权人,但须有行为能力。又破产人及破产管理人,则不能被选为监查人。盖破产人与破产债权人之利害相反,而破产管理人又须受监查人之监督,不能自己监督自己故也。

若债权人会议未为选任监查人之决议时,则监查人对于破产管理人之职务,破产债权人尽可本其自有之权利,以达到同一目的(八十五条、一二二条)。

如破产管理人所为九十二条之行为,应得监查人之同意时,则法院本其监督破产管理人之职权,可由法院核定(二十五年院字一四二三号解释;王仲桓氏《破产法要论》二九一页)。

(二)职务及报酬　监查人之权限范围,直接间接由法律规定之,不能增减。又监查人仅为内部之辅助或监督机关,而非对外之代表机关。故其权限在辅助破产管理人方面,有九十二条关于破产管理人特定行为同意之规定。其监督之作用,则有随时向破产管理人要求关于破产财团之报告,并得随时调查破产财团之状况(一二一条),监督破产程序之进行(一二〇条)。为行使此项职务起见,对于破产人可为必要之询问(一二二条),并可声请召集债权人会议(一一六条)。监查人与破产管理人不同,不受法院之监督。但行使其职务时,须以善良管理人之注意为之(一二八条、八十六条)。其报酬由法院规定之(一二八条、八十四条)。

(三)任务之终了　与破产管理人同,因破产程序之终结、死亡、辞职、解任而终了。

第四，债权人会议

（一）地位 债权人会议乃为谋破产债权人之共同利益所组织之议决机关，而非对外的执行机关也。其权利义务，以法律之规定定之。此外纵对破产管理人有所指示，亦属无效。因破产管理人非债权人会议之机关故也。又其召集及决议之方法，亦以法律定之。且须在法院指挥之下为之，否则无效。

（二）召集 法院因破产管理人或监查人之声请或依职权，召集债权人会议（一一六条）。而第一次债权人会议，须在破产宣告之日起一个月以内召集之（六十四条二款）。法院应预定债权人会议期日及其应议事项公告之（一一八条）。关于召集之地点，法律虽未明言，因债权人会议须在法院指挥之下开会，故原则上以法院为开会地点。

（三）指挥 债权人会议，应由法院指派推事一人为主席（一一七条）。主席对于会议，当有指挥之权。故主席对于会议之开闭，发言之许否，会议日程之讨论，续行期日之决定，议事录之作成等，均有指挥之权。债权人会议之辩论，既非法院之辩论，无须公开。

（四）债权人会议之议决事项 依《破产法》一二〇条之规定，债权人会议得议决之事项：（1）选任监查人，（2）破产财团之管理方法，（3）破产人营业之继续或停止。法律仅规定得为议决，如债权人会议不为议决，亦无不可。

（五）出席人 破产管理人、破产债权人、监查人，自得为出席人。但法院不妨使财团债权人、取回权人等列席。破产人因有答复义务，故有会议之请求时，不能不出席。

破产债权人出席债权人会议，无须本人为之，可委托代理人代为出席（一二七条、二十三条）。破产管理人于债权人会议时，应提示第九十四条所定之债权表及资产表,并报告破产事务之进行状况,如破产人拟有协调方案者,亦应提示之(一一九条)。

(六)决议　债权人会议之决议,除本法另有规定外,应有出席破产债权人过半数而其所代表之债权额超过总债权额之半数者之同意(一二三条)。人数与债权额二者,均须有过半数,方得为有效之决议。但协调则为例外(一三七条、二十七条)。所谓"本法别有规定"系指此而言。别除权人若由其标的物不能得完全清偿时,得以其残额参加债权人会议而行使权利。一人有多数债权时,以一人计算。一人代理多数债权人时,以数人计算。

破产债权人应以其已确定之债权额行使议决权。故非破产债权人,或虽为破产债权人而尚未申报其债权,或虽已申报而其债权额尚未确定者,均不得行使议决权也。

债权人会议之决议,与破产债权人之利益相反者,法院得以破产管理人、监查人或不同意之破产债权人之声请,禁止决议之执行(一二四条一项)。前项声请,应自决议之日起,五日内为之(同条二项)。

(七)决议之效力　合法之决议,对于破产债权人,不论其是否出席,或虽已出席,是否同意,均有效力。

第十一节　破产财团之占有及管理

(一)破产财团之占有

破产宣告后,破产人对于应属破产财团之财产,即丧失其管理处分权(七五条)。此时破产人应将与其破产有关之一切簿册文件及其所管有之一切财产,移交破产管理人。但禁止扣押之财产不在此限(八十八条)。破产人在破产宣告后,既丧失其财产之管理及处分之权,并应移交其财产于破产管理人,由破产管理人管理。则破产管理人于破产宣告后,即须请求移交,从事占有破产人之财产,以预防其减少。破产人之财产之所有权及占有权,在破产宣告后,仍属于破产人,在法律上,不能谓为即归破产管理人占有也。破产管理人仅可占有管理属于破产财团之财产。而财产是否应属于破产财团则由破产管理人自己判断之。若误占有他人之财产时,则第三人可行使取回权。又真属于破产财团之财产,而破产管理人因故意或过失不为占有时,须负责任。

若破产人反对破产管理人之占有及管理,而不移交其财产时,则破产管理人不得以自己之威力执行,须请求法院执行之。第三人不将其所持破产人之财产交付时,则破产管理人得根据破产人所有之权利,提起诉讼。又破产人与破产管理人间,关于某财产是否属于破产财团,发生争执时,恰与执行异议之诉相同,依普通诉讼以解决之。又对于别除权人,亦得请求开示其目的物而为评价。

破产管理人之管理行为,乃收回债权,向第三人主张破产人之权利,且为保存行为。

破产人拒不移交其财产于破产管理人时,须受第一五二条之处罚。

破产人之权利,属于破产财团者,破产管理人应为必要之保全行为(九十条)。

(二)破产宣告后之财产之取得

破产宣告后,破产人因继承及其他之原因从新取得之财产,亦属于破产财团(八十二条一项二款)。故此时破产管理人于履行其财产所负之债务后,将其编入破产财团。

(三)信书之开封

为容易明了破产财团之状况起见,法院于破产宣告后认为必要时,得嘱托邮局或电报局将寄与破产人之邮件电报,送交破产管理人(六十七条)。此种信电阅览之目的,并非故意发现破产人之秘密,而使其感受痛苦。故破产人亦得请求阅览。与破产财团无关之信电,亦得向破产管理人请求交付。若被拒绝时,亦可根据自己之所有权提起诉讼。

(四) 营业之继续

破产管理人于第一次债权人会议前,经法院之许可,得于清理之必要范围内,继续破产人之营业(九十一条)。又破产财团之管理方法及破产人营业之继续或停止,亦为债权人会议得议决事务之一(一二〇条二款、三款)。

(五) 应得监查人同意之行为

破产管理人为九十二条所规定之行为时,应得监查人之同意。盖九十二条所列之行为,皆甚重要,又非通常所为之行为,故须得监查人之同意。有谓监查人之同意,仅为破产管理人与监查人之内部关系,非对外之外部关系。破产管理人对于破产财团有管理及处分之权限。在此权限内之一切行为,破产管理人皆可独断为之。而第三人若须一一调查是否已得监查人之同意,甚为困难。若破产管理人违反本条规定,而独断决行时,则为保护交易之安全计,对于善意之第三人,仍不能不认为有效者。此种议论,颇有倾听之价值。但我《破产法》关于此点,既未有明文规定,则破产管理人所为违反本条之行为,应视为其权限外之行为,而解为无效也。

(1) 不动产物权之让与　普通破产财团之变价,须依拍卖之公平方法,而让与则与此相反,难保其不生流弊,故须得监查人之同意。

(2) 矿业权、渔业权、著作权、专利权之让与

(3) 存货全部或营业之让与

(4) 借款　借款不属于管理人行为之范围。其必要与否,影响破产债权人之利害颇大,故须得监查人之同意。

(5) 非继续破产人之营业而为一百元以上动产之让与 若破产管理人已得法院之允许继续破产人之营业（九十一条），而为此种行为时，又当别论。否则须得监查人之同意。

(6) 债权及有价证券之让与

(7) 寄托之货币、有价证券及其他贵重物品之取回 此种物品之取回，须加慎重考虑，故使其经监查人之同意。

(8) 双务契约之履行请求 此种契约之履行请求，足以发生财团债务（九十六条），自影响于破产财团故也。

(9) 关于破产人财产上争议之和解及仲裁 因和解及仲裁影响于破产财团故也。

(10) 权利之抛弃

(11) 取回权 别除权、财团债务及第九十五条第一款费用之承认、前项之权利抛弃、本项之义务之承认，均足以减少破产财团。

(12) 别除权标的物之收回 此乃一面承认别除权之成立，而一方面又承认其标的物不能完全清偿其债务故也。

(13) 关于应行收归破产财团之财产，提起诉讼或进行其他法律程序，因此足以增加破产财团之负担。所谓提起诉讼，不仅本诉，而反诉及督促程序亦应包含。所谓其他法律程序如诉愿是。

（六）催缴法人之社员、股东之出资

各种商事公司及民法上之法人受破产宣告时，其股东或社员之出资义务，自构成破产财团之财产。故破产管理人为迅速终结破产程序起见，不问其出资期限如何，令其缴纳所认之出资（九十三条）。

（七）债权表及资产表之编造

破产管理人于申报债权期限届满后，应即编造债权表。并将已收集及可收集之破产人之资产，编造资产表（九十四条一项）。此乃为使破产债权人明了破产人之财产状况,而可估计自己之债权将来可得几成分配也。故债权表及资产表,应存置于处理破产事务之处所,任利害关系人自由阅览(九十四条二项)。

(八)破产人关于破产财团管理上应负之义务

破产人经破产管理人之请求,应即提出财产状况说明书,及其债权人债务人清册(八十七条一项)。此项说明书内,应开列破产人一切财产之性质及所在地(同条二项)。盖破产管理人有占有、管理及处分破产财团之权利与义务,自不能不有所依据。则本条所规定之文件,对于破产管理人殊为必要也。

债务人声请宣告破产时,应附具财产状况说明书及债权人债务人清册(六十二条)。破产人应将与其破产有关之一切簿册文件及其所管有之一切财产,移交破产管理人。但禁止扣押之财产,不在此限(八十八条)。破产人违反本条所规定之义务时,受一五二条之处罚。

破产人对于破产管理人或监查人,关于其财产及业务之询问,有答复之义务(八十九条)。破产人违反此项义务时,受一五三条之处罚。

第十二节 破产债权之申报、调查及确定

第一,破产债权之申报

法院为破产宣告时,须决定申报债权之期间。其时间须在破产宣告之日起,十五日以上,三个月以下(六十四条)。在此范围以内,法院斟酌破产事件之大小,破产事务之繁简,适当的决定之。其期间之起算点,自破产宣告时起。此期间须公告之,并对于已知之债权人及债务人,须送达之。此种申报期间,并非除斥期间,在此期间经过后所为之申报,仍为

有效。又申报须向法院为之。向破产管理人所为之申报，不能发生效力。破产债权人申报其债权时，应记明债权额，发生债权之原因，并交付其债权之证明文件。申报之方法，法律既无限制之明文，则以口头或书面均可。

破产债权人申报其债权时，法院应即为债权之调查及确定，而后方得以破产债权人之资格出席债权人会议，行使议决权。

在适当之意义上，破产债权之申报，与诉讼之提起，究有不同，因前者不能生权利拘束之效果故也。然破产债权人非依破产程序，不能由破产财团受清偿（九十九条）。则在破产宣告后，尤其在破产债权人申报其债权以后，自不能对破产人提起诉讼。故外国立法例，大都以申报为时效中断之原因。关于此点，我《破产法》无明文规定，自应认为遗漏。

有谓破产宣告之声请，对于为声请之破产债权人之债权，发生时效中断之效力。日本大审院亦曾视申报与裁判上之请求相同，为时效中断之原因（明治三十七年大判一五七八页）。广义言之，破产宣告之声请乃裁判上之请求。但我《民法》一二九条所规定之请求，须以诉讼之形式出之，则破产宣告之声请，究与此不同。盖《民法》一二九条所规定之请求，乃指对相对人之请求而言，而破产宣告之声请乃对于法院请求保护私权也。故破产之声请，不能为时效中断之原因。别除权人因其权利之行使，而有不能受清偿之残额时，亦可作为破产债权而行使其权利（一〇九条）。故其申报，仅能就此残额债权行之。

第二，破产债权之调查

各国立法关于破产债权之调查，大都有详细之规定。我《破产法》竟付缺如，自为遗漏。依我《破产法》之规定，破产债权之申报，既须向法院为之，则破产债权之调查，亦应属于法院职权范围。法院于接受申报以后，即须着手调查以确定其债权也。调查之目的，乃确定该破产债权能否在破产程序上行使其权利。故对于债权之存否、数额、优先权之有无，均须调查，然后记载于债权表。表内有遗漏时，须为补充。调查之结果，亦须记载于调查表内，以供利害关系人之阅览。

法院为调查破产债权起见，自得讯问破产人、破产管理人及破产债权人。申报期间经过后所申报之债权，亦得为破产债权，而参加破产程序。则对于此种债权，亦应调查。

第三，破产债权之确定

破产债权因无异议而确定，对于破产债权之加入，或其数额有异议者，应于第一次债权人会议终结前提出之（一二五条）。若于此期间内不提出异议，则破产债权即因而确定。但其异议之原因，知悉在后者，不在此限。

于第一次债权人会议终结前不提出异议，即丧失提出异议之权利。盖破产债权因无异议，即行确定，而有与确定判决同一效力之故也。

能提出异议而妨碍债权之确定者，乃破产管理人及破产债权人，破产人则应无此权利。关于此点，法律虽无明文，自应如此解释。若使破产人之异议有效时，则破产人将滥用异议以延长破产程序。且关于破产财团之利益，由破产管理人代表，由破产管理人提出异议即可也。提出异议之债权人，应限于债权表所列之破产债权人。若许自称债权人可以提出异议时，殊足以延长破产程序也。

关于异议之理由，有关于债权之成立者，有关于其数额者，有主张其不应成为破产债权者。关于破产债权之加入及其数额之争议，经法院裁定后，破产管理人应改编债权表，提出于债权人会议（一二六条）。

第四，破产债权之异议

依我《破产法》之规定，关于破产债权之异议，不问其有否执行力之债务名义或终局判决，皆可提出异议。又我《破产法》，关于异议之诉，不依普通之诉讼程序,而依简易诉讼程序,即依裁定之方法。关于此点,观一二五条及一二六条之规定,甚为明了。此种简易诉讼程序,有两点与普通诉讼程序不同。

(1) 关于裁判管辖,不问其土地及事务管辖如何,所有关于破产债权之异议,均归破产法院管辖。一二六条所谓"经法院裁定",系指破产法院而言。盖破产债权之异议,须向破产法院提出,而由破产法院裁定者,事物之审理上,甚为便宜故也。

(2) 在审理上不采当事人辩论主义而采法院干涉主义。故异议之决定,不以判决,而以裁定,为谋迅速终结破产程序故也。

有多数债权被提出异议时,法院得依职权合并审理。

若对于一破产债权,有多数人提出异议时,则该破产债权人非排除此多数异议,其债权额不能确定。此时该债权人应得以多数异议人作为共同诉讼人,法院亦可合并审理。

关于异议之诉,其性质乃确认之诉而非给付之诉。盖债权之存在被确定时,即可由破产财团受分配。而破产财团系为破产人所有,而非为破产债权人所有,破产人又非诉讼当事人故也。

关于异议之诉讼费用之负担,依《民事诉讼法》七十八条以下之规定。若破产财团因此异议而受利益时,如因异议有理由,而将为该债权人所提存之分配金额划归破产财团时,得将此异议之费用,成为财团债权(九十五条一项二款)。

若提出异议之债权人败诉时,则诉讼费用应归为债权人负担。

法院认异议有理由,或无理由而为裁定,其裁定确定时,对于破产债权人全体发生效力。因破产债权之确定,对于破产债权人全体,不能不为同一。若对于一债权人为肯定,而对于其他债权人为否定时,则为破产程序之性质上所不许。故认异议无理由之裁定确定时,对于破产债权人全体,纵对于未曾提出异议之破产债权人,亦发生效力,其债权即为确定。若有多数异议时,其所有异议,自非依裁定确定不可。又认异议有理由之裁定确定时,纵令多数异议之中仅有一个成立,亦为总破产债权人之利益,发生效力,而妨碍债权之确定。

异议确定后,破产管理人应改编债权表(一二六条)。

第十三节　破产之终结

第一项　协调

第一,协调之必要及其性质

由分配而终结破产时,须将所有属于破产财团之财产变为金钱,而分配于各债权人,故多费时间,使债权人不能得较多清偿。而在协调,可不将破产财团变价分配即可终结破产程序,故能节省时间与费用。在破产人方面,依协调之条件,可得债务之一部免除或支付犹豫,亦有利益,且能恢复破产财团之管理及处分之权利,有重振事业之机会。故破产人之亲戚友人,可对破产人为出捐及其他之援助。在债权人方面可得比较多额之清偿,亦有利益。且破产财团之分别卖出,不能收多大效果。若将其集为一团,使破产人继续营业时,收效较巨。故由社会经济上言之,协调亦为有利之方法。

以如此有利之方法终结破产,乃社会所希望。若破产人所提出之条件,经总债权人之一致同意时,固无问题。然一致同意,甚为困难。故法律以多数人之议决,而拘束少数人。关于协调之性质,学者虽有种种主张。有注重于法院之认可者,亦欠妥当。所谓协调,乃在破产程序中,由破产人与参加破产程序之破产债权人间所成立终结破产程序之契约。此种契约,有强制契约之性质,与和解同。但和解系在破产程序开始前所缔结之强制契约,而协调系在破产程序中所缔结之强制契约而已。协调之所以对于未参加破产程序之破产债权人或虽已参加而持反对意见之破产债权人发生拘束力者,乃强制契约之性质使然也(一三六条)。

第二,协调之成立

协调之成立,第一须由破产人提出协调之内容,第二须经债权人会议之一定多数决,最后犹须得法院之认可。

(1) 协调计划之提出　协调计划仅破产人方得提出,而破产管理人及破产债权人则不能提出。在各种法人,则由其代表提出之。《破产法》第三条有明文规定。但对于继承财产为破产宣告时,协调计划应由继承人提出之。

(2) 提出之时期　在破产宣告以后,无论何时皆可提出协调计划。但在破产财团分配认可后,则不能提出(一二九条)。

(3) 提出之回数　外国立法例有限制协调计划仅可提出一次者。盖恐破产人以此延长破产程序,滥提协调计划以为试验故也。我《破产法》虽无此种限制,然协调计划须先送交破产管理人审查,然后由破产管理人提出于债权人会议,不无多少限制。

(4) 提出之内容　协调计划应载明清偿之成数,清偿之期限,有可供之担保者,其担保(一三〇条)。实际上破产人所提出之协调计划,大都请求债务之一部免除及清偿期限之犹豫。然亦有仅请求清偿期限之犹豫者。又有可供之担保者,须列其种类。如请第三人为保证人或物上保证人是。

协调乃终结破产之方法。故不以终结破产为目的之协调计划,自应不许提出。又与一般诉讼行为相同,不许附以条件。若然,则尔后之程序不能有效进行也。

协调之条件,须对各破产债权人公允。因多数人之议决,不仅少数不同意之破产债权人纵令未参加破产程序之债权人,亦受其拘束故也。至受不利益之债权人自己同意时,又当别论。对于未参加破产程序之债权人及未知之债权人无法得其同意。若对于此等债权人有不公允或度外视之内容之协调计划,自应认为无效也。

(5) 协调计划之审查　由破产管理人审查之(一三二条)。即关于协调计划之提出人、提出之时期、协调之内容之审查。若破产管理人认为合法妥当而又无一三一条所规定之情形,然后方可提出于债权人会议。

(6) 协调计划提出之限制　有一三一条所规定情形之一者,不得提出协调计划。因破产人显然缺乏诚意故也。即:

(A) 所在不明者。

(B) 诈欺破产尚在诉讼进行中者。

(C) 因诈欺和解或诈欺破产受有罪之判决者。

(7) 债权人会议之决议　破产管理人审查协调计划之结果,认为合法,即须呈报法院,请求预定债权人会议日期。若已预定,则请求将协调计划编入议事日程,以资讨论,并预先公告(一一八条)。债权人会议时,破产管理人应依据审查之结果,报告破产人之财产业务之状况,并陈述对于破产人所提出协调计划之意见。关于协调计划之条件,应由破产债权人与破产人自由磋商。主席应力谋双方之妥协(一三七条、二十五条)。

普通债权人会议之决议,虽只须出席债权人之过半数及其所代表之债权额超过总债权之半过数之同意(一二三条)。但协调计划之可决,则须出席债权人过半数与其所代表之债权额占无担保总债权额四分之三以上(一三七条、二十七条)。而法律之所以须如此多数者,因该决议之结果,极为重要,不仅可以拘束少数持反对意见之债权人,而未参加破产程序之债权人,亦受此决议之拘束。又预防少额多数之债权人操纵决议故也。一人有多数债权时,应以一人计算。一人代理数债权人时,以数人计算。

第三,法院之认可

协调计划经债权人会议可决后,尚须得法院之认可。盖为预防债权人之欺瞒,而保护未参加破产程序之债权人也。

关于协调之应否认可,破产管理人、监查人、债权人及破产人均得向法院陈述意见,或就协调之决议提出异议(一三三条)。法院对于此异议为裁定前,应传唤破产管理人、监查人、债权人及破产人为必要之询问。债权人会议之主席,亦应到场陈述意见(一三四条)。

法院因债权人之异议,认为应增加破产人之负担时,经破产人之同意,应将所增负担列入于认可协调裁定书内。如破产人不同意时,法院应不认可协调(一三七条、三三条)。

法院如认为债权人会议可决之协调条件公允,应以裁定认可协调(一三五条)。

对于认可协调之裁定,得为抗告。但以曾向法院提出异议,或被拒绝参加协调之债权人为限(一三七条、三四条一项)。前项认可协调之裁定,虽经抗告,仍有执行效力。对于不认可协调之裁定,不得抗告。对于抗告法院之裁定,不得再抗告(一三七条、三四条二项、三项、四项)。认可与否之裁定,应公告之,无须送达(一三七条、二九条)。

第四,协调之效力

协调以终结破产程序为目的。协调经法院认可后,而认可之裁定确定时,协调即发生效力。而破产程序是否即于此时终结,因我《破产法》

未有明文,颇滋疑义。外国立法例,由法院另为破产终结之裁定。此裁定确定时,然后方能终结破产程序。在我《破产法》之解释上,势不能不以认可协调之裁定确定时,为终结破产之时期也。

(1) 对于破产人之效力 破产人应于认可协调之裁定确定时,恢复其财产之管理及处分之权利。盖破产程序终结后,破产财团已不复存在故也。但须遵从协调规定之限制。如关于某种重要财产,禁止破产人之自由管理及处分,或由债权人所选出之委员或第三人管理变价,或使破产人设定质权等,如有此种限制时,自应遵守。此乃破产债权人为自卫所保留之合意上之权利也。

破产程序因协调而终结。破产管理人法律上之职务权限,亦因而消灭。协调之履行,并非属于破产管理人之职务范围。虽有时对于破产财团之管理及处分加某种限制以构成协调之内容,此乃在破产程序以外,破产债权人为自己之利益,所取得之合意上之权利,在法律上并非继续破产程序也。

协调乃终结破产程序之一种方法,迄其终结时止,破产之效力,仍然保持。换言之,由于协调之破产之终结,仅向将来消灭破产之效力,故在破产程序中,破产管理人所为之行为,对于破产人仍为有效。又破产人仍为保持破产人之身份。若欲脱离此种身份,须经复权之程序(一五〇条)。

(2) 对于破产债权人之效力 协调经法院认可后,对于一切破产债权人,均有效力(一三六条)。兹所谓一切债权人,不问其已否参加破产程序,是否出席对于协调可决之债权人会议,或曾出席对于可决是否同意之一切债权人也。盖协调以不依分配而终结破产程序为目的,若由少数持反对意见之破产债权人独立继续破产程序时,则协调之目的不能达到。故法律基于公益上之理由,统一的终结破产程序,又使其效力及于未参加破产程序之债权人。否则此等债权人又可独立声请破产故也。但有别除权或抵销权之债权人，在其行使其权利之结果，受优先清偿之范围内，不受协调之效力。

债权人对于债务人之保证人及其他共同债务人之权利，不因协调而受影响（一三七条、三八条）。破产人即主债务人所提出之协调计划，虽有债务之一部免除、期限犹豫情形，此乃债权人对于破产人之效力。而债权人对于保证人，则不受此效力之影响。对于保证人仍可就其债权之全额行使其权利，此保证债务于主债务人破产时之所以必要也。若无本条规定，则保证债务将缩减至主债务之限度。债权人对于共同债务人亦同。

保证人或共同债务人于履行全额债务之后，对于破产人之求偿权则不能不受协调之效力。因其求偿权成为破产债权也。

破产人依协调所定之条件向债权人为清偿时，其对于共同债务人之求偿权，则不能不以实际上所清偿之额为限度。否则，破产人依协调已得一部免除，而犹可以其全额行使求偿权时，不仅破产人有不当得利之情形，而他之共同债务人就其依破产人所提出之协调所得免除之额，对于债权人及破产人双方，势不能不为两重清偿，结果殊不合理也。

破产人对于债权人允许协调计划所未规定之额外利益者，其允许不生效力（一三七条、三九条）。对债权人不能允许额外之利益者，乃协调之内容。盖为使易成协调之决议也。其额外之利益不问其已否履行，或为契约，皆为无效。否则，正当之协调，将不易成立也。

由于协调之破产之终结，与由于分配之终结相同。尔后债权人恢复其为各别强制执行之权能，但不能与协调之内容相抵触。如协调计划有期限犹豫时，则债权人不能即时为强制执行。唯犹豫期满而债务人犹不履行时，然后有强制执行之必要也。然为强制执行时，须有执行名义。

协调之确定,与债权之确定,不可混为一谈。前者不过决定债权之清偿方法而已。故对于破产人之债权之确定,须以他种方法,有时或有从新提起诉讼而确定债权之必要。但在协调成立以前,依破产程序自可为债权之确定,如在第一次债权人会议以前无人提出异议之债权,纵有人提出异议,而法院认为无理由,以裁定驳回时,其债权即为确定,而有执行名义也。

第五,协调之撤销

协调之撤销之原因有二。即：

(1) 破产人有虚报债务、隐匿财产或对于债权人中之一人或数人允许额外利益者。

自法院认可协调之日起,一年内,如债权人证明破产人有此等情事者,法院因债权人之声请,得撤销协调(一三七条、五一条)。

(2) 破产人不履行协调所定之条件　破产人于多数破产债权人即与可决协调相当之多数破产债权人不履行协调所定之条件,法院得因此多数破产债权人之声请,以裁定撤销协调(一三七条、五二条)。盖仅对于少数破产债权人不履行条件时,大可依协调让步之撤销以资救济,无庸撤销协调之全部也。

关于此多数债权人之计算,依协调之所定,已受全部履行之破产债权人不算入,因其对于撤销无利害关系故也。又受一部履行之破产债权人,须扣除其已受清偿之债权额。

因协调所设定之人的或物的保证,是否因协调之撤销而失其效力,因法无明文,又生异议。然此等保证,显有担保履行协调条件之意。若主债务人即破产人不履行协调之条件时,保证人当不能辞其责也。

法院撤销协调或驳回协调撤销之声请,以裁定为之。对于撤销协调之裁定,不得抗告。对于驳回协调撤销声请之裁定,得为抗告(一三七条、五三条）。

第六，协调让步之撤销

协调让步之撤销，乃个个破产债权人撤销其依协调所定之让步而已，并非撤销协调之全部也。

破产人不依协调条件为清偿者，其未受清偿之债权人，得撤销协调所定之让步（一三七条、五六条）。若对一定多数破产债权人不履行协调所定之条件时，则为撤销整个协调之原因。兹所谓让步之撤销，仅对于个个破产债权人之不履行，方能发生。撤销让步之破产债权人是否参加协调之决议，在非所问。所谓让步，当包含债权额之免除与期限犹豫。因让步之撤销而回复之债权额，非于破产人对于其他破产债权人完全履行协调条件后，不得行使其权利。若允许因撤销让步而回复之权利得随时行使时，则其他之破产债权人将有不能受清偿之危险也。

第七，破产程序之再施

协调经撤销后，所有破产债权均回复让步以前之原状，与未提出协调相同。故外国立法例，均有破产程序再施之规定。我《破产法》于撤销和解时，有转移于破产程序之规定（五四条、五五条）。而对于撤销协调时，则付缺如，当为疏忽。依我《破产法》之规定，终结破产程序之方法有二。一为分配。一为协调。协调经撤销后，则除以分配以终结破产程序外，别无他术。破产程序之再施，势在必行，否则将无以终结破产程序也。关于破产程序再施之各种问题，依一般理论以解决之。

（1）再施程序之性质　再施程序乃因协调之撤销，以与新破产开始同一之程序而继续旧破产程序也。换言之，再施程序之性质，虽为旧破产程序之继续，而与新破产程序同一之程序行之。新破产程序在与旧破产程序不相抵触不相重复之限度内行之。有谓再施程序乃旧破产程序之继续而同时为新破产程序之实施者，亦有语弊。盖再施程序乃一个破产程序,并非两个破产程序同时并行。破产财团、破产法院、破产管理人、债权人会议,皆仅一个。故再施程序乃旧破产程序之继续。惟自协调成立时起迄再施时止之中间时期,破产人所为之行为,不能不认为有效。且迄再施时止新发生之债权,又不能不允许其参加破产程序。外观上恰呈新破产程序开始之形态而已。然实为一破产程序也,故生下列结果。

（a）旧破产程序之继续　协调撤销以后,法院为再施之裁定时,不须有新的破产原因。旧破产法院有管辖权。破产管理人、监查人无须另行选任。惟债权人会议中,加入新债权人而已。

（b）新破产程序　旧破产程序因协调一旦终结,则在迄再施之中间时期,破产人当可自由营业及为各种交易行为,从此自可发生新的债权。在此中间时期所发生之债权,为期交易之安全,不能不认其有效。若使撤销协调之效力追溯既往,而使破产程序之再施纯为旧破产程序之继续,而完全否认此中间时期之交易之效力时,则有害交易之安全。在以协调终结破产时,无论何人将不敢安全与破产人交易。因协调何时撤销,旧破产程序何时再施,莫可预测故也。则以协调终结破产,使破产人继续营业,完全不能奏效。故在中间时期之交易及其发生之债权,不能不认为有效,而使在再施程序中亦得行使其权利。

此中间时期之交易,既应认为有效,则为此中间时期之交易关系及新债权人所为之破产程序之再施,与新破产宣告相同。又由旧破产程序之继续一点言之,乃一旦终结之破产之复活。

（2）再施程序时之破产财团　在协调成立以前之破产人之财产及其成立后破产人在中间时期所取得之财产,均属于破产财团。盖我《破产法》关于破产财团之范围,系采膨胀主义。不仅在破产宣告时破产人所有之财产,在破产宣告后终结前所取得之财产,亦属于破产财团（八二条)。

在中间时期破产人所为之诉讼,因再施程序而中断,以后由破产管理人继受。中间时期乃破产人可自由处分其财产之时期,故其一切处分行为,皆为有效。又各破产债权人,关于破产之声请虽有限制,然各别之强制执行于不违反协调条件之限度内,仍得自由为之。破产人对于破产债权人所为之任意清偿,亦为有效。

破产程序之再施,恰与新破产宣告相同,不能不认抵销权之限制及撤销权之行使。但抵销权之限制与撤销权之成立要件,须依再施之时定之。

再施程序固为旧破产程序之继续,但在旧破产程序中所有抵销权之限制及撤销权之范围,在再施程序时已无顾虑之必要。盖旧破产程序因协调而已终结,在迄再施程序时止之中间时期,破产人得自由处分之。与新债权人为抵销及清偿行为,固其自由。而旧债权人亦无独受抵销权之限制及撤销权之效力之理。盖法律之所以设抵销权之限制及撤销权者,恐有害于债权人间之公平分配。此等情形,仅在破产程序中有其必要。一旦破产终结以后,自无必要也。故旧债权人在中间时期,于取得债权时为抵销或新受清偿,均为有效。总之,一旦旧破产程序终结而经过中间时期,则旧破产程序中之抵销权之限制及撤销权之效力,已成无意义。于再施程序时,从新认抵销权之限制及撤销权之效力即可也。

(3) 再施程序时之破产债权人　在中间时期对于破产人新取得债权者,亦得为破产债权。于再施程序时,自得以其现存额,向法院申报。纵不为申报或不参加破产程序,仍与旧破产债权人相同,在再施程序中不得为个别之强制执行。其他关于破产债权人之限制,亦须遵守。惟协调成立时破产人所提之担保之利益,仅旧破产债权人得享受之。

旧破产债权人在中间时期已受清偿时,则仅能以其残额作为破产债权而行使权利。旧破产债权之申报,以其现存债权额为限。但破产宣告后之利息及费用,亦应视为新债权而申报之,未参加旧破产程序之债权人,亦得申报。

旧破产债权之申报,既为有效。则旧债权之调查及确定,亦当然有效。然已经确定之债权,在中间时期,亦有因清偿、抵销等新原因而消灭。故尔后对于旧债权,只调查其现存额。对于债权成立之原因,则无庸调查。但依旧破产程序尚未确定之债权,则与新债权相同有调查之必要,自不待言。

(4) 再施程序之分配比例　再施破产程序时,得加入分配者,有旧破产债权人,有新破产债权人。又在旧破产债权人中,有于协调成立后已受一部或全部之清偿者,有完全未受清偿者。如何维持此等债权人间之公平而定分配之比例,则有德法奥三种主义。

在德法主义,各债权人得以在再施程序之现存债权额,受现存破产财团之公平分配。不仅在新旧破产债权人间无何等区别,即在旧破产债权人间,不问其是因协调受清偿与否也。依此主义,破产程序之再施,等于新破产宣告。各破产债权人以其现存额加入分配。新债权人以其全额加入。旧债权人中因协调已受全部清偿时,则因协调之撤销,其所免除之部分债权复活,以此额加入分配。若仅受一部清偿时,则以其未受清偿之部分合复活之部分加入分配。若完全未受清偿时,则以其全额加入分配(德《破产法》二〇〇条)。

依德法之主义,各债权人以其现存全额加入分配,在新旧债权人间,甚为公平。但在已受一部清偿与未受清偿之旧破产债权人间,则有不公平之现象。如甲乙丙三人各有债权一千元。因协调各免除二百元。在协调未撤销以前,假定甲已受八百元,乙受六百元之清偿,丙完全未受清偿。依此主义,在再施破产程序之际,甲以二百元、乙以四百元、丙以千元加入分配。若在再施程序各债权人得五成分配,则甲得百元、乙得二百元、丙得五百元之分配。各债权人所受清偿之额合算时,则甲得九百元、乙得八百元、丙得五百元。同为千元之债权,而所得清偿之结果有如此不同,显似不甚公平。

依德法主义,虽生上述结果,然在理上亦难谓为有失公平,盖旧破产债权人所受清偿之额有如此不同者,毕竟与其权利行使之迟速巧拙有关。此种情形,不仅在旧破产债权人间,即令在新生债权人间,亦有已受全部或一部清偿者,又有完全未受清偿者,然皆以其现存债权额加入分配。新生债权人间,亦有因在中间时期由破产人所受清偿额之多寡,而加入分配之额,亦有差异。

德法主义在理论上固属正当,而在实际论上,殊难赞同,因所谓中间时期并不甚长。在再施程序时,新生债权人甚少,而旧债权人仍占大多数。故与其维持新旧债权人间之公平,而旧债权人相互间之公平,尤须注意。依德法主义,旧权人相互间发生上述之结果,显失公平也。

在法法主义,旧债权人中因协议已受全部清偿者,不得参加再施程序,而受财团之分配。如千元之债权,扣除因协调所免除之二百元,已受八百元之全部清偿时,则不许参加再施程序。又仅受一部清偿时,则以其未受清偿之比例,参加再施程序。如上例债权人已受四百元之清偿,此四百元乃对于原债权五百元之履行,故债权人仅得以其残额五百元参加再施程序。若完全未受清偿,则以千元参加再施程序(《法商法》五二六条)。

依此主义,在新旧债权人间不甚公平。

奥法主义,则将旧债权人受领之全部或一部之清偿,假想的编入破产财团,而后与其他新债权人等以平等比例而定分配额。其平均分配额超过旧债权人所受领清偿之额以上时,旧债权人虽可受差额之分配。若在清偿额以下时,其超过额旧债权人仍可保留手中,无须返还于破产财团(奥《破产法》二四四条)。

我《破产法》第四十条规定,自可准用于再施程序。其旨趣与奥法相同,惟就其超过额,应否返还于破产财团,则不明了。

奥法主义在新旧债权人间不公平,乃其缺点。盖新债权人所受领之清偿,可不编入破产财团。而旧债权人所受领者,则须编入。故旧债权人于受领清偿时,难保其不用狡猾手段。如免除旧债务而以新债权人名义受领清偿是。总之奥法主义,虽有此大缺点,而由实际的观察之,在再施程序,大都为旧破产程序之继续,几无新债权之发生。故在再施程序中,应专注意于维持旧债权人间之公平。若旧债权人已受全部或一部之清偿时,则于此限度内无分配之必要,宁分配于未受清偿之旧债权人,实际上较为合理也。

第二项　破产财团之变价及分配

第一,变价

破产财团之财产有变价之必要者,应依拍卖方法为之。但债权人会议另有决议指示者,不在此限(一三八条)。我《破产法》关于破产财团之财产之变价时期,并无限制的规定。而变价乃破产管理人之职权之一,则破产管理人认为必要时,当随时可以变价也。

变价者,乃将破产财团之财产变为金钱之谓。其方法原则上为拍卖。但有次之例外。

(1) 债权人会议另有决议指示者。

(2) 关于不动产物权及矿业权等权利,若得监查人之同意,亦可不依拍卖方法。

第二，分配

(1) 分配之种类及中间分配　分配者，乃为加入分配之多数债权之执行方法也。分配分为中间分配、最后分配、追加分配三种。在第一次债权人会议以前，破产管理人不得为分配。然自第一次债权人会议以后，破产财团之财产可以分配时，破产管理人应即平均分配于债权人（一三九条一项）。此种分配，称为中间分配。最后分配者，乃于破产财团之财产全部变价以后所为之分配也。追加分配者，乃于最后分配以后，因某种原因，而有可以分配之财产时，所为之最后分配之补充的分配也。

(a) 分配表　破产管理人为前项分配时，应作成分配表，记载分配之比例及方法（一三九条二项）。分配表应经法院之认可，并公告之（一三九条三项）。

(b) 对于分配表之异议　对于分配表有异议者，应自公告之日起十五日内，向法院提出之（一三九条四项）。对于分配表得提出异议之人，应仅限于对于分配表之内容有利害关系之人，即破产债权人。财团债权人，因其债权之清偿不照分配表，自无提出异议之权利。破产人亦无此权利。因其对于破产债权人之加入分配，无争执之权利，且破产财团之处分权，属于破产管理人，而破产管理人以职权所作成之分配表故也。

(c) 加入分配之债权人　自以业经确定之破产债权人为限。惟关于破产债权有异议或涉讼致分配有稽延之虞时，破产管理人得按照分配比例提存相当金额（一四四条）。

(d) 分配之实施　分配表经公告后十五日以内无人提出异议，或有异议而法院以裁定驳回，或分配表经异议裁定而已改正时，破产管理人应即依分配表实施分配。

受分配之债权人中，若附有解除条件，其受分配时，应提出相当担保。无担保者，应提存其分配额（一四〇条），是为准备条件之成就而返还其分配额也。

附停止条件债权之分配额,应提存之(一四一条)。将来行使之请求权亦然。所谓将来行使之请求权,如共同债务人将来行使之求偿权是。德国学者多视此为附停止条件之债权。我《破产法》系将条件用之于狭义。故于附停止条件债权之外,尚有将来行使之请求权之规定。不过在法律上与附停止条件之债权同样处理而已。

关于破产债权有异议或涉讼致分配有稽延之虞时,破产管理人得按照分配比例,提存相当金额,而将所余财产分配于其他债权人(一四四条)。

在中间分配为债权人所提存之金额,尚属于破产财团,故由此所生之利息亦属于破产财团。

(2) 最后分配　我《破产法》一四三条至一四五条虽有最后分配字样,而对于最后分配程序则无规定。则关于最后分配,须据一般理论以解决之。破产管理人于破产财团之财产全部变价终了时,自应实施最后分配程序。而破产管理人实施最后分配时,自应准用一三九条关于中间分配程序之规定。即破产管理人实施最后分配时,应作成最后分配表,记载最后分配之比例及方法。最后分配表应经法院之认可,并公告之。对于最后分配表有异议者,应自公告之日起,十五日内向法院提出之。

附停止条件之债权或将来行使之请求权,如最后分配表公告后十五日内,尚不能行使者,不得加入分配(一四二条)。若条件于破产终结后成就时,自得由债权人向债务人请求清偿。又在中间分配为此等债权人所提存之金额,须分配于其他债权人。

附解除条件之债权,其条件在最后分配表公告后十五日内,尚未成就时,其已提供担保者,免除担保责任,返还其担保品(一四三条)。在中间分配时,若已提存其分配额,须交付于债权人。

破产管理人于最后分配完结时,应即向法院提出关于分配之报告(一四五条)。法院于接到此项报告后,应即为破产终结之裁定。对于此种裁定,不得抗告(一四六条)。

(3) 追加分配　破产财团于最后分配表公告后,复有可分配之财产时,破产管理人经法院之许可,应为追加分配。但其财产于破产终结之裁定公告之日起,三年后始发现者,不得分配(一四七条)。关于追加分配,亦须准用一三九条之规定。不问破产已否终结,若发现可以分配之财产时,破产管理人应为追加分配。如为有异议之债权提存其分配额以后,认异议为有理由之裁定确定时,又因错误向财团债权人为清偿或向破产债权人为分配而返还时,又破产终结之裁定公告后三年以内发现属于破产财团之财产时,破产管理人应为追加分配。

(4) 由于分配而终结破产之效力　由于分配而终结破产之效力,自何时发生,因法无明文,颇为疑问。然破产终结乃为多数当事人即为多数破产债权人及破产人发生同样之效力,故应解为自终结裁定公告时起,发生效力。

破产人在破产终结裁定公告以后,回复其财产之管理及处分之权利。故破产财团之财产分配于各破产债权人后,尚有剩余时,自得归破产人自由处分也。破产管理人、监查人、债权人会议之任务,皆因此终了。惟破产管理人尚有为追加分配之职务而已。

关于破产债权人在破产程序中不能受清偿之残额债权,我《破产法》有一四九条之规定,除因诈欺破产而受处刑之宣告者外,视为消灭。盖我《破产法》系仿英国立法例,采免责主义故也。此种残额请求权,具有自然债务之性质。因破产终结以后,破产管理人为追加分配时,仍可受领分配即清偿。破产人为复权之声请时,仍须清偿此残额之债权,破产债权人亦有受领清偿之权利也(一五〇条)。

第四章 复　权

第一，破产及于破产人身上之效果

对于破产人之公私权不加何等限制，而视破产人与普通人无异者，在公德尚未进步之社会，到底不可能。盖如此，则债务人将不知破产之可耻。如无恒产无信用之人，在社会上既无名誉又无地位，难保其不害及债权人致受破产宣告，而觍不为怪也。故古代罗马法对于破产人，使其受不名誉之制裁。尔来诸国立法，大都对破产人之公私权，加多少之限制。即从来立法，多采惩戒主义。我国《破产法》虽无直接限制破产人之公私权之规定，但其他特别法，限制破产人之公私权者，不少。如破产人不得为交易所之经理人或会员(《交易所法》十条二项二款)、商会会员代表(《商会法》十三条三款)、工商同业公会会员代表(《工商同业公会法》八条三款)、监狱官(《监狱官任用暂行标准》七条七项)、律师(《律师章程》四条二款)、无限公司股东(《公司法》四一条)等是。此等特别法之限制，非破产之直接效果，乃间接效果也。

在有罪破产，又当别论。对于普通破产采惩戒主义，殊为不当。在普通破产，由于社会观察之，等于天灾地变之自然现象。以法律之力到底不能禁止也。再由破产人方面观察之，非因自己之过失，因意外之灾害及激烈之经济的变动，而受破产宣告时，其状殊为可悯。故在普通破产，以破产之直接效果，对于破产人之公私权加以限制者，在立法论上不能认为妥当。且现在有主张废止刑事犯人之剥夺公权停止公权之制度，则关于破产法之立法应概括的避免及于破产人身上之效果。

在现行法之下,几多特别法规尚对于破产人之公私权加多少限制者,然非破产之直接效果,乃特别法规基于特别公益上之理由,规定一定资格之要件。而破产人不具备此种资格。换言之,破产人之缺欠此种资格者,乃由特种资格之必要而生,非破产之直接效果而有剥夺其资格之必要也。

我《破产法》对于破产人之公私权,不设直接限制之规定,在立法上洵为妥当。

第二,复权之程序

复权者,消灭破产人因破产所受身上效果之裁判上之程序也。

破产人依清偿或其他方法解免其全部债务时,得向法院为复权之声请(一五〇条一项)。以如何方法解免其全部债务均可。如依免除、时效、协调等,解免其全部债务是。破产人不依前项规定解免其全部债务,而未依一五四条或一五五条规定受刑之宣告者,得于破产终结三年后,或于协调履行后,向法院为复权之声请(一五〇条)。

有谓普通之免除虽能使债务绝对的消灭,而由于协调之免除之额成为自然债务,故为复权之声请时,须为现实之清偿者。然由于协调之免除与普通之免除,性质上毫无差异。故法律规定于协调履行后,即可向法院为复权之声请,无须为现实清偿。

又有主张于破产人死亡后,其继承人亦可为复权之声请,以回复死者生前之名誉者。《日本旧刑法》系采此规定。但我《破产法》并非采惩戒主义。破产之直接效果,并非剥夺破产人之名誉权,死亡后纵回复其权利,亦缺欠权利主体。故我《破产法》不采用之。

复权由破产人向破产法院声请之。为声请时,须提出解免全部债务、履行协调之证据。

破产人经法院许可复权后,如发现有依一五四条所规定应受处罚之行为者,法院于为刑之宣告时,应依职权撤销复权之裁定(一五一条)。

第五章　罚　则

关于破产之罚则,往时虽多规定于刑法中。但近时为立法之便宜,多规定于破产法中。如德、法、日本等是。我《破产法》亦然。《刑法总则》之规定,原则上亦适用于破产之犯罪(《刑法》十一条)。关于刑事破产事件之程序,依《刑事诉讼法》之规定,属于刑事法院之管辖。而管辖破产事件之破产法院即民事法院,则无管辖权也。

第一,破产义务违反罪

破产人拒绝提出第八十七条所规定之说明书或清册,或故意于说明书内不开列其财产之全部,或拒绝将第八十八条所规定之财产或簿册文件移交破产管理人者,处一年以下有期徒刑(一五二条)。

依第七十四条、第八十九条及一百二十二条之规定有说明或答复义务之人,无故不为说明或答复,或为虚伪之陈述者,处一年以下有期徒刑、拘役或五百元以下之罚金(一五三条)。

第二,诈欺破产罪

破产人在破产宣告前一年内,或在破产程序中,以损害债权人为目的而有下列行为之一者,为诈欺破产罪,处五年以下有期徒刑(第一五四条)。

(1)隐匿或毁弃其财产或为其他不利于债权人之处分者。

(2)捏造债务或承认不真实之债务者。

(3)毁弃或捏造账簿或其他会计文件之全部或一部,致其财产之状况不真确者。

因以上之有罪破产行为而被处罚者,必为破产人。故在共犯关系,正犯仅限于破产人也。起诉不妨在破产宣告之前后。法人之代表者有数人而共同为有罪破产行为时,则正犯有数人。破产人以外之共犯,视为教唆犯或从犯。共犯之适用,仅限于诈欺破产。而在过怠破产,解释上当无共犯也。

第三,诈欺和解罪

债务人声请和解经许可后,以损害债权人为目的,而有一五四条所列各款行为之一者,为诈欺和解罪,处五年以下有期徒刑(一五五条)。

第四,过怠破产罪

破产人在破产宣告前一年内,有下列行为之一者,处一年以下有期徒刑(一五六条)。

(1) 浪费、赌博或其他投机行为,致财产显然减少,或负过重之债务者。

(2) 以拖延受破产之宣告为目的,以不利之条件负担债务,或购入货物或处分之者。

(3) 明知已有破产原因之事实,非基于本人之义务而以特别利于债权人中之一人或数人为目的,提供担保、消灭债务者。

第五,和解及破产贿赂罪

和解之监督辅助人、破产管理人或监查人,对于其职务上之行为,要求期约或收受贿赂或其他不正利益者,处三年以下有期徒刑,得并科三千元以下之罚金(一五七条)。

债权人或其代理人关于债权人会议决议之表决,要求期约或收受贿赂或其他不正利益者,处三年以下有期徒刑,得并科三千元以下罚金(一五八条)。行求期约或交付前二条所规定之贿赂或不正利益者,处三年以下有期徒刑,得并科三千元以下罚金(一五九条)。

论文

债务与责任

德国研究固有法之学者，由法制史的见地，区别债务（Schuld）与责任（Haftung）以来，学者之研究，更形进步。Gierke 谓此种区别，乃历史上之新发现，对之极端赞美。于是区别债务与责任之学说，在法制史上已成为定论矣。

今日普通之所谓债务，当然包含责任。如由消费借贷负担金钱债务，由买卖契约负担支付价金债务，依《法国民法》第二〇九二条及二〇九三条之规定，债务人须以其总财产任清偿之责，或为总债权人之共同担保。德国及我国民法虽无明文，然债务人对于自己之债务，须负无限责任者，乃当然之理。不过此种思想，系渊源于罗马法，而在德国固有法，债务与责任，乃彼此互相独立之观念。有债务不能即谓为有责任也。

倡债务与责任分离说者，首推罗马法学派之 Brinz 氏。但罗马法之 obligatio 之意义，固系指责任关系而言。obligatio naturalis 虽与无责任之债务相当，然在已经发达之罗马法，obligatio 中当然包含债务与责任。故 Brinz 氏所说殊欠明了。又 Bekker 氏谓罗马法原来已将债务与责任之观念，明白分离，嗣后始将此二种观念混同云云。但 Isay 氏对此加以反驳，谓德国古法虽曾区别债务与责任之观念，而近代法律思想，反将此二者混同者，乃受罗马法之影响。Gierke 氏亦谓在已发达之罗马法，二者之观念，完全混同，若无特别原因有债务即有责任。

关于罗马法之研究，非本文所能赘述。总之，在已发达之罗马法，未行区别债务与责任之观念者，乃一般学者所公认。而确定债务与责任分离说之基础者,则不能不归功于德国学者之历史的研究。如 Amira 氏之《北部日耳曼法之研究》、Puntschart 氏之《中世日耳曼法之研究》、Horten 氏之《英法研究》、Partsch 氏之《希腊法之研究》、Rintelen 氏之《荷兰法之研究》、Gierke 氏之《德国古法之研究》。此等学者,由各方面研究之结果,皆能证明分离说不仅在德国古法,无论在何国法制史上,皆有正当之根据。

法制史上之研究,既有此种结论,现今德国已由法制史上之问题,一变而为解释现行法之问题,即德国现行法是否可以分离说解释之。德国多数学者,持此肯定的见解。更有少数学者,欲据此以研究将来之立法,即研究债务关系之法规与责任关系之法规如何组织问题。

Schuld 固有之意义,为 Rechtliches Sollen(法律上应为)。由债务人观察之,则为 leistensollen(应给付)。由债权人观察之,则为 bekommensollen(应取得)。故债务关系之内容,亦应依 Sollen 之观念定之。债务人之 Sollen 仅负为给付之义务。一旦为给付,则债务消灭,而不能请求返还。盖债权人在法律上应取得(bekommensollen)故也。然债务人若不为给付,则不能强制。盖 Schuld 之意义,仅为 Sollen,绝不能以此支配债务人之身体或财产也。又由债权人之 Sollen 言之,债权人仅能保持债务人所为之给付,不能对债务人之身体或财产加以强制。不过债务人一旦为给付,则债权人无须返还,因债务人应为给付(leistensollen)故也。

如上所述,Schuld 仅于债务人为给付时,方能实现其效力。若不为给付,债权人为确保其权利,满足其利益,不能不有强制的手段。其手段即所谓担保给付之 Haftung(责任)是也。原来 Haftung 乃 rechtliches miissen 之意。关于此点,各学者所见,不必相同。古时债务人不为给付时,大都依自力救济以施强制。现今得向法院请求强制执行,以满足自己之债权,因债务人有责任故也。

Isay、Gierke等为证明在德国现行民法上债务与责任亦可分离起见,列举下列各例以说明之。

(1) 有债务无责任(Schuld ohne Haftung) 现今之所谓债务,原则上包含人的责任。债务关系与责任关系,常相一致。但例外情形,亦仅有债务而无责任者,学者所称为自然债务或不完全债务是也。如请求权已由时效消灭之债务(《德民法》二二二条),婚姻介绍手续费之债权(《德民法》六五六条),由赌博所生之债权(《德民法》七六二条),履行道德上义务之债权(《德民法》八一四条),由父母供给子女嫁资或生活费所生之债权(《德民法》一六二四条),由定期交易行为所生之债权(《交易所法》六六条)等是。《法国民法》一二三五条亦规定自然债务。据学者之解释,父对于私生子之扶养义务,父母为其子女设定嫁资之义务,由赌博所生之债权,礼仪上应为给付之债权属之。

德国学者所认为自然债务之各条文中,其所用之文句虽区区不一,然皆有债务关系,则无庸疑。《德国民法》将六五六条、七六二条规定于债务关系编中,显然以债务关系之成立为前提。若不能成立债务关系时,则其给付不能不视为非债清偿,给付人自得请求返还,显与该两条"由……给付者,不得请其返还"之规定相违背。故关于给付不能履行等诸原则,自应适用于自然债务。但此等自然债务,不包含责任关系(Haftungsverhältnis),不能提起给付之诉、确认之诉,又不能请求强制执行。由此观之,所谓自然债务,毕竟为德国固有法上之Leistensollen,仅于债务人任意履行时,方能实现其效力而已。

(2) 仅有责任而无债务(Haftung ohne Schuld) 兹所述者,非谓责任关系完全与债务关系分离而独立存在之意。盖责任关系,必须为债务履行之担保。完全独立存在之责任关系,颇难想象。然于债务关系尚未存在之时，先发生责任关系亦属可能。如保证将来之债务，保证附停止条件之债务，为将来之债权或停止条件之债权设立质权是。在此种情形，债务关系，尚未发生，或将来永久不至发生，然保证、质权之责任关系，则完全成立(《德民法》七六五条二项、一二〇四条二项、一一一三条二项、一一九〇条)。

(3) 自己有债务而无责任(Schuld ohne eigene Haftung) 以上所述者，乃将债务与责任分离，仅其一存在，而其他不存在。兹所述者，乃两者虽同时存在，但其主体各异，即债务人自己不负责任，而负责任者，乃债务人以外之人也。如对于不完全债务为保证或物上保证是(《德民法》二二二条、二二三条)。又船主有物的责任而让与其船舶财团时，船主虽为债务人，而负责任者，则为船舶财团之取得人。

(4) 自己有责任而无债务(Haftung ohne eigene Schuld) 与前所述相同。即责任与债务虽同时存在，但自己未负债务，仅对于他人之债务而负责任是。兹分为人的责任与物的责任以说明之。

(a) 人的责任 古代之血族团体(Sippegenossen)，对于团员所为之违法行为(如杀人)负责任。赔偿金虽系归团员全部负担，而债务人则为行为人。又主人对于其支配下之使用人所为之违法行为，虽负责任，然债务人则为行为人。又动物亦可为债务人。

上述之例，系历史的。在德国现行法上，Isay 则举保证之例以说明之：谓为第三人之保证，系对于第三人所负之债务负责任。据《德国民法》七六五条之规定，保证人系担保第三人之义务之履行(für die Erfüllung der verhindlichkeit des Dritten einzusetzen)。即保证人非与主债务人负同一义务履行之债务，不过担保主债务人不履行债务时所生之损害。如主债务负 Duldung 或 Unterlassung 之债务时，其保证人并非亦负同一容忍或不作为之债务，不过担保由其义务不履行所生之损害赔偿而已。故保证人仅负责任,不负债务。对于 Isay 之此种见解,在采责任与债务分离说之学者,亦多持反对说。如 Gierke 即其中之一人,谓保证人亦为债务人。而在否认此分离说之学者,如 Reichel 等则反对尤力。

此外之例,如不动产之出租人,将土地让与于他人时,对于承租人须负责任(《德民法》五七一条二项)。供给信用于第三人者,对于受任人须负保证责任(《德民法》七七八条)。行纪人对于第三人之义务履行,须负责任(《德商法》三九四条)。

(b) 物的责任　在物的责任,其债务关系之主体与责任关系之主体,概非同一。物虽不能为债务关系之主体,但得任担保之责。如质权、抵押权、土地债务(Grundschuld)、土地负担(Reallast)、留置权、冒险借贷、船舶财团之责任(《德商法》四八六条等)等是。其中如质权、抵押权、留置权、土地负担乃人的责任与物的责任两相并立。如土地债务、冒险借贷则仅有物的责任。在此种情形,Predari 氏谓人的责任与物的责任之区别,乃债权与物权之区别。Isay 氏则谓物权乃物之使用收益权(Sachnutzungsrecht),物的责任权(Sachhaftungsrecht)乃担保权,应将此两者区别,而认广义的责任权,以包含人的责任与物的责任。①

(5) 债务之范围与责任之范围不同(Schuld ohne Vollhaftung)　在此种情形,不问债务与责任之主体是否相同,亦可存在,所谓有限责任是也。现代不认人的责任,所谓人的责任,即为财产的责任,将其财产责任限定于特定财产或限定于一定额时,若债务超过该定额以上,则责任额

---

① 以上两种见解,以 Predari 氏之主张为适当。盖质权、抵押权应视为物权。而冒险借贷、船舶财团之责任,乃于财团之移转时,依法律之规定而承担债务者也。

与债务额即不一致。①

(6) 债务之内容与责任之内容不同　债务人负人的责任时,两者之内容之差异,固不甚惹人注意。若二者之主体各异,或负物的责任时,则其内容之差异,甚为显著。

先由物的责任观察之。债务之内容,虽为金钱、交付特定物或代替物、作为或不作为之债务,然物的责任,则为同一。即于债务不履行时,拍卖其标的物,由其卖得价金而受损害赔偿。

又由人的责任观察之。债务主体与责任主体不同时,如以保证所担保之债务,虽有金钱债务、作为不作为之债务之不同,而保证则为债务履行之担保,于债务不履行时负损害赔偿之责而已。是债务之内容,与责任之内容,显有差异。

Isay 氏更主张一种新的责任。谓责任之本质,虽为损害赔偿。但近世法律发达之结果,如《德国民事诉讼法》第八八八条以下所规定之罚金及羁押(Schuldhaft),乃一种新的责任。此种责任,既非往日之人的责任,又与法国民法之人身羁押(contrainte par corps)不同,乃于债务与责任之主体为同一人时,用以强制特定之给付为目的者也。②

责任之种类,自古迄今,大致可分为三种。第一为人的责任。在罗马法,负担债务之人,不啻为法锁(Vinculum juris)所束缚之质物,即以

---

① 某一派学者就此种情形,谓自始于责任额之范围内,成立债务(Siber, Oertmann)。而采债务与责任分离论者,则谓依此解释则土地债务之债务额,必因地价之变动而时有不同。故此种情形,乃责任之限制而非债之限制。依此派之见解,非将超过责任额之债务,视为自然债务,则其理论颇难贯彻。

② Isay 氏将《德国民事诉讼法》八八八条以下所规定之罚金及羁押解为私法上责任之一种,完全错误。盖此等规定,乃因有不代替的作为义务,其履行与否,纯系于债务人之意思。于债务人不履行债务时,国家为保护私权起见,所规定之特别强制手段,并不能谓为一种私法上之责任也。

债务人之生命、身体、名誉、自由、劳动等为责任之客体。依《十二铜表法》第三表之规定，债权人可将债务人杀戮而分其肉，或用为奴隶，或将其卖出。盖债务人不履行债务时，即成为满足债权之代替的标的物故也。第二种为财产责任。即债务人以其总财产为责任之客体。古时无独立之财产观念。所谓财产，仅可视为人类之附属物。故古代之执行，仅限于人的执行，而无财产的执行。嗣后由宗教上政治上及其他各方面之理由，主张个人之自由，于是人的责任，人的执行，渐归消灭。除对于公犯科以刑罚外，在私人之债务以债务人为奴隶等之人的执行，一般皆认为不当。然依国权作用，人的执行遗留于近代。法国民法之人身羁押（contrainte par corps），以一八六七年之法律，方行废止。德国之Schuldhaft以一八六八年之法律，亦归无效。此种人身羁押之制度，虽实行迄于近代，然与私法上人的责任之观念，迥乎不同。所谓人的责任，在《法国民法》以前，即已消灭，因《法国民法》二〇九二条及二〇九三条系规定债务人以其总财产担保债务之履行，并未明言人的责任故也。

责任之第三种，乃纯粹物的责任，乃以特定之物或财产负责，非以总财产负责，故为财产责任中之有限责任。

债务与责任分离之纪念，由前述之 Amira 等之研究，在历史上洵属正当。吾辈对之，毫无怀疑之余地。盖在古代，保护权利之机关，殊不完备，保护权利之手段又欠明了，如个人相互间，为金钱借贷或由买卖及其他之交易行为负担债务时，则不可不有预防债务［不履］行之救济手段，设定担保思想之发生，乃当然之理也。所谓担保乃指责任而言，古时财产甚少，自不能不以债务人为担保。以后方发生财产责任与物的责任。现今国家保护权利之手段，甚为完备，债务发生之当时，纵未设定担保，若债务人有清偿之资力，债权人仍得依国家之强制手段以资保护，故现今担保之设定，系以使债权人取得优先清偿之权利为目的。然在古时，国家保护权利之手段，殊欠完备，普通债权人大都依自力救济以图满足自己之债权，故债权成立之时，须有担保，即责任关系。此责任关系之所以独立存在也。否则，除债务人任意履行外，几无保护权利之方法。此在法制史上，分离说之所视为正当也。

Isay氏对于德国民法之解释意见，吾辈虽不敢完全赞同，然分离说不仅在法制[史]上，已成定论，而在德国现行民法之解释上，亦有相当根据。虽德国学者如Hellwig、Stein、Ennecerus等由诉讼法之见地，以反对此说，而终不能减损其价值者，以此故也。

自然债务之观念，自罗马以来，为各国学者所公认。日本民法之消灭时效，虽为债权消灭之原因，但我《民法总则》一二五条以下所规定消灭时效，系请求权，而非债权。债权于消灭时效完成后，仅能使债务人取得拒绝给付之抗辩权。此时若债权人请求给付，债务人不行使此种抗辩权时，仍须为给付。又债务人不知时效已完成而为履行之给付者，亦不得以不当得利为理由而请求返还（一四四条）。是请求权之消灭时效之完成，不能为债权消灭之直接原因。即请求权之消灭，乃责任关系之解除，债务关系，并不消灭。如斯解释方与我《民法》之趣旨相符。我《民法》虽未明白规定自然债务，而请求权已经因时效消灭之债务，自应视为自然债务，则无庸疑。

责任关系与债务关系之观念虽彼此不同。但我《民法》并未将此二者明白区别，实际上往往发生不当之结果。如在物的责任，债权人对于债务人减少其标的物之行为，有八七一条及八七二条之规定以资救济；而在人的责任，如保证人为减少其财产之行为时，据现行民法之规定，毫无救济方法。又对于债务人之诈害行为，虽可适用废罢诉权之规定（二四四条以下），而对于保证人之诈害行为，则付缺如。由此观之，《民法》就责任关系，以有规定之必要。

又区别责任关系与债务关系时,足以使从来之法律观念,更形明了。如认无责任关系之债务关系时,则从来学者所论争之自然债务之观念,自然明了。是阐明责任关系与债务关系,不仅有益于学问上之研究,而及于实际上之影响及效果亦大也。

原载《国立武汉大学社会科学季刊》第 4 卷第 2 期(1933 年),第 263—274 页

过失相抵

我《民法》关于损害赔偿责任原则上采过失主义。赔偿义务人苟无过失,纵令为责任原因之事实(如债务不履行及侵权行为)与损害之间,有相当因果关系,亦不负赔偿责任。但损害之发生或扩大,被害人与有过失者,法院得减轻赔偿金额,或免除之(二一七条)。依此规定,于是发生过失相抵(culpa compensatio)之问题。

就生活利益所生之损害,理应归其主体之被害人负担。换言之,损害残留于其损害成立之场所(Loss remains where it lies)。故罗马法谚有云,由于事变所生之损害,应归所有人负担(Casum sentit dominus)。但损害系因债务不履行、侵权行为及其他法律所认为损害赔偿债权成立之原因之事实发生时,则被害人就自己所生之一切损害,亦可对他人请求赔偿。然有时损害之发生,不仅系归责于赔偿义务人之事由,而被害人之过失,亦为损害发生之共同(mitwirken)原因时,若不问被害人之过失之有无,而使其受全部赔偿时,殊有反乎公平之观念。故损害成立,被害人与有过失时,足以影响于损害赔偿债权之成立及其范围者,乃自罗马法以来各国立法所公认。我《民法》亦以明文规定之。

关于过失相抵,从来有二主义。一为法定主义,为罗马法及英美法所采用。依此主义,被害人之过失在若何程度,足以影响于损害赔偿债权之成立及范围,一依法律之规定,不许法官自由裁量。一为裁量主义,为《德国民法》及《瑞士债务法》所采用。依此主义,被害人之过失虽足以影响于损害赔偿债权之成立及范围,但法律不明定其影响之程度,使法官斟酌被害人之过失及其过失之程度,以减轻加害人之赔偿义务,或免除之。

过失相抵一语,传自罗马。依当时有名之 Pomponius 法则,因自己之过失而蒙损害者,不能认为被害人(Quod quis ex culpa sua sentit, danmum sentire non intellegitur)。有过失之被害人,对于他人不能请求损害赔偿。此法则不仅适用于因被害人之过失而惹起损害,而被害人之过失与加害人之过失为惹起损害之共同原因时,亦适用之,而使被害人丧失损害赔偿请求权。然仅因被害人之过失而惹起损害时,不得请求他人赔偿者,其理甚明。至被害人之过失与加害人之过失为惹起损害之共同原因时,何故被害人不能请求赔偿,则不能无疑。关于此点,罗马法学者,以抵销之法理说明之。谓加害人之过失与被害人之过失若为损害之共同原因时,则过失与过失两相抵销,双方过失均归消灭,故被害人之损害赔偿请求债权不能成立云。然抵销原来意义,乃指二人互有同种类之债权且双方债权在抵销适状时使双方债权为对额的抵销之事实而言,在采法律上抵销之主义者,则抵销适状之效力,足以使双方债权在法律上当然消灭。在采裁判上抵销主义者,则法院之裁判,足以使在抵销适状之双方债权归于消灭。在采抵销之实行须当事人一方之意思表示之主义者,则抵销系以当事人一方之意思表示使在抵销适状之双方债权为对额的消灭。由是观之,抵销一语,无论采何种主义,系指在抵销适状之双方债权为对额的消灭之事实而言。被害人及加害人双方过失之抵销恰与债权之抵销相同,故称为过失相抵。盖罗马法之损失赔偿责任系采过失主义。损失赔偿义务之成立,其客观的要件须加害人之行为为发生损害之原因(Causalmoment)。其主观的要件,须加害人有过失(Schuldmoment)。若具备此二要件,方能认赔偿义务之成立。然有时纵具备此二要件,法律亦不认赔偿义务之成立者。在此种情形恰与缺欠赔偿责任之要件相同。故罗马法学者,多将此种情形,视为赔偿义务成立要件之缺欠。彼等于此二要件中,重视主观的要件。被害人与加害人有共同的过失时,借抵销之观念,以论定加害人之主观的要件之过失,已经消灭,故主张赔偿义务之不成立。然抵销一语,由罗马法以来,已成为学术上之用语。尔来过失相抵之思想,有显著之变迁。及在今日,虽不认罗马所谓过失因抵销而消灭之观念,但法学上仍沿用过失相抵一语,借以示被害人之过失足以影响于损害赔偿债权之成立及范围而已。

　　罗马法上所谓加害人被害人之过失因抵销而消灭之过失相抵之观念,与在抵销适状之双方债权因抵销而消灭之原来抵销之观念,其间大有差异。所谓过失相抵一语,为比喻的说明计,虽可使用,为法律上之用语,则颇不适当。且过失与过失相抵而使过失消灭之思想,则非我民法所能承认。我民法不过于被害人有过失时,使法院斟酌情形,以定其损害赔偿债权之范围而已。故近时学者,多谓过失相抵一语,有欠妥当。主张用被害人之共同的过失或并存的过失(Das mitwirkende oder konkurrierend Verschulden)或自己之过失(das eigene Verschulden des Verletzten)以代替之。过失相抵一语,在现行法之解释上,虽有欠妥之处,但此语既为从来所惯用,且由此可以探寻思想发展之径路,今仍沿用之,为了解之便宜计也。

　　被害人之共同的过失,何以影响于损失赔偿债权之成立及范围,此乃过失相抵之根据问题。以下约分五说以说明之。

　　第一,过失消灭说　如前所述,罗马法以抵销之法理而研究过失相抵之问题。此种见解,嗣为德国普通法学者所继承。如 Krug 将广义之过失,分为故意、重过失、轻过失。被害人及加害人双方有同一程度之过失时,则因过失相抵而使双方之过失归于消灭。故故意可与故意相抵,重过失与重过失相抵,轻过失与轻过失相抵。然过失,乃客观的事实。

过失不能与过失相抵。又不能以法律之力以消灭已经成立之客观的事实，法律之力仅可以减轻或免除法律上之效力而已。则罗马法之过失消灭说，其谬误自不待言。

　　第二，同意说或承诺说　此说在德国普通法时代，为 Demelius（Ueber Compensation der Culpa, in Jherings Jahrb. Bd. 5）所主张。谓法律上被害人之过失，与其同意有同一之意义（Culpa des Beschädigten gleichbedeutend mit dem Einwilligen）。既有被害人之同意，则加害人之行为，不能应视为违法行为（Valenti non fit injuria）。故损害之成立，被害人与有过失时不发生赔偿义务。然使被害人之过失与其同意有同一意义，乃毫无根据之拟制。此说自 Demelius 氏以后无响应者。

　　第三，义务违反说　此派之主张，谓人皆有处理自己事务之自由。破坏自己之所有物，或将其让与于他人时，不能谓为违法。又伤害自己之身体或自杀，不能谓为犯罪。惟处理自己之事务而违反义务时，其行为为违法。如在服兵役年龄之人毁伤自己之身体，而构成犯罪者，因其行为，违反兵役义务之故。又自己之利益与他人之利益，两相接触时，则处理自己之事务，在法律上亦应负相当注意之义务。则被害人之过失足以影响于损害赔偿债权之成立及范围者，因违反此注意义务故也。(Gottschalk, Das mitwirkende Verschulden des Beschädigten, S. 69 ff; Lisst, Deliktsobligationen, S. 84; Weyl, Verschuldensbegriffe, S. 523.) 然法律于不侵害他人利益之范围内，容许各人行为之自由。由此点观察之，吾人虽负不侵害他人利益之相当注意义务，而不能认对自己之利益，亦有相当之注意义务也。被害人之过失乃侵害自己利益之行为，并非侵害他人利益之行为，并非义务违反也。惟法律为保护他人之利益，课以注意义务时，则被害人之过失，一面为侵自己利益之行为，一面具有义务违反之性质。如甲乙二汽车，皆不点灯，而于夜间急驶,致两相冲突而使乙受伤时,又甲乙两轮船,皆违反右侧航行之法令,于左侧航行,致相冲突,使乙轮沉没是。以上所举,不过稀有之例外。普通被害人之过失,不能成为义务违反,则以被害人之义务违反为过失相抵之根据,殊欠妥当。

第四,原因说 德国普通法时代之多数学者,以因果关系之理论,说明过失相抵。间亦有用此思想以解释德国民法者。英美之多数学者及判例大都采用之。以因果关系说明过失相抵者,统称之曰原因说。

(a)因果关系中断说 德国普通法时代,多以因果关系中断之法理,说明被害人过失以阻碍赔偿义务之成立。(Pernice, Zur Lehre von den Sachbeschädigungen nach römischem Rechte, S. 60; Plog, Die Sogenannte Kulpakompensation, S. 58, 61; Labowsky, Eigenes Verschulden, § 4; V. Bar, Lehre vom Causalzusammenhange, S. 27.)谓赔偿义务之成立,须加害人之行为与损害之间有因果关系。而在过失相抵之情形,有被害人之过失行为介入于加害人之行为与损害之中间。于加害人之行为发生结果前,已生被害人之行为之结果。故因果关系因此中断,赔偿义务不能发生。

在德国普通法时代,关于过失相抵之研究,尚形幼稚,依然不脱罗马法之旧套。于证明被害人与有过失时,损害赔偿债权,全不成立。对于被害人,不能不下败诉之判决。其当时之学者,索其法理上之根据于因果关系之中断。而在采裁量主义之现行法制之下,被害人之过失,为减轻或免除赔偿义务之原因,不能使赔偿义务不能成立。纵令被害人之过失,足以使加害人之赔偿义务之因果关系中断,则因过失相抵并不能免除加害人之赔偿义务,仅可轻减其义务时,则以因果关系之法理不能说明。加之所谓过失相抵,系以加害人之行为与被害人之行为为共同原因,方能发生。若因被害人之行为,使因果关系中断时,其损害理应归被害人负担,根本即不发生过失相抵之问题。故在德国民法草案理由书中(Motive Ⅱ, S. 23 f.),被害人之过失,其因果关系并不中断。由此观之,不啻明言因果关系中断,即可免除赔偿责任,不发生过失相抵之问题;现今赞成此说者甚稀,非无故也。

英美法就侵权行为,被害人(原告)有共同的过失(contributory negligence)时,亦足以妨碍损害赔偿权之成立。① 其判例及学说,亦多采因果关系之中断之学理以说明之。谓被害人若用适当之注意,即可避免损害时,则被害人之过失行为,使加害人之行为与损害之因果关系中断。被害人之行为为发生损害之直接近因(direct and proximate cause)。而加害人之行为,不过为其间接远因(indirect and remote cause)。故加害人不负损害赔偿义务云云。② 但被害人或加害人之行为在何种情形,方可为损害之直接近因,观 Davies v. Mann (10 M. & W. 546; 62. R. R. 698)事件之判决,可知梗概。即当事人之一方若因相当之注意,即有避免损害之最后机会,且知因相对人之过失所生之危险,或可得而知者,若怠于注意,而发生损害时,则视为损害之直接近因。③ 英美法之此种因果关系中断说,大致与德国普通法时代学者之主

---

① Butterfield v. Forrester (11 East, 60; 10 R. R. 433)。事件即被告为修缮房屋立一木于道中。午后八时,夕阳虽没,然因在夏日,尚有微光,可以见物。此时原告驾马车过此,误触其木,致落马负伤。法院就此事件,谓被告虽有过失,但原告若用相当注意,即可避免负伤之损害。故原告欠缺起诉之原因,而为败诉之判决。为此判决之法官 Ellenborough 氏云:自己若有过失,不能许他人未用相当注意而使负责。故本案原告欲维持自己之诉讼,须具备两种要件。第一,由于被告之过失妨碍交通。第二,原告为避免损害已用相当之注意。
② Thomas v. Quartermaine 1887. 18 Q. B. D. 697; Barrow, *On Negligence*, p. 35; Wharton, *Law of Negligence*, 2 Ed., § 300.
③ Davies v. Mann 事件,原告将其所有之驴,缚其四足路上。适被告驾载货马车至此通行,将驴压毙。法院判决谓被告尚有用相当注意以避免损害之最后机会。故被告之行为为损害发生之直接近因,应负赔偿义务。

张相同,不可采用。

第五,共同原因说　德国普通法时代之末期,过失相抵之法律思想大受自然法之影响,于被害人之过失为发生损害之共同原因时,若不问其过失之轻重及过失行为之原因力之强弱,一律使加害人免除全部责任时,当时之学者认为不当。而过失相抵,仅于加害人及被害人双方之行为,为共同原因而惹起损害时,方可见其适用。于是产生共同原因说。此派主张法官须比较裁量被害人与加害人双方之行为之原因力,于损害中,区别归责于加害人之行为之结果部分与归责于被害人之结果部分,以定赔偿责任之范围及有无。① 德国民法第二草案议事录载"定赔偿义务之界限之标准,非在双方过失之轻重,乃因果关系",盖采此见解也。② 又《德民》二百五十四条规定,"就损害之发生,被害人与有过失时,须斟酌当时之事情,尤须斟酌损害系主由何方当事人所发生,以定赔偿义务之范围"。从来德国民法学,关于本条之解释颇有采共同原因说者。

共同原因说,主张共同原因为过失相抵之根据,虽不能谓为误谬,然当事人双方之行为为共同原因而发生损害时,则双方之行为,不可不有同一之价值。盖物理上虽可区别其行为之原因力之强弱,但法律上不可以其原因之强弱,而定其损害负担。如电车与汽车冲突时,则电车之原因力自较汽车为大。若不问双方司机人过失之轻重,常使电车公司负担损害之大部分,无论何人,皆知其不可。由此可知不能以共同原因,而定损害之负担也。若以原因论相终始时,不问其原因力之强弱,而使双方以平等比例,分担损害,反适合于理论。如采原因论以定被害人之共同

---

① Crome, System Ⅰ § Ⅲ; Endemann, Lehrbuch, 7 Aufl. Ⅰ § 132, Schollmeyer, Kommentar, § 254, 5; Cohn, Untersuchungen zu § 254 in Gruchot, Beiträge, 43, S. 116 f.
② Protokolle, S. 602.

过失之效果之英美法，因双方过失而惹起船舶之冲突，若双方以适当之注意，即有可以避免损害之最后机会时，各当事人须赔偿相对人所受损害之半额，亦有相当理由也。①

平等分担主义之共同原因说，虽将原因力比例主义之共同原因说多少加以修正，然与现今之裁量主义之抵触，仍不可避免。盖采共同原因说时，法院须审查加害人或被害人或双方之行为，是否为共同原因。若加害人或被害人一方之行为为原因时，须使加害人赔偿全部损害或使被害人负担全部损害。又双方之行为为共同原因时，则须各以平等比例分担损害。不能以法院之自由裁量，斟酌双方过失之轻重，以定赔偿责任之有无及其范围也。

第六，公平说　德国普通法时代，关于过失相抵，多数学者虽采因果关系中断说，而其中亦有求其根据于公平之观念者。Glück② 首先根据罗马法源研究侵权行为之过失相抵（所谓侵权行为之相抵 Deliktscompensation）。谓过失相抵之根据，不在拟制过失之简易消灭（Ficta per brevem manum Solutio），乃自己与有过失之侵权行为，若将自己之过失付诸不问，而专诉他人时，殊有反于公平之观念，故法律设过失相抵之制度。其次 Wendt③ 及 Priester④ 等亦以公平之要求（Forderung der Billigkeit）为过失相抵之根据。

《德国民法》从来虽采共同原因说，近来渐倾向于公平说，主张二五四条之解释，所谓过失相抵之根据，须求适合于公平之要求。⑤

---

① Marsden, *Law of Collisions at Sea*, 2 Ed.
② Pandekten Kommentar, Buch 16, Titel Ⅱ, de Compensationibus.
③ Eigenes Verschulden, in Jhering Jahrb., 31, S. 157.
④ Compensatio Culpae, S. 80.
⑤ Leyden, Die Sogenannte Culpa-Compensation im B. G. B., S. 50 f; Cosack, Lehrb, 1 § 91 Ⅴ; M. Rümelin, Archiv f. Civ. Praxis S. 334; Oertmann, Kommentar, Ⅱ S. 54.

又《法国民法》虽无过失相抵之特别规定,但学说及判例夙采以公平为基础之过失相抵之理论。关于债务不履行及侵权行为被害人与有过失时,法院须斟酌被害人及加害人双方之过失,而定赔偿责任之有无及其范围。①

过失相抵,除加害人及被害人双方之行为为共同原因而惹起损害之外,须双方有过失时,方可见其适用。而为共同原因之过失行为,在法律上有同一价值,则法院自不能依其原因力之强弱,而定赔偿责任之有无及其范围者,已于前述。我《民法》第二一七条之规定,系采裁量主义。则在我民法制度之下,所谓过失相抵之理论,并非基于因果关系,乃法院于定赔偿责任之有无及范围时,若不斟酌被害人之过失,殊违反公平之观念故也。《民法》二一七条所规定之被害人之过失,与普通之故意或缺欠注意之过失,微有不同,乃系指足以影响于损害之发生或扩大之外部的事实而言。关于此点,兹由主观及客观方面以观察被害人之过失,作一结论。

第一,客观方面之观察　吾人自己所生之损害,除有特殊事由(如保险)外,理应归自己负担,而不应转嫁于他人。此种损害,不问其是否由于自己之过失,抑由于完全不可避免之事实而生也。又损害之发生,有他人之行为介入其间时,亦然。即由于自己之原因所生之损害范围,理应归自己负担。

一般所谓过失,多以违反义务为前提。但二一七条之"被害人之过失",则不能如此解释。被害人就自己损害之发生或扩大,并不能谓为对自己义务(即不害自己之利益之义务)之违反。盖法律于不侵害他人利

---

① Planiol, Droit Civil, Ⅱ, no. 899; Baudry, Oblig., Ⅰ, no. 361, Ⅳ, no. 2881; Crome, Obligationenrecht, S. 97.

益之范围内,在广义的私法自治标题之下,承认个人对自己利益之自由处分。对于自己所为之加害行为,法律大都不加以干涉。则兹所谓被害人之过失,并非义务违反也。

普通过失一语,多用之于两方面之意义。第一,用之对于他人之关系。于此意义,即所谓真正之过失是也。第二,用之于对自己之行为之批评。即"应为彼""而为此"。换言之,吾人对自己须为忠实。于"应为彼"之正当行为,与"而为此"之非正当行为中,选择后者时,殊违背此忠实态度。故在行为人之内部的状态,先依其对自己忠实之原则,假定其所当为(Sollen)。而结局违反此当为时,则假定其有过失。此种当为,有为利己的,有为利他的,有为个人的,有为社会的,有为伦理的,有为法律的。人类以推己及人之心理,用此种当为,以推测他人之行为。即由外部以推测他人之行为,是否违反"对自己忠实"之原则。若违反者,即视为有过失。于是此种当为,已离脱个人之主观而成为客观化。违反此当为之行为,视为缺乏社会的妥当性,而受社会之非难矣。

如上所述,在私法的自治标题之下,对自己所为之加害行为,法律虽不妄加干涉,对于自己所采之非忠实态度,法律虽不加以非难,然不能谓法律已将"对自己忠实"之原则,置之度外。如民法所规定之"与处理自己事务为同一之注意"(五九〇条、一一〇〇条),即此原则之断片的流露也。法律之所以根据此原则,而非难个人所采之"对自己不忠实"态度者,因此态度与他人有牵连,影响于他人之利害。若此种态度,毫不影响于他人时,则法任其自然。是被害人之过失,与加害人有关系时,被害人之行为,方可成为问题。

由此观之,所谓被害人之过失,乃因被害人可以采"对自己忠实"之态度,而采与此相反之态度。则在社会观念上,被害人须有选择取此态度之余地。若无选择之余地,则被害人对自己所为之加害行为,不能谓为与有过失也。如加害人有阻却违法事由时,可以免除赔偿责任。则被害人在正当防御、紧急避乱时,亦不能成立被害人之过失。

第二,由主观方面的观察,法律认被害人之过失时,在被害人之主观方面,须具备若何要件,以下就此稍作研究。

在客观方面,所谓被害人之过失之成立,须被害人有选择"对自己忠实"态度之余地而不选择。则被害人主观方面,须有认识或可得认识此选择余地之心理状态。此种心理状态,恰与构成侵权行为之故意过失之心理状态相同。如在客观方面,若采对自己忠实之态度,可以避害,而犹对自己为加害行为时,显与有正常意思能力人所采之普通态度不同,故一般可以推定被害人有故意过失。

被害人须有故意过失之结果,则被害人无意思能力时,自不能认为有过失。故此种情形,可以类推适用《民法》第一百八十七条之规定,即无识别能力之无行为能力人或限制行为能力人,纵干预他人对自己所为之加害行为,自不能适用过失相抵之原则。但有监督义务之法定代理人有过失时,亦可认为被害人之过失。或谓损害赔偿请求权归被害人之无能力人所有,自不可因其法定代理人之过失而减少或消灭其请求权。故法院于决定赔偿请求权之范围时,不应斟酌赔偿权利人之法定代理人之过失云云。然二一七条之规定,系以加害人之赔偿义务人之立场为基础。若被害人方面有过失时,纵令非被害人本身之过失,法院亦须斟酌者,毫无疑义。如法定代理人可以防止损害之发生或扩大而未加以防止是也。被害人之使用人有过失时,法院是否应加斟酌?依《民法》二百二十四条之规定及上述理由,被害人方面之过失,自应斟酌。故被害人虽为责任无能力,若其使用人有过失时,亦应适用过失相抵之原则。又加害人负过失责任时,被害人之过失固须斟酌。加害人负结果责任时,亦须斟酌被害人之故意过失而定损害赔偿之范围者,亦可依前述之理由以解决之。

原载《国立武汉大学社会科学季刊》第 7 卷第 3 期(1937 年),第 505—521 页

将来债权之担保之研究

第一节 押租之性质

我《民法》关于担保物权,即关于抵押权(八六一条)、质权(八八四条)之规定,所谓债权,系指已经成立之债权而言。担保物权之从属性亦在于此。若债权尚未发生,则担保物权自不能成立,因无为其所担保之债权故也。

关于将来之债权,即现在尚未成立之债权,是否可以设定担保,我《民法》无一般的规定。然社会各地所惯行之押租,其性质是否为担保物权,若为担保物权,其所担保之债权,在设定押租当时是否已经发生?我《民法》是否承认将来债权之担保?将来债权之担保,在我国现在及将来社会,是否亦有必要?则殊有研究之价值。

第一,押租 在我国各地习惯,往往于不动产租赁契约成立时,由承租人(债务人)移转金钱及其他消费物于出租人(债权人)。将来若承租人履行债务,则由出租人返还同额之金钱及其他消费物于承租人。若不履行债务,或就租赁物发生损害时,则出租人直接由承租人所交付之金钱及其他消费物中扣除。且较承租人所负其他债务,有受优先清偿之效力。因有此效力,故一般学者均视为不规则质权。但其效力,与普通质权微有不同,则此种不规则质之法律的构成如何?

(1) 假清偿行为说　此为 Gierke 等所主张。谓不规则质非以有从属性之担保物权之方法担保债权,乃直接与债权人以满足,使其就债权之清偿无何等利益。惟债务人得以清偿解除假清偿(Deckung)之效力而已。此种担保方法,较之质权,更有利于债权人。因债权人可不受担保物之灭失与价格低落之危险,且无实行担保物权(拍卖)之麻烦。故所谓不规则质,乃系此种行为,而非质权。此说与当事人之意思不符。普通承租人交付押租,仅有担保将来债权清偿之意思,而无以此直接满足债权人之意思。所谓不规则质,与普通之担保并无差异。且其设定,系为担保将来之债权。此债权在设定当时,即交付押租当时,尚未发生,而谓以此直接满足债权人者,与事实不符。

(2) 抵销契约说　此说为 Kipp、Windscheid 等所主张。谓不规则质乃抵销契约。即债权人(出租人)请求一定金额之权利,质权设定人(承租人)有与质物同额之金钱返还请求权。所谓不规则质,乃此两种请求权之抵销契约也。反对论者谓抵销之要件,须有两债权之对立。在不规则质,质权设定人虽有质物之返还请求权,而债权人之债权尚未成立。若将来某事实发生时,质权人可直接由质物得满足,更无发生债权之余地。故在不规则质,缺乏两债权之对立。此种观点,容有未当。在质权设定当时,质权人之债权尚未发生。但将来一旦发生时,亦可认为因抵销而消灭,且当事人设定不规则质时,亦希望于将来负担债务时,与质物之返还请求权两相抵销。以法定条件(债权对立)为条件之抵销预约,在法律上不能不认为有效。有此预约,当事人为抵销时,无须另有抵销之意思表示。不过此说不能说明债权人之优先权。依此说,所谓不规则质,不过债权关系之集团。若债务人之其他债权人扣押对质权人之质物返还请求权时,则债权人将完全丧失担保,殊非当事人设定不规则质权之本意。债权人取得押租时,每自信有较普通担保更强之权利。故须赋与较普通债权人更大之效力。又担保系第三人所提出时,则质物之返还请求权系第三人所有。而被担保之债权,系对债务人即承租人发生。是已缺乏债权对立之要件,是以抵销说自不能说明。

(3) 质权说　更分为三:(a)对自己之所有物上取得质权说。(b)对债务之标的物上取得质权说。因债权人负返还一定额之消费物于质权设定人之义务,就其义务之标的物上取得质权。(c)债权质说。债务人对于债权人有同种同额之质物返还请求权,以此请求权为债权人之债权之担保。债权人就此请求权上取得质权。

就自己之所有物上取得质权之学说,与我《民法》之规定不合。我《民法》所规定之担保物权,据八六〇条及八八四条之规定,须为他物权者,甚为明显。因担保物权为他物权,故担保物权与所有权同归于一人时,则担保物权因混同而消灭(七六三条)。依我《民法》之规定,就自己之所有物上,自不能认担保物权即他物权之存在。且我《民法》之解释上,动产质权之标的物,须为特定。而质权人所应返还于出质人之物,并非特定物。(b)说所主张之动产质,等于就不特定物之动产上,发生质权,亦与我《民法》趣旨不符。以不规则质为债权质之(c)说,较为妥当。第三人纵行扣押质物返还请求权,质权人仍可主张担保物权之优先之效力,不至因扣押而丧失担保。但在普通之债权质,为质权标的之债权,系以第三人为债务人。而在不规则质,则以质权人为债务人。故有主张不能以对于债权人之债权为标的设定债权质者。关于此点,法律既无禁止明文。即令在以第三人为债务人之普通债权质,若有债权人继承第三债务人,第三债务人继承债权人之情形时,质权仍有存续之必要。否则,质权人将因继承的偶然事实,而丧失担保,殊有未当。由此可知以对于债权人之债权为标的,设定债权质,亦无不可。

又有谓在普通之债权质,质权人有行使债务人之债权之权利,即向第三债务人请求给付之权利（九〇六条）。若第三债务人为质权人时，则质权人不能行使对于自己之权利，即向自己请求给付。我《民法》所规定质权之实行方法有二。一为给付之请求（九〇六条），二为拍卖（八九三条）。此等实行方法，是否为债权质所必要，不能无疑。若不依法律所规定之实行方法，而能以其他方法完成债权质之实行时，自无须依法律之规定。不能谓未依法律所规定之实行方法，即行否认债权质之存在。盖质权系以担保债权为目的。若能以其他方法达到此目的时，自无须采用法律所规定之实行方法。即在有第三债务人之债权质，亦有不能采用法律所定之实行方法者：如以物之使用及服劳务之债权为质权之标的时，质权人不能采请求给付之方法，亦可成立债权质。在不规则质，并非缺欠实行方法。不过债权人为第三债务人，须将请求给付之方法，略加变更而已。此时质权人以抵销之方法代替请求给付。质权人于他方债权额中扣除自己之债权额，以实行质权而已。关于拍卖，在不规则质，实际上虽无须实行，然在理论上并非不能。

第二，在不规则质，质权所担保之债权，在质权设定当时，尚未发生。则为担保将来之债权，在我民法上是否可以设定质权或抵押权？若可设定时，其担保物权之从属性如何调和？学者间之议论未趋一致，我《民法》关于将来债权之担保，虽无直接规定，但仍可于法典各处，寻觅其存在之痕迹。

（1）依八六一条、八八七条之规定，抵押权、质权所担保者为原债权利息、迟延利息及实行抵押权、质权之费用。在抵押权、质权设定当时，利息债权、迟延利息债权及实行抵押之费用债权，尚未发生。则除原本债权已经成立者外，其他之将来债权亦为抵押权之担保。又质权担保质物隐有瑕疵而生之损害赔偿债务，乃由于侵权行为之损害赔偿债务。在质权设定当时，此种债务显未存在，纯为将来之债务，而为质权之所担保,则无庸疑。

（2）买受人有正当理由,恐第三人主张权利,致失其因买卖契约所得权利之全部或一部者,得拒绝支付价金之全部或一部。但出卖人已提出相当担保者,不在此限（三六八条）。于此情形,买受人不过有丧失权利之虞。若出卖人已提出担保时,则其所担保之债权,尚未发生。

（3）委任他人以该他人之名义及其计算供给信用于第三人者,就该第三人因受领信用所负之债务,对于受任人负保证责任（七五六条）。于此情形,因担保第三人之债务,对于受任人设定质权或抵押权等物的保证时,亦系担保将来之债权。

（4）依《公司法》一五〇条之规定,起诉之股东,若因败诉致公司受损害时,须负损害赔偿之责。则本条二项所提出之担保,系担保此种将来债务。兹所谓担保,当不仅于人的担保即保证。起诉之股东提供物的担保,即设定质权或抵押权,亦无不可。

为将来担保之债权,是否可以设定质权或抵押权？在罗马法,因此等权利,系从属于债权,则其成立,须有债权之成立。同时又认为担保 futura obligatio 可以设定质权。关于 futura obligatio 之意义,虽不甚明了,大致系指附期限附条件之债权而言。担保物权之从属性,乃罗马法之特点,则将来债务之担保,自与此原则相抵触。故在德国普通法时代,产生各种学说。

德国固有法则与罗马法相反,不认物上担保之从属性,而采与债权相独立之权利之主义。德国旧制度之抵押权,系将不动产之占有移转于债权人。迄债务人清偿债务时止,债权人取得不动产之收益。若债务人清偿债务时,而后返还不动产于债务人。故抵押权非从属于债权之权利,而为独立之权利。债权人系以给付而取得不动产之收益权。是以德国抵押权之起源,并无从属性。德国新制度之抵押权,系债务人不移转不动产之占有而供债权之担保。然物的信用重于人的信用，债权人以由抵押不动产受满足为目的。由抵押不动产不能得满足时，不能由债务人之其他财产受满足。迨继承罗马法而采用担保物权之从属性之原则，然各州仍保持德国固有之观念。《德国民法》关于抵押权之规定，系采各州之立法，尤其普鲁士之抵押制度而成。其一千一百十三条第二项及一千二百〇四条第二项规定为担保附条件之债权或将来之债权，得设定质权或抵押权。又一千一百六十三条以下规定所有权人之抵押权。即以抵押权所担保之债权纵未成立，或已消灭，其抵押权由所有权人取得，并不消灭。于此情形，并无债权之存在，所有权人于抵押不动产上有抵押权。则抵押权是否应有从属性，学说甚为纷歧。

《法国民法》关于将来债权之担保，虽无直接规定，然通说主张得成立信用抵押权。《瑞士民法》第八百二十四条第二项规定为担保将来之债权或单纯可能之债权，得设定抵押权。

在经济关系尚未进步，交易尚未发达之时代，所谓信用关系，大都以债务人之人的信用为基础。在经济上之交易仅限于一定范围之时代，债权人债务人大都同住于一乡镇或都市。债权人对于债务人之财产状态及其人的性质，大都了解，或可得知悉。故普通借贷，大抵以债务人之人的信用为基础。纵以此为基础，债权人亦不至冒多大危险。然而经济关系之发达，交易范围之扩大，某地域之资本，流入其他地域，都市之游资散诸各地方，外国之资本输入国内时，债权人与债务人不同居一地域者多。故债权人对债务人之财产状态及其人的性质，知之甚难。债权人为确保其债权起见，自然要求物的信用。以物的信用为基础而投资之资本家，若债务人已设定充分物的担保，纵令债务人为生平所未悉，亦放心贷于资本。由人的信用而移转于物的信用，乃交易发达所必经之过程。债权人与债务人间物的信用之法律的构成之形态，则为担保物权，即设定质权或抵押权。

以往之物的信用,须以债权之存在为前提,担保物权之设定,不过担保债务之履行而已。然信用关系由人的信用移转于物的信用时,遂扩大担保物权之机能。即由实际上交易之要求,俟债权发生以后,方行设定质权或抵押权时,尚犹未足。于债权发生以前,预先设定质权或抵押权,以为资本家所要求之信用基础,然后发生借贷关系者,方合于信用关系之实际情形。如银行与商人间缔结信用契约时,若为确保由此所发生之债权,一一设定抵押权,而为无数之登记,到底不合于实际交易之要求。若能于缔结信用契约时即行设定担保物权,于一定期间内,发生交易关系,于信用契约终了时,以已经成立之债权总额登记之,较为简便也。由此实际交易之情形观察之,则对于将来债权设定担保物权之必要,并不减于现存债权。

第二节　将来债权之意义

所谓将来之债权,系指现尚未发生之债权而言。将来之债权,现在既尚未存在,则发生债权之原因之法律要件,尚未完成。故包含因缺欠债权发生要件而不发生债权,与要件之一部虽已成立,然因缺乏其他要件而不发生债权之两种情形。关于将来债权之范围,学说尚未一定。兹就各种债权以决定是否为将来之债权。

(1) 附期限债权是否为将来债权,依期限之意义若何而有不同。若期限之意义为履行期时,则债权已经成立,仅给付尚未到期,自非将来债权。反之,期限有停止法律行为之效力时,如附始期之法律行为(一〇二条),则附期限之债权与附条件之债权相同,为将来债权。附此意义期限之法律行为,于期限届至方生效力,债权于此时方能发生,故为将来债权。其与附条件债权相异之点,惟债权发生可以确定而已。此种债权,将来发生虽为确实,但现尚未存在,故不妨称为将来债权。

(2) 附条件债权,即因条件之成就而发生之债权,乃将来之债权。在附条件之法律行为,其要件逐渐完成,在行为当时,尚缺欠一要件即条件之完成,故法律行为不生效力,债权尚未发生。若当事人有使条件成就之效果追溯行为成立时之意思表示时,则债权因条件之成就而生行为当时成立之效果(九九条三项)。但在附条件法律行为成立当时,债权尚未发生,仍属于将来债权。

上述附期限及附条件之债权,虽为将来之债权,但与其他将来债权,微有不同。即在附期限及附条件之债权,乃因当事人附期限或条件于法律行为,债权须于期限届至或条件成就,方能发生。此种将来债权,系基于当事人之意思表示。但后述之其他将来债权,乃因缺乏法律所规定之债权发生要件,而非缺乏当事人所定之要件。然因若何原因,现在未发生债权,在定将来债权之观念上,并不重要。故此区别亦不重要。

(3) 准附条件债权。即所谓附法定条件债权是。此种债权与真正之附条件债权不同。其法律行为效力之发生,系之于不确定之将来某事实者,并非基于当事人之意思表示,乃由于法律之规定。然此种债权,现在尚未存在,将来犹可发生者,则与附条件之债权,无以少异。故附法定条件之债权,亦为将来债权。

(4) 因撤销权、解除权、买回权之行使,所生之债权,亦为将来债权。如因解除权之行使,当事人双方负回复原状之义务(二五九条),则解除权行使之结果,发生债权。在解除权行使之前,因解除权之行使而生之债权,为将来债权。然撤销权、解除权、买回权之行使与否,系于当事人之意思,恰与随意条件相类似。故因此等形成权之行使所生之债权,与附条件之债权相同,可谓为将来债权。

(5) 由基本的债权关系所生之个个请求权,是否为将来债权,议论不一。如利息债权、租金债权、地租债权、佃租债权、终身定期金债权之定期债权,其基本之债权关系已经存在,由此所生之个个请求权,每于一定时期得请求履行。此种债权,是否为将来债权。(甲)谓此等个个请求权之实行,仅系于时之经过,故现在其基本的债权已经存在,惟其个个请求权因其基本之债权关系消灭而停止其发生,如附解除条件者然。(乙)谓在此等债权关系,因一定期间,容许原本及其他之物之使用收益,方可发生个个请求权,故此个个请求权为将来债权。然利息、租金等乃原本或物之使用收益之对价,应于使用收益后方可发生利息、租金等权,故应解为将来债权。

(6) 基本关系虽已存在,而债权发生要件之一部尚属缺欠时,债权不发生。惟将来有发生之可能而已。此种债权,当为将来债权。如合伙人之利益分配请求权,合伙解散后之剩余财产分配请求权,受任人及受寄人因处理委任事务或保管寄托物所支出之费用偿还请求权。保证人对于主债务人之求偿权,连带债务人对于其他连带债务人之求偿权,处理委任事务所受之损害赔偿请求权,因买卖标的物隐有瑕疵所生之损害赔偿请求权等是。此等债权,在缔结契约当时,尚未存在,但将来某事实发生时,方能发生。如合伙事业,取得利益时,合伙人方可请求分配利益。保证人为债权之清偿时方得向主债务人求偿。于此等情形,其基本之法律关系已经成立,与定期债权相类似。故学者亦视为将来债权。

(7) 最后之将来债权,乃现在完全缺乏债权成立之基础。如约贷与金钱时之将来贷金返还请求权,约租赁土地时之将来租金债权等是。于此情形,当事人之约束仅为事实上之约束,而无法律上之拘束力。故此等将来债权仅事实上有发生之可能而已。然此债权之将来发生可能之程度，较之附条件债权，不得谓为薄弱，且往往较为强大。

第三节　关于将来债权之担保之学说

（1）谓为担保将来债权设定质权（抵押权亦同）时，其质权于将来债权发生时，方可成立。此种见解，乃贯彻无债权不得成立质权之原则。为担保将来债权设定质权时，现在既无债权，质权自不能成立。将来债权发生时，方可成立质权。质权之顺位，须以债权发生时为标准而决定之。此乃德国普通法上之通说，而将罗马担保物权之从属性之观念严格的适用者。依此说，质权之顺位，以将来债权发生时为标准，则与担保附条件债权所设定之质权者不同。盖依德国普通法之通说，条件成就有溯及的效力。为担保附条件债权而设定质权时，若条件成就，质权之成立，亦追溯既往。故质权之顺位，以设定契约成立之时为标准。为担保将来债权，设定质权时，既无此溯及效。质权之顺位，亦不能溯及。此说根据担保物权之从属性之观念，非发生债权，则不能成立质权。质权成立当时，须有债权。为担保将来债权设定质权时，其质权现在不能认为成立。则质权于债权发生前，不能发生何等效力。故设定质权人于债权发生前，得处分质权之标的物。债权发生前，已无设定质权之实益。其结果等于债权发生后设定质权者相同。此种见解，殊不适合于实际交易情形。且民法典规定于债权发生前得设定质权或抵押权。故解释上不能采此见解。若于债权发生时，方能成立质权，则法律为担保将来债权命设定质权或抵押权，将毫无意义。法律之趣旨，须于设定之时，即成立质权或抵押权而维持其效力。非于将来债权发生时，方行成立质权或抵押权也。

某一派学者,根据信用契约,谓当事人之一方对于相对人有请求贷与金钱之权利时,换言之,对于相对人得要求其为债权人时,则因交易上实际之必要,由公平观念上,为担保将来债权,得设定质权,是为例外。依此见解,相对人之所以允于将来贷与金钱而成为债权人者,因以信用为担保所设定之质权也。若设定人可自由让与其标的物或为其他的处分,而使相对人丧失担保之利益,而尚使相对人受契约之拘束,强要其为债权人时,殊失公平。故在将来可强要相对人为债权人时,则作为例外。为担保将来债权可设定质权。然于某种情形,可以认从属性之例外,是在质权之观念上,从属性并非必要。即等于否认从属性之存在也。

(2) 与前说立于正反对之地位,而否认从属性之存在。谓质权(抵押亦同)非债权之从权利。债权之存在,非质权之成立要件。故债权纵未存在,质权仍可成立。为担保将来债权而设定质权时,其质权于设定契约时有效成立。因质权乃独立之权利,非从属于债权也。此乃德国固有法之观念。在德国普通法时代,虽受罗马法之影响,而认担保物权之从属性。但《德国民法》(一一一三条、一二〇四条)以明文规定,为担保附条件债权或将来债权得设定质权或抵押权。又认所有人之抵押权。故在德国民法上质权、抵押权是否有从属性,议论参半。依此见解而否认质权之从属性时,则关于将来债权之担保问题,甚易解决,盖可于债权发生以前,设定质权故也。

或谓八八四条所谓债权,系包含将来债权。则为担保将来债权,自可设定质权也。然本条之债权,系指已经成立之债权而言。此种解释,未见妥当。

(3) 又有一派学者为避免担保物权之从属性之矛盾起见,谓质权系为达债权之目的而存在,因达债权之目的而消灭。然为达债权之目的得用独立之方法。故质权可先于债权而存在。因其可先于债权存在,益可完全达到债权之目的。质权先于债权存在，并不违反担保物权之从属性。此乃 Dernburg 氏之主张。Schott 亦谓质权乃以实现债权为目的，故与债权之目的相同。然债权之目的，于债权发生前业已存在。债权及质权均为达此目的之手段。故债权先发生，质权先成立，均无不可。然质权无独立之目的，系为达债权之目的而存在，故仍不失从属性之性质。质权恰如从物，从物可先于主物存在，则质权亦可先于债权而存在。

依此见解，所谓从属性，乃指质权以担保债权为目的，而无独立之目的。故纵令质权先于债权成立，亦不反于从属性。若以质权为达债权目的之手段时，则其所担保之债权不存在，质权自不能成立。若无所担保之债权，而谓担保之目的，已经存在，殊难想象。此说与从属性否认说无所区别。关于此点，Dernburg 氏自己之说明，亦有时技穷。氏谓为担保将来债权设定质权时，质权于将来债权发生时成立。迄债权发生时止，质权在不确定状态。此时止抵押权人无抵押诉权、无拍卖权。嗣后将来债权已确定其不发生时，质权生与当初不发生之同一结果。如此说明，是债权之发生为成立质权之条件，与后述之条件说相同。

Schott 氏谓债权之目的，于债权发生前已经存在。为达此目的，故质权可先于债权成立。然此目的之为何，殊欠明了。或谓债权人之利益，即债权之目的。然此种目的，在债权发生前，不过为主观的发生质权之动机。以此主观为目的，自不得发生质权。又氏谓质权与从物相同。但某物具有从物之性质时，须有主物之存在。如仅有将来主物有存在之可能时，则不能具备从物之性质。关于质权亦然。若不否认其从属性，则质权仅能于债权发生时成立。于债权发生前，不能有独立之存在。

（4）有谓为担保将来债权而设定质权时，乃缔结附条件质权之设定契约。即以将来债权之发生为停止条件而设定质权。若条件成就（即债权发生），质权方行成立。此派主张，乃质权系附条件，非其所担保之债权附条件也。

依此见解，可不与从属性相矛盾而解决将来债权之担保问题。即质权于债权发生时方行成立。于债权发生以前，无须成立质权。于债权发生前即条件成就前，发生附条件权利即期待权。依一〇〇条之规定，因债权之发生而取得质权人已有充分之保护。即质权设定人处分质权之标的物或设定第二质权时，对于相对人须负赔偿责任。又于债权发生前，质权人无须实行其质权，仅消极的于债权发生时取得完全之质权而已。

但此说亦有其弱点。即以质权系从属于债权之权利时，则债权之存在，乃质权契约设定之要件，且为法定条件。当事人是否以债权之存在为质权设定契约之要件，在所不问。依法律之规定，当然成为质权之成立要件也。纵当事人以将来债权之发生为条件而为质权设定契约，亦不过重复法律要件而已。若以债权之存在为设定质权之真正条件时，则质权之成立，已无须有债权之存在，结果等于否认质权之从属性。

（5）或谓为担保将来债权而设定质权时，乃担保附条件债权。此说与前述附条件债权设定契约说不同之点，后者乃债权契约附条件，前者乃质权所担保之债权系附条件。此说乃法国一般学者所倡。法国学者系将附条件债权视为将来债权，而以同一论法讨论附条件债权与将来债权者，毫不足怪也。

法国学者关于将来债权之担保问题，议论最烈者，厥为信用契约。大致可归纳于下列二点。

（a）第一为担保将来债权设定抵押时，是否违反关于债务人之随意条件《法民》一一七四条之规定之问题。如根据信用契约，当事人之一方于将来借贷时，虽负返还债务，但债务之发生，纯系于债务人意思。故违反一一七四条之规定，其契约为无效，其债务不发生。为担保此等债务所设定之抵押权,亦为无效。然通说反是。所谓信用契约,并非附债务人随意条件之契约。盖与信人因此负担贷与义务,不得任意离脱其债务。受信人亦因此取得为借贷之权利。对于债务人得请求缔结消费借贷契约。于缔结消费借贷契约时,即自为债务人。故其债务将来发生与否尚不确定,非系于债务人单纯之随意条件之债务也。为担保此种债务,亦可设定抵押权。

(b)第二乃此种抵押权之顺位问题。一派学者谓抵押权乃从属于债权之权利,在债权发生前不得成立。仅缔结信用契约时,债务尚未发生,抵押权亦不生效力。故应以借贷时期为标准而定抵押权之顺位。然通说反是。谓依《法民》二一三四条之规定,抵押权于登记时发生效力,须以此时期为标准而定抵押权之顺位。通说主张根据实际上之理由,谓与信人之所以对于受信人负担贷与之债务者,因受信人设定担保故也。若其所设定之担保之抵押权于贷与时方生效力,则缺乏与信人之所以授与信用于受信人之根据,殊违反公平之观念,且不合于当事人之意思。故抵押权须于贷与前即于登记时发生效力。且法律既认于债权发生前,可以成立未成年人及妻之法律上之抵押权,则以契约于债权发生前亦无不能成立抵押权之理。抵押权虽系债权之从权利,无债权虽不能成立抵押权,但债权不必须于抵押成立当时存在。因此理由,抵押权之顺位,须以登记时即具备对抗第三人之要件时为标准而决定之。法国一般判例,大都采此见解。

纯粹之将来债权与附条件债权,究有不同。而法国学者,将两者同视,自有未当。又以信用契约为系于债务人之随意条件,亦未见妥。盖信用契约可解为消费借贷之预约,或解为诺成之消费借贷契约,由受信人对于与信人请求贷金之交付。若解为成立消费借贷预约时,则因预约之履行,须成立消费借贷之本契约,即须有双方之合意与贷金之授受,不能以债务人单纯之意思而成立消费借贷契约,亦不能以消费借贷预约为系于债务人之随意条件之契约。又若解为成立诺成的消费借贷契约时,受信人对与信人取得请求交付贷金之权利,同时负担于一定期间后返还贷金之债务,亦不能谓为附条件之契约。故法国学者所主张系附债务人之随意条件,其契约为无效者误也。又抵押于登记时发生效力,是于债权发生前而认抵押权之存在,即等于否认担保物权之从属性也。

（6）有谓关于信用抵押,应于其设定之时发生抵押权之效力。所谓信用契约之标的乃信用。因此种契约之缔结,受信人,因受信用实际上成为债务人,对于其所受信用,设定抵押权。故受信人设定抵押权者,非担保由信用契约将来所发生之个个债务,乃以信用为债务而设定担保。即与信人所授与受信人之信用为对价而设定担保。故抵押权非于债权发生时,乃于缔结信用契约时,发生效力。在信用契约,由当事人之意思言之,与信人之所以授与信用,而使受信人取得借贷之权利者,因受信人设定担保故也。谓抵押权系担保信用,似甚妥当。且依此见解,抵押权既系担保信用,现在自无须有债权之存在,似容易解决将来担保之问题。然法律上所谓信用之意义,乃任意授与利用或处分他人财产之权利或能力。在信用契约,受信人所受信用,乃取得为借贷之权利。受信人虽因取得信用而取得权利,但不负担债务。故不能谓为受信人为担保债务而设定抵押权。受信人之所以受信用,乃因设定担保。而谓抵押权系以担保信用为目的者,在经济上观察之,或属正当。然由法律上言之,受信人之所以设定担保,乃担保将来受信人为借贷所应返还之债务。即抵押权系以担保返还债务为目的,而非担保信用。当事人之所以欲抵押权于设定时发生效力者,非为担保信用,乃欲优先于后发生之抵押权也。由此观之,在信用契约,抵押权所担保者非信用而为债权。故信用抵押说不能采。

（7）德国普通法某一派学者，谓为担保将来债权设定质权时，质权虽尚未发生，然可发生一种物权的拘束。依此见解，质权乃从属于债权之权利，无债权则不能成立质权。为担保将来债权设定质权时，于债权发生前，不得实行质权，故无须认质权之成立。仅于迄债权发生时止，使债务人对于质权之标的，不得为有害于债权人之处分而已。故为担保将来债权设定质权时，若债权发生，虽可成立完全之质权，于债权发生前，只须对于质权之标的，认一种物权的拘束。债务人若让与质权、设定物权及为其他处分时，对于债权人为无效。依此说之见解，既与质权之从属性不相矛盾，由实际上之必要言之，于债权发生前，不过保全质权于债权发生时之效力。于债权发生前，若能产生一种物权的拘束，比较妥当。然此种拘束，系根据如何理由，殊不明了。若以此种拘束，具备物权的性质时，则非有法律之规定不能发生。然此派则谓以当事人之意思发生，殊有未妥。盖债权的拘束，虽得以当事人之意思自由发生，而物权的拘束则不能。若物权的拘束得依当事人之意思自由发生时，显与七五七条物权不得自由创设之原则相反。

（8）谓质权、抵押权乃物的责任而否认担保物权之从属性。责任之观念可与债务相独立而存在者，固为德国学者由德国固有法中所发现。然在希腊法、罗马法、英法中，亦可发现责任与债务为彼此独立之观念者，已由学者之研究所证明。我现行法之解释上，虽不能谓此二观念之独立存在，然在理论上自有独立之可能。如此观察，则质权、抵押权，乃责任之一种也。关于债务与责任之区别，反对论虽属不少，而在采分离说之学者中，其所说虽未趋一致，今无暇详论此种问题。总之，债务乃债务人向债权人为给付之谓。债权人在法律上有正当取得此给付之权利，故债务人不得请求返还。债务之效力尽于此。若债务人不为给付时，债权人不得强制。盖债务仅系债务人为给付，非与债权人以侵犯债务人及其财产之权利。债权人能强制的侵犯债务人之财产而取得给付之代偿或满足者,乃因债务人负担责任故也。现今侵犯债务人之财产以求债权之满足,原则上须借公力。然债权人能促公力之活动者,乃以实体法债务人之责任为基础。故债务与责任之观念,彼此各异。两者可分离独立存在。责任之标的或为债务人之全财产(人的责任),或为特定财产(财产责任),或为特定物(物的责任)。所谓质权、抵押权乃于债务人不履行其债务时,使债权人强制的由质权、抵押权之标的物受满足。故质权、抵押权乃物的责任。

如上所述,以质权、抵押权为物的责任时,则以之说明为担保将来债权所设定之质权、抵押权之性质,较为容易。原来所谓责任乃于债务人不履行债务时,强制的由其财产得满足。故责任无独立之目的,仅为债务而存在。然债务与责任不必同时存在。在债权发生前,责任可先存在。于债权发生前,可先设定质权、抵押权。更精确言之,责任之观念,更可分为对责任之标的之拘束,与对责任之标的之侵犯权。侵犯权于债务不履行时方能行使。在债务不履行以前,责任之标的,已受拘束,以确保其责任标的之侵犯权。故标的之拘束与侵犯权两者相合,而后足以完成责任之观念。

第四节　将来债权之担保与担保物权之从属性

如上所述,我《民法》关于将来债权之担保,虽缺一般的规定,然依各别的规定,已认将来债权之担保物权之设定,则在我民法上对于将来债权是否可以设定担保之问题,已经解决,兹无研究之必要。现所讨论之中心,乃将来债权之担保与担保物权之从属性如何调和,其法律构成又如何。

　　从来之学者，仅就现存债权而观察担保物权，谓须有债权而后可成立担保物权。故担保物权系从属于债权之权利，无债权则不能成立担保物权。债权移转时，担保物权亦随之移转。债权消灭时，担保物权亦当然消灭。仅债权人方得为担保物权人。于担保物权实行时，对于债权人之抗辩，设定人亦可援用。然今后之担保物权，不仅担保既存之债权，至将来之债权，亦须担保。故于定担保物权之从属性时，不仅观察现存债权之担保，且须将将来债权之担保情形，一并观察。若固守从来从属性之观念，而谓非否认从属性，则不能认将来债权之担保，此种概念的论断，亦不合于今后之法律生活。罗马法所定之概念，视为不可变更，而无批评的以之规律现今之事实，殊有未当。我《民法》既认将来债权之担保，则吾辈应根据此种事实，而再检讨担保物权之从属性之观念。由于社会生活尤其经济关系之进步，而法律关系亦形进化。吾人根据此种事实而检讨从来所保持之观念加以修正者，正法律解释之精髓也。

　　由自然经济移转于货币经济，遂打破信用制度与场所之交互作用。因交易之发达，遂由人的信用移转于物的信用。在资本主义之经济关系，信用乃其主要作用。在由人的信用移转于物的信用之现代，最易提出之信用，乃不动产。不动产乃一般所认为有资本价值者也。此种有资本价值之不动产以如何方法为信用之基础，于是产生法律问题。与所有人以外之资本家以干预他人特定不动产之资本的价值之权利者，乃担保物权也。担保物权在现今资本主义经济时代，乃以信用为媒介之重要的法律手段。法律上信用之观念，与一般所谓信用或信赖之观念不同，乃任意授与利用或处分他人财产之权能之意。故在信用契约，由与信者方面言之，为消费借贷；由受信者方面言之，为支付原本及利息之义务负担。以信用为媒介之法律的形态，乃担保物权。由此所媒介之信用之法律的形态,乃消费借贷。现在之资本家,对于债务人之人的性质及其财产状况,大都不事调查,苟其所提出之担保物有相当价值时,则以其价值为标准而投资。现在资本家之第一目的在投资。而债权人地位之取得,不过投资之结果。最大担保之最高利息,乃彼等之要求。由投资而将资本之利息变为地租,乃彼此之企图。即在现今经济生活之实际情形,并非先成立以人的信用为基础之债权,而后成立以物的信用为基础之担保物权。乃以信用为媒介之法律手段,先成立担保物权,后成立债权。将来债权担保之必要,并不让现在债权。由此信用关系变迁之结果,在法律上遂颠倒从来之担保物权与被担保债权之关系,此种关系之颠倒,对于从来从属性之观念,不能不发生变化。

从来之学说,关于担保物权之法律的构成,以从属性为要件。所谓担保物权乃为担保债权而存在之权利。担保物权仅为一种手段,其本身并无目的。故担保物权不能独立存在。惟可作为从属于债权之权利而存在。即从属性乃担保物权之本质的要件。担保物权乃确保债务履行之权利。债权人于债务人不履行其债务时,可实行其担保物权,将标的拍卖。因自己之行为,将他人就担保物所有之财产的价值,变为金钱,由其卖得价金受优先清偿之权利也。即担保物权以他人就担保物所有之财产价值为对象,而将其财产价值利用于一定目的,即债权之清偿之权利。是债权之清偿乃担保物权之目的。再由债权之目的观察之,所谓债权之目的,乃债权人之利益。债权人之利益,乃在债权之清偿,故债权之目的,亦在清偿。由债权清偿之目的,发生请求债务人之给付行为之法律手段;由担保物权清偿之目的,发生卖却担保物之法律手段。由前者之目的,发生对债务人一般财产之人的责任;由后者之目的,发生对债务人特定财产之物的责任。第一次之法律手段乃履行之请求;第二次之法律手段,乃担保物权之实行。债权之清偿乃债权之目的,又为担保物权之目的。两者之目的为同一。因为目的相同，不得谓担保物权本身无目的也，不过以债权之目的为其自己之目的而已。如此债权与担保物权由其目的之关系，两相结合，因两者之目的为同一，担保物权从属性之根据，亦在于此。从来学者皆谓担保物权本身无目的，故演出从属性之理论。此种理论在认将来债权之担保之现在，到底无法支持。担保物权本身亦有目的，又能独立存在。不过因其以债权之目的为目的，债权之目的消灭时，担保物权之目的亦行消灭而已。

担保物权之从属性，既系由债权与担保物权之目的为同一演绎而出，则从属性之观念，自须依担保物权之目的之观念而定。担保物权之目的，在债权之清偿。若从属性之根据系在此点，则从属性之观念，自应解为"为债权之清偿"。若欲于此点以外寻觅从属性之观念，势必否认将来债权之担保与担保物权之独立性。兹为明了把握从属性之观念起见，殊有参考德国担保物权之规定之必要。

《德国民法》规定有从属性之抵押权与无从属性之抵押权。关于有从属性之抵押权，有一一一三条之规定；关于无从属性之抵押权，有一一九一条之规定。而规定之差异，乃 zur Befriedigung wegen einer ihm zustehenden Forderung 文句之有无。由此等文句之有无，发生有从属性与无从属性之差异。由此等规定观察之，所谓担保物权之从属性之意义，乃"为债权之清偿者"，甚为明了。由担保物权之目的是否表现于法规，而有有从属性之抵押权与无从属性抵押权之差异。我《民法》所规定之质权、抵押权，均属于确保抵押权，均以有从属性为前提。故《民法》八六〇条有"供担保"，八八四条有"担保债权"之规定。但其意义则为"为债权之清偿"，而将担保之目的，表现于条文上者也。

成文法上既认既存债权与将来债权之担保。所谓将来债权，乃现在尚未存在之债权，所谓将来债权之担保，乃债权纵未存在，而担保物权可独立存在。故担保物权之成立，不以债权之存在为要件。我民仅规定确保抵押权，而未规定投资抵押权。担保物权之从属性之观念与担保物权之目的之观念两相融合。从属性之观念被目的之观念所吸收，则债权之消灭为担保物权消灭之理由，借"权利因目的之消灭而消灭"之理论，亦可构成。以物的信用为基础之担保物权与以人的信用为基础之债权，在法律上不必一定须有共同之运命。两者是否须有共同之运命，乃以信用关系为基础之成文法上之问题。罗马法系以人的信用为基础，故以担保物权之从属性为其概念构成要件。然现在乃以物的信用为基础之时代，要求土地动产化之时代，自不能固守从属性而灭杀担保物权之作用。在今之经济关系，有发生下列三种信用关系之可能。

(a)人的信用。

(b)人的信用与物的信用结合。

(c)物的信用。

在(a)之情形，仅可成立债权。(b)之情形，可成立有从属性之担保物权。(c)之情形，得成立无从属性之担保物权。由现在信用关系之要求，我《民法》亦有规定无从属性之担保物权之必要也。

原载朱显桢、裘千昌、胡元义、余群宗主编：《法学月报》第1卷第3期，四川大学法律学会、《法学月报》社1943年4月版，第1—14页

诳言在法律上之效力

日本法学博士末弘严太郎[*] 著

胡元义 译

"人不可出诳言"一语,乃吾人在孩提时所受之教训,其铭刻吾人之肺腑也至深。故吾人一闻诳言,脑海中立呈"狼来了"之反映,深恐以此失全村人之信用。

虽然,世人有不得已而出之诳言者,有非不得已而吐之诳言者,有窃言而阴行之诳言,甚至有受法律保护之诳言者,有若行否认之,则将罹刑律之诳言者。诳言之盛行,不遑枚举。几若举世之人,非诳言则有不能生存之概。是则吾人欲图生存于此世界中,将何以处此诳言?此重大而复杂之问题也。

诳言在法律上学问上,有时能促改良之动机。然往往流毒匪浅。故此问题,不独法律家所必研究,即一般人,亦将感其趣味也。

今姑于法律历史上,所发生种种诳言之实例,列举一二,并旁论其实际上之效用如下。

---

[*] 末弘严太郎(1888—1951),日本著名民法学家,日本社会法学的开创者、劳动法学的奠基人。早年留学欧美,1921年任东京帝国大学法学教授,对当时占据日本法学界主流的德国解释法学持批评态度,强调判例法研究。牧野英一教授曾有评论称:"[末弘]严太郎从美国回来的时候,是极负人望的,都说日本的民法学将因新回国的严太郎而一新。从那以后新时出现了民法学界的穗积、末弘时代。"——编者注

（一）在昔罗马某裁判官，用 monstrum 之法理，以免杀子之母于刑律。如某妇生一子，状如鬼怪，该妇以为任其生存，非仅自己之不幸，且为家庭之耻辱，乃密杀之。论该时法律，该妇本犯杀人罪。然某裁判官不忍处该妇以杀人罪，遂解释该妇所杀者非人，乃 monstrum。即该妇所杀者非其子，而杀人之罪不成。自此之解释出，而 monstrum 之法理以立。于是妇人若生畸形儿，而不具备人形时，该畸形儿在法律上称之为 monstrum（鬼儿），而不认为有法律上之人格。此种思想，虽存诸往古，然 Justinian 法典编纂时，亦收入 Digestorum Lib. 1, Tit. V de statu hominum L. 14 中矣。

（二）英美法中所谓"名义上损害赔偿"（nominal damage）之制者，盖所谓损害赔偿之制，非实际上发生损害，本不能请求损害赔偿。例如甲不得乙之许可，侵入乙地，由乙提起请求损害赔偿之诉讼言之。果甲侵入之结果，事实上乙不蒙何等损害，则因缺乏不法行为之要件，而乙归于败诉。即由合理的观察之，果乙无何等之损害，当然无请求赔偿之权利。但甲无故擅行侵入，究不能谓不侵害乙之权利，故仅以无何等损害之理由，使乙败诉，其结果不仅名义上败诉，又同时负担诉讼费用。微特事理上乙痛感不快已耳，"纵不取得赔偿，决不愿败诉"之心理，人之恒情。此时若俾乙以名义上之胜诉，则事理上两得其平矣。

此即英美法中所谓"名义上损害赔偿"也。夫既有权利侵害，必不能谓无何等之损害也明矣。纵令裁判官与被害者以一钱之微，亦足为补其损害之表征（symbol），而被害者因得一钱而胜诉，即因之而不负担诉讼费用，且免举证责任。至所谓损害者，乃于此一钱之有形物上以表征之。即此制度之妙用也。

日本法律学者，拘于一般之偏狭合理主义，视"无损害则无赔偿"为绝对原则，以为英美之"名义上损害赔偿"，不可行诸日本。殊不知此制行诸日本,既可增高裁判所之信用,又可使不法行为变为道德的,其收效为何如耶?

(三)欧美诸国之现行法,概不认协议离婚。其离婚原因,法律上明白规定之。如乏此原因,即夫妇协议成立,亦不能达离婚目的。然双方欲分离之夫妇,若非分离,则其家室不安,终至《圣经》所谓"神之结合者,凡人不可离之"之语,对于双方,均无效力。故夫妇决意离婚时,即拟一计划,由妻向夫提起离婚诉讼,称"被夫虐待,至被殴三次"等语。继由其夫答称属实。而裁判官遂不能不下离婚之判决矣。纵裁判官对于事实之真相,尚怀疑虑,亦莫可如何也。盖此种协议离婚,非使用一种诳言,实不能达其目的也。

(四)亦为英法实例之一。如甲未经乙之许可,横取其马而售之。论甲之行为,确为私法上之不法行为,而乙可提起不法行为之诉讼也。然在乙提起诉讼之前,甲忽死去,则乙不能提起不法行为之诉,因不法行为与人之生命相终始也。若法律不与乙以救济,实不免于失平之消。裁判官因创一拟制契约之例,以甲之行为,系约将该马卖后,以所得价格,偿还于乙,而经乙之默认者也。若是,则甲虽死,而乙可向甲之财产管理执行人(executor or administor)提起履行契约之诉。比较的,乙似得适当公平之救济矣。但契约之成立,以意思表示为必要。甲取乙马时,乙知否尚未可必。即知之,亦未必有如解释所云之意思表示,而有使甲售己之马,以得偿于卖价之意思也。此种解释,纯系裁判官之一种诳言。

法律因人类而存在,非根据于人类思想与夫社会及经济之需要,而制定之法律,焉能实行?即有时能符此社会思想及经济状态之法律,非因应社会事情之变化而变化之,亦复不能实行者矣。如遏止离婚之思想,俨存于社会,则禁止协议离婚之法律,未始不能雷厉风行。设其一旦潜消,则任有何等严酷之法律,亦将失其效用,其极非至等有法于无法不止也。

法律须以自由为基础。若以规则缚人之自由，势必使责任观念，渐形薄弱。观乎万事待诸规则之官衙会社之办事人所负之责任观念，非皆成形式化而失道德之根据者乎。

观上述二三例，可知诳言在法律上之效力。

如第一例，处法律过严时代，诳言救人，其效果有如是之巨。尤于保守分子占优势之国家，其法律必不能追随社会与夫人民思想之倾向，以变化之。其结果，必至社会与法律之间，划分沟渠。而此时能调和此二者之唯一方法，厥为诳言。世人每嗤裁判官为化石，或嘲其无常识。殊不知裁判官，亦为人类之一，见美者以为美，食甘者以为甘，对于原被两造，听其言，察其理，再推测其里面之事情，势不能拘守法律之规定若何，而与彼所应受之处分与夫裁判也。如法律能伸缩自如，较易为力。若为严硬，则裁判官必借助于诳言，以无为有，以有为无，求避法律之适用，以符人类之要求。此乃事实问题，迥异乎是非善恶之问题也。

再证诸欧西离婚实例，则法律非如现在多数人或司法当局者所梦想以为万能者也。百事皆能维之以法，即风俗道德，亦能以法改良之之思想，尤为当局者所常抱。然人类之忍耐性与服从性，决不达彼等所想象之程度。人类之忍耐与服从，自有一定限度，苟无合理的根据，而要求超越此限度，不仅难得人类之服从，顽强者必赌死抗法，伶俐者必借助于诳言，而避法之适用。要皆法律不适合于社会之需要，则诳言之效力必日增大其范围也。

人类大抵为保守的，而酷爱规则者，且为嫌恶例外者也。假有一法，因时势之变更，而发生新事实，此时应取之最善手段，不外为此新事实设一例外。然人类决不出此，总努力求将此新事实列入古法之中，即不幸枉此事实——即为诳言——亦所不辞。

考法律发达之历史,谳言实为其进化之媒介,大有痕迹可寻。英国历史学派之创始者 Sumner Maine,在其名著《古代法》中,又德国社会法学派之鼻祖 Jhering,在其不朽之大著《罗马法之精神》中,皆能指摘此事实。此等事实,再求之于人智未开化之古代法律中,固不胜枚举。即在文明已臻上乘之今日,尚存无数事例也。

例如"无过失无赔偿"之原则,自罗马法以至十八世纪之末叶,几成不可移易者也。然最近物质文明之进步,工业之发达,遂至发明如自动车、火车、大工场、贮水池、煤气槽等许多危险器物。此等器物,在使用者固属便利,在他人则极危险,而于一般文化之设备上,又为不可缺少。其结果,人类所感危险之程度,迥异曩昔。倘由此等器物之利用而被损害,则依据从来"无过失无赔偿"之原则,非证明加害者之过失,不能达到请求损害赔偿之目的。如深川煤气槽之爆裂,在会社(公司)称为不可抗力,在被害者则认为会社之过失。究竟在此煤气槽爆裂之后,已无痕迹可寻之今日,被害者果能证明会社之过失乎?此外如被自动车碾毙者,及由贮水池之崩裂而被害或丧失财产者,皆属相同。故比近之社会,对于从来之"过失责任主义",深抱不满,而不能不进一步,要求依据"无过失赔偿责任"之原则矣。夫过失而外,尚有他种原因,足构成赔偿责任。今日非以此种原因为基础,另制定新法令不可。虽然,诸国之立法者,迟迟不进。即德国学者,徒以纸上议论喧嚣耳。惟法国之裁判所,已隐然一跃而征之事实矣。

法国裁判所,将主观的过失,化为客观的。如客观的认为过失,即不问主观的过失意义之如何。依此种解释,则过失与违法之意,无大差别。要亦裁判所为达此目的所用之武器,不外谳言。以谳言而树立新法令,亦云奇矣。

近来日本裁判所,亦屡行常试矣。例如大正九年九月一日大审院

（与我国大理院相当）之判决，其事实为某甲遗妻渡美，其妻乙穷于生计，因向他人借贷三十元以度生活。嗣后债主请求偿还时，乙引用《民法》第十四条"妻未经夫之许可，不能借债"之规定，主张取消契约，而拒绝偿还。论事理固不能取消契约，论形式则不能不容纳乙之主张。兹为裁判平允起见，法庭遂下判决，谓"家无相当资产之特别事情时，妻为维持一家之生活，及完成其子女之教育之必要限度内，其所借金钱，条理上当认实预得其夫之许可"云云，而使乙败诉。盖乙未得其夫之许可，而夫亦无许可之意，本事实也。取消契约，亦法律之形式也。顾按诸事理，对于债主，未免苛酷。设非拟制许可以匡救之，徒拘守于法律上之形式，裁判奚由平允耶？至拟制许可，原系大审院之一种诳言。

征诸历史，诳言既呈社会的效用，即在今日，亦属相同。盖人类自以为合理，而实不合理之证据也。

由纯理的观察之，如以诳言为合理，则颠倒有无，又何尝合理？故排斥一切之虚伪、妥协、传统之革命家，无不率先反对诳言。而在法律上，即反对拟制。1918年9月16日之俄国劳农政府之法律，废止养子制度，其理由为"我等第一法典之亲子法，须排斥一切拟制，俾亲子之关系，现诸表面。不仅言语上，至事实上，亦使人民养成真实之习惯，并将彼等由各种迷信而解放之"。盖法律上使用拟制，并非可喜之现象，毋宁暗示法律有改正之必要。但人类为不合理的，已于前述。则事实上，时有用拟制之方法，以达法律改正之目的者，如Jhering《罗马法之精神》中有云："真实解决方[法]未备以前，欲去拟制，与命跛者弃杖而行何异。"又云："若无拟制，则多大影响于后世之罗马法，恐不能由变迁而实现于今日也。"

证诸Jhering之言，则拟制虽非完全改正之方法，而拟制之发生，实为暗示法律有改正之必要，且暗示法律业被事实上之改正以为进步过程之阶梯。吾因之而知国民多虚言者,实可证其国法之不能适合乎社会情形也。

人类好公平,尤于经过无数艰难辛苦之近代人,酷嗜公平。"法前平等"四字,乃近代人向国家社会之要求。所谓法制主义,乃应此要求而产生之制度。虽然,如此酷嗜公平之人类,若使法律为绝对的、固定的、无伸缩余地,又必衷心不悦。故人类一面要求公平,而一面又不喜固定之法律,固一见的大为矛盾,然亦莫可如何也。

从来论者,多不认此矛盾性。至有人主张,谓"人类既希望法前平等,即不应要求制伸缩自如之法律。现行法律,在普通人之眼光观察之,适用于具体时,或有不当,然有法必须适用"。如斯一言之下,立见执行。

例如挥泪杀人者,其志虽壮,其心则愚。何则?盖法为固定的,无伸缩余地,则适用其人,必引起"法为何人而存在"之疑问。正直勇敢者,将从事破坏法律。狡猾畏死者,将窃避之以求生也。若有某事不能逃法网时,则颠倒有无,实行虚伪,冀免法律之适用。此本事理之当然,无足为怪。然要求制固定之法律者,果爱此结果乎?非也。纵彼等如何衷心不悦,不能阻畏死者之诳言。惟彼等不注意此不可否认之大事实,终不能不惜其愚也。

原载《学艺杂志》第4卷第6号(1922年),第1—8页;后收入中华学艺社编:《法制论丛》,商务印书馆1928年初版/1934年国难后第1版,第53—64页。原文为:末弘严太郎『嘘の効用』(改造社,1924年)1—48页。本文系节译。

命令法规与能力法规

美浓部达吉* 著

胡元义 译

德国学者[Ernst Rudolf] Bierling以为法者,人类行为之轨范。轨范者,即命令或禁止作为之谓。即所谓权利者,亦不过法律对于他人命令之结果。例如债权利者之债权,乃法律命令债务者以履行义务之结果。又如所有权人所以能任意支配所有物者,乃法律禁止第三者支配该所有物之结果。换言之,所有权人所以能任意支配所有物者,决非法律赋与之力使之然也。至于无主物,则因无法律禁止之故,无论何人,得而支配之矣。故法律之主旨,在命令与禁止,权利不过其结果而已。

B氏之说,漠然观之,似甚确当。然一经周详考虑,则其以权利为义务之反射之点,决非中鹄之论。夫权利之反面,固不外使他人负承认或尊重其权利之义务。然一切权利之规定,是否能一一归纳于义务之中?不仅此也,凡承认他人之权利,负重该权利之义务者,亦恒以权利存在为前提。是故权利义务之间,自有先后次序,而不可任意混淆。即如所有

---

* 美浓部达吉(1873—1948),日本著名宪法学及行政法学家。东京帝国大学毕业,1899年留学欧洲,1902年回国任东京帝国大学教授。受德国法学家耶利内克(Georg Jellinek)的"国家法人说"影响,于1912年发表《宪法讲话》,提出"天皇机关说",主张国家为法人,日本天皇是国家行使统治权的机关,统治权乃国家权利,既非君主也非国民之权利,是大正民主运动理论支柱之一。——编者注

权,必待发生后,他人始不能任意支配。而所谓法之命令者,亦不过于所有权发生后,使一般人不相侵害而已。又如选举议员之权利,若惟解释之为义务反射之结果,则亦显有不当。盖有选举权者选举议员之时,国家固有承认尊重该选举之义务。然此义务,仍非法律之主旨。法律之主旨,在赋与法律上之能力而已。由是观之,法律除命令、禁止而外,尚含有赋与法律能力之规定者也。

纵使B氏之说为正当,然吾人所以不可不遵从其命令者,其故安在,不能无疑。即B氏亦未易解答也。我以为吾人所以服从命令者,须以命令者对吾人有正当命令权为前提。而有正当命令权之命令,其本身即为法律。此根本问题之法律,无论如何,不能解为命令也。

B氏之规范说(Normentheorie, Juristische Prinzipienlehre—Bierling),虽多为学者所宗,然其谬点,在举一切法规,皆归纳于命令法规之内,故为学不免牵强,而每与事实悬殊。盖法规含有命令法规(verpflichtende Ordnung)与能力法规(Ermächtigungsordnung)两种。前者所以制限人类意思之作用,而命令或禁止其作为。后者乃对于人类意思之作用,赋与以法律之力,或拒绝赋与。而此二者之中间,又有无法规之区域存焉。于此区域内,无论何人,皆不受法规之拘束,得骋其自由,而为各种活动者也。([von Fritz] Berolzheimer, System der Rechts- und Wirtschaftsphilosophie)

命令法规与能力法规之区别,于审定法规与命令之界限及决定行政行为与法律行为之有效无效时,极关重要。兹不避冗繁,稍加论述焉。

一、命令法规者,制限人类意思之作用,定其界限,而命令或禁止人类作为之法规也

命令法规,不一定以有命令权者与服从命令者相对立为前提。即以自己意思,而规律自己将来之行动者,亦颇不少。宪法与国际法无论矣,

即其他国家之立法,亦决非单对国民,同时亦规律国家之本身,而构成国家自律的次序焉。与私人用自己之自由意思,缔结契约,及为他种法律行为,以规律自己遵守之法则,构成自律的次序者,无以少异(私法上之自治)。兹所用命令法规之名称,决非以他律的规定——命令者对于服从者之规定——为必然之性质。他律规定之外,尚含有自律的规定——负担作为不作为之义务——焉,与能力规定相对立而已。

命令法规,其外形多制限人类天然之自由。盖人类禀其天赋之自由,得随心所欲,而为各种活动。顾法律则不甘放任,而时常命令或禁止其作为。故命令法规所以常生义务之关系者,乃法律上 Sollen oder Nichtsollen (Unterlassen)之结果也。若违反命令法规时,即系违反义务,而为违法行为,应行处罚焉。

二、能力法规者,赋与或拒绝赋与特定人以法律上之能力之规律也

人类意思之作用,固秉自天然,然其能与他人对抗,而规律他人之行动者,乃法律赋与之力,非天然之力也。试就选举人赴投票所投票之事论之。以事实言,选举人亲赴投票所亲书选票,投入票柜等事,苟非法律所禁止,无论何人,皆得为之。与天然之自由,无以少异。然所以由此投票而选出议员者,则为法律赋与之力。盖法律承认投票权,而对于投票,赋与法律的能力故也。换言之,有如何之资格,方有选举权;如何之投票,方能有效;诸规定,皆为能力法规,而非命令法规也。得投票之多数者,为国会议员;为国会议员者,得参加国会之议决,其议决得具有法律之效力;诸事项,皆法律赋与之力,而非天然之自由。故其规定,亦为能力法规,而非命令法规也。此外若夫妇、亲子、雇佣者、被佣者、债权者、债务者,在法律上皆有一定地位。其地位常伴有一定法律之力,皆法律规律之结果也。凡此等法规赋与之力,称为法律之能力。关于法律能力

之法规,是曰能力法规。

能力法规,在法律上常为 Können oder Nichtkönnen。命令法规常生作为或不作为之义务。能力法规常生主张或否定某事之能力。能力法规,或关于人,或关于行为,或关于物。例如具一定之资格者,有选举权;处几年以上之惩役者,不得为官吏;此关于人者也。又如选举人用规定之投票纸而自书之投票,方为有效;禁治产者之法律行为为无效;此关于行为者也。又如公用物非公用废止后,不得处分之类,则关于物者也。

三、能力法规与命令法规之区别

命令法规,常伴有义务,违反之者,常为违法。能力法规常生法律上之能力,违反之者,仅不能发生效果而已。试举一二例以说明之:如选举人,依选举人之投票,得参加议员之选举;而参加选举,须用规定之投票纸,依法自书,投入票柜等,皆为能力法规,规定投票之有效无效者也。若非选举人之投票,或不用投票纸,或所书不依成规,或不投入票柜之时,则其投票,视为无效,而不发生选举参加之能力。然其行为,决不视为违法,而为处罚之原因也。反之,选举人之投票,须不受他人请托之规定,与依自己良心而投票之规定,乃命令法规。若违反此规定,受他人贿赂而投票时,即为违法行为而为处罚之原因焉。然其投票,仍不失法律上之效力也。又如《民法》男未满十八岁、女未满十六岁不得成婚之规定(一三三二条),乃能力法规。故其婚姻,法律上不得认为有效,然决非违法。反之,警察上禁止妨害公序良俗之行为,乃命令法规,所以命人民以作为不作为之义务而已。然其行为,在法律上有效成立与否,非所问也。

四、上列二者而外,尚有无法规之范围

于此范围内,法律任各人之自由,既不加以限制,又不赋与能力。法律上之 Dürfen,即此指也。如人类任意选定住所,任意经营企业,任意发表言论,任意散步、读书、饮食、睡眠之类,皆其例也。

五、命令法规与能力法规之区别,于决定命令与法律之界限上,有重要关系

如民国三年袁世凯时代之新约法第十九条"大总统为增进公益,或执行法律,得发布命令"之规定,原取法于日本宪法第九条者也。此条规定,虽足以扩张大总统之权限,然解释上,所谓命令者,应惟限于命令法规,而不及于能力法规。观该条所谓命令之语,自无疑义。故此条趣旨,惟与大总统以规定执行法律细则之权,及规定取缔行政行为之诸法规之权,而不与以改变能力法规之权也。所谓执行法律之细则者,惟在法律规定之范围内,得规定俾法律实际施行之必要规则,不能超越此范围,赋与或拒绝赋与新法律上之能力也。所谓增进公益者,惟限于使人民负行为不行为之义务,不能制定左右法律能力之规定也。例如禁止对敌通商之命令,其效力不过使人民负不与敌人贸易之义务,而不能使其在商业上之法律行为归诸无效。即使有人违犯此命令,而对敌贸易,其行为在法律上,并非无效。何则?左右法律之效力者,惟限于能力法规故也。新宪法第八十条删去增进人民利益之字样,则此种解释,益无疑义矣。

六、能力法规与命令法规之区别,于决定行政行为之效力上,有重大关系

行政行为,如何方为无效,在行政法中,极不明了。关于此点,迄今学问上犹无定说。然行政行为违反法令时,不一定常为无效,则学者殆无异议。且外形具备之行政行为,不一定皆为有效,亦复无疑。学者聚讼点,惟在有效无效之界限而已。

解释此问题之标准,唯可于能力法规与命令法规之区别中求之。简单言之,违反能力法规之行政行为,全归无效;违反命令法规之行政行为,虽为违法,其行为在法律上仍然成立,非经取消,不失效力。然而特

定法规，其性质究为能力规定，抑为命令规定，时亦极难判定。故此区别，仅可为理论上之标准。而实际上，非诉诸常识，就各法规为适宜之判断不可。故学问上，依然为未解决之问题也。

七、即在官厅权限与行政行为之内及形式中，亦有能力法规与命令法规之存在

就权限言之，凡国家机关须有适法之组织，而后有代表国家之能力。而其能力，又限于特定范围，或地域，及特定之人民焉。若无适法之组织，或其行为超越权限，或地域外时，则无代表国家机关之能力。而其行为为无权行为，当然无效。但所谓无权行为之无效，唯限于不能代表国家机关之行为而已。换言之，即违反能力法规之行为是也。若仅违反行使其权限之命令规定——非制限代表国家机关之能力，唯命令行使代表权之规定——时，唯止于违反命令，非无权行为也。例如宪法中岁出岁入之预算，募集公债，及国库负担之条件，须经国会议决等项，乃能力法规。苟未经国会之议决，而为此等行为，则为无权行为，当然无效也。

八、行政行为之内容或形式违反法令时，亦须为同样之区别

若其内容违反能力法规，则是以法律上之不能为内容，应归无效。例如经几年以上之惩役者，无任命为官吏能力。若任为官吏，则其任命为无效。反之，任命为高等官吏者，须经高等试验合格之规定，非能力规定，乃命令规定。何则？人之权利能力之范围，唯法律得规定之。而文官任用令，乃行政法规，无能力规定之效力。故若任无资格者为高等文官时，其行为并非无效也。再就形式言之，其理亦同。若关于行政行为形式之规定，以不具备其形式之行政行为，法律上不得不发生效力为趣

旨者,即为能力法规。违反此规定之行政行为,完全无效。若仅以命行政行为用此形式为趣旨时,则纵缺此形式,其效力不受影响也。

原载《学艺杂志》第5卷第8号(1924年),第1—7页;后收入中华学艺社编:《法制论丛》,商务印书馆1928年初版/1934年国难后第1版,第65—74页。原文为:美濃部達吉「命令的法規ト能力的法規」『法律評論創刊十週年記念論文集』(法律評論10巻8号の臨時増刊)23—42頁。

附录一　引用法律法规目录*

名　称	颁布、修正时间
《民法》[《中华民国民法》]	国民政府(南京)1929年5月23日、1929年11月22日、1929年11月30日、1930年12月26日次第公布
旧《民律草案》	清修订法律馆1911年9月稿
《民法总则施行法》	国民政府(南京)1929年9月24日公布
《民法债编施行法》	国民政府(南京)1930年2月8日公布
《民法物权施行法》	国民政府(南京)1930年2月8日公布
《民法亲属施行法》	国民政府(南京)1931年1月24日公布
《民法继承施行法》	国民政府(南京)1931年1月24日公布
《土地法》	国民政府(南京)1930年6月30日公布
《公司法》	国民政府(南京)1929年12月26日公布，1931年7月1日施行
《破产法》	国民政府(南京)1935年7月17日公布，同年10月1日施行；1937年5月1日修正公布
《破产法草案》	清修订法律馆1909年7月稿
旧《破产法草案》	民国政府(北京)法律编查会1915年稿

* 本表所列以本书收录胡元义先生著述引用者为限，修正情形截至1945年5月。

续表

名　称	颁布、修正时间
《交易所法》	国民政府(南京)1929年10月3日公布,1935年4月27日修正公布
《商会法》	国民政府(南京)1929年8月15日公布,1930年3月3日、1938年1月13日修正公布
《工商同业公会法》	国民政府(南京)1929年8月17日公布,1930年8月9日、1932年9月15日修正公布
《清理不动产典当办法》	民国政府(北京)司法部1915年10月6日呈准公布
《商人债务清理[暂行]条例》	国民政府(南京)1934年9月4日准予备案
《民诉》/《民事诉讼法》	国民政府(南京)1935年2月1日公布
《人诉》/《特诉》	《民事诉讼法》第九编《人事诉讼程序》
《强制执行法》	国民政府(南京)1940年1月19日公布;1945年5月16日修正
《国籍法》	国民政府(南京)1929年2月5日公布施行
《法规制定标准法》	国民政府(南京)1929年5月14日公布,1943年6月4日修正公布
《法律适用条例》	民国政府(北京)1918年8月5日公布
《地方自治试行条例》	民国政府(北京)1914年12月29日公布
《契税条例》	民国政府(北京)1914年1月11日公布
《刑法》	国民政府(南京)1935年1月1日公布,同年7月1日施行

续表

名称	颁布、修正时间
《刑事诉讼法》	国民政府（南京）1935 年 1 月 1 日公布，同年 7 月 1 日施行
《律师章程》	国民政府（南京）司法部 1927 年 7 月 23 日公布
《监狱官任用暂行标准》	国民政府（南京）司法行政部 1932 年 6 月 20 日呈准备案
古罗马	
《十二铜表法》	《十二表法》，公元前 451—450 年颁布
Lex Poetelia	《普莱多里法》，公元前 191 年颁布
Justinian 帝/儒帝法典	528—565 年颁布
法国	
《法民》/《法国民法》[《法国民法典》]	1803 年 3 月 15 日公布
《法国商法典》	1807 年 9 月 20 日公布
路易十四《商事敕令》	1673 年 3 月公布
荷兰	
《荷兰民法》[《荷兰民法典》]	1838 年 10 月 1 日生效
比利时	
《比利时破产预防和解法》	1883 年 6 月 23 日公布
《比利时和解法》	1887 年 6 月 29 日公布

续表

名　称	颁布、修正时间
西班牙	
《西班牙民法》[《西班牙民法典》]	1889 年 7 月 24 日公布
葡萄牙	
《葡民》[《葡萄牙民法典》]	1867 年 7 月 1 日公布,1868 年 3 月 21 日施行
意大利	
《意民》/《意大利民法》[《意大利民法典》]	1865 年 6 月 24 日公布,1866 年 1 月 1 日生效
德　国	
《德民》/《德国民法》[《德国民法典》]	1896 年 8 月 18 日公布,1900 年 1 月 1 日施行
《德民第一草案》	1888 年 1 月 31 日公布
《德民第二草案》	1895 年 10 月提交联邦参议院
《德民施》/《德国民法施行法》	1896 年 8 月 18 日公布
《德商法》[《德国商法典》]	1897 年 5 月 10 日公布,1900 年 1 月 1 日施行
《德国票据法》	1933 年 8 月 14 日《德国支票法》;1933 年 6 月 21 日《德国汇票法》
《德国破产法》	1877 年 2 月 10 日公布,1898 年 5 月 20 日修正
《德国和解法》	1935 年 2 月 26 日公布
《德国私立保险业法》	1901 年 5 月 12 日公布

续表

名　称	颁布、修正时间
《德国破产预防业务监视规则》	1914 年 8 月 8 日公布
《德国破产预防业务监视法》	1916 年 12 月 14 日公布
《德交易所法》	1896 年 6 月 22 日公布
《德民诉》/《德国民事诉讼法》	1877 年 1 月 30 日公布
《普鲁士国法》/《普鲁士法》/《普鲁士私法》	1794 年 2 月 5 日公布，同年 6 月 1 日施行
《普宪》/《普鲁士宪法》	1848 年 12 月 5 日公布；1850 年 1 月 31 日修正
《普鲁士破产法》	1855 年 5 月 8 日公布
《普鲁士不动产抵押法》	Hypothekenordnung für die Preußischen Staaten, 1783 年 12 月 20 日公布
《普鲁士小铁路质权法》	Gesetz, betr. das Pfandrecht an Privateisenbahnen und Kleinbahnen und die Zwangsvollstreckung in dieselben, 1895 年 8 月 19 日公布
《普鲁士商法草案》	1856 年第一稿；1857 年修订版（第二稿）
Baden[巴登]国法	1809 年公布，1810 年 1 月 1 日生效
Saxon 民法[《萨克森民法典》]	1863 年 1 月 2 日公布
Bavaria[巴伐利亚]民法草案	1861—1864 年陆续公布

续表

名 称	颁布、修正时间
奥地利	
《奥民》/《奥地利民法》/《奥国民法》[《奥地利民法典》]	1811年6月1日公布,1812年1月1日施行
《奥国失踪法》	Gesetz über die Todeserklärung von in dem gegenwärtigen Kriege Vermißten,1918年4月5日公布
《奥国民事诉讼法》	1895年8月1日公布
《奥地利和解法》	1862年12月17日公布,1868年废止
《奥地利破产法》	1781年5月1日公布
《奥地利和解法》	Ausgleichsordnung,1914年12月11日公布
《奥地利新破产法》	1914年12月11日公布
《奥地利新撤销法》	1914年12月11日公布
瑞 士	
《瑞民》/《瑞士民法》/《瑞新民》[《瑞士民法典》]	1907年12月10日公布,1911年4月19日修订,1912年1月1日施行
《瑞债》[《瑞士债务法》]	1881年6月14日公布,1911年3月30日修正公布;1937年7月1日、1942年7月1日、1942年7月9日、1945年3月1日、1947年1月1日先后修正
《瑞士破产法》	Bundesgesetz über Schuldbetreibung und Konkurs,1889年4月11日公布
日 本	
《日民》/《日本民法》[《日本民法典》]	1898年4月27日公布;1898年6月21日、1901年4月13日、1902年4月5日、1926年4月24日、1938年3月22日、1941年3月3日、1942年2月12日先后修正

续表

名　称	颁布、修正时间
《日本民法施行法》	1898年6月21日公布，1900年3月27日、1906年3月22日先后修正
《日本旧民法》	1890年3月27日、10月6日陆续公布，1893年1月1日施行
《日本破产法》	1922年4月25日公布，1926年4月24日修正
《日本旧刑法》	1880年7月17日公布
英　国	
Bankruptcy Act	1861年8月6日公布；1869年8月9日、1883年8月25日、1914年8月10日先后修正
1913年Bankruptcy Act改正法	Bankruptcy and Deeds of Arrangement Act(1913)，1913年8月15日公布
1914年《整理法》	Deeds of Arrangement Act(1914)，1914年8月10日公布
Infants Relief Act	1874年8月7日公布
Interpretation Act	1889年8月30日公布
Land Transfer Act	1875年8月13日公布；1897年8月6日修正
Married Women's Property Act	1882年8月18日公布；1893年12月5日、1907年8月21日先后修正
Prescription Act	1932年8月1日公布
Real Property Act	1845年8月4日公布
Real Property Limitation Act	1874年8月7日公布
Sale of Goods Act	1894年2月20日公布

续表

名称	颁布、修正时间
美国	
《美国宪法》	1787年9月28日制定通过,1789年3月4日生效

附录二 引用作者列表

人　名	全名（生卒年份）
古罗马	
Gaius	Gaius，约 130—180
Justinian/儒帝	Justinian，483—565（东罗马帝国皇帝，527—565 年在位）
Pomponius	Pomponius，Sextus
Theodosius	Theodosius II，401—450（东罗马帝国皇帝，408—450 年在位）
荷　兰	
Grotius	Grotius，Hugo，1583—1645
法　国	
Baudry-Lacantinerie	Baudry-Lacantinerie，Gabriel，1837—1913
Colbert	Colbert，Jean-Baptiste，1619—1683
Comte，Auguste/孔德	Comte，Auguste，1798—1857
Hugo/悠哥	Donellus，Hugo，1527—1591
Laurent	Laurent，François，1810—1887
Michoud/米休	Michoud，Léon，1855—1916
Planiol	Planiol，Marcel，1853—1931
Saleilles/沙勒育	Saleilles，Raymond，1855—1912

续表

人 名	全名(生卒年份)
德 国	
Adler	Adler, Herbert M., 1876—1940
Amira	Amira, Karl von, 1848—1930
Bar	Bar, Ludwig von, 1836—1913
Bechmann	Bechmann, August, 1834—1907
Bekker	Bekker, Ernst I., 1827—1916
Beseler	Beseler, Georg, 1809—1888
Bierling	Bierling, Ernst R., 1841—1919
Biermann	Biermann, Johannes, 1863—1915
Binder/宾得	Binder, Julius, 1870—1939
Binding	Binding, Karl L., 1841—1920
Blume	Blume, Wilhelm von, 1835—1919
Breit	Breit, James, 1872—1936
Breme	Bremer, Franz P., 1832—1916
Brinz/布灵子	Brinz, Aloys von, 1820—1887
Bruck	Bruck, Eberhard F., 1877—1960
Conrad	Conrad, Herbert
Cosack	Cosack, Konrad, 1855—1933
Crome	Crome, Carl, 1859—1931
Danz	Danz, Erich, 1850—1914
Demelius	Demelius, Ernst, 1859—1904
Dernburg	Dernburg, Heinrich, 1829—1907
Eccius	Eccius, Max E., 1835—1918

续表

人名	全名（生卒年份）
Endemann	Endemann, Friedrich, 1857—1936
Ennecerus/叶勒克鲁斯	Ennecerus, Ludwig, 1843—1928
Exner	Exner, Adolf, 1841—1894
Fischer	Fischer, Otto, 1853—1929
Fitting	Fitting, Hermann, 1831—1918
Friedrich Nietzsche/尼切	Nietzsche, Friedrich W., 1844—1900
Gareis	Gareis, Karl, 1844—1923
Gierke/基耳克	Gierke, Otto F. von, 1841—1921
Glück	Glück, Christian F. von, 1755—1831
Goldmann	Goldmann, Eduard, 1854—1939
Gottschalk	Gottschalk, Alfred
Grawein	Grawein, Alexander, 1850—1897
Habicht	Habicht, Hermann, 1905—？
Hellmann	Hellmann, Friedrich, 1850—1916
Hellwig	Hellwig, Konrad, 1856—1913
Hölder/休耳得	Hölder, Eduard, 1847—1911
Horn	Horn, Richard, 1893—1917
Hupka	Hupka, Josef, 1875—1944
Isay	Isay, Hermann, 1873—1938
Jaeger	Jaeger, Ernst, 1869—1944
Jäger	Jäger, Carl, 1869—1947

续表

人名	全名（生卒年份）
Jellinek	Jellinek, Georg, 1851—1911
Jhering/耶林格	Jhering, Rudolf von, 1818—1892
Kant	Kant, Immanuel, 1724—1804
Kipp	Kipp, Louis T., 1862—1931
Kohler	Kohler, Josef, 1849—1919
Krug	Krug, August O., 1805—1867
Kuntze	Kuntze, Johannes Emil, 1824—1894
Kyd	Kyd, Stewart, 1759—1811
Laband	Laband, Paul, 1838—1918
Labowsky	Labowsky, Norbert, 1876—1942
Langheineken	Langheineken, Paul, 1865—1930
Lenel	Lenel, Otto, 1849—1935
Leonhard	Leonhard, Rudolf, 1851—1921
Lilienthal	Lilienthal, Leo, 1857—1927
Liszt	Liszt, Franz von, 1851—1919
Lotmar	Lotmar, Philipp, 1850—1922
Mansbach	Mansbach, Jakob G., 1843—1928
Marsden	Marsden, Reginald G., 1845—1927
Mitteis	Mitteis, Ludwig, 1859—1921
Mühlenbruch	Mühlenbruch, Christian F., 1785—1843
Neumann	Neumann, Georg
Neuner	Neuner, Karl, 1815—1882
Oertmann	Oertmann, Paul, 1865—1938

续表

人 名	全名(生卒年份)
Partsch	Partsch, Josef, 1882—1925
Pernice	Pernice, Alfred, 1841—1901
Planck	Planck, Gottlieb, 1824—1910
Plog	Plog, Walther, 1871—?
Predari	Predari, Cäsar, 1853—?
Priester	Priester, Oscar, 1872—?
Puchta/布虎塔	Puchta, Georg F., 1798—1846
Pufendorf	Pufendorf, Samuel F. von, 1632—1694
Puntschart	Puntschart, Valentin, 1825—1904
Regelsberger	Regelsberger, Ferdinand, 1831—1911
Rehbein	Rehbein, Hugo, 1833—1907
Reichel	Reichel, Hans F., 1878—1939
Riezler	Riezler, Erwin, 1873—1953
Rintelen	Rintelen, Max, 1880—1965
Rosin/罗经	Rosin, Heinrich, 1855—1927
Rümelin	Rümelin, Max von, 1861—1931
Savigny/沙非尼/沙非泥	Savigny, Friedrich C. von, 1779—1861
Schlossmann	Schlossmann, Siegmund, 1844—1910
Schollmeyer	Schollmeyer, Friedrich, 1848—1914
Seckel	Seckel, Emil, 1864—1924
Seeler	Seeler, Wilhelm von, 1861—1925
Siber	Siber, Heinrich, 1870—1951

续表

人　名	全名（生卒年份）
Sohm	Sohm, Rudolf, 1841—1917
Stammler	Stammler, Rudolf, 1856—1938
Staub	Staub, Hermann, 1856—1904
Staudinger	Staudinger, Julius von, 1836—1902
Stein	Stein, Friedrich, 1859—1923
Stobbe	Stobbe, Otto, 1831—1887
Thöl	Thöl, Heinrich, 1807—1884
Titze	Titze, Heinrich, 1872—1945
Unger	Unger, Josef, 1828—1913
Vainberg	Vainberg, Sigismond, 1843—?
Vangerow	Vangerow, Karl A. von, 1808—1870
Wach	Wach, Adolf, 1843—1926
Wendt	Wendt, Otto H. von, 1846—1911
Weyl	Weyl, Richard, 1864—1940
Windscheid/威得贤得	Windscheid, Bernhard, 1817—1892
Zeiller	Zeiller, Franz von, 1751—1828
Zimmermann	Zimmermann, Max
Zitelmann	Zitelmann, Ernst, 1852—1923
意大利	
Ferrara/非拉拉	Ferrara, Francesco, 1810—1900
英　国	
Amos	Amos, Sheldon, 1835—1886
Austin	Austin, John, 1790—1859

续表

人　名	全名(生卒年份)
Ellenborough	Law, Edward, 1st Baron Ellenborough, 1750—1818
Holland	Holland, Sir Thomas E., 1835—1926
Lord Northington	Henley, Sir Robert, Lord Henley, Earl of Northington, 1708—1772
Markby	Markby, Sir William, 1829—1914
美　国	
Barrows	Barrows, Morton, 1856—1936
Pound	Pound, Roscoe, 1870—1964
Story	Story, Joseph, 1779—1845
Wharton	Wharton, Francis, 1820—1889
日　本	
川名博士/川名氏	川名兼四郎(1875—1914)
富井氏	富井政章(1858—1935)
冈松氏	冈松参太郎(1871—1921)
横田氏	横田秀雄(1862—1938)
鸠山博士	鸠山秀夫(1884—1946)
梅博士/梅氏	梅谦次郎(1860—1910)
美浓部博士	美浓部达吉(1873—1948)
牧野氏	牧野英一(1878—1970)
平沼博士/平沼氏	平沼骐一郎(1867—1952)
三潴氏	三潴信三(1879—1937)
石坂氏	石坂音四郎(1877—1917)
松本博士	松本烝治(1877—1954)

续表

人　名	全名(生卒年份)
穗积氏	穗积陈重(1856—1926)
长岛氏	长岛毅(1880—1948)
中岛氏	中岛玉吉(1875—1960)
中　国	
陈瑾昆	1887—1959
宁柏青	1887—?
王仲桓	?

寻找胡元义[*]

（代编后记）

胡元义先生，湖南常德人，1894年2月出生，同济大学法学院创始院长（1945年9月—1947年9月），国民政府第一届部聘教授[①]，曾长期留学日本，获得日本东京帝国大学法学士学位，历任安徽大学、清华大学、武汉大学、西北联大、四川大学、同济大学、暨南大学、复旦大学、上海社会科学院教授，出版著作《民法总则》[②]《物权法论》[③]《破产法》[④]三种，所见论文《债务与责任》《过失相抵》《将来债权之担保之研究》三篇[⑤]、译文《谎言在法律上之效力》[⑥]《命令法规与能力法

---

[*] 如果不是因为华东政法大学龚汝富教授抢救并惠赐胡元义先生个人档案，胡元义先生的生平也许将湮没无闻。特此向二十余年来全力搜寻、抢救、整理民国法科学人档案的龚汝富教授致敬！本文的写作，同时得到了湘潭大学法学院程波教授、复旦大学法学院王伟教授、宁波大学董茂云教授、华东政法大学李秀清教授、上海师范大学法政学院汪强副教授、华东政法大学档案馆朱敏馆长、华东政法大学人事处张宏虹副处长以及同济大学档案馆林强馆长和孙洁科长、同济大学校史馆章华明馆长的大力协助与支持，谨此致谢！

[①] 1947年7月议决29人一律续聘第二个任期（1947年8月—1952年7月）。

[②] 先于1933年作为国立武汉大学讲义一种印行，1934年由北平好望书店出版，1943年由国立四川大学法律系印行（上海书店于1989年将该版列入"民国丛书"第2编第30册影印再版）。

[③] 先于1933年作为国立武汉大学讲义一种以《民法物权》为题印行，1945年经大幅扩充后以《物权法论》为题由国立四川大学法律系印行。

[④] 1942年由国立四川大学法律系印行。

[⑤] 分载《国立武汉大学社会科学季刊》第4卷第2期（1933年）第263—274页、第7卷第3期（1937年）第505—521页。

[⑥] 日本法学家末弘严太郎原著，原载《学艺杂志》第4卷第6号（1922年），第1—8页；后收入中华学艺社编：《法制论丛》，商务印书馆1928年初版/1934年国难后第1版，第53—64页。

规》①两篇。②

一、公开文献中的踪迹

公开文献中,关于胡先生较为详细的材料出自《国立四川大学校刊》"本校教授题名录:胡元义",全文如下:

> **胡元义** 现任本校法律系教授兼系主任。胡氏日本东京帝国大学毕业得法学士学位。回国后历任湖北高等法院检察官及推事,国民政府司法部科长,武汉大学、清华大学教授,复赴德国考察,对大陆法系法律精神,作深刻之观察与研究,归国后任西北大学教授及本校教授兼系主任多年。胡氏于民法总则、债编、物权及破产法之造诣极深,尤以对民法总则之研究,称国内之权威,曾著有《民法总则》(定十月底再版发行)、《破产法》(已出版),及专题论文数十篇。民法债编及物权法底稿亦已编著竣事,不日即可出版行世。③

此外,同济大学、安徽大学、清华大学、武汉大学、暨南大学、复旦大

---

① 日本法学家美浓部达吉原著,原载《学艺杂志》第5卷第8号(1924年),第1—7页;后收入中华学艺社编:《法制论丛》,商务印书馆1928年初版/1934年国难后第1版,第65—74页。
② 上述著述皆已收入本书。此外,据中国政法大学图书馆编《中国法律图书总目》(中国政法大学出版社1991年版)第597页载,先生尚有《法律概论》(中央陆军军官学校1929年版)一书;另据国家图书馆革命文献与民国时期文献联合目录,广西壮族自治区图书馆藏有先生编《政治组民法总则》一册(中央陆军军官学校军官研究班1929年版),二者或为同一书,而《中国法律图书总目》记载可能有误。据先生档案材料,先生于1929年3月至8月在南京中央陆军军官学校军官研究班授课《民法总则》(亦有写作《民法概论》)讲义,该讲义或即此后武汉大学法律系《民法总则》讲义的初稿。
③《国立四川大学校刊》第15卷第2期(1943年),第6—7页。文中所称专题论文数十篇,除已收入本书三篇外,余皆不详。而"民法债编"终未成书。

学等各校史志文献中皆有先生名字在列,但少有更多材料。①

在先生所获荣誉中,部聘教授被称为民国教授三大荣誉之一。② 根据《教育部设置部聘教授办法》,部聘教授须具备的条件为:一、在国立大学或独立学院任教授 10 年以上;二、教学确有成绩,声誉卓著;三、对于所任学科有专门著作,且具有特殊贡献。部聘教授候选人除由教育部直接提出者外,国立大学及独立学院或经教育部备案的具有全国性的学术团体得就各该学校或团体中合于前述条件的人员呈请教育部提出。其评选须由教育部提经学术审议委员会全体会议出席委员 2/3 以上表决通过。名额暂定 30 人,分布在 30 个学科,每科以设 1 人为原则,"宁缺毋滥"。③ 第一届评选时全国符合条件的法律科候选人仅 6 人,先生获选。④ 两届部聘

---

① 参见《同济大学百年志》编纂委员会编:《同济大学百年志(1907—2007)》下卷,同济大学出版社 2007 年版,第 1160—1162 页;蒋晓伟、江鸿波:《初创时期的同济大学法学教育》,《同济大学学报(社会科学版)》2005 年第 6 期;安徽师范大学校史编写组编:《安徽师范大学校史(1928—2008)》,安徽人民出版社 2008 年版,第 42 页;清华大学校史研究室编:《清华大学九十年》,清华大学出版社 2001 年版,第 46 页;谢喆平、王孙禺:《老清华政治学系的建立与崛起——一项学科教育史的考察》,《清华大学教育研究》2012 年第 5 期;乐空:《武汉大学法学院的沿革》,《法学评论》1987 年第 1 期;张晓辉、夏泉主编:《暨南大学史(1906—2016)》,暨南大学出版社 2016 年版,第 170 页;王伟、陈立:《沪滨屹立东南冠——百年复旦法学教育》,《中国法律评论》2019 年第 5 期。
② 参见沈卫威:《民国教授的三大荣誉——部聘教授、最优秀教授党员、院士》,《民国研究》2014 年春季号。
③ 参见曹天忠:《档案中所见的部聘教授》,《学术研究》2007 年第 1 期。
④ 1942 年 8 月公示的 28 位部聘教授名单如下:杨树达(国文)、黎锦熙(国文)、吴宓(外文)、陈寅恪(历史)、萧一山(历史)、汤用彤(哲学)、孟宪承(教育)、苏步青(数学)、吴有训(物理)、饶毓泰(物理)、曾昭抡(化学)、王琎(化学)、张景钺(生物)、艾伟(心理)、胡焕庸(地理)、李四光(地质)、周鲠生(政治)、胡元义(法律)、杨端六(经济)、孙本文(社会)、吴耕民(农学)、梁希(林学)、茅以升(土木)、庄前鼎(机械)、余谦六(电机)、何杰(地质)、洪式闾(病理)、蔡翘(生理)。
1943 年 12 月当选的第二届 15 位部聘教授名单如下:胡小石(国文)、楼光来(外文)、柳翼谋(历史)、冯友兰(哲学)、常道直(教育)、何鲁(数学)、胡刚复(物理)、萧公权(政治)、戴修瓒(法律)、刘秉麟(经济)、邓植仪(农学)、刘仙洲(机械)、高济宇(化学)、梁伯强(医学)、徐悲鸿(艺术)。

教授,法律科仅 2 人(戴修瓒教授为第二届部聘教授)。①

先生所获另一重要荣誉是国民政府教育部学术审议委员会评定三十一年度(1942 年)"著作发明及美术奖励"二等奖(获奖著作为《破产法》)。国民政府教育部主导的"著作发明及美术奖励"是带有国家级性质、学科近乎完备、制度较为严密的最高学术奖,从 1941 年至 1947 年,该学术奖总共实施了六届(1948 年开始执行第七届未能完成)。在六届评选中,社会科学类"著作类"一等奖仅陈寅恪先生《唐代政治史述论稿》一种(第三届),其余五届皆空缺,二等奖六届共 17 种,法学仅有 2 种,分别为胡先生的《破产法》(第二届)以及吴学义教授的《战时民事立法》(第四届)。②

仅以上述两项荣誉而论,胡先生作为民国时期民法权威应当少有异议。但与同时代的学者相比,先生在后世则要沉默得多,与先生的地位与影响差距甚远。③ 学院出版"同济法学先哲文存",整理出版先生文集,钩沉先生生平志业,是为先生应有而迟到的承认当为的努力。

---

① 沈卫威先生所列民国教授其他两大荣誉中,1945 年 5 月朱家骅与陈立夫联名向蒋介石推荐的 98 名"最优秀教授党员"中,大抵皆以校院长为主,法律科仅戴修瓒 1 人;1948 年 4 月 1 日公布的中央研究院人文组院士 28 人中,法律科仅王世杰、王宠惠 2 人(周鲠生、钱端升、萧公权 3 人应为政治科)。参见沈卫威:《民国教授的三大荣誉——部聘教授、最优秀教授党员、院士》,《民国研究》2014 年春季号。
② 法学著作获三等奖的尚有薛祀光《民法债编各论》(薛祀光先生曾于 1947 年 8 月至 1951 年 2 月任同济大学教授)、吴学义《民事诉讼法要论》(第三届)、张芳《民法总则》(第五届)三种。参见赖岳山:《1940 年代国民政府教育部"著作发明及美术奖励"史事探微》,《民国档案》2017 年第 4 期;张剑:《民国学术发展的一个估量——教育部学术审议委员会学术奖励成果类别分析》,《科学文化评论》2017 年第 5 期。
③ 很大程度上因"民国丛书"影印再版了先生的《民法总则》以及近年因文献获取的便利,陆续有论文、著作引用先生论著。此外,湘潭大学程波教授长期关注近代湘籍法政学人,曾于 2011 年撰述《民国法律人学案(湖南卷)》(未出版),中有胡元义、胡善恒(1897—1964)学案,是目前仅见的叙述胡先生的专篇文字。承程波教授惠赐未刊稿,特此致谢!

二、生平

胡元义先生1894年2月生于湖南常德北门外①,原名胡诗源,字芹生。兄弟四人,长兄早亡后,以先生为长,弟胡兆鑫(生于1895年)、胡唯道(生于1908年)二人。②

先生家境普通③,生活水平在中等以下,完全依靠父亲分得的祖业田二百多亩生活。先生父亲不事生产④,全赖母亲勤俭持家。先生母亲对先生幼年影响很大,1952年先生回忆称,其自幼能发奋读书,与其母常教育其"万般皆下品,唯有读书高""吃得苦中苦,方为人上人"有直接关系。

1901年2月,先生入私塾(湖南常德)。"三年的私塾教育,读的是四书五经。"1904年2月入读常德小学,1907年2月入读湖南常德县立高等小学,1908年8月升入湖南常德县立中学,至1912年6月毕业。

1912年8月,先生随常德同乡陈瑾昆赴日留学⑤,先后就读日本第七高等学校、日本东京帝国大学法科,于1924年3月毕业,获法学士学位。先生说:"在日本留学共十三年,……自以为学会了一套法制的东

---

① 《国立暨南大学人事登记表》"永久通讯处"栏填作"常德北门外65号"。
② 胡唯道长期受先生照顾,解放前曾任同济大学法学院助教、训导员,解放后失业,生活多靠先生接济。
③ "家境普通"系先生自填,如以祖业田二百余亩看,至少算得上殷实之家。
④ 1952年2月7日的一份手写材料称:"出身地主家庭,家庭富裕,父好赌博,有一次因他赌输,而胡之兄去要钱,他狠□了一拳,因而病死,后就戒毒且放纵胡元义,娇生惯养,以致胡元义主观独断,自□为。"先生在几份材料中均提及其母勤俭持家,但对其父均只著"不事生产"四字,或与此有关。
⑤ 先生自述:"中学毕业后,想升学,适有一位朋友[应为陈瑾昆]自日本归来,谈起日本的教育办得严,可以学习本领,并且有官费可补,……我就与他一同到日本。"《思想改造学习总结》,1952。《胡元义的综合材料》(1955年8月)中记载:"胡[元义]自称,过去思想受他[陈瑾昆]影响很大。"

西，就可以将中国转弱为强。"①留日期间，先生与陈瑾昆、吴岐、徐诵明、刘光华、裘千昌、朱显桢、蒋思道、陶因、成仿吾、雷震等人先后成为同学，回国后皆过从颇密。②

1923年东京大地震，先生因病回国，湖南又值谭延闿与赵恒惕混战，先生不能回家，遂应安徽法政专门学校校长王兆荣邀请，于1923年8月至该校任教。1924年1月，王兆荣因支持学生运动（反对军阀倪道烺）而辞职，先生随之于同年2月辞职，回日本去毕业。

先生留日归来后，应湖南法政专门学校校长李希贤邀请，于1924年8月赴湖南法政专门学校任教，1925年7月期满未续聘。此后至1927年2月，先生居留北京，住戴修瓒处，③在朝阳大学、中国大学教书（散钟点课），常与陈瑾昆往返。

1927年2月，因戴修瓒介绍，先生先后任湖北高等法院检察官、民庭推事，办理刑事案件与民事审判案件。其时，戴修瓒任武汉国民政府最高法院庭长（兼军事裁判所庭长），张志让先生任最高法院推事，两院在一起办公，先生因此与戴、张常在一起。当时李达④亦在武汉政府做事，时常会面。

1928年1月，因罗鼎向南京国民政府司法部秘书长皮宗石介绍，先

---

① 《思想改造学习总结》，1952年。有关先生留日期间的材料非常少，只有一段回忆与吴岐先生（吴为先生在日本东京帝国大学的同学，比先生低两届，1946年9月至1949年9月任同济大学教授）交往的自述提及："……在帝大上课，……下课休息总是在一个圆池周围，那里山有小树……"

② 参见《罗鼎关于胡元义的情况介绍》，1955年11月5日。先生在日本时与成仿吾同居几年（大约一年多），成做人大副校长时，先生曾去信向他要人民（法）讲义。参见《胡元义在肃反中陆续交来的材料》，1955年8、9月间。

③ 戴修瓒先生时任北洋政府京师地方检察厅检察长，为胡先生妻兄，先生第一任妻子为戴修瓒妹妹。先生与第一任妻子育有一女（胡书绅）、一子（胡书勋）。

④ 李达为先生任教于湖南法政专门学校时的同事。

生转任南京司法部刑事司科长,其间主要工作为营救入狱的戴修瓒。同年10月,戴修瓒获救后,因其时兼任司法部部长蔡元培辞职,先生随之辞职。先生于此时立下"退隐"之心,再未出任任何行政官职。

1928年10月,因司法部同事王世杰(同属蔡元培部下)向时任清华大学校长罗家伦介绍,先生赴任清华大学教授,在政治经济系讲授法律课程。1929年1月因"所教法律课程太多而辞职"。同年3月,先生回到南京(因家眷住在南京),由日本东京帝国大学同学雷震介绍,至南京中央陆军军官学校军官研究班教书。① 8月应王星拱邀约,赴任安徽大学教授。一年后(1930年8月),应时任武汉大学法学院院长皮宗石邀约,赴任武汉大学教授,直至1937年7月。

1937年8月,因服务已满7年,先生休学术假1年,因武汉大学德文教授格拉塞(Grasse)介绍,赴德研究民法,考察德国司法制度,于1938年8月回国。

1938年10月,先生应日本东京帝国大学同学、时任西北联合大学校务委员会常委徐诵明邀请,赴西北联合大学任教授。1939年8月,教育部部长陈立夫改西北联合大学为国立西北大学,派胡庶华做校长,先生因"不愿与他[胡庶华]合作故离开[西北大学]"。② 1940年1月,因吴岐教授介绍,先生转任国立四川大学教授,1942年兼法律系主任。同年获聘国民政府教育部评定的第一届部聘教授,所著《破产法》获评教育部三十一年度(1942年)"著作发明及美术奖励"二等奖。1943年10月,因通货膨

---

① 所教课程一说为《民法总则》(《历史交代》,1955年8月1日),亦有写作《民法概论》(《整风思想总结及鉴定》,1958年8月12日;《干部登记表》,1958年7月23日)。
② 先生1955年8月1日的《历史交代》中提及,"我离开西北联大时与徐诵明(系北平大学老校长,现在北京做卫生局副局长)、黄觉非(现在北京大学做教授)、李季谷(现在上海师范大学教书)、许寿裳(已死)等六七人一同到西安游玩,他们为要恢复北京大学见了胡匪宗南,我未去(因为我未在北平大学教过书)",或可供相关研究者参考。

胀、货币贬值，先生开始兼职律师业务至1949年5月（前后执业5年，在李庄同济大学及复员回上海时约一年未执业），以增加收入维持生活。①

1945年9月，先生再应徐诵明邀请，出任同济大学教授兼法学院院长。1947年9月，因"不愿与丁文渊合作"而离开同济大学。随后应原四川大学同事、时任暨南大学政治系主任左潞生邀请，出任暨南大学教授。先生仍兼任同济大学法学院教授，并兼课，但因其为部聘教授，故不取课酬（部聘教授薪酬系由教育部支付）。1948年下半年起，先生在新中国法商学院兼了一年课。

1949年10月，因院系调整，暨南大学并入复旦大学，先生转任复旦大学。② 在复旦大学期间，先生除第一年讲授"民法原理（一）""民法原理

---

① 张在军曾提及胡先生执业律师事："在乐山这座偏远的小县城里，骤然涌入上千教职员工、学生及家属，造成住房、生活物资全面紧张，武汉大学教职员工的微薄薪金普遍难以维持生计，很多人都以不同方式搞些'副业'以增加收入弥补不足。在此背景下，蒋思道和武大法律系另一位教授胡元义二人商议，共同兼职开办了一家'道义律师事务所'。这在当时小县城乐山确也引起了不小的轰动。由名牌大学法律系教授亲自挂牌担任律师的情况绝无先例，于是找上门来进行法律求助、咨询、打官司聘请律师的人络绎不绝。在经办了几个案子以后，道义律师事务所的名气更是越来越大。据其子女[蒋冠琳、蒋冠珞、蒋冠珈]回忆：'……仅凭记忆印象，有过两件影响较大的官司：一次是该案原、被告同时聘请的律师都是武大法律系教授（其中我父亲是一方，另外一个不确定是否为同一律师事务所的胡教授），引起社会各界的关注，武大法律系学生也纷纷前来旁听观摩……'"张在军：《苏雪林和她的邻居们：一条街道的抗战记忆》，福建教育出版社2017年版，第184—185页。但此段记载错误太多，先生1943年10月兼职律师时，为四川大学教授、法律系主任，其时四川大学已由峨眉迁回成都。但先生与蒋思道系东京帝国大学同学，又在武汉大学同事多年，合办律师事务所确有可能。可惜先生档案材料中皆未见记载。

② 据原暨南大学法律系主任周枏教授称，"当时暨大法律系专任教授有八人，调复旦的仅胡一人。丘日庆在复旦兼课，也未被调。后丘写信给张志让院长（当时张在北京，已发表为复旦校长，后未就，改任最高人民法院副院长），对此事颇为愤慨，才又调去的，所以胡当时何以独调复旦，原因不明。"《周枏关于胡元义的情况介绍》，1955年12月26日。不过由于周枏先生似与胡先生关系不甚融洽，这段话在当时肃反函调的背景下，或不尽妥当。如事后看，胡先生在任职湖北高等法院期间即与张志让常在一起，且先生有部聘教授头衔的认证以及同济大学法学院创始院长的履历，调入复旦，似乎并非不可理解。

(二)"外,①不再有机会授课。

先生转任复旦大学法律系教授后,自1949年开始相继参加高教联及高教处举办的暑期讲习会学习、小组学习、工会小组学习;1951年秋季至1952年1月,先后参加安徽五河县堌河乡及灵璧县沱河乡两次"土改"。"土改"回来后,即投入"三反"运动与思想改造运动。

1952年院系调整,复旦大学法律系学生并入新成立的华东政法学院,因华东政法学院未肯接收,当时复旦大学法律系诸先生皆仍留复旦。②

此后先生一直未分配工作,仅根据指派承担一些临时工作,如为校图书馆整理图书(由范扬领导)、参加俄文工作组的工作(由孙保太领导)、参加干部补习班的工作等。③

1954年复旦大学重建法律系,先生回到法律系,当局认为先生"旧法影响根深蒂固,且年纪已逾六十岁,搞政法教育极不相宜,培养改造前途希望不大,在法律系不能分配担任教学任务",先生未能再执教鞭。④

1956年,先生曾赴京参加全国人大常委会的民法起草工作。⑤ 同年

---

① 据1951年《复旦大学法律系教研组情况》,先生任民法原理教学小组负责人,小组共9人,1951年度第一学期初成立,曾开会二次,讨论民法原理(一)(二)及国际私法、财经法令(一)(企业法、票据法部分)等课程教学大纲。参见王伟主编:《复旦大学法学院历史图片集:百年法律教育珍档》,复旦大学出版社2019年版,第123页。
②《胡元义在肃反中陆续交来的材料》,1955年8、9月间;《胡元义的综合材料》,1955年8月。华东政法学院未于接收,可能与复旦大学人事部门的人事调整意见有关。复旦大学人事部门认为:法律系教授胡元义,"有旧的法学知识可整理",但"无培养前途",建议"在职进修"。参见《院系调整中的人事调整意见》,复旦大学档案馆档案,1952—DQ11—14。转引自严玲霞:《建国初期复旦大学的院系调整研究》,复旦大学历史学系2008年硕士学位论文,第21页。
③《家庭经济状况等自述》,1953年7月。
④《胡元义的综合材料》,1955年8月。
⑤《整风思想总结及鉴定》,1958年8月12日。

由范扬教授介绍加入九三学社。

1958年8月,复旦大学法律系再度停办。9月,上海市委将原复旦大学法律系与华东政法学院、上海财经学院、中国科学院上海经济研究所4个单位(不久后又加上中国科学院上海历史研究所)合并,成立上海社会科学院,下设政治法律系(1959年8月政治法律系改为政治法律研究所)等机构,①先生当于是时转入上海社会科学院,任政法系教授。1963年10月,上海市委决定恢复华东政法学院,政治法律研究所划给该院作为筹建基础,研究人员被分配到华东政法学院或其他单位工作,②先生应亦随之转入华东政法学院。1960年3月以后,先生档案只有一页《干部工资级别登记表》,填表时间为1965年5月4日,填表机关处盖"华东政法学院人事处"印章。可知1965年5月,先生尚在世,而何时去世,遍问而不得,尚待他日另得机缘了。

先生通日文,英文、德文、俄文皆能阅读。

三、从政与退隐

先生为人正派、清高,在学生、同事中有口碑。徐诵明在1955年函调材料中仍称"据我了解,他[胡元义]为人相当正派"③。先生任教四川大学时的学生何德才(后追随先生短暂担任过同济大学法学院助教)证实:"[胡元义]平素(解放前)与我们谈话,均以学者身份自居,标榜一身清白,不参加任何党派活动,有超阶级思想,他常告诉我们说,在学校读书时,不要参加任何党派活动,埋头读书,书读好,自然有名。"④原同济

---

① 参见程维荣:《薪火相传,砥砺奋进——上海社会科学院法学研究所六十年发展之路》,载杜文俊主编:《上海法治发展报告(2019)》,社会科学文献出版社2019年版,第63页。
② 同上书,第68页。
③ 《徐诵明关于胡元义的情况介绍》,1955年12月5日。
④ 《何德才关于胡元义的情况介绍》,1956年2月2日。

大学法学院学生、解放前中共同济大学文法学院支部书记罗国杰也称："当时我们对他的印象是：有一种学者风度，不大过问政治，除上课外经常不在学校，对学校的行政事务工作也不大过问。"①官方的结论也认为，先生"自鸣清高，孤傲自吹，以超阶级超政治的学者面目出现，并以此教育学生"②。

先生谈及与王世杰、左潞生的交往故事，亦可见先生性格脾气。先生说：

> 1928年我在南京伪司法部时，我与他[王世杰]同属于蔡元培的部下，常见面，我到清华大学教书，是他绍介的，以后我在武汉大学教书时，他来做校长（大概在1931年），人家说他官架子大，我就不理他。
>
> 我在伪四川大学教书时，他[左潞生]也在那里教书，因此认识，1947年他在伪暨南大学做政治系主任，拉我到暨南大学教书，后来他做了伪暨南大学的训导长，我认为训导长不是好东西，所以不理他。③

先生的这一"清高""超阶级超政治"的立场，或与其短暂的从政经历有关。

前文提到，先生曾说："在日本留学共十三年，……自以为学会了一

---

① 《罗国杰关于胡元义的情况介绍》，1955年10月20日。
② 《审查结案表》，1956年4月。罗鼎也说："胡元义是个一向做教学工作，对政治不怎样关心的人。……好像没有想往上爬靠拢反动统治集团谋取一官半职的企图。……同他往来的人们大都是些旧型智识分子，清高自诩不愿过问政治的。"《罗鼎关于胡元义的情况介绍》，1955年11月5日。
③ 《思想改造学习总结》，1952年。

套法制的东西,就可以将中国转弱为强。"①故先生未始没有以所学更为直接地贡献国家建设的想法。依先生在1952年的《思想改造学习总结》中说:"1924年毕业回国以后,想做官,但看到北洋军阀的专横与腐败,也就心灰意懒,所以在安徽与湖南法政专门教书,并没有积极地找官做。"当然,先生在1925年7月离开湖南法政专门学校后,长居北京一年七个月,未始没有从政的念头。

1926年7月北伐战争正式开始,同年10月北伐军占领武昌,1927年3月占领上海、南京;与此同时,1926年11月,国民党中央政治会议决定将国民政府和国民党中央党部由广州迁到武汉,12月,国民党中央执行委员和国民政府委员临时联席会议在武汉成立,武汉国民政府时期开始;1927年2月,国民政府在武汉正式办公。同月,先生随戴修瓒出任湖北高等法院检察官、民庭推事。先生说:"1927年在武汉政府做官是高兴的,当时的政府我认为是欣欣向荣。"②

1927年9月,宁汉合流,武汉国民政府停止办公,与南京国民政府合并。先生称:"至1928年初,武汉政府垮台,南京伪司法部派来新院长,将我调往湖北宜昌高分院,我未去,适蔡元培兼代南京伪司法部部长,皮宗石做该部秘书长,向罗鼎(现在武汉大学法律系)要人,罗就推荐我做该部刑事司科长,我于1928年初到南京伪司法部。"③先生于1928年1月出任南京司法部刑事司科长,至同年10月辞职,再未出任任何行政官职。

先生从"以为救中国是需要我的"到"当年冬季[1928年]我以退隐的心情转入教育界,以迄于今",④其间的转变因营救妻兄戴修瓒而起。

---

① 《思想改造学习总结》,1952年。
② 《思想改造学习总结》,1952年。
③ 《胡元义在肃反中陆续交来的材料》,1955年8、9月间。
④ 参见《我一年来的思想总结》,1950年7月8日。

先生说:"1928年,适因营救一位朋友[戴修瓒]的关系,看透了反动派的贪污腐化,而这种腐化势力异常庞大,我觉得以做官的方式来追求名利是行不通的,即令勉强做下去,也怕遭人暗算,性命不保,于是我大为伤感,不得已转向教书。"①此事关涉甚多,所见文献皆不详,现据先生档案材料,摘录如下:

不久[1928年6月前后]该部[司法部]发表戴君亮为南京伪最高法院首席检察官。戴到南京,突然被捕,②据调查系蒋匪[介石]的黄埔同学会将他捕去,原因是为杨引之③案(杨系黄埔第一期毕业生,蒋匪亲信,派来武汉从事颠覆武汉政府的活动,被武汉政府逮捕交军事裁判所判处死刑[该时戴修瓒任该所庭长])。④

此事发生后,由伪司法部部长蔡元培委托伪行政院长谭延闿办理不成,再由谭请伪陆军部部长何应钦办理,而黄埔同学会均置之不理,于是救戴事就落在我的肩上(因为戴的朋友或者畏黄埔凶焰不敢出头,或者还要落井下石),当时我以同乡关系找了张镇(当时是蒋匪的侍从武官),经史维焕(已死)介绍找了朱匪绍良[时任军事委员会军政厅厅长],又查明杨引之的判决系在戴离开军事裁判所以后,由蒋匪将黄埔骂了一顿,黄埔才将戴送南京地方法院,由该院

---

① 《思想改造学习总结》,1952年。
② 司法部1928年6月10日将戴修瓒移特种法庭。参见《新闻报》1928年6月11日第3版。
③ 杨引之(1902—1927),四川华阳人,历任黄埔军校第四期入伍生总队排长、国民革命军第一军第二师卫生队国民党少校党代表,国民党第二次全国代表大会代表,黄埔军校孙文主义学会执行委员,黄埔军校同学总会组织科长,国民党中央党部代理军人部长。1927年1月受南京黄埔同学总会委派,到武昌策动武汉中央军校学员拥蒋介石并迁校南京,被军校"学生讨蒋筹备委员会"抓获,并于同年6月1日在武昌第一模范监狱被杀。
④ 1927年4月6日,徐谦就任革命军事裁判所所长。据国民党中央执行委员会第二届常务委员会第八次扩大会议决议,"以后拿获反革命派均应送交革命军事裁判所办理"。

首席检察官某(姓名忘记)下不起诉处分书,将戴释放。

我在南京这些活动,虽然由我一人出面,然而与蔡、皮、王匪世杰(亦蔡的部下,当时做南京司法局[法制局]局长)等有关系,当时南京报纸登记反动派为戴案大事活动,就是指我一人而言,我也不管。①

先生事后曾称此为"一件小小的事情"②,因此"与当时的新旧官僚(旧的是指北洋军阀的官僚混进国[民]党的而言)作过一次小小的斗争","看见了他们的腐化阴险毒辣和粉饰太平的本领,他们为争权夺利浑水摸鱼,绝不愿政治转入清明,他们的力量很大,我的力量太小,③于

---

① 《胡元义在肃反中陆续交来的材料》,1955年8、9月间;另见《法律系教授胡元义自述》,1951年8月2日;《胡元义的综合材料》,1955年8月;《历史交代》,1955年8月1日。
② 其间凶险,从先生自述中可略感知。而为杨引之抚恤事,行政院、国民政府相继发布训令,其影响之大,相当罕见。行政院1929年1月26日第539号训令军政部:"为令行事。案准国民政府文官处函开,径启者:准中央执行委员会秘书处函,据杨松为关于伊弟杨引之殉难一案,前军委会仅批准少校平时因公殒命例给恤,请垂念该故党员惨死事实,从优追恤,并创例附葬总理陵园案,请转核办等由,当经转陈,奉主席谕交行政院转行军政部查明,从优议恤等因,相应抄原件函达查照办理等因,准此合行令仰该部遵照查明,从优议恤。此令。"《行政院公报》第17号(1929年1月30日),第42—43页;国民政府1929年9月14日第858号训令行政院:"为令遵事。案奉中央执行委员会函开:9月6日本会第33次常会,准陈委员果夫等提议,为四川杨引之烈士,系黄埔军校第二期毕业生,因反共最力,被共党枪杀,业经烈士家族杨松To呈经军政部转奉国府批准,照少校阵亡例给恤。查烈士生前已任上校职务,恤典有未尽彰,请:(一)改照党员抚恤条例,给年抚恤金六百元;(二)吊销军政部恤金给令,以免两歧;(三)川、鄂两省建立纪念碑;(四)由国家供给烈士子读书时一切费用一案,当经决议照办在案。除由本会发给年抚恤金外,关于(二)(三)(四)三项,应请分别办理,并希见复等因。奉此,自应遵办。除函复外,合行令仰该院分饬军政、教育两部,四川、湖北两省政府遵照办理,此令。"《国民政府公报》第270号(1929年9月16日),第4页。
③ 先生在另一段陈述中称:"我看到黄埔同学会(在伪法毫无根据的)如此无法无天,而在伪政府的北洋官僚正兴风作浪借刀杀人,我若仍然做官,恐性命不保。"《胡元义在肃反中陆续交来的材料》,1955年8、9月间。

是我的个人英雄主义完全粉碎,当年冬季我以退隐的心情转入教育界"。① 同年10月,先生经司法部同事王世杰介绍,赴清华大学政治系任教,此后终身未离开法律教育界。②

四、德国考察

1937年8月,先生在武汉大学任教满7年,按照武汉大学的章程,获得了休假出国研究的机会。先生说:"我搞的德法系统的民法,德文是在日本学过,所以我要去德国。"③时值抗战全面爆发,淞沪会战打响,水路交通断绝。先生曾想由陆路回武汉,"曾到南火车站两次,不能上车,因同行的同事杨端六(武大法学院院长)之劝,遂去德国"。先生自述:

> 到柏林后,看了几个月[1937年8—12月]的书,然后着手考察德国的司法制度[1938年1—3月],适当时中德邦交很坏,驻柏林的中国伪大使馆无法绍介,我想起了武大德文教员德人格拉塞[Grasse]④写给我的绍介信,我就拿出来找德国远东协会会长Linde(林德)博士,得到了他的顾问Rauch(国社党员)(伦次)的绍介信,再找德国民法起草委员会的委员长(姓名忘记),因此得到了德国政府的许可,参观了德国伪法院及监狱[1938年3—7月],受

---

① 《我一年来的思想总结》,1950年7月8日。
② 先生陈述在德国考察司法制度经历时,曾提及"我在德国……欣赏德国最新式监狱,又科学又经济……我还想假如我出来领导中国司法时,也照样建筑一个新式监狱来统治中国的劳动人民","假如反动派能够澄清吏治的话,我还想出来领导司法",但恐怕未必真有强烈的领导司法的意思。参见《思想改造学习总结》,1952年。
③ 《思想改造学习总结》,1952年。
④ 据吴岐教授说:"Grasse是张之洞兴办武汉新工业时德国工程师所带来的译员。……希脱拉纳粹上台后,他担任纳粹中国支部长。"《吴岐对胡元义的检举材料》,1955年12月27日。该材料系吴岐教授在狱中所书,未必确切,档案材料中未能证实格拉塞教授是否为纳粹间谍。

了柏林大学及高工教授联合会两次招待,关于民商法统一的问题与柏林大学民法教授□i□□che 谈了一次话,又由该教授联合会得了一个招待状,参观了一次国社党的会议,1938 年秋天[8 月底]回国。①

在德国期间,先生住在柏林市 Windscheid(文沙特)街,与当时为柏林大学法律系学生的李士彤教授常在一起。先生参观法院及监狱,皆由李士彤教授做翻译。

去德国做研究,当是先生一直的念想。② 在德国期间,先生对"德国学者所著的大部头民法注释书,一部有十几厚册"十分欣赏。③ 想来也是在德研究期间,先生收集了大量德文文献,为以后大幅扩充《物权法论》、新著《破产法》,做了扎实的准备。④

五、法律教育

先生从事法律教育超过 40 年,其间于 1942 年出任四川大学法律系

---

① 《思想改造学习总结》,1952 年;附注的时间来自《干部简历表》(1960 年 2 月 29 日)。吴岐教授说:"胡元义拿此二信到德国后,发生了出人意外的效力,当时适当纳粹党最高会议开会,特柬邀胡元义列席旁听,又得与法律研究院民法研究部负责人民法学权威某博士晤会谈话(在国□□□无上荣光的事),因此伪驻德大使程天放招待胡元义殷勤有加。"《吴岐对胡元义的检举材料》,1955 年 12 月 27 日。这一段话当是吴岐教授听闻胡先生所说的回忆,亦未见确切。先生在德国是否曾见过程天放,各种材料亦说法不一。另据《华东区高等学校教师政治思想业务情况登记表》(1952 年前后)称,"胡去德国考察时,参观了德国司法部,参加过希特勒的国粹党会议,与希特勒握过手",但未见其他材料证实,恐系谣传。
② 笔者曾统计先生 1934 年北平好望书店版《民法总则》引用学者名录,其中引用德国学者 74 位,日本学者 15 位,想来绝大部分德国学者的著述系先生在日本留学时所读。
③ 《思想改造学习总结》,1952 年。先生所著《民法总则》《物权法论》不少地方引用了德国民法注释书,在民国民法著作中,应不多见。
④ 根据笔者统计,先生《物权法论》《破产法》相比《民法总则》,新引用的德国学者有 32 位。

主任、1945年出任同济大学法学院创始院长,前后五年,可大略呈现先生关于法律教育的一些想法以及国民政府时期法律教育的一些情形。

先生多次谈及,"我教书的时候,仍然有我一套法制理想,以为能造就大批廉洁而又能执法如山的法官,还可以澄清吏治"①;在说明出任同济大学法学院院长时,先生的解释是"想办好法学院,训练一批司法人才"②,"我以为国民党的一切腐化是由于未励行法治的缘故。假如是我为国家(当时的思想意识以为国家可以与政治分离)能训练大批有学识能廉洁而又能执法如山的优良法官来励行法治,则政治可以由黑暗转入清明的。我在教育界继续执教廿余年,所训练出来的优良法官实在不少,然而国民党并未有丝毫法治现象"③。

不过,先生对于主持教育行政,并不算热衷,他出任四川大学法律系主任,不乏故事。1942年,原法律系主任朱显桢出任四川大学法学院院长,时任校长程天放找了先生两次,希望先生出任法律系主任,先生都拒绝了。其理由有二:"第一,我以退隐的心情从事教书,所以在武汉大学七八年、在西北联大一年皆未兼职务;第二,该时系国共合作,我是有胜利信心,胜利后我想出川。"④但因朱显桢等几位同学的法律系教授逼劝,先生最终同意出任法律系主任。他说:"我以后答应做第一有宗派情绪,因为法律系教授同学多,一位适当的教授裘千昌想当律师不愿教书,若另外的人做系主任,恐同学不能相安;第二既答应做也想做好。"⑤

先生同时向校长程天放提出了三个条件:(1)不按时办公;(2)法律

---

① 《思想改造学习总结》,1952年。
② 《复旦大学思想改造学习总结登记表》,1952年7月23日。
③ 《我一年来的思想总结》,1950年7月8日。
④ 《胡元义在肃反中陆续交来的材料》,1955年8、9月间。
⑤ 参见《胡元义在肃反中陆续交来的材料》,1955年8、9月间。

系要办什么事,学校要立刻办,学校要法律系办什么事,必须有书面通知;(3)保证没有学生去找他麻烦。三个条件程天放都答应了,先生方出任法律系主任。①

先生说,他做系主任之后,法律系教授一个也没有更动,但是功课有调整,就是教授想教的功课尽量给他教。他认为这种办法能使学生从对教授的不满意变成满意,从对教授的反对变为欢迎。②

先生说,在担任法律系主任时,川大夜校有一百多名学生要转入法律系,他坚持用考试的方法来加以甄别,结果录取了几名。③

先生对于主政四川大学法律系的成绩应该相当满意,他数次提及程天放[其时已卸任川大校长]在重庆写信给他,说"居正[时任司法院院长]、谢冠生[时任司法行政部部长]称赞川大法律系的成绩在伪高考[高等文官考试]是全国第一",称赞先生"领导有功"。④

1945年,教育部部长朱家骅要求同济大学创办法学院,⑤先生出任同济大学法学院创始院长。据刘笃教授说,同济大学创办法学院,"对于法学院院长一职,因为一时找不到适当校友来担任,只有挑选留德学生充数,而留德者当中,专研政法者很少,而胡元义虽是日本留学生,但也去过德国,且为部聘教授,加以那时的同济大学校

---

① 参见《胡元义在肃反学习中的表现》,1955年7月;《胡元义在肃反中陆续交来的材料》,1955年8、9月间。
② 《胡元义在肃反中陆续交来的材料》,1955年8、9月间。
③ 参见《思想改造学习总结》,1952年。
④ 参见《思想改造学习总结》,1952年;《胡元义在肃反中陆续交来的材料》,1955年8、9月间。
⑤ 刘笃教授称:"朱家骅是同济校友,又是留德出身,他做伪教育部长时,对同济大学特别关心。同济大学原先只有医、工、哲学、文学等科系,还缺乏法学院,尤其是欠缺法律系,不能构成完全的综合大学,故决计要创办同济法学院。当时同济校友表示反对,而朱家骅主张非办不可。"《刘笃关于胡元义的情况介绍》,1955年12月19日。

长徐诵明（徐去职后①改任董洗凡为校长）在留日时期与胡元义是帝大同学，经过这些关系，胡在朱任教育部长时期，也就接任了同济法学院院长了"②。

先生主政同济大学法学院，要求"法学院的教授由我来请，法学院的事情由我来办，谁也不要干涉"③。此一要求，对于维护学院独立，保护学院教授与学生，都起到了非常重要的作用。如先生提及：

> 有一次同济法学院招生，未请我及法学院同人参加考试，引起法学院同人的公愤，我也气愤，认为法学院由我搞，招生阅卷须有法学院同人参加，我就来追究责任，曾向董校长［洗凡］说，教务长谢［苍璃］是搞数学的，他就不知法学院对新生的要求，他这次为法学院招生不请法学院同人参加，是开从来未有的恶例，他应引咎辞职，结果谢辞职，我才承认这一次招生有效。④
>
> 法学院有某教授写文章，其中有部分是骂反动政府，校长董［洗凡］向我讲，骂政府不行，我认为他不能干涉法学院的先生，就拿言论自由搪塞，因此这件事就过去。
>
> 曾向当时的校长表示，对法学院同学的记过与开除，须要经我的同意。当学生运动初起时，为保持我的法学院的地盘秩序，我就

---

① 徐诵明辞职，先生曾拟随辞。因先生的同济大学法学院筹备主任是经朱家骅核准的，辞职须直接向朱家骅辞职。先生遂与徐诵明一同到教育部向朱家骅辞职，因朱家骅不准，先生遂未坚辞。参见《思想改造学习总结》，1952年。
② 《刘笃关于胡元义的情况介绍》，1955年12月19日。
③ 以至于"当时有人说同济法学院是'胡氏祠堂''湖南同乡会'"。1952年2月7日手写材料。
④ 先生称："法学院此次招生，一千八百人报考，录取四十余人。"1947年8月7日《申报》报道；"按该校此次招生，投考学生达七千余人，报考该院者近二千人，依科系比例计，考该院者为最踊跃。"而谢苍璃辞任教务长亦在1947年8月。

要军警不要到法学院来。①

先生主持川大法律系、同济大学法学院,风格务求简洁。先生说:"我历来教书,系采纯技术观点。……我认为先生应该好好的教书,学生应该好好的读书。"②因此,先生虽然不赞成学生运动,"因为学生搞运动就不能好好的读书,就是不符合我的纯技术观点",但先生历来主张超阶级超政治的立场,他从来未公开发表过什么反动意见(同济大学法学院是当时全校学运的带头人)。③

先生在同济法学院没有开除或处分过学生。据林诚毅先生说:"他与当时学校训导处是对立的,他拒绝学校派训导员到法学院来(当时法学院在江湾)。因此他□他的弟弟胡唯道(助教)兼过训导员,他的妻子沈玉棠也是助教也兼过训导员,这样对当时法学院学生作进步活动是有利的。当时法学院贴进步标语,学校训导处派人来干涉被学生赶走了。"④此外,先生在1947年曾与俞叔平交涉,营救被捕的进步学生韩格兰(同济大学工学院学生),并为韩格兰主动送过衣服。⑤ 1956年肃反运动结束时,官方的审查结论为:"……并无积极参加反动政权政治活动的

---

① 《思想改造学习总结》,1952年。其时同济大学法学院兼任教授俞叔平系上海市警察局长(卸任后,曾短期专任同济大学法学院教授),先生曾与之交涉,要他不要派军警到法学院来。
② 《思想改造学习总结》,1952年。
③ 参见《罗国杰关于胡元义的情况介绍》,1955年10月20日。罗国杰是解放前中共同济大学文法学院党支书记。刘笃教授(中共地下党员,解放后任职最高人民检察署)也证实,"没有听说过有关胡元义阻拦学运之类的传说或事实"。参见《刘笃关于胡元义的情况介绍》,1955年12月19日。
④ 《林诚毅关于胡元义的情况介绍》,1956年2月22日。
⑤ 参见《思想改造学习总结》,1952年;《刘笃关于胡元义的情况介绍》,1955年12月19日;《林诚毅关于胡元义的情况介绍》,1956年2月22日。

具体事实。……任伪职……并无显著罪恶……并无镇压学运的表现。"①

从行政事务上来说,先生"除上课外经常不在学校,对学校的行政事务工作也不大过问"②,他自己也说:"1942年我做伪四川大学法律系主任的时候,1946年我做伪同济大学法学院院长的时候,我除了有重大的事情须我亲自去办以外,其他一切的事情完全交给一位助教[林诚毅]③去办,因为他是我的得意门生,所以我完全相信他,我除了上课的前后,不到系办公室办公。"④

关于先生离开同济大学法学院,刘笃教授有详细的回忆:

> 同济办法学院,校友反对,而伪教育部长朱家骅独立支持的。因为同济的整个校政,操纵于校友手中(留德出身的),胡(元义)本人非校友,初任法学院长时,有朱派校长董洗凡的支持,做了一些些事情。后来遂陷于孤立。当董洗凡将离职时,有一次记不清为了什么事,胡被同济校友(×××等)在会议席上当场大骂,中途退席而去。自此以后,校务会议都叫法律系讲师林诚毅代为出席。因此更引起同济校友的不满;而胡总以为自己是部聘教授"了不起",对他莫可奈何。后来伪教育部改任丁文渊为同济校长,法学院长改由徐

---

①《审查结案表》,1956年4月。
②《罗国杰关于胡元义的情况介绍》,1955年10月20日。
③据刘笃说,林诚毅是先生的学生,他的哥哥(已死)是先生的挚好同学。林诚毅在四川大学法律系毕业后就留任助教,后来跟先生到上海担任同济大学法学院助教。参见《刘笃关于胡元义的情况介绍》,1955年12月19日。罗国杰也证实:"林诚毅和胡元义关系很密切,胡元义很相信他,他也很尊敬胡元义,据说林是胡在川大的学生,是胡元义的'得力门生'。"《罗国杰关于胡元义的情况介绍》,1955年10月20日。
④《思想改造学习总结》,1952年。

道隣担任,胡知大势已去,改任暨南大学教授。①

先生此后未再出任任何教育行政职务,专事教学著述。②

六、教学与著述

先生对于著述非常用心,曾说四川大学"校址在峨眉山下,环境幽静,有著书做专家的思想"③。此后两年多的时间,先生利用寒暑假的时间完成了《破产法》(1942)、《物权法论》(1945),④另于1943年再版了《民法总则》。先生说,他的这三本书,写的时间希望对国家有点贡献。⑤

先生认为,《破产法》《物权法论》以及《民法总则》(1943年再版)集中体现了他的超阶级的改良主义的思想,⑥"完全是德国系统的超阶级超政治的"⑦,"是拿资本主义社会法学派的理论来支持伪六法观

---

① 《刘笃介绍胡元义的情况》,1952年7月15日;《刘笃关于胡元义的情况介绍》,1955年12月19日。林诚毅也证实先生是被丁文渊排挤走的。参见《林诚毅关于胡元义的情况介绍》,1956年2月22日。据《同济大学史》记载:"丁文渊,1942年7月曾任同济大学校长,1944年7月因专制独裁,不得人心而被迫辞职,实际上是被轰出同济的。……3年以后卷土重来。他于1947年9月24日到校视事,立即动手改组人事,安插亲信……"参见翁智远、屠听泉主编:《同济大学史(第1卷)1907—1949》,同济大学出版社2007年版,第146—147页。
② 据先生说,抗战胜利后解放前,安徽大学校长陶因、台湾大学校长陆志鸿都曾分别邀请先生出任安徽大学、台湾大学法学院院长,先生皆未就。参见《胡元义在肃反中陆续交来的材料》,1955年8、9月间。
③ 时为1940年1月。《复旦大学思想改造学习总结登记表》,1952年7月23日。
④ 参见《胡元义在肃反中陆续交来的材料》,1955年8、9月间。
⑤ 此处的"贡献",除了学术贡献之外,尚有另一层含义,先生的《破产法》是其在抗战期间的第一本著作(1942年由四川大学出版部出版),就是为纪念抗战而作的。参见《我一年来的思想总结》,1950年7月8日。
⑥ 参见《我一年来的思想总结》,1950年7月8日。
⑦ 《胡元义检查报告》(时间不详)。

点"①。先生举例说:"我在抗战期间写物权法的时候,官僚资产阶级已发展到垄断阶段,全国财富几乎完全集中在他们的手里,于是在物权法里面我就说,需要生活(产)资料的人不能占有生产资料,而不需要的人占有很多,社会的秩序不能维持,国家应以法律来剥夺限制他们的所有权,来谋社会的福利。"②

先生的三部书,皆系自印,以四川大学法律系名义发行。1942年的《破产法》,系由先生自己印刷出版时(全部印刷费两万元),因经费不足而向四川大学借了法币三千元,一两个月后书卖出部分,还清借款;1943年印《民法总则》,向四川大学借了法币三万元,印了一千本,一个多月卖出一百五十本,还清了借款。③

先生著作,大抵皆系由讲稿反复修改整理而成。以《民法总则》而论,先于1933年作为国立武汉大学讲义印行④,次年经大幅增补后由北平好望书店出版⑤。《物权法论》初亦为1933年国立武汉大学讲义,后经大幅增补后于1945年出版⑥。《破产法》源自先生初到四川大学新开的"破产法"课程。据先生说,授课时,"事前并未编好讲义","拿两条粉笔上课,取得了学生的信仰"。⑦

---

① 《思想改造学习总结》,1952年。先生曾说:"社会法学派是空想的改良主义,因为它是缺乏阶级性的,刚好与我的嗜好相合,所以我在法学方面是属于这一派的。"《我一年来的思想总结》,1950年7月8日。
② 《思想改造学习总结》,1952年。当然,在思想改造运动中,这样的观念是应该拿来自我批判的,因此先生接着说:"这种说法,表面看起来很漂亮,但是反动的官僚资产阶级掌握了国家政权,要他们自己制定法律来剥夺限制他们自己的所有权,这完全是与虎谋皮。"
③ 参见《法律系教授胡元义贪污及不正当利得交代书》,1952年3月17日。
④ 该讲义或为1929年先生为中央陆军军官学校军官研究班所作的讲义的修订版,但因未见书,未能确认。先生材料中,当时所授课程有"民法概论"与"民法总则"两种写法。
⑤ 新版从原来的11万字增加到了近24万字。
⑥ 新版从原来的不足10万字增加至20余万字。
⑦ 参见《思想改造学习总结》,1952年;《胡元义在肃反中陆续交来的材料》,1955年8、9月间。

从相关档案材料来看,如条件允许,先生或应有一部题为"债法总论"的著作。在前文所引《国立四川大学校刊》"本校教授题名录"中,即有"民法债编及物权法底稿亦已编著竣事,不日即可出版行世"之语;①在谈及选举部聘教授事时,先生称"将我的民法总则、物权法、债法总论三本讲义送到伪学术审议委员会"②,其中,《民法总则》已出版发行,物权法有武汉大学印行的讲义《民法物权讲义》,而独未见《债法总论》,想来应当也是有讲义稿的。先生在武汉大学时期,即已讲授"民法债编(一)"课程,③在四川大学讲授民法总则、物权、债权总论以及破产法课程,④在任教同济大学法学院期间(含1947年9月至1948年6月兼任时期),则仅授"民法债编总论""民法债编"课程。⑤1947年9月,先生转任暨南大学,向时任暨南大学法律系主任的周枬教授提出了三点要求,其一就是只教民法债编总论一课,并且非常坚持,⑥恐怕应有修订讲义、撰述债法总论著作的强烈想法在其中。1950年上半年,先生在复旦大学法律系讲授的"民法原理

---

① 参见《国立四川大学校刊》第15卷第2期(1943年),第6—7页。
② 《思想改造学习总结》,1952年。
③ 《国立武汉大学一览(民国二十二年度)》所载"法学院课程指导书",先生在武汉大学法学院承担"民法总则""民法债编(一)""民法物权"三门课。
④ 《胡元义在肃反中陆续交来的材料》,1955年8、9月间。
⑤ 同济大学档案馆藏《国立同济大学法律系一二年级课程表》(三十五年度第二学期)、《国立同济大学教员名册》(三十五年度第二学期,三十六年度第一学期、第二学期)、《国立同济大学教员授课时数月报表》(1948年2—5月)。
⑥ 时任暨南大学法律系主任周枬称:"1947年,胡愿来暨大教书……我就亲自到他家里去和他接洽,他提出三点:1.要暨大写信到教育部去申请调他;2.要带一个助教;3.只教民法债编总论一课。我因债总论是罗时济(现在成都西南民族学院)教的,他已教了一年,学生并没有提出意见,这一年又已排定由罗继续教,未便更动,只能把自己教的民法总则让出来,希望他能照顾到系内排课的困难,至于第一点和第二点我表示可以照办,他很坚持,我允商量后再答复他,后我商得罗的同意,把我的民法总则让罗教,债编总论调出来由胡教,这事才算解决。"《周枬关于胡元义的情况介绍》,1955年12月26日。

(二)",主要内容应为债法总论,为先生最后一次授课。①1952年思想改造运动期间,先生还向有关部门称,"以前曾任破产法、债各、债总,以教债总较适宜"②,只是再无机会了。晚至1958年8月,先生立下如下规划:"从现在起,一年半以内完成《资产阶级民商法讲稿》,全部约五六十万字,其中包括民法总则、物权、债权三部分,在这讲稿的基础上三年内争取出版一部资产阶级民商法教科书。本年内完成民法总则部分讲稿,明年一年完成民法物权及债权讲稿。"③其中民法总则、物权部分估计会大部分来自原先的著作,但债权部分是否已有部分成稿,不得而知。至于这一本《资产阶级民商法讲稿》是否存有部分稿件,是否完成,皆无从知晓。④

先生对于教学非常重视,前文曾提及,先生说:"假如是我为国家(当时的思想意识以为国家可以与政治分离)能训练大批有学识能廉洁而又能执法如山的优良法官来励行法治,则政治可以由黑暗转入清明的。我在教育界继续执教廿余年,所训练出来的优良法官实在不少。"也因此,先生在教学上有着比较明显的英才教育的思想,只打算教好几个人,因此对成绩好的就喜爱,成绩差的则采打击态度。⑤

在教学方法上,先生亦以两支粉笔上讲台自夸,认为因此而取得了

---

① 《我一年来的思想总结》,1950年7月8日。
② 《华东区高等学校教师政治思想业务情况登记表》,1952年前后。
③ 《整风思想总结及鉴定》,1958年8月12日。
④ 据先生说,1959年曾花了两个月的时间"写了资产阶级民法的自然人与法人两章近五万字",或为先生《资产阶级民商法讲稿》的已完成部分;"写了《辞海》的辞目几条"。参见《一年来的思想小结》,1960年1月18日。笔者查《辞海(试行本)第4分册:政治法律》(中华书局辞海编辑所1961年版),各辞条皆未署名,先生所写为哪几条,不得而知。
⑤ 参见《胡元义的综合材料》,1955年8月;1952年2月7日手写材料。当然这一观念,在20世纪50年代是属于被批判的对象。

学生的信仰。① 不过,在解放后,则是"教学工作,不拟讲稿,课外辅导不够,了解学生学习情况不够;教学态度不虚心,具体表现在不欢迎人家过问教学内容的问题上"的缺点了,官方认为,这是先生"教学工作未尽主观努力"的体现。② 但先生本人认为,"在解放后教学是努力的,迄今从未缺课,也努力以马列观点改造教学内容,主要的参考了苏联民法条文,联系新民主主义的实际",只是"仍然是理论与实际脱节,不免使学生学了一大堆无用的累赘的死板的知识。最近看到苏联教授所编民法讲义,每一字每一句皆有马列武装,以此来衡量我以往的教学大大的不合这个标准"。③

为了维持授课资格,先生在解放后努力适应新的形势,改造教学内容。先生说:"我以往教学可以完全不用准备,现在则不相同,往往因一小时的功课花上了四五小时的考虑与研究。"④

> 我的民法内容总努力根据马列及毛泽东思想来改造,比如我教到"故意"时已提高到必然与可能的因果关系,但是教到损害赔偿时,因为我的考虑并未成熟,我仍采用资本主义的条件说,虽然华东高分院判例关于计算损害赔偿的范围也采了条件说,不能由此证明我的主张不错,这是我的改良主义的又一具体表现。……我由此得一体验,我的教学内容应用革命的方法,很快的全部用马列及毛泽东思想将它武装起来,纵有错误以后再积极研究从事修改。⑤

---

① 参见《思想改造学习总结》,1952 年;《胡元义在肃反中陆续交来的材料》,1955 年 8、9 月间。
② 参见《复旦大学思想改造学习总结登记表》,1952 年 7 月 23 日。
③ 参见《三反思想小结》,1950 年 4 月 2 日。
④《我一年来的思想总结》,1950 年 7 月 8 日。
⑤《三反思想小结》,1950 年 4 月 2 日。

先生自述根据苏联民法（1948年版的译本）来批评扬弃旧的法学，但由于新的理论资料太少，尚不能建立一套新民主主义的法律理论系统，仅仅是站在无产阶级的立场来看民法方面的各种问题，分析问题，解决问题，不似以往站在超阶级的立场而已。①

在教学方法上，先生亦有所反思，先生说："我以往的教学方法是填鸭式的，这一年[1949年10月至1950年6月]来大体上与以往大体差不多，因为债权总论比较难，为使学[生]容易了解，不能不多加报告，仅在学期中间提出一两次提纲，由学生讨论，我做总结，这一点是与以往不同。"②

不过，从反馈来看，显然，先生的努力并未得到认可。有关方面认为，先生教学内容"缺乏思想性，他把资本主义的一套介绍一下，主观上认为哪一种学说和我国接近，就说哪种好，实际上观点立场都是错误的"，教学方法"不大负责任，自己钻研很少，解放后没有仔细读过一本书，对同学学习也不大关心，课外出提纲讨论过几次，但收效不大，原因固然同学不努力，而他督导亦见松懈"，辅导工作"形式上作过，如民法钻研小组请他指导，他也曾出过提纲，参加过讨论，实际上收效不大，他也很愿意帮助同学学习，但如何帮助才好呢？他不考虑"。结论是"认为业务好，只要加一点马列主义就够了，很难改变自己的思想，认为政治水平差，业务上还有一套"。相对正面一点的是承认"一般同学认为他教得还好，与同学关系还好"。③

早在1950年12月，华东军政委员会教育部对先生的评价是："在复旦没有什么表现，令人有老态庸碌之感。"1952年7、8月间，复旦大学对先生

---

① 参见《我一年来的思想总结》，1950年7月8日。
② 《我一年来的思想总结》，1950年7月8日。
③ 参见《华东区高等学校教师政治思想业务情况登记表》，1952年前后。

给出的意见是:"可疑分子,有旧的法学知识可整理出来。调革大学习。"①

对于不能授课,先生的情绪还是比较激烈的。思想改造时,先生表现抗拒,如说:"我马列主义水平差,送我到革大去学习好了。""我改造不好,不能教书,转行好了。"②"转行"之说,虽是情绪表达,但也不免天真。官方记载称:"由于存在严重的纯技术观点,……经同志批评他马列主义水平太低,他怕将来不能教课,有点悲观,在思想改造中他的检查报告二次未经通过,觉得做人民教师太难了,有改行思想,认为到司法机关去工作比较容易些。他曾说:在司法机关判案子大家讨论的,一个人错了,大家可有帮助纠正,教书错了,一个人在课堂里讲人家不晓得。"结论是"业务上的纯技术观点有了初步认识,但还未能彻底加以批判"。③ 1952 年思想改造以后,先生即未被分配工作。

1952 年院系调整,先生与复旦大学法律系诸位先生皆未能随学生并入华东政法学院,复旦大学法律系无学生,自然无书可教。官方的记载说,先生"表面上服从政府分配,实际上意见很多,如认为华东政法学院只接受学生,不要教师是不对"④。先生自己的陈述是:"院系调整时,复旦法律系学生并入华东政法学院,先生均未过去,吴岐说政法学院不要我们,我当时情绪是有一点波动,但不久即被克服,因为自己检查马列主义思想水平确实不高(当时没有想到历史包袱重),问题在于自己而不在政法(学)院。"⑤

1953 年 7 月,先生写下如下的意见和希望:

---

① 《复旦大学对胡元义处理意见》,1952 年 7 月 1 日;《政治情况登记表》,1952 年 8 月 18 日。
② 《胡元义的综合材料》,1955 年 8 月。
③ 参见《华东区高等学校教师政治思想业务情况登记表》,1952 年前后。
④ 《胡元义的综合材料》,1955 年 8 月。
⑤ 《胡元义在肃反中陆续交来的材料》,1955 年 8、9 月间。

最近一年我没有教书。虽然我是努力学习和做了一点工作,但是学习是我们教育工作的份内的事,要不断的改造自己才能担当改造世界的责任,这一点工作,什么人都可以做,然而还拿两百万元以上的高薪,浪费人民的血汗,心理□分惭愧,又以我现在的身体精神况状,应该积极努力为人民服务,但是据说法律系的先生数年以内□能教法律,我觉得教书不能教透,对人民没有益处,我□勉强准备别样功课,实在没有把握教透,所以我□还是退休,但是我的退休并不是消极的,我仍然要拿我的全副精神来学习马列主义与俄文,我觉得我现在还有相当的读书精力,假使人民将来需要我教民法,我还可以采苏联的先进经验来结合中国的实际,以应人民的需要;假使人民不需要我教民法,我还可以在半年或一年以后做点翻译苏联民法的工作。学习马列主义与俄文,复旦的条件比较好,我希望仍留复旦,希望复旦仍让我住住,假使复旦组织上派我什么工作,如俄文工作组补习班及其他工作,我也能竭□力量去做,我现在精神还可以做相当的工作。①

1954年9月,复旦大学重建法律系,先生被分配回到法律系,但仍是要他进修,仍不分配教学任务。②

1955年8月,肃反运动给先生的结论是:"胡元义历史及社会关系复杂,旧法影响根深蒂固,且年纪已逾六十岁,搞政法教育极不相宜,培养改造前途希望不大,在法律系不能分配担任教学任务,建议考虑分配其他工作(懂日文,可分配整理资料,日文翻译,或改搞其他行政工作)。"③

---

① 《家庭经济状况等自述》,1953年7月。
② 《胡元义的综合材料》,1955年8月。
③ 《胡元义的综合材料》,1955年8月。

此后，先生似乎未再有重执教鞭的念想。①

七、难以忘情的旧民法

先生不能再执教鞭，根源在于"旧法影响根深蒂固"。官方各种鉴定中这一反复出现的结论，对于先生未免严苛，但先生确乎是"留恋"的。

按照官方的说法，先生"在教学上以民法专家自吹，不努力备课，上课时只带二支粉笔去上课，表示自己学问好，对教学不负责任，并强调民法是技术性的，是超阶级、超政治的。并说：'苏联教材只是前面多一点马列主义，内容仍与资产阶级差不多的。'继续对学生散布旧法影响"②。这一说法未必没有根据，先生自承："在解放以后，……仍然有纯技术观点的残余，如我向学生介绍旧书，要学生批判的接收，就是看中了旧书的技术性的一方面，而忽略了在政治方面的毒素。"③因此，在思想改造运动中，小组对他提出的意见是："继续打垮反动民法专家的思想，彻底消除对旧法的留恋，加倍努力肃清旧法观点，……搞好集体教学。"④

应该说，先生并不抗拒新旧的转换，在其意识中，他应当是想要"进步"的。早在1951年的自述中，先生称"以后要用我的力量来建立新的法学体系"⑤，在1952年8月18日的《高等学校教师登记表》中，先生填写了"专长民法"，"现在及今后仍拟根据苏联民法的理论体系来研究新民主主义的民法"，这样的内容在此后各个表格中都曾出现。

而整个50年代的官方评价中，抛开与民国要员交往的历史问题，先生的主要问题就是"留恋旧法"。1952年7月的《复旦大学思想改造学

---

① 先生在1958年8月《整风思想总结及鉴定》中小心翼翼地提到"每年为青年教师及高年级同学开几次资产阶级民商法讲座"的"规划"。
② 《胡元义的综合材料》，1955年8月。
③ 《思想改造学习总结》，1952年。
④ 《思想改造学习总结》，1952年。
⑤ 《法律系教授胡元义自述》，1951年8月2日。

习总结登记表》称先生"对旧的一套有点留恋"①。1955年6月时任复旦大学法律系总支书记的叶绍基称:"胡元义……在解放前长[期]从事旧法教育工作多年,资产阶级法学,情感上相当留恋,强调旧的也是有用的,……政治思想比较落后,旧法观点影响较深,故尚不能分配教书,而在法律系进修。"②1956年4月肃反运动《审查结案表》的说法是:"在学术思想上留恋旧法,认为资产阶级及国民党的法律与我□的法律及苏联法律很多地方相同,教学上有用处,不能很好批判资产阶级法学观点。"③1958年6月中共复旦大学委员会法律系总支认为"反右运动"中揭露出先生的问题有:"1. 主张旧法有用;2. 青年教师不懂旧法就不懂批判旧法;3. 一支粉笔上讲台的自高自大、懒汉思想;4. 认为中国各个法的体系都抄袭苏联的。"并称:"总的来讲该人是守旧顽固,坚持自己过去的看法较多。"同年8月,中共复旦大学委员会法律系总支对于先生在"反右运动"中的表现给出的最终结论是:"该同志的旧法观点较严重,长时期以来认为旧法是有用的,如曾说'不学旧法就不能登国际舞台''不懂过去,就不知道现在,也不知道将来'。"④

先生的辩解是:"旧法观点深固然是旧知识分子的缺点,但旧知识分子若能改造得好,学起新法来,则体会新法很深,因为社会主义法律的优越性是新旧法律的对比产生出来的。"⑤"民法离开资产阶级的民法是不行的,苏联教材就是对资产阶级民法取舍得好,资产阶级的法律加以改造以后,仍是有用的。我们学民法有一个好处,民法知识多,理解苏联先

---

① 《复旦大学思想改造学习总结登记表》,1952年7月23日。
② 《叶绍基关于胡元义情况的介绍》,1955年6月20日。
③ 《审查结案表》,1956年4月。
④ 《整风思想总结及鉴定》,1958年8月12日。
⑤ 《胡元义在肃反中陆续交来的材料》,1955年8、9月间。

进经验容易,缺点是可能歪曲理论,但我是可以避免的。"①

但他的辩解并没有起太大的作用。官方的结论是:"今后拟分配作整理研究法学史料(本人愿研究《大清律例》及编写民法教科书),或做法学资料编述工作。"②

此后,先生应当完全放弃了"建立新的法学体系"的念头,老老实实地回去搞资料、搞旧法、批判旧法。

1958年,复旦大学法律系再度撤销,先生随同并入上海市社会科学院政治法律研究所。到社会科学院以后,除了参加劳动(纱厂、机器厂)外,先生在1958年下半年及1959年上半年"都是搞资料","如人民民主专政的资料、人与人关系的资料、资产阶级法权残余的资料、反右斗争的资料等等,都是有关政治、有关党的方针政策和毛泽东思想的资料"。先生做了如下表态:"我深深感到,政治是法律的灵魂,搞法律的人,如果脱离政治,就等于没有灵魂,所以无产阶级的法律,必须为无产阶级的政治服务。"③目

---

① 《胡元义在肃反学习中的表现》,1955年7月。
② 《审查结案表》,1956年4月。比较奇怪的是,1956年先生赴京参加了全国人大常委会的民法起草工作,具体时间不详,如何获得这一机会的,也无材料说明,恐怕是因为戴修瓒(1949年10月起任中央人民政府法制委员会委员,1954年改任国务院参事)、陈瑾昆(1949年10月起历任中央人民政府法制委员会副主任委员、最高人民法院委员、政务院政治法律委员会委员和法律审议委员会主任委员,1955年起任最高人民法院顾问,对20世纪50年代新中国民法起草影响极大)或张志让(1949年10月起任最高人民法院副院长、中央人民政府法制委员会委员、政务院政治法律委员会委员)的关系。对于参与民法起草工作,先生自述称:"1956年我在北京常委会工作时,我仅仅就已经起草好的条文作文字上的修改,将重复的条文去掉,我认为须增加条文的时候,我自己不加,而要起草人去加,我当时的思想,是怕我的旧法观点流露出来,影响人民的立法。我离开常委会时,曾向该会领导上表示,我的思想是不求有功,但求无过,我的力量并没有全部发挥出来,但是思想深处仍隐藏丑恶的个人主义,有小康思想的人,不是力争上游,而是甘居中游,做事不够快好省,而是少慢差费,暮气沉沉,没有朝气,完全与总路线背道而驰。"《整风思想总结及鉴定》,1958年8月12日。20世纪50年代新中国民法各编草案,参见何勤华、李秀清、陈颐编:《新中国民法典草案总览(增订本)》上卷,北京大学出版社2017年版。
③ 《一年来的思想小结》,1960年1月18日。

前所能见到的他对旧法的批判和认识的最后一段较长的文字如下:

> 我在搞资料过程中,联系自己的业务(搞资产阶级民法),开始感觉到旧的反动的民事法律关系,我们用什么革命的方法将它消灭,新的民事法律[关]系如何产生,它与旧的民事法律关系本质上有何不同,这种由黑暗走向光明的民事法律关系,贯串了整个民法,这仅仅是我一点初步的体会,也可以说是一点收获。这一点收获,是有一个过程,我在解放前,教民法二十多年,写了《民法总则》《物权法论》《破产法》三本书,解放后,我的旧法观点当然相当浓厚,在司法改革以后,在批判旧法观点的运动中,我的资产阶级的学术思想(超阶级的法学思想)受到了冲击,1956年组织上要我搞资产阶级民法,我开始感觉到批判旧法的困难,尤其是资产阶级学术思想批判的困难,于是下定决心,一面读马列主义的经典著作和毛选、苏联和人民民主国家的民法著作、科学论文,一方面和革命同志讨论法律问题,学习他们的坚定阶级立场,对新旧法律的看法,对事物的分析方法,加以深思熟虑,批判能力慢慢加强,再一方面,各种运动,尤其是反右整风运动,也增加了我的批判能力,到现在为止,对于资产阶级民法方面的法律制度,已经能够完全批判,对于资产阶级的有关民法方面的学术思想,大体也能批判,这一点收获,尽管是初步的,也与党的教育与同志们的帮助分不开的,我批判资产阶级民法和学术思想的过程,是自我否定的过程,也是清除我的旧法观点的过程,到现在为止,我的旧法观点是清除了很多,是否已经完全肃清,我认为尚不可能。所谓旧法观点,是资产阶级对于法律的总的看法,它贯串到法律与学术思想的每一个细节,它与资产阶级的世界观、资产阶级思想和形而上学密切联系着,我的资产阶级世界观

尚没有完全改变过来,资产阶级思想的影响还不小,所以我的旧法观点尚不能说已经完全肃清,但是自我否定的方法,对我个人来说,是自我改造与克服旧法观点的最好方法,今后必须坚持,马列主义的法学是与资产阶级的法学作斗争来成长壮大。……旧知识分子多改造一分,也就能对党的事业能多尽一分力量,我的年龄虽大,今后必须抓紧改造,作为奋斗目标之一。①

在1960年的《干部简历表》中,先生在"特长"一栏填下了"熟习资产阶级民法,解放前写了《民法总则》《破产法》《物权法论》三本书"②。

附记

先生有过三次婚姻。第一位妻子系戴修瓒的妹妹,与先生育有一女(胡书绅)一子(胡书勋);续娶的第二位妻子据说是时任安徽大学数学系主任的妹妹,与先生育有二子(胡书诚、胡书琪);续娶的第三位妻子为沈玉棠,与先生育有二女(胡书尧、胡书凯)一子(胡书寅)。③

先生第三位妻子沈玉棠,与先生在1947年结婚,④系安徽芜湖人,国立武汉大学哲学教育学毕业。曾任国立女子师范学院教育系助教,兼附小校长六年,附属高中师范科教育教员二年。曾任同济大学助教,解放后并到复旦后,即成家庭妇女。1952年秋起先后在四平路小学(同济大

---

① 《一年来的思想小结》,1960年1月18日。
② 《干部简历表》,1960年2月29日。
③ 先生三次婚姻情况,参见《叶绍基关于胡元义情况的介绍》,1955年6月20日;《家庭经济状况等自述》1953年7月。
④ 《大公报》1947年10月10日第1版载"胡元义沈玉棠、李治孝沈玉芬订婚启事"如下:"元义与玉棠、治孝与玉芬兹征得双方家长之同意,谨詹于卅六年国庆日在沪订婚。特此敬告诸亲友。"沈玉芬为沈玉棠之妹,随胡先生于1947年9月入职暨南大学,任法律系助教。

学宿舍内)、控江中学、杨树浦矽钢厂业余中学工作。①

先生长女胡书绅,解放前在同济大学做职员,解放后随夫婿在湖南水利厅工作。夫戴耀本,为著名水利专家,曾在湖南水电部长沙勘测设计院工作(1960年)。②

先生长子胡书勋,中共党员,1960年时在武昌1051海军部队工作。

先生自廿岁到日本读书有官费,即无须家庭接济。1923年开始工作就自食其力,虽分得祖业田六十余亩,从未过问。抗战前教授待遇高,生活优裕。抗战期间一直到解放,通货膨胀,货币贬值,生活虽较苦,但因兼营律师的关系,尚可维持。解放以后,物价平稳,月薪不少,生活很好。③ 曾去过先生家的罗国杰称,"先生之平日生活,尚属刻苦"④。

先生酷爱围棋。与四川大学校长程天放的交情,据说是因为程天放与先生"棋逢对手,所以他下午下办公的时候常找我下棋,而我又是有围棋嗜好的,因此慢慢的熟"⑤。先生还提及有一名于华卿者,因系围棋高

---

① 参见《干部登记表》,1958年7月23日;《干部简历表》,1960年2月29日;《复旦大学家属会员调查表》,1951年前后。
② 戴耀本(1915—1997),湖南常德人。1935年考取同济大学,"八一三"后随同济大学数度迁徙。毕业后曾任清水江工程处工程练习员、助理工程师、副工程师。后回四川李庄同济大学任助教、讲师。1944年赴美国爱荷华州立大学留学,攻读水利工程,获工程科学硕士学位。1947—1948年与Alberstson共同建立了著名的科罗拉多州立大学风洞实验室。1948年回国,历任湖南大学水利系教授、湖南省农林厅水利局副局长兼总工程师、电力工业部武汉水利电力设计院总工程师、柘溪水电站与五强溪水电站设计总负责人、湖南省水利电力厅和中南勘测设计院总工程师等。参见许康、许峥编著:《湖南历代科学家传略》,湖南大学出版社2012年版,第307—308页。
③ 参见《法律系教授胡元义贪污及不正当利得交代书》,1952年3月17日。不过,可能家庭人口众多,皆须依赖先生工资收入,故先生夫人沈玉棠曾提到解放后每月收支有时不敷。《复旦大学家属会员调查表》,1951年前后。
④《罗国杰关于胡元义的情况介绍》,1952年7月26日。
⑤《胡元义在肃反中陆续交来的材料》,1955年8、9月间。

手,先生遂向程天放介绍做四川大学注册组职员。① 浦薛凤先生在其回忆录中也提及先生嗜棋:"胡芹生(元义)本清华同事,……此次休假回国,由西贡来滇,闻人说我好棋,来昆师[昆明师范学院]访谈。……乃约弈棋。伊盖留学日本时嗜此。……嗣后伊不时来弈。"②

先生1949年后的住址,材料所见有复旦大学第二宿舍22号(1952年)、嘉陵村(复旦大学第四宿舍)A区二号楼下(1953年)。

同济大学法学院教授　陈　颐
2021年8月于同济衷和楼

---

① 《胡元义在肃反中陆续交来的材料》,1955年8、9月间。
② 浦薛凤:《浦薛凤回忆录》(中),黄山书社2009年版,第122页。